江苏经济年鉴

2019

主 编◎张为付

南京大学出版社

图书在版编目(CIP)数据

江苏经济年鉴. 2019 / 张为付主编. —南京：南京大学出版社，2020.4

ISBN 978-7-305-23040-0

Ⅰ. ①江… Ⅱ. ①张… Ⅲ. ①区域经济—江苏—2019—年鉴 Ⅳ. ①F127.53-54

中国版本图书馆 CIP 数据核字(2020)第 043225 号

出版发行 南京大学出版社
社　　址 南京市汉口路 22 号　　邮　　编 210093
出 版 人 金鑫荣

书　　名 江苏经济年鉴(2019)
主　　编 张为付
责任编辑 武 坦 秦 露

照　　排 南京开卷文化传媒有限公司
印　　刷 虎彩印艺股份有限公司
开　　本 880×1230 1/16 印张 32.75 字数 924 千
版　　次 2020 年 4 月第 1 版 2020 年 4 月第 1 次印刷
ISBN 978-7-305-23040-0
定　　价 480.00 元

网　　址：http://www.njupco.com
官方微博：http://weibo.com/njupco
官方微信号：njupress
销售咨询热线：(025)83594756

本书为江苏省发展和改革委员会服务业重大课题、江苏高校优势学科建设工程(PAPD)、江苏现代服务业协同创新中心和江苏高校人文社会科学校外研究基地“江苏现代服务业研究院”研究成果。

本书出版得到江苏省服务业重大课题专项资金、江苏高校优势学科建设工程(PAPD)、江苏现代服务业协同创新中心和江苏高校人文社会科学校外研究基地“江苏现代服务业研究院”的资助。

书　名:江苏经济年鉴(2019)

主　编:张为付

出版社:南京大学出版社

目　录
Contents

第一篇　重要文献篇

第二篇　江苏省省情概况

第三篇　经济社会发展报告

第四篇　江苏省经济社会发展比较研究报告

第五篇　江苏省区域经济发展报告

第六篇　县域经济篇

第七篇 江苏城市发展报告

第一篇　重要文献篇

第一章　江苏省政府2018年政府工作报告

——2019年1月14日在江苏省第十三届人民代表大会第二次会议上

省长　吴政隆

各位代表：

现在，我代表江苏省人民政府向大会报告工作，请予审议，并请各位政协委员提出意见。

一、2018年工作回顾

2018年是全面贯彻党的十九大精神的开局之年。让我们倍受鼓舞的是，习近平总书记在党的十九大后第一次到地方视察就来到江苏，为我们指明了前进方向。我们坚持以习近平新时代中国特色社会主义思想为指导，深入贯彻党的十九大精神和习近平总书记对江苏工作的重要指示要求，全面落实党中央、国务院和省委决策部署，坚持稳中求进工作总基调，深入贯彻新发展理念，保持定力，坚定信心，攻坚克难，有效应对外部环境深刻变化带来的挑战和国内“三期叠加”带来的深刻影响，扎实推动“六个高质量”，深入推进“两聚一高”新实践，统筹做好改革发展稳定工作，全省高质量发展实现良好开局，“强富美高”新江苏建设迈出新步伐。

（一）经济发展稳中有进

加强对经济形势的分析研判，认真贯彻“六稳”要求，及时采取针对性措施，推动经济平稳健康发展。经济运行保持在合理区间和中高速增长。全省地区生产总值增长6.7%，总量达9.26万亿元。固定资产投资增长5.5%，其中，工业投资、工业技改投资、民间投资分别增长8%、10.7%、10.8%。228个省重大实施项目完成投资5300亿元。社会消费品零售总额增长8.2%，限额以上网上零售额增长25%。居民消费价格总水平上涨2.3%。经济结构持续优化。战略性新兴产业、高新技术产业产值分别增长8.8%、11%，占比提高至32%、43.8%；高技术制造业、装备制造业增加值分别增长11.1%和8%，高于规模以上工业6和2.9个百分点。大力推进化工钢铁煤电行业转型升级、优化空间布局，连云港盛虹炼化一体化项目开工建设，宝武梅钢基地等钢铁产能布局调整取得重要进展，关停落后煤电机组48.8万千瓦。出台推动民营经济高质量发展的意见，有力促进民营经济发展。质量效益进一步提升。实现一般公共预算收入8630亿元、增长5.6%，其中税收收入增长12%，税占比达84.2%、同比提高4.8个百分点；规模以上工业企业利润增长8.4%。预计单位地区生产总值能耗下降5.5%、单位地区生产总值二氧化碳排放量下降4.5%，煤炭消费总量比2016年减少1800万吨以上，资源利用效益明显提升。新增国家制造业单项冠军25个，新增中国工业大奖企业4家。

（二）“三大攻坚战”成效显著

认真落实中央部署要求，强化措施，动真碰硬，既“补好短板”又“加固底板”，年度攻坚任务全面完成。重点领域风险得到有效控制。制定出台关于防范化解地方政府隐性债务风险的实施意见，强化责任、综合施策，控降政府性债务工作有力有效推进。依法依规及时处置一批重大非法集资事件，积极清理整顿P2P网贷机构，实现涉案金额亿元以上、参与人数千人以上的新立涉嫌非法集资刑事案件数量“双下降”。污染防治力度持续加大。狠抓中央环保督察“回头看”反馈意见整改，大力推进沿江化工污染整治、饮用水水源地安全检查和达标建设等行动，坚决打好污染防治攻坚战。全省PM 2.5平均浓度48微克/立方米；104个国考断面水质优Ⅲ类比例68.3%、劣Ⅴ类比例1%，化学需氧量、二氧化硫、氨氮、氮氧化物四项主要污染物排放量削减指标均完成国家下达的目标任务。长江、淮河等重点流域及近岸海域水质总体保持稳定，太湖治理连续11年实现“两个确保”。实施城市黑臭水体整治项目129个，完成农用地土壤污染状况详查，危险废物集中处置能力不断提升。实施农村人居环境整治三年行动，大力推进生活垃圾处理、生活污水处理、村容村貌提升和厕所革命，城乡人居环境持续改善，林木覆盖率达23.2%。精准脱贫成效明显。大力实施脱贫攻坚三年行动，对照“两不愁、三保障”和我省脱贫致富奔小康工程要求，聚焦重点片区、经济薄弱村和低收入群体，着力解决好因病因残因灾致贫返贫问题，67.5万建档立卡低收入人口增收脱贫，244个省定经济薄弱村实现达标，低收入人口占比下降到1%以下。

（三）新动能不断发展壮大

深入实施创新驱动战略，着力推动新旧动能加速转换。科技创新能力持续增强。召开全省科技创新工作会议，制定出台促进科技与产业深度融合的政策措施，全社会研发投入占比达2.64%(新口径)，万人发明专利拥有量26.45件、增加3.95件，科技进步贡献率达63%。企业创新主体地位不断增强。加快培育具有自主知识产权和自主品牌的创新型领军企业、独角兽企业和瞪羚企业，新认定国家高新技术企业超过8000家。企业研发经费投入占主营业务收入比重提高至1.3%，大中型工业企业和规模以上高新技术企业研发机构建有率保持在90%左右，国家级企业研发机构达到145家，位居全国前列。关键核心技术攻关有力推进。把提高自主创新能力作为核心环节，聚焦产业升级需求，大力实施前瞻先导技术专项，集中力量加大对“卡脖子”“牵鼻子”关键技术攻关力度，组织开展关键核心技术攻关131项。进一步完善科技成果转化政策体系，实施重大科技成果转化124项。重大科技平台建设取得积极进展。未来网络、高效低碳燃气轮机两个国家大科学装置落户我省，网络通信与安全紫金山实验室启动建设，建设国家和省级重点实验室171个，国家级工程技术研究中心、国家重点实验室、国家级孵化器数量位居全国前列。新产业新业态新模式发展迅猛。城市轨道车辆、新能源汽车、3D打印设备、智能电视产量分别增长107.1%、139.9%、51.4%和36.4%；商务服务业、软件和信息技术服务业、互联网和相关服务业收入分别增长7.9%、13.7%和41.6%。“双创”工作再上新水平。高质量推进大众创业、万众创新，新增5家国家级专业化众创空间，新登记市场主体165.3万户，其中企业55.5万户，“双创”带动就业占城镇新增就业的50%以上。加快推动军民融合发展，建成1个国家级、9个省级军民结合产业示范基地。

（四）城乡区域发展协调性增强

推动城乡融合发展，实现区域优势互补，城乡区域协调发展水平进一步提升。乡村振兴战略深入实施。培育壮大优势特色产业，加强农业基础建设，开展品牌强农行动，农业产业结构不断优化，高效设施农业占比达19.6%，高标准农田占比达61%，农业综合机械化水平达84%，农业科技进步贡献率提高到68%，粮食总产量达732亿斤。扎实推进特色田园乡村建设，130多个村庄试点有序展开。“四好农村路”建设扎实推进，完成新改建道路4838公里、桥梁2874座。农村土地制度、集体产权制度、农村金融等各项改革向纵深推进，超过一半的行政村完成集体资产股份合作制改革。总结推广马庄经验，农村文化建设、农民精神面貌和乡村治理水平不断提升。区域一体化发展扎实推进。深入落实长江经济带“共抓大保护，不搞大开发”要求，制定出台推动我省长江经济带高质量发展走在前列的实施意见，统筹推进沿江产业结构调整、生态文明建设、交通枢纽建设和城市规划发展,沿江地区转型发展步伐加快。认真实施长三角一体化《三年行动计划》和《近期工作要点》,各项重点任务有力推进。深入实施"1+3"重点功能区战略,扬子江城市群、江淮生态经济区、沿海经济带、徐州淮海经济区中心城市建设扎实推进。切实加大对口支援合作和东西部扶贫协作力度,各项工作取得新成效。现代综合交通运输体系加快建设。沿江城市群城际铁路建设规划获国家批复,组建省铁路集团、东部机场集团,开工建设南沿江城际铁路、宁句城际轨道交通项目,加快推进连淮扬镇铁路、盐通高铁、连徐高铁、徐宿淮盐铁路建设,青连、连盐、宁启二期铁路建成通车。南京禄口机场 T1 航站楼改扩建工程顺利实施。连云港港 30 万吨级航道二期工程、苏州太仓港区四期工程建设进展顺利,长江南京以下 12.5 米深水航道二期工程提前建成试运行。

(五)改革开放向纵深推进

以改革开放 40 周年为新的起点,推动改革再出发、开放迈新步。供给侧结构性改革深入推进。全年压减钢铁产能 80 万吨、水泥产能 210 万吨、平板玻璃产能 660 万重量箱,关闭高耗能高污染及"散乱污"规模以上企业 3600 多家。大力推进化工企业"四个一批"专项行动,关停低端落后化工企业 1200 家以上。规模以上工业企业资产负债率下降 0.2 个百分点左右;多措并举为企业降低成本 1200 亿元以上;200 个补短板重大项目完成年度投资 3600 亿元。"放管服"改革力度持续加大。90%以上的审批服务事项能够在网上办理,"3550"目标基本实现。全面推进"不见面审批(服务)",开展基层政务公开标准化规范化试点,营商环境位居全国前列。省级政府机构改革顺利推进,事业单位分类改革有序展开,财税金融、国资国企、生态环境、社会事业等领域改革扎实开展,盐业体制改革、建筑业综合改革试点深入推进。对外开放迈出新的步伐。制定出台高质量推进"一带一路"交汇点建设的意见,着力打造连云港战略支点,中哈物流合作基地、上合组织(连云港)国际物流园建设高标准推进。实施国际综合交通体系拓展等"五大计划",新增"一带一路"沿线对外投资项目 230 个、同比增长 50%;对"一带一路"沿线国家出口增长 9.6%以上(人民币计价),占比提升到 24%以上。进出口增长 9.6%(人民币计价),其中出口增长 8.6%,实际使用外资 255 亿美元,同比增长 1.6%。精心组织参与首届进口博览会,累计成交金额 58.9 亿美元,居全国第二位。积极复制推广国家自贸试验区改革政策,开发区转型发展、特色发展步伐加快,国家级开发区数量及绩效位居全国前列。国家高新区在全国率先实现设区市全覆盖。

(六)人民群众获得感幸福感安全感持续增强

坚持把人民群众对美好生活的向往作为奋斗目标,着力解决民生突出问题,不断提高人民群众获得感幸福感安全感。公共财政用于民生领域支出占比达 75%,城乡居民人均可支配收入分别达到 4.72 万元和 2.08 万元,增长 8.2%和 8.8%。城镇新增就业 153 万人,扶持 30.1 万人成功创业,带动就业 121.28 万人,城镇登记失业率和调查失业率分别为 2.97%和 4.4%。全民医保体系进一步完善,医疗保险待遇稳步提升。统一城乡居民医保制度,包括 17 种抗癌药在内的 309 个药品纳入医保支付,异地就医直接结算对象和范围进一步扩大。开展"健康江苏"建设实践试点,深化公立医院和医疗服务价格改革,大力推行分级诊疗,新增医联体 38 个,89%的县(市、区)开展了远程医疗服务,县域就诊率接近 90%,公共卫生服务项目增加至 55 项,65 岁以上老年人健康管理率达到 69%,居民健康水平位居全国前列。教育改革持续深化,学前教育资源供给不断增加,义务教育优质均衡发展加快推进,现代职业教育体系不断完善,高等教育事业得到加强,"双一流"和高水平大学建设取得新成效。全年新开工棚户区(危旧房)改造 25.62 万套,基本建成保障性住房 24.24 万套(户),发放租赁补贴 2.29 万户。启动并有力推进改善苏北地区农民群众住房条件。大力推进老旧小区环境综合整治,加快推进多层老旧住宅加装电梯等适老化改造,省级宜居示范区建设任务超额完成。大力发展文化事业与文化产业,成功举办紫金文化节、2018 年戏曲百戏(昆山)

盛典。认真落实大运河文化带建设国家战略，设立省级大运河文化发展基金，启动实施大运河国家文化公园江苏段建设。推出系列文化精品，打造江南文化、运河文化品牌。成功举办第19届省运会，促进群众体育和竞技体育、体育事业和体育产业协调发展，江苏健儿在第18届亚运会上取得优异成绩。开展重点行业领域专项治理和隐患排查整治，生产安全事故起数和死亡人数实现“双下降”。食品药品安全监管得到加强。大力开展扫黑除恶专项斗争，扎实开展社会矛盾纠纷大化解、大突破专项行动，推进网格化社会治理机制创新，群众安全感达97.6%。推进信访矛盾攻坚化解，加强信访法治化建设。覆盖全省城乡的公共法律服务体系基本建成，诚信江苏建设取得积极进展。老龄、妇女、青少年、残疾人、红十字、慈善、关心下一代等事业取得新成效，民族、宗教、外事、对台事务、港澳、侨务、参事、地方志等工作取得新进展。认真做好国防动员、双拥共建、优抚安置、人民防空等工作，军政军民关系更加密切。圆满承办国际和平日纪念、国家公祭等重大活动，充分彰显了江苏人民追求和平、共谋永续发展的美好愿望。

各位代表，一年来的成绩来之不易！这是以习近平同志为核心的党中央坚强领导的结果，是习近平新时代中国特色社会主义思想在江苏生动实践的结果，是省委直接领导、省人大和省政协监督支持、社会各界关心支持的结果，是全省人民团结拼搏、共同奋斗的结果。在此，我代表江苏省人民政府，向全省广大工人、农民、知识分子、干部和各界人士表示崇高敬意和衷心感谢！向各位人大代表、政协委员，向各民主党派、工商联、无党派人士和各人民团体表示衷心感谢！向驻苏人民解放军指战员、武警官兵、公安干警和消防救援队伍指战员，表示衷心感谢！向关心和支持江苏改革开放和现代化建设的香港特别行政区同胞、澳门特别行政区同胞、台湾同胞、海外侨胞和国际友人，表示衷心的感谢！

我们也清醒地看到，我省经济社会发展中还存在不少困难和问题。实体经济发展面临较大困难，经济下行压力有所加大；自主创新能力还不强，构建自主可控现代产业体系任重道远；资源环境约束趋紧，大气、水、土壤等污染防治形势依然严峻；部分领域风险隐患不容忽视，社会治理、保障和改善民生面临许多新情况新问题；政府职能转变还不够到位，依法行政能力和法治政府建设有待进一步加强，形式主义、官僚主义整治还需进一步加大力度。我们一定高度重视这些问题，采取有力有效措施，切实加以解决。

二、2019年主要任务

2019年是新中国成立70周年，也是决胜高水平全面建成小康社会的关键之年，机遇与挑战并存。做好今年工作，意义十分重大。当今世界正处于百年未有之大变局，我们要从长期大势正确认识当前形势，深刻认识我国正处于并将长期处于重要战略机遇期，深刻认识我国经济发展长期向好的基本面没有改变，深刻认识江苏坚实的产业基础、雄厚的科教实力、良好的发展态势，进一步保持战略定力，坚定发展信心。我们要辩证看待国际环境和国内条件的变化，既看到外部环境复杂严峻，经济下行压力加大，经济运行稳中有变、变中有忧，更看到变中有机、危中有机，善于变中寻机、化危为机。面对前进中的困难和挑战，我们要变压力为动力，倒逼自主创新、转型升级，自力更生、艰苦奋斗，推动高质量发展。要紧扣重要战略机遇期的新内涵，抓住用好加快经济结构优化升级、提升科技创新、深化改革开放、加快绿色发展、参与全球经济治理体系变革带来的新机遇，进一步增强工作的主动性预见性，千方百计破解经济发展中深层次问题，顺势而为，乘势而上，一步一个脚印把“强富美高”新江苏建设推向前进。

今年政府工作的总体要求是，坚持以习近平新时代中国特色社会主义思想为指导，全面贯彻党的十九大和十九届二中、三中全会精神，深入落实习近平总书记对江苏工作重要指示要求，统筹推进“五位一体”总体布局，协调推进“四个全面”战略布局，坚持稳中求进工作总基调，坚持新发展理念，坚持推动高质量发展，坚持以供给侧结构性改革为主线，坚持深化市场化改革、扩大高水平开放，认真落实"一带一路"建设、长江经济带发展、长三角区域一体化发展三大国家战略，统筹做好稳增长、促改革、调结构、惠民生、防风险、保稳定各项工作，进一步稳就业、稳金融、稳外贸、稳外资、稳投资、稳预期，保持经济持续健康发展和社会大局稳定，为高水平全面建成小康社会收官打下决定性基础，推动高质量发展走在前列，以优异成绩庆祝中华人民共和国成立70周年。

今年经济社会发展的主要预期目标是：地区生产总值增长6.5%以上，一般公共预算收入增长4.5%左右，全社会研发投入占比2.65%（新口径），固定资产投资增长6%左右，高新技术产业投资、工业技改投资、工业投资分别增长10%、9%和6.5%以上，社会消费品零售总额增长8.5%，外贸进出口和利用外资稳中提效，城镇新增就业120万人以上，城镇登记失业率、调查失业率分别控制在4%、5%以内，居民消费价格涨幅控制在3%左右，居民收入增长与经济增长同步，节能减排和大气、水环境质量确保完成国家下达的目标任务。确定这样的奋斗目标，综合考虑了国内外环境因素和高水平全面建成小康社会的目标要求，既坚持实事求是，也勇于担当作为，体现了江苏高质量发展走在前列的内在要求和为全国发展大局作贡献的责任担当。

完成今年主要目标，必须全面把握党中央提出的新形势下做好经济工作"五个必须"的规律性认识，深入贯彻中央经济工作会议和省委十三届五次全会精神，着力构建现代化经济体系，坚持以供给侧结构性改革为主线，推动经济发展质量变革、效率变革、动力变革，提高全要素生产率，加快构建实体经济、科技创新、现代金融、人力资源协同发展的自主可控现代产业体系；着力推动发展动能转换，深入实施创新驱动战略，大力推动科技与产业深度融合，让科技创新真正成为发展的第一动力；着力促进城乡区域协调发展，更高层次推动资源整合和要素互动，加快形成彰显优势、功能互补、协调联动的城乡区域发展体系；着力打好三大攻坚战，坚持目标导向和问题导向相统一，强化措施，决战决胜，为高水平全面建成小康社会补齐短板、筑牢底板；着力增强人民群众获得感幸福感安全感，多谋民生之利，多解民生之忧，让高质量发展成果更多更公平惠及全省人民，不断创造高品质生活。重点做好九个方面工作。

（一）努力保持经济平稳健康发展

坚持稳中求进工作总基调，"稳"是基础和前提。今年国家将继续实施积极的财政政策和稳健的货币政策，实施更大规模的减税降费，我们要认真落实，扎实做好"六稳"工作，充分发挥投资的关键作用、消费的基础作用，努力保持经济运行在合理区间。大力推进重大项目建设。切实抓好重大产业项目、重大基础设施项目、重要民生项目的推进实施，以重大项目建设促进有效投资的落实，着力补短板、调结构、惠民生、增后劲。大力推进一批产业层次高、带动能力强的主导产业项目，实施一批未来成长空间大的前沿产业项目，加快形成新的经济增长点。聚焦交通、水利、环保、能源、民生、城镇化、信息化等关键领域和薄弱环节，加快高铁、过江通道、高速公路、港口航道、机场等重大交通基础设施建设，加强节水供水等重大水利工程建设，提升信息网络、现代物流等新型基础设施支撑能力，加强污水处理、垃圾处理、生态环境监测监控等环保基础设施建设。积极培育新的消费热点。围绕推动高质量发展、创造高品质生活，加快完善消费政策，积极引导社会力量进入健康、养老、文化、旅游、体育、家政、幼教等领域，扩大电子商务服务领域，着力创建全域旅游示范区、旅游风情小镇，引导企业增品种、提品质、创品牌，更好满足居民消费升级需求。推进一批智慧商圈、高品位步行街建设和老字号传承创新发展，加强消费领域信用体系建设，让老百姓有地方消费、放心舒心地消费。大力发展民营经济。坚持"两个毫不动摇"，着力营造便捷高效、公平竞争、稳定透明的营商环境，积极构建亲清新型政商关系，制定实施更加精准的政策措施，切实解决民营企业反映强烈的突出问题，依法保护企业家人身和财产安全，大力弘扬企业家精神，推动民营经济不断发展壮大。

(二)坚定不移推动产业转型升级

以制造业为主体的实体经济始终是我省发展的根基所在,必须围绕建设制造强省目标,把推进制造业高质量发展摆在突出位置,推动产业加快迈向全球价值链的中高端。着力培育发展先进制造业集群。聚焦13个重点产业集群,对全产业链进行梳理,围绕产业链部署创新链,聚焦发挥龙头企业支撑引领作用、培育发展“专精特新”小巨人企业、着力突破“卡脖子”关键核心技术等重点环节,加强资金和政策整合,集中力量培育发展一批具有国际竞争优势、自主可控的万亿级产业集群,打造一批高端制造品牌。加快改造提升传统产业。充分发挥现有产业和企业的中坚作用,大力发展工业互联网,组织实施重点平台建设工程和“企业上云”计划,创建一批示范智能车间和智能工厂,培育一批智能制造系统集成服务商,实施一批技术改造项目,促进产业转型升级,实现“江苏制造”向“江苏智造”转变。推动化工钢铁煤电行业转型发展,按照提升空间布局水平、提升产业集聚水平、提升行业技术水平和降低排放强度的要求,加大对沿长江、环太湖、沿大运河等重点地区的产业布局调整,支持引导基础条件好、转型意愿强的企业率先调整、加快升级。大力发展现代服务业。深入实施生产性服务业“双百”工程和互联网平台经济“百千万”工程,提升生产性服务业要素集聚能力。积极引进跨国公司地区总部和功能性机构,加快发展现代物流、工业设计、金融服务等现代服务业,推动先进制造业与现代服务业深度融合。全面开展质量提升行动,大力弘扬工匠精神,深入推进国家标准化综合改革试点。

(三)加快培育壮大发展新动能

科教资源丰富、产业基础良好是我省厚实的“家底”和发展的优势,要把科教与产业结合好、科技成果转化好,着力突破关键核心技术,为高质量发展蓄势造能。深入实施创新驱动战略。全面落实全省科技创新工作会议精神和有关政策举措,充分激发全社会创新活力,高水平建设创新型省份。强化企业创新主体地位,鼓励企业联合高校、科研院所建设高水平企业技术中心和工程技术研究中心,支持企业培育和引进高层次、高技能、急需紧缺人才,加快培育一批高价值专利和高知名度品牌。深入推进苏南国家自主创新示范区建设,积极创建国家产业创新中心,着力培育高新技术企业,建好用好省产业技术研究院、省技术产权交易市场等创新平台,增强产业技术供给和转化能力。积极推进首台套重大装备保险试点,切实降低重大科技成果转化风险。主动承接国家重大科技项目,实施前沿引领技术基础研究、前瞻性产业技术创新专项和重大科技成果转化专项。加强知识产权强省建设,提升知识产权保护和运营服务水平。大力实施未来网络、高效低碳燃气轮机、纳米真空互联实验站等国家重大科技基础设施建设,着力突破关键核心技术,努力形成具有引领性的原创成果,在江苏科技创新“高原”上竖起更多“高峰”。加快发展新产业新业态新模式。密切跟踪国际产业发展新趋势,聚焦数字经济、物联网、集成电路、生物医药、人工智能、共享经济等领域,实施一批重点项目,推动战略性新兴产业发展。抓好大数据产业发展试点示范和创新应用,加快推进5G商用进程,加大物联网应用力度,培育一批独角兽企业,让新经济跑出加速度、尽快挑大梁。深入实施军民融合发展国家战略,实施一批带动力强的军民融合项目。科学利用海洋资源,大力发展海洋经济。高质量推进“双创”工作。健全“双创”服务体系,建设资源共享平台,拓展市场化专业化众创空间,建设一批“双创”示范基地,加强对创新型中小微企业的支持,让更多的小苗苗壮成长。完善聚才用才体制机制,进一步调动各类人才的积极性和创造力。加快培育创新文化,营造更加浓厚的创新氛围。

(四)大力实施乡村振兴战略

把实施乡村振兴战略作为新时代“三农”工作的总抓手,坚持农业农村优先发展,落实强农惠农富农政策措施，扎实推进乡村振兴十项工程。加快建设现代农业。深化农业供给侧结构性改革，持续增加优质绿色农产品供给，着力构建现代农业产业体系、生产体系、经营体系和科技支撑体系，推动农村一二三产业融合发展。调整优化农业产业结构和产品结构，加快培育优质稻麦、绿色蔬菜、规模畜禽等 8 个千亿元级优势特色产业。推进农业标准化生产、全程化监管，加快地理标志培育力度，创建一批市场知名度高的农产品品牌。深入实施藏粮于地、藏粮于技战略，推进耕地数量、质量、生态"三位一体"保护，加强高标准农田建设，提升农业综合机械化水平，推进农业科技创新和成果应用，增强农业、粮食综合生产能力和抗风险能力，开展政策性库存粮食数量和质量大清查。加快培育新型职业农民和家庭农场、农民合作社等新型经营主体，打造一批具有较强竞争力的农业企业集团。整体推进苏南地区轮作休耕，深入推进特色田园乡村建设试点。切实改善农村人居环境。扎实推进村容村貌提升、饮水安全、垃圾污水治理、厕所革命和农业废弃物资源化利用等重点工作，生活垃圾集中收运率提高至 95%以上。继续抓好"四好农村路"建设，新改建农村公路 3500 公里、改造桥梁 800 座。推动水电气信等基础设施建设向农村延伸。深化殡葬改革，加强乡村公益性骨灰安放设施等殡葬服务设施建设，引导群众移风易俗。深入推进精准脱贫。认真落实打赢打好脱贫攻坚战三年行动实施意见，聚焦低收入人口、经济薄弱村和重点片区，强化到村到户到人的精准帮扶措施，完成 60 万左右建档立卡低收入人口脱贫任务，现有 97 个省定经济薄弱村全部实现达标，12 个省级重点帮扶县(区)全部达到"摘帽"标准。

（五）扎实推进生态文明建设

良好的生态环境是高质量发展的重要内涵，也是高品质生活、高水平全面小康的内在要求，必须始终坚持生态优先、绿色发展，以打硬仗的决心、钉钉子的韧劲，持续打好污染防治攻坚战，突出抓好中央环保督察"回头看"反馈问题整改，促进生态环境质量持续改善。坚决打赢蓝天保卫战。全面加强主要污染源管控，实施机动车国六排放标准，基本完成钢铁企业超低排放改造、燃煤锅炉整治等重点任务，大力推动水泥、焦化等其他重点行业超低排放改造，加强施工工地管理，开展挥发性有机物等专项整治，PM 2.5 平均浓度下降到 47 微克/立方米，空气质量优良天数比率上升至 70%。着力打好碧水保卫战。严格落实河长制、湖长制、断面长制，切实保护水资源、修复水生态。加大太湖流域综合治理，实现更高水平"两个确保"。加强近岸海域污染防治、饮用水水源地保护和黑臭水体整治，确保主要入江支流、入海河流消除劣Ⅴ类，国考断面水质优Ⅲ类比例提高到 70%。扎实推进净土保卫战。加强土壤污染防治和污染地块风险管控，加快建立污染地块名录和开发利用负面清单，扩大典型污染土壤治理和修复试点，深入开展涉重企业排查整治，促进土壤资源永续利用。切实打好治理体系能力建设提升战。积极推进与生态环境部共建"生态环境治理体系和治理能力现代化"试点，扎实推进城乡垃圾、污水、固废、危废等处置能力建设。大力实施园区环境治理工程，着力提升污染物收集、污染物处置、能源清洁化利用、生态环境监测监控能力。依法严厉打击各类环境违法行为，充分发挥市场机制和经济杠杆作用，激发各类主体治污减排的内生动力。积极推进领导干部自然资源资产离任审计，促进领导干部认真履行生态环境保护责任。强化"共抓大保护、不搞大开发"的战略导向，把修复长江生态环境摆在压倒性位置，突出抓好城镇污水垃圾、化工污染、船舶码头和农业面源污染治理，加快两岸造林绿化和湿地生态修复，切实把母亲河的一江清水保护好。

（六）深入推进区域一体化发展

充分发挥"一带一路"建设、长江经济带发展和长三角区域一体化发展三大国家战略的叠加优势，紧紧抓住重大发展机遇，在落实国家战略中提升江苏竞争力，推动高质量发展走在前列。积极融入长三角区域一体化发展。主动与国家层面对接，加强谋划，做好规划，大力实施《三年行动计划》。认真落实《淮河生态经济带发展规划》,加快推动宁杭生态经济带发展,积极做好推进一体化的各项工作,努力在区域一体化发展中实现更高质量发展。扎实推进新型城镇化。按照“1+3”重点功能区规划,大力推进扬子江城市群建设,优化完善城镇体系建设,推动小城镇多元特色发展,积极构建大中小城市和小城镇协调发展的格局。提升南京省会城市功能和中心城市首位度,加快建设徐州淮海经济区中心城市,支持南通通州湾长江经济带战略支点建设。加快推进宁镇扬、苏锡常一体化发展,扎实推进苏南苏北共建园区建设。进一步提高城市规划建设管理水平,加快生态园林城市建设,加快老旧小区改造,推进地下综合管廊、海绵城市建设,扎实开展城市“双修”,加大城市地下空间规划和开发利用,以“绣花”功夫精细化管理,不断提升城市功能和品质,努力创造更加宜居的环境。加快构建现代综合交通运输体系。加快推进南沿江、连淮扬镇等铁路建设,全面建成徐宿淮盐铁路主体工程,力争开工建设宁淮、北沿江高铁和沪苏湖、通苏嘉铁路。开工建设常泰、龙潭过江通道,推进沪通铁路长江大桥、五峰山长江大桥、南京五桥等项目建设。进一步完善公路路网体系,着力打通省际“断头路”,积极推进连云港至宿迁高速公路等战略支撑性项目。加快建设连云港港30万吨级航道二期工程,抓好连云港民用机场迁建、无锡硕放机场改造等建设,推动南通新机场规划建设。加快推进大宗货物运输公转铁、公转水,调整优化运输结构。大力发展枢纽经济,以交通基础设施的互联互通促进区域更高质量一体化发展。扎实做好对口支援、东西部扶贫协作和对口合作工作。

(七)更大力度深化改革扩大开放

改革开放以来,江苏靠吃改革饭、走开放路走在了全国前列,新时代推动高质量发展走在全国前列,必须坚定不移走改革开放这条“必由之路”。持续深化供给侧结构性改革。认真落实“巩固、增强、提升、畅通”八字方针,巩固“三去一降一补”成果,增强微观主体活力,提升产业链水平,畅通国民经济循环。综合应用环保、能耗、质量、安全等相关标准,引导退出低端低效产能,依法依规退出落后产能,进一步压减钢铁、水泥、平板玻璃等重点行业过剩产能。加大“僵尸企业”破产清算和重整力度,妥善做好职工安置和债务处置工作。加强指导服务,坚决避免简单“一刀切”,创造条件帮助企业整改达标、提升水平。加大减税降负力度,落实国家和省降低企业成本各项政策,清理规范涉企收费,全年为实体经济企业降本1600亿元以上。深入推进重点领域改革。坚持市场化改革方向,持续推进“放管服”改革,加快破除制约微观主体活力释放的体制机制障碍。围绕全面实现“3550”改革目标,进一步简化审批环节、优化审批流程。持续深化“不见面审批(服务)”改革,推进“不再审批”企业投资项目承诺制试点。加强事中事后监管,大力推进“双随机、一公开”在市场监管领域全覆盖、常态化。加强信息资源整合共享,全面推进“互联网+政务服务”。深化江阴市县级集成改革试点。加大农业农村改革力度,推进农村承包地“三权”分置、宅基地制度、集体产权制度等改革,完善城乡要素合理流动机制,吸引社会资本下乡投资。深化国资国企改革,加快实现国资监管由管企业为主转向管资本为主,推进国有企业混合所有制改革试点,推动国有企业做强做优做大,开展职业经理人试点。扎实抓好财税金融、投融资体制、科技、价格、自然资源、生态环境等重点领域改革。以“一带一路”交汇点建设统揽全省对外开放。扩大向东开放优势,做好向西开放文章,加强与沿线国家发展战略对接,大力推动江海联动、陆海统筹、空港直航,打造海上、陆上、空中、网上四位一体的国际大通道。着力打造连云港战略支点,加快中哈物流合作基地、上合组织(连云港)国际物流园建设,打造中国(连云港)丝绸之路国际物流博览会品牌,书写好新时代的“西游记”。坚持“走出去”“引进来”相结合,大力推进国际产能合作,着力建好中阿(联酋)、中柬、中埃等境外合作园区。落实准入前国民待遇加负面清单管理制度,推进贸易投资便利化,让外资开办企业更加便利、“准入大门”更加宽敞。坚持稳定数量与提高质量并重,把先进制造业和现代服务业作为引进外资的重点,紧盯世界500强企业和“隐形冠军”,大力引进“旗舰型”企业、“创新型”企业、行业“领头羊”和细分领域的“单打冠军”，进一步提升利用外资质量。发挥好苏州工业园区、南京江北新区的引领作用，扎实推进中以（常州）创新园、中韩（盐城）产业园、昆山深化两岸产业合作试验区、淮安台资集聚示范区、苏澳合作园区建设，加快各类开发园区转型升级，打造新一轮改革开放“试验田”。深化苏港澳、苏台合作。着力打造江苏发展大会、世界智能制造大会、世界物联网博览会、中国（泰州）国际医药博览会等重大开放平台。

（八）全面加强和创新社会治理

加强平安江苏、法治江苏建设，推动社会治理重心向基层下移，着力打造共建共治共享的社会治理格局。全力抓好安全稳定工作。牢固树立安全发展理念，以最严格的要求全面压紧压实安全生产责任，深入开展重点行业重点领域专项整治和隐患排查治理，努力保持安全生产形势持续稳定向好。全面提升应急管理水平，扎实开展防灾减灾救灾工作，着力提升自然灾害综合防治能力。切实保障社会公共安全。纵深推进扫黑除恶专项斗争，深化立体化、信息化、智能化社会治安防控体系建设，完善网格化社会治理机制，夯实长治久安根基。加大打击金融诈骗、网络诈骗和保健品诈骗活动力度。实施疫苗生产质量安全保障工程，加强疫苗生产、采购、储运、使用全流程监管，开展餐饮质量安全提升行动，狠抓食品药品安全工作，严谨标准，严格监管，严厉处罚，严肃问责，坚决守住公共安全底线。有效防范化解重大风险和社会矛盾。建立健全地方金融监管体系，突出抓好一批重大风险隐患防范化解，切实抓好金融、政府隐性债务等领域风险防控，防止经济领域矛盾向社会领域传导扩散，确保不发生区域性系统性风险。加强重大风险防控的制度建设和源头治理，健全矛盾风险多元化解、联动处置工作机制，落实领导干部接访下访、包案化解信访矛盾制度，建立信访积案常态化解机制，把矛盾化解在萌芽、问题解决在基层，切实维护好社会稳定。进一步扩大法律援助覆盖面。依法管理民族宗教事务。

全面支持深化国防和军队改革。深入开展全民国防教育，推动国防动员和后备力量建设创新发展。建立完善拥军优属政策制度，维护军人军属合法权益，让军人成为全社会尊崇的职业，进一步巩固和发展新型军政军民关系。

（九）持续保障和改善民生

始终坚持并自觉践行以人民为中心的发展思想，按照“坚守底线、突出重点、完善制度、引导预期”要求，切实在民生热点痛点难点上精准施策，在关键要害处靶向发力，让民生更好地顺应民心，努力交出一份人民满意的民生答卷。抓好就业这个民生之本。进一步完善稳就业、促创业、控失业的综合政策体系，抓好高校毕业生、退役军人、农民工等重点群体就业，落实好援企稳岗等政策措施，持续推进全民创业行动计划和职业技能提升行动计划，加大对灵活就业、新就业形态的支持力度，全力保障就业形势稳定。全面落实“富民 33 条”等政策举措，努力让老百姓“钱袋子”鼓起来。加强社会保障体系建设。加快推进养老保险制度改革，提升省级统筹水平。加快提升基本医疗保障市级统筹层次，完善统一的城乡居民大病保险制度和医疗救助制度，加大医疗保障待遇向重特大疾病困难患者的倾斜力度。加强医保基金监管，积极推进药品集中采购和医疗服务价格改革。实施物价上涨挂钩联动机制，落实城乡低保、临时救助、特困供养、抚恤优待等托底政策，有效保障困难群众基本生活。加强政府救助与慈善救助的衔接，积极构建多层次社会保障体系。办好人民满意的教育。坚持教育优先发展，加快教育现代化。实施新时代立德树人工程，培养德智体美劳全面发展的社会主义建设者和接班人。深化教育综合改革，推动学前教育公益普惠发展，扩大基础教育优质资源供给，确保中小学教师平均工资收入水平不低于当地公务员平均水平。加快“双一流”和高水平大学建设，推动高等教育内涵式发展。提高职业教育、特殊教育质量，完善终身教育体系，加大省属高校师范生培养力度，加快建设一支高素质专业化教师队伍。开展教育领域突出问题专项治理，严格规范办学行为，切实减轻中小学生过重课业负担。推进“健康江苏”建设。加强重大疾病防控，实施全民健康素养提升等十大行动，打造一批健康江苏示范点。推进紧密型医联体建设，提高家庭医生签约服务水平，加大全科医生培养力度。加强高水平医院建设，做优做强省会城市和重点功能区医疗中心，全面提升基层医疗卫生服务能力。大力发展“互联网＋医疗健康”，依托实体医院建设 50 个以上互联网医院。强化中医药传承创新，大力发展中医药事业。加快发展居家和社区养老、机构养老、医养结合等多样化服务，促进老龄事业和产业协调发展。加大住房保障力度。落实好城市主体责任，因城施策，健全市场体系和保障体系，着力解决好城镇中低收入居民和新市民住房问题。推动文化繁荣发展。推进新时代文明实践中心和县级融媒体中心建设，统筹抓好文化惠民工程、文艺精品创作和文化产业发展，加强对文化遗产和档案资源的保护、传承和利用，积极推进记录江苏、智慧广电建设。大力推进大运河文化带江苏段建设和大运河国家文化公园建设试点，建好用好大运河文化旅游发展基金，办好首届大运河文化旅游博览会。深化全域旅游创建，推动文化和旅游融合发展。广泛开展全民阅读，推进“书香江苏”品牌建设。加快新时代体育强省建设，协调发展群众体育和竞技体育，推进教体融合，不断提高青少年体育素质。积极做好东京奥运会参赛备战工作。

各位代表，今年我们将围绕人民群众的所需所盼所想，进一步加大工作力度，整合多方资源，继续办好十项民生实事。一是提高医疗保障水平。基本公共卫生服务人均补助标准比上年提高 10 元。实现产前筛查、新生儿疾病筛查全覆盖。城乡居民基本医保人均补助标准提高到 550 元，困难人员大病保险起付标准降低 50％、报销比例提高 5—10 个百分点。二是促进教育均衡发展。新建改扩建幼儿园 300 所、义务教育学校 350 所、普通高中 30 所。在全省中小学普遍建立课后服务制度。三是加大养老服务力度。新建 150 个街道老年人日间照料中心，新建护理型养老床位 2.5 万张，为 140 万居家养老老年人提供助餐、助浴、助洁等服务。为 600 万 65 岁以上老年人免费提供一次基本健康体检服务。四是加强特殊群体关爱。新建 200 个农村留守儿童“关爱之家”、100 个精神障碍康复社区服务点，完成 1.5 万户低收入残疾人家庭无障碍改造。建立家政服务企业及从业人员信用平台，为 10 万个家庭提供放心家政服务。五是完善城乡公共服务。新建 4000 个村(社区)综合性文化服务中心，改造升级 100 家农贸市场，新建 1500 家社区商业便利网点。新增高清数字电视家庭用户 100 万户，向 30 万经济薄弱地区农村低保户发放有线电视收视维护费补贴。镇村公交开通率提高到 90％以上。六是大力推进厕所革命。新建改扩建城市公共厕所 800 座、旅游厕所 1165 座，新增农村公共厕所 6000 座，新增无害化卫生户厕 15 万座以上。七是加快城市公共设施建设。新增便民型公园绿地 100 个，完成老旧公园绿地改造提升 30 个，城市绿化覆盖率提高到 40％。新建健身步道 500 公里、体育公园 200 个。八是推动老旧小区改造升级。完成老旧小区综合整治 300 个，加大推动既有多层住宅加装电梯等适老化改造力度，新增 120 个省级宜居示范居住区。新开工城镇棚户区改造 22 万套、基本建成 11 万套。九是深入整治黑臭水体。完成 138 条黑臭水体整治任务，实现 13 个设区市及太湖流域全部 9 个县城建成区基本消除黑臭水体。十是大力改善苏北农民住房条件。启动实施 620 个村改造任务，同步配建公共服务设施，三年改善 30 万户农民群众住房条件。

各位代表，新时代新使命对政府自身建设提出了更高要求。我们一定旗帜鲜明讲政治。坚持以习近平新时代中国特色社会主义思想武装头脑、指导实践、推动工作，树牢“四个意识”，坚定“四个自信”，严明政治纪律政治规矩，以实际行动实际成效忠诚践行“两个维护”，自觉在思想上政治上行动上同以习近平同志为核心的党中央保持高度一致。坚持把党对一切工作的领导贯彻到政府工作各领域各方面，确保中央大政方针和省委决策部署不折不扣落地见效。我们一定坚持依法行政。全面贯彻依法治国基本方略，切实加强法治政府建设，坚持法定职责必须为、法无授权不可为，尊法学法守法用法，把政府工作全面纳入法治轨道。加强对行政权力的制约和监督，自觉接受省人大及其常委会的法律监督和工作监督，自觉接受人民政协的民主监督，自觉接受司法监督、群众监督、舆论监督。完善政府立法机制，加强审计监督，强化政府内部层级监督，让权力在阳光下运行、让透明成为常态。进一步完善政府规章制度，深入推进政务公开，加强政府诚信建设，以政府诚信带动社会诚信。我们一定加强能力建设。切实增强本领恐慌感，按照锤炼“五个过硬”、增强“八个本领”的要求，深入推进学习型政府建设，加快练就担负起新时代新征程新使命的宽肩膀、铁肩膀，尤其是着力增强防控和化解各种重大风险能力，牢牢把握工作主动权。我们一定切实改进作风。不忘初心，牢记使命，把造福人民作为最大政绩，深入基层、深入一线，问政于民、问需于民，保持斗争精神，增强斗争本领，敢于担当、善于作为，撸起袖子加油干，尽心竭力解决好人民群众的操心事烦心事，以作风转变的实际成效和优异的工作业绩取信于民。我们一定坚持廉洁从政。坚决落实全面从严治党各项要求，一体推进不敢腐、不能腐、不想腐。持之以恒落实中央八项规定及其实施细则精神，严格执行省委《具体办法》，坚定不移纠“四风”、树新风，坚决克服形式主义、官僚主义。树立过紧日子思想，严格控制“三公”经费和一般性支出。坚持用制度管权管事管人，加强党风廉政教育，推进廉政文化建设，让铁规铁纪成为政府工作人员的自觉遵循，永葆为民务实清廉的政治本色。

各位代表！新时代是奋斗者的时代，幸福都是奋斗出来的。站在新的起点，面向美好未来，我们深感使命光荣、责任重大。让我们更加紧密地团结在以习近平同志为核心的党中央周围，坚持以习近平新时代中国特色社会主义思想为指导，在中共江苏省委坚强领导下，上下同心、迎难而上，真抓实干、埋头苦干，以奋斗姿态推动高质量发展走在前列、加快建设“强富美高”新江苏，以优异成绩庆祝中华人民共和国成立70周年！

第二章　关于江苏省2018年预算执行情况与2019年预算草案的报告

——2019年1月14日在江苏省第十三届人民代表大会第二次会议上

省财政厅厅长　储永宏

各位代表：

受省人民政府委托，我向大会报告江苏省2018年预算执行情况与2019年预算草案，请予审议，并请省政协委员和列席会议的同志提出意见。

一、2018年预算执行情况

2018年，全省各级财政部门以习近平新时代中国特色社会主义思想为指导，深入贯彻党的十九大精神和习近平总书记对江苏工作的重要指示要求，全面贯彻中央方针政策和省重大决策部署，认真落实省十三届人大一次会议以来的有关决议，坚持稳中求进工作总基调，坚持新发展理念，围绕“高质量发展走在前列”的目标定位，深入推进财税改革，实施更加积极的财政政策，调整优化支出结构，全力支持打好三大攻坚战，积极保障“六个稳”工作，为实现高质量发展良好开局、建设“强富美高”新江苏提供了有力的财政支撑。

（一）一般公共预算执行情况

全省一般公共预算收入8630.16亿元，增长5.6%，税收占比84.2%。其中，税收收入7263.65亿元，增长12%；非税收入1366.51亿元，下降19%。考虑到年中国家出台的增值税、企业所得税等减税降费政策因素，全省一般公共预算收入实际增幅在7%以上。全省一般公共预算支出11658.22亿元，增长9.8%。

当年全省一般公共预算收入，加中央税收返还及转移支付收入、地方政府一般债务收入及上年结转收入等，收入共计13961.61亿元。当年一般公共预算支出，加上解中央支出、地方政府一般债务还本支出、补充预算稳定调节基金等，当年支出共计13380.14亿元。收支相抵，预计结转下年支出581.47亿元。

省级一般公共预算收入267.67亿元，加中央税收返还和转移支付收入、地方政府一般债务收入、下级上解收入及上年结转收入等，收入共计5052.36亿元。省级一般公共预算支出1079.01亿元，加上解中央支出、对市县税收返还及转移支付支出、地方政府一般债务转贷支出、地方政府一般债务还本支出、补充预算稳定调节基金等，当年支出共计4966.38亿元。收支相抵，预计结转下年支出85.98亿元。

省对市县转移支付补助2165.83亿元，其中：一般性转移支付1271.36亿元，占比58.7%；专项转移支付894.47亿元，占比41.3%。

（二）政府性基金预算执行情况

全省政府性基金收入8222.81亿元，增长17.4%。全省政府性基金支出9055.8亿元，增长19.8%。全省政府性基金收入，加中央补助收入、地方政府专项债务收入、上年结转收入等，收入共计 10974.23 亿元。当年政府性基金支出，加上解中央支出、地方政府专项债务还本支出、调出资金等，当年支出共计 9938.48 亿元。收支相抵，预计结转下年支出 1035.75 亿元。

省级政府性基金收入 124.4 亿元，增长 7.1%。省级政府性基金支出 83.75 亿元，增长 45.5%。省级政府性基金收入，加中央补助收入、地方政府专项债务收入、上年结转收入等，收入共计 1944.23 亿元。当年政府性基金支出，加上解中央支出、地方政府专项债务转贷支出、调出资金等，当年支出共计 1908.61 亿元。收支相抵，预计结转下年支出 35.62 亿元。

（三）国有资本经营预算执行情况

全省国有资本经营预算收入 128.66 亿元（下降 23.7%），加上年结转收入 7.79 亿元，收入共计 136.45 亿元。全省国有资本经营预算支出 78.95 亿元（下降 44.1%），加调出资金 34.11 亿元，当年支出共计 113.06 亿元。收支相抵，预计结转下年支出 23.39 亿元。

省级国有资本经营预算收入 27.31 亿元（增长 37.2%），加上年结转收入 0.01 亿元，收入共计 27.32 亿元。省级国有资本经营预算支出 16.83 亿元（下降 13.2%），加调出资金 5.64 亿元，当年支出共计 22.47 亿元。收支相抵，预计结转下年支出 4.85 亿元。

（四）社会保险基金预算执行情况

全省社会保险基金收入 6331.41 亿元，支出 5708.81 亿元，当年收支结余 622.6 亿元，年末滚存结余 7587.16 亿元。

省级社会保险基金收入 668.73 亿元，支出 668.15 亿元，当年收支结余 0.58 亿元，年末滚存结余 655.98 亿元。

（五）地方政府债务情况

1. 地方政府债务限额余额情况

财政部核定我省新增政府债务限额 1665 亿元（包括政府债券 1664 亿元，国际金融组织和外国政府贷款 1 亿元），我省 2018 年地方政府债务限额 14768.3 亿元。截至 2018 年末，我省地方政府债务余额预计为 13285.55 亿元，在核定限额之内。债务率为 61.5%，低于警戒线，风险总体可控。省级地方政府债务限额 752.78 亿元。截至 2018 年末，省级地方政府债务余额为 529.56 亿元。

2. 地方政府债券发行情况

我省发行政府债券 2681.9 亿元，其中：新增债券 1664 亿元，再融资债券 434 亿元，置换债券 583.9 亿元。

3. 地方政府债券使用情况

全省新增地方政府债券 1664 亿元，主要用于：交通运输 184.67 亿元、市政建设 281.83 亿元、土地储备 495 亿元、保障性住房建设 422.18 亿元、生态建设和环境保护 47.54 亿元、农林水利建设 76.85 亿元、教育科学医疗等社会事业 155.93 亿元。省级新增地方政府债券 88 亿元，主要用于：交通运输 65 亿元、农林水利建设 23 亿元。

4. 地方政府债务还本付息情况

全省政府债务还本支出 1282.64 亿元，付息和发行费支出 364.5 亿元。省级政府债务还本支出 97.8 亿元，付息和发行费支出 17.52 亿元。

在省财政与中央财政、市县财政办理正式结算后，上述预算执行情况还会有一些变动，届时我们再向省人大常委会报告。

2018 年全省和省级预算执行与管理主要体现了以下重点：

(一)注重精准施策,大力推动高质量发展

一是促进经济平稳健康发展。多措并举为企业降低成本1200亿元以上。落实“科技30条”、“人才10条”,推动建立以诚信为基础的科研经费管理机制。对13个先进制造业集群中引领性、基础性、高成长性项目给予重点支持。支持组建省铁路集团、东部机场集团,支持重大交通基础设施建设。二是支持深化改革扩大开放。做好省级机构改革等各项改革涉及的财政政策制定与经费保障工作。继续支持国际货运班列运行,支持发展总部经济。三是支持实施乡村振兴战略和城镇建设。推动建立涉农资金统筹整合长效机制,整合设立改善苏北地区农民群众住房条件专项资金。支持创建29个省级现代农业产业示范园。对19个海绵城市和地下综合管廊建设试点市县、24个省级特色小镇和21个重点镇给予奖补。四是加强文化建设。支持文化惠民工程、大运河文化博物馆建设,加快推进大运河文化带建设。五是推动生态保护与修复。完善生态转移支付办法,健全长江大保护财政奖补机制、水环境区域补偿机制。六是保障和改善民生。及时兑现普惠性支出提标政策,推动民生十项实事全面完成。全省一般公共预算支出75%以上用于保障民生。

(二)聚焦重点任务,全力支持打好三大攻坚战

一是支持打好防范化解重大风险攻坚战。紧紧围绕“三个确保”目标和“清、规、控、降、防”五项要求,积极稳妥防范化解地方政府性债务风险,牢牢守住不发生区域性系统性风险底线。印发防范化解地方政府隐性债务风险等相关文件,进一步规范政府举债融资行为。完善工作机制,建立政府性债务应急处置协调机制。成功发行地方政府债券2681.9亿元,有效缓解了市县政府资金紧张状况。二是支持打好精准脱贫攻坚战。按照精准识别、分类施策的要求,加大对重点片区、经济薄弱村和低收入群体的支持。突出产业帮扶,统筹省级农业产业资金支持12个省定重点帮扶县区产业富民项目、南北共建农业产业园等。三是支持打好污染防治攻坚战。支持中央环保督察“回头看”反馈问题整改。支持推进“263”专项行动,解决大气、水、土壤等污染突出环境问题。完善与污染物排放总量挂钩的财政政策。

(三)强化系统思维,推动财政管理改革创新

一是深化财税改革。全面落实国家降低增值税税率、统一小规模纳税人标准、试行留抵退税等改革政策。实施省对市县均衡性转移支付办法。加大专项资金整合力度,推行“大专项+支持方向”方式下达资金。全省累计盘活存量资金超过2100亿元。纳入绩效目标管理的省级财政专项资金达667亿元。大力推进预决算公开。出台政府采购信用管理办法,简化省级集中采购品目至42项。我省连续两年被国务院表彰为财政管理先进地区。二是推进依法理财。首次向省人大常委会作了国有资产管理情况综合报告和金融企业国有资产专项报告。停征、取消、转出行政事业性收费8项,政府性基金停征、降标3项。三是优化支持方式。规范推广运用PPP模式,已落地项目307个,总投资6324.64亿元。江苏省政府投资基金已发起设立或参与出资基金54支,已投资项目386个,投资金额434.7亿元。支持政银合作融资,“小微创业贷”累计投放603亿元,“科技贷款资金池”累计投放规模达920亿元。率先建立财政支持绿色金融发展政策体系。

我们也看到,当前财政工作中还存在一些问题和不足:财政收支矛盾较为突出,紧平衡特征明显;一些部门和单位重分配轻管理,重投入轻绩效,财政资金使用效率亟需提高;预算执行不够均衡,部分项目执行率偏低;政府性债务化解任务繁重等。对这些问题,我们将高度重视,努力加以解决。

二、2019年预算草案

2019年预算安排的指导思想是:以习近平新时代中国特色社会主义思想为指导,全面贯彻党的十九大,十九届二中、三中全会,中央经济工作会议和省委十三届五次全会精神,紧紧围绕统筹推进"五位一体"总体布局和协调推进"四个全面"战略布局,坚持稳中求进工作总基调,坚持新发展理念,坚持推动高质量发展,坚持以供给侧结构性改革为主线,坚持深化市场化改革、扩大高水平开放,按照"六个稳"工作要求,深化财税体制改革,加快建立现代财政制度;认真落实减税降费等积极的财政政策,提高财政政策的精准度与有效性;调整优化支出结构,牢固树立政府带头过"紧日子"思想;全力支持高质量发展,支持打好三大攻坚战,着力增强人民群众获得感幸福感,促进全省经济持续健康发展和社会大局稳定。

(一)一般公共预算

1. 全省一般公共预算

考虑到国家将实施更大规模的减税降费政策影响,以及为推动高质量发展走在前列提供财力支撑的需要,全省一般公共预算收入预期目标为9000亿元,增长4.5%左右;全省一般公共预算支出预期目标为12200亿元,增长5%左右。

全省一般公共预算收入,加中央税收返还及转移支付收入、地方政府一般债务收入及上年结转收入等4308.5亿元,收入共计13308.5亿元。当年一般公共预算支出,加上解中央支出、地方政府一般债务还本支出及结转下年支出等1108.5亿元,支出共计13308.5亿元。收支相抵,保持平衡。

2. 省级一般公共预算

(1) 省级收入预算安排情况。

考虑到省级税收收入征管方式调整因素,省级一般公共预算收入预计为175亿元,加上预计上级补助收入1582.23亿元、下级上解收入1743.24亿元、上年结转85.98亿元、调入资金37.99亿元、动用预算稳定调节基金243.84亿元、地方政府一般债务收入557.9亿元,收入共计4426.18亿元。

(2) 省级支出预算安排情况。

① 上解中央支出237.12亿元。其中,体制上解80.72亿元,出口退税上解109.39亿元,专项上解47.01亿元。

② 返还性支出560.84亿元。根据历次中央与地方财政体制调整的有关规定,省对市县给予税收返还补助。

③ 中央专项转移支付支出232.08亿元。根据中央已提前下达的专项转移支付支出总额编入省级支出预算。

④ 一般性转移支付支出1152.29亿元。一是对市县固定数额补助支出330.33亿元。主要是历次财政体制调整时,为保障市县既得利益而给予市县的补助基数。二是对市县财力性补助支出184.97亿元。主要包括:均衡性转移支付补助支出79.18亿元、县级基本财力保障机制奖补支出70亿元、重点生态功能区转移支付支出15亿元等。三是共同财政事权转移支付支出406.34亿元。这是根据国务院对基本公共服务领域18项财政事权与支出责任划分改革而新设的转移支付。主要包括:教育51亿元、社会保障和就业283亿元、卫生健康36亿元、住房保障36亿元。主要用于:将城乡居民基本医疗保险政府补助标准提高到年人均550元、基本公共卫生服务经费提高到年人均75元等。四是其他有关事项一般性转移支付支出230.65亿元。主要包括:结算补助支出81.44亿元、农村综合改革转移支付支出54.12亿元、产粮(油)大县奖励资金支出19.26亿元、其他支出39.47亿元等。

⑤ 省级财力安排的省本级支出和专项转移支付支出 1483 亿元，主要内容是：

——社会保障和就业支出安排 113.19 亿元，同口径增长 10.7%。主要项目有：省级机关事业单位基本养老保险和职业年金单位缴费 45.24 亿元、就业专项资金 12.15 亿元、社会养老服务体系建设资金 8.8 亿元、残疾人康复专项补助 3.48 亿元、企业职工基本养老保险基金省级储备金 5 亿元、养老金基本缺口补助 25 亿元等。

——卫生健康支出安排 41.08 亿元，同口径增长 6.3%。主要项目有：省级公费医疗经费 9 亿元、医疗卫生机构能力建设补助资金 5.28 亿元、公共卫生与计划生育服务 4.32 亿元、卫生计生重点学科建设与人才培养 4.3 亿元、中医药事业发展专项资金 2.96 亿元、省级医疗卫生机构发展运行补助资金 2.84 亿元等。

——农林水支出安排 192.18 亿元，增长 14.1%。主要项目有：改善苏北地区农民群众住房条件专项资金 35.62 亿元(加上一般转移支付安排资金等共计 77 亿元)、水利重点工程建设 9.01 亿元(加上地方政府债券安排 40 亿元，共计 49.01 亿元)、农田建设资金 22.28 亿元、现代农业发展资金 20.18 亿元、水利发展资金 18.46 亿元、农业生态保护与资源利用资金 15.18 亿元、农业公共服务资金 9.7 亿元、渔业油补 9.5 亿元、扶贫专项资金 8.1 亿元、省级普惠金融发展专项资金(农林水)5.5 亿元等。

——教育支出安排 272.42 亿元，同口径增长 6.3%。主要项目有：生均拨款 202 亿元、“双一流”建设专项经费 9.17 亿元、高等教育内涵建设与发展专项资金 24.24 亿元、教育奖助体系专项经费 16.21 亿元等。

——科学技术支出安排 78.43 亿元，增长 10%。主要项目有：企业创新与成果转化专项资金 10 亿元、苏南专项 10 亿元、企业研发投入奖补 7.5 亿元、高新技术企业培育 3.5 亿元、省级普惠金融发展专项资金(科技)6.5 亿元、双创人才专项资金 7.75 亿元、省重点研发计划资金 5.82 亿元、自然科学基金 4.2 亿元等。

——文化旅游体育与传媒支出安排 30.3 亿元，增长 8.8%。主要项目有：宣传文化发展专项资金 4.5 亿元、文化企业专项扶持经费 3.79 亿元、现代服务业(文化产业)专项引导资金 2.5 亿元、公共文化服务体系建设专项资金 2.41 亿元、旅游业发展专项资金(文化)2 亿元、文化体育等单位保障与事业发展经费 4.98 亿元、省级文化事业发展专项资金 1.05 亿元等。

——节能环保支出安排 53.14 亿元，增长 7.3%。主要项目有：太湖水污染治理引导资金 21.18 亿元、环境保护引导资金 17.95 亿元、城乡环境品质提升专项资金 4.13 亿元、建筑节能和建筑产业现代化专项引导资金 2 亿元等。

——服务业与经济发展方面专项支出安排 78.39 亿元。主要项目有：工业和信息产业转型升级引导资金 30 亿元、商务发展资金 19 亿元、战略性新兴产业发展专项资金 10 亿元、现代服务业(其他现代服务业)发展专项资金 4.15 亿元等、旅游业发展专项资金(商业服务)2.48 亿元。

——交通运输支出安排 235.05 亿元。主要项目有：交通发展专项资金 143.81 亿元、交通养护专项资金 50.74 亿元、农村客运出租车油补 9.83 亿元等。

——一般公共服务支出等安排 261.92 亿元。主要内容有：一般公共服务支出 73 亿元、公共安全支出 94.81 亿元、自然资源海洋气象等支出 33.93 亿元、住房保障支出 60.18 亿元。

——其他方面 126.9 亿元。主要项目有：预备费 12 亿元、政府投资基金 20 亿元、对口支援专项资金 13.95 亿元、城镇基础设施建设引导资金 13.65 亿元、地方政府一般债券付息 16.7 亿元、统筹基建项目资金 4 亿元等。

⑥ 省级政府一般债券项目支出 70 亿元，其中：水利重点工程建设 40 亿元、干线航道建设18 亿元、普通国省干线公路建设 12 亿元。

⑦ 省级政府一般债务还本支出 116.97 亿元，用于偿还 2019 年到期的省级政府一般债务本金。

⑧ 省级政府一般债务转贷支出 487.9 亿元。
⑨ 上年结转项目支出 85.98 亿元。

（二）政府性基金预算

考虑到国家对房地产市场调控趋紧政策的影响，全省政府性基金收入预计为 7330 亿元（下降 10.9%），加中央补助收入 25.47 亿元、地方政府专项债务收入 1165.4 亿元、上年结转收入 1035.75 亿元、调入资金 31.42 亿元，全省政府性基金收入总量预计为 9588.04 亿元。政府性基金收入总量减去调出进入一般公共预算 305.56 亿元、结转下年支出 942.51 亿元、地方政府专项债务还本支出 439.97 亿元，其余 7900 亿元全部安排支出。

省级政府性基金收入预计为 114.93 亿元（下降 7.6%），加中央补助收入 25.47 亿元、地方政府专项债务收入 1165.4 亿元、上年结转收入 35.62 亿元，省级政府性基金收入总量预计为 1341.42 亿元。政府性基金收入总量减去补助市县支出 60.06 亿元、调出资金 5.31 亿元、地方政府专项债务转贷支出 1165.4 亿元后，其余 110.65 亿元全部安排支出。

（三）国有资本经营预算

全省国有资本经营收入预计为 106.45 亿元（下降 17.3%），加上年结转收入 23.39 亿元，全省国有资本经营收入总量预计为 129.84 亿元。国有资本经营收入总量减去调出 31.82 亿元进入一般公共预算后，其余 98.02 亿元全部安排用于对国有企业的资本金注入、改革成本支出等。

省级国有资本经营收入预计为 29.8 亿元（增长 9.1%），加上年结转收入 4.85 亿元，省级国有资本经营收入总量预计为 34.65 亿元。国有资本经营收入总量减去调出 9.26 亿元进入一般公共预算后，其余 25.39 亿元全部安排用于国有企业的资本金注入、改革成本支出等。

（四）社会保险基金预算

按现行政策测算，全省社会保险基金收入预计为 7398.64 亿元，支出预计为 6989.9 亿元，收支相抵，当年结余预计为 408.74 亿元，加上上年滚存结余 7587.16 亿元，预计年末滚存结余为 7995.9 亿元。

省级社会保险基金收入预计为 1391.64 亿元，支出预计为 1328.31 亿元，收支相抵，当年结余预计为 63.33 亿元，加上上年滚存结余 655.98 亿元，预计年末滚存结余为 719.31 亿元。

（五）地方政府债务情况

1. 收支预算。纳入年初预算的全省地方政府债务收入为 1723.3 亿元（含一般政府债券和专项政府债券）。其中，财政部经批准提前下达我省新增债券收入 1020 亿元，再融资债券收入 703.3 亿元。纳入年初预算的全省地方政府债务支出为 1723.3 亿元，其中：省级支出 70 亿元，省级地方政府债务转贷支出 1653.3 亿元。

2. 还本付息。2019 年全省地方政府债务还本支出 978.09 亿元，付息支出 439.01 亿元，其中：省级还本支出 116.97 亿元，付息支出 17.43 亿元。

（六）省十三届人大二次会议前支出情况

根据预算法第五十四条规定，在本次大会审议批准前，省级安排支出 15.26 亿元，主要用于省级预算单位的基本支出和 2018 年结转项目支出等。

三、努力完成2019年财政改革与预算收支任务

2019年,财政改革、服务发展任务繁重,完成上述预算收支任务,仍面临一定的压力。我们将按照“积极财政政策加力提效”的要求,全面落实国家更大规模的减税降费政策,严格依法依规征收各项财政收入,努力完成全年收入预期目标;坚持有保有压原则,优化财政支出结构,大力压减一般性支出,全力保障重大项目和重点支出,提高财政资金使用效益。

(一)支持深化供给侧结构性改革

一是围绕巩固“三去一降一补”成果,全面落实国家减税降费政策。认真落实增值税减税,小微企业、科技型初创企业普惠性税收减免,个人所得税专项附加扣除,城镇土地使用税和车辆车船税税率调整等政策。严格落实国家和省清理规范收费基金各项政策。二是围绕增强微观主体活力,大力支持企业发展。不折不扣落实国家和省支持民营经济发展的政策措施,完善促进企业创新发展的普惠制财政政策,加大对企业创新与成果转化、高新技术企业培育、重点研发计划等支持力度。三是围绕提升产业链水平,推动建立现代产业体系。优化工业和信息产业转型升级、现代服务业发展等资金使用方向,重点支持13个先进制造业集群,促进制造业和现代服务业深度融合。四是围绕畅通国民经济循环,发挥财政政策乘数效应。运用普惠金融发展、创业担保贷款贴息补助等资金,做大“小微创业贷”、“富民创业贷”、“科技贷款资金池”等产品规模,引导金融机构为实体经济提供融资支持。

(二)支持打好三大攻坚战

一是支持打好防范化解重大风险攻坚战。健全政府性债务管理制度体系,切实规范地方政府举债融资行为,坚决遏制隐性债务增量。督促各地进一步摸清政府隐性债务对应资产情况,有效提升资产变现能力。高度重视政府性债务化解工作,督促各地认真落实化债方案,采取安排年度预算资金、利用超收收入、盘活财政存量资金资产等方式,多渠道化解存量债务。全面加强各地政府性债务动态监测。继续开好“前门”,积极做好政府债券发行工作。二是支持打好精准脱贫攻坚战。统筹用好各类扶贫资金,重点向“病残孤老灾”特殊贫困人口、省定经济薄弱村、六大片区及省定重点帮扶县倾斜。统筹整合涉农资金,重点支持发展特色农业、旅游休闲等产业,构建脱贫增收长效机制。三是支持打好污染防治攻坚战。继续支持中央环保督察“回头看”反馈问题整改,推动实施“263”专项行动,重点支持山水林田湖草系统治理、大气污染防治、太湖流域治理、农业农村污染治理等领域。

(三)支持扩大有效需求

一是发挥消费拉动作用。研究完善促进消费的财政政策措施,大力支持电子商务、旅游示范区建设、产品质量提升行动。二是发挥投资关键作用。健全重大交通基础设施投入机制,统筹整合交通领域各类专项资金,大力支持高铁、重要节点机场、公路、港口、高等级航道建设,加快建立现代综合交通运输体系。加大城镇基础设施投入力度,对海绵城市、建制镇污水处理设施运行给予支持,推动特色小镇和旅游风情小镇创建。进一步规范推进PPP发展,不断提高公共服务能力。三是推动外贸稳中提效。加大对走出去企业的支持力度,在企业对外投资合作项目的前期费用、贷款贴息、大项目奖励、境外园区建设、人员培训等方面给予扶持。

（四）支持实施乡村振兴战略

一是大力支持苏北地区农民群众住房条件改善。通过统筹整合省级涉农资金、省级均衡性转移支付倾斜及新增预算安排等，重点支持新型农村社区、小城镇集中安置区的基础设施建设和公共服务设施配套。二是推动农业高质量发展。继续加大“三农”投入力度，支持省级现代农业产业示范园创建、产业兴村强县行动，支持高标准农田、高效节水灌溉等农业基础设施建设，推进苏南地区轮作休耕，扶持家庭农场、农民合作社等新型农业经营主体。三是大力支持乡村建设。继续支持“四好农村路”等基础设施建设，推进田园综合体和特色田园乡村建设。支持村级集体经济发展，稳步推进农村综合性改革试点。

（五）加强保障和改善民生

一是落实就业优先政策。全力保障就业形势稳定，重点支持高校毕业生、农民工、退役军人等群体就业。二是支持深化教育综合改革。健全各类教育生均拨款动态调整机制。巩固城乡统一、重在农村的义务教育经费保障机制。积极支持扩大普惠性学前教育及高中阶段教育资源。支持加快“双一流”建设和高等职业教育创新发展卓越计划。三是支持深化医疗卫生体制改革。推进“健康江苏”建设，支持深化公立医院综合改革和提高公共卫生服务均等化水平。四是加强社会保障。支持推进养老保险制度改革，完善城乡低保、临时救助等托底政策，启动城乡居民基本养老保险基金委托投资运营。五是促进文化事业发展。继续支持文化惠民工程、艺术精品创作和文化产业发展。设立大运河文化旅游发展基金，推进大运河国家文化公园建设试点。

（六）深入推进财税体制改革

一是深化预算管理制度改革。认真落实人大预算审查监督重点向支出预算和政策拓展等要求，积极配合推进预算联网监督系统建设。完善项目库管理，加强项目评审论证。做好国有资产综合报告。实施政府会计准则制度。加大预决算公开力度。二是加快推进事权和支出责任划分改革。研究出台基本公共服务领域省与市县共同财政事权和支出责任划分改革方案，明确共同事权范围，制定省基础保障标准，规范支出责任分担方式。三是全面落实国家税制改革部署。密切关注国家健全地方税体系改革动向。抓好现有国家先行先试政策在我省的落实工作。四是全面实施预算绩效管理。研究出台我省全面实施预算绩效管理的实施意见。探索建立新增重大政策、项目事前预算审核和绩效评估机制。加快实施重大政策和项目的绩效目标、绩效评价结果向同级人大报告制度。

各位代表：2019 年是新中国成立 70 周年，也是决胜高水平全面建成小康社会的关键之年。我们将以习近平新时代中国特色社会主义思想为指导，认真贯彻落实中央方针政策和省重大决策部署，按照省十三届人大二次会议要求，迎难而上，锐意进取，真抓实干，务求实效，扎扎实实做好财政支持稳增长、促改革、调结构、惠民生、防风险的各项工作，为推动我省高质量发展走在全国前列、加快建设“强富美高”新江苏做出积极贡献！

第三章　关于江苏省2018年国民经济和社会发展计划执行情况与2019年国民经济和社会发展计划草案的报告

——2019年1月14日在江苏省第十三届
人民代表大会第二次会议上

省发展和改革委员会主任　李侃桢

一、2018年国民经济和社会发展计划执行情况

过去的一年，面对错综复杂的外部环境和转型升级的艰巨任务，特别是下半年经济运行出现新变化新挑战，全省上下坚持以习近平新时代中国特色社会主义思想为指导，深入贯彻党的十九大精神和习近平总书记对江苏工作的重要指示要求，全面落实党中央、国务院和省委省政府决策部署，坚持稳中求进工作总基调，坚持新发展理念，坚持以供给侧结构性改革为主线，紧扣"高质量发展走在前列"的目标定位，进一步解放思想，加强系统谋划，深入实施国家重大战略，全力打好"三大攻坚战"，切实做好"六稳"工作，全省经济社会发展呈现总体平稳、稳中有进的态势，主要经济指标保持在合理区间，高质量发展实现良好开局，"强富美高"新江苏建设迈出新步伐。全年地区生产总值增长6.7%，固定资产投资增长5.5%，社会消费品零售总额增长7.9%，外贸进出口增长9.5%（以人民币计价），实际利用外资255亿美元，一般公共预算收入增长5.6%，居民消费价格指数102.3，全社会研发经费支出占GDP比重2.74%（按新口径计算占比2.64%），高新技术产业产值占比43.8%，居民人均可支配收入增长8.8%，城镇新增就业153万人，城镇登记失业率2.97%，节能减排指标能够完成国家下达的目标任务。

一年来，全省上下围绕年初确定的经济社会发展目标任务，坚定信心、攻坚克难、奋发有为，努力保持了经济持续健康发展和社会大局稳定，国民经济和社会发展计划执行情况总体较好。主要做了以下工作：

（一）着力稳定经济发展长期向好的基本面

开展经济监测预测预警，增强政策举措的有效性，努力保持经济平稳健康发展。建立推动高质量发展的体制机制，制定《江苏高质量发展监测评价指标体系与实施办法》《设区市高质量发展年度考核指标与实施办法》。先后出台降低企业负担促进实体经济高质量发展等政策文件，进一步提高政策储备和制度供给能力。狠抓重大项目建设，建立省领导挂钩联系省重大项目制度，南京台积电12吋晶圆一期等项目顺利投产，连云港盛虹炼化一体化等项目开工建设，全年省重大实施项目完成投资5300亿元。加快构建现代综合交通运输体系，编制沿江城市群城际铁路建设规划并获国家批复，南沿江城际铁路开工建设，长江南京以下12.5米深水航道二期工程建成试运行。研究出台我省完善促进消费体制机制进一步激发居民消费潜力的实施意见，持续扩大消费需求。

（二）着力推动经济转型升级

大力发展先进制造业，推进化工钢铁煤电行业转型升级，宝武梅钢基地等钢铁产能布局调整取

得重要进展。重点培育13个先进制造业集群，实施20项战略性新兴产业重点专项工程。深入推进苏南国家自主创新示范区建设，率先启动创建专业性国家产业创新中心，未来网络试验设施、高效低碳燃气轮机试验装置可研报告获国家批复。加快发展现代服务业，软件和信息技术服务业、互联网和相关服务业营业收入保持两位数增长。统筹推进区域协调发展，大力推进扬子江城市群建设，宁镇扬同城化取得新进展，扎实推进江淮生态经济区、沿海经济带、徐州淮海经济区中心城市建设，《淮河生态经济带发展规划》获国务院批复。实施削减煤炭消费总量专项行动，煤炭消费总量比2016年减少1800万吨以上。

（三）着力化解经济运行困难和矛盾

制定中美经贸摩擦应对工作预案，加快构建多元化市场格局，大力推进外贸“优进优出”，一般贸易进出口占比持续提升。加大对实体经济支持力度，制定出台推动民营经济高质量发展的意见，在企业税费、用工用地、物流、融资等方面明确28条举措，切实降低企业负担。全力打好“三大攻坚战”，出台防范化解地方政府隐性债务风险的实施意见，重点打击非法集资等非法金融活动，坚决守住不发生区域性系统性风险的底线；强化精准帮扶措施，67.5万建档立卡低收入人口、244个省定经济薄弱村实现脱贫；出台加强生态环境保护坚决打好污染防治攻坚战的实施意见，认真对照中央环保督察反馈意见加快解决突出环境问题，开展多项整治行动，较好完成国家下达的环保约束性指标。

（四）着力推进国家重大战略深入实施

坚决贯彻“共抓大保护、不搞大开发”要求，制定出台推进我省长江经济带高质量发展走在前列的实施意见，编制钢铁化工行业布局优化推进方案，推动沿江化工钢铁产业有序转移。出台高质量推进“一带一路”交汇点建设的意见，上合组织（连云港）国际物流园获批国家级示范物流园区，中阿（联酋）产能合作示范园成功获批全国首家“一带一路”产能合作园区。积极配合国家做好长三角区域一体化发展规划纲要编制工作，首张跨区域科技创新券（昆山—上海创新券）发放，省界断头路（青浦盈淀路至昆山锦淀路）实现通车。编制出台乡村振兴战略实施规划，积极推进大运河文化带建设。

（五）着力深化重点领域和关键环节改革

以改革开放40周年为契机，对重点改革事项逐个研究、逐项推进，不断激发经济发展活力。扎实推进供给侧结构性改革，全年压减钢铁产能80万吨，为企业降低成本1200亿元以上，补短板重点工程完成投资3600亿元。制定进一步优化营商环境的意见，加快“不见面审批（服务）”标准化、规范化建设。深化投融资体制改革，推进企业投资项目信用承诺制试点。启动实施全省第一批国企混合所有制改革试点，出台营造企业家成长环境弘扬企业家精神发挥企业家作用的实施意见。聚焦农业转移人口市民化，制定实施城镇建设用地增加规模与吸纳农业转移人口落户数量挂钩政策，公布第二批31个特色小镇创建名单。

（六）着力保障和改善民生水平

公共财政用于民生领域支出持续增加，民生十件实事顺利推进。居民收入与经济增长基本同步，农村居民收入增速继续高于城镇。就业形势良好，“双创”带动就业占城镇新增就业50%以上，社会保障网进一步织密扎牢，基层基本公共服务功能标准化配置实现度90%以上。苏北地区农民群众住房条件改善工作有序开展，社会大局保持和谐稳定，人民群众获得感幸福感安全感不断提升。

二、2019年国民经济和社会发展计划及重大项目安排

2019年国民经济和社会发展计划主要目标为:地区生产总值增长6.5%以上,固定资产投资增长6%左右,社会消费品零售总额增长8.5%,外贸进出口和实际利用外资稳中提效,一般公共预算收入增长4.5%左右,居民消费价格指数103左右,全社会研发经费支出占GDP比重2.65%(新口径),城乡居民人均可支配收入与经济增长同步,城镇新增就业120万人以上,城镇调查失业率和登记失业率分别在5%以内和4%以内,节能减排和大气、水环境质量确保完成国家下达的目标任务。

2019年省重大项目投资计划草案建议安排省级重大项目240个,其中实施项目220个、储备项目20个,预计年度计划投资5330亿元。220个实施项目包括重大创新载体、重大产业、重大生态环保、重大民生工程和重大基础设施项目。

三、实施2019年国民经济和社会发展计划的重点举措

做好今年的经济社会发展工作,必须坚持以习近平新时代中国特色社会主义思想为指导,全面贯彻党的十九大和十九届二中、三中全会精神,深入落实习近平总书记对江苏工作重要指示要求,统筹推进"五位一体"总体布局,协调推进"四个全面"战略布局,坚持稳中求进工作总基调,坚持新发展理念,坚持推动高质量发展,坚持以供给侧结构性改革为主线,坚持深化市场化改革、扩大高水平开放,认真落实"一带一路"建设、长江经济带发展、长三角区域一体化发展三大国家战略,统筹做好稳增长、促改革、调结构、惠民生、防风险、保稳定各项工作,进一步稳就业、稳金融、稳外贸、稳外资、稳投资、稳预期,保持经济持续健康发展和社会大局稳定,为高水平全面建成小康社会收官打下决定性基础,推动高质量发展走在前列,以优异成绩庆祝中华人民共和国成立70周年。重点抓好以下六个方面:

(一)培育壮大国内市场,全力以赴保持经济平稳健康发展

加强宏观政策统筹协调,制定我省推动高质量发展的贯彻落实意见,加强重大战略谋划与研究,努力实现最优政策组合和最大整体效果,保持经济运行在合理区间。充分发挥消费基础作用,加快完善促进消费的体制机制,制定实施消费升级行动计划,激发新兴消费潜力,培育区域消费中心。更好发挥投资关键作用,积极扩大制造业投资,稳步增加基础设施投资,稳定房地产投资。加快省级重大项目建设,引导资源要素向重大项目聚焦。加大基础设施领域补短板力度,重点支持脱贫攻坚、农业农村、水利、生态环保、社会民生、能源等项目建设,加快构建国家级综合交通大通道。妥善应对中美经贸摩擦,做好若干应对准备,帮助出口企业解决生产经营困难,稳定出口市场份额,力求将不利影响降到最低。

(二)更大力度支持实体经济发展,加快建设自主可控的先进制造业体系

按照"巩固、增强、提升、畅通"要求,持续深化供给侧结构性改革,着力构建现代产业体系,努力推动产业向中高端攀升。推动制造业优化升级。持续推动化工钢铁煤电行业转型发展,重点打造13个先进制造业集群,实施关键技术攻关工程、工业强基工程和高端装备研制赶超工程。全面开展质量提升行动,深入推进国家标准化综合改革试点。大力发展战略性新兴产业。规划打造一批世界级新兴产业集聚区、一批优势产业集群和特色产业链。扎实推进苏南国家自主创新示范区建设,积极创建国家产业创新中心,集中力量突破一批"卡脖子"关键核心技术。加强知识产权保护和应用。加快发展现代服务业。制定出台促进现代服务业发展的政策措施,深入实施"双百"工程和

"百千万"工程，大力发展总部经济、枢纽经济和金融服务，推进先进制造业与生产性服务业深度融合。着力营造便捷高效、公平竞争、稳定透明的营商环境。积极推进能源变革，全面提升电力安全保供水平，完善煤炭消费生产管控体系，确保完成减煤年度任务。

（三）坚决打好"三大攻坚战"，冲刺高水平全面建成小康社会

有效防范化解金融风险。落实防范处置非法金融活动风险攻坚战三年专项行动，开展互联网金融风险专项整治，做好地方政府隐性债务风险防范化解工作，确保不新增政府隐性债务。加大力度打好污染防治攻坚战。主动优化调整产业结构，深入推进"263"专项行动，打好蓝天、碧水、净土保卫战，努力实现 PM2.5 和臭氧"双控双减"。确保完成脱贫攻坚任务。大力落实三年行动实施意见，确保 60 万左右建档立卡低收入人口脱贫、97 个省定经济薄弱村全部达标。

（四）深入实施国家战略，提升区域协调发展水平

积极融入长三角区域一体化发展。加强与国家层面规划对接，编制长三角区域一体化发展江苏实施规划，全面加强与上海、浙江的合作交流，谋划共建一体化示范区，推动宁杭生态经济带规划获批实施。加快"一带一路"交汇点建设。深入实施"五大计划"，支持连云港战略支点建设，积极推进国际产能合作，支持重点境外合作园区建设。统筹推进长江经济带发展。出台三年行动计划，制定负面清单，优化沿江地区产业布局。加快专项整治行动实施进度，重点实施"4＋1"工程，加快沿江化工污染整治搬迁。大力实施乡村振兴战略。深化农业供给侧结构性改革，积极构建现代农业产业体系、生产体系和经营体系。扎实推进特色田园乡村建设，大力改善农村人居环境。构建经济地理新格局。按照"1＋3"重点功能区要求，优化区域发展布局，加快提升南京首位度，务实推进宁镇扬、苏锡常一体化发展。协调推进沪宁产业创新带、沿海基础产业带、淮河生态经济带、宁杭生态经济带和大运河文化带建设，推进各板块特色发展。

（五）坚持深化市场化改革，努力扩大高水平开放

深化重点领域改革。进一步简政放权，持续深化"不见面审批（服务）"改革，抓好国有企业混合所有制改革试点，开展金融支持供给侧结构性改革创新试点，大力发展直接融资。完善价格调控机制，深化社会信用体系建设。提升对外开放水平。推动出口市场多元化，落实外商投资负面清单，集中精力推动重大外资项目落地。推进国家跨境电子商务综合试验区建设和市场采购贸易方式试点，积极争取国家服务业开放综合试点。扩大先进技术、高端装备、关键零部件、优质消费品等进口。完善企业"走出去"综合服务体系，推动开发区向现代产业园区转型。

（六）切实保障和改善民生，不断满足人民日益增长的美好生活需要

稳步推进城乡居民增收。全面落实"富民 33 条"政策措施，坚持就业优先政策，统筹做好去产能分流职工、高校毕业生、退役军人、农民工等重点群体就业，稳步提高社保待遇水平。优化公共服务供给。制定实施基本公共服务标准，强化基层基本公共服务功能配置。开展教育领域突出问题专项治理，稳妥做好高考方案调整工作，积极扩大普惠性幼儿园供给。深化医药卫生体制改革，全面提升基层医疗卫生服务能力，加快发展"互联网＋医疗健康"。推进居家和社区养老服务改革试点，提升机构养老服务质量。统筹抓好文化事业、文化产业和旅游业发展。加强和创新社会治理，确保社会大局和谐稳定。

第四章　国务院印发中国(江苏)自由贸易试验区总体方案

建立中国(江苏)自由贸易试验区(以下简称自贸试验区)是党中央、国务院作出的重大决策,是新时代推进改革开放的战略举措。为高标准高质量建设自贸试验区,制定本方案。

一、总体要求

(一)指导思想

以习近平新时代中国特色社会主义思想为指导,全面贯彻党的十九大和十九届二中、三中全会精神,统筹推进"五位一体"总体布局和协调推进"四个全面"战略布局,坚持稳中求进工作总基调,坚持新发展理念,坚持高质量发展,以供给侧结构性改革为主线,主动服务和融入国家重大战略,更好服务对外开放总体战略布局,解放思想、大胆创新,把自贸试验区建设成为新时代改革开放的新高地。

(二)战略定位及发展目标

以制度创新为核心,以可复制可推广为基本要求,全面落实中央关于深化产业结构调整、深入实施创新驱动发展战略的要求,推动全方位高水平对外开放,加快"一带一路"交汇点建设,着力打造开放型经济发展先行区、实体经济创新发展和产业转型升级示范区。经过三至五年改革探索,对标国际先进规则,形成更多有国际竞争力的制度创新成果,推动经济发展质量变革、效率变革、动力变革,努力建成贸易投资便利、高端产业集聚、金融服务完善、监管安全高效、辐射带动作用突出的高标准高质量自由贸易园区。

二、区位布局

(一)实施范围

自贸试验区的实施范围119.97平方公里,涵盖三个片区:南京片区39.55平方公里,苏州片区60.15平方公里(含苏州工业园综合保税区5.28平方公里),连云港片区20.27平方公里(含连云港综合保税区2.44平方公里)。

自贸试验区土地开发利用须遵守土地利用、生态环境保护、城乡规划法律法规,符合土地利用总体规划和城乡规划,并符合节约集约用地的有关要求;涉及海洋的,须符合《中华人民共和国海域使用管理法》《中华人民共和国海洋环境保护法》等法律法规有关规定。

(二)功能划分

南京片区建设具有国际影响力的自主创新先导区、现代产业示范区和对外开放合作重要平台;苏州片区建设世界一流高科技产业园区,打造全方位开放高地、国际化创新高地、高端化产业高地、现代化治理高地；连云港片区建设亚欧重要国际交通枢纽、集聚优质要素的开放门户、“一带一路”沿线国家(地区)交流合作平台。

三、主要任务和措施

(一) 加快转变政府职能

1. 打造国际一流营商环境

推进“证照分离”改革全覆盖，持续推动“多证合一”。推进“2 个工作日内开办企业、3 个工作日内获得不动产登记、30 个工作日内取得工业建设项目施工许可证”改革。加强商事审判队伍建设，发展国际商事仲裁、调解等司法替代性解决机制。强化竞争政策的基础性地位。

2. 推进行政管理职能与流程优化

江苏省能够下放的经济社会管理权限，全部下放给自贸试验区。推进综合行政执法体制改革。全面推行“互联网+政务服务”模式。深化“不见面审批(服务)”改革和办税缴费便利化改革。探索高新技术企业认定流程和方式改革。

3. 创新事中事后监管体制机制

建立健全以信用监管为核心、与负面清单管理方式相适应的事中事后监管体系。配合做好外商投资安全审查工作。落实市场主体首负责任制，在安全生产、资源节约、环境保护等领域建立市场主体社会责任报告制度和责任追溯制度。

(二) 深化投资领域改革

1. 深入推进投资自由化便利化

全面落实外商投资准入前国民待遇加负面清单管理制度。探索建立外商投资信息报告制度。深入实施公平竞争审查制度，实现各类市场主体依法平等准入。对符合条件的外资创业投资企业和股权投资企业开展境内投资项目，探索实施监管新模式。探索允许外商投资企业将资本项目收入划转或结汇并依法用于境内股权投资。支持外商独资设立经营性教育培训和职业技能培训机构。支持外商投资设立航空运输销售代理企业。统一内外资人才中介机构投资者资质要求，由自贸试验区管理机构负责审批，报省级人力资源社会保障部门备案。

2. 完善投资促进和保护机制

建立健全外商投资服务体系，完善外商投资促进、项目跟踪服务和投诉工作机制。鼓励自贸试验区在法定权限内制定外商投资促进政策。推广市场化招商模式，成立企业化招商机构。实施重大外资项目“直通车”制度。建立完善地方政府招商引资诚信制度。

3. 提高境外投资合作水平

创新境外投资管理，将自贸试验区建设成为企业“走出去”的窗口和综合服务平台。支持建设国家级境外投资服务中心。投资境外非贸易类实体项目的自贸试验区内企业因外保内贷履约形成对外债务时，应办理外债登记，并纳入全口径跨境融资宏观审慎管理。支持依法依规开展人民币海外基金业务。

4. 大力发展总部经济

进一步完善总部经济促进政策，打造总部经济群。推进企业跨境财务结算中心集聚发展，开展跨国公司总部外汇资金集中运营管理。跨境财务结算中心经批准可以进入境内银行间外汇市场交易。支持符合条件的跨国企业集团设立跨境人民币资金池，集中管理集团内人民币资金。

(三)推动贸易转型升级

1. 提升贸易便利化水平

加快建设具有国际先进水平的国际贸易"单一窗口"。推动数据协同、简化和标准化,实现铁路、海关、口岸等相关部门的信息互换、监管互认和执法互助。探索食品、农产品检验检疫和追溯标准国际互认机制。扩大第三方检验结果采信商品和机构范围。优化口岸通关流程,推进货物平均放行和结关时间体系化建设。创新出口货物专利纠纷担保放行方式。支持银行为真实合法的贸易结算提供优质服务。

2. 创新贸易综合监管模式

探索与自贸试验区外机场、港口、铁路以及海关特殊监管区域的联动发展。支持自贸试验区内企业开展跨境电商进出口业务,逐步实现自贸试验区内综合保税区依法依规全面适用跨境电商零售进口政策。支持国际邮件互换局(交换站)和国际快件监管中心建设。完善进口商品质量安全风险预警与快速反应监管体系。支持自贸试验区的汽车整车进口口岸建设。支持依法依规建设首次进口药品和生物制品口岸。搭建生物医药集中监管和公共服务平台。开展进境生物材料风险评估,优化对细胞、组织切片等基础性原料的检疫准入流程。优化生物医药全球协同研发的试验用特殊物品的检疫查验流程。支持在海关特殊监管区域和保税监管场所设立大宗商品期货保税交割库,开展期货保税交割、仓单质押融资等业务。允许海关接受软件报关。

3. 推动服务贸易创新发展

建立完善服务贸易创新发展跨部门协调机制,探索服务贸易行政审批及服务事项集中办理改革。探索建设服务贸易境外促进中心,构建中小微服务贸易企业融资担保体系。打造以数字化贸易为标志的新型服务贸易中心。推动中医药服务贸易创新发展。推进人民币在服务贸易领域的跨境使用。

(四)深化金融领域开放创新

1. 扩大金融领域对内对外开放

支持依法依规设立中外合资银行、民营银行、保险、证券、公募基金、持牌资产管理机构等法人金融机构。支持设立保险资产管理公司。支持发展离岸保险业务。探索投融资汇兑便利化。探索自贸试验区内上市公司外资股东直接参与上市公司配售增发业务,支持外籍员工直接参与境内上市公司股权激励计划。加强对重大风险的识别和系统性金融风险的防范。强化反洗钱、反恐怖融资、反逃税工作。

2. 强化金融对实体经济的支撑

在有效防范风险的基础上,稳妥有序开展供应链金融业务,探索债券、股权融资支持工具试点。支持开展外债注销登记下放给银行办理试点。扩大资本项目收入结汇支付便利化试点规模。依法依规创新绿色金融产品和服务。鼓励保险公司创新产品和服务,为能源、化工等提供保障。

3. 推进金融支持科技创新

研究设立跨境双向股权投资基金。支持开展政府投资基金投向种子期、初创期科技企业的退出试点,探索政府投资基金退出机制和让利机制。研究开展合格境内投资企业(QDIE)政策试点。支持自贸试验区内基金小镇依法依规开展私募投资基金服务。

(五)推动创新驱动发展

1. 支持制造业创新发展

发展前瞻性先导性产业。建设下一代互联网国家工程中心。建设国家集成电路设计服务产业创新平台、国家健康医疗大数据中心。推进5G试商用城市建设，打造国家级车联网先导区。在风险可控、依法依规前提下，积极开展高技术、高附加值、符合环保要求的旧机电产品维修和再制造，探索开展高端装备绿色再制造试点。开展医疗器械注册人制度试点，允许自贸试验区内医疗器械注册人委托江苏省医疗器械生产企业生产产品。

2. 推动现代服务业集聚发展

打造健康服务发展先行区。在相关制度安排框架下，允许港澳台服务提供者按规定设立独资医疗机构。加快质子放射治疗系统、手术机器人等大型创新医疗设备和创新药物审批。探索开展前沿医疗技术研究项目、重大新药创制国家科技重大专项成果转移转化试点。推动邮轮、游艇等旅游出行便利化。促进文物及文化艺术品在自贸试验区内的综合保税区存储、展示等。打造品牌化、市场化、国际化的展会平台。

3. 构建开放创新载体

建设高水平产业创新平台，鼓励外资设立研发中心，建设国别合作创新园区、协同创新中心、海外创新机构，构建开放创新生态系统。推进国家级开发区等开放创新平台与自贸试验区互动发展。

4. 完善知识产权保护和运用体系

推进知识产权保护中心建设。完善知识产权金融创新体系，创新知识产权融资产品。完善知识产权评估机制、质押融资风险分担机制和方便快捷的质物处置机制。探索推进职务发明创造所有权、处置权和收益权改革。支持国外知识产权服务机构在自贸试验区依法探索设立办事机构，开展相关业务。

5. 优化创新要素市场配置机制

探索国际人才管理改革试点，为在自贸试验区工作和创业的外国人提供入出境、居留和永久居留便利。开辟外国人才绿色通道，探索开展职业资格国际互认，探索放宽自贸试验区聘雇高层次和急需紧缺外籍专业人才条件限制。开展外国高端人才服务“一卡通”试点，建立住房、子女入学、就医社保服务通道。允许外籍及港澳台地区技术技能人员按规定在自贸试验区工作。支持完善人才跨境金融服务。创新国有建设用地开发利用及监管模式。

（六）积极服务国家战略

1. 推动“一带一路”交汇点建设

支持在自贸试验区内建立多式联运中心，探索建立以“一单制”为核心的便捷多式联运体系。授予自贸试验区铁路对外开放口岸资质。支持规划建设铁路集装箱中心站。建设大宗商品集散中心。促进国际运输便利化，加快海外物流基地建设。搭建新亚欧大陆桥陆海联运电子数据交换通道。加强与“一带一路”沿线国家（地区）口岸执法机构的机制化合作。推动将中欧班列（连云港）纳入中欧安全智能贸易航线试点计划。将外资经营国际船舶管理业务备案下放至江苏省。加强“一带一路”国际产能合作，支持自贸试验区内企业与相关国家的机构合作，参与建设境外经贸合作区、产能合作区等。

2. 推动长江经济带和长江三角洲区域一体化发展

加强与长江经济带和长江三角洲有关省市合作。加快建设扬子江生态文明创新中心。支持完善长江“生态眼”多源感知系统。在自贸试验区打造高水平国际化协同创新共同体，共同培育先进制造业集群和科创高地。加快建设现代产业集聚区，主动服务长江三角洲区域重点产业的优化布局和统筹发展。

四、保障机制

坚持和加强党对改革开放的领导,把党的领导贯穿于自贸试验区建设的全过程。强化底线思维和风险意识,完善风险防控和处置机制,实现区域稳定安全高效运行,切实维护国家安全和社会安全。在国务院自由贸易试验区工作部际联席会议统筹协调下,充分发挥地方和部门积极性,抓好各项改革试点任务落实,高标准高质量建设自贸试验区。江苏省要完善工作机制,构建精简高效、权责明晰的自贸试验区管理体制,加强人才培养,打造高素质管理队伍;要加强地方立法,建立公正透明、体系完备的法治环境。自贸试验区各片区要把工作做细,制度做实,严格监督,严格执纪执法。各有关部门要及时下放相关管理权限,给予充分的改革自主权。本方案提出的各项改革政策措施,凡涉及调整现行法律或行政法规的,按规定程序办理。重大事项及时向党中央、国务院请示报告。

第二篇　江苏省省情概况

第一章　总体介绍

一、江苏简介

江苏，简称“苏”，省会南京，位于中国大陆东部沿海中心，介于东经 116°18′～121°57′，北纬 30°45′～35°20′之间。江苏位于我国大陆东部沿海中心、长江下游，东濒黄海，东南与浙江和上海毗邻，西接安徽，北接山东。省际陆地边界线 3383 公里，面积 10.26 万平方公里，占全国总面积的 1.06%，人均国土面积在全国各省区中最少。

江苏跨江滨海，平原辽阔，水网密布，湖泊众多。海岸线 954 公里，长江横穿东西 425 公里，京杭大运河纵贯南北 718 公里。有淮、沂、沭、泗、秦淮河、苏北灌溉总渠等大小河流 2900 多条。全国五大淡水湖，江苏得其二，太湖 2250 平方公里，居第三，洪泽湖 2069 平方公里，居第四，此外还有高宝湖、高邮湖、邵伯湖、骆马湖、微山湖等大小湖泊 290 多个，其中 50 平方公里以上的湖泊 12 个。平原、水域面积分别占 69%和 17%，比例居全国首位。低山丘陵面积占 14%，集中分布在西南和北部。连云港云台山玉女峰是全省最高峰，海拔 625 米。

江苏属于温带向亚热带的过渡性气候，基本以淮河为界。江苏省各地平均气温介于 13～16℃，江南地区 15～16℃，江淮流域 14～15℃，淮北及沿海地区 13～14℃，由东北向西南逐渐增高。最冷月为 1 月份，平均气温－1.0～3.3℃，其等温线与纬度平行，由南向北递减，7 月份为最热月，沿海部分地区和里下河腹地最热月在 8 月份，平均气温 26～28.8℃，其等温线与海岸线平行，温度由沿海向内陆增加。江苏省春季升温西部快于东部，东西相差 4～7 天；秋季降温南部慢于北部，南北相差 3～6 天。

二、行政区划

截至 2018 年 12 月，江苏省共辖 13 个地级市、22 个县级市、19 个县、55 个市辖区，767 个乡镇，县(市)中包含昆山、泰兴、沭阳 3 个江苏试点省直管市(县)。

表 1　江苏省行政区划

单位：个

市　名	各级市单位数	县级单位数				镇	乡	街道办事处	居民委员会	村民委员会
			市辖区	县级市	县					
全　省	**13**	**96**	**55**	**22**	**19**	**723**	**44**	**491**	**7330**	**14410**
南京市	1	11	11			10		90	959	283
无锡市	1	7	5	2		30		53	610	639
徐州市	1	10	5	2	3	97		68	686	2036
常州市	1	6	5	1		36		25	406	641
苏州市	1	9	5	4		52		40	1180	1025
南通市	1	8	3	4	1	65		37	625	1297

续表

市 名	各级市单位数	县 级单位数	市辖区	县级市	县	镇	乡	街 道办事处	居 民委员会	村 民委员会
连云港市	1	6	3		3	51	9	30	265	1429
淮 安 市	1	7	4		3	57		37	286	1420
盐 城 市	1	9	3	1	5	95		30	615	1821
扬 州 市	1	6	3	2	1	62	5	14	365	1015
镇 江 市	1	6	3	3		31		25	280	489
泰 州 市	1	6	3	3		68	2	21	473	1422
宿 迁 市	1	5	2		3	69	28	21	580	893

数据来源:《江苏统计年鉴 2019》

1996 年以来,经国务院批准,全省对省辖市行政区划进行了较大规模调整。1996 年,扬泰分设,撤县级泰州市,设地级泰州市;淮宿分设,撤县级宿迁市,设地级宿迁市。2000 年以来,全省调整了苏州、无锡、常州、南京、镇江、扬州、南通、徐州、淮安、连云港、盐城、泰州、宿迁 13 个省辖市市区行政区划。其中,2011 年经国务院批准,对扬州市行政区划进一步进行调整,撤销县级江都市,设立扬州市江都区,撤销扬州市维扬区。2012 年经国务院批准,苏州市撤销沧浪区、平江区、金阊区,合并设立姑苏区,撤销了吴江市,设立吴江区;泰州市撤销了姜堰市,设立姜堰区。2013 年 2 月,南京市撤销秦淮区与白下区,合并设立新的秦淮区,撤销鼓楼区与下关区,合并设立新的鼓楼区,撤销高淳县、溧水县,分别设立高淳区、溧水区。2014 年连云港市撤销新浦区、海州区,设立新的海州区。2015 年,常州戚墅堰区和武进区合并组建新的武进区。2015 年撤销淮安市清河区、清浦区,设立淮安市清江浦区,以原清河区、清浦区的行政区域为清江浦区的行政区域。2016 年根据国务院、省政府批复,同意设立无锡市新吴区,将无锡市锡山区的鸿山街道和滨湖区的江溪、旺庄、硕放、梅村、新安街道划归新吴区管辖,以上述 6 个街道的行政区域为新吴区的行政区域。2018 年 5 月,经国务院批准,撤销海安县,设立县级海安市,以原海安县的行政区域为海安市的行政区域。海安市由江苏省直辖,南通市代管。

1998 年以来,全省对布局不尽合理和规模偏小的乡镇、村进行了撤并。至 2011 年底,共撤并乡镇 1018 个,撤并率 51%,其中 2011 年撤并乡镇 19 个。2012 年江苏省围绕城镇化和城乡一体化发展战略,撤并 24 个镇、3 个街道办事处,新设立 10 个街道办事处。2017 年较上年撤并 6 个乡镇,增设 3 个街道办事处。2018 年,江苏减少 35 个镇、24 个乡,同时增加 33 个街道办事处。乡镇规模和人口数量更加符合资源优化配置的要求,加快了城市化的进程。

表 2 江苏省行政区划详情

区划名称	行政代码	车牌代码	电话区号	市辖区、县、县级市
南京市	3201	苏 A	025	玄武区、秦淮区、鼓楼区、建邺区、栖霞区、雨花台区、江宁区、浦口区、六合区、溧水区、高淳区
无锡市	3202	苏 B	0510	滨湖区、梁溪区、新吴区、锡山区、惠山区、江阴市、宜兴市
徐州市	3203	苏 C	0516	云龙区、鼓楼区、贾汪区、泉山区、铜山区、丰县、沛县、睢宁县、邳州市、新沂市
常州市	3204	苏 D	0519	天宁区、钟楼区、新北区、武进区、金坛区、溧阳市

续表

区划名称	行政代码	车牌代码	电话区号	市辖区、县、县级市
苏州市	3205	苏 E/苏 U	0512	姑苏区、虎丘区、吴中区、相城区、吴江区、昆山市、常熟市、张家港市、太仓市
南通市	3206	苏 F	0513	崇川区、港闸区、通州区、如东县、如皋市、海门市、启东市、海安市
连云港市	3207	苏 G	0518	连云区、海州区、赣榆区、东海县、灌云县、灌南县
淮安市	3208	苏 H	0517	清江浦区、淮安区、淮阴区、洪泽区、涟水县、盱眙县、金湖县
盐城市	3209	苏 J	0515	亭湖区、盐都区、大丰区、响水县、滨海县、阜宁县、射阳县、建湖县、东台市
扬州市	3210	苏 K	0514	广陵区、邗江区、江都区、宝应县、仪征市、高邮市
镇江市	3211	苏 L	0511	京口区、润州区、丹徒区、丹阳市、扬中市、句容市
泰州市	3212	苏 M	0523	海陵区、高港区、姜堰区、兴化市、靖江市、泰兴市
宿迁市	3213	苏 N	0527	宿城区、宿豫区、沭阳县、泗阳县、泗洪县

第二章　自然地理

一、江苏地形

江苏地处东经 116°18′～121°57′，北纬 30°45′～35°20′之间。东濒黄海，西连安徽，北接山东，东南与浙江和上海毗邻。全省总面积 10.26 万平方公里，占全国总面积的 1.06%。其中，平原面积 7.06 万平方公里，主要有苏南平原、苏中江淮平原、苏北黄淮平原组成。水面面积 1.73 万平方公里。江苏地形地势低平，跨江滨海，平原辽阔，水网密布，湖泊众多，成为江苏一大地理特点。江苏海岸线 954 公里，长江横穿东西 425 公里，京杭大运河纵贯南北 718 公里。有淮、沂、沭、泗、秦淮河、苏北灌溉总渠等大小河流 2900 多条。全国五大淡水湖，江苏得其二，太湖 2250 平方公里，居第三，洪泽湖 2069 平方公里，居第四，此外，还有高宝湖、高邮湖、邵伯湖、骆马湖、微山湖等大小湖泊 290 多个，其中 50 平方公里以上的湖泊 12 个。平原、水域面积分别占 69%和 17%，比例高居全国首位。

江苏是全国地势最低的一个省区，绝大部分地区在海拔 50 米以下，低山丘陵集中在北部和西南部，占全省总面积的 14.3%，主要有老山山脉、云台山脉、宁镇山脉、茅山山脉、宜溧山脉。连云港的市郊云台山玉女峰为全省最高峰，海拔 625 米。江苏第二高山：宜兴市张渚镇岭下村黄塔顶，最高峰海拔 611.5 米，是苏南山区第一高峰。位于徐州市区东北 40 公里贾汪区境内的大洞山，海拔 361 米，又名茱萸山、九十九顶莲花山，属淮阴山脉，周围大小 100 余山头，连成一气，森林、灌丛、灌节丛、衡疏四种植被 300 多种植物分布其中，景深木秀，绿涛汹涌，被徐州市列为生态自然保护区。江苏处于亚热带向暖温带的过渡区，气候温和，雨量适中，四季分明。年均气温 13～16℃，多年平均降雨量 1002.7 毫米。

二、江苏水文

江苏省地处江、淮、沂、沭、泗五大河流下游，长江横穿江苏省南部，江水系江苏省最可靠的水资源。境内有太湖、洪泽湖、高邮湖、骆马湖、白马湖、石臼湖、微山湖等大中型湖泊，以及大运河、淮沭河、串场河、灌河、盐河、通榆运河、灌溉总渠和通扬运河等各支河，河渠纵横，水网稠密。中国五大淡水湖有两个位于江苏，太湖 2250 平方公里，居第三；洪泽湖 2069 平方公里，居第四，此外，还有大小湖泊 290 多个，其中 50 平方公里以上的湖泊 12 个。全省大部分地区水系相当发达，共有大小河流和人工河道 2900 多条，陆域水面面积达 1.73 万平方公里，水面所占比例之大，在全国各省中居首位。其中，尤其以长江以南的太湖平原和长江以北的里下河平原，大大小小的河流形成蛛网状，分布极为稠密，为大面积的水网密集地带。

长江是流经江苏最大的河流，呈东西向横穿江苏，省境内长度 425 公里，将江苏省分割为南北两个部分。在江苏省境内，长江的支流有江苏省西南部的秦淮河，在南京市汇入长江。

三、江苏气候

江苏属于温带向亚热带的过渡性气候。江苏省各地平均气温介于13～16℃，江南地区15～16℃，江淮流域14～15℃，淮北及沿海地区13～14℃，由东北向西南逐渐增高。最冷月为1月份，平均气温－1.0～3.3℃，其等温线与纬度平行，由南向北递减，7月份为最热月，沿海部分地区和里下河腹地最热月在8月份，平均气温26～28.8℃，其等温线与海岸线平行，温度由沿海向内陆增加。全省春季升温西部快于东部，东西相差4～7天；秋季降温南部慢于北部，南北相差3～6天。

第三章　资源环境

一、土地资源

江苏是一个以平原为主的省份，长江、淮河、黄河的冲积和海流的回淤作用，逐步形成了里下河平原、长江三角洲平原、苏北滨海平原，三大平原构成了全省的平原农业地貌。全省平原占土地总面积的70.25%，低山、丘陵仅占土地总面积的15.38%。低山、丘陵集中分布在西南部和北部。山体不大、又较低。江河上游有14个省市的地表径流，从不同的方向汇流省境，全省有大小河道2900多条，湖荡300多个，水面占土地总面积的14.1%。在农业用地9032.68万亩中，农用耕地为8224.32万亩，林园地、牧地等808.36万亩；在非农业用地2524.02万亩中，居住用地1226.96万亩，交通用地517.77万亩，难于利用的土地414.78万亩；在3621.87万亩水域中，水面2163.94万亩，堤滩地等1457.92万亩。

表1　江苏省土地资源构成

类　别		面　积		占土地总面积(%)
		平方公里	万亩	
农业用地	合　计	60217.87	9032.68	59.51
	耕　地	54828.80	8224.32	54.18
	林园地	4812.47	721.87	4.76
	牧地及其他	576.60	86.49	0.57
非农业用地	合　计	16826.80	2524.02	16.63
	居住用地	8179.73	1226.96	8.08
	工矿用地	1895.93	284.39	1.87
	交通用地	3451.80	517.77	3.41
	特殊用地	538.14	80.72	0.53
	难利用地	2761.20	414.18	2.73
水域	合　计	24145.73	3621.86	23.86
	水　面	14426.27	2163.94	14.26
	堤滩地及其他	9719.46	1457.92	9.60
全省合计		101190.440	15178.560	100.00

数据来源：《江苏省志·土壤志》

二、水资源

江苏省地处江、淮、沂、沭、泗下游，长江横穿东西425公里，京杭大运河纵贯南北718公里，海岸线长954公里，境内水系分属长江、淮河两大流域。长江流域分为长江和太湖水系，其中，长江水系1.91万平方公里，太湖水系1.94万平方公里；淮河流域分为淮河和沂沭泗水系，其中，淮河水系3.82万平方公里，沂沭泗水系2.59万平方公里。全省河湖库众多，其中列入省骨干河道名录的重要河道727条；列入省湖泊保护名录的重要湖泊137个，太湖、洪泽湖居全国五大淡水湖第三、四位；各类水库908座，其中大中型水库48座。全省多年平均水资源总量（扣除地表水、地下水资源量重复计算量）为321.6亿立方米。其中，淮河片193.0亿立方米，占全省的60.3%，长江片55.6亿立方米，占全省的17.4%，太湖片72.9亿立方米，占全省的22.3%。多年平均年地表水资源量为266.3亿立方米，淮河片150.6亿立方米，长江片49.7亿立方米，太湖片66.0亿立方米。多年平均年地下水资源量为138.7亿立方米。

三、矿产资源

江苏省地跨华北地台和扬子地台两大地质构造单元，有色金属类、建材类、膏盐类、特种非金属类矿产是江苏矿产资源的特色和优势。截至2017年底，全省已发现各类矿产133种，其中，查明资源储量的有68种；已发现尚未查明资源储量的有65种。其中铌钽矿、含钾砂页岩、泥灰岩、凹凸棒石粘土、二氧化碳气等矿产查明资源储量居全国前列。截至2017年底，全省列入《江苏省矿产资源储量统计表》的矿种有74(亚)种。

表2 江苏省矿产种类一览表

	查明资源储量的矿种		已发现尚未查明资源储量的矿种	
矿产类别	矿种数	名称	矿种数	名称
能源矿产	4	煤、石油、天然气、地热	3	油页岩、煤层气、铀
金属矿产	19	铁、锰、钛、钒、铜、铅、锌、镁、钼、金、银、铌、钽、锆、锶、锗、铟、铼、镉	25	铬、铝土矿、镍、钴、锡、钨、铋、锂、铷、铯、钇、钆、铽、镝、铈、镧、镨、钕、钐、铕、镓、铪、硒、钪、碲
非金属矿产	42	金刚石、硫铁矿、蓝晶石、红柱石、硅灰石、云母、长石、蛭石、沸石、明矾石、芒硝、石膏、方解石、萤石、宝石、石灰岩、泥灰岩、白云岩、石英岩、天然石英砂、含钾砂页岩、高岭土、陶瓷土、耐火粘土、凹凸棒粘土、膨润土、其他粘土、蛇纹岩、玄武岩、辉绿岩、闪长岩、花岗岩、珍珠岩、凝灰岩、大理岩、泥炭、岩盐、硼、磷、绢云母、片麻岩、石榴子石	36	石墨、自然硫、水晶、刚玉、滑石、石棉、黄玉、叶蜡石、透辉石、透闪石、重晶石、天然碱、菱镁矿、玛瑙、颜料矿物、白垩、脉石英、粉石英、含钾岩石、硅藻土、页岩、海泡石粘土、伊利石粘土、累托石粘土、橄榄岩、角闪岩、安山岩、麦饭石、松脂岩、浮石、粗面岩、霞石正长岩、火山渣、板岩、钾盐、砷
水气矿产	3	地下水、矿泉水、二氧化碳气	1	氡气
小计	68		65	
合计			133	

数据来源：江苏省矿产资源年报

四、生物资源

江苏省野生动物资源为数较少，鸟类主要是野鸡、野鸭，沿海有丹顶鹤、白鹤、天鹅等珍稀飞禽，沿海地区还建有世界上第一个野生麋鹿保护区。植物资源非常丰富，约有850多种，尚有可利用和开发前途的野生植物资源600多种。水生动物资源极为丰富。东部沿海渔场面积达10万平方公里，其中包括著名的吕四、海州湾、长江口、大沙等四大渔场，盛产黄鱼、带鱼、鲳鱼、虾类、蟹类及贝藻类等水产品。内陆水面有2600多万亩，养殖面积836万亩。有淡水鱼类140

余种,是全国河蟹、鳗鱼苗的主要产地。被称为“长江三鲜”的鲥鱼、刀鱼、河豚,“太湖三白”的白鱼、银鱼、白虾,都是水中珍品。

五、交通资源

1. 公路

江苏公路总里程和高速公路总里程均居全国首位。江苏省首轮规划的“四纵四横四联”高速公路网主骨架全面建成,包括宁盐高速公路、沪宁高速公路、京沪高速公路、苏嘉杭高速公路、连徐高速公路、宁靖盐高速公路、宁宿徐高速公路、宁杭高速公路、沿江高速公路、盐徐高速公路、徐济高速公路、沿海高速公路、宁连高速公路等。至 2015 年,通车里程将达到 5200 公里,基本建成“五纵九横五联”江苏高速公路网。

按照《江苏省高速公路网规划(2017—2035 年)》,全省高速公路网采用放射线与纵横网格相结合的布局方案,总体上形成“十五射六纵十横”的布局形态。具体线路如下:(1) 射线(15 条)。射一:南京至徐州;射二:南京至连云港;射三:南京至盐城;射四:南京至南通;射五:南京至上海;射六:南京至上海二通道;射七:南京至杭州;射八:南京至杭州二通道;射九:南京至宣城;射十:南京至黄山;射十一:南京至芜湖;射十二:南京至合肥二通道;射十三:南京至合肥;射十四:南京至洛阳;射十五:南京至滁州。(2) 纵线(6 条)。纵一:赣榆至吴江;纵二:东海至吴江;纵三:阜宁至宜兴;纵四:新沂至宜兴;纵五:邳州至溧阳;纵六:徐州至明光。(3) 横线(10 条)。横一:沛县至丰县;横二:连云港至徐州;横三:连云港至宿迁;横四:滨海至泗洪;横五:大丰至徐州;横六:盐城至蚌埠;横七:启东至扬州;横八:太仓至溧水;横九:太仓至高淳;横十:上海至吴江。

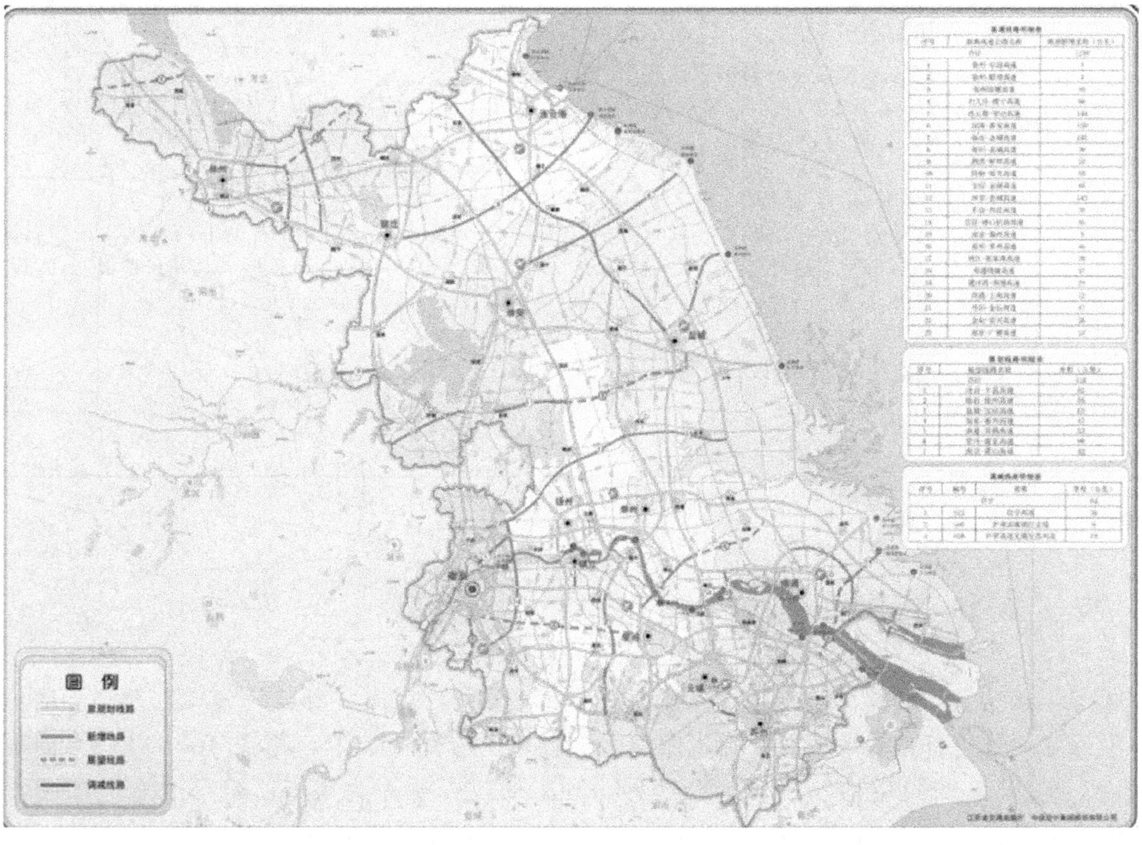

图 1　江苏省高速公路网络规划(2017—2035 年)

2. 航空

在江苏境内，共有10个民航机场，分别是南京禄口国际机场、苏南硕放国际机场、常州奔牛国际机场、徐州观音国际机场、南通兴东国际机场、扬州泰州国际机场、连云港白塔埠国际机场、连云港花果山国际机场(在建)、盐城南洋国际机场、淮安涟水国际机场。

其中，无锡、盐城、常州、连云港机场为军民合用机场。此外，还有扬州高邮机场、南京马鞍国际机场、南京土山机场、若航南京老山机场、如皋军用机场、苏州光福机场、镇江大路通用机场、宿迁通用机场、盐城建湖通用机场以及新建中的连云港花果山国际机场。

江苏省航空之密集可谓中国之冠。在江苏全省约10万平方公里面积内，分布着9个民航机场，差不多平均1万平方公里一个机场，这在国内乃至世界都属较大密度。2008年全省航空运输旅客吞吐量达1194万人次，货邮24万吨，增幅居华东地区第一；全省有航线190多条、航点75个，每周进出港航班2400个左右。2017年，9个机场全部对外开放，成为一类航空口岸。同时实现9家机场吞吐量全部突破百万人次，全部迈入全国中型机场行列，创全国纪录。

表3　江苏民用机场(12个，含2个合建，江苏省覆盖)

所在地	机场	通航时间
南京	南京禄口国际机场 南京马鞍国际机场	1997年7月1日在建
徐州	徐州观音国际机场	1997年11月8日
常州	常州奔牛国际机场	1986年3月15日
无锡	苏南硕放国际机场 (与苏州合建)	2004年02月19日
盐城	盐城南洋国际机场	2000年3月29日
南通	南通兴东机场	1993年8月24日
淮安	淮安涟水机场	2010年09月26日
连云港	连云港白塔埠机场	1985年3月26日
扬州	扬州泰州机场 (与泰州合建)	2012年05月08日
宿迁	宿迁通用机场	选址，即将建设
镇江	镇江大路机场	规划扩建成民用

3. 铁路

江苏铁路交通发达，现已覆盖全省，京沪铁路、陇海铁路两条铁路干线经过境内，京沪铁路主要呈东西向穿越江苏的南部，陇海铁路也呈东西向经过江苏的最北部，徐州则为两大干线交汇的枢纽。京沪铁路南京至上海段为中国最繁忙的铁路之一，高峰时段平均每5分钟就有列车通过。除此之外，还有新长铁路、宁芜铁路、宁启铁路、宁西铁路、宁杭城际和宁安城际客运专线。但是，江苏铁路存在苏南与苏中、苏北分布不均的特点。作为国家重要铁路枢纽，南京虽然已形成高铁沪宁杭合"一小时圈"、通达国内24个省会城市，但省内至连云港、淮安、宿迁等地尚无高铁直达，省外往环渤海、安徽黄山、福建等方向的路径不畅。南京将参与建设宁淮、宁宣城际铁路，并将正线引入禄口国际机场设站，实现空铁联运，构成鲁苏皖赣闽铁路新通道；将建设南京北站，作为江北新区的重要枢纽门户；将相继开工建设宁芜铁路外绕工程、北沿江高铁，加快推进京沪铁路能力提升工程。预计到2030年，南京将形成八向放射格局的"米"字形高铁网络，进一步增强对周边的辐射带动作用。

南京铁路枢纽将形成“两环、四跨、十五线、五个重要客站、四个物流节点、一主一辅编组站”的环形放射状格局，其中“两环”即铁路枢纽东西两个环线；“四跨”包括南京长江大桥、大胜关长江大桥、上元门通道、龙潭地区通道4处过江通道；“十五线”包括京沪、沪宁、宁杭、宁安、南沿江、北沿江、宁合、宁淮、宁扬宁马、宁宣(黄)、宁滁蚌等11条客运专线以及京沪、宁启、宁芜、宁合等4条普速及货运专线；“五个重要客站”包括南京站、南京南站、南京北站、仙林站及禄口空铁联运枢纽；“四个物流节点”包括尧化门一级物流基地、江宁镇二级物流基地和龙潭、永宁三级物流基地。“一主一辅编组站”包括高里主要编组站和南京东辅助编组站。

4. 航运

江苏省东濒黄海，长江和京杭大运河呈十字形贯穿全省，太湖平原和里下河平原水网密布。水运历来在江苏省的交通体系中占有重要地位，江苏省绝大部分城市历史上均是依托水运优势得以发展繁荣。

江苏是港口大省，国家交通运输部公布的中国53个主要港口名录中，江苏有7个；在沿海25个主要港口中，江苏有5个。

南京港是中国沿海主要港口，是国家重要的主枢纽港和对外开放一类口岸。连云港港是国家25个沿海主要港口、12个区域性中心港口之一。徐州港是国家28个内河主要港口之一。苏州港吞吐量居中国内河港口之首。2013年，连云港港集装箱吞吐量在中国沿海和内河港口中位列第九名，苏州港位居第十。

表3　江苏港口(21个，江苏省覆盖)

分　类	名　单
海洋港口(黄海)	连云港港、大丰港、洋口港、吕四港
内河港口 (长江、京杭大运河)	南京港、镇江港、常州港、徐州港(万寨港、邳州港、双楼港、孟家沟港)、如皋港、淮安港、宿迁港、江阴港、苏州港(张家港港区、常熟港区、太仓港区，其中太仓港区享受海港待遇)、南通港、淮安港、泰州港、扬州港(高邮港)

第四章　经济社会发展

2018年，全省上下坚持以习近平新时代中国特色社会主义思想为指导，深入贯彻党的十九大精神和习近平总书记对江苏工作的重要指示要求，全面落实中央和省委省政府决策部署，坚持稳中求进工作总基调，深入贯彻新发展理念，统筹做好改革发展稳定工作，凝心聚力，攻坚克难，经济运行总体平稳、稳中有进，综合实力显著增强，改革开放加力提效，新旧动能接续转换，质量效益稳步提升，城乡建设统筹推进，民生福祉日益改善，高质量发展实现良好开局，“强富美高”新江苏建设迈出坚实步伐。

一、综合

综合实力持续增强。经济总量再上新台阶，初步核算，全年实现地区生产总值92595.4亿元，比上年增长6.7%。其中，第一产业增加值4141.7亿元，增长1.8%；第二产业增加值41248.5亿元，增长5.8%；第三产业增加值47205.2亿元，增长7.9%。全省人均地区生产总值115168元，比上年增长6.3%。劳动生产率持续提高，平均每位从业人员创造的增加值达194759元，比上年增加14247元。产业结构加快调整，全年三次产业增加值比例调整为4.5∶44.5∶51，服务业增加值占GDP比重比上年提高0.7个百分点。经济活力增强，全年非公有制经济实现增加值68057.6亿元，占GDP比重达73.5%，较上年提高0.1个百分点；私营个体经济增加值占GDP比重达49.9%，民营经济增加值占GDP比重达55.6%。2018年末全省工商部门登记的私营企业286.79万户；全年新登记私营企业48.95万户，注册资本25838.02亿元。年末个体户590.10万户，全年新登记109.54万户。区域协调发展有力推进，扬子江城市群对全省经济增长的贡献率达81.4%；沿海经济带对全省经济增长的贡献率达16.6%。新型城镇化建设步伐加快，年末城镇化率达69.61%，比上年提高0.85个百分点。

新兴动能不断壮大。全年高新技术产业产值比上年增长11.0%，占规上工业总产值比重达43.8%，比上年提高1.2个百分点；战略性新兴产业产值比上年增长8.8%，占规上工业总产值比重达32%，比上年提高1个百分点。限额以上批发和零售业通过公共网络实现零售额比上年增长25%；住宿和餐饮业通过公共网络实现餐费收入比上年增长49.4%。商务服务业、软件和信息技术服务业、互联网和相关服务业营业收入比上年分别增长8%、15.2%和39%。

就业形势持续向好。年末全省就业人口4750.9万人，第一产业就业人口764.9万人，第二产业就业人口2033.4万人，第三产业就业人口1952.6万人。城镇就业人口3227.5万人，城镇新增就业153万人。失业保持较低水平，年末全省城镇登记失业率2.97%，比上年下降0.01个百分点。全年新增转移农村劳动力25.5万人，转移率达75.2%，比上年末提高0.9个百分点。城镇失业人员再就业89.5万人，城乡就业困难人员就业再就业31.9万人，分别比上年增长11.0%和26.6%。

物价水平温和上涨。全年居民消费价格比上年上涨2.3%，其中，城市上涨2.3%，农村上涨2.4%。分类别看，食品烟酒类上涨2.3%，衣着类上涨2.2%，居住类上涨2.4%，生活用品及服务类上涨3.4%，交通和通信类上涨2.5%，教育文化和娱乐类上涨2.4%，医疗保健类上涨1.2%，其他用品和服务类上涨2.2%。食品中，粮食上涨1.2%，食用油上涨0.2%，鲜菜上涨8.0%，水产品上涨0.2%,蛋类上涨12.5%,畜肉类下跌3.0%。工业生产者价格涨幅回落。全年工业生产者出厂价格上涨2.8%,涨幅比上年回落2.0个百分点;工业生产者购进价格上涨4.6%,涨幅回落5.1个百分点。

表1　居民消费价格指数及其构成情况(以上一年为100)

指　　标	全省	城市	农村
居民消费价格	102.3	102.3	102.4
食品烟酒	102.3	102.4	101.9
衣着	102.2	102.0	102.9
居住	102.4	102.1	103.4
生活用品及服务	103.4	103.4	103.5
交通和通信	102.5	102.6	102.1
教育文化和娱乐	102.4	102.5	102.0
医疗保健	101.2	101.1	101.7
其他用品和服务	102.2	102.3	102.0

数据来源:《2018年江苏省国民经济和社会发展统计公报》

经济社会高质量发展取得突出成绩的同时,还存在不少困难和问题。实体经济发展面临较大困难,经济下行压力有所加大;自主创新能力还不强,构建自主可控现代产业体系任重道远;资源环境约束趋紧,大气、水、土壤等污染防治形势依然严峻;部分领域风险隐患不容忽视,社会治理、保障和改善民生面临许多新情况、新问题。

二、农林牧渔业

种植业结构不断优化。全年粮食播种面积547.6万公顷,比上年减少5.1万公顷;棉花种植面积1.7万公顷,减少0.4万公顷;油料种植面积26.3万公顷,减少0.5万公顷;蔬菜种植面积142.5万公顷,增加1.7万公顷。全年粮食总产量3660.3万吨,比上年增产49.5万吨,增长1.4%。其中,夏粮1326.4万吨,下降0.7%;秋粮2333.9万吨,增长2.6%。粮食亩产445.6公斤,比上年增加10.1公斤,增长2.3%。

林牧渔业生产总体平稳。全年造林面积4.3万公顷,比上年增长27.6%。全年猪牛羊禽肉产量321.9万吨,比上年下降4.0%;禽蛋产量178万吨,下降3.0%;牛奶总产量50万吨,增长2.1%。水产品总产量493.4万吨(不含远洋捕捞),下降2.1%,其中,淡水产品354.0万吨、海水产品139.3万吨,分别下降1.1%、4.6%。

现代农业加快推进。农业产业结构不断优化,绿色农业、智慧农业、订单农业等现代农业加快发展。全省高效设施农业面积占比达19.6%,高标准农田占比达61%,农业机械化水平达84%,农业科技进步贡献率提高到68%。全省有效灌溉面积达418万公顷,新增有效灌溉面积4.8万公顷,新增节水灌溉面积15.3万公顷;新增设施农业面积3.4万公顷。年末农业机械总动力5042万千瓦,比上年增长1.0%。

表 2　主要农产品产量情况

产品名称	产量(万吨)	比上年增长(%)
粮食	3660.3	1.4
棉花	2.1	—20.8
油料	86.0	0.8
#油菜籽	45.7	−8.2
花生	39.3	13.1
蔬菜	5625.9	1.5
蚕茧	3.9	−1.9
茶叶	1.4	0.7
水果(含瓜果类)	934.1	−1.0
猪牛羊禽肉	321.9	−4.0
水产品(不含远洋捕捞)	493.4	−2.1

数据来源:《2018 年江苏省国民经济和社会发展统计公报》

三、工业和建筑业

工业运行总体稳定。全年规模以上工业增加值比上年增长 5.1%,其中,轻工业增长 3.5%,重工业增长 5.5%。分经济类型看,国有工业增长 5.6%,集体工业增长 4.8%,股份制工业增长 5%,外商港澳台投资工业增长 5.3%。在规模以上工业中,国有控股工业增长 8.1%,民营工业增长 4.1%。

先进制造业发展加快。全省高技术产业、装备制造业增加值比上年分别增长 11.1%和 8%,高于规模以上工业 6 个和 2.9 个百分点;对规上工业增加值增长的贡献率达 43.4%和 74.2%。分行业看,电子、医药、汽车、专用设备等先进制造业增加值分别增长 11.3%、10.4%、7.2%和 12.5%。代表智能制造、新型材料、新型交通运输设备和高端电子信息产品的新产品产量实现较快增长。新能源汽车、城市轨道车辆、3D 打印设备、智能电视、服务器等新产品产量比上年分别增长 139.9%、107.1%、51.4%、36.4%和 26.2%。

表 3　主要工业产品产量情况

产品名称	单位	产量	比上年增长(%)
纱	万吨	303.2	−14.3
布	亿米	69.4	2.3
化学纤维	万吨	1370.5	2.2
卷烟	亿支	1031.0	−1.1
智能手机	万台	4867.7	−22.7
彩色电视机	万台	1668.0	11.9
#智能电视	万台	1045.9	36.4
家用电冰箱	万台	839.8	7.1
房间空调器	万台	512.4	13.1

续表

产品名称	单位	产量	比上年增长(%)
粗钢	万吨	10426.2	−3.7
钢材	万吨	12146.7	−0.4
十种有色金属	万吨	37.7	9.9
水泥	万吨	14692.0	−2.5
硫酸	万吨	246.8	−14.9
纯碱	万吨	437.8	0.5
乙烯	万吨	161.2	11.0
化肥(折100%)	万吨	165.9	1.7
汽车	万辆	125.4	0.3
#轿车	万辆	58.7	−4.1
#新能源汽车	万辆	12.1	139.9
民用钢制船舶	万载重吨	1406.8	21.3
太阳能电池	万千瓦	3605.9	−3.5
发电设备	万千瓦	675.0	27.0
光纤	万千瓦	6870.9	3.4
光缆	万芯千米	9132.7	−4.2
微型电子计算机	万台	6215.0	−0.5
集成电路	亿块	564.2	11.5
程控交换机	万线	0.3	−63.7

数据来源:《2018年江苏省国民经济和社会发展统计公报》

工业企业盈利能力提升。全年规模以上工业企业实现主营业务收入比上年增长7.3%,利润比上年增长9.4%。规模以上工业企业主营业务收入利润率、成本费用利润率分别为6.6%、6.9%,比上年提高0.12个和0.13个百分点。规模以上工业企业资产负债率为52.6%,总资产贡献率为12.1%。全年规模以上工业企业产销率达98.8%。

建筑业稳定健康发展。全年实现建筑业总产值30846.7亿元,比上年增长10.3%;竣工产值22551.7亿元,增长4.7%;竣工率达73.1%。全省建筑业企业实现利税总额2168.7亿元,增长9.1%。建筑业劳动生产率为33.6万元/人,增长7.5%。建筑业企业房屋建筑施工面积249176.8万平方米,增长7.4%;竣工面积74806.3万平方米,下降0.9%,其中,住宅竣工面积54411.4万平方米,下降0.6%。

四、固定资产投资

投资增长保持稳定。全年固定资产投资比上年增长5.5%。其中,国有及国有经济控股投资下降8.6%;港澳台及外商投资增长0.8%。民间投资增长10.8%,民间投资占全部投资比重达71.0%。分类型看,项目投资比上年增长2.2%;房地产开发投资比上年增长14.1%。全年商品房销售面积13484.2万平方米,比上年下降5.1%。其中,住宅销售面积12040.7万平方米,比上年下降3.6%。

投资结构继续优化。第一产业投资比上年增长 6.7%，第二产业投资增长 7.9%，第三产业投资增长 3.7%。第二产业投资中，工业投资增长 8.0%，其中，制造业投资增长 11.2%；制造业投资占项目投资比重为 59.0%，对全部投资增长的贡献率达 79.9%。工业技术改造投资增长 10.7%，占工业投资比重达 55.0%。高新技术产业投资增长 15.2%。电子及通讯设备、计算机及办公设备、新能源、医药、智能装备、仪器仪表制造业投资分别增长 23.9%、22.6%、19.0%、14.9%、14.8%和 11.4%。第三产业投资中，科学研究和技术服务业增长 6.8%，水利、环境和公共设施管理业增长 2.4%，文化、体育和娱乐业增长 8.5%。

重点项目扎实推进。全省 228 个省重大实施项目完成投资 5300 亿元。现代综合交通运输体系加快建设，开工建设南沿江城际铁路、宁句城际轨道交通项目，加快推进连淮扬镇铁路、盐通高铁、连徐高铁、徐宿淮盐铁路建设，青连、连盐、宁启二期铁路相继建成通车，连云港和盐城跨入高铁时代。南京禄口国际机场 T1 航站楼改扩建工程顺利实施。连云港港 30 万吨级航道二期工程、苏州太仓港区四期工程建设进展顺利，长江南京以下 12.5 米深水航道二期工程提前建成试运行。

五、国内贸易

消费品市场增势稳定。全年社会消费品零售总额比上年增长 7.9%。按经营单位所在地分，城镇消费品零售额增长 7.8%；农村消费品零售额增长 9%。按行业分，批发和零售业零售额增长 7.7%；住宿和餐饮业零售额增长 9.7%。全省限额以上社会消费品零售总额比上年增长 3.6%。从消费品类值看，基本生活类消费增长平稳，部分消费升级类商品零售额增长较快。在限额以上企业商品零售额中，粮油食品饮料烟酒类、服装鞋帽针纺织品类、日用品类商品零售额分别增长 4.4%、7.6%和 9.5%。以智能手机、平板电脑等为代表的通信器材类商品零售额增长 30.8%；书报杂志类增长 15.9%；家具类增长 11.8%。石油制品类商品零售额增长 12.2%。

六、开放型经济

进出口规模继续扩大。全省完成进出口总额 43802.4 亿元，比上年增长 9.5%。其中，出口 26657.7 亿元，增长 8.4%；进口 17144.7 亿元，增长 11.3%。从贸易方式看，一般贸易进出口总额 21342.6 亿元，增长 10.9%；占进出口总额比重达 48.7%，超过加工贸易 9.4 个百分点。从出口主体看，国有企业、外资企业、私营企业出口额分别增长 17.7%、3.6%和 15.1%。从出口市场看，对美国、欧盟、日本出口比上年分别增长 6%、6.9%和 5.5%，对印度、俄罗斯、东盟出口分别增长 4.4%、10.5%和 13%。从出口产品看，机电、高新技术产品出口额分别增长 8.9%、8.5%。对"一带一路"沿线国家出口保持较快增长，出口额 6459.6 亿元，增长 8.9%；占全省出口总额的比重为 24.2%，对全省出口增长的贡献率为 25.7%。

利用外资保持增长。全年新批外商投资企业 3348 家，比上年增长 2.9%；新批协议注册外资 605.2 亿美元，比上年增长 9.2%；实际使用外资 255.9 亿美元，比上年增长 1.8%。新批及净增资 9000 万美元以上的外商投资大项目 353 个，比上年增长 1.1%。全年新批境外投资项目 786 个，中方协议投资额 94.8 亿美元。加快推进"一带一路"交汇点建设，全年新增"一带一路"沿线对外投资项目 235 个，比上年增长 46.8%，中方协议投资额 23.1 亿美元。

"开发区创新发展水平提升。积极复制推广国家自贸试验区改革政策，开发区转型发展、特色发展步伐加快，国家级开发区数量及绩效位居全国前列。国家高新区实现设区市全覆盖。全省共有省级以上开发区 158 家，其中国家级开发区 46 家。"

七、交通、邮电和旅游

交通运输基本平稳。全年货物运输量比上年增长5.7%,旅客运输量下降4.7%;货物周转量比上年下降0.4%,旅客周转量增长2.0%。全省机场飞机起降51.6万架次,比上年增长11.5%;旅客吞吐量5164.6万人次,增长16.2%;货邮吞吐量59.7万吨,增长4.5%。完成规模以上港口货物吞吐量23.3亿吨,比上年增长0.6%,其中,外贸货物吞吐量4.9亿吨,增长0.5%;集装箱吞吐量1798万标准集装箱,增长4.4%。年末全省公路里程16万公里。其中,高速公路里程4710公里。铁路营业里程3014公里,铁路正线延展长度5258.6公里。年末民用汽车保有量1783.2万辆,增长10.1%;净增163.8万辆。年末私人汽车保有量1537.6万辆,增长9.2%;净增129.4万辆。其中,私人轿车保有量1066.8万辆,增长8.0%;净增79.2万辆。

邮政电信快速发展。全年邮政行业业务总量1050.2亿元,比上年增长19.2%;电信业务总量4811.6亿元,增长132.7%。邮政行业业务收入647亿元,比上年增长15.4%;电信业务收入975.1亿元,增长6.3%。年末局用交换机总容量121.2万门。年末固定电话用户1364万户,城市固定电话用户945.9万户,乡村固定电话用户418.1万户。年末移动电话用户9794万户,比上年末增加986.3万户。电话普及率达139部/百人。年末长途光缆线路总长度4.04万公里;年末互联网宽带接入用户3351.9万户,新增245.7万户。

旅游业较快增长。全年接待境内外游客81823.7万人次,比上年增长9.6%;实现旅游业总收入13247.3亿元,增长13.6%。接待入境过夜游客400.9万人次,增长8.3%。其中,外国人264.7万人次,增长9.5%;港澳台同胞136.2万人次,增长6.1%。旅游外汇收入46.5亿美元,增长10.8%。接待国内游客81422.8万人次,增长9.6%,实现国内旅游收入12851.3亿元,增长13.7%。

表4 各种运输方式完成运输量情况

运输方式	货物周转量		货运量		旅客周转量		客运量	
	绝对数(亿吨公里)	比上年增长(%)	绝对数(万吨)	比上年增长(%)	绝对数(亿人公里)	比上年增长(%)	绝对数(万人)	比上年增长(%)
总计	9683.7	−0.4	247388.1	5.7	1692.5	2.0	121883.3	−4.7
铁路	296.7	1.8	5971.4	4.4	803.1	7.1	21203.6	7.2
公路	2544	7.0	139251	8.0	717	−4.0	97025	−7.2
水路	6122	−4.1	87735	2.4	3.5	7.7	2383	−2.0
民航	1.1	−9.4	7.7	−6.4	168.9	6.0	1271.7	8.8
管道	720.0	6.9	14423	4.7	—	—	—	—

注:民航运输量数据仅指东航江苏分公司完成数
数据来源:《2018年江苏省国民经济和社会发展统计公报》

八、财政、金融

财政收入稳定增长。全年完成一般公共预算收入8630.2亿元,比上年增长5.6%;其中,税收收入7263.7亿元,比上年增长12%;税收占一般公共预算收入比重达84.2%,比上年提高4.8个百分点。

支出结构持续改善。全年一般公共预算支出11658.2亿元,比上年增长9.8%。一般公共预算支出中,教育支出2056.5亿元,比上年增长3.9%;公共安全支出826.6亿元,增长15.3%;医疗卫生支出 845.5 亿元，增长 7.1%；社会保障和就业支出 1309 亿元，增长 25.5%；住房保障支出 430 亿元，增长 22.2%。

表 5　财政收入分项情况

指　　标	绝对数(亿元)	比上年增长(%)
一般公共预算收入	8630.2	5.6
＃增值税	3113.5	8.7
企业所得税	1312.7	14.6
个人所得税	468.4	21.1
上划中央四税	6412.6	10.9
＃国内消费税	709.3	2.3

数据来源：《2018 年江苏省国民经济和社会发展统计公报》

金融信贷规模扩大。年末全省金融机构人民币存款余额 139718 亿元，比年初增长 7.5%，增加 9775.1 亿元。其中，住户存款比年初增加 4663.9 亿元，非金融企业存款比年初增加 2712.4 亿元。年末金融机构人民币贷款余额 115719 亿元，比年初增长 13.3%，增加 13572.4 亿元。其中，中长期贷款比年初增加 7839.3 亿元，短期贷款比年初增加 3768.9 亿元。

证券交易市场保持稳定。年末全省境内上市公司 401 家，省内上市公司通过首发、配股、增发、可转债、公司债在上海、深圳证券交易所筹集资金 2249.8 亿元。江苏企业境内上市公司总股本 3639.3 亿股，比上年增长 11.7%；总市值 31986.1 亿元，比上年下降 21.4%。年末全省共有证券公司 6 家，证券营业部 928 家；期货公司 9 家，期货营业部 172 家；证券投资咨询机构 3 家。全年证券市场完成交易额 28.7 万亿元。分类型看，证券经营机构股票交易额 13.4 万亿元，比上年下降 22.3%；期货经营机构代理交易额 15.3 万亿元，比上年增长 20.7%。

保险行业有所波动。全年保费收入 3317.3 亿元，比上年下降 3.8%。分类型看，财产险收入 858.8 亿元，增长 5.5%；寿险收入 1985.3 亿元，下降 10.2%；健康险收入 395 亿元，增长 11.4%；意外伤害险 78.1 亿元，增长 12.1%。全年赔付额 996.7 亿元，比上年增长 1.3%。其中，财产险赔付 512.5 亿元，增长 12.5%；寿险赔付 355.9 亿元，下降 17.9%；健康险赔付 104.4 亿元，增长 42.0%；意外伤害险赔付 23.9 亿元，增长 12.4%。

九、科学技术和教育

科技创新能力持续增强。全省专利申请量、授权量分别达 60.03 万件、30.7 万件，其中，发明专利申请量 19.88 万件，比上年增长 6.31%；发明专利授权量 4.2 万件，增长 1.21%；PCT 专利申请量达 5500 件，增长 19.8%；万人发明专利拥有量达 26.45 件，增长 17.56%。全省企业共申请专利 43.76 万件。全年共签订各类技术合同 4.2 万项，技术合同成交额达 1152.6 亿元，比上年增长 32%。省级以上众创空间达 746 家。2018 年，江苏共有 50 个项目获国家科技奖，获奖总数位列全国第一。

高新技术产业加快发展。组织实施省重大科技成果转化专项资金项目 124 项，省资助资金投入 8.38 亿元，新增总投入 72.81 亿元。新认定国家高新技术企业超过 8000 家，企业研发经费投入占主营业务收入比重提高至 1.3%，大中型工业企业和规模以上高新技术企业研发机构建有率保持在 90%左右，国家级企业研发机构达到 145 家，位居全国前列。全省已建国家级高新技术特色产业基地 160 个。

科研投入力度逐步增强。全社会研究与试验发展(R&D)活动经费占地区生产总值比重达2.64%(新口径),研究与试验发展(R&D)人员78万人。全省拥有中国科学院和中国工程院院士98人。各类科学研究与技术开发机构中,政府部门属独立研究与开发机构达466个。建设国家和省级重点实验室171个,科技服务平台277个,工程技术研究中心3404个,企业院士工作站326个,经国家认定的技术中心117家。

教育事业全面发展。全省共有普通高校142所。普通高等教育招生62.74万人,在校生200.09万人,毕业生53.87万人;研究生教育招生6.91万人,在校生19.46万人,毕业生4.74万人。高等教育毛入学率达58.3%,比上年提高1.6个百分点;高中阶段教育毛入学率达99%以上。全省中等职业教育在校生62.6万人(不含技工学校)。特殊教育招生0.48万人,在校生3.12万人。全省共有幼儿园7222所,比上年增加240所;在园幼儿255.58万人,比上年减少4.95万人。学前三年教育毛入园率达98%以上。

十、文化、卫生和体育

公共文化服务水平提升。城乡公共文化服务体系不断完善。全省共有文化馆、群众艺术馆115个,公共图书馆115个,博物馆322个,美术馆31个,综合档案馆113个,向社会开放档案79.55万件。共有广播电台8座,中短波广播发射台和转播台21座,电视台8座,广播综合人口覆盖率和电视综合人口覆盖率均达100%。全省有线电视用户1666.82万户。全年生产故事影剧片61部;出版报纸21.92亿份,出版杂志1.14亿册,出版图书6.84亿册。

卫生事业稳步推进。年末全省共有各类卫生机构33254个。其中,医院1853个,疾病预防控制中心117个,妇幼卫生保健机构114个。各类卫生机构拥有病床49.08万张,其中医院拥有病床38.72万张。共有卫生技术人员59万人,其中,执业医师、执业助理医师23.34万人,注册护士26.03万人,疾病预防控制中心卫生技术人员0.63万人,妇幼卫生保健机构卫生技术人员1.23万人。

体育事业蓬勃发展。成功举办第19届省运会,促进群众体育和竞技体育、体育事业和体育产业协调发展,江苏健儿在第18届亚运会上取得优异成绩。在重大比赛中获世界冠军5项,获金牌58人次,获银牌37人次,获铜牌55人次。

十一、环境保护、节能降耗和安全生产

污染防治力度加大。全省PM2.5年均浓度48微克/立方米,104个国考断面水质优Ⅲ类比例68.3%、劣Ⅴ类比例1%,化学需氧量、二氧化硫、氨氮、氮氧化物四项主要污染物排放量削减指标均完成国家下达的目标任务。长江、淮河等重点流域及近岸海域水质总体保持稳定,太湖治理连续11年实现“两个确保”。实施农村人居环境整治三年行动,大力推进生活垃圾处理、生活污水处理、村容村貌提升和厕所革命,城乡人居环境持续改善。全省林木覆盖率达23.2%,建成国家生态园林城市5个,国家生态工业园区21个,国家生态文明建设示范市县9个。

节能减排成效显著。加快淘汰低水平落后产能,全年压减钢铁产能80万吨、水泥产能210万吨、平板玻璃产能660万重量箱;关闭高耗能高污染及“散乱污”规模以上企业3600多家;关停低端落后化工企业1200家以上。全省规模以上工业综合能源消费量同比下降2.5%。

安全生产形势稳定。开展重点行业领域专项治理和隐患排查整治,生产安全事故起数和死亡人数实现“双下降”。全年共发生各类生产安全事故7076起,死亡3909人,同比减少584起、483人,分别下降7.62%和11.0%,没有发生重大及以上生产安全事故。

十二、人口、人民生活和社会保障

人口总量保持增长。年末全省常住人口8050.7万人，比上年末增加21.4万人，增长0.27%。在常住人口中，男性人口4051.15万人，女性人口3999.55万人；0～14岁人口1115.83万人，15～64岁人口5805.36万人，65岁及以上人口1129.51万人。全年人口出生率9.32‰，比上年下降0.39个千分点；人口死亡率7.03‰，与上年持平；人口自然增长率2.29‰，比上年下降0.39个千分点。

居民收入稳定增长。据城乡一体化住户调查，全省居民人均可支配收入38096元，比上年增长8.8%。其中，工资性收入21948元，增长7.6%；经营净收入5386元，增长7.8%；财产净收入3746元，增长15.7%；转移净收入7016元，增长9.8%。按常住地分，城镇居民人均可支配收入47200元，增长8.2%；农村居民人均可支配收入20845元，增长8.8%。城乡居民收入差距进一步缩小，城乡居民收入比由上年的2.28∶1缩小为2.26∶1。全省居民人均消费支出25007元，比上年增长6.6%。按常住地分，城镇居民人均消费支出29462元，增长6.3%；农村居民人均消费支出16567元，增长6.1%。

社会保障体系更加完善。稳步实施全民参保计划，参保覆盖面持续扩大。年末全省城乡基本养老、城乡基本医疗、失业、工伤、生育保险参保人数分别为5538万人、7721.18万人、1671.3万人、1777.2万人和1694.46万人，比上年末分别增加160.4万人、102.08万人、88.4万人、87万人和112.45万人。城乡居民基本养老保险基础养老金最低标准由每人每月125元提高到每人每月135元。城乡居民医保人均财政补助最低标准提高到每人每年589元。

表6 江苏省2018年国民经济和社会发展比例和效益指标

指　标		2014年	2015年	2016年	2017年	2018年
人口与就业						
出生率	(‰)	9.45	9.05	9.76	9.71	9.32
死亡率	(‰)	7.02	7.03	7.03	7.03	7.03
自然增长率	(‰)	2.43	2.02	2.73	2.68	2.29
城镇登记失业率	(%)	3.01	3.00	3.00	2.98	2.97
国民经济核算						
服务业增加值占地区生产总值比重	(%)	46.5	48.1	50.5	50.3	51.0
人均地区生产总值	(元)	83177	89426	96840	107150	115168
人均地区生产总值	(美元)	13546	14364	14341	15876	17404
全社会劳动生产率	(元/人)	138961	149778	159934	180578	194759
固定资产投资						
全社会房屋建筑竣工率	(%)	31.6	35.6	33.9	32.5	30.0
消费						
人均社会消费品零售额	(元)	29508	32475	35940	39603	41331
对外贸易						
进出口总额相当于地区生产总值比例	(%)	52.4	47.7	44.2	46.6	47.3
出口总额相当于地区生产总值比例	(%)	31.7	29.6	27.7	28.6	28.8
高新技术产品出口额占出口总额的比重	(%)	37.8	38.7	36.6	38.0	38.0

续表

指　　标		2014 年	2015 年	2016 年	2017 年	2018 年
机电产品出口额占出口总额的比重	(%)	64.8	66.4	65.1	65.9	66.1
一般贸易出口额占出口总额的比重	(%)	46.3	45.8	48.7	48.3	50.3
加工贸易出口额占出口总额的比重	(%)	43.7	43.7	43.5	41.7	38.4
财政						
一般公共预算收入相当于地区生产总值比例	(%)	10.9	11.3	10.7	9.5	9.3
一般公共预算支出相当于地区生产总值比例	(%)	12.8	13.6	13.1	12.4	12.6
农业						
每公顷播种面积农产品产量	(公斤)					
粮食		6493	6565	6380	6547	6684
棉花		1210	1240	1164	1226	1241
油料		2937	3010	3008	3068	3274
工业						
总资产贡献率	(%)	15.9	15.57	15.42	14.22	12.11
资产负债率	(%)	54.9	53.14	51.92	52.34	52.62
流动资产周转次数	(次/年)	2.71	2.72	2.70	2.42	2.00
成本费用利润率	(%)	6.71	6.95	7.12	7.11	6.91
产品销售率	(%)	98.73	98.37	98.85	98.83	98.81
建筑业						
建筑业劳动生产率	(元/人)	296918	297437	304925	312383	335803
产值利税率	(%)	7.02	7.06	7.08	7.10	7.43
交通运输业						
铁路网密度	(公里/万平方公里)	246	250	254	258	283
公路网密度	(公里/万平方公里)	14694	14814	14646	14783	14804
邮电通信业						
电话普及率(含移动电话)	(部/百人)	129	129	124	129	139
移动电话普及率	(部/百人)	102	103	103	110	122
旅游业						
每一来华游客花费	(美元)	1021	1156	1153	1133	1160
国内旅游人均花费	(元)	1377	1416	1468	1522	1578
金融业						
金融机构存款相当于地区生产总值比例	(%)	141.7	151.3	159.2	151.3	150.9
金融机构贷款相当于地区生产总值比例	(%)	105.2	110.6	119.7	118.9	125.0
金融机构年末人民币贷、存款余额比例	(%)	74.2	73.1	75.2	78.6	82.8
教育						
每万人口在校大学生数	(人)	232.3	234.6	238.4	242.2	248.5
初中升学率	(%)	100	100.0	100.0	100.0	100.0

续表

指　　标		2014 年	2015 年	2016 年	2017 年	2018 年
小学升学率	(%)	100.0	100.0	100.0	100.0	100.0
学龄儿童入学率	(%)	100.0	100.0	100.0	100.0	100.0
科技						
研发经费支出相当于地区生产总值比例	(%)	2.50	2.53	2.62	2.63	2.70
高新技术产业产值占工业总产值比例	(%)	39.5	40.1	41.5	42.7	43.8
每万人发明专利拥有量	(件/万人)	10.22	14.22	18.50	22.50	26.45
卫生						
每万人口执业(助理)医师数	(人)	22.4	23.7	25.6	27.1	29.0
每万人口医院、卫生院床位数	(张)	45.8	48.3	51.9	54.6	59.7
医疗机构病床使用率	(%)	84.0	83.1	82.5	83.0	82.0
人民生活						
城镇恩格尔系数	(%)	28.5	28.1	28.0	27.5	26.1
农村恩格尔系数	(%)	31.4	31.7	29.5	28.9	26.2
城乡收入比(以农民收入为 1)		2.30	2.29	2.28	2.28	2.26
城市市政建设						
用水普及率	(%)	99.8	99.8	99.9	100.0	100.0
燃气普及率	(%)	99.5	99.6	99.5	99.7	99.8
人均公园绿地面积	(平方米)	14.4	14.6	14.8	15.0	14.7

数据来源:《江苏统计年鉴 2019》

第三篇　经济社会发展报告

第一章　2018年江苏省经济和社会发展分析

2018年，全省上下坚持以习近平新时代中国特色社会主义思想为指导，深入贯彻党的十九大精神和习近平总书记对江苏工作的重要指示要求，全面落实中央和省委省政府决策部署，坚持稳中求进工作总基调，深入贯彻新发展理念，统筹做好改革发展稳定工作，凝心聚力，攻坚克难，经济运行总体平稳、稳中有进，综合实力显著增强，改革开放加力提效，新旧动能接续转换，质量效益稳步提升，城乡建设统筹推进，民生福祉日益改善，高质量发展实现良好开局，"强富美高"新江苏建设迈出坚实步伐。

一、综合

2018年，面对错综复杂的国内外环境，全省上下认真贯彻落实党中央、国务院和省委、省政府各项决策部署，坚持稳中求进工作总基调，深入贯彻新发展理念，以供给侧结构性改革为主线，凝心聚力，攻坚克难，全省经济运行总体平稳、稳中有进，经济结构持续优化，新旧动能接续转换，质量效益稳步提升，民生福祉持续改善，高质量发展实现良好开局。初步核算并经国家统计局核定，全年实现生产总值92595.4亿元，按可比价格计算，比上年增长6.7%。分产业看，第一产业增加值4141.7亿元，增长1.8%；第二产业增加值41248.5亿元，增长5.8%；第三产业增加值47205.2亿元，增长7.9%。

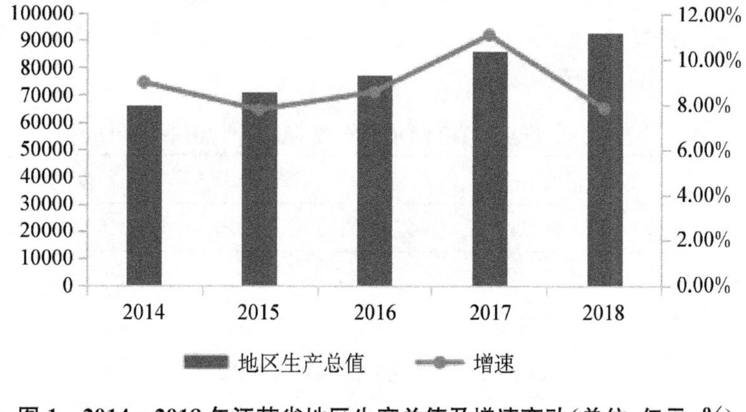

图1　2014—2018年江苏省地区生产总值及增速变动(单位:亿元、%)

数据来源:历年《江苏统计年鉴》

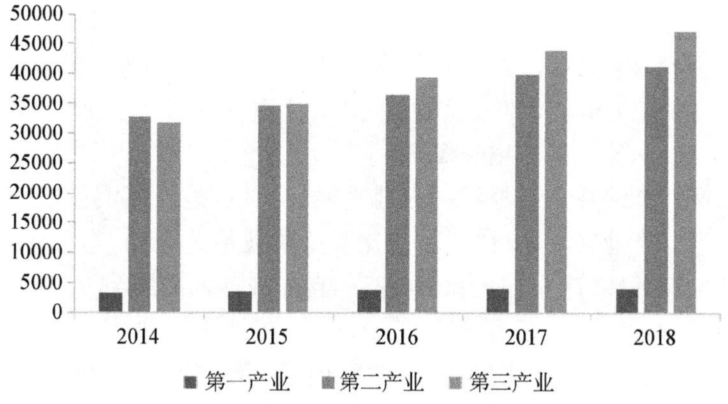

图2　2014—2018年江苏省三次产业增加值变动(单位:亿元)

数据来源:历年《江苏统计年鉴》

2014—2018 年,江苏三大产业增加值逐年增加。2018 年,第一产业增加值 4141.7 亿元,增长 1.8%;第二产业增加值 41248.5 亿元,增长 5.8%;第三产业增加值 47205.2 亿元,增长 7.9%。全省人均地区生产总值 115168 元,比上年增长 6.3%。劳动生产率持续提高,平均每位从业人员创造的增加值达 194759 元,比上年增加 14247 元。

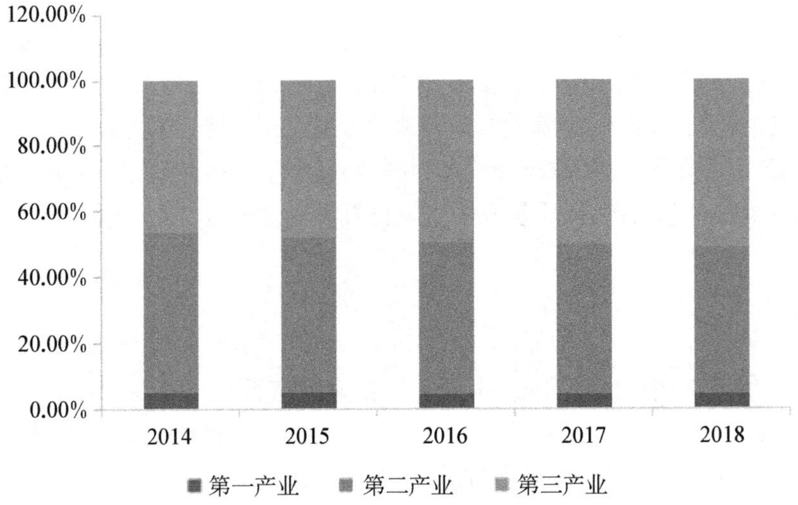

图 3　2014—2018 年江苏省三次产业增加值比重(单位:%)

数据来源:历年《江苏统计年鉴》

近年来,江苏产业结构发展出现一些新特点,三次产业结构已从“二三一”型转变为“三二一”型,三次产业增加值比例调整为 4.5∶44.5∶51。全年服务业增加值占 GDP 比重比上年提高 0.7 个百分点。

表 1　江苏三次产业 GDP 总值及年实际增速(2014—2018 年)

	总值(亿元)				增速(%)			
年份	GDP	第一产业	第二产业	第三产业	GDP	第一产业	第二产业	第三产业
2014	66150.64	3634.33	31742.04	30774.27	9%	5%	6%	13%
2015	71289.51	3986.05	33031.06	34272.4	8%	10%	4%	11%
2016	77388.28	4077.18	34619.5	38691.6	9%	2%	5%	13%
2017	85900.94	4076.65	38654.85	43169.44	11%	0%	12%	12%
2018	92595.40	4141.72	41248.52	47205.16	8%	2%	7%	9%

数据来源:历年《江苏统计年鉴》

第一产业。总体上看,第一产业占 GDP 的比重呈现不断下降趋势。随着全省经济的不断发展和第三产业的持续壮大,2014 年至今第一产业占 GDP 比重基本维持在 2%～5%之间。2018 年第一产业增加值 4141.7 亿元,比上一年增长 1.8%。

第二产业。第二产业始终在全省经济中占据重要的地位,是江苏实体经济的重要基石。改革开放以来到 2010 年,第二产业在 GDP 中所占的比重呈现波浪式运动,但总体上看,没有发生大幅度的变化。从波动情况看,第二产业的比重从 1978 年的 52.6%下降到 1991 年的 49.6%,随后从 1992 年起开始保持在 50%以上,2005 年上升到 56.6%,再到顶点,随着工业化进程的推进,江苏从工业高速发展阶段进入到工业化后期和后工业化时代,第二产业占比逐年下降,2018 年下降到 44.5%。

第三产业。第三产业占 GDP 的比重总体呈现上升趋势,增长趋势的阶段性特征明显。自改革开放到1987年，第三产业占GDP的比重一直没有发生明显变化，占比始终保持在20%以下。而在1988年以后，第三产业的比重迅速上升，1989年首次超过了第一产业达到25.8%，随后保持稳定提高的趋势。“2015年，第三产业增加值占比超过第二产业，三次产业结构比调整为5.7∶45.7∶48.6，呈‘三二一’型。2016年，第三产业（服务业）增加值占比超过50%，2018年三次产业结构比为4.5∶44.5∶51，2018年与1978年相比，第一产业占比下降了22.7个百分点；第二产业占比下降了7.1个百分点；第三产业占比上升了31.2个百分点。”

表2　2014—2018年江苏省各行业生产总值（亿元）

行　　业	2013年	2014年	2015年	2016年	2017年	2018年
地区生产总值	59753.37	66150.64	71289.51	77388.28	85900.94	92595.40
第一产业	3469.86	3634.33	3986.05	4077.18	4076.65	4141.72
第二产业	29086.08	31742.04	33031.06	34619.50	38654.85	41248.52
第三产业	27197.43	30774.27	34272.40	38691.60	43169.44	47205.16
农、林、牧、渔业	3646.06	3835.16	4209.52	4323.53	4176.69	4315.85
农业	2182.66	2314.24	2566.23	2569.37	2453.47	
林业	59.87	66.07	72.36	72.72	116.51	
畜牧业	489.12	472.91	515.88	543.57	620.78	
渔业	738.21	781.11	831.58	891.51	747.47	
农、林、牧、渔服务业	176.2	200.83	223.47	246.35	238.46	267.66
工业	25503.86	27847.72	28980.20	30455.15	35429.83	36111.64
采矿业	243.96	259.69	193.36	159.47	294.42	
制造业	24124.67	26320.50	27363.73	28825.33	34170.62	
电力、热力、燃气及水生产和供应业	1135.23	1267.53	1423.11	1470.36	964.80	
建筑业	3590.16	3902.52	4058.52	4173.66	4651.75	5148.45
批发和零售业	6123.46	6559.03	6992.68	7470.27	10105.81	10735.68
交通运输、仓储和邮政业	2425.11	2591.98	2706.28	2837.16	2896.47	3038.87
住宿和餐饮业	1027.97	1094.45	1189.40	1291.32	1897.19	2059.18
信息传输、软件和信息技术服务业	1361.42	1596.29	1884.73	2479.27	2692.47	
金融业	3958.79	4723.69	5302.93	6011.13	6129.98	7461.86
房地产业	3308.4	3564.44	3755.45	4292.79	5588.97	5269.76
租赁和商务服务业	2033.78	2470.65	2846.44	3453.33	3477.88	
科学研究和技术服务业	774.22	981.08	1106.94	1217.93	1386.78	
水利、环境和公共设施管理业	382.91	428.73	497.14	553.39	580.96	
居民服务、修理和其他服务业	877.51	1073.53	1259.45	1507.03	1701.29	
教育	1680.21	1923.42	2254.83	2491.08	2320.41	
卫生和社会工作	887.94	1017.43	1232.90	1416.81	1390.91	
文化、体育和娱乐业	418.85	536.56	635.64	795.79	836.80	
公共管理、社会保障和社会组织	1752.72	2003.97	2376.46	2618.64	2723.86	

数据来源：历年《江苏统计年鉴》

“在行业层面，2018 年江苏省第二产业中工业地区生产总值达到 36111.64 亿元，占地区总产值的比重为 39%，与 2017 年相比下降 0.6 个百分点。金融业和房地产业的地区生产总值分别为 7461.86 亿元和 5269.76 亿元，与上年相比，分别增加 677.99 亿元和 253.22 亿元。”

如图 4 所示，苏南、苏中和苏北地区的生产总值分别为 53956.76 亿元、19000.80 亿元和 21365.98 亿元，分别占江苏省生产总值的 57%、20%和 23%。其中，苏南地区的南京与苏州对地区生产总值的贡献较大，而苏中和苏北地区也逐渐发挥后发优势，缩小与苏南地区的区域差距。

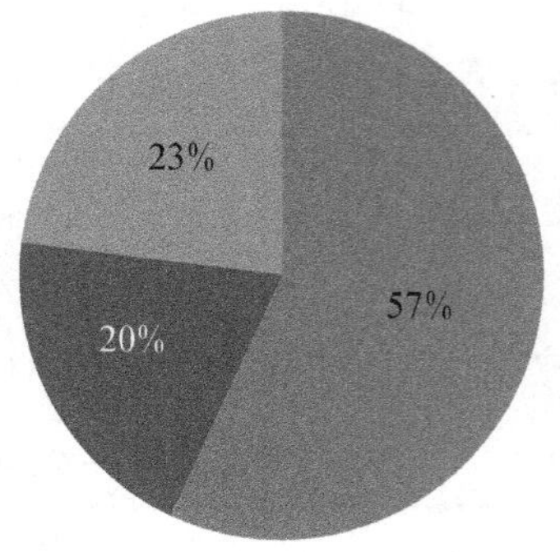

图 4　2018 年江苏省三大区域生产总值比重(单位:%)

数据来源:《江苏统计年鉴 2019》

表 3　2018 年江苏居民消费价格指数及其构成情况(以上年为 100)

指　标	全省	城市	农村
居民消费价格	102.3	102.3	102.4
食品烟酒	102.3	102.4	101.9
衣着	102.2	102.0	102.9
居住	102.4	102.1	103.4
生活用品及服务	103.4	103.4	103.5
交通和通信	102.5	102.6	102.1
教育文化和娱乐	102.4	102.5	102.0
医疗保健	101.2	101.1	101.7
其他用品和服务	102.2	102.3	102.0

数据来源:《2018 年江苏国民经济与社会发展统计公报》

2018 年江苏消费价格温和上涨。全年居民消费价格比上年上涨 2.3%，其中，城市上涨 2.3%，农村上涨 2.4%。分类别看，食品烟酒类上涨 2.3%，衣着类上涨 2.2%，居住类上涨 2.4%，生活用品及服务类上涨 3.4%，交通和通信类上涨 2.5%，教育文化和娱乐类上涨 2.4%，医疗保健类上涨 1.2%，其他用品和服务类上涨 2.2%。食品价格中，粮食上涨 1.2%，食用油上涨 0.2%，鲜菜上涨 8.0%，水产品上涨 0.2%，蛋类上涨 12.5%，畜肉类下跌 3.0%。工业生产者价格涨幅回落。全年工业生产者出厂价格上涨 2.8%，涨幅比上年回落 2.0 个百分点；工业生产者购进价格上涨 4.6%，涨幅回落 5.1 个百分点。

另外，2018 年江苏经济活力持续增强，全年非公有制经济实现增加值 68057.6 亿元，占 GDP 比重达 73.5%，较上年提高 0.1 个百分点；私营个体经济增加值占 GDP 比重达 49.9%，民营经济增加值占 GDP 比重达 55.6%。2018 年末全省工商部门登记的私营企业 286.79 万户；全年新登记私营企业 48.95 万户，注册资本 25838.02 亿元。年末个体户 590.10 万户，全年新登记 109.54 万户。区域协调发展有力推进，扬子江城市群对全省经济增长的贡献率达 81.4%；沿海经济带对全省经济增长的贡献率达 16.6%。新型城镇化建设步伐加快，年末城镇化率达 69.61%，比上年提高 0.85 个百分点。就业形势持续向好。年末全省就业人口 4750.9 万人，第一产业就业人口 764.9 万人，第二产业就业人口2033.4万人，第三产业就业人口1952.6万人。城镇就业人口3227.5万人，城镇新增就业153万人。失业保持较低水平，年末全省城镇登记失业率2.97%，比上年下降0.01个百分点。全年新增转移农村劳动力25.5万人，转移率达75.2%，比上年末提高0.9个百分点。城镇失业人员再就业89.5万人，城乡就业困难人员就业再就业31.9万人，分别比上年增长11.0%和26.6%。

经济社会高质量发展取得突出成绩的同时，还存在不少困难和问题。实体经济发展面临较大困难，经济下行压力有所加大；自主创新能力还不强，构建自主可控现代产业体系任重道远；资源环境约束趋紧，大气、水、土壤等污染防治形势依然严峻；部分领域风险隐患不容忽视，社会治理、保障和改善民生面临许多新情况、新问题。

二、农林牧渔业

种植业结构不断优化。全年粮食播种面积547.6万公顷，比上年减少5.1万公顷；棉花种植面积1.7万公顷，减少0.4万公顷；油料种植面积26.3万公顷，减少0.5万公顷；蔬菜种植面积142.5万公顷，增加1.7万公顷。全年粮食总产量3660.3万吨，比上年增产49.5万吨，增长1.4%。其中，夏粮1326.4万吨，下降0.7%；秋粮2333.9万吨，增长2.6%。粮食亩产445.6公斤，比上年增加10.1公斤，增长2.3%。

林牧渔业生产总体平稳。全年造林面积4.3万公顷，比上年增长27.6%。全年猪牛羊禽肉产量321.9万吨，比上年下降4.0%；禽蛋产量178万吨，下降3.0%；牛奶总产量50万吨，增长2.1%。水产品总产量493.4万吨（不含远洋捕捞），下降2.1%，其中，淡水产品354.0万吨、海水产品139.3万吨，分别下降1.1%、4.6%。

现代农业加快推进。农业产业结构不断优化，绿色农业、智慧农业、订单农业等现代农业加快发展。全省高效设施农业面积占比达19.6%，高标准农田占比达61%，农业机械化水平达84%，农业科技进步贡献率提高到68%。全省有效灌溉面积达418万公顷，新增有效灌溉面积4.8万公顷，新增节水灌溉面积15.3万公顷；新增设施农业面积3.4万公顷。年末农业机械总动力5042万千瓦，比上年增长1.0%。

表4　2018年江苏主要农产品产量情况

产品名称	产量（万吨）	比上年增长（%）
粮食	3660.3	1.4
棉花	2.1	—20.8
油料	86.0	0.8
＃油菜籽	45.7	−8.2
花生	39.3	13.1
蔬菜	5625.9	1.5
蚕茧	3.9	−1.9
茶叶	1.4	0.7
水果（含瓜果类）	934.1	−1.0
猪牛羊禽肉	321.9	−4.0
水产品	493.4	−2.1

数据来源：《2018年江苏国民经济与社会发展统计公报》

三、工业和建筑业

工业运行总体稳定。全年规模以上工业增加值比上年增长5.1%,其中轻工业增长3.5%,重工业增长5.5%。分经济类型看,国有工业增长5.6%,集体工业增长4.8%,股份制工业增长5%,外商港澳台投资工业增长5.3%。在规模以上工业中,国有控股工业增长8.1%,民营工业增长4.1%。

先进制造业发展加快。全省高技术产业、装备制造业增加值比上年分别增长11.1%和8%,高于规模以上工业6个和2.9个百分点;对规上工业增加值增长的贡献率达43.4%和74.2%。分行业看,电子、医药、汽车、专用设备等先进制造业增加值分别增长11.3%、10.4%、7.2%和12.5%。代表智能制造、新型材料、新型交通运输设备和高端电子信息产品的新产品产量实现较快增长。新能源汽车、城市轨道车辆、3D打印设备、智能电视、服务器等新产品产量比上年分别增长139.9%、107.1%、51.4%、36.4%和26.2%。

表5　2018年江苏主要工业产品产量情况

产品名称	单位	产量	比上年增长(%)
纱	万吨	303.2	－14.3
布	亿米	69.4	2.3
化学纤维	万吨	1370.5	2.2
卷烟	亿支	1031.0	－1.1
智能手机	万台	4867.7	－22.7
彩色电视机	万台	1668.0	11.9
#智能电视	万台	1045.9	36.4
家用电冰箱	万台	839.8	7.1
房间空调器	万台	512.4	13.1
粗钢	万吨	10426.2	－3.7
钢材	万吨	12146.7	－0.4
十种有色金属	万吨	37.7	9.9
水泥	万吨	14692.0	－2.5
硫酸	万吨	246.8	－14.9
纯碱	万吨	437.8	0.5
乙烯	万吨	161.2	11.0
化肥(折100%)	万吨	165.9	1.7
汽车	万辆	125.4	0.3
#轿车	万辆	58.7	－4.1
#新能源汽车	万辆	12.1	139.9
民用钢质船舶	万载重吨	1406.8	21.3
太阳能电池	万千瓦	3605.9	－3.5
发电设备	万千瓦	675.0	27.0
光纤	万千米	6870.9	3.4
光缆	万芯千米	9132.7	－4.2
微型电子计算机	万台	6215.0	－0.5
集成电路	亿块	564.2	11.5
程控交换机	万线	0.3	－63.7

数据来源:《2018年江苏国民经济与社会发展统计公报》

工业企业盈利能力提升。全年规模以上工业企业实现主营业务收入比上年增长 7.3%，利润比上年增长 9.4%。规模以上工业企业主营业务收入利润率、成本费用利润率分别为 6.6%、6.9%，比上年提高 0.12 个和 0.13 个百分点。规模以上工业企业资产负债率为 52.6%，总资产贡献率为 12.1%。全年规模以上工业企业产销率达 98.8%。

建筑业稳定健康发展。全年实现建筑业总产值 30846.7 亿元，比上年增长 10.3%；竣工产值 22551.7 亿元，增长 4.7%；竣工率达 73.1%。全省建筑业企业实现利税总额 2168.7 亿元，增长 9.1%。建筑业劳动生产率为 33.6 万元/人，增长 7.5%。建筑业企业房屋建筑施工面积 249176.8 万平方米，增长 7.4%；竣工面积 74806.3 万平方米，下降 0.9%，其中，住宅竣工面积 54411.4 万平方米，下降 0.6%。

四、固定资产投资

“2018 年，全省固定资产投资完成同比增长 5.5%，增速比去年同期回落 2.0 个百分点。从增长趋势看，全年呈低开缓升稳走态势，进入下半年后增速一直保持在 5.5%左右。在投资总量中，项目投资同比增长 2.2%，占全部投资的比重为 70.0%，房地产投资同比增长 14.1%，占全部投资的比重为 30.0%。分地区看，2018 年，苏南、苏中、苏北固定资产投资同比分别增长 3.7%、9.4%、5.2%，苏中地区的投资增幅最高；从占比看，苏南、苏中、苏北地区固定资产投资分别占全省总量的 44.3%、23.6%、32.1%。分产业看，2018 年工业投资同比增长 8.0%，其中制造业投资增长 11.2%。”

表 6　2013—2017 年江苏省固定资产投资额(亿元)

指　　标	2013 年	2014 年	2015 年	2016 年	2017 年
投资总额(亿元)	35982.52	41552.75	45905.17	49370.85	53000.21
按经济类型分					
国有经济	6865.27	8308.13	8901.58	8236.65	8811.26
集体经济	1639.37	1835.30	1872.50	806.51	742.24
私营个体经济	14955.56	18185.36	21252.12	23417.12	26992.16
联营经济	82.69	66.04	52.32	42.52	22.64
股份制经济	1567.00	1376.93	1210.16	1176.19	1144.20
有限责任公司	5924.45	6792.92	7752.74	10481.14	10079.59
港澳台投资经济	1597.74	1679.36	1648.71	2306.36	2250.40
外商投资经济	2315.26	2476.57	2253.73	2386.47	2234.05
其他经济	1035.18	832.16	961.31	517.88	723.67
按资金来源分					
国家预算内资金	529.19	627.26	806.89	990.43	1044.76
国内贷款	5091.04	5360.60	4810.95	5778.54	6386.98
利用外资	1127.55	1152.05	926.17	599.88	376.11
自筹资金	29444.25	33325.52	36305.15	36257.99	37667.86
其他资金来源	6822.96	6232.21	7206.37	10830.18	11518.51
按构成分					
建筑安装工程	20821.56	24686.18	27570.90	28989.35	30261.05
设备工器具购置	10903.11	12327.57	14225.16	15368.57	16915.28

续表

指　　标	2013年	2014年	2015年	2016年	2017年
其他费用	4257.84	4539.00	4109.11	5012.94	5823.89
按产业分					
＃住宅	5646.33	6367.41	6527.16	6971.13	7611.69
第一产业	195.71	206.97	232.24	293.11	343.42
第二产业	18412.48	20298.45	22890.96	24673.81	26412.41
＃工业					26180.81
第三产业	17374.32	21047.33	22781.97	24403.93	26244.38
新增固定资产(亿元)	26434.29	32156.36	36648.83	33963.72	38353.72
房屋建筑面积(万平方米)					
施工面积	100944.93	109353.56	98850.04	93782.52	90333.85
＃住宅	42305.79	44641.13	45370.63	45254.99	45487.43
竣工面积	33342.59	34562.35	36541.38	24665.24	22989.74
＃住宅	9251.55	8426.35	9349.36	8335.47	8062.50
商品房销售面积(万平方米)	11454.77	9846.84	11414.05	13962.09	14211.12

数据来源:历年《江苏统计年鉴》

表7　按登记注册类型分固定资产投资比上年增长情况(2018年)

类　　别	投资额(%)	＃工业投资(%)
总　计	2.2	8.0
内资企业	2.7	9.9
国有企业	－10.0	－9.6
集体企业	－17.2	－31.0
股份合作企业	－14.5	－10.8
联营企业	－48.1	75.7
国有联营	－69.9	－100.0
集体联营	93.2	109.1
国有与集体联营	45.0	271.8
其他联营企业	－71.1	－100.0
有限责任公司	－0.9	－2.7
国有独资公司	14.7	16.0
其他有限责任公司	－5.0	－3.7
股份有限公司	8.0	23.4
私营企业	7.7	13.2
其他企业	47.0	20.6
港、澳、台商投资企业	－2.7	－4.8
合资经营企业	－12.8	－14.9
合作经营企业	9.1	13.8
独资企业	7.4	5.2

续表

类　别	投资额(%)	#工业投资(%)
股份有限公司	−42.5	−57.3
其他港澳台商投资	−72.4	−61.1
外商投资企业	−1.5	−2.0
合资经营企业	−2.4	−6.1
合作经营企业	−23.6	−23.4
独资企业	1.3	3.0
股份有限公司	−43.9	−42.6
其他外商投资	−72.1	−72.1
个体经营	0.5	53.3
个体户	−11.1	12.8
个人合伙	156.8	571.6
按设区市分		
南京	8.8	8.9
无锡	2.6	10.5
徐州	−5.0	4.0
常州	3.1	7.1
苏州	−2.7	0.0
南通	5.2	8.0
连云港	3.4	13.7
淮安	10.2	16.1
盐城	9.8	16.2
扬州	4.7	16.2
镇江	−37.6	−27.9
泰州	6.7	8.5
宿迁	−1.2	10.3

数据来源:《江苏统计年鉴 2019》

投资增长保持稳定。全省固定资产投资比上年增长 5.5%。民间投资增长 10.8%,民间投资占全部投资比重达 71%,比上年提高 3.4 个百分点。房地产开发投资增长 14.1%,其中,住宅投资增长 14.4%。全省商品房销售面积 13484.2 万平方米,比上年下降 5.1%,其中,住宅销售面积 12040.7 万平方米,下降 3.6%。

表 8　2013—2018 年江苏固定资产投资产业结构

	总值(亿元)			比重(%)		
年份	第一产业	第二产业	第三产业	第一产业	第二产业	第三产业
2013	195.7	18412.5	17374.3	0.54	51.17	48.29
2014	206.9	20298.5	21047.3	0.5	48.85	50.65
2015	232.2	22891	22782	0.51	49.86	49.63
2016	293.1	24673.8	24403.9	0.59	49.98	49.43
2017	343.4	26412.4	26244.4	0.65	49.83	49.52
2018	366.4	28499.0	27215.4	0.66	50.10	48.67

数据来源:历年《江苏统计年鉴》

投资结构继续优化。分产业看,第一产业投资增长 6.7%;第二产业投资增长 7.9%;第三产业投资增长 3.7%。第二产业投资中,制造业投资增长 11.2%,制造业投资占项目投资比重为 59%,对全部投资增长的贡献率达 79.9%。工业技术改造投资增长 10.7%,比全部投资、工业投资分别高出 5.2 个、2.7 个百分点。高新技术产业投资增长 15.2%,占全部投资比重达 13.9%,比上年提高 1.2 个百分点。电子及通讯设备、计算机及办公设备、新能源、医药、智能装备、仪器仪表制造业投资分别增长 23.9%、22.6%、19%、14.9%、14.8%和 11.4%。第三产业投资中,科学研究和技术服务业增长 6.8%,水利、环境和公共设施管理业增长 2.4%,文化、体育和娱乐业增长 8.5%。

重点项目扎实推进。全省 228 个省重大实施项目完成投资 5300 亿元。现代综合交通运输体系加快建设,开工建设南沿江城际铁路、宁句城际轨道交通项目,加快推进连淮扬镇铁路、盐通高铁、连徐高铁、徐宿淮盐铁路建设,青连、连盐、宁启二期铁路相继建成通车,连云港和盐城跨入高铁时代。南京禄口国际机场 T1 航站楼改扩建工程顺利实施。连云港港 30 万吨级航道二期工程、苏州太仓港区四期工程建设进展顺利,长江南京以下 12.5 米深水航道二期工程提前建成试运行。2017 年,全省固定资产投资中,铁路运输业完成投资 186.99 亿元,同比增长 99.35%;航空运输业完成投资 44.42 亿元,同比增长 122.1%;环境治理业完成投资 176.06 亿元,同比增长 56.36%;文化体育和娱乐业完成投资 546.77 亿元,同比下降 14.86%;广播、电视、电影和影视录音制作业完成投资 38.3 亿元,同比下降 31.36%;教育完成投资 677.4 亿元,同比增长 14.64%。

五、财政

财政收入稳定增长。全省一般公共预算收入 8630.16 亿元,增长 5.6%。考虑到年中国家出台的减税降费等政策因素,全省一般公共预算收入实际增幅在 7%以上。其中,税收收入 7263.65 亿元,占一般公共预算收入的 84.2%。全省一般公共预算支出 11658.22 亿元,增长 9.8%。省级一般公共预算收入 267.67 亿元,受财政体制调整影响,下降 27.6%。省级一般公共预算支出 1079.01 亿元,增长 15.6%。

表 9　2018 年江苏省财政收入分项情况

指　　标	绝对数(亿元)	比上年增长(%)
一般公共预算收入	8630.2	5.6
#增值税	3113.5	8.7

续表

指　　标	绝对数(亿元)	比上年增长(%)
企业所得税	1312.7	14.6
个人所得税	468.4	21.1
上划中央四税	6412.6	10.9
＃国内消费税	709.3	2.3

数据来源:《2018 年江苏国民经济与社会发展统计公报》

全省政府性基金收入 8222.81 亿元,增长 17.4%。全省政府性基金支出 9055.8 亿元,增长 19.8%。省级政府性基金收入 124.4 亿元,增长 7.1%。省级政府性基金支出 83.75 亿元,增长 45.5%。

全省国有资本经营预算收入 128.66 亿元,下降 23.7%。全省国有资本经营预算支出 78.95 亿元,下降 44.1%。省级国有资本经营预算收入 27.31 亿元,增长 37.2%,省级国有资本经营预算支出 16.83 亿元,下降 13.2%。

全省社会保险基金收入 6331.41 亿元,全省社会保险基金支出 5708.81 亿元。全省社会保险基金当年收支结余 622.6 亿元,年末滚存结余 7587.16 亿元。省级社会保险基金收入 668.73 亿元,省级社会保险基金支出 668.15 亿元,省级社会保险基金当年收支结余 0.58 亿元,年末滚存结余 655.98 亿元。

表 10　2014—2018 年江苏财政支出情况(亿元)

指标	2014 年	2015 年	2016 年	2017 年	2018 年
一般公共预算支出	8472.45	9687.58	9981.96	10621.40	11657.35
一般公共服务	856.70	845.68	920.93	1035.58	1124.06
公共安全	473.83	519.92	634.76	716.63	826.08
教育	1504.86	1746.22	1842.94	2003.67	2055.56
科学技术	327.10	371.96	381.02	436.14	507.31
文化体育与传媒	190.86	196.06	193.28	187.93	197.22
社会保障和就业	709.59	838.06	897.93	1047.24	1316.55
医疗卫生	560.93	649.31	712.77	796.96	845.32
节能环保	237.78	308.45	285.11	292.55	317.99
城乡社区事务	1221.64	1535.59	1440.12	1562.70	1599.60
农林水事务	899.31	1008.60	985.62	887.45	996.67
交通运输	496.93	547.81	511.81	469.56	497.95
资源勘探电力信息等事务	364.33	448.45	437.26	323.51	322.91
其他各项支出	628.59	671.47	738.41	861.48	1050.13

数据来源:历年《江苏统计年鉴》

支出结构持续改善。部分民生支出增长较快,社会保障和就业支出增长 25.5%,住房保障支出增长 22.2%,一般公共服务支出增长 10.6%,城乡社区事务支出增长 9.7%,节能环保支出增长 9.1%。

六、国内贸易

就整体情况而言,消费品市场增势稳定。2018年江苏省全年社会消费品零售总额比上年增长7.9%。按经营单位所在地分,城镇消费品零售额增长7.8%;农村消费品零售额增长9%。按行业分,批发和零售业零售额增长7.7%;住宿和餐饮业零售额增长9.7%。全省限额以上社会消费品零售总额比上年增长3.6%。从消费品类值看,基本生活类消费增长平稳,部分消费升级类商品零售额增长较快。在限额以上企业商品零售额中,粮油食品饮料烟酒类、服装鞋帽针纺织品类、日用品类商品零售额分别增长4.4%、7.6%和9.5%。以智能手机、平板电脑等为代表的通讯器材类商品零售额增长30.8%;书报杂志类增长15.9%;家具类增长11.8%。石油制品类商品零售额增长12.2%。

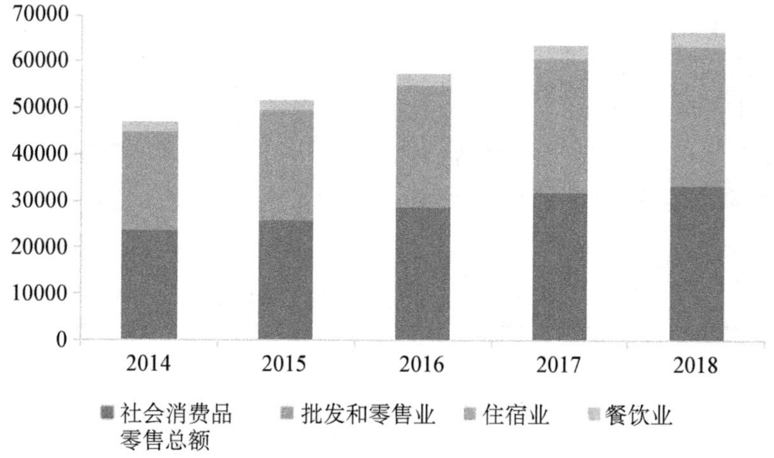

图5　2014—2018年社会消费品情况(亿元)

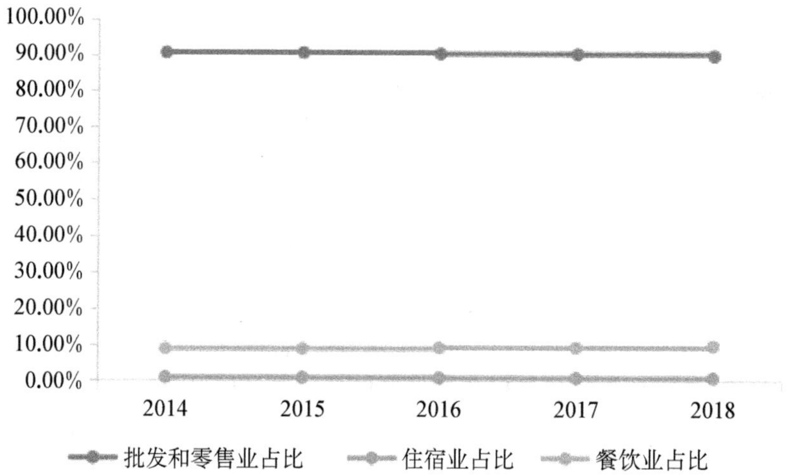

图6　2014—2018年分行业占社会消费品零售总额(%)

数据来源:历年《江苏统计年鉴》

2018年,江苏省顺应互联网快速发展形势,着力推动网络经济与实体经济的深度融合,不断强化云计算、大数据、人工智能、物联网等数字技术的深入应用,不断营造催生新业态、新模式、新经济发展的"厚实土壤",全省网络经济呈现出良好的发展态势,主要呈现出四个特点:一是网络经营主体结构明显优化,发展活力进一步增强;二是网络交易深度融合特色产业,助推经济转型升级;三是网络交易培育新动能,经济发展质量显著提升;四是网络交易环境明显优化,支撑保障更加有力。

网络零售快速发展。随着互联网技术的进步和网络覆盖范围的扩大,尤其是国家对农村地区网络建设的支持力度加大,网上零售持续扩容,对拉动消费和促进消费结构升级起到了重要作用。2018 年,按卖家所在地分,江苏网上零售额突破 9000 亿元,达 9242.3 亿元,总量居全国第三位,仅次于广东(18921.8 亿元)、浙江(14384.7 亿元),占全国网上零售的比重为 10.3%,增速比上年增长 25.5%,高于社会消费品零售额增速 17.6 个百分点。其中,实物商品零售额 7696.7 亿元,增长 30%,占社会消费品零售总额比重为 23.2%。

表 11　2014—2018 年国内贸易的基本情况

指　　标	2014 年	2015 年	2016 年	2017 年	2018 年
限额以上法人企业(个)	22683	22165	22514	22540	25225
批发业	11388	10753	10852	11209	13717
零售业	8147	8290	8571	8425	8585
住宿业	1026	1057	1061	1047	1074
餐饮业	2122	2065	2030	1859	1849
限额以上产业活动单位(个)	36544	36099	36611	37610	50016
批发业	13474	12734	12437	12724	17131
零售业	18395	18635	19436	20195	27367
住宿业	1156	1203	1203	1196	1260
餐饮业	3519	3527	3535	3495	4258
限额以上企业(单位)从业人数(人)	1372467	1316192	1288982	1272986	1330827
批发业	426460	414793	404339	421163	465668
零售业	589719	573752	561763	536361	527603
住宿业	127611	129100	126789	123237	121833
餐饮业	228677	198547	196091	192225	215723
限额以上批发和零售业					
商品购进总额(亿元)	41554.16644	40149.81462	43797.28	51102.71122	62082.56
商品销售总额(亿元)	46152.51076	42772.98497	47801.39	55723.65975	68386.83
商品库存总额(亿元)	2582.83613	2471.78314	2928.76	5200.15812	3430.54
社会消费品零售总额(亿元)	23458.07	25876.77	28707.12	31737.41264	33230.35
商品交易市场数(个)	2826	2861	2817	2753	2795
消费品市场	2438	2466	2448	2399	2383
生产资料市场	388	395	369	354	412

数据来源:历年《江苏统计年鉴》

从整体上看,2014—2018 年江苏省商贸流通转型升级步伐加快,区域城乡协调发展,现代化水平显著提升,营商环境明显改善,为应对复杂多变的国内外经济形势、促进国民经济持续健康发展做出了重要贡献。但是,江苏也存在着实体商业亟待转型,线上与线下、内贸与外贸融合发展有待协调,总体流通效率低、成本高,市场布局有待优化,供应链发展水平不高等问题。

七、开放型经济

江苏是外贸大省，改革开放三十多年来，江苏对外贸易取得了长足发展，进出口规模连续13年保持全国第二位，连续五年跃上5000亿美元台阶，为江苏省开放型经济发展做出了积极贡献。

表12 2014—2018年江苏对外贸易发展情况(亿美元)

指　　标	2014年	2015年	2016年	2017年	2018年
进出口总额	5637.61938	5456.13552	5096.12489	5911.38593	6640.42866
进口总额	2218.92962	2069.45332	1902.68269	2278.40452	2599.9867
初级产品	330.39145	253.40002	233.26275	299.8553	334.23548
工业制成品	1840.53783	1749.46649	1591.86761	1849.9232	2118.85735
出口总额	3418.68976	3386.6822	3193.4422	3632.98141	4040.44196
初级产品	56.00704	50.98568	51.38458	55.2634	58.58413
工业制成品	3321.42305	3285.58144	3077.72526	3411.88661	3786.02921
协议注册外资项目(个)	3031	2580	2859	3254	3348
协议注册外资	431.8685	393.61	431.3941	554.26	605.22
实际使用外资	281.7416	242.75	245.4296	251.35	255.92
外商投资企业基本情况					
年底登记户数(户)	51634	53551	55938	58577	59308
投资总额	7181.31	7821.536314	8798.6813	9658.187344	10560.42
注册资本	3839.34	4229.012641	4718.2292	5226.158642	5639.86
对外经济合作					
对外承包工程					
合同金额	96.6108	77.96	72.8708	108.2	65.90
完成营业额	79.54	87.61	91.1122	95.2	83.30
对外劳务合作					
新签劳务人员合同工资总额	12.08	5.19	4.5319	4.4	5.40
劳务人员实际收入总额	8.5351	7.46	6.9634	7.21	8.00
境外投资情况					
新批项目数(个)	736	880	1067	631	786
贸易型项目	277	315	286	213	233
非贸易型项目	459	565	781	418	533
中方协议金额(万美元)	721571	1030460	1422365.3	927072	948423.9
贸易型项目	167014	225716	242425.7	106254	187761.1
非贸易型项目	554557	8047444	1179939.6	820818	760662.7

数据来源：历年《江苏统计年鉴》

进出口规模继续扩大。全省完成进出口总额43802.4亿元，比上年增长9.5%。其中，出口26657.7亿元，增长8.4%；进口17144.7亿元，增长11.3%。

表 13　2018 年江苏省进出口贸易主要分类情况

指　　标	绝对数(亿元)	比上年增长(%)
出口总额	26657.7	8.4
#一般贸易	13400.8	12.6
加工贸易	10234.8	−0.1
#工业制成品	24980.0	8.2
初级产品	385.4	2.9
#机电产品	17624.4	8.9
#高新技术产品	10126.2	8.5
#国有企业	2989.2	17.7
外商投资企业	14810.2	3.6
私营企业	8456.0	15.1
进口总额	17144.7	11.3
#一般贸易	7941.8	8.1
加工贸易	6967.1	11.9
#工业制成品	13975.7	11.7
初级产品	2203.1	8.5
#机电产品	10204.9	11.5
#高新技术产品	7288.0	13.4
#国有企业	1336.5	22.9
外商投资企业	12125.1	8.4
私营企业	3453.0	18.9

数据来源:《2018 年江苏国民经济与社会发展统计公报》

从贸易方式看,一般贸易进出口总额 21342.6 亿元,增长 10.9%;占进出口总额比重达 48.7%,超过加工贸易 9.4 个百分点。从出口主体看,国有企业、外资企业、私营企业出口额分别增长 17.7%、3.6%和 15.1%。从出口产品看,机电、高新技术产品出口额分别增长 8.9%、8.5%。

表 14　2018 年江苏省对主要国家和地区货物进出口额及增长速度

国家和地区	出口额(亿元)	比上年增长(%)	进口额(亿元)	比上年增长(%)
美国	6143.4	6.0	955.2	−6.8
欧盟	4973.6	6.9	2038.4	8.3
东盟	2996.2	13.0	2170.1	10.6
中国香港	2405.4	17.6	22.0	−50.0
日本	1951.5	5.5	2000.2	2.8
拉丁美洲	1419.5	9.7	882.6	19.6
韩国	1483.9	18.7	3716.8	20.1
中国台湾	759.8	7.4	2155.6	7.7
印度	847.7	4.4	129.0	23.8
非洲	654.2	11.5	215.5	54.3
俄罗斯	323.2	10.5	68.8	−1.8

数据来源:《2018 年江苏国民经济与社会发展统计公报》

一方面,从出口市场看,对美国、欧盟、日本出口比上年分别增长 6%、6.9%和 5.5%,对印度、俄罗斯、东盟出口分别增长 4.4%、10.5%和 13%。另一方面,对“一带一路”沿线国家出口保持较快增长,出口额 6459.6 亿元,增长 8.9%;占全省出口总额的比重为 24.2%,对全省出口增长的贡献率为 25.7%。

表 15　2014—2018 年江苏省境外投资情况

指　标	2014 年	2015 年	2016 年	2017 年	2018 年
新批项目数(个)	736.00	880.00	1067.00	631.00	786.00
按项目类型					
企业	698.00	851.00	1049.00	584.00	735.00
子公司	685.00	806.00	990.00	570.00	723.00
独资子公司	517.00	621.00	759.00	429.00	546.00
合资子公司	168.00	184.00	231.00	141.00	177.00
联营公司	13.00	45.00	59.00	14.00	12.00
机构	38.00	29.00	18.00	47.00	51.00
按主体类型					
国有及国有控股企业	58.00	52.00	95.00	83.00	72.00
集体企业	1.00	3.00	6.00	6.00	6.00
民营企业	554.00	693.00	814.00	432.00	587.00
外资企业	123.00	132.00	152.00	110.00	121.00
按业务类型					
#参股并购类项目	110.00	170.00	220.00	137.00	156.00
风险投资类项目	7.00	7.00	2.00	1.00	1.00
贸易型项目	277.00	315.00	286.00	213.00	233.00
非贸易型项目	459.00	565.00	781.00	418.00	553.00
#境外加工贸易项目	61.00	65.00	76.00	44.00	53.00
境外资源开发项目	10.00	18.00	7.00	2.00	1.00
中方协议金额(万美元)	721571.00	1030460.00	1422365.30	927073.04	948423.92
按项目类型					
企业	721154.00	1030122.97	1422194.30	904664.29	936116.52
子公司	712482.00	996893.18	1373374.70	885165.37	908721.04
独资子公司	543147.00	798599.18	1137147.00	689252.41	697944.02
合资子公司	169335.00	198294.00	236227.70	195912.96	210777.02
联营公司	8672.00	33229.79	48819.70	19498.92	27395.48
机构	417.00	337.00	171.00	22408.75	12307.40
按主体类型					
国有及国有控股企业	65224.00	59895.09	180317.30	138680.02	86905.34
集体企业	9998.00	38164.00	4641.40	27704.58	4673.00
民营企业	547679.00	795137.29	999928.00	631618.67	766479.20
外资企业	98669.00	137263.59	237478.60	129069.77	90366.38
按业务类型					
#参股并购类项目	110347.00	199901.75	306426.30	493900.63	399939.62
风险投资类项目	17973.00	7753.00	897.00	2655.00	500.00

续表

指　　标	2014 年	2015 年	2016 年	2017 年	2018 年
贸易型项目	167014.00	225715.62	242425.70	106254.26	187761.12
非贸易型项目	554557.00	804744.35	1179939.60	820818.78	760663.79
＃境外加工贸易项目	57923.00	112432.52	150458.10	157282.66	152956.49
境外资源开发项目	22658.00	73734.22	30807.80	10000.00	－527.00

数据来源：历年《江苏统计年鉴》

境外外资保持增长。全年新批外商投资企业 3348 家，比上年增长 2.9％；新批协议注册外资 605.2 亿美元，比上年增长 9.2％；实际使用外资 255.9 亿美元，比上年增长 1.8％。新批及净增资 9000 万美元以上的外商投资大项目 353 个，比上年增长 1.1％。全年新批境外投资项目 786 个，中方协议投资额 94.8 亿美元。加快推进“一带一路”交汇点建设，全年新增“一带一路”沿线对外投资项目 235 个，比上年增长 46.8％，中方协议投资额 23.1 亿美元。

八、交通、邮电和旅游

交通运输基本平稳。全年货物运输量比上年增长 5.7％，旅客运输量下降 4.7％；货物周转量比上年下降 0.4％，旅客周转量增长 2.0％。全省机场飞机起降 51.6 万架次，比上年增长 11.5％；旅客吞吐量 5164.6 万人次，增长 16.2％；货邮吞吐量 59.7 万吨，增长 4.5％。完成规模以上港口货物吞吐量 23.3 亿吨，比上年增长 0.6％，其中，外贸货物吞吐量 4.9 亿吨，增长 0.5％；集装箱吞吐量 1798 万标准集装箱，增长 4.4％。年末全省公路里程 16 万公里。其中，高速公路里程 4710 公里。铁路营业里程 3014 公里，铁路正线延展长度 5258.6 公里。年末民用汽车保有量 1783.2 万辆，增长 10.1％；净增 163.8 万辆。年末私人汽车保有量 1537.6 万辆，增长 9.2％；净增 129.4 万辆。其中，私人轿车保有量 1066.8 万辆，增长 8.0％；净增 79.2 万辆。

表 16　2018 年各种运输方式完成运输量情况

运输方式	货物周转量		货运量		旅客周转量		客运量	
	绝对数（亿吨公里）	比上年增长（％）	绝对数（万吨）	比上年增长（％）	绝对数（亿人公里）	比上年增长（％）	绝对数（万人）	比上年增长（％）
总计	9683.7	－0.4	247388.1	5.7	1692.5	2.0	121883.3	－4.7
铁路	296.7	1.8	5971.4	4.4	803.1	7.1	21203.6	7.2
公路	2544	7.0	139251	8.0	717	－4.0	97025	－7.2
水路	6122	－4.1	87735	2.4	3.5	7.7	2383	－2.0
民航	1.1	－9.4	7.7	－6.4	168.9	6.0	1271.7	8.8
管道	720.0	6.9	14423	4.7	—	—	—	—

注：民航运输量数据仅指东航江苏分公司完成数

邮政电信快速发展。全年邮政行业业务总量 1050.2 亿元，比上年增长 19.2％；电信业务总量 4811.6 亿元，增长 132.7％。邮政行业业务收入 647 亿元，比上年增长 15.4％；电信业务收入 975.1 亿元，增长 6.3％。年末局用交换机总容量 121.2 万门。年末固定电话用户 1364 万户，城市固定电话用户 945.9 万户，乡村固定电话用户 418.1 万户。年末移动电话用户 9794 万户，比上年末增加 986.3 万户。电话普及率达 139 部/百人。年末长途光缆线路总长度 4.04 万公里；年末互联网宽带接入用户 3351.9 万户，新增 245.7 万户。

表 17　2014—2018 年邮电业务基本情况

指　　标	2014 年	2015 年	2016 年	2017 年	2018 年
邮电业务总量(亿元)	1680.8	2280.6	3431.23*(1860.33)	2948.63	5861.83
邮政行业业务总量	359	516.02	663.69	880.93	1050.23
电信业务总量	1321.8	1764.598416	2767.54*(1196.64)	2067.7	4811.60
邮电业务收入(亿元)	1153.4	1244.3	1345.35	1475.92	1622.11
邮政行业业务收入	299.5	407.22	463.33	560.72	647.01
电信业务收入	853.9	837.0784724	882.0185441	915.2	975.10
函件(亿件)	6.26	4.88	3.33	2.86	2.26
包件(万件)	273.9	220.3	165.3	150.49	139.53
快递(亿件)	14.84352	22.9	28.38	35.96	43.89
报刊期发数(万份)	1192	1104.06	1062.97	1094.68	969.35
长途电话通话量(万分钟)	350016.3868	349124.9258	325726.93	255071	
移动短信业务量(亿条)	522.9985349	512	619.691083	771.6	
年末固定电话用户(万户)	2133.6123	1972.9922	1708.33	1512.08	1364.00
＃城市	1222.91101	1217.9797	1096.96	1003.19	945.90
乡村	910.70129	755.0125	611.37	508.89	418.10
年末移动电话用户(万户)	8070.3502	8227.3335	8198.75	8807.69	9794.00
固定宽带接入用户(万户)	1523.3532	2183.0552	2685.24	3106.15	3351.87
邮政局所(个)	2399	2385	2381	2376	2371
邮路及农村投递路线总长度(万公里)	34.8982	35.15	37.17	40.2	48.43
＃汽车邮路	8.9319	9.07	11.59	13.9	22.64
铁路邮路	0	0	0	0	0.00
移动电话交换机容量(万户)	10473.0774	10633.0774	10863.0774	10644	19334
固定长途电话交换机容量(万路端)	37.6	37.5551	37.5551	21	21
长途光缆线路长度(公里)	36249.35	38840.776	2939497.74	3248412	40366
每局所服务面积(平方公里)	42.77	44.95	45.02	45.12	45.21
人均邮电业务量(元/人)	2111.557789	2859.220441	579.26	698.3427596	1304.52
每百人平均函件量(件/百人)	786.4321608	611.42	4	4	3.00
每百人平均订阅报刊量(份/百人)	15	13.84	13	14	12.00
每百人平均包件(件/百人)	4.108668342	2.76	2	1.87	1.73
每百人移动短信量(条/百人)	65873.06	5535	77691.54658	96095	
电话普及率(部/百人)	128.52	128.5	124.2064922	128.53	139.00
固定电话普及率	26.87	24.8	21.41756473	18.83	16.94
移动电话普及率	101.65	103.4	102.7889274	109.69	121.70

数据来源:历年《江苏统计年鉴》

旅游业较快增长。全年接待境内外游客 81823.7 万人次,比上年增长 9.6%;实现旅游业总收入 13247.3 亿元,增长 13.6%。接待入境过夜游客 400.9 万人次,增长 8.3%。其中,外国游客 264.7 万人次,增长 9.5%;港澳台同胞 136.2 万人次,增长 6.1%。旅游外汇收入 46.5 亿美元,增长 10.8%。接待国内游客 81422.8 万人次,增长 9.6%,实现国内旅游收入 12851.3 亿元,增长 13.7%。

表 18　江苏旅游业发展基本情况

	2014 年	2015 年	2016 年	2017 年	2018 年
旅行社数(个)	2251	2336	2469	2593	2779
星级饭店数(个)	873	791	696	649	551
国内旅游接待人数(万人次)	57113.32	61933.65	67779.99	74287.31	81422.84
国内旅游收入(亿元)	7863.510354	8769.305831	9952.469368	11307.51114	12851.30
接待海外旅游者人数(人次)	2970956.41	3050104.04	3297735	3701038	4008509
旅游外汇收入(万美元)	303271.3266	352728.9995	380362.0909	419471.8638	464836

数据来源:历年《江苏统计年鉴》

九、金融

金融信贷规模扩大。年末全省金融机构人民币存款余额 139718 亿元,比年初增长 7.5%,增加 9775.1 亿元。其中,住户存款比年初增加 4663.9 亿元,非金融企业存款比年初增加 2712.4 亿元。年末金融机构人民币贷款余额 115719 亿元,比年初增长 13.3%,增加 13572.4 亿元。其中,中长期贷款比年初增加 7839.3 亿元,短期贷款比年初增加 3768.9 亿元。

表 19　2018 年江苏省年末金融机构人民币存贷款情况

指 标	绝对数(亿元)	比年初增加(亿元)	比上年末增长(%)
各项存款余额	139718.0	9775.1	7.5
＃住户存款	50768.6	4663.9	10.2
非金融企业存款	49895.2	2712.4	5.7
各项贷款余额	115719.0	13572.4	13.3
＃短期贷款	35795.2	3768.9	11.9
中长期贷款	72945.8	7839.3	12.0
＃消费贷款	33018.7	5324.5	19.3
＃住房贷款	28526.1	4327.8	17.9

数据来源:《2018 年江苏国民经济与社会发展统计公报》

证券交易市场保持稳定。年末全省境内上市公司 401 家,省内上市公司通过首发、配股、增发、可转债、公司债在上海、深圳证券交易所筹集资金 2249.8 亿元。江苏企业境内上市公司总股本 3639.3 亿股,比上年增长 11.7%;总市值 31986.1 亿元,比上年下降 21.4%。年末全省共有证券公司 6 家,证券营业部 928 家;期货公司 9 家,期货营业部 172 家;证券投资咨询机构 3 家。全年证券市场完成交易额 28.7 万亿元。分类型看,证券经营机构股票交易额 13.4 万亿元,比上年下降 22.3%;期货经营机构代理交易额 15.3 万亿元,比上年增长 20.7%。

保险行业有所波动。全年保费收入 3317.3 亿元,比上年下降 3.8%。分类型看,财产险收入 858.8 亿元,增长 5.5%;寿险收入 1985.3 亿元,下降 10.2%;健康险收入 395 亿元,增长 11.4%;意外伤害险 78.1 亿元,增长 12.1%。全年赔付额 996.7 亿元,比上年增长 1.3%。其中,财产险赔付 512.5 亿元,增长 12.5%;寿险赔付 355.9 亿元,下降 17.9%;健康险赔付 104.4 亿元,增长 42.0%;意外伤害险赔付 23.9 亿元,增长 12.4%。

十、科学技术和教育

科技创新能力持续增强。全省专利申请量、授权量分别达60.03万件、30.7万件,其中发明专利申请量19.88万件,比上年增长6.31%;发明专利授权量4.2万件,增长1.21%;PCT专利申请量达5500件,增长19.8%;万人发明专利拥有量达26.45件,增长17.56%。全省企业共申请专利43.76万件。全年共签订各类技术合同4.2万项,技术合同成交额达1152.6亿元,比上年增长32%。省级以上众创空间达746家。2018年,江苏共有50个项目获国家科技奖,获奖总数位列全国各省第一。

高新技术产业加快发展。组织实施省重大科技成果转化专项资金项目124项,省资助资金投入8.38亿元,新增总投入72.81亿元。新认定国家高新技术企业超过8000家,企业研发经费投入占主营业务收入比重提高至1.3%,大中型工业企业和规模以上高新技术企业研发机构建有率保持在90%左右,国家级企业研发机构达到145家,位居全国前列。全省已建国家级高新技术特色产业基地160个。

表20　江苏省历年科研发展情况

指　　标	2014年	2015年	2016年	2017年	2018年
科技机构数(个)	21844	23101	25402	24112	24728
科研单位	144	142	135	133	130
规模以上工业企业	20411	21542	23564	22007	22469
#大中型工业企业	7538	7432	7816	7204	
高等院校	854	971	1055	1133	1219
其他	435	446	648	839	910
科技活动人员数(万人)	115.0004	111.99	117	—	
#大学本科及以上学历	53.6141	54.84	70.16	—	
研究与发展经费内部支出(亿元)	1652.82	1801.23	2026.87	2260.06	2504.43
研究与发展经费支出占地区生产总值比重(%)	2.5	2.53	2.62	2.63	2.70

数据来源:历年《江苏统计年鉴》

科研投入力度逐步增强。全社会研究与试验发展(R&D)活动经费占地区生产总值比重达2.64%(新口径),研究与试验发展(R&D)人员78万人。全省拥有中国科学院和中国工程院院士98人。各类科学研究与技术开发机构中,政府部门属独立研究与开发机构达466个。建设国家和省级重点实验室171个,科技服务平台277个,工程技术研究中心3404个,企业院士工作站326个,经国家认定的技术中心117家。

表21　2018年江苏省各类教育招生和在校生情况

指　　标	招生数		在校生数		毕业生数	
	绝对数(万人)	比上年增长(%)	绝对数(万人)	比上年增长(%)	绝对数(万人)	比上年增长(%)
普通高等教育	62.74	4.9	200.09	2.9	53.87	0.6
#研究生	6.91	7.1	19.46	10.1	4.74	3.0
普通高中教育	35.21	11.9	98.08	4.0	31.24	−1.6
普通初中教育	80.23	5.9	225.76	8.2	62.35	1.8
小学教育	102.23	7.3	560.44	3.7	81.62	5.5

数据来源:《2018年江苏国民经济与社会发展统计公报》

教育事业全面发展。全省共有普通高校 142 所。普通高等教育招生 62.74 万人，在校生 200.09 万人，毕业生 53.87 万人；研究生教育招生 6.91 万人，在校生 19.46 万人，毕业生 4.74 万人。高等教育毛入学率达 58.3%，比上年提高 1.6 个百分点；高中阶段教育毛入学率达 99%以上。全省中等职业教育在校生 62.6 万人（不含技工学校）。特殊教育招生 0.48 万人，在校生 3.12 万人。全省共有幼儿园 7222 所，比上年增加 240 所；在园幼儿 255.58 万人，比上年减少 4.95 万人。学前三年教育毛入园率达 98%以上。

表 22　2018 年江苏省人才队伍建设情况

高级专业技术资格人员	3.75 万人
全省新增专业技术人才	53.15 万人
全省新增高技能人才	34.28 万人
新增海外留学回国人员	10769 人
发放海外人才居住证	90 个

数据来源：江苏省人社厅

人才队伍建设成绩斐然。全省新增专业技术人才 53.15 万人，组织专业技术人员参加继续教育 161 万人次。实施国家级高级研修项目 6 期、省级高级研修项目 20 期，培养 3180 名高层次专业技术人才。评审通过具有高级专业技术资格人员 3.75 万人。全省新增高技能人才 34.28 万人。组织开展职业技能鉴定 90.23 万人次，其中，77.68 万人次取得不同等级的职业资格证书，平均通过率 86.1%，高级工以上鉴定取证人数占 44.1%。新增海外留学回国人员 10769 名，发放海外人才居住证 90 个。“六大人才高峰”高层次人才培养选拔计划资助 609 个项目、5441 人。新设国家级博士后科研工作站 42 家、省级博士后创新实践基地 87 个，新建省级留学回国人员创新创业园 5 家、省级留学回国人员创新创业示范基地 6 家。新增国家级高技能人才培训基地 5 个、技能大师工作室 5 个和省级专项公共实训基地 10 个、技能大师工作室 20 个，评选出 98 名企业首席技师，选出 10 名江苏大工匠、94 名江苏工匠。年末全省共有技工院校 124 所，在校学生 26.22 万人。全年招生 9.64 万人，毕业 6.62 万人，毕业生当年总体就业率 98.7%，开展社会培训 42.9 万人次。新建技工院校校企联合实训中心 16 个，评选技工院校示范专业 10 个、精品课程 40 门。全省组织事业单位公开招聘 4570 场次，招聘事业单位工作人员 6.14 万人，其中，高级职称 866 人，中级职称 3209 人，博士研究生 2586 人。组织实施各类人事考试 100 余项，参加考试 150 万人次、300 万科次，人事考试项目规范管理达标率 100%。

十一、文化、卫生和体育

公共文化服务水平提升。城乡公共文化服务体系不断完善。全省共有文化馆、群众艺术馆 115 个，公共图书馆 115 个，博物馆 322 个，美术馆 31 个，综合档案馆 113 个，向社会开放档案 79.55 万件。共有广播电台 8 座，中短波广播发射台和转播台 21 座，电视台 8 座，广播综合人口覆盖率和电视综合人口覆盖率均达 100%。全省有线电视用户 1666.82 万户。全年生产故事影剧片 61 部；出版报纸 21.92 亿份，出版杂志 1.14 亿册，出版图书 6.84 亿册。

目前，江苏已建成“省有四馆、市有三馆、县有两馆、乡有一站、村有一室”五级公共文化设施网络体系，设施覆盖率达到 90%以上。全省拥有 226 处全国重点文物保护单位，12 座国家历史文化名城。全省共有文化法人单位 10 万多家，其中，年营业额 500 万元以上规模企业 6000 余家，文化产业发展综合指数排名全国第二。

表 23　2018 年江苏省卫生事业基本情况

项　　目	机构数(个)	床位数(张)	卫生工作人员(人)	#卫生技术人员	#医师
总　计	33253	491522	739294	590044	233250
医院	1853	387981	442590	367057	124482
综合医院	1028	232691	278278	237272	80624
中医医院	138	47756	60369	51919	19245
中西医结合医院	37	7151	9797	8149	3074
专科医院	474	70344	78886	62073	19787
护理院	176	30039	15260	7644	1752
基层医疗卫生机构	30294	93539	253847	193503	97255
社区卫生服务中心(站)	2769	22349	53801	45934	19990
卫生院	1057	70814	95179	80800	35858
村卫生室	15311		44612	17612	15948
门诊部	1932	184	28810	21677	10189
诊所．卫生所．医务室	9225	192	31445	27480	15270
专业公共卫生机构	808	7450	35699	25763	10266
疾病预防控制中心	117		8146	6269	3837
专科疾病防治院(所、站)	41	1334	1496	1138	510
健康教育所(站、中心)	6		100	41	20
妇幼保健院(所、站)	114	6035	15284	12316	5061
急救中心(站)	48	81	1753	768	406
采供血机构	30		2235	1580	108
卫生监督所(中心)	104		3380	2972	
计划生育技术服务机构	348		3305	679	324
其他卫生机构	298	2552	7158	3721	1247
疗养院	14	2552	1336	727	303
医学科学研究机构	9		397	202	126
医学在职培训机构	26		885	210	91
临床检验中心(所、站)	58		2626	1354	128
统计信息中心	10		93	6	1
其他	181		1821	1222	598

数据来源:《江苏统计年鉴 2019》

卫生事业稳步推进。年末全省共有各类卫生机构 33254 个。其中,医院 1853 个,疾病预防控制中心 117 个,妇幼卫生保健机构 114 个。各类卫生机构拥有病床 49.08 万张,其中医院拥有病床 38.72 万张。共有卫生技术人员 59 万人,其中,执业医师、执业助理医师 23.34 万人,注册护士 26.03 万人,疾病预防控制中心卫生技术人员 0.63 万人,妇幼卫生保健机构卫生技术人员 1.23 万人。

体育事业蓬勃发展。成功举办第 19 届省运会,促进群众体育和竞技体育、体育事业和体育产业协调发展。江苏健儿在第 18 届亚运会上取得优异成绩,在重大比赛中获世界冠军 5 项,获金牌 58 人次,获银牌 37 人次,获铜牌 55 人次。

十二、环境保护、节能降耗和安全生产

污染防治力度加大。全省 PM2.5 年均浓度 48 微克/立方米，104 个国考断面水质优Ⅲ类比例 68.3%、劣Ⅴ类比例 1%，化学需氧量、二氧化硫、氨氮、氮氧化物四项主要污染物排放量削减指标均完成国家下达的目标任务。长江、淮河等重点流域及近岸海域水质总体保持稳定，太湖治理连续 11 年实现“两个确保”。实施农村人居环境整治三年行动，大力推进生活垃圾处理、生活污水处理、村容村貌提升和厕所革命，城乡人居环境持续改善。全省林木覆盖率达 23.2%，建成国家生态园林城市 5 个，国家生态工业园区 21 个，国家生态文明建设示范市县 9 个。

节能减排成效显著。加快淘汰低水平落后产能，全年压减钢铁产能 80 万吨、水泥产能 210 万吨、平板玻璃产能 660 万重量箱；关闭高耗能高污染及“散乱污”规模以上企业 3600 多家；关停低端落后化工企业 1200 家以上。全省规模以上工业综合能源消费量同比下降 2.5%。

表 24　2014—2018 年江苏省环境保护情况

项　　目	2014 年	2015 年	2016 年	2017 年	2018 年
污染排放与处理利用情况					
废水					
工业废水排放量(亿吨)	20.49	20.64	17.94	15.19	14.36
城镇生活污水排放量(亿吨)	39.59	41.45	43.68	42.28	44.03
集中式治理设施污水排放量(亿吨)	0.03	0.04	0.04	0.05	0.04
化学需氧量排放量(万吨)	110	105.46	74.65	74.42	68.45
#工业源	20.44	20.13	13.48	11.16	9.29
农业源	36.41	35.07	4.61	1.87	1.25
城镇生活源	52.79	49.96	56.37	61.26	57.77
集中式治理设施	0.37	0.29	0.19	0.13	0.13
氨氮排放量(万吨)	14.25	13.77	10.28	10.12	9.61
#工业源	1.37	1.35	1.12	0.81	0.68
农业源	3.75	3.62	0.11	0.07	0.05
城镇生活源	9.08	8.76	9.03	9.23	8.88
集中式治理设施	0.05	0.03	0.02	0.01	0.01
废气					
二氧化硫排放量(万吨)	90.47	83.51	57.01	41.07	30.66
#工业源	87.02	79.47	52.51	36.47	26.41
城镇生活源	3.43	4.03	4.48	4.57	4.19
集中式治理设施	0.03	0.01	0.02	0.03	0.05
氮氧化物排放量(万吨)	123.26	106.76	93.03	90.72	78.85
#工业源	88.82	75.36	62.19	50.23	40.93
城镇生活源	0.64	0.86	0.7	0.68	0.67
机动车	33.74	30.5	30.11	39.68	37.06
集中式治理设施	0.05	0.05	0.04	0.12	0.18
烟(粉)尘排放量(万吨)	76.37	65.45	47.17	39.08	33.28
#工业源	72.05	61.22	42.97	33.85	28.97
城镇生活源	1.82	1.94	2.09	1.78	1.45

续表

项　　目	2014 年	2015 年	2016 年	2017 年	2018 年
机动车	2.48	2.27	2.1	3.42	2.83
集中式治理设施	0.03	0.02	0.01	0.03	0.03
工业固体废物					
一般工业固体废物产生量(万吨)	10924.73	10701.01	11648.53	12002	11810
一般工业固体废物综合利用量(万吨)	10577.77	10206.98	10661.65	11298	11110
#综合利用往年贮存量	114.3	11.32	37.52	39	56
一般工业固体废物综合利用率(%)	95.82	95.28	91.23	93.83	93.63
一般工业固体废物处置量(万吨)	278.92	407.37	742.27	591	620
#处置往年贮存量	0.7	0.12	1.28	17	21
一般工业固体废物贮存量(万吨)	182.75	98.09	283.03	167	157
自然生态保护与建设情况					
自然保护区个数(个)	31	31	31	31	
#国家级自然保护区	3	3	3	3	
自然保护区面积(万公顷)	56.64	56.64	53.63	53.63	
自然保护区面积占辖区面积(%)	5.5	5.5	5.227095517	5.2	

数据来源:历年《江苏统计年鉴》

安全生产形势稳定。开展重点行业领域专项治理和隐患排查整治,生产安全事故起数和死亡人数实现“双下降”。全年共发生各类生产安全事故 7076 起,死亡 3909 人,同比减少 584 起、483 人,分别下降 7.62%和 11.0%,没有发生重大及以上生产安全事故。

十三、人口、人民生活和社会保障

2018 年末,江苏常住人口总量超过 8000 万人,达到 8050.7 万人,较 2017 年末增加 21.4 万人,增长率为 0.27%。全省人口密度增加到每平方公里 751 人。

2018 年人口增长率与“十二五”期间持平,但远低于 2000 年至 2010 年的年均增速。其中,“十二五”期间,江苏省常住人口年均增长 0.27%;2000 年至 2010 年年均增长 0.72%。总人口继续呈低速增长的趋势。人口变动情况抽样调查资料推算显示,2018 年全省常住人口出生率为 9.32‰,死亡率为 7.03‰,人口自然增长率为 2.29‰,与 2017 年相比,出生率下降 0.39 个千分点,死亡率持平。由于 20～39 岁生育旺盛期妇女人数的减少、生育年龄的推迟、生育意愿等因素影响,全省人口出生率近三年持续小幅下降。出生人口中,二胎比重在 2017 年短暂超过 50%后,回落到 50%以下。

表 25　2014—2018 年江苏省人口数、户数(常住)

年份	总户数(万户)	总人口(万人)	按性别分				平均每户人数(人/户)	年平均人口(万人)	人口密度(人/平方公里)
			男		女				
			人口数	比重(%)	人口数	比重(%)			
2014	2601.33	7960.06	4007.09	50.34	3952.97	49.66	3.06	7949.78	742.00
2015	2617.80	7976.30	4014.65	50.33	3961.65	49.67	3.05	7968.18	743.94
2016	2621.20	7998.60	4025.66	50.33	3972.94	49.67	3.05	7987.45	746.14
2017	2631.68	8029.30	4041.05	50.33	3988.25	49.67	3.05	8013.95	749.00
2018	2638.76	8050.70	4051.15	50.32	3999.55	49.68	3.05	8040.00	751.00

数据来源:历年《江苏统计年鉴》

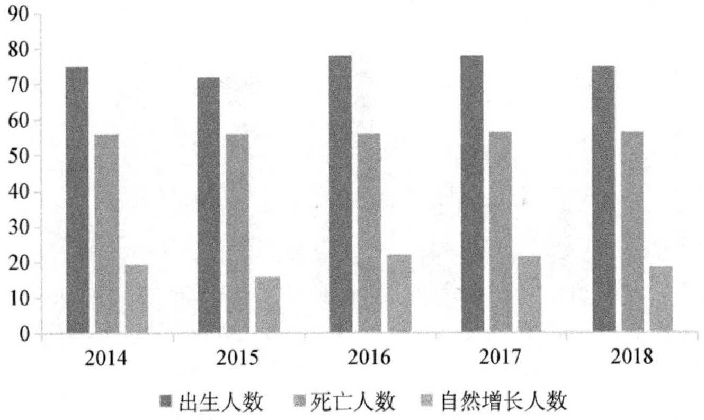

图 7　江苏省 2014—2018 年人口数(万人)

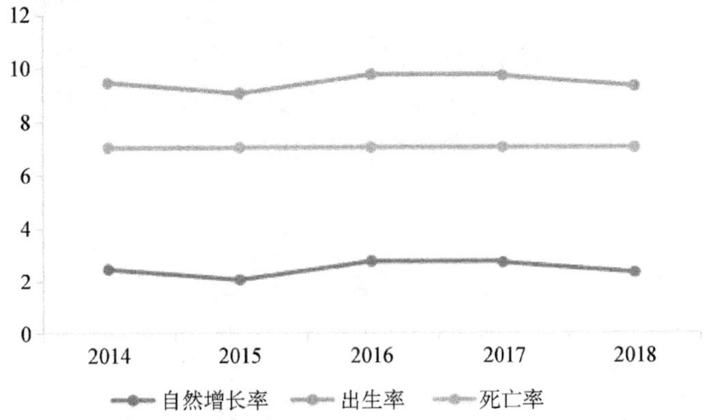

图 8　江苏省 2014—2018 年人口出生死亡率以及自然增长率(‰)

数据来源:历年《江苏统计年鉴》

人口总量保持增长。2018 年年末全省常住人口 8050.7 万人,比上年末增加 21.4 万人,增长 0.27%。在常住人口中,男性人口 4051.15 万人,女性人口 3999.55 万人;0～14 岁人口 1115.83 万人,15～64 岁人口 5805.36 万人,65 岁及以上人口 1129.51 万人。全年人口出生率 9.32‰,比上年下降 0.39 个千分点;人口死亡率 7.03‰,与上年持平;人口自然增长率 2.29‰,比上年下降 0.39 个千分点。

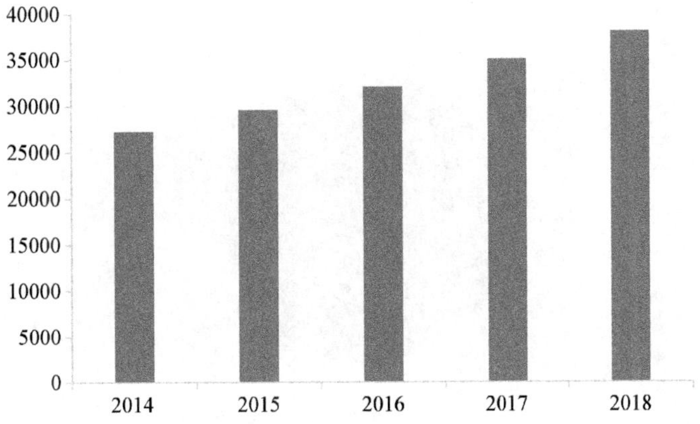

图 9　江苏省 2014—2018 年居民人均可支配收入(元)

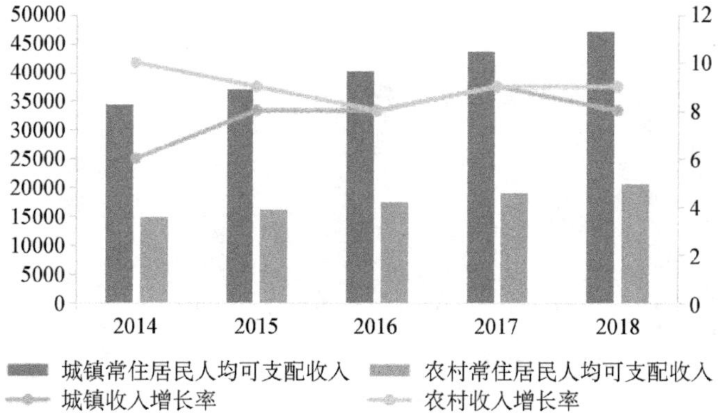

图 10　江苏省 2014—2018 年城镇和农村常住居民人均可支配收入及增长率(元、%)

数据来源:历年《江苏统计年鉴》

居民收入稳定增长。据城乡一体化住户调查,全省居民人均可支配收入 38096 元,比上年增长 8.8%。其中,工资性收入 21948 元,增长 7.6%;经营净收入 5386 元,增长 7.8%;财产净收入 3746 元,增长 15.7%;转移净收入 7016 元,增长 9.8%。按常住地分,城镇居民人均可支配收入 47200 元,增长 8.2%;农村居民人均可支配收入 20845 元,增长 8.8%。城乡居民收入差距进一步缩小,城乡居民收入比由上年的 2.28∶1 缩小为 2.26∶1。全省居民人均消费支出 25007 元,比上年增长 6.6%。按常住地分,城镇居民人均消费支出 29462 元,增长 6.3%;农村居民人均消费支出 16567 元,增长 6.1%。

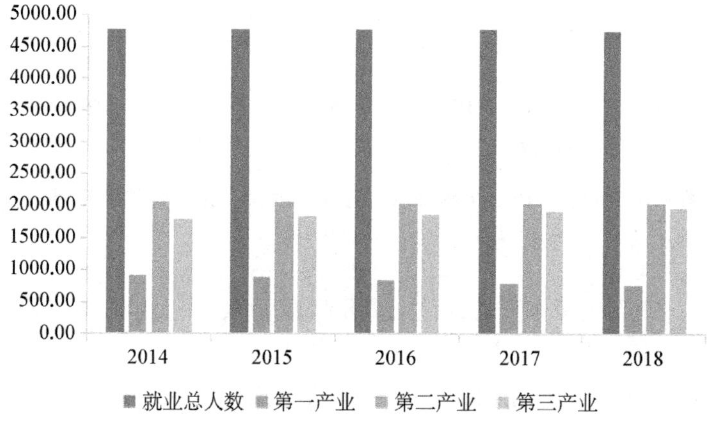

图 11　江苏省 2014—2018 年就业人数(万人)

数据来源:历年《江苏统计年鉴》

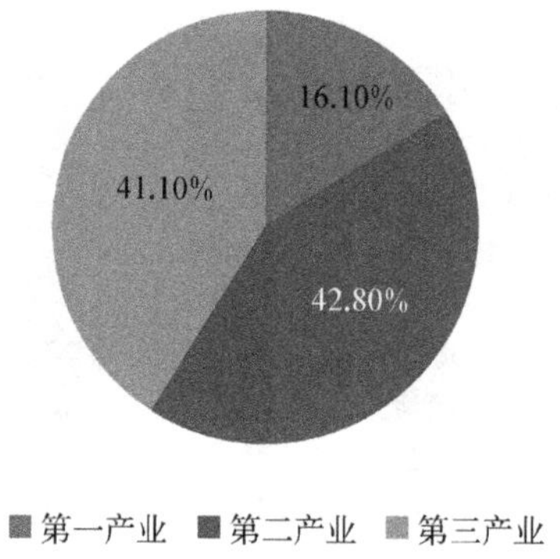

图 12　2018 年江苏三产业占总就业人数的比重(%)

数据来源:《江苏统计年鉴 2019》

就业形势持续向好。年末全省就业人口 4750.9 万人，第一产业就业人口 764.9 万人，第二产业就业人口 2033.4 万人，第三产业就业人口 1952.6 万人。城镇就业人口 3227.5 万人，城镇新增就业 153 万人。失业保持较低水平，年末全省城镇登记失业率 2.97%，比上年下降 0.01 个百分点。全年新增转移农村劳动力 25.5 万人，转移率达 75.2%，比上年末提高 0.9 个百分点。城镇失业人员再就业 89.5 万人，城乡就业困难人员就业再就业 31.9 万人，分别比上年增长 11.0% 和 26.6%。

实施全民创业行动计划。支持 30.11 万人成功自主创业并带动就业 121.28 万人，其中，引领大学生创业 4.22 万人，扶持农民创业 9.82 万人。

大力促进重点群体就业。帮助城镇失业人员再就业 89.45 万人，城乡就业困难人员就业再就业 31.94 万人，城镇零就业家庭动态为零。新增转移农村劳动力 25.53 万人，累计转移 1953.39 万人，转移率 75.3%。帮助 11.59 万建档立卡低收入农户劳动力实现稳定转移就业。

实施高校毕业生就业创业计划。发就业见习岗位 4.65 万个，安排 2.57 万未就业高校毕业生参加见习，2.44 万人通过见习实现就业，1.7 万人见习期满留岗就业。扎实做好离校未就业高校毕业生实名制登记管理，离校未就业毕业生实名登记率和服务率均为 100%。招录“三支一扶”高校毕业生 400 名，其中，支教 100 名、支农 68 名、支医 34 名、扶贫 182 名、水利 16 名。高校毕业生年末总体就业率 96.9%。

推行终身职业技能培训制度。组织 236.18 万人参加企业职工岗位技能提升培训、59.23 万人参加城乡劳动者就业技能培训、24.12 万人参加创业培训，为 23.5 万新生代农民工提供具有针对性的岗前、提升和转岗培训。

表 26　江苏省 2014—2018 年社会保障的基本情况

指　标		2014 年	2015 年	2016 年	2017 年	2018 年
失业保险	年末参保人数	1441.56	1490.91	1538.22	1582.95	1671.27
	全年发放失业保险金人数	67.93	68.30	70.54	65.36	61.46
	全年发放失业保险金（亿元）	35.71	40.63	47.17	48.96	48.66
城镇职工基本医疗保险	年末参保职工人数	1784.86	1818.20	1849.36	1921.36	
	年末参保退休人员	576.95	610.80	641.16	679.77	
工伤保险	年末参保人数	1540.11	1594.14	1633.93	1690.19	1777.50
	年末享受工伤待遇的人数	14.28	14.66	15.08	14.33	14.79
	年末参加生育保险人数	1374.56	1471.68	1510.32	1582.01	

数据来源：历年《江苏统计年鉴》

社会保障体系加快完善。稳步实施全民参保计划，参保覆盖面持续扩大。年末全省城乡基本养老、城乡基本医疗、失业、工伤、生育保险参保人数分别为 5538 万人、7721.18 万人、1671.3 万人、1777.2 万人和 1694.46 万人，比上年末分别增加 160.4 万人、102.08 万人、88.4 万人、87 万人和 112.45 万人。城乡居民基本养老保险基础养老金最低标准由每人每月 125 元提高到每人每月 135 元。城乡居民医保人均财政补助最低标准提高到每人每年 589 元。年末全省失业保险参保人数 1671.27 万人，比上年末增加 88.32 万人，其中，参保农民工 477.97 万人，比上年末增加 31.34 万人。年末领取失业保险金人数 30.41 万人，比上年末减少 1.73 万人。失业保险基金收入 94.21 亿元，比上年增长 7%，其中，征缴收入 83.88 亿元，比上年增长 12.5%。基金支出 98.22 亿元，比上年下降 1.7%。基金累计结余 424.04 亿元。年末全省工伤保险参保人数 1777.50 万人，比上年末增加 87.31 万人，其中，参保农民工 557.28 万人，比上年末增加 0.57 万人。认定（视同）

工伤12.13万件,比上年增加0.76万件。劳动能力鉴定8.53万件,达到伤残等级7.63万人,分别比上年增加0.71万件和0.76万人。享受工伤保险待遇14.79万人,比上年增加0.46万人。工伤保险基金收入78.03亿元,其中,征缴收入75.21亿元,均比上年下降8.5%。基金支出65.39亿元,比上年增长11.1%。基金累计结余149.57亿元。

年末全省企业职工基本养老保险参保人数2957.56万人,比上年末增加139.36万人,其中在职职工2186.22万人,离退休人员771.34万人,分别比上年末增加88.92万人和50.44万人。参保农民工495.12万人,比上年末增加14.71万人。年末纳入社区管理企业退休人员731.55万人,第五轮免费健康体检率96.4%。企业职工基本养老保险基金收入2989.31亿元,比上年增长19.1%,其中,征缴收入2376.5亿元,比上年增长13.2%。基金支出2705.27亿元,比上年增长22.2%,其中,基本养老金支出(含丧葬抚恤补助)2187.64亿元,比上年增长10.2%。基金累计结余3945.76亿元。年末全省机关事业单位基本养老保险参保人数268.32万人,比上年末增加47.13万人,其中,在职职工168.3万人,退休人员100.02万人,分别比上年末增加27.61万人和19.52万人。机关事业单位基本养老保险基金收入761.10亿元,比上年增长41.5%,其中,征缴收入481.65亿元,比上年增长53%。基金支出711.98亿元,比上年增长42.6%。基金累计结余143.75亿元。年末全省城乡居民基本养老保险参保人数1231.82万人,比上年末减少47.75万人,领取基础养老金人数1093.64万人,比上年末增加35.01万人。全省城乡居民基本养老保险基础养老金最低标准调整为每人每月135元,比上年增加10元。城乡居民基本养老保险基金收入348.06亿元,比上年增长11.4%,其中,个人缴费68.86亿元,比上年增长0.7%。基金支出276.09亿元,比上年增长9.6%。基金累计结余637.79亿元。

第二章　2018年江苏省产业发展分析

一、第一产业发展分析

第一产业是国民经济的基础产业，主要包括农、林、牧、渔业及相关服务业。2018年，江苏农林牧渔业实现总产值4141.72亿元，同比增长1.60%，增速较上一年有一定上涨。图1显示了2014—2018年江苏第一产业的发展情况，从中可以看出，在2015年后，第一产业占GDP的比重有着明显的下滑，从2014年的5.59%下滑到2018年的4.47%。

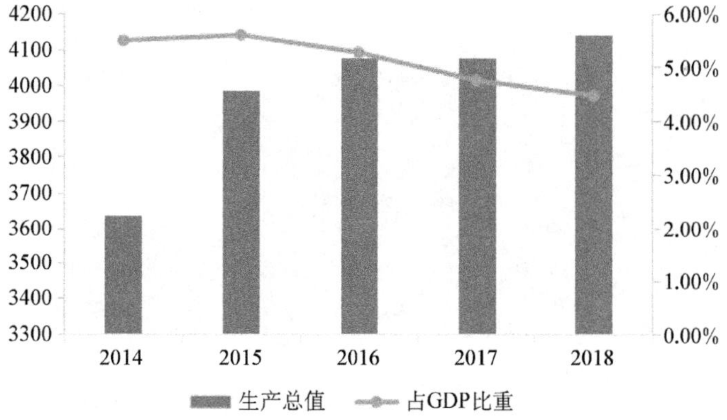

图1　2014—2018年江苏省第一产业产值变动

数据来源：历年《江苏统计年鉴》

在2018年之前，第一产业增速不断下滑的同时，第一产业对江苏经济GDP的贡献率和拉动作用也呈现出明显的下滑趋势。2018年第一产业增速、对江苏经济GDP的贡献率和拉动作用有上升的趋势，江苏省第一产业贡献率为1.3%，比2017年增加1.0个百分点；第一产业拉动为0.1%，比2017年增加0.1个百分点。

表1　第一产业对GDP贡献及拉动作用(单位:%)

年份	第一产业贡献率	第一产业拉动	第一产业年增速
2014	1.6	0.1	4.74
2015	1.7	0.1	9.68
2016	1.1	0.1	2.29
2017	0.3	0.0	−0.01
2018	1.3	0.1	1.60

数据来源：历年《江苏统计年鉴》

注：产业贡献率指各产业增加值增量与GDP增量之比；产业拉动指GDP增长速度与各产业贡献率之乘积。

从构成看,2018 年江苏省第一产业增加值中,农业占 51.93%,渔业占 23.75%,畜牧业占 15.17%,林业和农、林、牧、渔服务业所占比例较小,分别为 2.05% 和 7.10%。参见图 2。

2018 年全省粮食播种面积 7520.23 千公顷,较上年减少 90.02 千公顷;全年粮食总产量 3660.28 万吨,较上年增产 120.45 万吨,上升 3.40%,总产量属于历史上较高的年份。全年油料产量 86.04 万吨,下降 31.90%。

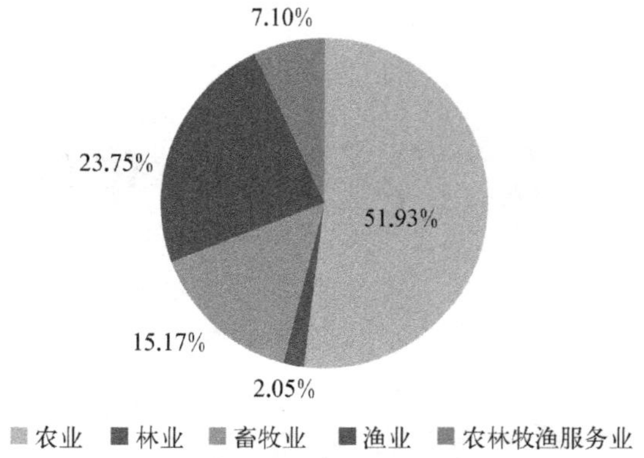

图 2　2018 年江苏省第一产业行业构成情况

数据来源:《江苏统计年鉴 2019》

表 2　2018 年江苏省农作物播种面积和产量

指　　标	播种面积(千公顷)	单位面积产量(千克/公顷)	总产量(吨)
农作物总播种面积	7520.23		
粮食作物	5475.93	6684	36602799
夏粮	2501.49	5303	13264194
小麦	2403.96	5363	12891236
元麦	1.65	3732	6158
大麦	45.02	5304	238786
蚕豌豆	50.86	2517	128015
秋粮	2974.44	7846	23338605
稻谷	2214.72	8841	19580310
#中稻和一季晚稻	2214.72	8841	19580310
#籼稻	289.65	8372	2425000
玉米	515.77	5815	2999460
高粱	0.26	7742	2013
谷子	0.10	1330	133
薯类	35.66	6390	227867
大豆	193.75	2535	491156
其他秋粮	14.18	2656	37666
经济作物	294.65		
棉花	16.6	1241	20600
油料	262.76	3274	860391
#花生	98.38	3998	393285
油菜籽	159.08	2873	456998
芝麻	5.14	1907	9803
麻类	0.24	2467	592
#黄麻			
苎麻	0.24	2467	592
糖类	0.87	60667	52780

续表

指　　标	播种面积（千公顷）	单位面积产量（千克/公顷）	总产量（吨）
#甘蔗	0.85	61918	52630
烟叶			
药材	13.99		
其他经济作物	0.19	132	25
#薄荷	0.19	132	25
其他农作物	1749.65		
#蔬菜	1424.99	39479	56258811
瓜果类	163.91	39383	6455273
绿肥	9.66		

数据来源:《江苏统计年鉴 2019》

江苏粮食产量是波动性微增,但消费总量却持续上升,增产的幅度赶不上消费增长的速度,粮食自给率逐年下降。粮食消费持续上升的原因:一是人口的增加。从 2003 年到 2018 年底,全省常住人口增加 593 万人,按照人均消费粮食 400 公斤计算,每年增加粮食需求 23 万吨左右,导致粮食需求总量的刚性上升。二是城乡居民消费结构改变。越来越多的农民转移到城镇,由粮食生产者变为粮食消费者,消费结构也随之改变,即口粮消费减少、肉蛋奶消费增加。据测算,一个城镇居民每日的肉蛋奶消费,折合成产出这些肉蛋奶所消耗的饲料粮约 713.7 克,比农村居民的 463.6 克高出约 250 克。随着人口总量增长、城镇人口比重上升和生活水平提高,城乡居民对农产品数量、质量、安全性和多样化的需求不断提高,保障粮食和重要农产品有效供给的任务越来越重。

农业生产形势较好,粮食总产保持增长。全年粮食总产量 3660.3 万吨,比上年增长 1.4%。粮食亩产 445.6 公斤,比上年增加 10.1 公斤,增长 2.3%。全年蔬菜播种面积 2136.7 万亩,比上年增长 1.2%;蔬菜总产量 5625.1 万吨,增长 1.5%。累计出栏生猪 2680.9 万头,下降 4.4%;猪肉产量 205.5 万吨,下降 4.1%。全年共出栏家禽 64201 万只,下降 2.9%;禽肉、禽蛋产量 105.8 万吨、178 万吨,分别下降 4%和 3%。农业结构不断优化,高效设施农业面积占比达 19.6%,高标准农田占比达 61%,农业综合机械化水平达 84%,农业科技进步贡献率提高到 68%。

表 3　2014—2018 年江苏省畜牧业发展情况

指　　标	2014 年	2015 年	2016 年	2017 年	2018 年
牲畜年末头数(万头)					
大牲畜	34.54	34.15	33.54	33.42	31.72
牛	30.59	30.70	30.30	30.50	29.23
#奶牛	20.51	19.98	19.88	13.92	14.62
马	0.28	0.25	0.21	0.19	0.18
驴	2.77	2.44	2.34	2.09	1.69
骡	0.90	0.76	0.69	0.64	0.62
猪	1799.50	1780.30	1690.56	1640.30	1551.97
羊	413.80	417.50	404.30	398.50	390.21
山羊	404.10	407.64	394.84	389.25	370.30
绵羊	9.70	9.86	9.46	9.25	19.91
畜禽产品产量					

续表

指　　标	2014 年	2015 年	2016 年	2017 年	2018 年
猪牛羊出栏头数(万头)					
当年肉猪出栏头数	3073.60	2978.32	2847.27	2805.50	2680.90
当年出售和自宰的肉用牛	17.60	17.40	16.97	17.43	15.49
当年出售和自宰的肉用羊(万只)	719.45	730.24	739.27	707.70	690.48
肉类产量(万吨)	379.46	369.43	355.63	343.25	328.48
猪肉	232.35	225.84	216.36	214.30	205.50
牛肉	3.27	3.22	3.11	2.93	2.82
羊肉	8.01	8.14	8.26	7.99	7.79
禽肉	125.40	122.02	118.13	110.20	105.75
其他畜禽产品产量(吨)					
牛奶产量	607200	595900	590100	599300	500290
绵羊毛产量	359	366	348	351	344
山羊毛产量	10	10	11	10	9
蜂蜜	4521	4844	4423	4219	4663
禽蛋(万吨)	200.07	196.97	198.81	201.15	177.96

数据来源:《江苏统计年鉴 2019》

2018 年,全省各级农机部门认真贯彻落实党的十九大精神,以习近平新时代"三农"思想为指导,以实施乡村振兴战略为统领,以高质量发展为目标,以实施农机"一项行动、两大工程"为重点,统筹推进各项农机化工作,全省农机化呈现出良好的发展态势。新增大中型拖拉机、联合收割机、乘坐式插秧机分别达 8078 台、11122 台、6795 台,主要粮食作物耕种收机械化水平达 93%,全省农业机械化水平超过 84%,农机服务经营总收入超过 312.4 亿元。

表 4　2014—2018 年江苏省农业现代化情况

指　　标	2014 年	2015 年	2016 年	2017 年	2018 年
农业机械化情况					
农业机械总动力(万千瓦)	4649.98	4825.49	4906.55	4991.41	5042.27
机耕面积(千公顷)	6100.16	6066.15	5939.63	5828.96	6194.34
机播面积(千公顷)	4437.83	4576.06	4663.12	4640.00	4576.13
#机播小麦面积	2117.97	2148.19	2158.20	2132.46	2083.58
机械植保面积(千公顷)	5736.80	5649.06	5699.61	5588.41	5445.15
机械收获面积(千公顷)	5549.26	5142.77	5199.94	5107.99	5087.14
农村电气化情况					
农村用电量(亿千瓦小时)	1834.93	1836.19	1869.27	1887.99	1933.14
农用物资使用情况					
化肥施用量(折纯量)(万吨)	323.61	319.99	312.52	303.85	292.45
每亩耕地施用化肥(折纯量)(千克)	47.00	46.54	45.46	44.19	42.53
农用塑料薄膜使用量(万吨)	11.98	11.32	11.39	11.51	11.61
农用柴油使用量(万吨)	107.45	108.58	108.71	108.96	109.36
农药使用量(万吨)	7.95	7.81	7.62	7.32	6.96

续表

指　　标	2014 年	2015 年	2016 年	2017 年	2018 年
农田水利情况					
有效灌溉面积(千公顷)	3890.53	3952.50	4054.07	4131.88	4179.83
节水灌溉面积(千公顷)	2189.54	2336.09	2422.57	2637.47	2767.23
除涝面积(千公顷)	2961.97	3017.69	3125.61	4014.38	4315.00
水土流失治理面积(千公顷)	899.66	893.82	907.89	918.81	930.20
堤防长度(公里)	55387	55654	55797	56232	56090
堤防保护面积(千公顷)	2767.32	2826.85	2885.60	2945.35	2975.97

数据来源:《江苏统计年鉴 2019》

二、第二产业发展分析

江苏省第二产业稳步发展。2018 年,全年实现增加值 41248.52 亿元,增长 6.71%;第二产业占地区生产总值的比重为 44.5%,比 2017 年下降 0.5 个百分点。

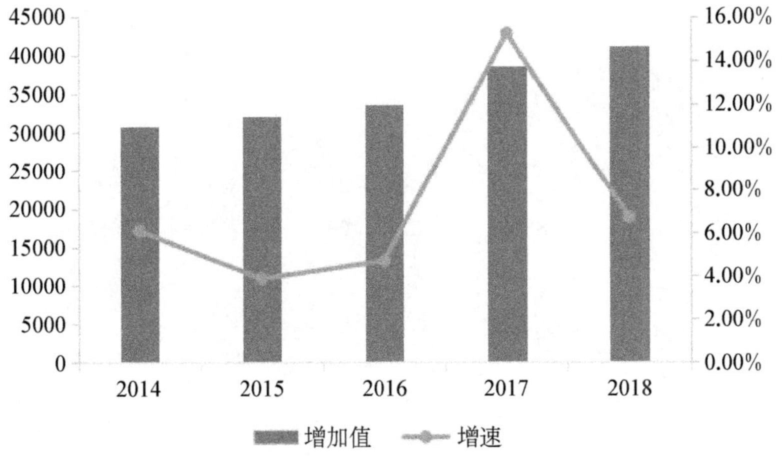

图 3　江苏省 2014—2018 年工业运行情况

2018 年以前伴随着第二产业增速的逐年下滑,第二产业对江苏 GDP 的贡献率和拉动作用也不断减小,从 2014 年的 51.0%和 4.4%迅速下降到 2017 年的 41.5%和 3.0%。2018 年,第二产业对江苏 GDP 的贡献率和拉动作用仅为 39.9%和 2.7%。

表 5　第二产业对 GDP 贡献及拉动作用(单位:%)

	第二产业贡献率	第二产业拉动	第二产业年增速
2014	51.0	4.4	620
2015	52.7	4.5	4.06
2016	38.9	3.0	4.81
2017	41.5	3.0	11.66
2018	39.9	2.7	6.71

数据来源:历年《江苏统计年鉴》

2018 年以来,江苏工业经济呈现出平稳、向好的运行特征,结构调整稳步推进,新的增长动能不断积聚,各项指标维持在经济新常态下的合理区间,工业经济持续下行的压力逐步减弱。2018

年,全省规模以上工业增加值比上年增长7.5%,基本与上月、半年增速持平,平稳、向好的趋势得到进一步巩固。

表6　2018年江苏规模以上工业企业个数及产销总值　　单位:亿元

项　　目	企业单位数(个)	资产总计	主营业务收入	主营业务成本	利润总额
总　计	45675	119590.94	128085.59	108782.44	8491.89
按登记注册类型分					
内资企业	36097	77744.75	82309.88	69802.21	5340.54
国有企业	67	4105.95	3585.84	3445.61	92.79
集体企业	150	191.91	320.15	282.27	18.71
股份合作企业	50	49.41	59.63	50.13	4.20
联营企业	10	12.83	13.94	12.15	0.43
有限责任公司	5689	25960.83	22097.31	17913.97	1576.13
♯国有独资	198	4968.53	3041.42	2132.11	208.67
股份有限公司	1342	12862.43	10015.45	7902.64	937.29
私营企业	28747	34479.66	46154.87	40140.80	2708.98
其他企业	42	81.74	62.69	54.65	2.01
港、澳、台商投资企业	3466	15185.53	15784.41	13519.55	1151.63
外商投资企业	6112	26660.66	29991.29	25460.68	1999.72
按轻重工业分					
轻工业	17371	26879.91	31384.70	25193.67	2258.22
重工业	28304	92711.03	96700.89	83588.77	6233.67
按企业规模分					
大型企业	1145	50865.58	52168.43	44189.06	3638.63
中型企业	5645	29371.14	28899.28	24032.00	2225.64
小微型企业	38885	39354.22	47017.88	40561.38	2627.62
按行业分					
采矿业	56	960.80	432.48	309.34	23.45
煤炭开采和洗选业	7	673.69	205.98	131.08	16.39
石油和天然气开采业	2				
黑色金属矿采选业	8	41.15	68.71	63.47	1.65
有色金属矿采选业	3	7.93	4.86	2.56	1.52
非金属矿采选业	35	107.85	60.98	45.98	5.06
开采辅助活动	1				
其他采矿业					
制造业	45002	108408.29	121781.69	103167.99	8049.71
农副食品加工业	1453	1731.90	3010.16	2747.22	118.30
食品制造业	416	798.45	859.06	609.91	77.86
酒、饮料和精制茶制造业	166	1219.53	1118.49	747.35	204.84
烟草制品业	6	733.66	594.24	115.79	90.24
纺织业	4188	3977.16	4973.31	4453.49	225.21
纺织服装、服饰业	2109	1996.43	2639.13	2264.76	151.27

续表

项　　目	企业单位数(个)	资产总计	主营业务收入	主营业务成本	利润总额
皮革、毛皮、羽毛及其制品和制鞋业	530	284.56	563.12	496.81	29.97
木材加工和木、竹、藤、棕、草制品业	1054	664.26	872.60	761.05	55.04
家具制造业	303	277.31	310.68	260.39	15.43
造纸和纸制品业	544	1786.38	1416.56	1206.48	92.04
印刷和记录媒介复制业	601	639.17	693.44	573.17	51.22
文教、工美、体育和娱乐用品制造业	1228	941.70	1815.49	1556.59	116.51
石油加工、炼焦和核燃料加工业	141	1031.02	2178.62	1802.53	105.50
化学原料和化学制品制造业	3294	10960.15	12318.14	10360.52	919.81
医药制造业	681	3166.88	3431.34	1725.62	446.12
化学纤维制造业	706	2352.12	2678.21	2410.92	136.07
橡胶和塑料制品业	2139	2543.43	2695.57	2261.38	162.79
非金属矿物制品业	2596	3625.31	3784.29	3196.78	282.57
黑色金属冶炼和压延加工业	759	6468.78	8849.40	7901.33	595.12
有色金属冶炼和压延加工业	943	1978.91	3739.29	3451.12	163.38
金属制品业	3460	4677.01	5649.27	4952.61	302.89
通用设备制造业	4094	7597.58	7817.61	6436.78	640.20
专用设备制造业	3076	6578.88	5833.37	4689.19	451.36
汽车制造业	1896	6639.93	7023.03	5831.84	502.79
铁路、船舶、航空航天和其他运输设备制造业	840	3592.55	2601.42	2199.15	226.75
电气机械和器材制造业	4078	13281.18	13620.90	11685.12	812.43
计算机、通信和其他电子设备制造业	2542	15465.03	17448.26	15796.98	766.91
仪器仪表制造业	884	3150.21	2971.00	2434.44	290.01
其他制造业	136	94.60	138.86	121.31	6.74
废弃资源综合利用业	128	144.08	127.07	109.57	9.71
金属制品、机械和设备修理业	11	10.13	9.76	7.80	0.61
电力、热力、燃气及水的生产和供应业	617	10221.85	5871.42	5305.11	418.73
电力、热力的生产和供应业	364	8092.66	5151.53	4760.72	296.65
燃气生产和供应	111	690.68	540.98	427.10	89.95
水的生产和供应业	142	1438.51	178.91	117.29	32.13
按省辖市分					
南 京 市	2352	12632.89	11945.91	9645.12	894.96
无 锡 市	5258	17028.44	16576.71	14194.75	1204.94
徐 州 市	2461	6216.03	5030.28	4095.55	292.71
常 州 市	4248	9670.52	11394.03	9810.25	726.26
苏 州 市	9851	32073.74	33840.03	29115.78	2034.08
南 通 市	5220	9812.43	14029.55	12023.81	1165.55
连云港市	1508	3481.03	2493.70	1814.33	230.47

续表

项　目	企业单位数(个)	资产总计	主营业务收入	主营业务成本	利润总额
淮安市	2192	2597.38	3866.77	3268.32	213.40
盐城市	2925	5150.22	5815.97	5070.18	298.31
扬州市	2870	4898.00	6803.15	5896.95	424.88
镇江市	2044	5019.13	4162.10	3570.02	233.36
泰州市	3002	5948.08	6979.70	5636.39	455.51
宿迁市	1760	2470.17	2188.65	1743.46	271.83

数据来源:《江苏统计年鉴 2019》

从江苏省各市的情况来看,2018年工业GDP前三位是苏州、无锡、南京三市工业GDP分别为8240.37亿元、5009.33亿元、4055.14亿元,分别占全省工业增加值的21.99%、13.37%和10.82%。工业GDP最小的是宿迁和连云港,分别为1080.78亿元和961.89亿元,占全省工业GDP比重分别为2.88%和2.57%。2014—2018年江苏省各市工业GDP见表7。

表7　2014—2018年江苏省各市工业增加值　　(单位:亿元)

市	2014年	2015年	2016年	2017年	2018年
南　京	3119.12	3395.26	3581.72	3853.39	4055.14
无　锡	3747.59	3837.28	3977.58	4553.15	5009.33
徐　州	1883.7	1976.57	2122.58	2448.17	2329.18
常　州	2170.19	2269.99	2428.84	2817.63	2951.35
苏　州	6360.14	6490.44	6709.02	7606.45	8240.37
南　通	2307.63	2453.38	2633.06	3042.25	3283.23
连云港	706.89	767.27	851.82	958.61	961.89
淮　安	903.34	985.66	1071.99	1187.50	1268.00
盐　城	1524.64	1653.9	1771.68	1943.81	2090.05
扬　州	1634.48	1749.58	1925.92	2170.55	2283.60
镇　江	1498.41	1588.95	1728.00	1820.66	1804.00
泰　州	1462.03	1565.28	1679.83	1954.39	2119.00
宿　迁	780.91	873.04	976.89	1073.27	1080.78

数据来源:历年《江苏统计年鉴》

江苏省三个区域中,苏南2018年实现工业GDP 22060.19亿元,占全省比重为58.86%,比2017年下降0.57个百分点;苏中、苏北分别实现工业GDP 7685.83亿元、7729.90亿元,占全省比重分别为20.51%和20.63%。参见图4。

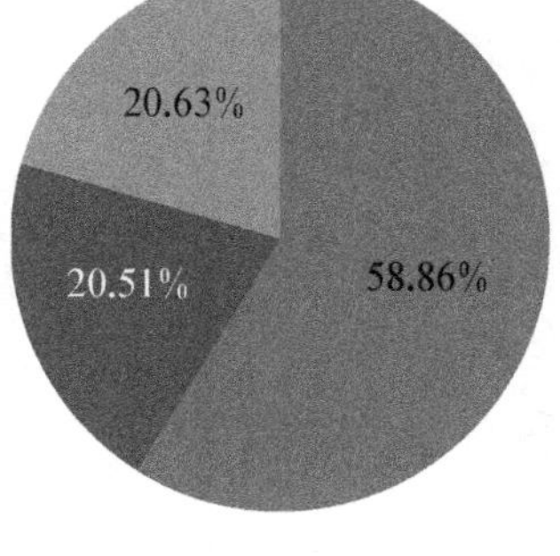

图4　2018年江苏省各区域工业GDP比重

数据来源:《江苏统计年鉴 2019》

工业运行总体稳定,中高端行业增势较快。全省规模以上工业增加值比上年增长5.1%。分经济类型看,国有企业增加值增长5.6%,股份制企业增加值增长5%,民营企业增加值增长4.1%,私营企业增加值增长3.5%。分行业看,列统的40个工业行业大类中有30个行业增加值比上年有所增长,增长面达75%。其中,电子、医药、汽车、专用设备等先进制造业增加值分别增长11.3%、10.4%、7.2%、12.5%。高耗能行业增加值增长2.5%，低于规模以上工业2.6个百分点。全年高技术行业、装备制造业增加值分别增长11.1%、8%，增速比规模以上工业高6个和2.9个百分点；对规上工业增加值增长的贡献率达43.4%和74.2%，比上年提高13.3个和16.6个百分点。全年战略性新兴产业、高新技术产业产值增长8.8%和11%，占规模以上工业总产值比重达32%和43.8%。新能源汽车、城市轨道车辆、3D打印设备、智能电视、服务器等新产品产量比上年分别增长139.9%、107.1%、51.4%、36.4%和26.2%。全年规模以上工业企业产销率达98.8%。工业企业盈利能力提升，2018年1—11月，全省规模以上工业企业利润总额同比增长8.4%；主营业务收入利润率、成本费用利润率分别为6.41%、6.69%，同比提高0.03个、0.04个百分点。

表8　2018年分地区规模以上工业企业主要经济指标

地区	企业单位数(个)	主营业务收入	利润总额	应收账款净额	产成品
全　省	45675	128085.59	8491.89	22059.92	5534.34
南京市	2352	11945.91	894.96	2227.98	444.54
无锡市	5258	16576.71	1204.94	3313.43	902.07
徐州市	2461	5030.28	292.71	888.92	280.31
常州市	4248	11394.03	726.26	2090.64	536.11
苏州市	9851	33840.03	2034.08	7351.76	1670.83
南通市	5220	14029.55	1165.55	1524.96	441.60
连云港市	1508	2493.70	230.47	341.65	106.26
淮安市	2192	3866.77	213.40	365.95	113.79
盐城市	2925	5815.97	298.31	777.91	211.62
扬州市	2870	6803.15	424.88	930.25	195.79
镇江市	2044	4162.10	233.36	870.71	222.83
泰州市	3002	6979.70	455.51	1103.05	298.59
宿迁市	1760	2188.65	271.83	293.57	119.79

数据来源：《江苏统计年鉴2019》

2018年江苏工业运行特点如下：

一是工业经济增速趋缓。2018年，全省规模以上工业企业完成增加值同比增长5.1%，继续保持在中速增长区间。轻工业完成增加值增速同比增长3.5%，重工业增速快于轻工业，重工业完成增加值同比增长5.5%。国有企业增加值增长5.6%，对稳定工业增长发挥了重要作用。股份制企业增加值增速同比增加5.0%。外商港澳台投资企业增速依旧保持在5.3%左右的中速区间。民营工业继续保持同比增长4.1%，其中，私营工业企业完成增加值增速达到3.5%。从全国和部分省市工业运行形势来看，2018年，全国、广东、浙江、上海、山东规模以上工业增加值增速分别为6.2%、6.3%、7.3%、2.0%、5.2%，江苏低于全国1.1个百分点、广东1.2个百分点、浙江2.6个百分点、山东0.1个百分点，高于上海3.1个百分点。

二是行业生产质效提升。2018年，全省工业生产实现产值同比增长8.4%，保持稳步增长态势。战略性新兴产业、高新技术产业产值分别增长8.8%、11%，占比提高至32%、43.8%。高技术制造业、装备制造业增加值分别增长11.1%和8.0%，高于规模以上工业6.0个和2.9个百分点。41个工业大类行业中有35个行业产值比上年有不同程度增长，其中，仪器仪表制造业增长12.5%，专用设备制造业增长16.6%，计算机、通信和其他电子设备制造业增长8.3%。医药制造业增长12.0%，电气机械和器材制造业增长8.2%，通用设备制造业增长10.5%。新产业新业态新模式发展迅猛，全年城市轨道车辆、新能源汽车、3D打印设备、智能电视产量分别增长107.1%、139.9%、51.4%和36.4%。在"去产能、降成本、去杠杆"等系列政策促进下,2018年规模以上工业企业利润增长8.4%。

三是区域增速分化明显。2018年,全省工业经济运行平稳,"1+3"重点功能区板块工业增加值整体保持稳定增长,但各区域之间工业经济增速呈现一定程度的分化。其中,扬子江城市群的工业增加值增速分别是:南京增长7.8%、无锡增长9.0%、苏州增长5.4%、常州增长6.6%、镇江下降3.5%、泰州增长5.2%、南通增长7.7%、扬州增长5.1%。沿海经济带中三个设区市,除南通之外,其他两个设区市工业增加值增速分别为:连云港下降6.7%、盐城增长4.0%。淮海经济区的工业增加值增速分别是:淮安增长4.8%、宿迁增长7.8%、徐州下降9.9%。和去年同期相比,全省工业增加值增速呈现负增长设区市有三个,分别是镇江、连云港、徐州。

四是工业投资日趋优化。2018年,全省完成工业投资同比增长8.0%,比去年上升1.3个百分点。其中,传统制造业投资增速放缓,高技术产业投资、装备制造业投资保持较高增速,工业投资结构继续改善。计算机通信和其他电子设备制造业、电气机械和器材制造业等行业分别完成投资同比分别增长18.3%、14.4%,分别超过全省平均水平10.3个百分点和6.4个百分点。部分轻工业投资增速放缓,食品制造业完成投资同比下降6.7%,印刷和记录媒介复制业完成投资同比下降8.3%。高耗能行业投资显著回落,有色金属冶炼和压延加工业行业投资连续下滑,同比下降7.0%;电力、热力、燃气及水生产和供应业完成投资同比下降25.0%。

2018年,全省中小企业呈现高开低走、逐步平稳、稳中有进的发展态势。

(1) 规模以上中小工业总产值同比增长7.9%。至2018年底,全省规模以上中小工业企业数为44530个,比上年底减少2356个,占全省规模以上工业的97.5%;总资产为68725.4亿元,同比增长5.6%。2018年,全省规模以上中小工业总产值同比增长7.9%,比去年同期下降4.5个百分点;完成主营业务收入75917.2亿元,占全省规模以上工业的59.3%,同比增长6.8%,比去年同期下降3个百分点。

(2) 规模以上中小工业利润总额超4800亿元。2018年,全省规模以上中小工业实现利润总额4853.3亿元,占全省规模以上工业比重的57.2%,同比增长8.7%。至12月底,全省规模以上中小工业亏损企业个数为6468个,亏损面为14.5%,比去年同期提高2.8个百分点;企业"两项资金"占用总额(应收账款净额与存货之和)为17323.5亿元,同比增长7.9%,比去年同期下降2.9个百分点。

(3) 机械和石化行业主营业务收入突破万亿元。2018年,全省规模以上中小工业主要行业中,机械、轻工、石化和纺织四大行业支撑作用显著,主营业务收入均超过7000亿元,其中,机械行业主营业务收入3万亿元,石化行业主营业务收入1.2万亿元。四大行业的主营业务收入合计占规模以上中小工业的比重为76.1%,比去年同期提高2.1个百分点。建材、冶金和医药行业主营业务收入增长较快,增幅均突破10%。其中,建材行业主营业务收入同比增长17.5%,冶金行业主营业务收入同比增长15.3%,医药行业主营业务收入同比增长10.2%。建材和冶金行业效益增长较快,利润总额分别增长38.0%和37.0%,分别比去年同期提高23.3个和29.9个百分点。轻工和纺织行业利润同比有所下降。

(4) 民营中小工业运行平稳。2018年,全省规模以上民营中小工业企业总数为34690个,占规模以上中小工业企业总数的77.9%,比去年同期下降0.2个百分点;完成主营业务收入和利润总额分别占规模以上中小工业的63.2%和58.8%,同比增长6.8%和9.4%,分别高于外资中小工业企业主营业务收入和利润总额增幅0.6个和2.7个百分点。

(5) 苏中地区增幅稳中趋好。2018年,苏中地区主营业务收入和利润总额同比分别增长10.2%和20.1%,比1—11月增幅提高1.1个和5.4个百分点。苏南地区主营业务收入和利润总额同比分别增长 8.3%和 8.9%。苏北地区主营业务收入和利润总额同比分别下降 2.8%和 10.2%。

三、第三产业发展分析

服务业较快增长，新兴服务业发展良好。2018 年全省服务业增加值比上年增长 7.9%。其中，交通运输仓储和邮政业增加值 3349.9 亿元，增长 7.4%；金融业增加值 7461.9 亿元，增长 7%；房地产业增加值 5269.8 亿元，增长 1.8%。服务业增加值占地区生产总值比重达 51%，比上年提高 0.7 个百分点。2018 年 1—11 月，全省规模以上服务业（不含批发零售住宿餐饮、金融及房地产业）实现营业收入 12599 亿元，同比增长 7.1%，调查的 31 个行业大类和 4 个中类中，有 27 个行业营业收入保持正增长，增长面达 77.1%。现代服务业较快发展，软件和信息技术服务业、专业技术服务业、互联网和相关服务业营业收入分别增长 13.7%、10.9%和 41.6%。高技术服务业、战略性新兴服务业、科技服务业等高新服务业营业收入分别增长 13.2%、13.3%和 13.6%。生活性服务业发展势头良好，营业收入同比增长 14%，高出规模以上服务业 6.9 个百分点。全年公路客货运周转量增长 6.7%，铁路客货运周转量增长 5.6%，机场旅客吞吐量、货邮吞吐量分别增长 16.2%、4.5%。2018 年 1—11 月，规上服务业企业营业利润 1079.1 亿元，同比增长 4.6%。

表 9　2014—2018 年江苏省第三产业增加值　（单位：亿元）

行　业	2014 年	2015 年	2016 年	2017 年	2018 年
第三产业	30599.5	34085.9	38458.5	43169.4	
批发和零售业	6559.03	6992.68	7470.27	8070.23	
交通运输、仓储和邮政业	2591.15	2705.44	2834.56	3097.70	
住宿和餐饮业	1094.45	1189.40	1291.32	1406.82	
信息传输、软件和信息技术服务业	1579.55	1870.81	2479.27	2882.52	
金融业	4723.69	5302.93	6011.13	6786.40	3808.8
房地产业	3564.44	3755.45	4292.79	5015.70	3308.4
租赁和商务服务业	2469.55	2845.33	3451.12	3824.48	1861.6
科学研究和技术服务业	884.50	998.71	1097.81	1350.83	703.6
水利、环境和公共设施管理业	428.27	496.67	551.91	591.57	348.0
居民服务、修理和其他服务业	1073.53	1259.45	1507.03	1756.07	803.2
教育	1866.58	2195.15	2426.57	2750.45	1527.0
卫生和社会工作	1015.45	1230.89	1410.95	1615.15	819.0
文化、体育和娱乐业	536.56	635.64	795.79	863.43	383.4
公共管理和社会组织	2003.97	2376.46	2618.65	2880.25	1740.5

数据来源：历年《江苏统计年鉴》

贡献份额日益提升。2011—2018 年，江苏服务业对经济增长贡献率明显提升，超过 40%，2014 年服务业贡献率开始超过工业，2016 年服务业贡献率超过第二产业，2018 年服务业对经济增长的贡献率为 58.8%，超过第二产业 39.9%的贡献率，成为推进经济增长的重要引擎。

经济活力不断增强。“大众创业、万众创新”掀起全社会创业创新高潮，“放管服”改革优化营商环境，激发服务业经济活力发挥了重要作用。2018 年，全省新增服务业企业 420552 家，平均每天新增 1168 家，占全部新登记注册企业总数的比重达到 76.5%。活跃的服务业经济也带动了投资领域的增长。全省服务业投资占全社会固定资产投资的比重由 1980 年的 28.9%提高到 2018 年的 55.4%，提高了 26.5 个百分点，成为投资的热门行业。服务业的较快发展使得用电量也同步增长。2018年全省服务业用电量为875.3亿千瓦时,增长14.2%,高出全社会用电量增速8.7个百分点。其中,发展最快的是科学研究和技术服务业、租赁和商务服务业,用电量增速分别为19.5%、18.8%。服务业劳动生产率持续提升。2013年开始服务业劳动生产率超过第二产业劳动生产率,居三次产业之首。2018年服务业劳动生产率达到243954元/人,分别比第一、第二产业劳动生产率高出190997元/人、41482元/人。

吸纳就业成效明显。随着产业结构的持续调整,服务业吸纳劳动力的作用不断增强,就业结构也趋于优化。改革开放以前,农业、工业是吸纳就业的主体,服务业从业人员较少。改革开放后,服务业充分发挥"蓄水池"作用,新增就业人员高于第一、第二产业,成为吸纳就业的主渠道。2018年,全省服务业从业人数为1952.6万人,占全部从业人员的比重为41.1%,与第二产业从业人数占比差距缩小至最小,为1.7个百分点。随着经济地位不断提升,服务业吸纳就业的比重快速提升,服务业的就业形式更加多样。分行业看,与2000年相比,2018年交通运输、仓储及邮政业、批发和零售业、住宿和餐饮业从业人员的比重下降,占比提升较快的是教育、金融业、卫生和社会工作和房地产业,2018年分别比2000年提高7.1个、5.5个、5.4个和4.2个百分点。

财税增长贡献显著。服务业快速发展、规模扩大的同时比重提高,税源结构也随之进一步优化,服务业税收比重显著提升。2018年,全省实现服务业税收6788亿元,同比增长17.4%,分别快于全部税收和第二产业税收5.9个和11.2个百分点,是2008年的4.2倍,年均增长15.4%;服务业税收占全部税收比重为49.5%,比2008年提高了13.3个百分点。服务业税收对税收增长的贡献显著提升。2018年,服务业税收对整个税收增长的贡献率达71.5%,比第二产业高出43个百分点。房地产业、租赁和商务服务业、金融业等现代服务业对服务业税收增长的贡献率较高。2018年服务业对税收增长贡献率较2010年提高了21.9个百分点,服务业成为支柱行业。

吸引外资大幅增长。1981—2018年,外商直接投资额从0.02亿美元增长到605.2亿美元。从投资的方向看,2011年以前,外商主要投资于制造业;中国加入世贸组织后,服务业对外资的限制进一步放开,投资于服务业的外资比例大幅上升。2005年外商直接投资中,服务业仅占16.3%,2018年这一比例已经超过50%,达到52.2%,服务业已经成为外商投资的首选领域。

在2018年之前,第三产业增速基本保持在12%左右。在2016年之前,第三产业对江苏经济GDP的贡献率和拉动作用也呈现出明显的上升趋势。2017年和2018年第三产业增速、对江苏经济GDP的贡献率和拉动作用有下降的趋势,江苏省第三产业贡献率分别为58.2%和58.8%,第三产业拉动分别为4.2%和3.9%。

表10 第三产业对GDP贡献及拉动作用(单位:%)

年份	第三产业贡献率	第三产业拉动	第三产业年增速
2014	47.4	4.1	12.50
2015	45.6	3.9	11.37
2016	60.0	4.7	12.89
2017	58.2	4.2	11.57
2018	58.8	3.9	9.35

数据来源:历年《江苏统计年鉴》

注:产业贡献率指各产业增加值增量与GDP增量之比;产业拉动指GDP增长速度与各产业贡献率之乘积。

新兴行业增势领先。规上互联网和相关服务业、商务服务业、软件和信息技术服务业等新兴行业表现良好。互联网和相关服务业实现营业收入823.9亿元,同比增长41.6%,快于全部规上服务业营业收入34.5个百分点。软件和信息技术服务业实现营业收入1264.3亿元,同比增长13.7%,增速排名第二。商务服务业实现营业收入2402.1亿元,在所有调查门类中总量居首位。

龙头企业快速壮大。在全省规上服务业企业中,营业收入超 50 亿元企业有 19 家,比上年同期增加 5 家,合计实现营业收入 1843.0 亿元,对全省规上服务业增长的贡献率达 55.8%。营业收入超 10 亿元企业共计 169 家,实现营业收入 4836.2 亿元,占全省规上服务业营收比重接近 40%。

苏南地区支撑较强。苏南五市规上服务业实现营业收入 8728.2 亿元、占全省比重达 69.3%,同比增长 9.0%,比全省规上服务业营业收入增速高 1.9 个百分点,对全省贡献率 86.3%,拉动全省规上服务业营业收入增长 6.1 个百分点。从总量规模看,全省 13 个设区市服务业增加值突破 1000 亿元。2018 年,苏州、南京、无锡增加值列前三位,其中,苏州增加值为 9450.20 亿元、南京为 7825.37 亿元、无锡为 5849.54 亿元。2013—2018 年江苏省各市第三产业增加值情况见表 11。

表 11　2013—2018 年江苏省各市第三产业增加值　(单位:亿元)

市	2013 年	2014 年	2015 年	2016 年	2017 年	2018 年
南　京	4356.6	4983.0	5571.61	6133.16	6997.22	7825.37
无　锡	3714.2	3971.2	4183.11	4728.05	5412.18	5849.54
徐　州	1885.1	2244.1	2460.06	2751.79	3121.08	3311.82
常　州	1972.0	2355.3	2610.56	2938.73	3362.70	3630.73
苏　州	5951.6	6663.9	7243.24	7975.82	8861.65	9450.20
南　通	2070.0	2500.8	2815.96	3231.24	3712.14	4081.35
连云港	718.8	814.2	918.95	1025.02	1147.03	1238.74
淮　安	900.1	1082.4	1260.76	1455.24	1583.05	1734.44
盐　城	1350.3	1563.7	1772.5	1992.15	2261.78	2477.23
扬　州	1333.9	1584.8	1762.88	2000.36	2327.02	2569.59
镇　江	1248.9	1499.9	1642.63	1825.66	1889.92	1935.00
泰　州	1227.0	1464.2	1657.93	1927.89	2242.32	2393.57
宿　迁	655.7	751.1	836.75	935.92	1065.31	1170.34

数据来源:历年《江苏统计年鉴》

从规模看,2018 年苏州、南京、无锡三市服务业增加值均突破 5000 亿元,苏州达 9450.2 亿元,遥遥领先于其他地区,苏中南通服务业增加值超过 4000 亿元、扬州、泰州超 2000 亿元,苏北宿迁服务业增加值达 1170.3 亿元,地区服务业规模梯度特征明显。从占 GDP 比重看,知识密集型、技术密集型等高技术服务业发展较快的南京、无锡、苏州和常州均超过 50%,2018 年这四个地区服务业占 GDP 比重比 1978 年提高均超过 33 个百分点,重点地区服务业的快速发展对全省服务业发展带动作用明显。苏南地区的服务业增加值占 GDP 比重 2018 年达到 53.2%,而苏中、苏北服务业增加值占比分别是 47.6%、46.5%。

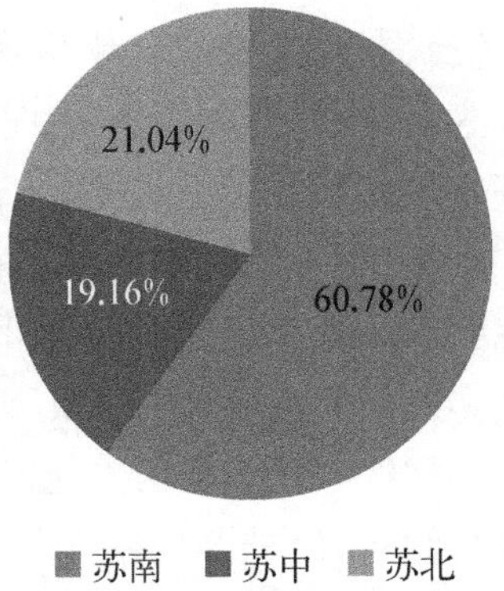

图 5　2018 年江苏省区域第三产业增加值比重(单位:%)

数据来源:《江苏统计年鉴 2019》

从增长速度来看,2018 年江苏各市中第三产业增加值增长最快的城市是南京市,达到了 11.84%,其次是扬州市 10.42%、南通市 9.95%、宿迁市 9.86%、淮安市 9.56%、盐城市 9.53%、无锡市 8.08%、连云港市 8.00%,而增速最慢的城市是镇江市 2.39%,其余地区的增速基本在 6%~8%之间。

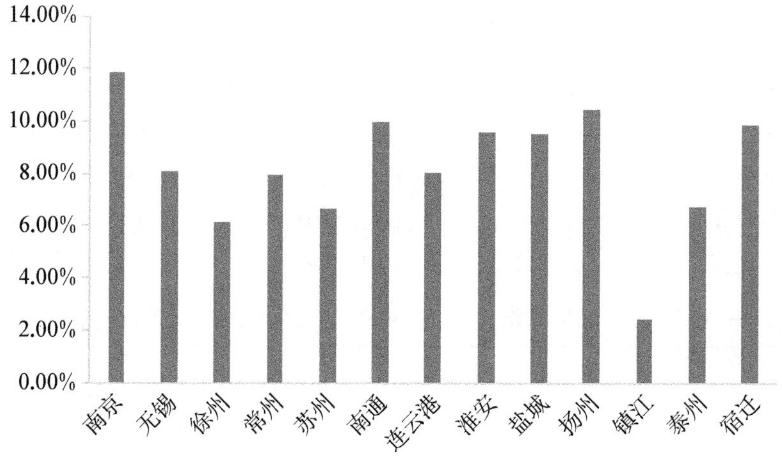

图 6　2018 年江苏省各市第三产业增加值增速

数据来源:《江苏统计年鉴 2019》

生产性服务业平稳发展。2018 年规模以上生产性服务业企业实现营业收入 11591.7 亿元,占全省规模以上服务业营业收入的八成。受益于产业政策导向和现代服务业集聚区的发展带动,高新产业经济快速发展,对全省规上服务业增长的拉动作用明显。2018 年,高技术服务业、战略性新兴服务业、科技服务业等高新服务业增速分别高于全省规上服务业营业收入增速 6 个、6.4 个和 6.8 个百分点,对全省规上服务业增长的贡献率分别为 62.2%、66.8%和 59%,分别拉动全省规上服务业营业收入增长 4.7 个、5 个和 4.4 个百分点。

互联网经济高速发展。通过深耕"互联网+"战略,江苏出台《关于加快发展互联网经济的意见》,聚焦"互联网+"工业等 7 个重点发展的领域,促进信息软件业企业发展。互联网迅速发展,成为经济发展的倍增器和产业转型升级的加速器。2018 年,规模以上互联网和相关服务业营业收入同比增长 60.2%,增速居新兴行业第一,居 35 个行业之首。一批行业龙头企业快速成长,江苏南瑞集团、国电南京自动化股份、南京联创科技集团三家企业入榜 2018 中国软件和信息技术服务综合竞争力百强企业,分别排名第 12、42、88 位。

"幸福产业"蓬勃发展。改革开放以来,在注重经济建设发展的同时,坚持把人民群众对美好生活的向往作为奋斗目标,着力解决民生突出问题,不断提高人民群众获得感幸福感安全感。民生事业呈现良好发展态势,旅游、文化、体育、健康、养老、教育培训等"幸福产业"实现从起步到稳定健康发展,居民"幸福感"不断提升。江苏积极参加首批国家全域旅游示范区创建,2018 年江苏实现旅游总收入达到 13247.3 亿元,增长 13.6%;接待境内外游客 8.2 亿人次,增长 9.6%,旅游影响力不断扩大。大力发展文化事业与文化产业,成功举办紫金文化节、2018 年戏曲百戏盛典。推出系列文化精品、打造江南文化、运河文化品牌。正着力打造"城市社区 15 分钟健身圈",方便帮助人民群众快捷地进行健身,促进群众体育和竞技体育、体育事业和体育产业协调发展。全民医保体系进一步完善,医疗保险待遇稳步提升。统一城乡居民医保制度,包括 17 种抗癌药在内的 309 个药品纳入医保支付,异地就医直接结算对象和范围进一步扩大。教育改革持续深化,学前教育资源供给不断增加,义务教育优质均衡发展加快推进,现代职业教育体系不断完善,高等教育事业得到加强,"双一流"和高水平大学建设取得新成效。

2014—2018 年,全省第一产业就业人数占比明显下降,第二产业和服务业就业人数占比均呈提高态势,服务业提高幅度高于第二产业。2018 年,全省服务业吸纳就业人数 1952.62 万人,比

2014 年净增 157.79 万人；服务业就业人数占比为 41.10%，比 2014 年提高 3.40 个百分点，年均提高 0.85 个百分点。2018 年，服务业增加值占地区生产总值的 50.98%，说明服务业用较少的就业人数创造了较大的经济总量。

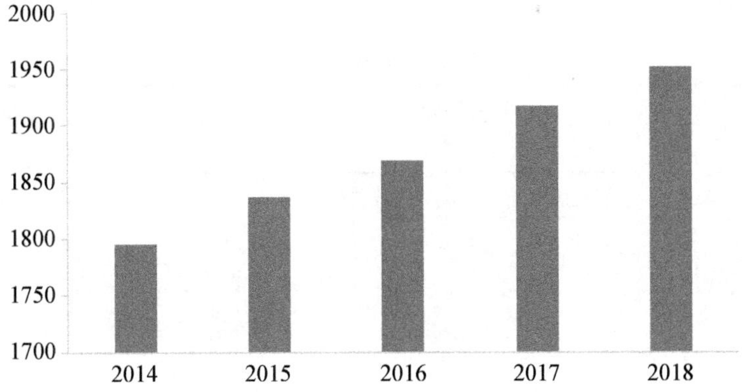

图 7　2014—2018 年江苏服务业就业人数

数据来源：历年《江苏统计年鉴》

"2018 年，江苏服务业固定资产投资额为 27215 亿元，比 2017 年增加 3.7%，增速低于工业 4.3 个百分点。"

服务业利用外资比重突破 50%。2018 年，全省服务业实际使用外资 128.2 亿美元，同比增长 17.5%，成为拉动实际使用外资增长的主要动力，服务业实际使用外资占全省实际使用外资的比重也实现新跨越，占全省实际使用外资的 50.1%，比上年提高了 7.2 个百分点。现代服务业成为优质外商资本投入的热点领域，实际使用外资额为 51.2 亿美元，其中，教育、信息传输软件和信息技术服务业、现代物流业实际使用外资同比分别较快增长 48.5%、37.5%、13.9%。

表 12　2018 年江苏省第三产业外商直接投资情况

行　　业	项目数（个）	项目数占比（%）	实际投资（万美元）	实际投资占比（%）
第三产业	1848	56.79	1079288	42.94
交通运输、仓储和邮政业	51	1.57	73217	2.91
信息传输、计算机服务和软件业	194	5.96	32166	1.28
批发和零售业	772	23.72	207142	8.24
住宿和餐饮业	42	1.29	1603	0.06
金融业	53	1.63	60883	2.42
房地产业	117	3.60	346007	13.77
租赁和商务服务业	268	8.24	223912	8.91
科学研究、技术服务和地质勘查业	235	7.22	86260	3.43
水利、环境和公共设施管理业	18	0.55	28337	1.13
居民服务和其他服务业	23	0.71	12201	0.49
教育	30	0.92	194	0.01
卫生、社会保障和社会福利业	20	0.61	2824	0.11
文化、体育和娱乐业	25	0.77	4542	0.18

数据来源：《江苏统计年鉴 2019》

第三产业境外投资稳步发展。全年第三产业新批项目 359 个，占新批项目总数的 56.89%；中方协议投资万美元431671万美元，占中方协议投资总额的46.56%。其中，租赁和商务服务业、批发和零售业、科学研究技术服务和地质勘查业是江苏省2018年境外投资的重点行业，中方协议投资占中方协议投资总额的比重分别为9.42%、8.46%和5.48%。表13反映了2018年江苏省境外投资主要行业分布情况。

表13　2018年江苏省境外投资主要行业

行　业	新批项目(个)	新批项目占比(%)	中方协议投资(万美元)	中方协议投资占比(%)
第三产业	359	56.89	431671	46.56
交通运输、仓储和邮政业	8	1.27	9760	1.05
信息传输、计算机服务和软件业	22	3.49	24761	2.67
批发和零售业	189	29.95	78447	8.46
住宿和餐饮业	3	0.48	8828	0.95
金融业	4	0.63	22126	2.39
房地产业	4	0.63	28387	3.06
租赁和商务服务业	64	10.14	87337	9.42
科学研究、技术服务和地质勘查业	40	6.34	50788	5.48
居民服务和其他服务业	8	1.27	15464	1.67
教育	8	1.27	24675	2.66
文化、体育和娱乐业	9	1.43	120	0.01

数据来源:《江苏统计年鉴2019》

为策应《国务院关于加快发展生产性服务业促进产业结构调整升级的指导意见》，江苏省政府于2015年6月底出台了《关于加快发展生产性服务业促进产业结构调整升级的实施意见》，推动生产性服务业发展。2016年6月29日，江苏省发展改革委根据省政府《省政府关于加快发展生产性服务业促进产业结构调整升级的实施意见》(苏政发〔2015〕41号)，出台《江苏省生产性服务业双百工程实施方案》(《百区提升示范工程实施方案》和《百企升级引领工程实施方案》)，提出从提高产业集聚度、优化产业链条、促进企业融合发展等方面采取切实有效的措施，在科技服务、信息技术服务、金融服务、现代物流、商务服务、服务外包等重点服务产业领域和电子商务、节能环保服务、检验检测、售后服务、人力资源服务、品牌和标准化等服务业细分领域和行业，培育领军企业100家左右。在江苏省政府办公厅发布的《江苏省"十三五"现代服务业发展规划》中，生产性服务业将突出抓好金融服务、现代物流、科技服务、商务服务、信息技术服务、服务贸易等六大重点服务产业，培育壮大电子商务、节能环保服务两个服务业细分领域和行业。

截至2019年11月，全省共认定南京擎天科技有限公司、苏交科集团股份有限公司、苏州设计研究院股份有限公司、上海外服江苏人力资源服务有限公司等共计104家生产性服务业领军企业。其中，2016年认定24家、2017年认定19家、2018年认定28家、2019年认定32家。累计入选的104家生产性服务业领军企业根据自身战略定位和发展特点，按照"一企一策"要求，编制领军企业"升级引领规划"，形成了一批行业特色鲜明、带动作用明显的行业示范项目，也牵头建设若干行业公共服务平台。104家省级生产性服务业领军企业分布全省所有十三个地级市。其中，南京入选数量最多，达到45家，其次是苏州，有21家。南京与苏州两市入选企业数合计为66家，占到所有企业总数的64%。入选企业数量排在第三位的是常州，有8家。无锡、徐州、盐城、镇江均有4家入围，南通、扬州和宿迁均有3家入围，连云港和泰州均有2家入围，淮安入围企业数量最少，只有1家。

表 14　江苏省生产性服务业领军企业区域分布

	2016 年	2017 年	2018 年	2019 年	合计
苏南地区	**19**	**15**	**21**	**28**	**83**
南 京 市	12	8	12	13	45
苏 州 市	4	5	4	8	21
无 锡 市	1	1	1	1	4
常 州 市	1		3	4	8
镇 江 市	1	1	1	1	4
苏中地区	**3**	**2**	**3**	**3**	**8**
扬 州 市	1		2		3
泰 州 市	1	1			2
南 通 市	1	1	1		3
苏北地区	**2**	**2**	**4**		**13**
徐 州 市	1		1	2	4
连云港市		1	1	2	3
盐 城 市	1	1	1	1	4
宿 迁 市				3	2
淮 安 市			1		

资料来源:作者整理。

第三章　2018年江苏省行业经济发展分析

一、金融业

2018年，江苏省金融业保持平稳运行，社会融资规模增长适度，金融市场交易活跃。金融基础设施建设不断完善，金融生态环境持续优化。证券业实力持续增强，多层次资本市场建设稳步推进。保险业发展平稳，保险服务创新取得突破。

2018年，江苏省金融业实现增加值7461.9亿元，比2017年增长10.0%，增速与2017年相比有所下降。从产业结构来看，金融业增加值占地区生产总值的比重达到8.1%，比2017年提高0.2个百分点。金融业对地区经济总量贡献率在不断提高。金融业增加值占第三产业增加值的比重上升至15.81%，比2017年提高0.09个百分点。2014—2018年江苏省金融业增加值情况见图1。

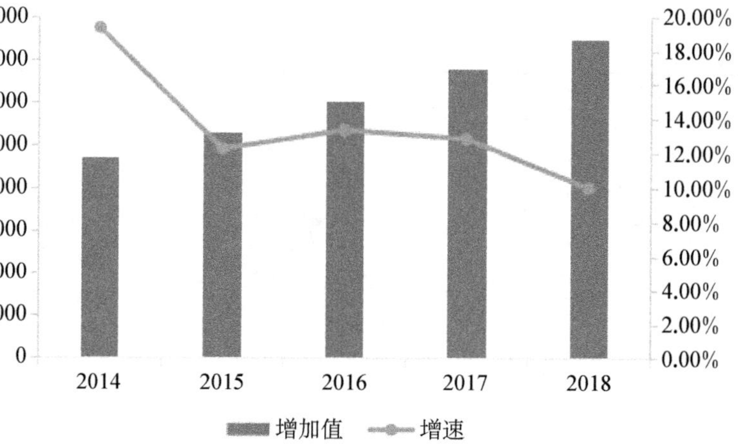

图1　2014—2018年江苏省金融业增加值

数据来源：历年《江苏统计年鉴》

1. 银行业经营稳健，信贷规模适度增长

机构资产规模稳步增长，盈利水平有所上升。2018年末，江苏省金融机构总资产为17.7万亿元，同比增长6.3%，盈利水平有所上升，全年银行业金融机构实现净利润2009.16亿元，同比增加253.64亿元。全年实现金融业增加值7461.9亿元，同比增长7%。

表1　2018年江苏省银行业金融机构情况

机构类别	营业网点			法人机构(个)
	机构个数(个)	从业人数(人)	资产总额(亿元)	
大型商业银行	4936	107437	60536	0
国家开发银行和政策性银行	78	2415	9425	0
股份制商业银行	1047	33657	29473	0
城市商业银行	906	32549	36575	5

续表

机构类别	营业网点			法人机构(个)
	机构个数(个)	从业人数(人)	资产总额(亿元)	
城市信用社	0	0	0	0
小型农村金融机构	3275	51817	28290	63
财务公司	0	460	1408	14
信托公司	0	573	346	4
邮政储蓄	2515	25164	7392	0
外资银行	35	2292	1541	6
新型农村机构	173	4625	832	74
其他	0	1136	1421	6
合计	12965	262125	177240.35	172

注:营业网点不包括国家开发银行和政策性银行、大型商业银行、股份制商业银行等金融机构总部数据;大型商业银行包括中国工商银行、中国农业银行、中国银行、中国建设银行和交通银行;小型农村金融机构包括农村商业银行、农村合作银行和农村信用社;新型农村金融机构包括村镇银行、贷款公司、农村资金互助社和小额贷款公司;"其他"包含金融租赁公司、汽车金融公司、货币经纪公司、消费金融公司等。

数据来源:中国人民银行南京分行、江苏银监局、江苏省地方金融监管局。

表 2　2014—2018 年江苏省金融机构、人员基本情况

项　　目	2014 年	2015 年	2016 年	2017 年	2018 年
机构数(家)	**12686**	**13024**	**13227**	**13318**	**13366**
#国有商业银行	4839	4822	4774	4726	4700
政策性银行	93	93	93	93	93
股份制商业银行	1074	1183	1325	1369	1397
农村商业银行	3034	3132	3287	3330	3355
农村信用社	135	109	1	1	1
财务公司	12	13	14	16	16
信托投资公司	4	4	4	4	4
租赁公司	1	3	5	5	5
职工人数(人)	**226183**	**236576**	**241768**	**243125**	**244169**
#国有商业银行	102718	103548	102764	100510	98918
政策性银行	2333	2331	2393	2446	2458
股份制商业银行	37513	39932	41533	42177	43046
农村商业银行	43469	46054	48774	49727	50152
农村信用社	2090	1682	542	604	615
财务公司	325	360	381	437	466
信托投资公司	400	428	461	538	599
租赁公司	118	228	388	470	553

数据来源:历年《江苏统计年鉴》

不同币种存款增势出现分化。2018 年末,全省金融机构本外币存款余额为 14.42 万亿元,同比增长 7.01%,增速比上年末下降 0.31 个百分点。全省金融机构人民币存款余额为 14 万亿元,同比增长 7.5%,增速同比上升 0.2 个百分点。全省金融机构外汇存款余额为 657 亿美元,同比减少 11.2%,增速同比下降 25.9 个百分点。2018 年,全年新增人民币存款 9775 亿元,同比多增 939 亿元;受汇率波动和贸易摩擦影响,企业和居民持有外币意愿减弱,全年外币存款下降 82.7 亿美元,同比少增 177.9 亿美元。

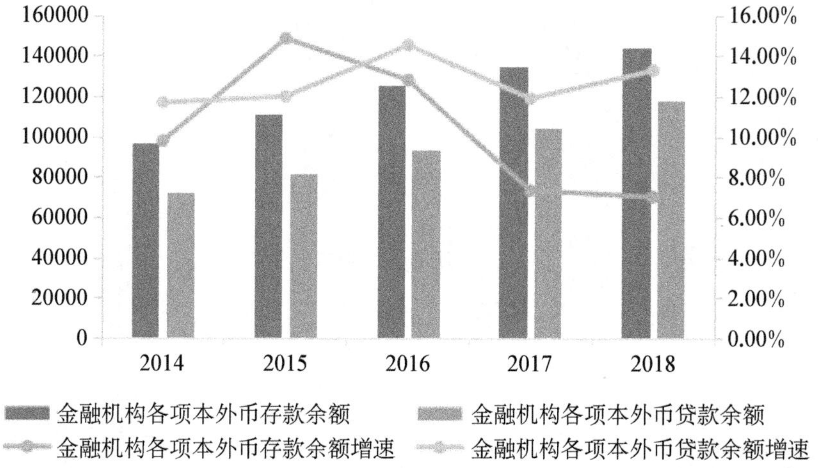

图 2　2014—2018 年江苏省金融机构各项本外币存贷款余额及增速

数据来源:历年《江苏统计年鉴》

住户存款、非金融企业存款、非银行业金融机构存款增速加快,广义政府存款增速放缓。2018 年末,全省金融机构人民币住户存款余额为 5.08 万亿元,同比增长 10.16%,增速比上年末上升 5.17 个百分点。非金融企业人民币存款余额为 4.99 万亿元,同比增长 5.70%,增速比上年末上升 1.44 个百分点。非银行业金融机构人民币存款余额为 8556.67 亿元,同比增长 21.66%,增速比上年末上升 16.16 个百分点。金融机构人民币广义政府存款余额为 3.02 万亿元,同比增长 2.98%,增速比上年末下降 14.47 个百分点。2018 年,全省金融机构人民币非金融企业存款新增 2712.41 亿元,比上年多 758.72 亿元。非银行业金融机构人民币存款新增 1517.67 亿元,比上年多 1151.33 亿元。金融机构人民币广义政府存款新增 874.24 亿元,比上年少 3462.63 亿元。

贷款保持适度增长,信贷资源进一步流向实体经济。2018 年末,全省本外币各项贷款余额 11.8 万亿元,同比增长 13.3%,增速同比上升 1.4 个百分点。全年新增本外币贷款 1.37 万亿元,同比多增 2626 亿元。

从贷款币种看,受表外业务转表内等原因影响,人民币贷款增速同比提高,全年新增人民币贷款 1.36 万亿元,同比多增 2567 亿元。受今年来贸易摩擦和进出口增速放缓的影响,全省外汇贷款同比增长,增速有所下降。至 2018 年末,全省外币贷款余额 304.36 亿美元,同比增长 5%,增速较上年下降 3.7 个百分点。从期限结构看,短期贷款与票据融资增速加快,中长期贷款增速放缓。2018 年,全省本外币短期贷款增加 3859 亿元,同比多增 1518 亿元。票据融资比年初增加 1703 亿元,同比多增 3415 亿元。年末全省本外币中长期贷款余额增速为 11.89%,比上一年增速下降 6.53%,较年初增加 7809 亿元,同比少增 2375 亿元。从贷款投向看,小微企业贷款保持平稳增长,制造业贷款结构优化。2018 年末,全省金融机构普惠口径小微企业贷款余额 6630.93 亿元,同比增长 18.79%,增速比上年末上升 5.66 个百分点。全省制造业本外币贷款余额 1.65 万亿元,同比增长 4.0%,增速同比提升 0.13 个百分点;比年初新增 583 亿元;其中,《中国制造 2025 江苏行动纲要》确定的 15 个重点领域贷款余额同比增长 7.82%;全省钢铁、煤炭、水泥、平板玻璃、船舶等产能过剩行业贷款同比减少 11.23%。

表外融资增量为负,各类表外业务变化趋势不一。2018 年末,全省表外融资(委托贷款、信托贷款和银行承兑汇票净额)下降 1281 亿元,同比多减 2177 亿元。分具体业务看,委托贷款、信托贷款同比大幅下滑,银行承兑汇票止跌并出现较快增长。2018 年,全省金融机构委托贷款增量为－1889.92亿元,比上年少 2264.87 亿元。占社会融资规模增量的－10.68%,比上年降低 12.81 个百分点。全省金融机构信托贷款增量为－456.54亿元，比上年少1076.53亿元；占社会融资规模增量的－2.58%，比上年下降6.11个百分点。全省金融机构银行承兑汇票净额增量为1065.49亿元，同比多增1164.19亿元，占社会融资规模增量的6.02%，比上年上升6.58个百分点。

存贷利率总体平稳。2018年1～4季度，江苏省定期存款加权平均利率分别为2.1758%、2.0866%、2.0800%和2.0985%，同比分别上涨10.6、8.6、7.8和8.7个基点。新发放人民币贷款加权平均利率分别为5.7331%、5.9019%、5.9817%、5.8248%，同比上涨39、42、33、和22个基点。利率市场化改革深入推进。省、市、县三级利率定价自律机制相继建立并有序运转，市场化产品发行量不断扩大，全省97家地方法人机构通过合格审慎评估，累计发行同业存单11893亿元，发行大额存单2110亿元。

银行业整体运行稳健，金融风险防控更加扎实。2018年末，全省银行业金融机构不良贷款率1.21%，比年初下降0.04百分点。不良贷款余额1429亿元，比年初增加130亿元，同比多增93亿元。关注类和逾期贷款余额分别较年初下降76亿元和172亿元。

表3　2018年江苏省金融机构人民币贷款各利率区间占比(单位:%)

		1月	2月	3月	4月	5月	6月
	合计	100.0	100.0	100.0	100.0	100.0	100.0
	下浮	5.0	4.8	3.1	3.3	2.3	2.9
	基准	18.9	19.0	15.3	14.6	12.3	12.9
上浮	小计	76.1	76.2	81.6	82.2	85.4	84.1
	(1.0—1.1)	18.2	15.6	17.6	17.6	19.3	17.9
	(1.1—1.3)	31.5	29.1	28.1	27.8	27.8	28.9
	(1.3—1.5)	13.5	16.9	18.8	18.4	19.8	19.9
	(1.5—2.0)	9.1	9.9	12.0	13.2	13.3	13.0
	2.0以上	3.9	4.8	5.1	5.2	5.2	4.4
月份		7月	8月	9月	10月	11月	12月
	合计	100.0	100.0	100.0	100.0	100.0	100.0
	下浮	4.2	3.9	3.7	5.0	5.8	6.3
	基准	11.6	11.3	12.4	13.1	14.5	16.9
上浮	小计	84.2	84.7	83.9	81.8	79.8	76.8
	(1.0—1.1)	19.0	16.5	18.5	16.6	18.2	18.7
	(1.1—1.3)	27.2	29.0	28.6	27.5	27.3	28.5
	(1.3—1.5)	19.1	19.7	18.6	18.0	16.0	15.6
	(1.5—2.0)	13.2	13.7	13.1	13.6	12.7	10.0
	2.0以上	5.7	5.8	5.1	6.1	5.6	4.0

数据来源：中国人民银行南京分行

2. 证券业平稳发展，多层次资本市场建设稳步推进

证券行业平稳发展。2018年末，江苏省共有法人证券公司6家，证券营业部928家，同比增长4.62%。境内上市公司总数为401家，较上年新增19家，拟上市公司206家，后备上市企业资源充足。IPO融资在全国位居前列，2018年，省内企业IPO融资188.67亿元。省内上市公司通过首发、配股、增发、可转债、公司债在沪深证券交易所筹集资金2249.8亿元。

多层次资本市场建设稳步推进。截至2018年末，江苏省有新三板挂牌公司1273家，总量位于全国前列。企业境内上市公司总股本3639.3亿股，比上年增长11.7%，市价总值31986.1亿元，比上年下降21.4%。江苏区域股权交易中心已有4444家挂牌企业，融资额比年初增加2.2亿元。期货行业稳步发展，全省共有法人期货公司9家，1100家证券期货营业部，期货经营代理交易额15.3万亿元。全年证券市场完成交易额28.7万亿元，证券经营机构股票交易额13.4万亿元。

表4　2014—2018年江苏省证券业基本情况

项　　目	2014年	2015年	2016年	2017年	2018年
上市公司数(家)	254	276	317	382	401
#A股	252	275	316	381	397
#B股	5	4	4	4	4
辅导企业数(家)	175	193	197	238	206
证券公司数(家)	6	6	6	6	6
证券营业部数(家)	624	683	805	887	928
期货经纪公司(家)	10	10	10	9	9
期货经纪公司营业部(个)	125	135	140	159	174
证券投资咨询机构数(家)	3	3	3	3	3
证券从业人员数(人)	9391	10908	11201	12089	11701
期货从业人员数(人)	2468	2279	1155	1168	2153
证券投资者开户数(万户)	811	1075	1325	1537	1659
期货投资者开户数(户)	223885	242964	178432	197688	327406
上市公司募集资金总额(亿元)	701.45	1213.98	2254.62	2115.76	2249.83
发行	93	108	250	302	189
配股	4.70	9.93	0.00	0.00	0.00
增发	550.43	1061.31	1452.69	1200.41	1262.06
公司债	53.32	35.05	551.50	613.14	1423.85
上市公司总资产(亿元)	22963.26	30964.62	57063.33	67281.71	76026.18
上市公司净资产(亿元)	7008.93	8768.52	12855.78	16006.77	18267.47
上市公司总股本(亿股)	1596.57	2153.45	2838.48	3258.14	3639.28
市价总值(亿元)	19630.99	36720.48	37171.14	40675.96	31986.12
上市公司净利润(亿元)	587.80	738.74	1097.29	1456.44	1458.23
上市公司每股收益(元)	0.35	0.33	0.37	0.47	0.43
证券经营机构证券交易量(亿元)	98654.91	351317.58	196825.91	172892.25	134294.45
期货经营机构代理交易量(亿元)	196768.34	305574.82	148889.90	126659.74	152905.13

数据来源：历年《江苏统计年鉴》

表5　2014—2018年江苏省保险业基本情况

指　　标	2014年	2015年	2016年	2017年	2018年
保费收入(亿元)	**1683.76**	**1989.91**	**2690.25**	**3449.51**	**3317.28**
财产险	606.29	672.19	733.43	814.00	858.81
#企业财产保险	41.48	41.85	41.10	41.85	44.66

续表

指　　标	2014 年	2015 年	2016 年	2017 年	2018 年
家庭财产保险	2.53	4.33	4.99	4.83	5.62
机动车辆保险	465.69	531.15	587.92	639.44	653.34
人身意外伤害险	48.47	54.22	61.32	69.65	78.11
健康险	112.27	179.58	388.53	354.60	395.04
寿险	916.72	1083.92	1506.96	2211.26	1985.32
各项赔款和给付(亿元)	**616.78**	**732.59**	**915.13**	**983.62**	**996.72**
财产险	336.30	403.04	437.66	455.61	512.53
#企业财产保险	18.46	35.33	22.84	23.69	23.21
家庭财产保险	0.57	1.92	2.39	1.76	2.13
机动车辆保险	277.02	315.95	356.70	375.88	410.85
人身意外伤害险	13.45	15.26	17.64	21.25	23.89
健康险	35.16	46.09	55.89	73.54	104.40
寿险	231.87	268.21	403.95	433.21	355.90
保险公司数(家)	**93**	**95**	**99**	**102**	**106**
#财产保险公司	39	40	41	41	43
人寿保险公司	54	55	58	61	63
#中资保险公司	62	64	67	67	70
外资保险公司	31	31	32	35	36
保险公司分支机构(家)	**5900**	**5894**	**6253**	**6073**	**5739**
从业人员数(万人)	**27.34**	**39.64**	**53.83**	**62.28**	**61.91**

数据来源:历年《江苏统计年鉴》

3. 保险业运行良好,服务能力再上新台阶

总体规模处于全国前列。2018 年,江苏省累计实现保费收入 3317.28 亿元,在全国 36 个省(市)中,保费规模列第二位。其中,财产险保费 858.81 亿元,同比增长 5.51%,江苏产险公司实现承保利润 25.12 亿元,排名全国第三,承保利润率 3.11%,比全国平均水平高出 3.24 个百分点。人身险保费 2458.46 亿元,同比下降 6.72%。

保险保障功能进一步提高,服务民生能力增强。一是助力精准扶贫。向建档立卡贫困人口支付大病保险赔付 1.22 亿元,赔付 14.17 万人次,最高赔付金额 35.50 万元;开办扶贫补充医疗保险,承保范围已覆盖全省 28 个县(市)927 万人,累计赔付达 3682 万元,1.61 万名贫困群众从中获益。与慈善总会合作,将慈善扶贫捐款用于苏北低收入人群的自费医疗费用保障,保障人数达 24 万人。二是参与养老保障制度建设试点。截至 2018 年底,税延养老保险试点累计办理 2211 件,保费收入 448.50 万元,件均保费及保单续期率保持全国第一。三是大病保险项目成效明显。截至 2018 年底,共承办江苏地区大病保险项目 76 个,协议参保人数达 5811.29 万人。2018 年大病保险项目赔付达 135.60 万人次,赔款金额共计 23.04 亿元,人均赔付 4212.75 元,帮助参保群众提高医疗费用报销比例 11.78 个百分点。

助力新旧动能转换取得新成效。一方面是服务科技创新。2018 年,江苏首台(套)保险实现保费收入 4.41 亿元,为首台(套)重大技术装备提供了 177.55 亿元风险保障。新材料首批次保险实现保费收入 6437.22 万元,为应用企业提供风险保障 28.56 亿元。另一方面是支持江苏企业"走出去"。出口信用保险积极支持江苏外贸出口及海外投资,服务出口企业 18201 家,其中,服务小微企业 13064 家,累计支持江苏出口 838.22 亿美元,为江苏从制造业大省向强省转变注入新动能。

表 6　2018 年江苏省保险业基本情况

项　　目	数量
总部设在辖内的保险公司数(家)	5
其中:财产险经营主体(家)	2
寿险经营主体(家)	3
保险公司分支机构(家)	5739
其中:财产险公司分支机构(家)	2352
寿险公司分支机构(家)	3387
保费收入(中外资,亿元)	3317.3
其中:财产险保费收入(中外资,亿元)	858.8
人身险保费收入(中外资,亿元)	2458.5
各类赔款给付(中外资,亿元)	996.7
保险密度(元/人)	4120.5
保险深度(%)	3.6

数据来源:江苏银保监局

4. 社会融资规模保持适度增长,支持实体经济能力进一步提升

社会融资规模保持适度增长。2018 年,金融对实体经济支撑作用进一步增强,全省社会融资增量 1.77 万亿元,同比多增 138 亿元。从融资结构看:一是对实体经济信贷投放占比有所提升,全年新增各项贷款 1.35 万亿元,比上年多 2380.84 亿元;占社会融资规模增量的 76.41%,比上年提升 12.96 个百分点。二是表外融资有所减少。全年新增表外融资表外融资增量为－1280.97 亿元,比上年少 2177.21 亿元。三是直接融资增量同比有所回升。全省企业直接融资增量为 2854.22 亿元,比上年多 147.02 亿元。

债券发行规模进一步扩大,金融市场创新力度增强。2018 年,江苏企业共发行债务融资工具 5826 亿元,比上一年增加 1173 亿元,年末全省债务工具存续余额达 10165 亿元,同比增加 1731 亿元。法人机构主动负债能力不断增强,全省共 8 家地方法人金融机构在银行间债券市场发行各类主动负债工具 361 亿元,同比多发 139 亿元,其中,金融债 305 亿元,二级资本工具 38 亿元。江苏省四家企业发行绿色债券合计 18.8 亿元,其中,昆山市公交集团发行全省首支绿色资产支持票据 2.8 亿元。作为民营企业债券融资支持工具首批 3 个试点省份之一,江苏省 2018 年累计共发行 9 只支持工具,标的债券共计 35 亿元,创设 13.3 亿元的风险缓释凭证,债券发行利率较市场低 90 个基点。

银行间市场业务平稳发展。2018 全年江苏省共有 88 家市场成员参与同业拆借交易,同比增加 5 家,累计拆借资金 5.42 万亿元,净拆入资金 3.21 万亿元;218 家市场成员参与质押式回购交易,累计成交 55.56 万亿元,56 家市场成员参与买断式回购交易,累计成交 7752.29 亿元;222 家市场成员参加现券交易,累计交易额 14.21 万亿元。

票据业务有所收缩,利率持续走低。2018 年,全省承兑汇票累计发生额 2.06 万亿元,比上年增加 3467 亿元,票据贴现累计发生额 3.3 万亿元,比上年减少 8664 万亿,主要受票据业务监管趋严、商业银行加强票据风险管控等因素叠加影响,导致票据业务持续收缩。2018 年 1～4 季度,全省票据贴现加权平均利率分别为 5.4703%、5.2686%、4.2898%、3.9925%;票据转贴现加权平均利率分别为 4.5501%、4.3081%、3.6154%和 3.3857%,票据市场贴现利率明显回落,转贴现利率环比、同比也均出现回落。

5. 金融基础设施不断完善，金融生态环境不断优化

金融基础设施不断完善。持续提升支付便利化水平。不断优化企业开户服务，显著降低新设企业开户时间，相关工作走在全国前列。实施移动便民示范工程，南京等 10 个地市实现了公交场景覆盖，苏州、无锡地铁实现移动支付应用，全省 1300 多条公交线路、15000 多台出租车上线运行移动支付。

积极推动省级综合金融服务平台建设，2018 年上线企业 3.81 万家，成功对接融资 3667 项、138 亿元。征信服务不断改善。中小企业信用体系和农村信用体系建设持续推进，为江苏省 247 万户中小微企业、590 万农户、4929 多户农村经济主体建立了信用档案。

金融消费权益保护工作不断完善。2018 年，江苏辖区金融消费者投诉咨询热线受理投诉 712 件，办结率 100%，全省共计开展执法检查 38 次，现场工作时间累计 1070 人/天，检查网点 62 个，参与执法人员 183 人，督促金融机构切实维护消费者合法权益。

二、建筑及房地产业

2018 年全年实现建筑业总产值 34053.9 亿元，比上年增长 8.5%，增幅较上年提高 2.1 个百分点。按统计局产值数据同口径测算，2018 年全国建筑业总产值 235085.53 亿元，江苏占比 13.1%，产值规模继续保持全国第一。全国排名前五位的省份分别是江苏、浙江、湖北、广东、四川。

表 7　建筑业总产值历年情况

年份	建筑业总产值(亿元)	同比增长(%)
2011	16002.4	23.7
2012	19173.3	19.8
2013	23182.2	20.9
2014	26873.1	15.9
2015	28195.3	4.9
2016	29517.2	4.7
2017	31395.9	6.4
2018	34053.9	8.5

数据来源：2018 年江苏建筑业发展报告

从施工类别来看，房屋建筑业完成产值 18589.1 亿元，同比增长 9.7%，占总产值比重 54.6%；土木工程建筑业完成产值 8673.1 亿元，同比增长 6.7%，其中，铁路工程、公路工程、城市轨道交通工程分别完成产值 211.2 亿元、1056.3 亿元、100.3 亿元；建筑安装业完成产值 2998.5 亿元，同比增长 4.8%；建筑装饰、装修和其他建筑业完成产值 3793.2 亿元，同比增长 9.7%。从资质等级来看，全省 80 家特级资质企业共完成产值 10955.9 亿元，同比增长 19.7%，占建筑业总产值的 32.2%，占比提升 3.1 个百分点；一级资质企业共完成产值 13757.4 亿元，同比增长 7.1%，占比较去年同期提高 3.2 个百分点，占建筑业总产值的 40.5%；二级资质企业共完成产值 6362.2 亿元，同比增长 3.4%，占建筑业总产值的 18.7%，较去年同期占比下降0.9 个百分点；三级企业完成产值 2978.4 亿元，同比增长 7.3%，占建筑业总产值的 8.8%，与去年同期持平。

表 8　按行业类别划分建筑业总产值情况

行业类别	2018 年产值(亿元)	2017 年产值(亿元)	增幅	占总产值比重
房屋建筑业	18589.1	16947.7	9.7%	54.59%
土木工程建筑业	8673.1	8128.5	6.7%	25.47%
建筑安装业	2998.5	2861.2	4.8%	8.81%
建筑装饰、装修和其他建筑业	3793.2	3458.5	9.7%	11.14%

数据来源:2018 年江苏建筑业发展报告

2018 年全年竣工产值 26507.5 亿元,同比增长 7.4%;竣工率达 77.8%。建筑业增加值 5140.6 亿元,比上年增长 10.5%,占全省地区生产总值的 5.5%,连续 13 年保持在全省 GDP 的 5%~6%区间。建筑业企业营业额 36903.8 亿元,同比增长 9.2%,增幅较去年上升 1.3 个百分点。建筑业企业工程结算收入 30388.3 亿元,同比增长 11.9%,增幅较上年提高 5 个百分点。2018 年,建筑业签订合同额 54522.6 亿元,同比增长 11.2%,其中,上年结转合同额 22110.7 亿元,本年新签合同额 32411.9 亿元,较去年同期分别增长 11.6%和 10.9%。建筑业利润总额 1447.7 亿元,同比增长 8.7%,增幅较去年提升 4.7 个百分点,产值利润率达 4.3%。建筑业上缴税金 1006.6 亿元,同比提高 0.5%。实现利税总额 2453.3 亿元,同比增长 5.1%,产值利税率 7.2%。建筑业从业人员人均劳动报酬达 55719.3 元,同比增长 3.9%。建筑业劳动生产率达 372866.5 元/人,同比增长 6%,其中,省内劳动生产率 343083.9 元/人,同比增长 4.7%;省外劳动生产率为 416442.8 元/人,同比增长 7.4%。

苏南地区:南京市完成产值 4295.04 亿元,同比增长 15.5%,占全省建筑业总产值 12.6%,在省内排名第二;苏州市完成产值 2636.9 亿元,在省内排名第五;常州、无锡、镇江分别完成产值 1776.4 亿元、1139.1 亿元、698.2 亿元,位列省内第 7、第 10 和第 13 位。

苏中地区:南通市完成产值 8452.3 亿元,同比增长 10.01%,占全省建筑业总产值 24.8%,在省内排名第一;扬州市完成产值 4030.99 亿元,在省内排名第三;泰州市完成产值 3574.7 亿元,在省内排名第四;扬州、泰州两市产值合计约占全省建筑业总产值 22.3%。

苏北地区:盐城、徐州、淮安三市产值超过千亿元,分别为 2080.4 亿元、1757.4 亿元、1711.96 亿元,位列全省第 6、第 8 和第 9 位;连云港完成产值 981.99 亿元,同比增长 15.0%;宿迁完成产值 918.5 亿元,同比增长 7.9%。

表 9　设区市建筑业总产值情况

地　区	建筑业产值(亿元)	占比(%)
南　通	8452.31	24.82%
南　京	4295.04	12.61%
扬　州	4030.99	11.84%
泰　州	3574.69	10.50%
苏　州	2636.92	7.74%
盐　城	2080.43	6.11%
徐　州	1757.35	5.16%
淮　安	1711.96	5.03%
常　州	1776.42	5.22%
无　锡	1139.06	3.34%
连云港	981.99	2.88%
宿　迁	918.54	2.70%
镇　江	698.24	2.05%

数据来源:2018 年江苏建筑业发展报告

2018年江苏省房地产业实现增加值5269.8亿元，增速达5.07%，达到近五年新低。2014—2018年江苏省房地产业增加值情况见图3。

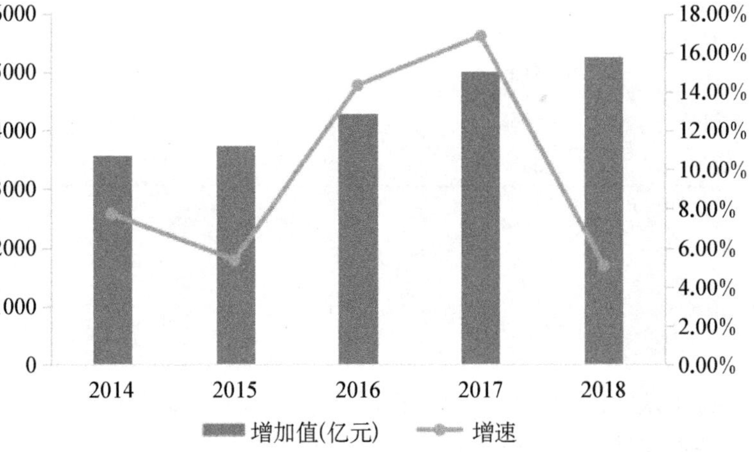

图3　2014—2018年江苏省房地产业增加值

数据来源：历年《江苏统计年鉴》

2018年，全省建筑施工企业个数达到9699家。年末从业人员813.36万人，房屋建筑施工面积249176.84万平方米，房屋建筑竣工面积74806.26万平方米。全省13个设区市中，建筑施工企业个数排名前三的是南京、苏州、无锡，建筑业总产值排名前三的是南通、扬州、南京，分别为8259.13亿元、3914.96亿元、3833.69亿元。

2018年末全省商品房待售面积4993.7万平方米，比上年下降10.7%；其中，住宅待售面积2491.2万平方米，下降17.5%。全省商品房销售面积13484.21万平方米，销售额达到14527.27亿元，商品住宅销售面积12040.68万平方米，销售额达到12693.86亿元。

表10　2018年江苏省按地区建筑业企业主要指标

地　　区	建筑施工业个数(个)	年末从业员数(万人)	建筑业总产值(亿元)	房屋建筑施工面积(万平方米)	房屋建筑竣工面积(万平方米)
全　　省	**9699**	**813.36**	**30846.66**	**249176.84**	**74806.26**
南京市	1624	88.59	3833.69	27060.06	5848.46
无锡市	589	18.98	874.63	3768.63	1126.42
徐州市	538	52.09	1554.63	10980.20	3982.97
常州市	695	49.50	1607.55	11104.40	3190.17
苏州市	1345	48.90	2366.93	10395.37	2744.81
南通市	1030	179.39	8259.18	87557.21	21451.06
连云港市	302	26.81	719.22	5945.08	2418.96
淮安市	572	49.09	1395.90	12687.71	3726.43
盐城市	808	52.00	1750.65	11743.37	4618.34
扬州市	670	89.63	3914.96	28545.10	10649.86
镇江市	395	12.94	550.83	1919.02	577.51
泰州市	747	116.94	3335.67	31552.33	11992.70

续表

地　区	建筑施工业个数(个)	年末从业员数(万人)	建筑业总产值(亿元)	房屋建筑施工面积(万平方米)	房屋建筑竣工面积(万平方米)
宿迁市	384	28.49	682.82	5918.36	2478.56
苏　南	4648	218.92	9233.64	54247.48	13487.38
苏　中	2447	385.96	15509.81	147654.64	44093.62
苏　北	2604	208.48	6103.22	47274.73	17225.26

数据来源:《江苏统计年鉴 2019》

三、旅游业

旅游业是国民经济的战略性产业,资源消耗低,带动系数大,就业机会多,综合效益好。从当前和今后一个时期的国际国内环境来看,随着工业化、信息化、城镇化、市场化、国际化的深入发展,高速交通体系的快速完善,特别是人均国民收入的稳步增加而持续增长的大众化和多样性消费需求,都为江苏旅游业发展提供了新的机遇。同时,旅游业对转变发展方式、拉动有效需求、优化产业结构具有积极的促进作用和带动作用,与江苏省实施城乡发展一体化、经济国际化等战略息息相关。

表 11　江苏 5A 级风景区名录

序　号	景区名称	所在地市	等　级	评定时间
1	江苏省南京市钟山风景名胜区—中山陵园风景区	南京市	AAAAA	2007.5.8
2	江苏省南京市夫子庙—秦淮风光带景区	南京市	AAAAA	2010.4.15
3	中央电视台无锡影视基地三国水浒景区	无锡市	AAAAA	2007.05.08
4	江苏省无锡市灵山景区	无锡市	AAAAA	2009.03.25
5	江苏省无锡市鼋头渚风景区	无锡市	AAAAA	2012.10.18
6	江苏省徐州云龙湖风景区	徐州市	AAAAA	2016.8.3
7	江苏省常州市环球恐龙城休闲旅游区	常州市	AAAAA	2010.4.15
8	江苏省常州市天目湖景区	常州市	AAAAA	2013.9.27
9	江苏省常州市中国春秋淹城旅游区	常州市	AAAAA	2017.2.24
10	江苏省苏州园林景区	苏州市	AAAAA	2007.5.8 2010.4.18
11	江苏省苏州市周庄古镇景区	苏州市	AAAAA	2007.5.8
12	江苏省苏州市同里古镇景区	苏州市	AAAAA	2010.4.15
13	江苏省苏州市金鸡湖景区	苏州市	AAAAA	2012.7.2
14	江苏省苏州市吴中太湖旅游区	苏州市	AAAAA	2013.1.14
15	江苏省苏州市沙家浜·虞山尚湖旅游区	苏州市	AAAAA	2013.4.11
16	江苏省南通市濠河景区	南通市	AAAAA	2002.1.20
17	江苏省连云港市花果山景区	连云港市	AAAAA	2016.8.3
18	江苏省淮安市周恩来故里旅游景区	淮安市	AAAAA	2015.10.8
19	江苏省盐城市大丰中华麋鹿园景区	盐城市	AAAAA	2015
20	江苏省扬州市瘦西湖风景区	扬州市	AAAAA	2010.4.15
21	江苏省镇江市金山·焦山·北固山旅游景区	镇江市	AAAAA	2012.8.17
22	江苏省镇江市句容茅山景区	镇江市	AAAAA	2014.11.28
23	江苏省姜堰溱湖旅游景区	泰州市	AAAAA	2012.3.31

资料来源:江苏省文化和旅游厅

1. 旅游业各项指标均保持快速增长

2018年在新常态下主动探索作为，全省旅游业发展呈现出量质并举、转型升级的良好势头，"畅游江苏"体系建设和品牌打造取得了新成效，旅游业在国民经济和社会发展中的贡献度不断提高。对标"高质量"，做强"优质旅游"，正在成为业内热点。全年接待境内外游客81823.7万人次，比上年增长9.6%；实现旅游业总收入13247.3亿元，增长13.6%。接待入境过夜游客400.9万人次，增长8.3%。其中，外国游客264.7万人次，增长9.5%；港澳台同胞136.2万人次，增长6.1%。旅游外汇收入46.5亿美元，增长10.8%。接待国内游客81422.8万人次，增长9.6%，实现国内旅游收入12851.3亿元，增长13.7%。图4描述了2014—2018年江苏省旅游业收入变动情况。

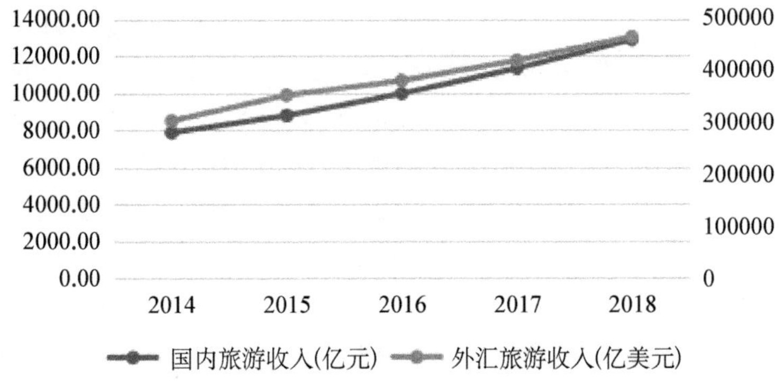

图4　2014—2018年江苏省旅游业收入变动

数据来源：历年《江苏统计年鉴》

2018年，全省接待境内外游客8.54亿人次，5年年均增长10.6%。在入境旅游方面，全年接待境外游客400.9万人。其中，有近一半外国游客留宿苏州。国外游客中，日本、韩国、美国游客居前三名。2018年，全省接待国内旅游者8.14亿人次，苏州、南京、无锡成为首选目的地。上海、浙江和安徽成为江苏十大客源省(市)的前三名。全省共有5A级景区23家、国家级旅游度假区6家，数量全国第一；星级饭店551家，旅行社2779家，数量全国领先。2014—2018年江苏省旅游业基本情况参见表12。

表12　2014—2018年江苏省旅游业基本情况

指　　标	2014年	2015年	2016年	2017年	2018年
旅行社数(个)	2251	2336	2469	2593	2779
星级饭店数(个)	873	791	696	649	551
入境旅游人数(万人次)	297.1	305.0	329.8	370.1	370.1
外国人	197.0	200.8	218.0	241.8	264.7
香港同胞	14.42	14.04	15.4	18.2	21.0
澳门同胞	0.62	0.71	0.82	1.07	1.24
台湾同胞	85.02	89.42	95.58	109.05	113.81
国内旅游人数(亿人次)	5.7	6.2	6.8	7.4	8.1
旅游外汇收入(亿美元)	30.32	35.27	38.04	41.95	46.48
国内旅游收入(亿元)	7863.51	8769.31	9952.47	11307.51	12851.30

数据来源：历年《江苏统计年鉴》

从江苏省各市情况来看，苏州和南京旅游业规模和比重最大。2018年，苏州、南京接待国内旅游人数分别为12847.67万人次、12185.94万人次，占全省的15.78%和14.97%；国内旅游收入分别为2416.48亿元、2279.42亿元，占全省的18.80%和17.74%。2018年苏州、南京接待海外旅游人数分别为 1827753 人次、815615 人次，占全省的 45.60%和 20.35%；旅游外汇收入分别为 252200 万美元、88281 万美元，占全省的 54.26%和 18.99%。表 13 汇总了江苏省各市 2014—2018 年旅游业收入情况。

表 13　2014—2018 年江苏省各市旅游业收入

项　　目	2014 年	2015 年	2016 年	2017 年	2018 年
旅游外汇收入(万美元)	**303271**	**352729**	**380362**	**419472**	**464836**
南　京	55293	63999	67617	79227	88281
无　锡	32994	35783	38954	42482	49514
徐　州	2975	3861	3938	4963	5431
常　州	10160	12066	13147	15468	17725
苏　州	170463	200183	216708	230448	252200
南　通	10792	11668	12482	12581	13743
连云港	1876	2064	2281	2716	2951
淮　安	1313	1558	1705	2125	2357
盐　城	4511	5866	6419	8212	8822
扬　州	4919	5588	6280	7506	8341
镇　江	4640	5992	6479	8539	9424
泰　州	2791	3255	3631	4161	4658
宿　迁	546	846	721	1044	1389
国内旅游收入(亿元)	7863.51	8769.31	9952.47	11307.51	12851.30
南　京	1470.00	1612.15	1803.45	2020.43	2279.42
无　锡	1229.85	1356.25	1518.91	1702.64	1906.02
徐　州	423.46	485.99	565.90	658.92	766.03
常　州	639.98	718.35	820.04	936.79	1070.25
苏　州	1574.81	1728.79	1932.50	2161.32	2416.48
南　通	400.60	453.04	521.98	601.43	693.33
连云港	297.42	338.70	391.58	454.12	526.20
淮　安	231.63	264.02	305.64	353.66	409.23
盐　城	195.21	226.27	265.56	311.75	365.89
扬　州	525.21	592.00	681.91	785.29	904.76
镇　江	543.93	614.12	706.19	812.87	923.77
泰　州	213.63	241.54	278.22	321.39	371.23
宿　迁	117.79	138.08	160.60	186.90	218.71

数据来源：历年《江苏统计年鉴》

2018 年，江苏省更加注重区域旅游合作，推进苏南、苏中、苏北优势互补、协调发展。支持苏南创新发展，积极探索旅游新业态、新产品和运营管理新机制。加大对苏中、苏北地区的规划、资金和政策支持，鼓励旅游业跨越式发展。从区域情况来看，苏南、苏中、苏北地区 2018 年分别实现旅游外汇收入 41.71 亿美元、2.67 亿美元、2.10 亿美元，分别占全省的 89.74%、5.75%和 4.51%；实现国内旅游收入 8595.94 亿元、1969.32 亿元、12851.32 亿元，分别占全省的 66.89%、15.32%和 17.79%。图 5、图 6 描绘了 2014—2018 年江苏省苏南、苏中、苏北地区旅游外汇收入、国内旅游收入比重的变动情况。

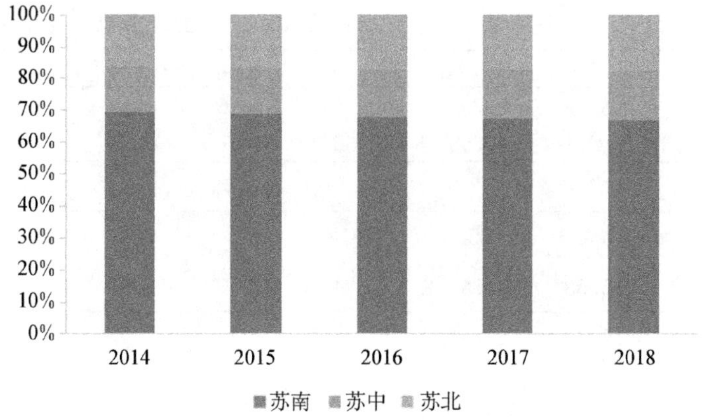

图 5　2014—2018 江苏省各区域国内旅游收入比重

数据来源：历年《江苏统计年鉴》

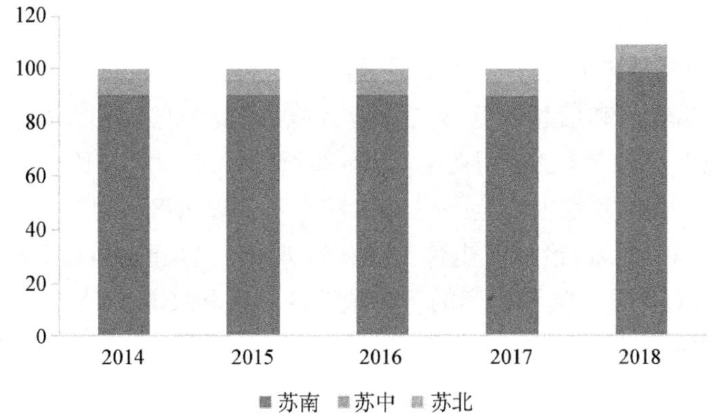

图 6　2014—2018 江苏省各区域旅游外汇收入比重

数据来源：历年《江苏统计年鉴》

推动建立区域旅游合作联盟，支持"苏锡常""宁镇扬"和"徐连盐"等市旅游部门联合打造旅游新线路。积极推进长三角区域旅游合作，先后两次承办了长三角旅游合作联席会议，形成了长三角旅游发展合作协议和"苏州共识"，拓展了江苏的客源地，促进了与沪浙皖二省一市的交流合作。

四、信息传输、软件和信息技术服务业

信息传输、软件和信息技术服务业是关系到国民经济和社会发展全局的基础性、战略性、先导性产业，具有技术更新快、产品附加值高、应用领域广、渗透能力强、资源消耗低、人力资源利用充分等突出特点，对经济社会发展具有重要的支撑和引领作用。按国民经济行业分类(GB/T 4754—2011)，信息传输、软件和信息技术服务业属于I门类，涵盖63(电信、广播电视和卫星传输服务)、64(互联网和相关服务)和65(软件和信息技术服务业)等三个行业大类。

1. 产业规模持续扩大，继续领跑全国

2018 年江苏省软件与信息服务业主营业务收入累计达 10451 亿元，与 2017 年相比，增速达 10.7%，是 2011 年的 3.4 倍，是 2015 年的 1.5 倍，业务总量不断实现新的突破。2018 年江苏省软件与信息服务业主营业务收入占全国比重达 16.57%，自 2011 年以来，江苏软件与信息服务业主营业务收入占全国规模一直保持在 16%以上，经济效应良好产业处于稳定发展状态，企业与就业人数也持续增加。江苏省软件与信息服务业的发展已经步入良性循环，逐步渗透到社会生活和生产各个领域中，并发挥出产业关联的经济效应，成为促进江苏国民经济发展的重要产业之一。

表 14　2011—2018 全国及江苏软件与信息服务业主营业务收入与增速情况

全　　国	2011 年	2012 年	2013 年	2014 年	2015 年	2016 年	2017 年	2018 年
主营业务外收入(亿元)	18848	24793	30587	37026	42847	48232	54289	63061
增速(%)	38.71	31.53	23.36	21.05	15.72	12.56	14.5	16.2
江苏	2011 年	2012 年	2013 年	2014 年	2015 年	2016 年	2017 年	2018 年
主营业务外收入(亿元)	3106.3	4305.6	5177.3	6439	7062	8165.6	9441	10451
增速(%)	35.58	38.60	20.24	24.36	9.67	15.62	12.6	10.7
江苏占全国比重(%)	16.48	17.37	16.93	17.39	16.48	16.93	17.09	16.57

数据来源:中国工业与信息化部、江苏经信委

图 7 和图 8 分别是 2011—2018 年全国和江苏省软件和信息服务业主营业务收入、增速和占比的情况。2011—2018 年全国软件和信息服务业主营业务收入一直呈现稳步上升趋势,由 2011 年的 18848 亿元上升至 2018 年的 63061 亿元。但由于主营业务收入的不断扩大,全国软件和信息服务业主营业务收入增速水平在 2011—2016 年期间处于下降趋势,由 2011 年 38.7%的增速下降为 2016 年 12.6%的增速,在 2016 年之后处于上升趋势,上升为 2018 年 16.2%的增速。从图 9 可以看到,2011—2018 年江苏软件和信息服务业主营业务收入也一直呈现上升趋势,与全国保持一致。增速水平整体上看呈现下降趋势,但期间有所反弹,2013—2014 年和 2015—2016 年都有轻微回升。江苏软件和信息服务业主营业务收入占全国规模在 2011—2018 年整体波动较小,处于基本稳定的状态,最高时占全国比重达 17.39%,最低时也保持在 16.48%。这反映出江苏省软件与信息服务业的发展已经步入良性循环,对社会生活和生产的各个领域的渗透和关联带动作用十分稳定。

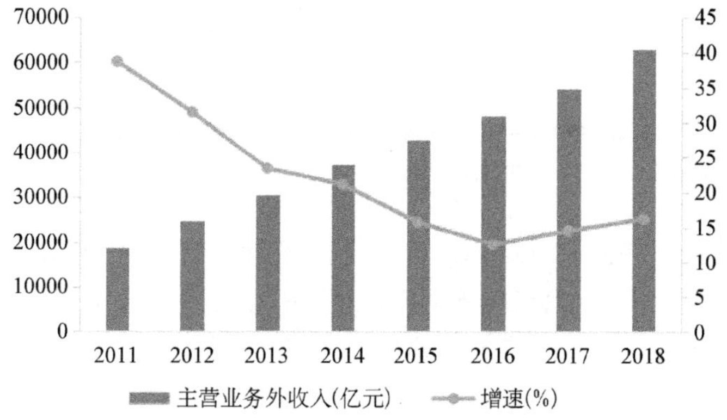

图 7　2011—2018 年全国信息与软件服务业发展情况

数据来源:中国工业与信息化部

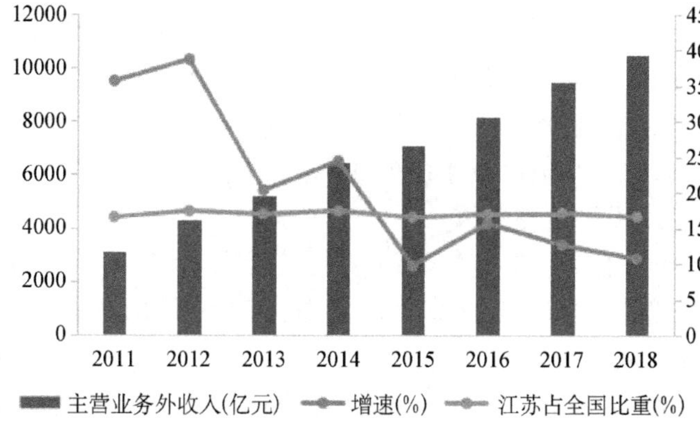

图 8　2011—2018 年江苏省信息与软件服务业发展情况

数据来源:江苏省经济和信息化委员会

江苏软件与信息产业规模已经连续多年在全国位于前列，总体业务收入甚至多次位居全国第一，持续保持稳定发展的良好态势。从全国数据分地区来看，东部地区稳步发展，中西部地区软件业加快增长。2018 年，东部地区完成软件业务收入 49795 亿元，同比增长 14.2%，占全国软件业的比重为 79.0%。中部和西部地区完成软件业务收入为 3163 亿元和 7189 亿元，分别增长 19.2%和 16.2%，高于全国增速 5.0 个和 2.0 个百分点；占全国软件业的比重为 5.0%和 11.4%，同比均提高 0.2 个百分点。东北地区完成软件业务收入 2914 亿元，同比下降 0.4 个百分点，占全国软件业的比重为 4.6%。

主要软件大省保持稳中向好，海南及部分中西部省市快速增长。软件业务收入居前五名的广东（增长 12.2%）、江苏（10.7%）、北京（16.8%）、山东（15.9%）、浙江（21.1%）共完成软件业务收入 40192 亿元，占全国软件业比重的 63.7%。软件业务收入增速高于全国平均水平的省市有 19 个，其中，海南省同比增长达 89.9%，西部的广西、青海、云南和贵州增长分别达 77.0%、50.3%、23.7%和 23.4%，中部的江西、安徽增长达 37.7%和 27.7%。

重点城市软件业保持集聚发展。2018 年，全国 4 个直辖市和 15 个副省级中心城市实现软件业务收入 51237 亿元，同比增长 14.2%，占全国软件业的比重为 81.2%。其中，软件业务收入超过千亿元的城市包括 4 个直辖市和 11 个中心城市，合计软件业务收入占全国的比重达到 78.3%。中心城市保持集聚发展态势，质量效益领先全国。主要软件大省保持平稳发展，部分省市增速突出。江苏、广东、北京、上海依旧稳居我国软件与信息服务行业的第一阵营，2018 年完成软件业务收入分别增长 16.6%、12.2%、16.8%、和 11.4%。从增速上看，江苏和北京有较大幅度增长，上海和广东增速则开始放缓。从业务收入看，江苏仅次于广东，累计完成业务收入 10451 亿元。

表 15　2017—2018 江苏软件与信息服务业与广东、北京、上海的比较

地区	2017 年		2018 年	
	业务收入（亿元）	增速（%）	业务收入（亿元）	增速（%）
全国	54289	14.5	63061	16.2
广东	9517	14.2	10678	12.2
北京	7590	12.2	8865	16.8
上海	4307	11.0	4798	11.4
江苏	9441	12.6	10451	16.6

数据来源：中国工业与信息化部

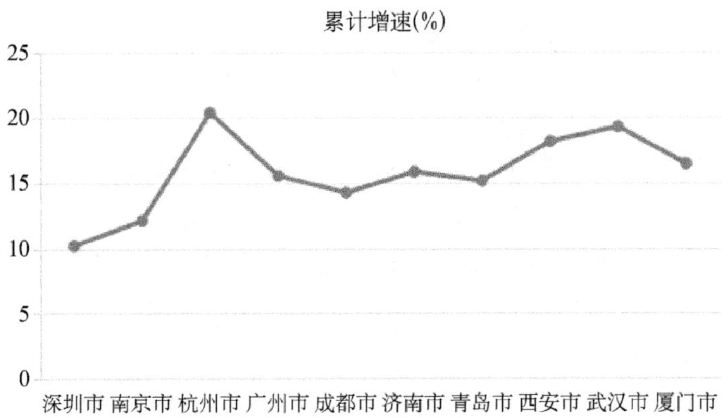

图 9　2018 年前十位中心城市软件业务收入增长情况

数据来源：中国工业与信息化部

2. 产业结构有所优化,集聚形态日渐成熟

软件产业一直是信息产业的重要组成部分,其以高附加值、高科技水平的特点,渗透到国民经济和社会生产生活的各个方面。它与传统的产业结合并进一步促进传统产业的提升,引导产品更新换代,推动产业结构的调整。随着云计算、移动互联网、物联网等新技术、新概念、新模式不断涌现,新兴软件快速发展,新的产业增长点不断孕育形成。软件技术服务增长势头也相当突出,特别是与网络相关的信息服务发展迅速。

2018 年全国软件产品收入实现较快增长。根据快报数据,1～11 月份,全省软件和信息技术服务业累计完成业务收入 8866 亿元,同比增长 11.6%。其中,软件产品、信息技术服务和嵌入式系统软件三大类中,信息技术服务收入增长最快,占比最高,充分说明江苏省软件产业平台化、服务化转型在加速。2018 年,全省营收百亿以上的软件企业预计 10 家,亿元以上软件企业预计 1070 家,国家规划布局内重点软件企业 34 家,目前已有 18 家软件企业在主板上市。南瑞、中兴软创、金智、润和等 8 家企业入围软件企业百强,苏宁、同程、艾德无线、华云数据等 7 家企业入围互联网企业百强,其中,艾德无线、华云数据、无锡不锈钢电子交易中心 3 家无锡企业首次入围,也是无锡市首次有企业入围百强。2018 年,江苏省软件服务收入比重已占到软件业务收入的 44.9%,软件产业服务化趋势日益突出,特别是与网络相关的信息服务发展迅速。其中,信息技术咨询服务收入 3745 亿元,信息系统集成服务收入 2569 亿元。软件服务业对两化融合推动作用继续加大,与工业相关的软件业务收入占比达到 36.5%。其中,嵌入式系统软件完成收入 2569 亿元。

表 16　2018 年全国及江苏软件与信息服务分类业务相关指标情况

指标名称	单位	全国		江苏	
		2018 年	增速(%)	2018 年	增速(%)
软件业务收入	亿元	63061	16.2	10451	16.6
其中:软件产品收入	亿元	19353	12.1	2091	10.5
信息技术服务收入	亿元	34756	17.6	4031	14.9
嵌入式系统软件收入	亿元	8952	6.8	2744	11.7

数据来源:中国工业与信息化部、江苏省经济与信息委员会,经作者整理计算

以南京市为例,目前,南京市已形成了以中国(南京)软件谷、南京软件园、江苏软件园"一谷两园"等国家级园区为重点,徐庄软件园、江东软件城、新城科技园、白下高新园等省级软件园、互联网产业园为支撑的软件产业集聚发展的格局,其中,"一谷两园"软件产业规模占全市 70% 以上,形成门类较为齐全的软件产品体系,涌现出一批具有自主知识产权的品牌软件和品牌软件企业,构建了包括 SAP 中小企业信息化服务平台、南京云计算中心等大数据和公共信息服务平台。全市拥有中国软件业务收入百强企业 8 家、中国互联网百强企业 5 家、国家规划布局内重点软件企业 16 家、涉软上市(挂牌)企业 77 家、涉软企业超过 3700 家。微软、IBM、甲骨文、HP、SAP 等 30 家世界 500 强软件企业和 36 家中国软件百强企业在南京设立创新中心和研发中心。政策支持加速南京软件产业的崛起。南京同时吸引了阿里巴巴江苏总部项目、小米科技华东总部项目、科大讯飞区域中心项目等软件名企落户。以南瑞、南自、金智、科远等为龙头的本土企业,带动了电力系统软件产业链的延伸,在国内电力市场上具有绝对优势,亚信科技、华为软件、中兴软件等参与构建较为完整的通信产业链。以苏宁云商、途牛科技、三六五网络等为代表的大数据、云计算、互联网等新型业态企业,在国内占据了一定的优势地位。政策扶持、企业引进、平台搭建——多管齐下推动南京软件业长足发展。"2018 年,南京全市软件业务收入超过 4500 亿元,同比增长 14.6%,产业规模较 2010 年翻了两番,位列全省第一、全国第四。为进

一步提升中国软件名城建设水平，加快建设国际级软件名城，打造全省第一、全国前三、全球有影响力的产业地标，起草《南京市打造软件和信息服务产业地标行动计划》。”

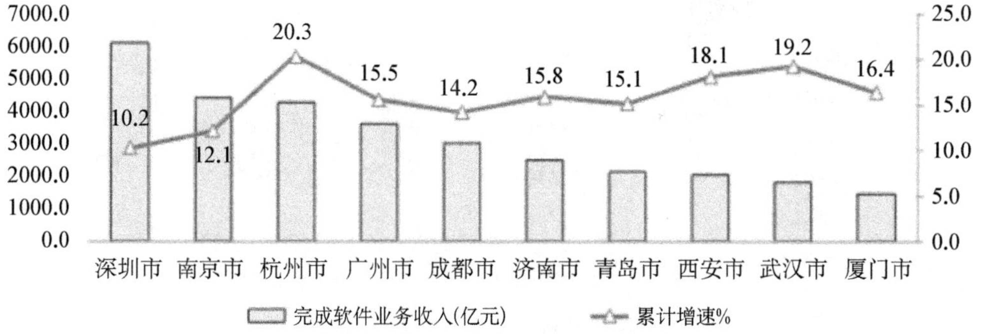

图 10　2018 年十大中心城市软件收入情况

资料来源：2018 年软件和信息技术服务业统计公报

2018 年，全行业实现软件产品收入 19353 亿元，同比增长 12.1%，占全行业比重为 30.7%。其中，信息安全和工业软件产品实现收入 1698 亿元和 1477 亿元，分别增长 14.8%和 14.2%，为支撑信息系统安全和工业领域的自主可控发展发挥重要作用。信息技术服务加快云化发展。2018 年，全行业实现信息技术服务收入 34756 亿元，同比增长 17.6%，增速高出全行业平均水平 3.4 个百分点，占全行业收入比重为 55.1%。其中，云计算相关的运营服务（包括在线软件运营服务、平台运营服务、基础设施运营服务等在内的信息技术服务）收入 10419 亿元，同比增长 21.4%，占信息技术服务收入比重达 30.0%；电子商务平台技术服务收入 4846 亿元，同比增长 21.9%。嵌入式系统软件收入平稳增长。2018 年，全行业实现嵌入式系统软件收入 8952 亿元，同比增长 6.8%，占全行业收入比重为 14.2%。嵌入式系统软件已成为产品和装备数字化改造、各领域智能化增值的关键性带动技术。比较 2018 年 1～11 月的全国数据，江苏省软件与信息服务业增幅水平基本与全国保持一致，其中，软件产品、信息技术服务和嵌入式系统软件三大类中，信息技术服务收入增长最快，占比最高，充分说明江苏省软件产业平台化、服务化转型在加速。

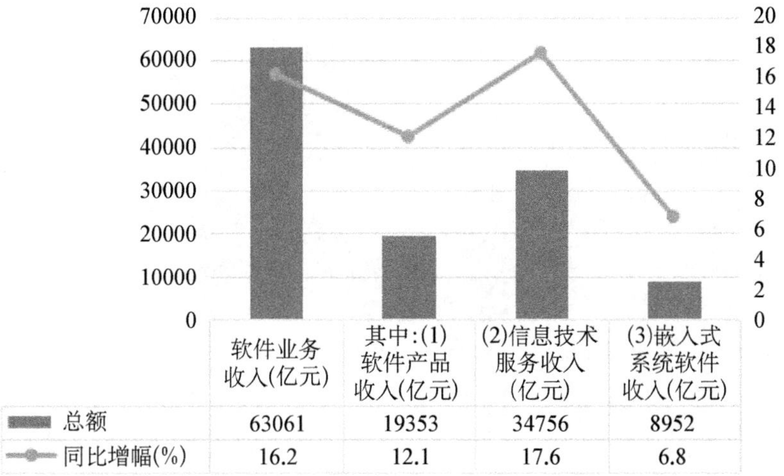

图 11　2018 年全国信息与软件业发展情况

数据来源：中国工业与信息化部

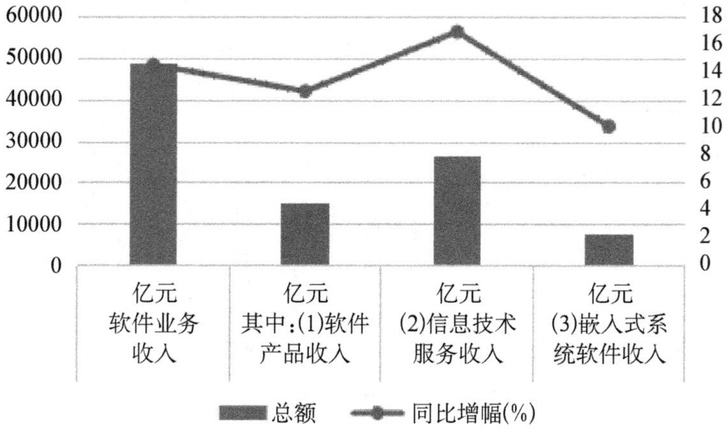

图 12　2018 年江苏信息与软件业发展情况

数据来源:江苏省经济与信息委员会

表 17 是 2018 年 1～11 月全国各省份、直辖区和自治区软件和信息服务业的产业结构情况,从表中可以看到江苏软件业务收入占全国比重高达 15.81%,仅次于广东 17.57%,位列全国第二。从业务收入类别层面看,江苏省软件产品收入占全国 12.63%,位居全国第二;信息技术服务收入占全国 12.85,仅次于广东和北京,位列全国第三。

表 17　2018 年 1—11 月全国各省市软件与信息服务业主要经济指标完成情况

单位名称	企业个数	软件业务收入(亿元)		(1) 软件产品收入		(2) 信息技术服务收入	
		本期累计	同比增减%	本期累计	同比增减%	本期累计	同比增减%
合　计	39551	56092	14.7	16557	11.8	31379	18.8
北　京	2980	8300	18.6	2969	19.4	5197	18.4
天　津	550	1335	17.4	355	17.0	852	33.3
河　北	300	217	15.8	14	−41.6	185	19.1
山　西	84	19	−8.0	9		8	−19.7
内蒙古	50	24	−11.8	8	−15.1	16	−10.0
辽　宁	1921	1840	3.7	879	0.7	912	6.8
吉　林	926	546	14.6	118	14.8	306	14.6
黑龙江	507	160	0.2	59	−1.2	86	1.7
上　海	1537	3969	12.3	1313	10.0	2563	15.0
江　苏	7435	8866	11.6	2091	10.5	4031	14.9
浙　江	1865	4622	19.0	1176	14.4	2907	23.2
安　徽	586	330	28.0	126	16.8	158	38.7
福　建	3018	2535	16.0	917	15.7	1307	15.9
江　西	160	77	10.6	33	4.6	42	15.4
山　东	4290	4641	13.3	1653	11.8	2124	14.4
河　南	285	88	13.1	23	15.9	52	13.3
湖　北	2641	1679	19.6	838	20.1	768	20.1
湖　南	623	476	11.3	221	5.5	211	20.8
广　东	4575	9853	13.4	1851	6.8	5656	23.1
广　西	218	127	63.0	18	74.4	101	51.4
海　南	187	215	108.9	25	35.5	190	125.5

续表

单位名称	企业个数	软件业务收入(亿元)		(1) 软件产品收入		(2) 信息技术服务收入	
		本期累计	同比增减%	本期累计	同比增减%	本期累计	同比增减%
重　庆	1431	1277	15.3	277	14.2	629	15.9
四　川	1845	2807	13.8	1001	8.1	1753	16.0
贵　州	241	152	20.0	24	−67.1	117	118.6
云　南	200	66	15.6	14	10.6	51	16.7
陕　西	697	1774	16.2	513	16.3	1092	16.1
甘　肃	141	37	8.0	12	2.6	25	10.4
青　海	48	0.2	65.3	0.3	37.3	0.8	60.3
宁　夏	80	17	20.1	6	18.3	10	29.6
新　疆	130	42	12.6	14	44.1	28	2.4

数据来源:中国工业与信息化部

3. 创新能力稳步提升,产业成果卓越

两化融合发展水平进入新时期,根据工信部发布了《中国两化融合发展数据地图(2018)》,我国两化融合发展平均水平53.0分。2018年中国两化融合发展数据地图覆盖全国31个省份、近300个主要城市。2018年,中国各省市两化融合发展水平前五名分别是山东、上海、江苏、广东、北京。江苏省两化融合发展水平明显高于全国平均水平,位居全国第三位。从2018年各省市两化融合发展水平的增速来看,两化融合发展的区域不平衡性趋于缓和,发展水平处于第一梯队的浙江、江苏、广东在保持领先的情况下同比增速有所放缓。江苏将两化深度融合作为构建现代产业体系的战略举措,加快构建新载体、应用新技术、探索新模式,区域两化融合发展水平总指数已连续两年位居全国第一。

企业集成互联能力大幅提升,智能制造基础逐步夯实。重点装备自主创新能力日渐增强,以新型传感器、智能控制系统、工业机器人、自动化成套生产线为代表的智能制造产业集群化格局逐渐显现,全省高端装备制造产业销售收入已超万亿元。信息技术全面渗透到江苏省工业企业的研发设计、生产制造、经营管理、市场营销、财务管理、重大决策等各个环节,40%以上的企业实现了关键业务环节的信息化全覆盖,研发、生产、服务等产业链各环节两化融合均衡发展,均处于全国领先水平,带动产业链整体水平大幅提升。江苏省工业企业实现管控集成、产供销集成、产业链协同的比例分别为36.1%、30.1%、11.2%,均高于全国平均水平,对提升产品质量、提高生产效率、加速创新等方面的促进作用显著,极大地提高了企业的综合竞争力和效益,超百亿工业企业普遍应用信息化向价值链高端攀升。

企业互联网化转型具有成效。全省电子商务交易额超过1.8万亿元,B2B电子商务交易额超过1.3万亿元,继续保持全国前列。应用电子商务的企业比例为61.4%,工业企业网上采购率和网上销售率分别为21.0%和22.9%,处于全国领先水平。重点行业电子商务平台初具规模,涌现出苏宁易购、中国制造网等一批电子商务龙头企业。工程机械、设备制造等行业服务型制造转型加速,远程诊断、产品全生命周期服务、融资租赁等业务日益成为企业利润的重要来源。纺织、轻工等行业龙头企业逐步形成大规模个性化定制、网络化协同制造、开放创新空间等新型生产方式。全省工业云、工业大数据、互联网金融服务等新业态新模式层出不穷。

根据工信部公布的2018年1—11月中心副省级城市软件与信息服务业主要经济指标完成情况表,南京软件业收入位居第二,仅次于广东。其中,软件产品收入位居第二,信息服务服务收入位居第三。这反映出南京不愧是“中国软件名城”,具有软件与信息服务业发展水平。中国(南京)软件谷是南京重点打造的软件与信息服务特色产业园,同时也是全国首批、江苏唯一的国家新型工业化(软件和信息服务业)示范基地,先后获得国家火炬计划现代通讯软件产业基地、国家数字出版基地、国家级博士后工作站等多项国家级荣誉。2018年,南京实施创新驱动发展“121”战略,大力推动软件和信息服务业持续健康发展,为南京建设具有全球影响力的创新名城提供产业支撑和发展动力。今年上半年,中国(南京)软件谷、南京软件园、江苏软件园等三个国家级软件园在上半年实现软件业务收入1378亿元,占南京全市比重67%,累计新增涉软从业人员1.25万人,占全市比重达46.3%,累计新增涉软产业建筑面积47万平方米,占全市比重达74%。下半年,南京将结合“互联网+”等发展趋势,重点谋划工业软件、大数据、人工智能等关键领域和新兴业态,紧跟趋势,发展特色应用,培育知名品牌。

无锡软件园以打造中国领先的软件创新社区为目标,以公共技术、投资融资、人力资源、综合服务等公共服务平台为支撑,提供360度企业全生命周期服务,致力于推进物联网、云计算、软件及服务外包、文化创意、新媒体、电子商务、互联网广告、智能硬件等新兴产业集聚发展。现汇聚创新企业近500家,其中,世界500强、全球服务外包100强投资企业25家,约占无锡市70%,各类人才约3万名,其中85%拥有本科及以上学历。产业规模连续多年高速增长,综合实力持续攀升,位列全国火炬计划软件产业基地十强、中国服务外包TOP10园区第四名,持续位列无锡市“Park”园区排名榜首。先后获得国家火炬计划软件产业基地、国家传感网高技术产业基地、国家广告产业园区、国家动漫游戏产业振兴基地、国家动画产业基地、国家数字出版基地、国家文化产业示范基地、国家级科技企业孵化器等8项国家级品牌及数十项省级以上荣誉。

江苏省集成电路产业销售规模连续多年位居全国首位。江苏省是我国半导体产业尤其是集成电路产业中起步较早、基础较好、发展较快的地区之一,在我国半导体产业中占有重要地位。早在20世纪60年代,南京、无锡、苏州、徐州等地就相继建立起了一批非常具有代表性的半导体生产企业。80年代,无锡成为我国集成电路“南北两个基地和一个点”。中的南方基地三大城市之一。进入21世纪,受家电等传统行业以及汽车电子、人工智能等新兴市场拉动的影响,加上政府扶持政策的激励,江苏省集成电路产业在技术、规模等方面不断突破和发展,并且销售规模连续多年位居全国首位。据江苏省半导体行业协会统计数据显示,2018上半年,江苏省集成电路主业销售收入为633.44亿元,同比增长14.03%。其中,设计业销售收入为71.01亿元,同比增长22.94%;晶圆业销售收入为121.18亿元,同比增长15.84%;封测业销售收入为441.25亿元,同比增长12.24%。而中国半导体行业协会统计数据显示,2018年上半年我国集成电路产业销售额为2726.5亿元,同比增长23.9%。对比之下,可以发现,上半年江苏省集成电路销售收入占全国的比重高达23.23%,但销售收入增速低于全国水平。从产业链看,江苏省已形成涵盖EDA、设计、制造、封装、设备、材料等较为完整的集成电路产业链,汇集了众多知名集成电路企业。从地域分布上看,江苏省集成电路产业主要集中在苏南地区,苏南地区集成电路产业销售额约占全省销售总额的80%以上,形成了以无锡、苏州和南京等市为中心的集成电路产业带。不过,目前苏中和苏北也正在逐步发展,如南通、扬州等城市发展势头良好。

江苏物联网产业发展较早,具有良好的基础条件与技术优势。当前,江苏省经信委以做优做强物联网企业,发展壮大物联网产业作为重中之重,不断加大政策支持和推进力度,全省物联网产业发展呈现良好态势。2017年物联网产业实现业务收入5300亿元,形成以无锡为核心、苏州为支撑的一体两翼产业布局。“十二五”以来,江苏省相关单位主导或参与起草制定物联网国际标准20多项,国家标准和行业标准70多项;省内物联网及相关领域国家及研发机构超过30家,50余所国内外知名高校、科研机构在江苏省设立了高水平的研发中心,在核心芯片、通信协议、协同处理、智能控制等领域突破了一大批关键技术并实现产业化。已先后有阿斯利康、中电海康、阿里巴巴、浪潮、华为等多家重点企业与无锡签署了战略合作协议或达成合作意向,阿斯利康物联网医疗、阿里集团“双创中心”等一批重大项目已落户无锡,中电海康、华为等其他合作项目正有序推进,瑞士、德国、澳大利亚等国也都派出相关机构来江苏了解物联网产业发展并寻求合作机会。其中，在温家宝总理的关怀下，中国科学院、江苏省人民政府、无锡市人民政府签署共建中国物联网研究发展中心（筹）三方协议。2009 年 12 月 30 日，江苏省批复成立江苏物联网研究发展中心作为中国物联网研究发展中心。物联网中心成立以来，积极发挥中国科学院资源导入及学科优势，结合江苏、无锡地方新兴战略产业特点，秉承“科学唯实，开拓创新，笃信致远”发展理念，致力于建成国家级“感知中国”创新基地、中国物联网产业培育中心、集成创新中心和行业应用示范中心。物联网中心已成为我国最大规模的物联网专业研发机构和中国科学院最大规模的院地合作平台。

4. 重点企业平稳发展，行业龙头效应凸显

根据工信部公布 2018 年（第 17 届）中国软件业务收入前百家企业名单。江苏省有 8 家企业上榜，分别是南京南瑞集团公司（第 7 位）、熊猫电子集团有限公司（第 20 位）、江苏省通信服务有限公司（第 30 位）、国电南京自动化股份有限公司（第 37 位）、中兴软创（第 50 位）江苏金智集团有限公司（第 62 位）、江苏润和科技投资集团有限公司（第 70 位）、南京联创科技集团股份有限公司（85 位）。其中，南瑞集团是国家科技部设立的“国家电力自动化工程技术研究中心”和国家发改委设立的“电力系统自动化-系统控制和经济运行国家工程研究中心”的依托单位，是“国家火炬计划重点高新技术企业”和国家认定企业技术中心，注册商标“NARI”是中国驰名商标。

为深刻把握江苏省“互联网＋”发展趋势，充分发挥互联网在企业生产组织、资源配置、产品形态和商业模式中的优化集成作用，促进新一代信息技术向研发设计、生产管控、供应链管理、市场服务等环节渗透融合，推动生产方式向柔性、智能、精细转变，着力提升工业经济核心竞争力。江苏省经信委各地审核推荐，组织形式审查、专家评审、示范候选现场考察和公示，发布了《关于开展 2017 年江苏省两化深度融合创新（互联网与工业融合创新）试点示范工作的通知》，确定了南京南瑞集团等 50 家企业为示范企业、南京康尼精密机械有限公司等 230 家企业为试点企业。

为推动江苏省软件产业加快技术创新，提升行业发展水平和市场竞争力，加快完善以企业为主体、市场为导向、产学研相结合的技术创新体系，根据《江苏省认定企业技术中心管理办法（2010 年）》，委科技质量处会同软件与信息服务业处，在省内进行软件企业技术中心的认定。经企业申报、各地推荐、专家核查、综合审核、现场考察等程序，根据企业的年营业收入、软件产品登记数、科技活动经费、软件研发专职人员数、软件开发设备、软件业务收入占比进行分析，并将软件企业技术中心细分为智能交通、智能电网、信息安全、网络信息服务、IC 设计、工业软件等 11 个门类，最后认定 216 家软件企业技术中心为 2017 年省认定软件企业技术中心。2018 年全省新认定省级软件企业技术中心 24 家，累计达 129 家；软件企业研发投入强度预计达到 6%。累计 246 家企业通过国家信息技术服务标准（ITSS）符合性评估。

表 18　江苏 2018 年省级软件企业技术中心（部分）

序号	企业技术中心名称	序号	企业技术中心名称
1	南京多伦科技有限公司技术中心	10	南京新模式软件集成有限公司技术中心
2	南京莱斯信息技术股份有限公司技术中心	11	焦点科技股份有限公司技术中心
3	江苏省洪芯智能技术有限公司技术中心	12	江苏爱信诺航天信息科技有限公司技术中心
4	江苏大为科技股份有限公司技术中心	13	苏州同程旅游网络科技有限公司技术中心
5	南京科远自动化集团股份有限公司技术中心	14	昆山中创软件工程有限责任公司技术中心
6	南京磐能电力科技股份有限公司技术中心	15	江苏集群信息产业股份有限公司技术中心
7	江苏兆伏新能源有限公司技术中心	16	方正国际软件有限公司技术中心
8	江苏国瑞信安科技有限公司技术中心	17	苏州市蜗牛电子有限公司技术中心
9	南京南自信息技术有限公司技术中心	18	江苏东大集成电路系统工程技术公司技术中心

续表

序号	企业技术中心名称	序号	企业技术中心名称
19	美新半导体(无锡)有限公司技术中心	27	江苏远望神州软件有限公司技术中心
20	江苏南大苏富特科技股份有限公司技术中心	28	中国船舶重工集团公司第716研究所技术中心
21	徐州中矿大华洋通信设备有限公司技术中心	29	江苏润和软件股份有限公司技术中心
22	江苏华骋科技有限公司技术中心	30	南京擎天科技有限公司技术中心
23	江苏春兰清洁能源研究院有限公司技术中心	31	昆山华东信息科技有限公司技术中心
24	泰兴市晨光高新技术开发有限公司技术中心	32	江苏国泰新点软件有限公司技术中心
25	南京中兴新软件有限责任公司技术中心	33	江苏省森创软件科技有限公司技术中心
26	中博信息技术研究院有限公司技术中心	34	江苏东华测试技术股份有限公司技术中心

数据来源:江苏工业与信息化局

五、公共服务业

公共服务业是指为满足全体公民的公共消费需求而提供公共产品和公共服务的产业,其涵盖范围比较广泛,《江苏省"十二五"规划纲要》把义务教育、公共就业服务、社会保障、基本医疗卫生、公共文化体育、福利救助、社会公共安全等纳入基本公共服务,因此,本节所界定的公共服务业包括国民经济行业分类(GB/T 4754－2002)中,代码为M(科学研究、技术服务和地质勘查业)、N(水利、环境和公共设施管理业)、P(教育)、Q(卫生、社会保障和社会福利业)、R(文化、体育和娱乐业)、S(公共管理和社会组织)的六个行业。

表19　2015—2018年江苏省公共服务业各行业增加值(单位:亿元)

指　标	2015年	2016年	2017年	2018年
科学研究、技术服务和地质勘查业	998.7	1097.8	1217.93	1350.83
水利、环境和公共设施管理业	496.7	551.9	553.39	591.57
教育	2195.2	2426.6	1507.03	1756.07
卫生、社会保障和社会福利业	1230.9	1411.0	2491.08	2750.45
文化、体育和娱乐业	635.6	795.79	1416.81	1615.15
公共管理和社会组织	2376.5	2618.7	795.79	863.43

数据来源:历年《江苏统计年鉴》

1. 公共文化服务水平提升

城乡公共文化服务体系不断完善。全省共有文化馆、群众艺术馆115个,公共图书馆115个,博物馆322个,美术馆31个,综合档案馆113个,向社会开放档案79.55万件。共有广播电台8座,中短波广播发射台和转播台21座,电视台8座,广播综合人口覆盖率和电视综合人口覆盖率均达100%。全省有线电视用户1666.82万户。全年生产故事影剧片61部;出版报纸21.92亿份,出版杂志1.14亿册,出版图书6.84亿册。

推动艺术创作持续繁荣。成功举办2018戏曲百戏(昆山)盛典,组织120个戏曲剧种、156部剧目(含折子戏)在昆山展演。配合举办紫金文化艺术节,组织演出38台剧目。遴选淮剧《送你过江》等12部剧目列入年度省舞台艺术精品创作扶持工程,苏剧《国鼎魂》等4部剧目列入年度省舞台艺术重点投入工程。成功举办庆祝改革开放40周年主题美术作品展、第五届丝绸之路国际艺术节等活动。

提升公共文化服务效能。开展第十三届江苏省"五星工程奖"评选活动，实行文化评奖与文化惠民相结合。加强公共文化服务体系示范区建设，南京市江宁区通过国家示范区创建验收，镇江入选第四批创建城市。全省新建成基层综合性文化服务中心6000多个。持续开展送戏、送书、送展览活动。

加强文化遗产保护传承利用。完成第八批省级文保单位申报评审，启动第八批全国重点文保单位申报工作。加强大遗址保护与考古遗址公园建设。积极开展文化文物单位文化创意产品开发试点和文物流通领域登记交易制度试点。认真落实大运河文化带建设国家战略，设立省级大运河文化发展基金，启动实施大运河国家文化公园江苏段建设，打造江南文化、运河文化品牌。全省有46人入选第五批国家级非遗代表性传承人名单。探索非遗保护传承新途径，在全省范围内创设江苏省非物质文化遗产创意基地。

强化文化市场监管。深化文化市场综合执法改革，在全国率先完成设区市"同城一支队伍"体制改革任务，在张家港市、高邮市、淮安市淮安区开展县级层面改革试点。出台《关于深化文化市场"放管服"改革的意见》。加强文化市场执法监管。规范依法治旅大环境。强化旅游安全管理，加强旅游安全应急处置工作，稳妥应对并参与处理境外重大突发事件。

优化文化产业发展环境。实施文化产业园区（基地）提升工程。编制扬子江旅游、沿海旅游和红色旅游发展规划，"十三五"旅游产业发展全面布局。29个全域旅游示范区创建有序推进。制定《江苏省乡村旅游发展指引（2018—2020）》。推进"旅游＋"融合发展，涌现出一批工业旅游、乡村休闲、康体养生、研学旅游、体育旅游等创新业态。

扩大对外和对港澳台交流合作。制定对外和对港澳台文化交流行动计划，建设对外文化交流精品项目库。加强与周边国家和"一带一路"沿线国家的人文交流。完成"欢乐春节·精彩江苏"演出任务。中日韩三国旅游部长会议在江苏成功举办。第八届苏台灯会和江苏文化嘉年华（香港）活动成功举办，港澳台入境游基础市场进一步巩固。

2. 卫生事业稳步推进

2018年末，全省医疗卫生机构总数33253个，比上年增加1216个。其中：医院1853个，基层医疗卫生机构30294个，专业公共卫生机构808个。与上年比较，医院增加126个，基层医疗卫生机构增加1176个，专业公共卫生机构减少103个。全省医疗机构32422个，其中：非营利性医疗机构24361个，占医疗机构总数的75.14%；营利性医疗机构8061个，占医疗机构总数的24.86%。医疗机构按经济类型分，国有3890个，占12%；集体16994个，占52.42%；联营592个，占1.83%；私营医疗机构8740个，占26.96%；其他机构2206个，占6.8%。医疗机构中，公立医疗机构20884个，占64.41%，较上年减少10个；非公医疗机构11538个，占35.59%，较上年增加1332个。医疗机构中，三级医疗机构166个，二级医疗机构415个，一级医疗机构766个。

2018年末，全省卫生人员总数达739294人（包括村卫生室人员数，下同），与上年比较，增加46500人（增长6.71%）。卫生人员中：卫生技术人员590044人，其他技术人员31875人，管理人员32584人，工勤技能人员57791人。与上年比较，卫生技术人员增加42051人（增长7.67%），其他技术人员增加2380人，管理人员增长3455人，工勤技能人员增加2548人。卫生技术人员中：在岗执业（助理）医师233250人（其中执业医师193872人），较上年增加16025人（增长7.38%），在岗注册护士260417人，较上年增加23261人（增长9.81%），在岗药师30184人，较上年增加1346人（增长4.67%），在岗技师29634人，较上年增加1910人（增长6.89%）。

2018年末，全省医疗机构床位491522张，其中：医院床位387981张（内：公立医院249306张，民营医院床位数138675张），占床位总数的78.93%；基层医疗卫生机构床位93539张，占床位总数的19.03%。与上年比较，全省医疗机构床位增加21717张，增长4.62%，其中：医院床位增加17690张，增长4.78%（公立医院增长1.69%，民营医院增长10.83%）；基层医疗卫生机构床位增加3979张，增长4.44%。全省每千人口床位数由2017年的5.85张增加到2018年的6.11张。

表 20　2018 年卫生事业基本情况

项　　目	机构数（个）	床位数（张）	卫生工作人　员(人)	#卫生技术人　　员	
					#医师
总　计	33253	491522	739294	590044	233250
医　院	1853	387981	442590	367057	124482
综合医院	1028	232691	278278	237272	80624
中医医院	138	47756	60369	51919	19245
中西医结合医院	37	7151	9797	8149	3074
专科医院	474	70344	78886	62073	19787
护理院	176	30039	15260	7644	1752
基层医疗卫生机构	30294	93539	253847	193503	97255
社区卫生服务中心(站)	2769	22349	53801	45934	19990
卫生院	1057	70814	95179	80800	35858
村卫生室	15311		44612	17612	15948
门诊部	1932	184	28810	21677	10189
诊所.卫生所.医务室	9225	192	31445	27480	15270
专业公共卫生机构	808	7450	35699	25763	10266
疾病预防控制中心	117		8146	6269	3837
专科疾病防治院(所、站)	41	1334	1496	1138	510
健康教育所(站、中心)	6		100	41	20
妇幼保健院(所、站)	114	6035	15284	12316	5061
急救中心(站)	48	81	1753	768	406
采供血机构	30		2235	1580	108
卫生监督所(中心)	104		3380	2972	
计划生育技术服务机构	348		3305	679	324
其他卫生机构	298	2552	7158	3721	1247
疗养院	14	2552	1336	727	303
医学科学研究机构	9		397	202	126
医学在职培训机构	26		885	210	91
临床检验中心(所、站)	58		2626	1354	128
统计信息中心	10		93	6	1
其　他	181		1821	1222	598

数据来源:《江苏统计年鉴 2019》

3. 体育事业蓬勃发展

成功举办第 19 届省运会,促进群众体育和竞技体育、体育事业和体育产业协调发展,江苏健儿在第 18 届亚运会上取得优异成绩。在重大比赛中获世界冠军 5 项,获金牌 58 人次,获银牌 37 人次,获铜牌 55 人次。

第十九届省运会等重要赛事成功举办。第十九届省运会在项目设置、赛事组织等方面进行了重大改革,新增了 15 个群众体育项目;共有 109 人 143 次打破 106 项省年龄组比赛纪录。举办承办 131 项次全国以上重大赛事,其中世界击剑锦标赛、世界羽毛球锦标赛、世界女排联赛总决赛等国际赛事54项。

公共体育服务能力稳步提升。大力推进农村体育健身工程和城市社区“10分钟体育健身圈”提档升级，新建500公里健身步道，建成700个体育公园。

竞技体育综合实力继续保持全国前列。第18届亚运会上，我省共有19人次获15项次金牌，金牌数列全国第5位，奖牌数列全国第4位；在全国一类比赛上，我省共获得38项次金牌，金牌数、奖牌数均列全国第3位。江苏围棋队实现了围棋比赛团体“大满贯”。

青少年体育蓬勃发展。校园笼式足球场地建设加快推进，“省长杯”青少年校园足球联赛设18个组别、5000多名学生参赛，全省大学生城市足球联赛56支队伍参赛。命名13个省青少年校园足球试点县(市、区)、12所足球后备人才示范学校、40个省单项体育后备人才训练基地、18个省示范性青少年奥林匹克体育俱乐部。

体育产业发展态势持续向好。出台《江苏省体育旅游发展三年行动计划》以及山地户外、航空、水上、冰雪等运动产业行动方案。培育新一批国家体育产业基地，新命名21家省级体育产业基地，认定首批14家体育服务综合体。

表21　2014—2018年教育事业基本情况

指　　标	2014年	2015年	2016年	2017年	2018年
学校数(所)					
普通高等学校	134	137	141	142	167
普通中等学校	2875	2885	2908	2925	2970
中等专业学校	174	174	165	161	155
普通中学	2644	2660	2692	2712	2765
#高中	567	569	571	564	578
职业高中	57	51	51	52	50
小学	4023	4068	4036	4075	4103
特殊教育	106	106	101	101	102
专任教师(万人)					
普通高等学校	10.45	10.72	10.98	11.29	11.64
普通中等学校	31.15	30.84	31.09	31.64	32.77
中等专业学校	3.03	3.04	2.98	3.03	3.18
普通中学	27.13	26.88	27.17	27.66	28.64
#高中	9.65	9.54	9.51	9.47	9.56
职业高中	0.99	0.92	0.95	0.96	0.95
小学	27.02	27.79	28.92	30.02	31.61
特殊教育	0.32	0.33	0.33	0.34	0.35
招生数(万人)					
普通高等教育	49.40	49.96	50.58	59.83	62.74
研究生	4.91	5.10	5.31	6.45	6.91
本专科生	44.49	44.86	45.27	53.39	55.83
普通中等学校	114.97	116.74	122.26	126.49	133.87
中等专业学校	17.40	17.72	17.55	13.59	16.01
普通中学	93.75	95.38	101.98	107.23	115.44
#高中	31.98	31.95	31.82	31.46	35.21
职业高中	3.82	3.64	2.73	5.67	2.42
小学	88.89	91.96	93.46	95.32	102.23

续表

指　　标	2014 年	2015 年	2016 年	2017 年	2018 年
特殊教育	0.34	0.38	0.40	0.43	0.48
在校学生(万人)					
普通高等教育	184.93	187.13	190.74	194.46	200.08
研究生	15.07	15.56	16.15	17.67	19.46
本专科生	169.86	171.57	174.58	176.79	180.63
普通中等学校	354.79	347.43	350.50	359.02	381.32
中等专业学校	54.00	51.89	51.13	40.52	49.76
普通中学	288.62	284.52	290.10	303.03	323.84
＃高中	103.42	97.80	95.15	94.34	98.08
职业高中	12.17	11.02	9.27	15.47	7.72
小学	471.48	499.64	522.20	540.21	560.44
特殊教育	2.24	2.31	2.47	2.75	3.12
毕业生数(万人)					
普通高等教育	52.04	52.69	52.52	53.53	53.87
研究生	4.17	4.28	4.37	4.58	4.74
本专科生	47.87	48.41	48.16	48.95	49.13
普通中等学校	124.98	120.18	116.25	111.61	112.83
中等专业学校	18.40	18.06	17.06	13.28	16.43
普通中学	101.12	98.09	95.47	93.01	93.60
＃高中	39.67	36.88	33.87	31.76	31.24
职业高中	5.46	4.03	3.72	5.32	2.80
小学	62.19	64.69	72.18	77.37	81.62
特殊教育	0.30	0.35	0.33	0.36	0.38

数据来源:历年《江苏统计年鉴》

4. 教育公平全面推进

2018 年,江苏各级各类教育在校学生达 1389.7 万人,是 1949 年的 9.3 倍。每万人口中大学生、中学生、小学生由 1949 年的 2.1 人、26.5 人和 385 人,分别增加到 2018 年的 248.5 人、402.2 人和 696.1 人,年均增速 7.2%、4.0%和 0.9%;文盲、半文盲人口占总人口比率由 80%下降到 2018 年的 5.6%,平均受教育年限达 9.5 年。

基础教育优质发展。全年新建改扩建幼儿园 581 所、义务教育阶段学校 444 所、普通高中 35 所。建设基础教育内涵建设项目 335 个,建成 823 个融合教育资源中心。推进义务教育城乡一体化发展,推动义务教育学校标准化建设和优质均衡发展县创建。普通高中课程改革积极有序推进。职业教育质量稳步提升。公布了 531 个现代职业教育体系建设试点项目。高等教育内涵建设不断加强。"双一流"和高水平大学建设持续推进。启动优势学科三期项目建设。26 所高校的 124 个学科进入 ESI 前 1%。

教育体制改革有序推进。扎实推进国家"完善县域内义务教育教师均衡配置体制机制"等 3 项教育综合改革重点推进事项。遴选高教综合改革试点项目 30 个。民办教育管理更加规范。实施分类管理,积极促进民办学校健康发展。教育对外开放步伐稳健。加强和规范外国留学生管理,93 所高校招收培养留学生 4.59 万名。现有中外合作办学机构和项目 323 个。

教育服务发展能力不断提升。继续实施江苏高校协同创新计划,成立江苏高校协同创新联盟。加强高校科技创新平台建设,新增省级大学科技园 1 个、省工程研究中心 21 个、高职院校工程技术研究开发中心 39 个。产教融合持续深化，全省高校累计选聘 1711 名行业企业专家担任产业教授。完善产学研合作机制，推动创新链和产业链“双向融合”。

教育保障能力建设展现新作为。教育优先发展得到强化。率先建立并实施面向设区市人民政府的履行教育职责考核评价制度。教育信息化水平继续提升。全省中小学接入 100 M 以上宽带的学校占 85.8%，开通师生网络学习空间 858 万个。实施教师信息技术应用能力提升工程，培训 37 万人次。

全省共有普通高校 142 所。普通高等教育招生 62.74 万人，在校生 200.09 万人，毕业生 53.87 万人；研究生教育招生 6.91 万人，在校生 19.46 万人，毕业生 4.74 万人。高等教育毛入学率 58.3%，高中阶段教育毛入学率 99%以上。全省中等职业教育在校生 62.6 万人（不含技工学校）。特殊教育招生 0.48 万人，在校生 3.12 万人。全省共有幼儿园 7222 所，在园幼儿 255.58 万人，学前三年教育毛入园率达 98%以上。

六、现代物流业

现代物流业是将运输、储存、装卸、搬运、包装、流通加工、配送、信息处理等基本功能根据实际需要有机结合的活动的集合，是融合运输业、仓储业、货代业和信息业的复合型生产服务业。现代物流业作为我国经济发展的重要产业和新的经济增长点，在促进经济增长，提高经济运行质量，改善国民经济结构等方面发挥着重要作用。作为东部最发达省份之一，江苏省独特的区位优势和雄厚的经济基础为江苏省发展现代物流业创造了有利条件。

2018 年，江苏省物流运行总体平稳，呈现稳中向好、稳中有进的良好态势。社会物流需求保持平稳增长、运行质量持续向好、企业效益持续改善。全年实现物流相关行业增加值 5647.3 亿元，同比增长 8%，占全省 GDP 的比重为 6.1%。

1. 社会物流规模稳中有进

社会物流总额进一步扩大。2018 年全省社会物流总额 302551.9 亿元，同比增长 8.2%。其中，工业品物流总额 244355.6 亿元，同比增长 7.8%，在社会物流总额中占比达到 80.8%；进口物流总额 17205.2 亿元，增长 13.8%，占社会物流总额 5.7%；农产品物流总额 3108.3 亿元，同比增长 3.3%，占社会物流总额 1%；外省市商品购进额 36382.0 亿元，同比增长 10%，占社会物流总额 12%。

社会物流总费用有所提升。2018 年全省社会物流总费用 12892.7 亿元，同比增长 6.5%，对 GDP 的贡献进一步巩固。物流业增加值进一步提高。2018 年，全省物流业增加值为 5647.3 亿元，按可比价格计算，同比增长 8.1%。较快的增速使物流业增加值占全省服务业增加值的比重提高到 12%。

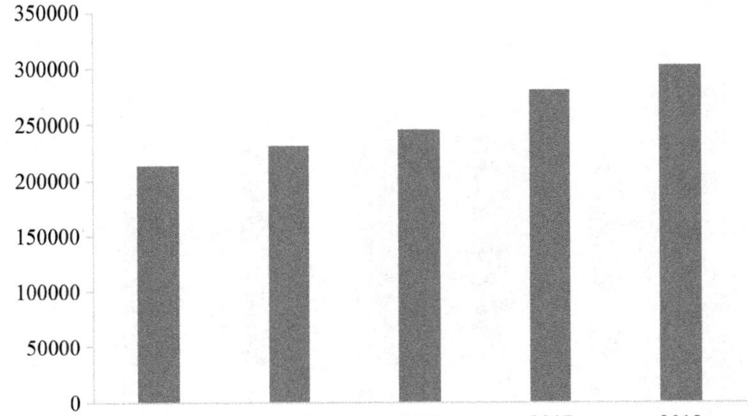

图 13　2014—2018 年江苏省物流总额（单位：亿元）

数据来源：历年《江苏省物流业统计公报》，经作者整理、计算

2. 社会货运结构持续调优

2018 年全省货物运输量持续平稳增长。全省实现总货运量为 247388.1 万吨，比上年同期增长 5.7%，货物周转量为 9684.0 亿吨公里，比上年同期下降 0.5%。分运输方式来看，铁路大宗物资运输优势进一步发挥，全省铁路运输持续增长，完成铁路货运量为 5971.4 万吨，同比增长 4.4%，货物周转量 296.7 亿吨公里，同比增长 1.8%；完成公路货运量 139251.0 万吨，同比增长 8.0%，货物周转量 2544.4 亿吨公里，同比增长 7.0%；水路货运增速回升，水路运输货运周转量降幅收窄，完成水路货运量 87735.0 万吨，同比增长 2.4%，货物周转量 6121.9 亿吨公里，同比下降 4.1%。全年完成港口货物吞吐量 233070.0 万吨，比上年同期增长 0.8%，全年实现由负增长转正。

表 22　2014—2018 年江苏省货运量和货物周转量

指　　标	2014 年	2015 年	2016 年	2017 年	2018 年
货运量(万吨)	208623	211648	215651	234092	247388
#铁路	6090	5066	5335	5720	5971
公路	114449	113351	117166	128915	139251
水运	75328	80343	79314	85668	87735
输油管道	12749	12881	13828	13781	14423
货物周转量(亿吨公里)	11028.5	7374	8290.69	9726.51	9684.01
#铁路	346.1	303.70	282.46	291.42	296.66
公路	1978.5	2072.96	2140.33	2377.90	2544.35
水运	8087.07	5886.75	5224.60	6382.21	6121.94
输油管道	615.7	623.30	642.20	673.80	719.99

数据来源：历年《江苏统计年鉴》

3. 物流运行效率稳步提升

2018 年，全省社会物流总费用为 12892.7 亿元，同比增长 6.5%，继续保持中低速增长。其中，运输费用为 6430 亿元，增长 4.2%；保管费用 5095.5 亿元，增长 9.1%；管理费用 1367.14 亿元，增长 8.1%，物流传统服务平稳增长，增值服务能力继续增强，管理水平稳步提升。运输费用、保管费用和管理费用占社会物流总费用的比重分别为 49.9%、39.5% 和 10.6%，公转铁和多式联运快速发展优化了成本空间，增值服务业务所占比重持续提升。全省社会物流总费用与 GDP 的比率为 13.9%，同比下降 0.2 个百分点，物流效率继续稳步提升，表明物流业调结构、促转型和降成本等相关政策效力正逐步向实体经济传导。

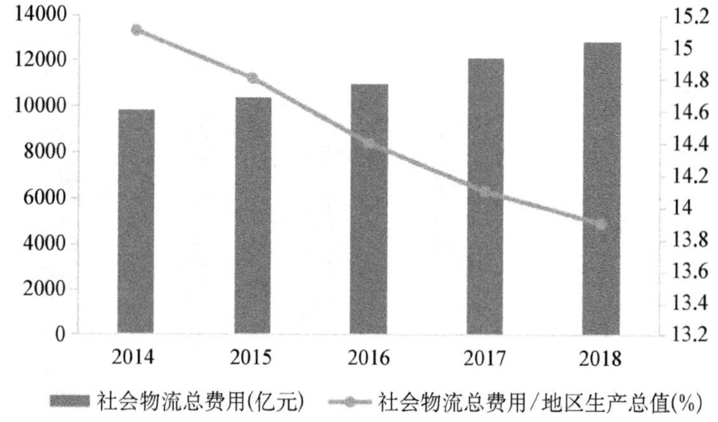

图 14　2014—2018 年江苏省社会物流总费用

数据来源：历年江苏省物流业统计公报，经作者整理、计算

物流效率得以持续性提升：一是物流企业加快了战略调整，持续推进战略性收缩，实施业务细分和客户聚焦；二是推进模式创新。物流企业与制造、商贸企业联动融合更加紧密，成为企业模式创新的重要源泉；三是加强内部管理。物流企业逐步从粗放式管理向集约化管理转型，从追求速度和价格向提升质量和效率转变；四是加大网点布局。受城镇化推进和内需市场拉动，快递、快运、城市配送等物流企业加快向农村地区、中西部地区延伸网点，向三四级市场下沉网络；五是推动技术应用。物流企业加大信息化建设投资力度，信息服务平台与实体物流平台相结合。加大设施装备投入力度，逐步减少对人工的依赖，提高物流产出效率。

4. 物流企业效益明显改善

2018年，月度调查的158家省重点物流企业数据显示，平均每单位的物流业务收入、成本、利润分别比上年增长14%、13.8%和15%。物流业务营业税金及附加占物流业务收入为3%，同比下降0.1个百分点，表明促进企业降本措施取得实效。从重点物流企业营业利润来看，平均每单位的物流业务利润额占物流业务收入的比重为3.1%，比上年同期增长0.2个百分点。其中，96家企业的物流业务收入同比有所增长，51家企业有不同程度下降，55家企业的利润有所下降，共有8家企业出现亏损，亏损面为5.1%。物流企业经营效益两极分化状况持续，部分企业生产经营形势仍然比较困难，表明物流企业尤其是传统物流企业需要顺应时代发展趋势，借助物流业与制造业的深度融合时机，细分产业供应链管理类别，加强物流一体化运作，促进平台与实体经济的结合。

5. 物流市场活动较为活跃

2018年江苏物流业景气指数(LPI)月度均值为53.7%，总体呈现平稳增长态势。节假日临近，需求略有回落，四季度月度均值为52.2%，其中，12月的江苏物流业景气指数为51%，比上月回落2.3个百分点，保持在景气区间运行。

社会物流需求规模增长放缓。业务总量指数、固定资产投资完成额指数、从业人员指数的月度均值分别为55.5%、50.2%和49.7%，四季度均值分别为53.9%、50.8%和49.5%，其中，12月份分别为52.4%、54.8%和50.0%，业务总量指数比上月下降2.2个百分点，固定资产投资完成额指数比上月上升8个百分点，从业人员指数上升0.8个百分点，显示出物流需求平稳放缓，物流企业基础建设或购进物流相关设备设施完成速率的加快，为后期物流业持续保持增长奠定基础。

企业利润平稳增长。主营业务利润指数、主营业务成本指数和物流服务价格指数的月度均值为51.5%、55.9%和50.1%，四季度均值为50.8%、55.0%和51%，其中，12月份分别为50.0%、52.4%和51.6%，分别比上月增长1.5个百分点、下降3.9个百分点、增长1.6个百分点，主营业务利润与服务价格指数的同步回升，表明行业服务水平的提升逐步得到市场认可，市场同质化竞争状态有所改善，行业效益景气度稳步上升。

物流周转效率趋升。平均库存量指数、库存周转次数指数和设备利用率指数月度均值分别为49.8%、52.6%和53.2%，四季度均值49.0%、51.2%和51.6%，其中，12月份分别为50.9%、49.2%和50.0%，分别比上月增长3.3个百分点、下降1.6个百分点和1.5个百分点，表明经济活动较为活跃，仓储环节货物去库存明显。随着年终节假日临近，物流运作效率受季节性影响有所下降。

后期发展预期平稳。新订单指数月度均值为55.4%，四季度均值为53.3%，依然保持在景气区间运行。其中，12月的业务活动预期指数、新订单指数分别为54%和51.6%。物流企业对后市信心趋于理性，市场总体预期向好未变，物流业将延续平稳增长走势，但仍然要重点关注一季度相关行业物流需求情况。

七、制造业

江苏是闻名全国的制造业大省,制造业总体规模大,活力强,基础好。全省制造业经济延续了总体平稳、逐步趋好的态势,主要指标保持在合理区间,结构调整深入推进,新动能继续积累,工业经济的稳定性、向好性继续增强经济总量不断扩大。

1. 制造业总体平稳向好

2018年,全省工业生产实现产值同比增长8.4%,保持稳步增长态势。战略性新兴产业、高新技术产业产值分别增长8.8%、11%,占比提高至32%、43.8%。高技术制造业、装备制造业增加值分别增长11.1%和8.0%,高于规模以上工业6.0个和2.9个百分点。41个工业大类行业中有35个行业产值比上年有不同程度的增长,其中,仪器仪表制造业增长12.5%,专用设备制造业增长16.6%,计算机、通信和其他电子设备制造业增长8.3%。医药制造业增长12.0%,电气机械和器材制造业增长8.2%,通用设备制造业增长10.5%。

表23　2013—2018年江苏省制造业基本情况

指　　标	2013年	2014年	2015年	2016年	2017年	2018年
制造业增加值(亿元)	24227.2	25484.3	26434.8	27813.3	28825.3	—
制造业增加值占地区生产总值比重(%)	41.0	39.15	37.70	36.56	37.25	—
制造业固定资产投资额(亿元)	17318.2	—	21234.6	22869.7	24418.1	—
#发电量(亿千瓦时)	4288.9	4347.1	4374.63	4667.73	4812.5	4933.54
钢材(万吨)	12398.0	13255.2	13090.1	13469.7	12295.4	12146.72
水泥(万吨)	17991.9	19439.1	17936.0	17989.8	17330.2	14692.03
农用化肥(万吨)	247.0	230.7	204.76	207.63	159.76	165.93
布(亿米)	81.1	91.3	87.27	91.46	76.99	69.40
汽车(辆)	1117137	1257000	1267629	1448900	1255244	1253838

数据来源:历年《江苏统计年鉴》

制造业投资增势回升,支撑作用明显。2018年1～10月,全省共完成制造业投资13492.1亿元,同比增长9.4%,增速比前九个月提高0.5个百分点。制造业投资占全部投资比重为41.4%,对投资增长的贡献率达67.4%,拉动投资增长3.6个百分点。

2. 中小企业平稳增长、稳中有进

2018年,全省中小企业呈现高开低走、逐步平稳、稳中有进的发展态势。

规模以上中小工业总产值同比增长7.9%。至2018年底,全省规模以上中小工业企业数为44530个,比上年底减少2356个,占全省规模以上工业的97.5%;总资产为68725.4亿元,同比增长5.6%。2018年,全省规模以上中小工业总产值同比增长7.9%,比去年同期下降4.5个百分点;完成主营业务收入75917.2亿元,占全省规模以上工业的59.3%,同比增长6.8%,比去年同期下降3个百分点。

规模以上中小工业利润总额超4800亿元。2018年,全省规模以上中小工业实现利润总额4853.3亿元,占全省规模以上工业比重的57.2%,同比增长8.7%。至12月底,全省规模以上中小工业亏损企业个数为6468个,亏损面为14.5%,比去年同期提高2.8个百分点;企业"两项资金"占用总额(应收账款净额与存货之和)为17323.5亿元,同比增长7.9%,比去年同期下降2.9个百分点。

机械和石化行业主营业务外收入突破万亿元。2018年，全省规模以上中小工业主要行业中，机械、轻工、石化和纺织四大行业支撑作用显著，主营业务收入均超过7000亿元，其中，机械行业主营业务收入3万亿元，石化行业主营业务收入1.2万亿元。四大行业的主营业务收入合计占规模以上中小工业的比重为76.1%，比去年同期提高2.1个百分点。建材、冶金和医药行业主营业务收入增长较快，增幅均突破10%。其中，建材行业主营业务收入同比增长17.5%，冶金行业主营业务收入同比增长15.3%，医药行业主营业务收入同比增长10.2%。建材和冶金行业效益增长较快，利润总额分别增长38.0%和37.0%，分别比去年同期提高23.3个和29.9个百分点。轻工和纺织行业利润同比有所下降。

民营中小工业运行平稳。2018年，全省规模以上民营中小工业企业总数为34690个，占规模以上中小工业企业总数的77.9%，比去年同期下降0.2个百分点；完成主营业务收入和利润总额分别占规模以上中小工业的63.2%和58.8%，同比增长6.8%和9.4%，分别高于外资中小工业企业主营业务收入和利润总额增幅0.6个和2.7个百分点。

苏中地区增幅稳中趋好。2018年，苏中地区主营业务收入和利润总额同比分别增长10.2%和20.1%，比1—11月增幅提高1.1个和5.4个百分点。苏南地区主营业务收入和利润总额同比分别增长8.3%和8.9%。苏北地区主营业务收入和利润总额同比分别下降2.8%和10.2%。

3. 民营经济加快转型升级

2018年，全省民营经济积极应对经济下行压力加大的趋势，保持平稳健康发展。规模以上民营工业增加值同比增长4.1%，工业民间投资同比增长10.5%，新注册私营企业近50万户，户均注册资本达到541万元，民企纳税达9015亿元。

2018年，恒力集团、沙钢集团、盛虹控股集团营业收入位列江苏民营制造业企业三名。数据显示，民企制造业百强入围门槛为57.73亿元，营业收入千亿元以上企业7家，500亿元以上企业12家。民企制造业百强2018年度营业收入累计达3.33万亿元，资产总额2.31万亿元，利润总额1499.22亿元，纳税总额936.35亿元。

表24　江苏省2018年民营制造业企业前10强

排　名	企业名称	所在市	排　名	企业名称	所在市
1	恒力集团有限公司	苏州市	6	协鑫集团有限公司	苏州市
2	江苏沙钢集团有限公司	苏州市	7	亨通集团有限公司	苏州市
3	盛虹控股集团有限公司	苏州市	8	江阴澄星实业集团有限公司	无锡市
4	中天钢铁集团有限公司	常州市	9	三房巷集团有限公司	无锡市
5	海澜集团有限公司	无锡市	10	红豆集团有限公司	无锡市

资料来源：江苏省工商联

规模以上民营工业增速保持平稳。截至2018年底，全省规模以上民营工业企业达到35158家，占全省规模以上工业企业数的77.0%。2018年，规模以上民营工业增加值同比增长4.1%，比1—11月增幅提高0.1个百分点。规模以上民营工业实现主营业务收入67219.6亿元，同比增长7.6%；实现利润总额4314.3亿元，同比增长10.1%。

新登记注册私营企业近50万户。2018年，全省新登记私营企业和个体工商户合计158.5万户，同比增长7.1%。其中，新登记私营企业48.9万户，新登记个体工商户109.5万户，平均每天新注册私营企业1340家，个体工商户3000家。截至12月底，全省私营企业和个体工商户累计登记户数为876.9万户，比上年底增加107.9万户，其中，私营企业累计登记户数为286.8万户，比上年底增加28.2万户；个体工商户累计登记户数为590.1万户，比上年底增加79.7万户。全省私营企业集团达2189户，比上年底增加8户。

私营企业新增注册资本达 2.6 万亿元。2018 年,全省私营企业和个体工商户新增注册资本(金)27293.1 亿元,其中,私营企业新增注册资本 25838 亿元,同比下降 0.7%;个体工商户新增注册资金 1455.1 亿元,同比增长 13.1%。截至 12 月底,全省私营企业和个体工商户注册资本(金)总额达 161534.9 亿元,比上年底增长 20.6%,其中,私营企业注册资本 155195.5 亿元,比上年底增长 20.6%;个体工商户注册资金 6339.3 亿元,比上年底增长 20.3%。私营企业单体规模继续扩张,户均注册资本由上年底的 498 万元提高到 541.2 万元;注册资本超过 1 亿元的私营企业比上年底增长 19.4%,达 18108 户。

私营个体投资增长较快。2018 年,全省工业民间投资同比增长 10.5%,比 1～11 月增速提高 1.3 个百分点,比上年底增幅提高 1 个百分点,增速快于全部工业投资 2.5 个百分点。其中,私营企业工业投资同比增长 13.2%,比 1～11 月增速提高 1.2 个百分点,高于工业投资 5.2 个百分点,对工业投资增长起到了较强的支撑作用。全年全省工业和技改投资同比分别增长 8.0%、10.7%,分别比 1～11 月增幅提高 1.3 个和 0.2 个百分点。

民营经济纳税超过 9000 亿元。2018 年,全省民营经济上缴税金 9015.1 亿元,同比增长 18.4%,占全省税务部门直接征收总额的 59.4%。其中,民营经济上缴国税 5608.5 亿元,同比增长 16.6%;上缴地税 3406.6 亿元,同比增长 21.4%。从主要税种看,上缴增值税同比增长 17.9%;上缴营业税同比下降 34.5%;上缴地税的企业所得税同比增长 26.2%。从主要行业看,制造业缴纳国税占民营经济缴纳国税的 41.6%,纳税额同比增长 9.5%,其中交纳增值税同比增长 7.7%。

民营企业进出口总额近 1900 亿美元。2018 年,全省民营企业实现出口总额 1347.8 亿美元,同比增长 18.0%,比全省出口总额增幅高 6.7 个百分点,比上年底出口总额增幅提高 8 个百分点;民营企业出口总额占全省出口总额的 33.4%,较去年同期提高 2 个百分点。民营企业实现进口总额 546.2 亿美元,同比增长 21.9%,较去年同期提高 1.7 个百分点,比全省进口总额增幅高 7.7 个百分点;民营企业进口总额占全省进口总额的 21.0%,较去年同期提高 1.3 个百分点。

八、高新技术产业

按照《江苏省高新技术产业统计分类目录》(2018 年修订)所确定的统计口径,江苏省高新技术产业包括以下 9 个行业:航空航天制造业、电子计算机及办公设备制造业、电子及通讯设备制造业、医药制造业、仪器仪表制造业、智能装备制造业、新材料制造业、新能源制造业以及软件业。软件业统计参见第四节,本节主要分析其余 8 个制造业行业的发展状况。

高新技术产业稳定增长,经济贡献份额不断提高。2018 年,全省高新技术产业实现产值 5.63 万亿元,是 2005 年的 7.10 倍,年均增长 16.3%。2018 年高新技术产业实现出口交货值 1.23 万亿元,是 2005 年的 4.80 倍,占全部规上工业企业出口交货值的 55.4%,年均增长 7.6%。2018 年全省高新技术产业新产品产值为 0.91 万亿元,占全部规上工业企业新产品产值的 62.0%,高新技术产业新产品产值率 13.4%,高出规上工业企业新产品产值率 4.2 个百分点。2018 年全省高新技术产业产值占规上工业企业总产值的比重的 43.77%,比 2005 年提高了 19.53 个百分点,对全省经济发展的贡献份额进一步提高。

图 15 显示了江苏省 2014—2018 年规模以上工业总产值增长情况及高新技术产业产值的占比。其中,我们可以看出,近五年来,江苏工业在稳步增长的同时,结构和产业层次都在不断提升。高新技术产业产值占规模以上工业总产值的比重由 2014 年的 40.05%提高到 2018 年的 43.77%。

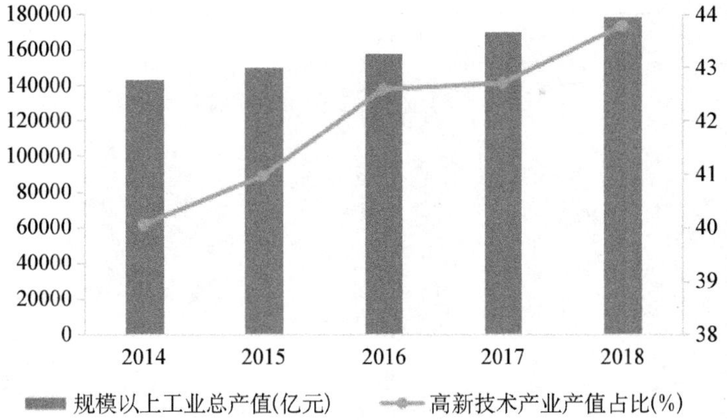

图15　2014—2018 年江苏省工业总产值及高新技术产业产值占比情况

数据来源：历年《江苏统计年鉴》

全省高新技术产业中，航空航天制造业工业总产值同比增长 17.75%，占高新技术产业总产值的 0.36%；电子计算机及办公设备制造业工业总产值同比增长 5.38%，占 4.13%；电子及通讯设备制造业工业总产值同比增长 13.48%，占 23.21%；医药制造业工业总产值同比增长 12.27%，占 7.26%；仪器仪表制造业工业总产值同比增长 12.53%，占 5.46%；智能装备制造业工业总产值同比增长 13.22%，占 29.81%；新材料制造业工业总产值同比增长 8.77%，占 24.78%；新能源制造业工业总产值同比增长－1.34%，占 4.99%。

表 25　2013—2017 年江苏高新技术产业分行业产值　（亿元）

项　　目	2013 年	2014 年	2015 年	2016 年	2017 年
总计	**51899.10**	**57277.28**	**61373.61**	**67124.65**	**67863.74**
按行业分					
航空航天制造业	263.65	294.68	316.28	335.07	400.40
电子计算机及办公设备制造业	2548.86	2349.71	2375.86	2882.60	2742.34
电子及通信设备制造业	12288.74	13621.74	13955.09	14693.38	14679.56
生物医药制造业	3184.23	3586.55	4170.23	4716.59	4897.07
仪器仪表制造业	1190.99	1291.54	1393.42	3874.04	3955.22
高端装备制造业	15561.06	17376.23	18182.56	18649.01	19130.57
新材料制造业	13602.31	15378.60	17289.21	18348.33	18587.57
新能源制造业	3259.25	3378.23	3690.95	3625.64	3471.02

数据来源：历年《江苏统计年鉴》

全省高新技术产业主要分布在苏南及沿江地区，苏南五市高新技术产业产值同比增长 10.80%，占全省的 64.09%；苏中三市高新技术产业产值同比增长 14.26%，占全省的 24.15%；苏北五市高新技术产业产值同比增长 5.12%，占全省的 11.76%。

表 26　2018 年江苏高新技术产业分市情况

	增幅	占全省比重(%)
南 京 市	19.15%	9.99%
无 锡 市	12.61%	12.86%
徐 州 市	5.29%	3.15%
常 州 市	11.25%	9.70%

续表

	增幅	占全省比重(%)
苏 州 市	7.93%	27.94%
南 通 市	16.91%	12.58%
连云港市	−6.75%	1.82%
淮 安 市	22.16%	1.64%
盐 城 市	4.25%	3.89%
扬 州 市	10.70%	5.60%
镇 江 市	4.89%	3.60%
泰 州 市	12.26%	5.97%
宿 迁 市	7.71%	1.27%

数据来源:《江苏统计年鉴 2019》

十八大以来,高新技术产业投资增速处在高位运行,除部分年份外,增幅高于同期全社会投资,2018 年更是达到了 15.2%,是全省投资增速的 2.8 倍(表 31),逐渐形成了以智能装备、电子及通讯设备、新材料、医药制造业投资为主体,新能源、仪器仪表、电子计算机及办公设备、航空航天制造业投资为支持的高新技术产业投资新局面。以 2018 年为例,居于前四位的高新技术行业投资额占比分别为电子及通讯设备制造业(33.1%)、智能装备制造业(28.2%)、新材料制造业(12.1%)和医药制造业(11.4%)。

表 27　2013—2018 年江苏高新技术产业投资增速情况(%)

	2013 年	2014 年	2015 年	2016 年	2017 年	2018 年
全部投资增速	13.5	15.5	10.5	7.5	7.4	5.5
高新投资增速	14.6	11.6	11.1	5.8	8.1	15.2

数据来源:历年《江苏统计年鉴》

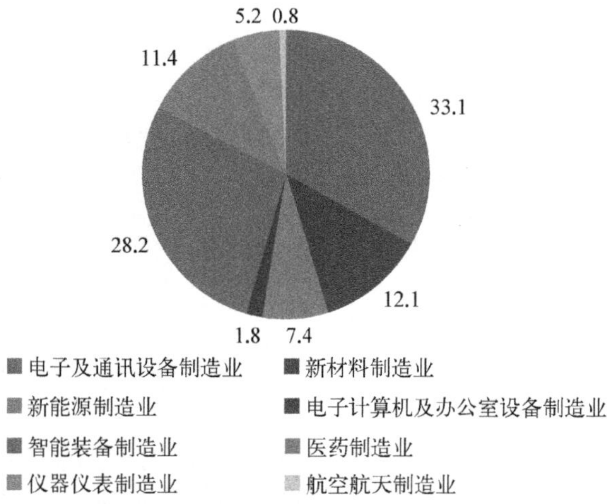

图 16　2018 年江苏高新投资分行业占比(%)

数据来源:《江苏统计年鉴 2019》

九、邮电业

1. 业务发展情况

江苏省 2018 年邮政行业业务总量完成 1050.2 亿元,同比增长 19.2%,邮政行业业务收入(不包括邮政储蓄银行直接营业收入)完成 647.0 亿元,同比增长 15.4%。江苏省邮政行业业务总量和收入分别位居全国第三位和第四位。

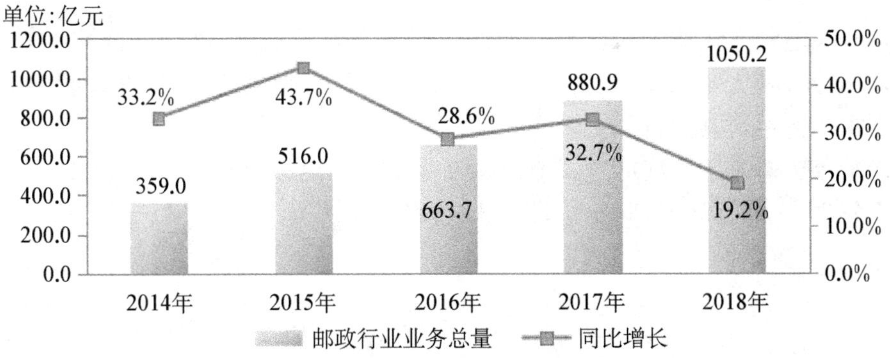

图 17 邮政行业业务量发展情况

数据来源:2018 年江苏省邮政行业发展统计公报

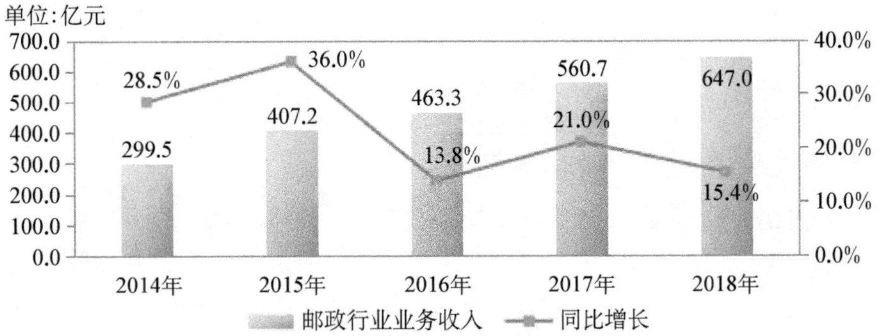

图 18 邮政行业业务收入发展情况

数据来源:2018 年江苏省邮政行业发展统计公报

(1) 邮政寄递服务业务

函件业务持续下降。全年函件业务量完成 22602.1 万件,同比下降 21.0%,降幅比去年扩大了 6.9 个百分点。包裹业务降幅收窄。全年包裹业务量完成 139.5 万件,同比下降 7.3%,降幅比去年同期收窄了 1.7 个百分点。订销报纸业务小幅下降。全年订销报纸业务完成 14.4 亿份,同比下降 1.7%。订销杂志业务持续萎缩。全年订销杂志业务完成 5850.7 万份,同比下降 6.2%。汇兑业务大幅下滑。全年汇兑业务完成 265.9 万笔,同比下降 30.4%。

(2) 快递业务

快递业务稳步增长。全年快递服务企业业务量完成 43.9 亿件,同比增长 22.1%;快递业务收入完成 480.9 亿元,同比增长 17.8%。

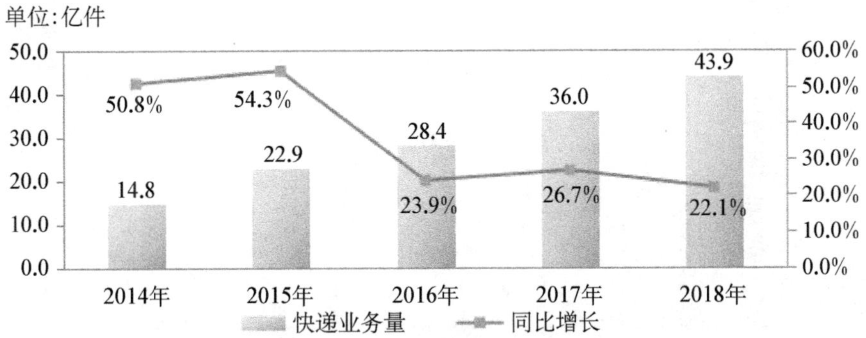

图 19 快递业务量发展情况

数据来源:2018 年江苏省邮政行业发展统计公报

快递业务收入在行业中占比超七成。快递业务收入占行业总收入的比重为74.3%,比去年同期提高了1.5个百分点。

同城和异地快递业务快速增长。全年同城快递业务量完成9.8亿件,同比增长25.3%;实现业务收入73.4亿元,同比增长27.7%;全年异地快递业务量完成33.5亿件,同比增长21.6%;实现业务收入289.2亿元,同比增长18.9%。

国际及港澳台快递业务发展低迷。全年国际及港澳台快递业务量完成5806.5万件,同比增长0.6%;实现业务收入49.2亿元,同比下降5.2%。

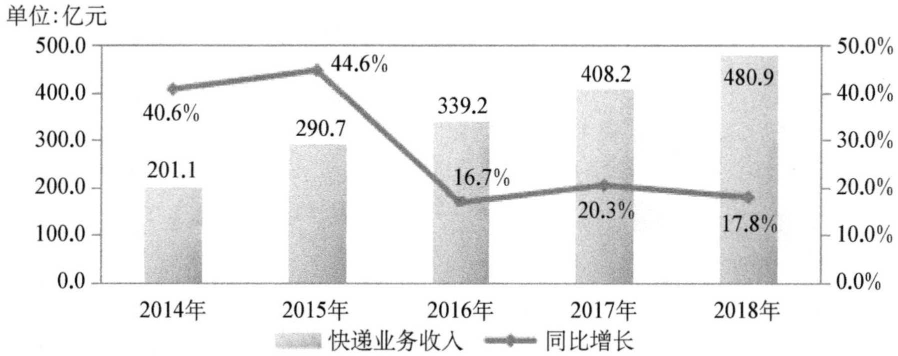

图20 快递业务收入发展情况

数据来源:2018年江苏省邮政行业发展统计公报

同城快递业务占比上升,国际及港澳台业务占比下降。同城、异地、国际及港澳台快递业务量占比分别为22.3%、76.4%和1.3%,业务收入占比分别为15.3%、60.1%和10.2%。与2017年相比,同城快递业务量占比上升了0.6个百分点,同城快递业务收入占比上升了1.2个百分点;国际及港澳台快递业务量占比下降了0.3个百分点,国际及港澳台快递业务收入下降了2.5个百分点。

苏南、苏中、苏北市场占比基本稳定。全年苏南地区(南京、苏州、无锡、常州、镇江)完成快递业务量28.5亿件,同比增长18.9%;实现业务收入346.9亿元,同比增长15.8%。苏中地区(南通、扬州、泰州)完成快递业务量6.5亿件,同比增长30.1%;实现业务收入65.0亿元,同比增长25.1%。苏北地区(徐州、连云港、淮安、盐城、宿迁)完成快递业务量8.9亿件,同比增长26.6%;实现业务收入69.0亿元,同比增长22.0%。苏南、苏中、苏北地区快递业务量比重分别为64.9%、14.7%和20.4%,快递业务收入比重分别为72.1%、13.5%和14.3%。

民营快递企业市场份额占比上升。全年国有快递企业业务量完成2.6亿件,实现业务收入41.8亿元;民营快递企业业务量完成40.3亿件,实现业务收入398.6亿元;外资快递企业业务量完成0.9亿件,实现业务收入40.5亿元。国有、民营、外资快递企业业务量市场份额分别为5.9%、91.9%和2.1%,业务收入市场份额分别为8.7%、82.9%和8.4%,与上年相比,民营快递企业市场份额占比提升。

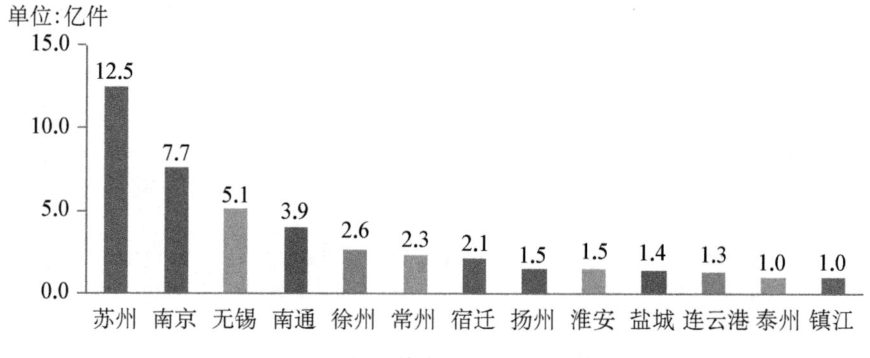

图21 2018年江苏省各市快递业务量分布

快递业务量从大到小排名依次是苏州市、南京市、无锡市、南通市、徐州市、常州市、宿迁市、扬州市、淮安市、盐城市、连云港市、泰州市和镇江市。

快递业务收入从大到小排名依次是苏州市、南京市、无锡市、南通市、常州市、徐州市、扬州市、淮安市、宿迁市、连云港市、盐城市、泰州市和镇江市。

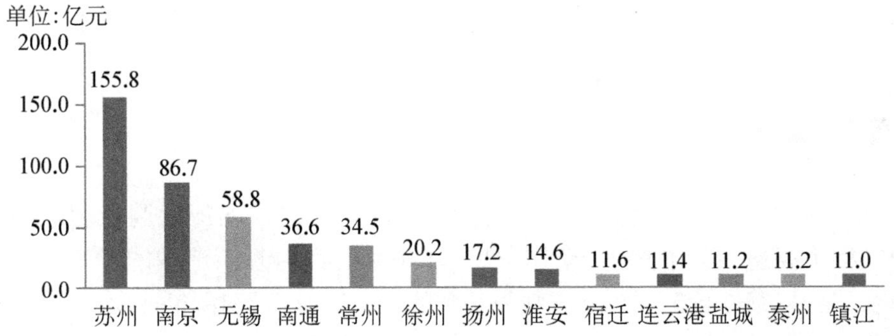

图 22　2018 年江苏省各市快递业务收入分布

2. 通信能力和服务水平

(1) 机构设备

全行业拥有各类营业网点 15202 处,其中设在农村的有 4910 处。全省拥有邮政信筒信箱 6870 个,比上年末减少了 1307 个。全省拥有邮政报刊亭总数 1755 处,比上年末减少 253 处。全行业拥有各类汽车 24212 辆,比上年末增加了 5.5%,其中快递服务汽车 20061 辆,比上年末增加了 4.1%。快递服务企业拥有计算机 38207 台,比上年末增长 2.4%;手持终端 90397 台,比上年末增长 6.8%。

(2) 通信网络

全省邮政邮路总条数 1239 条,比上年末减少了 117 条。邮路总长度(单程)48.7 万公里,比上年末减少 5.2 万公里。全省邮政农村投递路线 4906 条,比上年末减少了 28 条;农村投递路线长度(单程)25.8 万公里,比上年末减少了 0.5 万公里。全省邮政城市投递路线 3481 条,比上年末减少了 60 条;城市投递路线长度(单程)10.0 万公里,比上年末增加了 0.1 万公里。全省快递服务条数 15376 条;快递服务长度(单程)276.7 万公里。

(3) 服务能力

全行业平均每一营业网点服务面积为 7.1 平方公里;平均每一营业网点服务人口为 0.5 万人。邮政城区每日平均投递 2 次,农村每周平均投递 7 次。全省年人均函件量为 3 件,每百人订有报刊量为 12 份,年人均快递使用量为 54.5 件。年人均用邮支出 803.7 元,年人均快递支出 597.3 元。

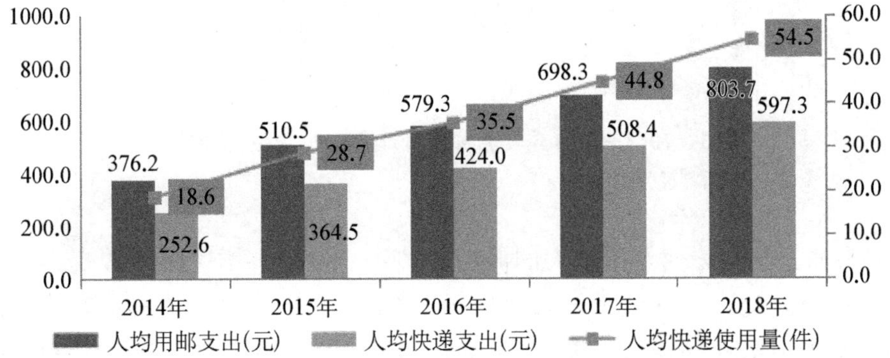

图 23　2014—2018 年人均用邮支出、快递使用量和快递支出情况

第四章　2018 年江苏省外向型经济发展分析

一、对外贸易

在中国经济“新常态”阶段，世界经济处于国际金融危机之后的深度调整期，复苏进程艰难曲折；外贸增速换档由高速转为中高速，转型升级需求迫切。面对复杂严峻的形势，江苏继续深入实施经济国际化战略，持续进行以 WTO 规则为基础的全面改革，以创新精神大力发展对外贸易。由此，促进了江苏对外贸易规模继续扩大，结构与效益双双提升，进入不以数量争高低，而以质量论英雄的外贸发展新常态。迄今，江苏外贸出口额从 2000 年起已连续 19 年位居全国第二位。贸易伙伴发展到 229 个国家和地区，对外贸易大省的地位逐步巩固。并且，对外贸易结构逐步优化、活力不断增强。全省形成了以机电、高新产品为主要商品，一般贸易为主要方式，外资企业和私营企业双主力军，开发区为主要载体，欧盟、“一带一路”国家、美国、日本、韩国和东盟为主要市场的基本格局。作为全国对外贸易发展的重要推动力量，江苏为中国跃升至世界贸易大国地位做出了重要贡献。

2018 年，江苏全省完成进出口总额 43802.4 亿元，比上年增加了 729 亿元，上升幅度为 9.5%。其中，出口 26657.7 亿元，较 2017 年增加了 407.5 亿元，增长了 8.4%；进口 17144.7 亿元，较 2017 年增加了 321.6 亿元，增长了 11.3%。

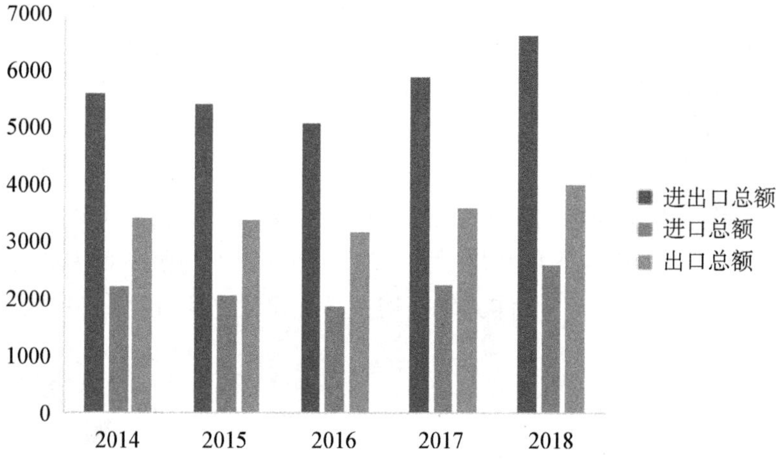

图 1　2014—2018 年江苏省进出口额变动(单位:亿美元)

数据来源:历年《江苏统计年鉴》

近年来，江苏省进出口增速经历较大的波动。2009—2010 年增速由负转变为正，并达到近五年的高点，接近 40%。但此后连续下滑，2011 年下降到了 15%左右，增速放缓近三分之一，虽然 2014 年进出口总额实现正的 2.3%的增速，但在 2015 年、2016 年增速出现了负增长，直到 2017 年增速变为正值，2018 年进出口增速又出现下滑的趋势，但仍然是正向增长。具体见图 2。

2018 年我国外贸发展进入“新常态”阶段，进出口直线上升，且高于 2014 年。就全国来看，江苏省的进出口总额(6640.43 亿美元)，仅次于广东(10847.08 亿美元)，其中进出口总额上升

9.5%；出口方面，江苏省上升 8.4%。近年来，江苏出口商品结构发生了巨大的变化，顺利实现了由原料性初加工品为主向技术含量高、加工程度深、加工工艺优的工业制成品转变，由资源和劳动密集型向资本和技术密集型转变，出口商品结构不断优化，竞争力明显增强。2018 年，机电产品、高新技术产品出口占全省总额比重分别达到 66.1%和 37.9%。其中，技术含量高、附加值较大的机械及设备、仪器仪表、计算机与通信技术产品、电子技术产品出口占全省总额比重分别为 23.5%、3.8%、22.9%和 9.3%。目前，列进口前五位的商品为集成电路、农产品、铁矿砂及其精矿、初级形状塑料、液晶显示板等。

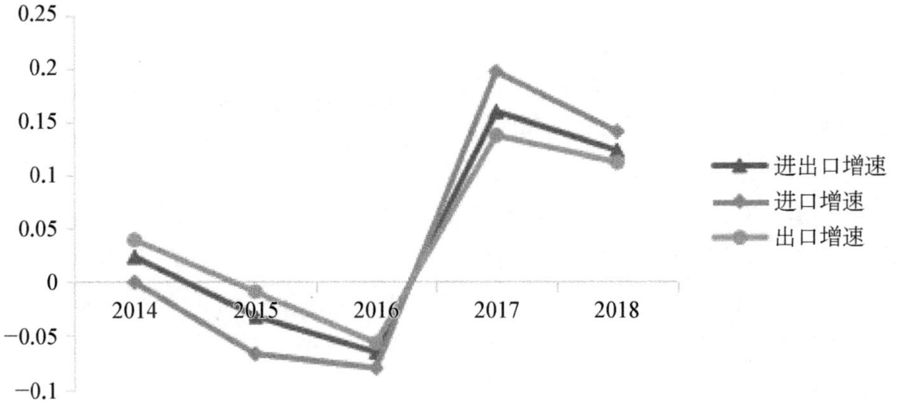

图 2　2014—2018 年江苏省进出口增速变动

数据来源：历年《江苏统计年鉴》

一般贸易走势有所回暖，加工贸易趋向平稳。2018 年全省一般贸易进出口总额 21342.6 亿元，增长 10.9%；占进出口总额比重达 48.7%，超过加工贸易 9.4 个百分点。其中，一般贸易进口额占进口总额的 46.9%，比 2017 年下降约 2.17 个百分点；来料加工装配贸易占进口总额的 4.47%，比 2017 年增加 0.72 个百分点，进料加工贸易进口额占进出口总额的 36.12%，比 2017 年减少了 2.4 个百分点；其他类型的进口贸易方式占进口的 13.02%。

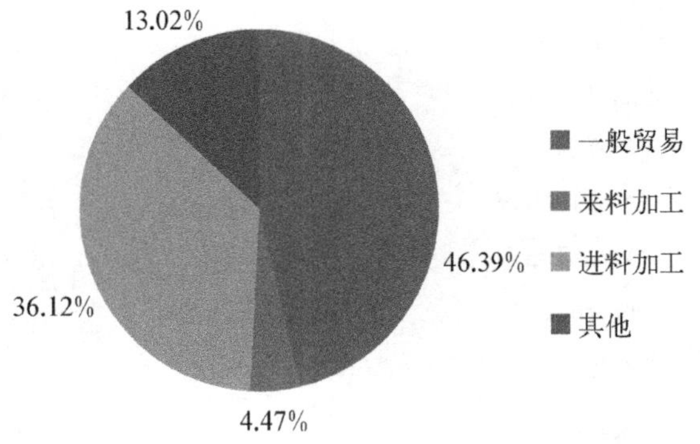

图 3　2018 年江苏省按贸易方式分进口贸易结构

数据来源：《江苏统计年鉴 2019》

2018 年江苏省一般贸易出口额为 2032.2 亿美元，占出口总额的 50.3%，比 2017 年增加约 1.23 个百分点；来料加工装配贸易、进料加工贸易出口额分别为 117.5 亿美元、1432.2 亿美元，来料加工装配贸易较 2017 年减少了 16.7 亿美元，进料加工贸易出口额较 2016 年增加了 53.2 亿美元，分别占 2018 年出口总额的 2.91%和 35.45%，见图 4。

进入“十三五”以来，江苏进一步加快转变外贸增长方式，努力扩大具有自主知识产权、自主品牌商品出口，积极鼓励新能源、新材料、生物医药、数控机床等产品出口，严控“两高一资”产品出口。机电产品出口快速增长，高新技术产品出口迅速崛起。2018 年，机电产品、高新技术产品出口占全省总额比重分别达到 66.1%和 37.9%。其中，技术含量高、附加值较大的机械及设备、仪器仪表、计算机与通信技术产品、电子技术产品出口占全省总额比重分别为 23.5%、3.8%、22.9%和 9.3%。与此同时，纺织纱线织物及制品、服装及衣着附件出口比重逐渐回落。另一方面，机电产品，尤其是高新技术产品进口快速增长，加快了江苏企业技术改造步伐，促进了江苏产业结构升级换代。2018 年，全省机电产品进口 1546.9 亿美元，年均增长 21.5%，占进口总额比重达到 59.5%；高新技术产品进口 1104.6 亿美元，占进口总额比重 42.5%，高于 2000 年 13.5 个百分点，其中，电子技术产品进口占进口总额超过 1/4，为 27.5%。目前，列进口前五位的商品为集成电路、农产品、铁矿砂及其精矿、初级形状塑料、液晶显示板等。

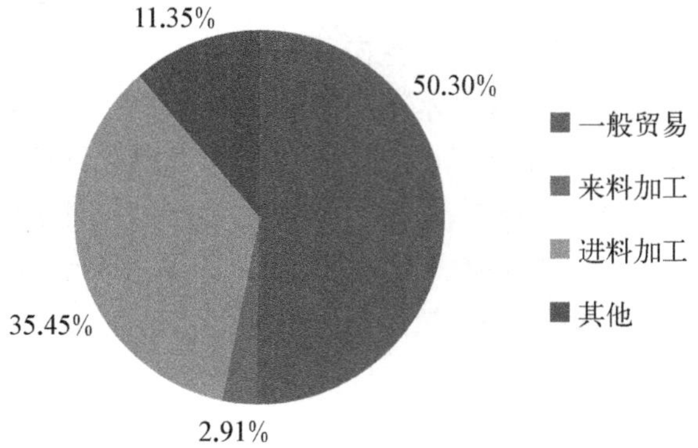

图 4　2018 年江苏省按贸易方式分出口贸易结构

数据来源：《江苏统计年鉴 2019》

在江苏省 2018 年进出口商品类型中，初级产品进口 3342354.8 万美元，占进口总额的 13.62%，较 2017 年上涨了 0.46 个百分点；而初级产品出口 585841.3 万美元，虽比 2017 年增加了 33207.3 万美元，但仅占出口总额的 1.52%，表现出明显的不平衡。初级产品进口以非食用原料(燃料除外)和矿物燃料、润滑油及有关原料为主，分别占进口总额 8.5% 和 3.5%。工业制成品进口 21188573.5 万美元，占进口总额的 86.37%，而工业制成品出口 37860192.1 万美元，占出口总额的 98.48%。工业制成品进口中，机械及运输设备、化学成品及有关产品两项比重较大，分别占进口总额的 53.19% 和 15.98%。工业制成品出口中，机械及运输设备、杂项制品两项比重较大，分别占出口总额的 57.65% 和 17.38%。

表 1　2018 年江苏省进出口商品类型

商品类型	进口(万美元)	进口比重(%)	出口(万美元)	出口比重(%)
总　计	24530928.2	100	38446033.5	100
初级产品	3342354.8	13.625	585841.3	1.524
食品及活动物	182582.4	0.744	252891.4	0.658
活动物	69.9	0.000	1340.4	0.003
肉及肉制品	67476	0.275	2099.7	0.005
乳品及蛋品	18037.2	0.074	863.9	0.002
鱼、甲壳及软体类动物及其制品	1549.6	0.006	13880	0.036
谷物及其制品	4904.3	0.020	13203.9	0.034
蔬菜及水果	42539.4	0.173	112872.6	0.294
糖、糖制品及蜂蜜	2534	0.010	12100.8	0.031
咖啡、茶、可可、调味料及其制品	10880.5	0.044	8627.5	0.022
饲料(不包括未碾磨谷物)	7324	0.030	30856.4	0.080
杂项食品	27267.4	0.111	57046.2	0.148
饮料及烟类	8575.8	0.035	3382.5	0.009
#饮料	8575.8	0.035	645.5	0.002
非食用原料(燃料除外)	2085378.3	8.501	259943.7	0.676
生皮及生毛皮	8843.3	0.036	214.5	0.001
油籽及含油果实	20396.8	0.083	131.6	0.000
生橡胶(包括合成橡胶及再生橡胶)	97793.5	0.399	22575.8	0.059
软木及木材	134219.5	0.547	5605.6	0.015
纸浆及废纸	370061.9	1.509	749.7	0.002
纺织纤维(羊毛条除外)及其废料	302463.9	1.233	119792.7	0.312

续表

商品类型	进口(万美元)	进口比重(%)	出口(万美元)	出口比重(%)
天然肥料及矿物(煤、石油及宝石除外)	50998.9	0.208	14412.2	0.037
金属矿砂及金属废料	1077003.4	4.390	9463.6	0.025
其他动、植物原料	23597.2	0.096	86997.9	0.226
矿物燃料、润滑油及有关原料	881272.6	3.592	59883.1	0.156
煤、焦炭及煤砖	85385.5	0.348	5153.3	0.013
石油、石油产品及有关原料	219581.2	0.895	54667.3	0.142
天然气及人造气	576305.9	2.349	62.5	0.000
动植物油、脂及蜡	184545.6	0.752	9740.7	0.025
动物油、脂	2296.4	0.009	4329.2	0.011
植物油、脂	177632.7	0.724	484.3	0.001
已加工的动植物油、脂及动植物蜡	4616.5	0.019	4927.2	0.013
工业制成品	21188573.5	86.375	37860192.1	98.476
化学成品及有关产品	3921144.6	15.984	3023919.6	7.865
有机化学品	2027204.2	8.264	1205314.4	3.135
无机化学品	197820.9	0.806	243128.1	0.632
染料、鞣料及着色料	75547.3	0.308	122260.8	0.318
医药品	315760.3	1.287	283330.1	0.737
精油、香料及盥洗、光洁制品	59043	0.241	118342.1	0.308
制成肥料	10909.5	0.044	52808.6	0.137
初级形状的塑料	589156.3	2.402	295120.1	0.768
非初级形状的塑料	384418.2	1.567	290609.2	0.756
其他化学原料及产品	261284.8	1.065	413006.2	1.074
按原料分类的制成品	1850975	7.545	5990440.4	15.581
皮革、皮革制品及已鞣毛皮	21178.1	0.086	26293.3	0.068
橡胶制品	80310.3	0.327	178962	0.465
软木及木制品(家具除外)	3607.1	0.015	133887.9	0.348
纸及纸板;纸浆、纸及纸板制品	93620.7	0.382	267091.5	0.695
纺纱、织物、制成品及有关产品	232094.6	0.946	2342944.2	6.094
非金属矿物制品	168817.7	0.688	330246.5	0.859
钢铁	365426.7	1.490	1132106.5	2.945
有色金属	569465.8	2.321	350644.9	0.912
金属制品	316453.9	1.290	1228263.7	3.195
机械及运输设备	13049228.3	53.195	22163354.8	57.648
动力机械及设备	397940.3	1.622	828020.3	2.154
特种工业专用机械	1074500.3	4.380	1100822	2.863
金工机械	331310.5	1.351	164214.1	0.427
通用工业机械设备及零件	1031976.4	4.207	1942933.3	5.054
办公用机械及自动数据处理设备	737075.1	3.005	5358794.5	13.938
电信及声音的录制及重放装置设备	673183.8	2.744	4166377.9	10.837

续表

商品类型	进口(万美元)	进口比重(%)	出口(万美元)	出口比重(%)
电力机械、器具及其电气零件	8468173.2	34.520	6617874.2	17.213
陆路车辆(包括气垫式)	310286.8	1.265	1259361.5	3.276
其他运输设备	24782	0.101	724957.1	1.886
杂项制品	2362395.9	9.630	6680587.2	17.377
活动房屋;卫生、水道、供热及照明装置	8554.7	0.035	191218.2	0.497
家具及其零件;褥垫及类似填充制品	20494.4	0.084	703161.2	1.829
旅行用品、手提包及类似品	3979.3	0.016	174762.7	0.455
服装及衣着附件	74614.1	0.304	2568834.1	6.682
鞋靴	162766.4	0.664	214815.5	0.559
专业、科学及控制用仪器和装置	1485421.7	6.055	1227373.1	3.192
摄影器材、光学物品及钟表	361203.3	1.472	241236.9	0.627
杂项制品	245362.1	1.000	1359185.6	3.535

数据来源:《江苏统计年鉴 2019》

随着江苏对外贸易的不断发展,进出口贸易结构逐步形成外资与私营企业双主力军格局。2018 年,全省外商投资企业进出口迈入 4000 亿美元大关,达到 4082.4 亿美元,其中,出口达到 2243.6 亿美元,占出口总额的 55.53%,进口达到 1838.8 亿美元,占进口总额的 70.72%。全省外商投资企业形成以外商独资企业为主体,以加工贸易为主要贸易方式,以机电产品、高新技术产品为支柱产品的外贸格局,为江苏开放型经济发展立下了赫赫之功。

江苏私营企业在改革开放浪潮中的角色越来越凸显,同样为江苏外贸发展立下汗马功劳。尤其是党的十八大以来,私营企业享受到更多"改革大餐",出口规模不断扩大,在与外资企业的竞争中后劲充足,成为全省外贸出口又一支主力军,带动全省出口结构进一步优化。数据显示,私营企业出口占全省出口总额比重由 2012 年的 27.1%,提升至 2017 年的 29.8%,2018 年的 31.7%;私营企业进口比重则由 2017 年的 18.85%逐渐上升至 2018 年的 20.13%。

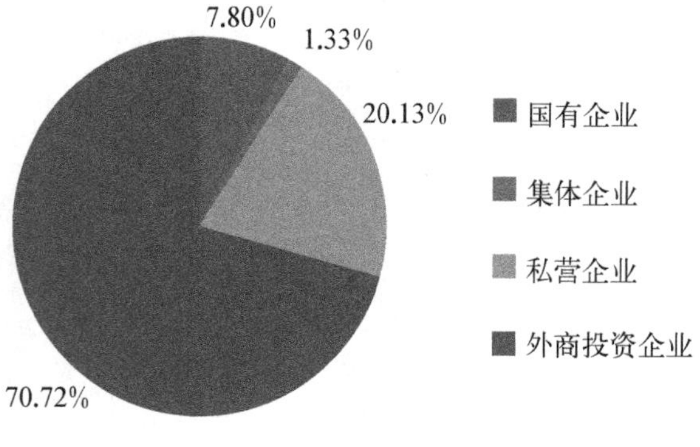

图 5　2018 年江苏省按经济类型分进口贸易结构

数据来源:《江苏统计年鉴 2019》

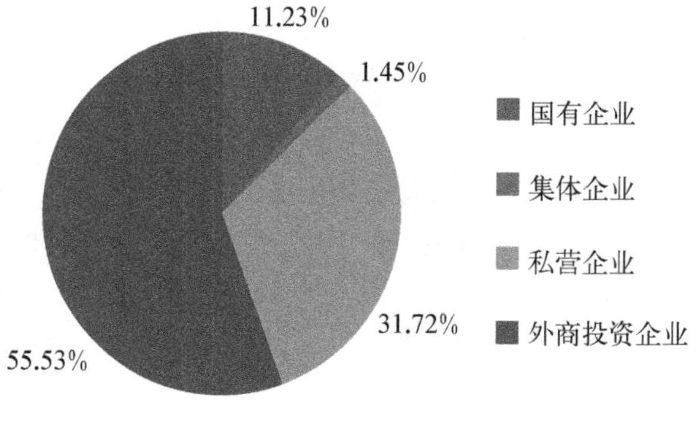

图 6　2018 年江苏省按经济类型分出口贸易结构

数据来源:《江苏统计年鉴 2019》

随着改革开放的深入,江苏市场多元化战略不断推进,贸易领域和渠道进一步拓宽。至 2018 年末,已与世界 231 个国家(地区)建立了贸易关系。业已形成发达国家和发展中国家合理分布的进出口市场格局。与主要贸易伙伴保持稳定快速发展,新兴市场实现旺盛增长。尤其是党的十八大以来,贸易领域和渠道进一步拓宽,稳固了以欧盟、美国、日本、中国香港、韩国、东盟为主,以周边国家(地区)以及非洲、拉丁美洲、南亚等为重要方向的贸易市场格局。2018 年,江苏对新兴市场中的东盟、拉美、印度、非洲出口额为 454.6 亿美元、215.3 亿美元、128.6 亿美元、99.3 亿美元,比

2011 年分别增长 74.1%、11.3%、58.9%和 23.2%，对主要贸易伙伴欧盟、美国、韩国、中国香港出口 753.3 亿美元、929.9 亿美元、224.5 亿美元、365.4 亿美元，比 2011 年分别增长 4.9%、50%、34.7%和 55.1%，并保持了稳定发展态势。2018 年，位居江苏出口额前十位的贸易伙伴依次为：美国、中国香港、日本、韩国、荷兰、德国、印度、中国台湾、越南、英国，合计出口额占全省出口总额比重 63.6%。江苏外贸进口名列前十位的贸易伙伴依次为：韩国、中国台湾、日本、美国、德国、澳大利亚、巴西、马来西亚、泰国、新加坡，合计进口额占全省进口总额比重 72%。

表 2　2018 年江苏省进出口商品主要国家和地区

国家(地区)	金额(万美元)			比重(%)	
	进出口	进口	出口	进出口	进口
亚　洲	36017947.1	18009987	18007960	54.24	69.27
#巴林	15893.6	4626	11267.6	0.02	0.02
孟加拉国	378880.1	5851.4	373028.7	0.57	0.02
缅甸	125160.7	2120.8	123039.9	0.19	0.01
柬埔寨	154350.5	16453	137897.5	0.23	0.06
塞浦路斯	7291.3	94.8	7196.5	0.01	0.00
中国香港	3687627.8	33512.1	3654116	5.55	0.13
印度	1481769.9	195691.5	1286078	2.23	0.75
印度尼西亚	1081483.1	423808	657675.2	1.63	1.63
伊朗	163957.6	62239.1	101718.5	0.25	0.24
以色列	176645.6	43402.1	133243.5	0.27	0.17
日本	5990830.5	3033563	2957268	9.02	11.67
科威特	131010.1	85806.1	45203.9	0.20	0.33
中国澳门	6511	300.5	6210.5	0.01	0.00
马来西亚	1417930.9	834441.4	583489.5	2.14	3.21
巴基斯坦	209257.1	20612.9	188644.2	0.32	0.08
菲律宾	745215.6	335534.4	409681.2	1.12	1.29
卡塔尔	240331.1	212274.3	28056.7	0.36	0.82
沙特阿拉伯	600765.5	393083.5	207682	0.90	1.51
新加坡	1275156.6	558337.8	716818.8	1.92	2.15
韩国	7876235.3	5631593	2244642	11.86	21.66
斯里兰卡	53456.2	6211.9	47244.3	0.08	0.02
叙利亚	12010.1	1.5	12008.7	0.02	0.00
泰国	1430333	622383.7	807949.3	2.15	2.39
土耳其	323067.7	31019.3	292048.5	0.49	0.12
阿拉伯联合酋长国	550515.7	169087.4	381428.3	0.83	0.65
越南	1536737.2	484048.6	1052689	2.31	1.86
中国台湾	4423196.8	3271489	1151708	6.66	12.58
非　洲	1320507	327185.6	993321.3	1.99	1.26
#喀麦隆	27041.7	17087.9	9953.8	0.04	0.07
埃及	127805.8	2461.3	125344.5	0.19	0.01
加蓬	16166.8	12843.5	3323.3	0.02	0.05

续表

国家(地区)	金额(万美元)			比重(%)	
	进出口	进口	出口	进出口	进口
摩洛哥	44916.1	5693.2	39223	0.07	0.02
尼日利亚	138923.2	18120.4	120802.8	0.21	0.07
南非	311992.1	104246.1	207746.1	0.47	0.40
欧　洲	11676906.2	3390176	8286730	17.58	13.04
#比利时	405383.8	86333	319050.8	0.61	0.33
丹麦	144383.3	34010.9	110372.4	0.22	0.13
英国	1148029	172570.1	975458.9	1.73	0.66
德国	2699186.6	1314433	1384754	4.06	5.06
法国	769197.5	253052.1	516145.4	1.16	0.97
爱尔兰	69457.7	20441.4	49016.4	0.10	0.08
意大利	776420.6	267321.7	509098.9	1.17	1.03
荷兰	1903837.2	197425.7	1706412	2.87	0.76
希腊	101035.1	3753	97282	0.15	0.01
葡萄牙	78830	14951	63879.1	0.12	0.06
西班牙	461058.7	80004.7	381054	0.69	0.31
奥地利	155595.6	107679.6	47916	0.23	0.41
芬兰	145965.7	82920.3	63045.4	0.22	0.32
匈牙利	167400.3	47929.4	119470.9	0.25	0.18
挪威	86829.3	32526.8	54302.5	0.13	0.13
波兰	402896.5	40818.2	362078.3	0.61	0.16
罗马尼亚	115166.2	19535.9	95630.3	0.17	0.08
瑞典	354144.5	215067.4	139077.1	0.53	0.83
瑞士	197702.3	124353.4	73348.9	0.30	0.48
俄罗斯联邦	594173.2	104263	489910.2	0.89	0.40
乌克兰	116186.4	28929.9	87256.5	0.17	0.11
捷克	363393.6	76760.9	286632.7	0.55	0.30
拉丁美洲	3492742.3	1339304	2153438	5.26	5.15
#阿根廷	151804.6	28139.1	123665.5	0.23	0.11
巴西	1504368.7	971973.4	532395.3	2.27	3.74
智利	261987.1	54039	207948	0.39	0.21
哥伦比亚	112409.8	2481.1	109928.8	0.17	0.01
危地马拉	28437.4	456	27981.4	0.04	0.00
墨西哥	853348.9	132655.4	720693.5	1.29	0.51
巴拿马	62244.5	103	62141.5	0.09	0.00
秘鲁	161497.6	45392.9	116104.7	0.24	0.17
乌拉圭	54299.6	29205.5	25094.1	0.08	0.11
委内瑞拉	9951.5	5630.6	4320.8	0.01	0.02
北美洲	11623192.8	1729532	9893661	17.50	6.65
#加拿大	867824.9	274386.3	593438.6	1.31	1.06

续表

国家(地区)	金额(万美元)			比重(%)	
	进出口	进口	出口	进出口	进口
美国	10754024.5	1454882	9299143	16.19	5.60
大洋洲	2270432	1201122	1069310	3.42	4.62
#澳大利亚	1894317.6	1030812	863505.6	2.85	3.96
新西兰	195774	107469.5	88304.5	0.29	0.41
巴布亚新几内亚	47722.6	39110.7	8611.9	0.07	0.15
附:东南亚国家联盟	7833380.9	3287362	4546019	11.80	12.64
欧洲联盟	10625268.1	3092116	7533152	16.00	11.89
亚太经济合作组织	46589620.4	19921007	26668613	70.16	76.62

数据来源:《江苏统计年鉴 2019》

从城市来看,2018 年江苏 13 个城市中,进出口总额最高的是苏州,达到 3541.14 亿美元,远高出排在第二位的无锡 934.44 亿美元,因此,苏州的外贸依存度也高达 125.69%,表现出极强的外向型经济特征。外贸依存度排在第二位的城市是无锡 53.87%,其次是南京 33.67%,而宿迁的外贸依存度只有 8.63%,全省最低。宿迁的进出口总额 36.01 亿美元,位列 13 个城市的末尾,其次是淮安 50.1 亿美元。

表 3　2018 年江苏省各市进出口情况

	进出口总额(亿美元)	出口(亿美元)	进口(亿美元)	外贸依存度(%)
南　京	654.91	378.79	276.12	33.67
无　锡	934.44	567.81	366.63	53.87
常　州	343.86	250.72	93.14	32.15
苏　州	3541.14	2068.31	1472.83	125.69
镇　江	118.39	79.80	38.59	19.24
南　通	385.91	254.53	131.38	30.18
扬　州	119.93	85.42	34.51	14.44
泰　州	147.30	95.31	51.99	18.97
徐　州	117.44	97.08	20.36	11.45
连云港	95.47	41.59	53.88	22.73
淮　安	50.10	33.67	16.43	9.17
盐　城	95.49	60.31	35.19	11.48
宿　迁	36.01	27.17	8.84	8.63

数据来源:《江苏统计年鉴 2019》

改革开放以来,特别是中国加入 WTO 以来,江苏对外开放的广度和深度不断拓展,对外贸易迅速崛起。2018 年,苏南、苏中、苏北进出口总额分别为 5592.7 亿美元、653.1 亿美元、394.5 亿美元,为提升江苏贸易大省的地位做出了重要贡献。随着江苏省产业经济快速发展及国际化战略深入实施,出口额增长较快。2018 年,苏南、苏中、苏北出口额分别为 3345.4 亿美元、435.3 亿美元、259.8 亿美元。出口结构趋于优化,随着科技兴贸战略和品牌战略深入实施,先后完成了从资源密集型制成品向劳动—技术密集型制成品为主的转变,基本形成了以高新技术产品为先导,机电产品、轻纺产品为主的出口商品体系。2018 年,苏南、苏中、苏北进口额分别达到 2247.3 亿美元、217.9 亿美元、134.7 亿美元。

二、利用外资

改革开放以来,江苏充分利用地处沿海沿江区位优势、良好的营商环境、充沛的人才人力资源,不断创新招商方式,主动促进资源对接,积极打造投资高地,吸引了大量国际资本落地生根,在利用外资方面取得了令人瞩目的成就。外资经济成为江苏经济的特色和优势,每年贡献四分之一的固定资产投资和税收、超过六成的对外贸易额、超过七成的高新技术产品进出口和三成以上就业岗位。

江苏省实际利用外资额自 2003—2014 年保持了十二年的全国第一,2015 年被广东超过,居于次席,2016 年重新登顶全国第一,2017 年列北京之后居全国第二位。2018 年江苏省外商直接投资达到 255.92 亿美元,投资总量领先全国,外商直接投资增速为 1.81%。

但是,从整体来看,江苏省吸引外商直接投资的能力在逐步减弱,其原因可以归纳为以下几点:第一,江苏面临着重大的资源危机。江苏是资源小省,资源对外依赖度较高。随着这几年引进外资“重数量,轻质量”,导致企业的重复引进,使得江苏经济发展受土地、能源、水资源瓶颈制约相当突出。尤其在工业发达的苏南地区,这一情况相当突出。伴随着劳动力价格的不断上涨,廉价劳动力这一人力资源的优势正在逐步缩小,劳动密集型企业的竞争力受到影响。土地供应不足问题也日益凸显,并逐渐成为招商引资过程中的一个重要影响因素。随着苏北地区的大力招商引资和苏南地区的产业转移,大量高耗能、高污染企业转移苏北地区,给当地的生态环境带来了巨大危害。第二,核心技术含量不高。从江苏省引进外商投资的情况来看,所引进的技术大多数属二流技术,真正属于世界领先技术的很少,这与江苏省引进国外先进技术和管理经验的目标相差甚远。即使有些外商提供了高新技术,但也没有真正将最新的、关键的技术提供给中方。企业缺乏核心竞争力,创新能力不足,抵御风险的能力弱。此外,在与外商高新技术企业合作时缺乏完善配套的产业链和具有核心自主知识产权的配套产品。配套企业规模小,产品质量和技术水平不高,不能够充分吸引大型的高新技术企业。第三,欧美企业的投资意愿和能力有所下降。由于金融危机导致投资获利空间收窄、投资风险剧增,加上国内劳动力成本上升、土地等资源供应趋紧、融资困难、人民币汇率上升等多重压力,使得欧美企业投资行为趋于谨慎,投资意愿和能力明显下降。与此同时,危机造成的资金链断裂,也大大降低了发达经济体企业的投资能力。第四,投资和贸易保护主义抬头影响外资企业在江苏发展。受金融危机的影响,发达经济体由于市场需求不足,经济发展和就业受到制约。各国之间争夺市场的竞争势必加剧,这就使得各种贸易保护主义措施明显增加,全球国际贸易和投资环境进一步恶化。江苏外贸依存度较高,国际投资和贸易保护主义的加强在很大程度上影响外商来华投资的信心和决心,进而影响外资企业扩大生产和经营的规模,甚至有可能导致外商撤资。第五,发展中国家和新兴经济体利用外资竞争更趋激烈。金融危机后,发展中国家和新兴经济体呈现巨大活力,流向亚洲、拉丁美洲和加勒比地区的外商直接投资保持在历史高位,非洲的外商直接投资流入量也较 2011 年有所增加。不少新兴经济体如印度、巴西、俄罗斯等国通过调整吸引外资政策以及不断改善投资环境,对国际资本的吸引力显著增强。目前,新兴经济体外商直接投资流量占 GDP 比重均高于世界平均水平并呈稳步上升态势。这意味着,今后江苏利用外资的竞争会更趋激烈。

改革开放早中期,外商在江苏投资大部分流向第二产业,尤其是制造业。随着我国加入 WTO 后对外开放领域的进一步拓宽,外商投资产业结构也得到明显改善。外商投资从一般性加工工业逐步向装备制造业、服务业、基础设施和高新技术产业等资金技术密集型项目扩展。目前,服务业引资占比大为提升。2017 年,实际外商直接投资在第一产业 3 亿美元,占实际利用外资总额的 1.2%,与 2007 年基本持平;第二产业 140.4 亿美元,占 55.8%,比 2007 年下降 19.1 个百分点;第三产业 107.9 亿美元,占 42.9%,比 2007 年提升 19.1 个百分点。主要行业吸收外资比重为制造业

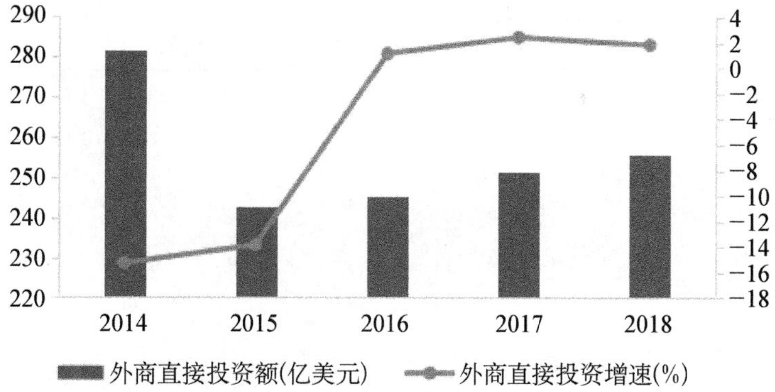

图 7　2014—2018 年江苏省外商直接投资规模及增速

数据来源：历年《江苏统计年鉴》

(44.5%)，建筑业(9.1%)电力、燃气及水的生产和供应业(2.3%)，交通运输、仓储和邮政业(2.9%)，批发和零售业(8.2%)、房地产业(13.8%)、租赁和商务服务业(8.9%)。此外，金融、软件业、科研技术服务等行业引资规模与占比也在不断提升。2018 年主要行业吸收外资总额为制造业(1117253 万美元)，建筑业(43401 万美元)，交通运输、仓储和邮政业(73700 万美元)，批发和零售业(184652 万美元)、房地产业(523190 万美元)、租赁和商务服务业(269275 万美元)。

表 4　2018 年江苏省按行业分外商直接投资情况　　单位：万美元

行　业	项目(个)	协议注册	实际使用
总　计	3348	6052216	2559248
农、林、牧、渔业	41	56427	29857
采矿业	0	500	556
制造业	1198	2410509	1117253
农副食品加工业	14	19194	8857
食品制造业	26	52322	26984
酒、饮料和精制茶制造业	4	6229	5441
纺织业	31	26906	11510
纺织服装、服饰业	21	5362	13353
皮革、毛皮、羽毛及其制品和制鞋业	8	2928	1024
木材加工和木、竹、藤、棕、草制品业	5	6465	3296
家具制造业	15	14966	10210
造纸和纸制品业	8	64534	19177
印刷和记录媒介复制业	6	3377	4398
文教、工美、体育和娱乐用品制造业	17	20398	8680
石油、煤炭及其他燃料加工业	2	−8133	2334
化学原料和化学制品制造业	35	116650	95529
医药制造业	29	75720	34130
化学纤维制造业	10	33991	8893
橡胶和塑料制品业	33	79511	44471
非金属矿物制品业	57	142384	40915
黑色金属冶炼和压延加工业	0	48295	200

续表

行　业	项目(个)	协议注册	实际使用
有色金属冶炼和压延加工业	7	28854	37840
金属制品业	53	121176	43041
通用设备制造业	199	236538	112509
专用设备制造业	222	259617	92307
汽车制造业	68	234643	84802
铁路、船舶、航空航天和其他运输设备制造业	22	101488	16499
电气机械和器材制造业	109	260305	91314
计算机、通信和其他电子设备制造业	139	405887	273176
仪器仪表制造业	37	34895	8777
其他制造业	13	9216	11419
废弃资源综合利用业	3	1962	2325
金属制品、机械和设备修理业	5	4827	3840
电力、热力、燃气及水生产和供应业	57	170466	60753
建筑业	77	258313	73401
批发和零售业	726	613523	184652
交通运输、仓储和邮政业	87	150387	73700
住宿和餐饮业	62	71410	6889
信息传输、软件和信息技术服务业	249	256422	63936
金融业	39	183334	37430
房地产业	140	603154	523190
租赁和商务服务业	244	741473	269275
科学研究和技术服务业	324	383822	82539
水利、环境和公共设施管理业	19	89402	16041
居民服务、修理和其他服务业	20	14252	10857
教育	17	2371	413
卫生和社会工作	2	29483	2039
文化、体育和娱乐业	45	16794	6467
公共管理、社会保障和社会组织	1	174	0

数据来源:《江苏统计年鉴 2019》

截至 2018 年末,江苏省登记的外商投资企业共 59308 个,与 2017 年相比增加了 731 家企业,实际投资总额达 10560.4184 亿美元。制造业是外商投资企业最集中的行业,企业数达 25731 个,占外商投资企业总数的 43.39%,实际投资额达 5619.2196 亿美元,占外商投资企业投资总额的 53.21%。服务业细分行业来看,批发和零售业以及科学研究、技术服务业这两个行业的外商投资企业也较多,企业数分别占外商投资企业总数的 18.44%和 9.81%。实际投资额较多的行业是房地产业以及科学研究、技术服务业,这两个行业分别占实际外商投资总额的 10.68%和 11.18%。表 5 反映了 2017 年末江苏省登记外商投资企业的行业分布情况。

表5　2018年末江苏省登记外商投资企业行业分布

行　　业	企业数(个)	企业数占比(%)	投资总额(万美元)	投资总额占比(%)
总　计	59308	100	105604184	100
农、林、牧、渔业	749	1.26	1227337	1.16
采矿业	23	0.04	137409	0.13
制造业	25731	43.39	56192196	53.21
电力、燃气及水的生产和供应业	615	1.04	2669173	2.53
建筑业	758	1.28	2542249	2.41
批发和零售业	10935	18.44	5315604	5.03
交通运输、仓储和邮政业	1022	1.72	2498929	2.37
住宿和餐饮业	3647	6.15	485647	0.46
信息传输、软件和信息技术服务业	1849	3.12	1245089	1.18
金融业	1253	2.11	1612883	1.53
房地产业	1794	3.02	11281293	10.68
租赁和商务服务业	3968	6.69	6762435	6.40
科学研究、技术服务业	5817	9.81	11811182	11.18
水利、环境和公共设施管理业	158	0.27	725751	0.69
居民服务和其他服务业	415	0.70	409700	0.39
教育	67	0.11	24656	0.02
卫生和社会工作	50	0.08	380413	0.36
文化、体育和娱乐业	426	0.72	243494	0.23
其他	31	0.05	38741	0.04

数据来源:《江苏统计年鉴2019》

江苏目前正积极发展为先进制造配套的金融保险、商贸物流、电子商务、研发设计、会计审计、信息科技等服务业,鼓励发展基于网络的平台经济、文化创意、工业设计等新兴业态,引导制造业企业延伸服务链条、增加服务环节,推动制造业由生产型向生产服务型转变。鼓励和拓展健康美容、养生养老、医疗服务、教育培训、文化娱乐、休闲旅游等民生服务业利用外资,推动生活性服务业向精细化、个性化和高品质转变,促进居民消费结构升级。

目前,世界500强企业中有近400家落户江苏,其投资的规模大、领域宽、覆盖面广,对扩大江苏外商投资整体规模及水平和质量提升,都具有较强的推动作用。与此同时,外商投资方式也由改革开放初期合资经营为主逐步转为独资经营做大。从2013—2018年近五年的数据来看,独资经营企业仍旧是江苏省外商直接投资的主体,其2018年投资额为1752963万美元,与2017年相比增加了93652万美元,约占外商直接投资总额的68.5%。此外,合资经营企业、合作经营企业、外商投资股份制企业在2018年的投资额分别为759623万美元、28181万美元和16619万美元,金额与2017年相比,除合资经营企业、外商投资股份制企业均有所下降,而合作经营企业、独资经营企业较上年分别上升了109%、5.6%。虽然合作企业上升的幅度较大,但是占江苏省外商直接投资总额仅为1.1%。图8描述了这四类外商直接投资企业2014—2018年投资金额占比的变动情况。由图可见,独资经营企业的直接投资额所占比重从2014年的82.44%到2018年的68.5%,表现出明显的下降趋势,其他各类型企业直接投资额占比则上下波动。

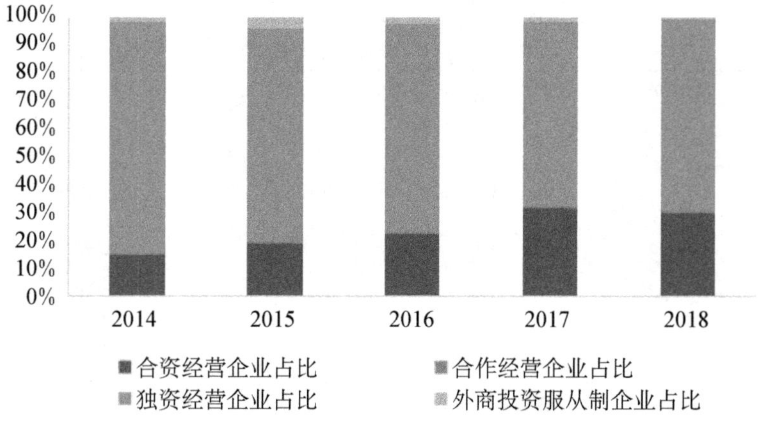

图 8　2014—2018 年江苏省各类型企业外商直接投资额比重　单位:%

数据来源:历年《江苏统计年鉴》

根据数据显示,目前江苏吸收外商直接投资的国家和地区达到 170 个左右,已形成投资主体多元化的格局。外资来源地按各大洲的分布看,2017 年,亚洲投资额占全部实际外商直接投资总额的 72.1%;南美洲占 6.5%;欧洲占 5.2%;北美洲占 3%;大洋洲占 1.9%;非洲占 0.8%;其他国别(地区)不详的和投资性公司投资占 2.9%。同时,投资额最多的十大国家和地区依次为中国香港地区(57.8%)、英属维尔京群岛(5%)、新加坡(4.7%)、韩国(3.8%)、日本(3.1%)、美国(2.2%)、中国台湾地区(2.1%)、萨摩亚(1.6%)、开曼群岛(1.4%)、德国(1%),合计占全省外商直接投资总额的 82.7%。2018 年,亚洲投资额占全部实际外商直接投资总额的 74.21%;南美洲占 4.73%;欧洲占 6.03%;北美洲占 1.87%;大洋洲占 2.13%;非洲占 0.68%。同时,投资额最多的十大国家和地区依次为中国香港地区(58.51%)、新加坡(5.48%)、韩国(4.15%)、日本(2.85%)、中国台湾地区(2.53%)、美国(1.42%)、荷兰(1.34%)、法国(1.29%)、德国(1.08%)、英国(0.6%),合计占全省外商直接投资总额的 79.25%。

表 6　2018 年江苏省按国家(地区)外商直接投资

国家(地区)	项目数(个)	项目数比重(%)	实际投资(万美元)	实际投资比重(%)
合　计	3348	100	2559248	100
亚　洲	2410	71.98	1899277	74.21
#中国香港	1202	35.90	1497385	58.51
中国澳门	10	0.30	4610	0.18
中国台湾	606	18.10	64626	2.53
印度尼西亚	4	0.12	821	0.03
日本	120	3.58	72855	2.85
马来西亚	45	1.34	678	0.03
菲律宾	0	0.00	0	0.00
新加坡	123	3.67	140160	5.48
韩国	225	6.72	106170	4.15
泰国	7	0.21	460	0.02
非　洲	84	2.51	17348	0.68
欧　洲	342	10.22	154428	6.03
#比利时	6	0.18	3546	0.14
丹麦	5	0.15	293	0.01

续表

国家(地区)	项目数(个)	项目数比重(%)	实际投资(万美元)	实际投资比重(%)
英国	62	1.85	15458	0.60
德国	105	3.14	27730	1.08
法国	15	0.45	33061	1.29
爱尔兰	5	0.15	2799	0.11
意大利	38	1.14	7134	0.28
卢森堡	6	0.18	1756	0.07
荷兰	21	0.63	34294	1.34
希腊	0	0.00	0	0.00
葡萄牙	1	0.03	32	0.00
西班牙	8	0.24	2465	0.10
芬兰	2	0.06	3553	0.14
瑞士	14	0.42	8177	0.32
北美洲	328	9.80	47851	1.87
#加拿大	90	2.69	7958	0.31
美国	237	7.08	36246	1.42
大洋洲	133	3.97	54621	2.13
#澳大利亚	68	2.03	8720	0.34
南美洲	79	2.36	121078	4.73

数据来源:《江苏统计年鉴 2019》

三、对外经济合作

2018 年,江苏全年新批境外投资项目 786 个,比上年增加了 24.56%,中方协议投资额 94.8 亿美元,上升幅度达到 2.2%。其中企业项目 735 个,比 2017 年增加 151 个;机构项目 51 个,比 2017 年增加 4 个。企业项目中,独资子公司项目 546 个,合资子公司项目 177 个,联营公司项目 12 个。2018 年的新批项目中,有 156 个参股并购类项目、1 个风险投资类项目。新批项目中,贸易型项目有 233 个,比 2017 年增加 20 个;非贸易型项目有 553 个,比 2017 年增加 135 个。图 9 反映了 2014—2018 年新批项目数的变动情况,从图中可以看出,企业新批项目数从 2014—2016 年一直持续上升,直到 2017 年出现直线下降,2018 年又出现上升态势。而机构新批项目数变化情况则与企业正好相反。

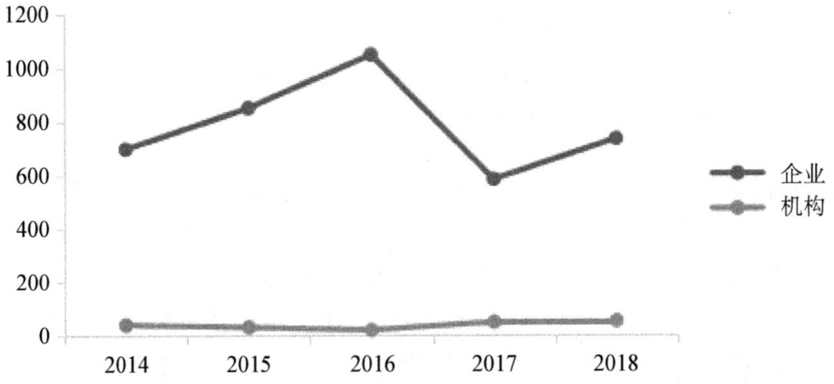

图 9　2014—2018 年江苏省境外投资新批项目数

数据来源:历年《江苏统计年鉴》

2018 年,江苏省境外投资金额 94.84 亿美元,比 2017 年增加 2.13 亿美元。其中,企业境外投资额 93.61 亿美元,比 2017 年增加 3.14 亿美元;机构境外投资额 12307 万美元,比 2017 年减少了 10102 万美元。企业项目中,独资子公司境外投资额 69.79 亿美元,合资子公司境外投资额 21.08 亿美元,联营公司境外投资额 2.74 亿美元。2018 年,参股并购类项目实现境外投资 39.99 亿美元,风险投资类项目实现境外投资 500 万美元,分别比 2017 年减少 9.4 亿美元、1.5 亿美元。图 10 反映了 2014—2018 年境外投资金额的变动情况,投资额从 2014 年的 72.16 亿美元,一直持续上升至 2016 年的 142.24 亿美元,再到 2017 年降至 92.71 亿美元,2018 年又上升达到 94.84 亿美元。

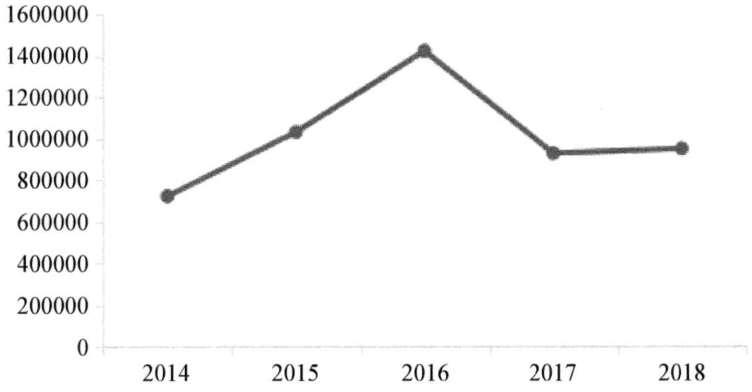

图 10　2014—2018 年江苏省境外投资额(万美元)

数据来源:历年《江苏统计年鉴》

在参与江苏省境外投资的各类企业中,民营企业占据重要地位,其 2018 年境外投资额占境外投资总额的 80.82%,比 2017 年上升了 12.82 个百分点。外资企业、国有及国有控股企业、集体企业境外投资额占江苏省境外投资总额的比重分别为 9.53%、9.16%和 0.49%。参见图 11。

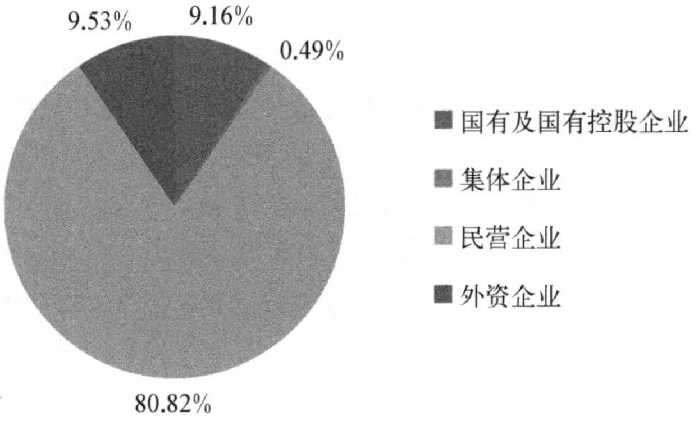

图 11　2018 年江苏省境外投资额企业类型

数据来源:《江苏统计年鉴 2019》

在 2018 年江苏省境外投资总额中,贸易型项目境外投资额为 18.77 亿美元,占 19.8%;非贸易项目境外投资额为 76.1 亿美元,占 80.2%。图 12 反映了 2014—2018 年非贸易型项目境外投资额及其比重的变动情况。不难发现,非贸易型项目境外投资额比重产品从 2014 年开始持续上升,至 2017 年已经增长了 48.01%,平均增速为 16%,2018 年出现回落的趋势,下滑了 8.34%。

2018 年,亚洲成为江苏省境外投资的主要目的地,其新批项目个数达 444 个,占新批项目总数的 56.49%;中方协议投资达 46.95 亿美元,占全部中方协议投资的 49.50%。亚洲国家(地区)中,中国香港、印度尼西亚、新加坡等都是重要的境外投资目的地。其中,对中国香港新批项目数达

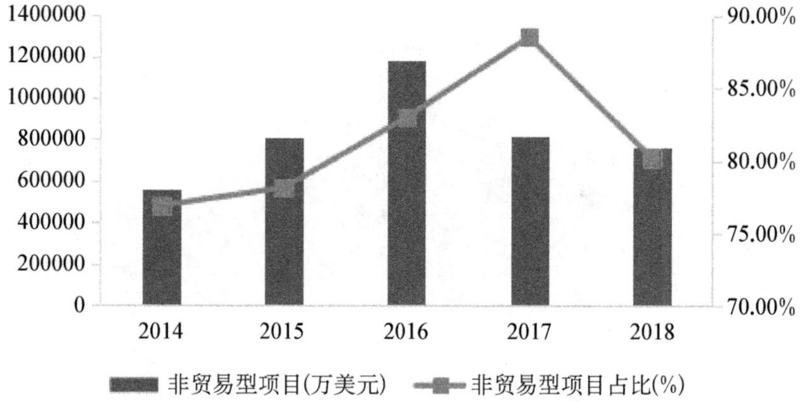

图12　2014—2018年江苏省境外投资非贸易型项目比重

数据来源:历年《江苏统计年鉴》

182个,占新批项目总数的23.16%;中方协议投资21.01亿美元,占全部中方协议投资的22.16%。而对新加坡、美国、西班牙的中方协议投资分别达到69581.95万美元、128068.9万美元、86759.45万美元,占中方协议投资比重分别为7.34%、13.5%、9.15%。表7反映了2018年江苏省按国家(地区)分的境外投资情况。

表7　2018年江苏省境外投资主要国家(地区)

国家(地区)	新批项目数(个)	新批项目数比重(%)	中方协议投资(万美元)	中方协议投资比重(%)
全　部	786	100	948423.9	100
亚洲	444	56.49	469501.9	49.50
巴林	0	0.00	0	0.00
孟加拉国	8	1.02	4970.96	0.52
缅甸	15	1.91	13884.01	1.46
柬埔寨	12	1.53	2946.01	0.31
塞浦路斯	0	0.00	0	0.00
朝鲜	1	0.13	150	0.02
中国香港	182	23.16	210134	22.16
印度	24	3.05	7470.191	0.79
印度尼西亚	18	2.29	46847.05	4.94
伊朗	1	0.13	69.8	0.01
以色列	0	0.00	0	0.00
日本	25	3.18	33458.42	3.53
老挝	2	0.25	50	0.01
中国澳门	0	0.00	0	0.00
马来西亚	20	2.54	3993.699	0.42
蒙古	0	0.00	0	0.00
尼泊尔	0	0.00	0	0.00
巴基斯坦	6	0.76	1535.45	0.16
菲律宾	2	0.25	19	0.00
卡塔尔	2	0.25	11200	1.18

续表

国家(地区)	新批项目数(个)	新批项目数比重(%)	中方协议投资(万美元)	中方协议投资比重(%)
沙特阿拉伯	3	0.38	1379.17	0.15
新加坡	33	4.20	69581.95	7.34
韩国	10	1.27	463.25	0.05
斯里兰卡	1	0.13	200	0.02
泰国	18	2.29	16250.68	1.71
土耳其	2	0.25	6690	0.71
阿拉伯联合酋长国	5	0.64	7536.28	0.79
越南	37	4.71	24082.27	2.54
中国台湾	11	1.40	2835.68	0.30
东帝汶	0	0.00	0	0.00
哈萨克斯坦	1	0.13	100	0.01
吉尔吉斯斯坦	0	0.00	0	0.00
土库曼斯坦	0	0.00	0	0.00
乌兹别克斯坦	3	0.38	1065.3	0.11
其他	0	0.00	0	0.00
非洲	44	5.60	78235.53	8.25
阿尔及利亚	1	0.13	9.3	0.00
安哥拉	2	0.25	2650	0.28
喀麦隆	0	0.00	0	0.00
乍得	0	0.00	0	0.00
刚果	1	0.13	24.55	0.00
埃及	1	0.13	399.2	0.04
赤道几内亚	0	0.00	0	0.00
埃塞俄比亚	12	1.53	36615.56	3.86
加蓬	1	0.13	1003.46	0.11
几内亚	0	0.00	0	0.00
肯尼亚	4	0.51	1470	0.15
毛里塔尼亚	0	0.00	0	0.00
毛里求斯	0	0.00	0	0.00
莫桑比克	1	0.13	10	0.00
纳米比亚	0	0.00	0	0.00
尼日利亚	6	0.76	9105.71	0.96
塞内加尔	0	0.00	0	0.00
塞舌尔	2	0.25	1100	0.12
南非	4	0.51	2553.17	0.27
苏丹	0	0.00	0	0.00
坦桑尼亚	2	0.25	350	0.04
乌干达	0	0.00	0	0.00
赞比亚	1	0.13	18	0.00

续表

国家(地区)	新批项目数(个)	新批项目数比重(%)	中方协议投资(万美元)	中方协议投资比重(%)
津巴布韦	2	0.25	77.58	0.01
欧洲	96	12.21	178198.2	18.79
比利时	2	0.25	4502.1	0.47
丹麦	0	0.00	0	0.00
英国	8	1.02	6327.331	0.67
德国	34	4.33	11598.92	1.22
法国	4	0.51	3704.849	0.39
意大利	1	0.13	34.689	0.00
卢森堡	1	0.13	27.6	0.00
荷兰	6	0.76	7668.66	0.81
西班牙	12	1.53	86759.45	9.15
阿尔巴尼亚	0	0.00	0	0.00
奥地利	2	0.25	5696.75	0.60
保加利亚	0	0.00	0	0.00
芬兰	2	0.25	6941.48	0.73
匈牙利	0	0.00	0	0.00
挪威	0	0.00	0	0.00
波兰	0	0.00	0	0.00
罗马尼亚	0	0.00	0	0.00
瑞典	1	0.13	313.8	0.03
瑞士	1	0.13	33000	3.48
俄罗斯联邦	7	0.89	1802.057	0.19
乌克兰	1	0.13	0	0.00
克罗地亚	0	0.00	0	0.00
捷克	1	0.13	300.9	0.03
塞尔维亚	2	0.25	392	0.04
拉丁美洲	44	5.60	87445.99	9.22
阿根廷	5	0.64	11989	1.26
巴西	3	0.38	1267.49	0.13
开曼群岛	23	2.93	65373.4	6.89
智利	0	0.00	0	0.00
古巴	0	0.00	0	0.00
厄瓜多尔	1	0.13	10	0.00
墨西哥	7	0.89	9456	1.00
秘鲁	0	0.00	0	0.00
英属维尔京群岛	4	0.51	−723.4	−0.08
北美洲	146	18.58	133118.7	14.04
加拿大	13	1.65	2937.11	0.31
美国	131	16.67	128068.9	13.50

续表

国家(地区)	新批项目数(个)	新批项目数比重(%)	中方协议投资(万美元)	中方协议投资比重(%)
其他	1	0.13	1112.788	0.12
大洋洲	12	1.53	1923.605	0.20
澳大利亚	9	1.15	1580.719	0.17
斐济	0	0.00	0	0.00
瓦努阿图	0	0.00	0	0.00
新西兰	2	0.25	142.8867	0.02
萨摩亚	1	0.13	200	0.02

数据来源:《江苏统计年鉴 2019》

2018 年,江苏省境外投资涵盖了三次产业。第一产业新批项目 10 个,占新批项目总数的 1.27%;中方协议投资 1.14 亿美元,占中方协议投资总额的 1.20%。第二产业新批项目 324 个,占新批项目总数的 41.22%;中方协议投资 46.61 亿美元,占中方协议投资总额的 49.15%。其中,采矿业、制造业、电力、燃气及水的生产和供应业以及建筑业新批项目占新批项目总数的比重分别为 0.38%、32.95%和 3.31%,中方协议投资占中方协议投资总额的比重分别为 0.01%、43.40%和 4.63%。第三产业新批项目 452 个,占新批项目总数的 57.51%;中方协议投资 47.1 亿美元,占中方协议投资总额的 49.65%。其中,租赁和商务服务业、批发和零售业、水利、环境和公共设施管理业是江苏省 2018 年境外投资的重点行业,中方协议投资占中方协议投资总额的比重分别为 10.12%、15.9%、8.66%。表 8 反映了 2018 年江苏省境外投资主要行业分布情况。

表 8 2018 年江苏省境外投资主要行业情况

行业	新批项目数(个)	新批项目数比重(%)	中方协议投资(万美元)	中方协议投资比重(%)
全部	786	100	948423.9	100
第一产业	10	1.27	11392	1.20
农、林、牧、渔业	10	1.27	11392	1.20
农业	4	0.51	6290	0.66
林业	2	0.25	398	0.04
畜牧业	0	0.00	0	0.00
渔业	0	0.00	0	0.00
农、林、牧、渔服务业	4	0.51	4704	0.50
第二产业	324	41.22	466124.8	49.15
采矿业	3	0.38	97.58	0.01
煤炭开采和洗选业	1	0.13	20	0.00
黑色金属矿采选业	0	0.00	0	0.00
有色金属矿采选业	0	0.00	0	0.00
非金属矿采选业	2	0.25	77.58	0.01
其他采矿业	0	0.00	0	0.00
制造业	259	32.95	411637.9	43.40
农副食品加工业	2	0.25	−1.19	0.00
食品制造业	2	0.25	2905.78	0.31

续表

行　　业	新批项目数(个)	新批项目数比重(%)	中方协议投资(万美元)	中方协议投资比重(%)
饮料制造业	1	0.13	1000	0.11
纺织业	18	2.29	44445.38	4.69
纺织服装、鞋、帽制造业	20	2.54	12015.01	1.27
皮革、毛皮、羽毛(绒)及其制品业	0	0.00	0	0.00
木材加工及木、竹、藤、棕、草制品业	2	0.25	1482.417	0.16
家具制造业	5	0.64	6555.331	0.69
造纸及纸制品业	1	0.13	550	0.06
印刷业和记录媒介的复制	1	0.13	600	0.06
文教体育用品制造业	1	0.13	350	0.04
石油加工、炼焦及核燃料加工业	0	0.00	0	0.00
化学原料及化学制品制造业	10	1.27	21816.78	2.30
医药制造业	21	2.67	40893.22	4.31
化学纤维制造业	1	0.13	443.6852	0.05
橡胶制品业	4	0.51	528.4171	0.06
塑料制品业	4	0.51	1944.23	0.20
非金属矿物制品业	2	0.25	4250	0.45
黑色金属冶炼及压延加工业	2	0.25	1700	0.18
有色金属冶炼及压延加工业	6	0.76	51837.5	5.47
金属制品业	14	1.78	6296.04	0.66
通用设备制造业	21	2.67	15650.49	1.65
专用设备制造业	35	4.45	52651.96	5.55
交通运输设备制造业	20	2.54	39097.97	4.12
电气机械及器材制造业	11	1.40	6347.905	0.67
通信设备、计算机及其他电子设备制造业	42	5.34	86500.44	9.12
仪器仪表及文化、办公用机械制造业	3	0.38	440.1	0.05
工艺品及其他制造业	6	0.76	7244.41	0.76
废弃资源和废旧材料回收加工业	4	0.51	4092	0.43
电力、燃气及水的生产和供应业	26	3.31	43885.22	4.63
电力、热力的生产和供应业	26	3.31	43885.22	4.63
建筑业	36	4.58	10504.08	1.11
房屋和土木工程建筑业	22	2.80	2612.312	0.28
建筑安装业	7	0.89	1387.145	0.15
建筑装饰业	2	0.25	5140	0.54
其他建筑业	5	0.64	1364.62	0.14
第三产业	452	57.51	470907.2	49.65
交通运输、仓储和邮政业	11	1.40	31777.86	3.35
道路运输业	2	0.25	2100	0.22
水上运输业	4	0.51	20783.34	2.19
装卸搬运和其他运输服务业	2	0.25	200.62	0.02

续表

行　业	新批项目数(个)	新批项目数比重(%)	中方协议投资(万美元)	中方协议投资比重(%)
仓储业	2	0.25	1693.9	0.18
邮政业	0	0.00	0	0.00
信息传输、计算机服务和软件业	48	6.11	18244.1	1.92
电信和其他信息传输服务业	11	1.40	8097.196	0.85
计算机服务业	27	3.44	10719.32	1.13
软件业	10	1.27	−572.421	−0.06
批发和零售业	218	27.74	150766.8	15.90
批发业	183	23.28	145444.7	15.34
零售业	35	4.45	5322.089	0.56
住宿和餐饮业	3	0.38	1517.2	0.16
住宿业	1	0.13	1500	0.16
餐饮业	2	0.25	17.2	0.00
金融业	0	0.00	0	0.00
房地产业	2	0.25	6000	0.63
房地产业	2	0.25	6000	0.63
租赁和商务服务业	65	8.27	95938.29	10.12
租赁业	1	0.13	128	0.01
商务服务业	64	8.14	95810.29	10.10
科学研究、技术服务和地质勘查业	79	10.05	64911.22	6.84
研究与试验发展	50	6.36	57916.54	6.11
专业技术服务业	24	3.05	6615.305	0.70
科技交流和推广服务业	2	0.25	269.37	0.03
水利、环境和公共设施管理业	9	1.15	82162.33	8.66
生态保护和环境治理业	0	0.00	0	0.00
居民服务和其他服务业	13	1.65	2126.796	0.22
居民服务业	1	0.13	6496.72	0.69
其他服务业	12	1.53	−4369.92	−0.46
教育	3	0.38	17155.15	1.81
教育	3	0.38	17155.15	1.81
文化、体育和娱乐业	1	0.13	307.4	0.03
新闻出版业	1	0.13	307.4	0.03
广播、电视、电影和音像业	0	0.00	0	0.00
文化艺术业	0	0.00	0	0.00

数据来源:《江苏统计年鉴 2019》

江苏省内各地区对2018年江苏省境外投资中的贡献各不相同。图13显示，苏南、苏中、苏北全年境外投资额分别为72.86亿美元、12.37亿美元和9.61亿美元，占全省境外投资总额的比重分别为76.82%、13.04%和10.13%。从表9可以看出，南京、苏州、无锡、南通是江苏省境外投资最多的市，2018年中方协议投资金额分别为21亿美元、26.82亿美元、15.23亿美元、10.48亿美元，占全省境外投资总额的比重分别为22.15%、28.27%、16.06%、11.05%。相对而言，苏中、苏北各市境外投资较少，例如，宿迁、扬州的中方协议投资金额分别为0.55亿美元、7.46亿美元，占全省境外投资总额的比重仅分别为0.06%、0.79%，属于全省各市中方协议投资金额占比最少的两个市。

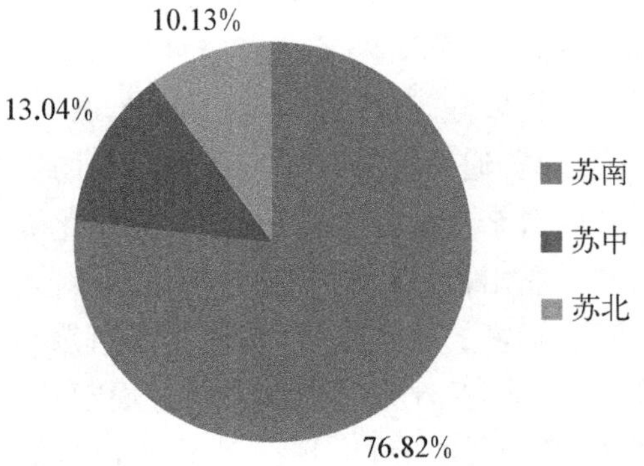

图13　2018年江苏省分地区境外投资情况

数据来源：《江苏统计年鉴2019》

表9　2018年江苏各市境外投资情况

地　区	新批项目数(个)	新批项目数比重(%)	中方协议投资(万美元)	中方协议投资比重(%)
全　省	786	100	948423.9	100
南京市	143	18.19	210087.3	22.15
无锡市	103	13.10	152300.2	16.06
徐州市	21	2.67	20066.87	2.12
常州市	84	10.69	84151.89	8.87
苏州市	239	30.41	268150.3	28.27
南通市	68	8.65	104837.7	11.05
连云港市	22	2.80	43347.78	4.57
淮安市	7	0.89	8604.738	0.91
盐城市	8	1.02	23546.96	2.48
扬州市	19	2.42	7457.103	0.79
镇江市	28	3.56	13898.38	1.47
泰州市	35	4.45	11426.81	1.20
宿迁市	9	1.15	547.8943	0.06

数据来源：《江苏统计年鉴2019》

江苏的对外承包工程与劳务合作始于20世纪80年代初期，是在党的十一届三中全会以后随着改革开放的不断深入逐步发展、壮大起来的一项新兴事业。创业初始，江苏仅在中东地区的少数国家开展建筑工程、公路桥梁、土木工程和成套设备出口等业务。目前，江苏已同106个国家和地区开展国际经济技术合作，并基本形成了以"亚洲市场继续巩固、非洲市场发展迅速、欧洲市场取得突破"的市场格局。经过近四十年的迅速拓展，逐步形成了业务遍及100多个国家和地区、涉及多行业、多渠道经营的新格局，业务规模不断扩大，已连续多年名列全国前茅。2018年，江苏签订对外承包工程合同额、实际完成营业额65.9亿美元、83.27亿美元，比2017年分别减少64.2%和12.6%；江苏签订对外劳务合作合同工资总额、实际收入额、年末在外人数分别为5.42亿美元、7.97亿美元、6.98亿美元，比2017年分别增加23.18%、10.39%、17.31%。

目前，江苏国际合作公司以实业化为基础，加快集团化、国际化进程，按照"一业为主，多种经营"的方针，制定公司的经营战略，把经济效益放在经营目标的首位，由注重合同向注重合同与效益并重转换,由单项经营向综合经营转换,由单一市场向多元化市场转换,由分散单干向联营集团转换,从而使江苏对外经济合作水平与层次不断提高,有力地增强了国际市场的竞争力。形成了对外承包工程以建筑、交通、石化、煤炭、通讯、电力、建材等行业为主的经营优势,劳务合作以成建制派出为主、普通劳务与技术劳务相结合的多行业、多层次的经营格局。实施"走出去"战略,有利于转移省内富余或优势工程建设能力,优化资源配置,调整产业结构,拓宽发展空间,带动设备、技术、材料和产品出口;有利于推动江苏企业融入经济全球化,全方位参与国际分工与合作,发挥江苏劳动力资源丰富的比较优势;有利于缓解就业压力,增加就业机会、加快农村劳动力转移、促进农民增收、富民强省、建设小康社会等方面起到了极大的推动作用。同时,也有利于东道国发展经济、创造就业、增加税收等,实现互利共赢,促进共同发展,受到世界各国特别是广大发展中国家的普遍欢迎。

表 10　2014—2018 年对外承包工程和对外劳务合作情况

项目	2014 年	2015 年	2016 年	2017 年	2018 年
对外承包工程合同金额(亿美元)	96.61	77.96	72.87	108.21	65.90
对外承包工程实际完成营业额(亿美元)	79.54	87.61	91.11	95.29	83.27
对外承包工程年末在外人数(万人)	3.66	3.79	3.24	3.19	3.78
对外劳务合作新签劳务人员合同工资总额(亿美元)	12.08	5.19	4.53	4.40	5.42
对外劳务合作人员实际收入总额(亿美元)	8.54	7.46	6.96	7.22	7.97
对外劳务合作年末在外人数(万人)	5.99	6.39	5.54	5.95	6.98

数据来源:历年《江苏统计年鉴》

第四篇　江苏省经济社会发展比较研究报告

第一章　江苏省综合经济在全国的地位与变化分析

一、综合

2018年,江苏省经济发展稳中有进,高质量发展实现良好开局。初步核算并经国家统计局核定,全年实现生产总值92595.4亿元,占据了全国生产总值的10.28%,按可比价格计算,比上年增长6.7%。分产业看,第一产业增加值4141.7亿元,增长1.8%;第二产业增加值41248.5亿元,增长5.8%;第三产业增加值47205.2亿元,增长7.9%。全省人均地区生产总值115168元,比上年增长6.3%,而比全国的人均生产总值高出50525元。全省完成进出口总额43802.4亿元,比上年增长9.5%,占全国的14.36%。其中,出口26657.7亿元,增长8.4%,占全国总出口的16.24%;进口17144.7亿元,增长11.3%。全年完成一般公共预算收入8630.2亿元,增长5.6%,增速比上年提高1个百分点;全年完成一般公共预算支出11658.2亿元,增长9.8%,比上年提高3.4个百分点。

表1　江苏主要经济指标占全国的比重(2014、2018年)

指　　标	2018年			2014年		
	全国	江苏	占全国的比重(%)	全国	江苏	占全国的比重(%)
土地面积(万平方公里)	960	10.72	1.12	960	10.72	1.1
年末总人口(万人)	139538	8050.7	5.77	136782	7960.06	5.8
地区生产总值(亿元)	900309	92595.4	10.28	636463	65088.32	10.2
第一产业	64734	4141.72	6.40	58332	3634.33	6.2
第二产业	366001	41248.52	11.27	271392	30854.5	11.4
第三产业	469575	47205.16	10.05	306739	30599.49	10
人均生产总值(元)	64644	115168	高50525元	46652	81874	高35222元
一般公共预算收入(亿元)	97905	8630.16	8.81	140350	7233.14	5.2
#房地产开发投资(亿元)	120264	10982.34	9.13	95036	8240.22	8.7
社会消费品零售总额(亿元)	380987	33230.35	8.72	271896	23458.07	8.6
进出口总额(亿元)	305050	43802.37	14.36	43030	5637.62	13.1
#出口	164177	26657.68	16.24	23428	3418.69	14.6
普通高等学校本专科在校生(万人)	2831	180.63	6.38	2548	169.86	6.7
卫生机构床位数(万张)	840.4	49.15	5.85	660	39.23	5.9
卫生技术人员(万人)	951.92	59	6.20	759	45.85	6
#执业(助理)医师	360.72	23.33	6.47	289	17.86	6.2

续表

指　　标	2018年			2014年		
	全国	江苏	占全国的比重(%)	全国	江苏	占全国的比重(%)
居民人均可支配收入(元)	28228	38096	高9868元	20167	27173	高7006元
城镇常住居民人均可支配收入(元)	39251	47200	高7949元	28844	34346	高5502元
农村常住居民人均可支配收入(元)	14617	20845	高6228元	10489	14958	高4470元

数据来源:历年《江苏统计年鉴》《中国统计摘要2019》

二、GDP与人均GDP

(一)地区生产总值

2018年,江苏省(下同)上下坚持以习近平新时代中国特色社会主义思想为指导,深入贯彻党的十九大精神和习近平总书记对江苏工作的重要指示要求,全面落实中央和省委省政府决策部署,坚持稳中求进工作总基调,深入贯彻新发展理念,统筹做好改革发展稳定工作,凝心聚力,攻坚克难,经济运行总体平稳、稳中有进,综合实力显著增强,改革开放加力提效,新旧动能接续转换,质量效益稳步提升,城乡建设统筹推进,民生福祉日益改善,高质量发展实现良好开局,“强富美高”新江苏建设迈出坚实步伐。

2018年,江苏全年实现地区生产总值92595.4亿元,比上年增长6.7%。与2014年相比,江苏省实现名义增幅42.26%,高于全国41.46%的增幅水平;年平均增长率实现7.30%,高于全国7.18%的增长水平。为了简单直观,选取了2018年GDP排名前10的省份进行了考察。从GDP排名来看,广东省以9.73万亿的GDP总量,继续排在全国第一位,这也是广东省连续30年GDP总量蝉联全国第一。按2018年平均汇率约6.6折算,广东地区生产总值超过1.4万亿美元,达到约14700亿美元。2018年,广东地区生产总值离2017年世界排名第12的韩国1.53万亿美元的经济总量只有600亿美元左右的差距。而2017年,广东省GDP就已经超过了西班牙、荷兰、瑞士以及澳大利亚等一些发达国家,目前来看也仅次于韩国,大约在全球排名中可以名列第13,这是真正的“富可敌国”。江苏省继续保持“老二”位置,GDP总量达9万亿元。与2017年相比,各省GDP总量的排名还算相对稳定,不过也有两个省实现了弯道超车。其中,湖南超过河北由第9名升至第8名,广西超过天津由第19名升至第18名。其他省市的排名基本没变。

表2　全国及各地区GDP情况(2014、2018年)　　单位:亿元

	2018年排名	排名变化	2014年	2018年	名义增幅(%)	年平均增幅(%)
广　东	1	—	67792.24	97277.77	43.49	7.49
江　苏	2	—	65088.32	92595.4	42.26	7.30
山　东	3	—	59426.59	76469.67	28.68	5.17
浙　江	4	—	40153.5	56197.15	39.96	6.95
河　南	5	—	34939.38	48055.86	37.54	6.58
四　川	6	1↓	28536.66	40678.13	42.55	7.35
湖　北	7	1↓	27367.04	39366.55	43.85	7.54

续表

	2018 年排名	排名变化	2014 年	2018 年	名义增幅(%)	年平均增幅(%)
湖　南	8	1↓	27048.46	36425.78	34.67	6.13
河　北	9	3↑	29421.15	36010.27	22.40	4.12
福　建	10	—	24055.76	35804.04	48.84	8.28
全　国			636463	900309.5	41.46	7.18

数据来源：历年《中国统计年鉴》《中国统计摘要 2019》

从各地区年平均增长率来看，2014—2018 年全国及各地区的 GDP 年平均增长率呈现出小幅度地下降趋势。其中，实现年均增长率最高的是福建省(8.28%)，其次是湖北省(7.54%)，实现年均增长率最低的是河北省(4.12%)；江苏省实现年均增长率 7.30%，位列第 5 位。从实际增速看，江苏省 2018 年 GDP 实际增速为 7.79%，比 2017 年上升了 0.59 个百分点，普遍低于 GDP 排名前 10 的省份，仅高于全国 0.61%。这说明，在中国经济高质量发展阶段江苏省逐渐放缓了经济增长的步伐，不断地优化产业结构，调整经济发展方式，实现江苏经济的高质量发展。2018 年福建全省生产总值 3.58 万亿元，增长 10.85%，进一步巩固了全国第十的位置。同时，得益于福建在沿海省份领先的增速，“坐十望九”十分明显，就是缩小了与第九名的差距，拉大了与第 11 名的差距。2018 年排名第八位的湖南 GDP 总值是 36425 亿元，福建与其差距只有 621 亿元，只需要多增 1.74%。

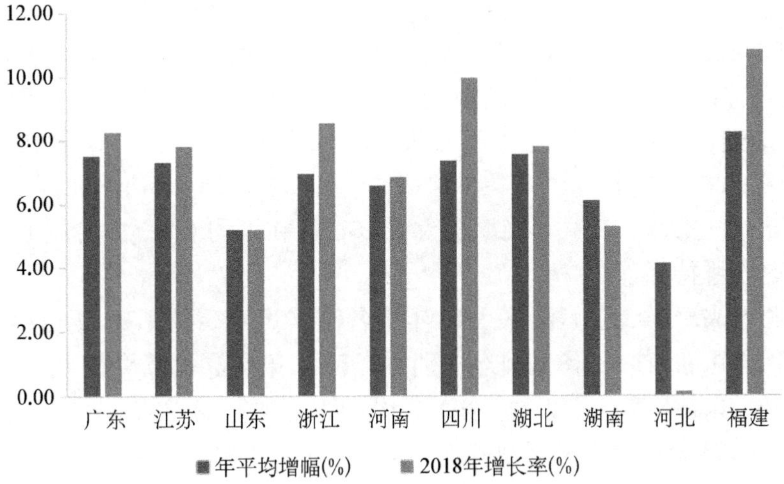

图 1　2018 年部分地区 GDP 实际增幅

数据来源：历年《中国统计年鉴》《中国统计摘要 2019》

从 GDP 规模占全国的比重来看，2018 年历年排名前十的省份 GDP 之和占全国的比重基本维持在 62%，占据了中国经济的“半壁江山”。与 2017 年历年最高水平相比，该比重下降 1.05 个百分点。其原因在于，中国东部地区经济发展的先发优势发挥得不够充分，而中西部省份的后发优势又显力度不足。

2014—2018 年，江苏 GDP 占全国 GDP 的比重一直呈现出小范围的波动，围绕 10%上下波动。整体上，全国经济排名前十的省份占全国总量的比重，出现了在波动中呈现出下滑的趋势的景象。除四川、福建 2018 年较 2014 年分别上升了 0.04 个百分点和 0.2 个百分点，同期其他经济强省的比例都出现不同范围内地下滑，其中，山东 GDP 较 2014 年降了 0.84 个百分点，河北为 0.62 个百分点，这两个省份属于占比下降最严重的。作为经济大省，江苏一直在占比基数较大的情况下，保持稳定，这说明其经济发展向好，雄厚的经济实力为中国经济增长做出的突出贡献(见图 2)。

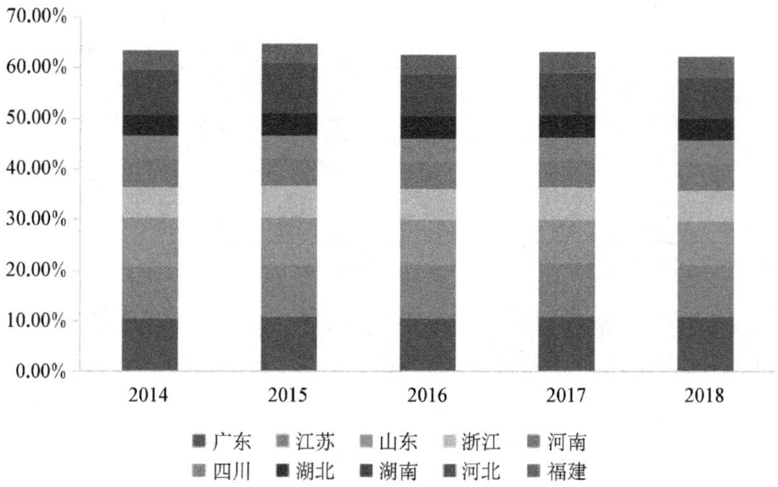

图 2　历年中国部分地区 GDP 规模占全国比重

数据来源：历年《中国统计年鉴》《中国统计摘要 2019》

（二）人均 GDP

从人均 GDP 这个角度来看，2018 年有 4 个省市人均 GDP 超过 10 万元。其中，北京最高，以 14 万元的人均 GDP 领跑全国；上海以 13.5 万元名列第二；第三是天津的 12.1 万元，这也是最老牌的三个直辖市；江苏以 11.5 万元，跻身四强。接下来是浙江，与人均 10 万近在咫尺。2018 年，浙江的人均 GDP 达到 9.9 万元。福建表现强劲，以 9.2 万元的人均 GDP，名列全国第六，位于浙江之后，略高于广东的 8.7 万元。

2014—2018 年，江苏人均 GDP 名义增幅为 40.67%，在人均 GDP 排名前十的省份中，该指标位列第 2，与上年名次维持平稳。

从人均 GDP 排名来看(见表 3)，江苏 2018 年排名较 2014 年保持不变，仍居第 4 位，而同属于经济规模大省的浙江、广东和山东 2018 年排名分别为第 5 位、第 7 位和第 8 位，与 2014 年相比，浙江排名保持不变，广东和山东都均下降了 1 位。江苏人均 GDP 与本省 GDP 规模在全国排名都处于前列，这反映出江苏作为全国经济大省，不仅总量规模位居全国前列，人均规模也名列前茅的事实。

表 3　全国及部分地区人均 GDP 情况(2014、2018 年)　　单位：元

地　区	2018 年排名	排名变化	2014 年	2018 年	名义增幅(%)	年平均增幅(%)
北　京	1	1↑	99995	140211.2	40.22	8.82
上　海	2	1↓	97343	134982	38.67	8.52
天　津	3	2↑	105202	120710.8	14.74	3.50
江　苏	4	—	81874	115168.4	40.67	8.90
浙　江	5	—	72967	98643.41	35.19	7.83
福　建	6	1↓	63472	91197.25	43.68	9.48
广　东	7	1↓	63452	86412	36.18	8.03
山　东	8	1↓	60879	76267.26	25.28	5.80
内蒙古	9	3↑	71044	68302	−3.86	−0.98
重　庆	10	—	47859	65932.72	37.76	8.34
全　国			46652	64643.5	38.57	8.50

数据来源：历年《中国统计年鉴》《中国统计摘要 2018》

考察人均 GDP 实际增幅情况(见表 4)，可以看出不同省份和地区人均 GDP 增速也呈现出与

GDP 增速相反的特征：东部地区的某些省份总体上呈现出上升的趋势，其中山东省增速发展较快；中西部地区省份整体上呈现出不同程度地下降，其中内蒙古自治区下降最快。这主要是因为东部沿海地区存在天然的发展优势，而中西部地区受自身的局限发展能力不足。

就江苏省而言，2014 年江苏人均 GDP 实际增幅为 9.74%，随着供给侧结构性改革进入实质性阶段，2014 年以后人均 GDP 增速开始逐步小幅度下降，直至 2017 年江苏省的人均 GDP 实际增幅有所回升，但 2018 年又下降了 5.09 个百分点，低于全国 8.35%的增速水平。就全国其他省份而言，2014 年福建、上海、北京、浙江等省份处于人均 GDP 的领先地位，同时其人均 GDP 的实际增速也处于领先地位。重庆、广东等省份在 2014 年人均 GDP 的实际增速遥遥领先，但之后的增速明显出现下降，并在 2018 年明显低于全国多数省份。虽然两省增速中间有出现产业结构调整升级所带来的回暖现象，但增速的大幅度回落才是其关键。就整体而言，从 2014—2018 年的全国各省份人均 GDP 增幅数据可以观察出，经济结构的转型升级在东南沿海的多数省份取得阶段性成果，经济在波动中显示出上扬的态势。

表 4　历年中国及部分地区人均 GDP 实际增幅(%)

地　区	2014 年	2015 年	2016 年	2017 年	2018 年
北　京	7.28	6.29	7.87	12.45	8.75
天　津	5.62	2.62	6.57	3.64	1.24
内蒙古	66.01	1.21	3.01	−13.88	7.08
上　海	8.05	5.96	10.15	9.64	8.36
江　苏	9.74	7.48	8.25	12.53	7.44
浙　江	6.58	6.41	7.59	10.20	7.15
福　建	8.43	7.08	8.81	12.20	9.91
山　东	−9.81	5.40	5.51	7.60	4.69
广　东	12.66	6.38	7.83	11.41	6.56
重　庆	12.31	9.34	10.65	9.99	3.52
全　国	11.32	5.78	9.38	10.52	8.35

数据来源：历年《中国统计年鉴》《中国统计摘要 2019》

东部沿海地区是我国各大区域中率先发展起来的地区。目前，我国一般意义上的东部沿海地区包含 10 个省市，而国内目前较为成型的三大城市圈也均位于这一区域。在东部地区的 10 个省区市中，有四个省份的人均 GDP 上万元，其中，北京实现人均 GDP140211.1 元，排名全国第一；其次是上海市，以 134982 元排在东部第二。人均 GDP 增速方面，福建的人均 GDP 增速为 9.91%，排名东部第一。

表 5　东部省(市)2018 年人均 GDP 与增速情况

省(市)	人均 GDP(元)	人均 GDP 增速(%)
北　京	140211.2	8.75
天　津	120710.8	1.24
上　海	134982	8.36
江　苏	115168.4	7.44
浙　江	98643.41	7.15
山　东	76267.26	4.69
广　东	86412	6.56
海　南	51955.29	7.28
河　北	47772.22	−0.44
福　建	91197.25	9.91

数据来源：《中国统计年鉴 2019》《中国统计摘要 2019》

结合江苏位于中国东部地区的事实，从区域范围来看，2018年江苏经济发展在东部地区仍处于领先位置。2018年江苏GDP规模占东部地区的11.96%，位列于北京、天津、上海后，排列在东部地区第四名(见图3)，与人均GDP在全国的排名保持一致。

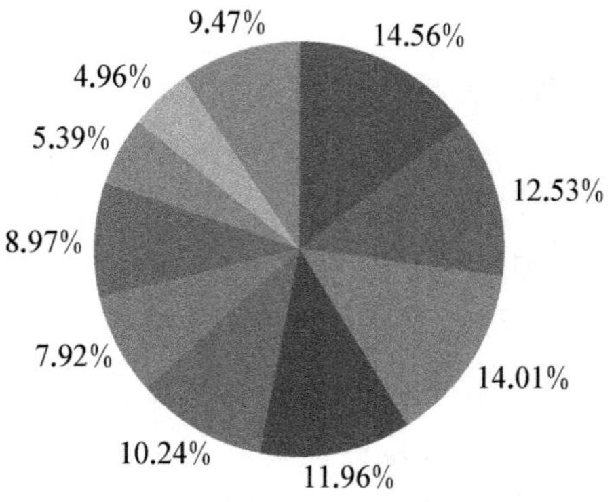

图3 2018年东部地区各省(市)人均GDP规模占比 单位:%

数据来源:《中国统计摘要2019》

三、财政金融

(一)财政

伴随着总体宏观经济的快速发展，江苏省的财政收支不断增加，金融规模不断提高，金融市场不断深化，总体呈现出增长的发展态势，但明显受到国际和国内宏观经济的影响。2018年江苏省财政收入稳定增长，全年完成一般公共预算收入8630.2亿元，比上年增长5.6%;其中，税收收入7263.7亿元，比上年增长12%;税收占一般公共预算收入比重达84.2%，比上年提高4.8个百分点。江苏省财政支出结构持续改善。全年一般公共预算支出11658.2亿元，比上年增长9.8%。一般公共预算支出中，教育支出2056.5亿元，比上年增长3.9%;公共安全支出826.6亿元，增长15.3%;医疗卫生支出845.5亿元，增长7.1%;社会保障和就业支出1309亿元，增长25.5%;住房保障支出430亿元，增长22.2%。

从财力规模来看，2018年广东省的综合财政收入规模超万亿元，广东连续多年综合财力位居全国首位，资金雄厚、财力稳定性强;江苏一般公共预算收入与广东差距逐渐拉开，但受益于大规模的政府性基金收入，整体财力差距收窄，综合财政实力仅次于广东，位列全国第二，排名较2014年未发生明显改变;伴随经济稳步发展，浙江省近年来综合财力增速较快，赶超山东省成为全国排名第四的财政收入大省;山东省相较于2014年排名上升2位，位居全国第五，紧随其后的是北京(5785.9亿元)。

从财力增速来看，各地区综合财政收入增速差异化明显。2018年江苏地方财政一般预算收入增速为5.61%，低于全国6.2%的增速，低于广东省6.96%、上海7.01%和浙江13.69%。2014—2018年，江苏地方财政一般预算收入名义增幅为19.73%。年平均增长率为4.60%，低于全国平均水平。主要是因为江苏省经济体量大庞大，产业结构优化升级正在稳步深入，经济结构趋于稳定。

表6 全国及部分地区地方财政预算收入(2014、2018年) 单位:亿元

	2018年排名	排名变化	2014年	2018年	名义增幅(%)	年平均增幅(%)
广东	1	—	8042.917	12105.26	50.51	10.76
江苏	2	—	7208.275	8630.161	19.73	4.60
上海	3	1↓	4552.595	7108.148	56.13	11.78
浙江	4	1↑	4097.335	6598.212	61.04	12.65
山东	5	2↑	5007.854	6485.396	29.50	6.68
北京	6	—	4021.459	5785.918	43.88	9.52
全国			75876.58	97903.38	29.03	6.58

数据来源:历年《中国统计年鉴》《中国统计摘要2019》

从地方财政规模占全国地方财政规模比重来看，2018年江苏地方财政一般预算收入和支出占

比分别为 8.81%和 6.19%。江苏财政收入规模占比与其经济规模占全国的比重基本相一致，同时历年来占比的稳定性也反映出江苏在积极应对风险和挑战中财政综合实力的不断增强。

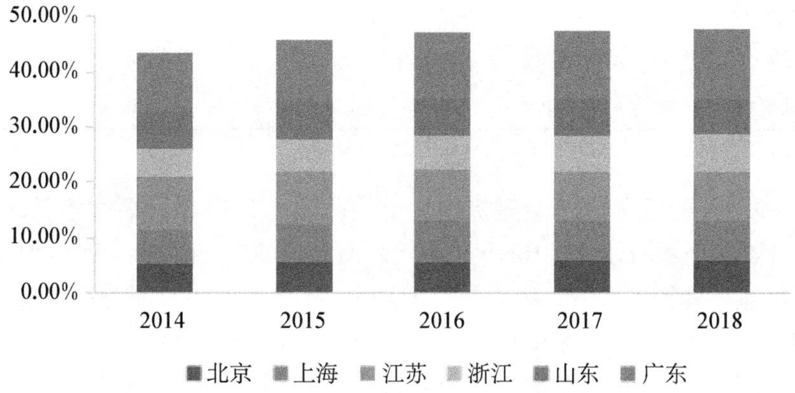

图 4　历年中国部分地区地方财政一般预算收入占全国比重

数据来源：历年《中国统计年鉴》《中国统计摘要 2019》

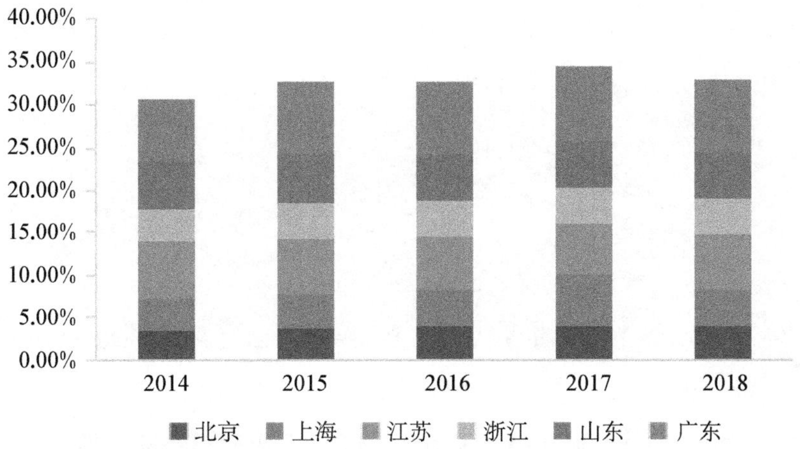

图 5　历年中国部分地区地方财政一般预算支出占全国比重

数据来源：历年《中国统计年鉴》《中国统计摘要 2019》

（二）金融

金融信贷规模扩大。年末，全省金融机构人民币存款余额 139718 亿元，比年初增长 7.5%，比上年末提高 0.2 个百分点，增加 9775.1 亿元。其中，住户存款比年初增加 4663.9 亿元，非金融企业存款比年初增加 2712.4 亿元。年末金融机构人民币贷款余额 115719 亿元，比年初增长 13.3%，比上年末提高 1.2 个百分点，增加 13572.4 亿元。其中，中长期贷款比年初增加 7839.3 亿元，短期贷款比年初增加 3768.9 亿元。2018 年末，制造业贷款余额 14952.9 亿元，比年初增加 461.5 亿元；租赁和商务服务业贷款余额 13202.7 亿元，比上年增长 8%；水利、环境和公共设施管理业贷款余额 11645.6 亿元，增长 12.6%。

从全国范围看，2018 年末，江苏省存款余额和当年增量列广东和北京之后，居全国第三位；贷款余额和当年增量仅列广东之后，赶超浙江，居全国第二位（表 7）。

表 7　2018 年江苏与全国部分地区基本金融状况(亿元)

指　标	江苏	北京	浙江	广东	河北	全国
金融机构存款余额(亿元)	139718	157092.2	116513	208051.2	65910.2	1825158
住户存款余额(亿元)	50768.6	32507.8	46458	70293.46	40355.6	724439
金融机构贷款余额(亿元)	115719	70483.7	105775	145169.4	47744.1	1414516

数据来源:《中国统计摘要 2019》

从增速来看,2014—2015 年江苏金融机构货币供应量增长出现大幅度增长态势,2015 年后始终保持下降态势。江苏存款增速从 2014 年的 9.8%上升到 2015 年的 14.9%,到 2016 年又回落到 11.28%,2018 年增速下降至 7.5%。从全国范围来看,江苏存款余额增速变化情况与全国及部分经济发达省份整体上保持趋同的态势(图 6、7)。2018 年,江苏存款余额为 139718 亿元,较 2017 年增长了 7.5%,高于同期全国平均水平(6.2%)。江苏贷款增速先是从 2014 年的 11.7%上升到 2016 年的 14.55%,又到 2018 年的 13.3%。2018 年贷款余额为 115719 亿元,较 2017 年下降了 1.2 个百分点。同样从全国范围来看,贷款余额增速在 2014 年之后出现了小程度的下滑,但在 2015 年后又开始回升,其中,江苏 2014 年的贷款余额 11.7%的增速低于同期全国水平(13.3%),但 2018 年贷款余额 13.3%的增速高于同期全国水平(12.9%)。

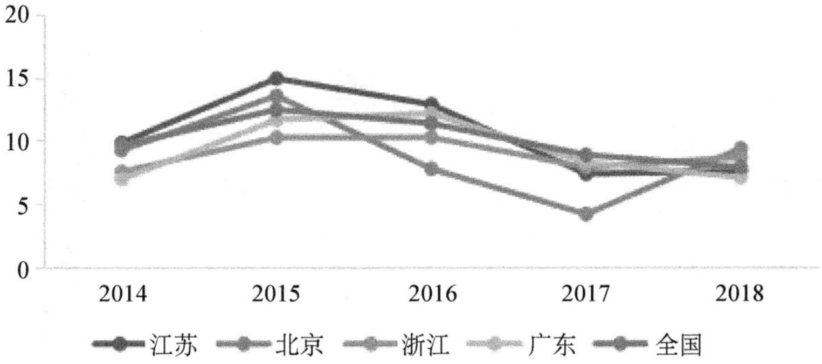

图 6　2014—2018 年全国及部分地区金融机构存款余额增速(%)

数据来源:历年《中国统计年鉴》《江苏统计年鉴》

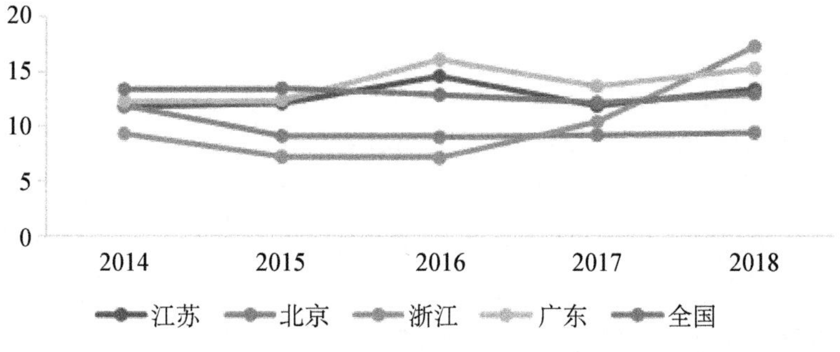

图 7　2014—2018 年全国及部分地区金融机构贷款余额增速(%)

数据来源:历年《中国统计年鉴》《江苏统计年鉴》

从存款内部结构来看,2018 年江苏城乡居民储蓄存款急剧增加。2018 年末,城乡居民储蓄存款余额 50768.6 亿元,增速为 10.2%,比上年末增加了 5.4 个百分点,但低于全国同期水平(11.1%),且低于北京(11.4%)、浙江(13.9%)等经济发达地区,见图 8。

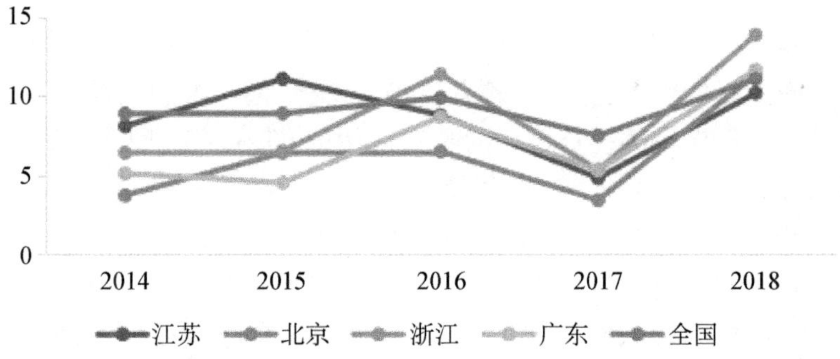

图 8　2014—2018 年全国及部分地区居民储蓄存款余额增速(%)

数据来源:历年《中国统计年鉴》《江苏统计年鉴》

四、固定资产投资

2018 年江苏省投资增长保持稳定,全年固定资产投资完成 56207.24 亿元,比上年增长 5.5%。其中,国有及国有经济控股投资下降 8.6%;港澳台及外商投资增长 0.8%。民间投资增长 10.8%,民间投资占全部投资比重达 71.0%。分类型看,项目投资比上年增长 2.2%;房地产开发投资比上年增长 14.1%。全年商品房销售面积 13484.2 万平方米,比上年下降 5.1%。其中,住宅销售面积 12040.7 万平方米,比上年下降 3.6%。从总量规模来看,位列全国第二位,仅次于山东(57466.01 亿元)排在其后的依次是河南(48101.15 亿元)、广东(41802.2 亿元)、河北(35411.21 亿元)。从固定资产投资占比来看,2014—2018 年间全国及主要省份固定资产投资增速都出现了不同程度的上升,其中,江苏占比由 2014 年的 8.18%上升至 2018 年的 8.71%,五年间占比增加了 0.53 个百分点。

表 8　江苏及部分地区固定资产投资额情况(2014—2018 年)

	2014 年		2016 年		2018 年	
	金额(亿元)	占比(%)	金额(亿元)	占比(%)	金额(亿元)	占比(%)
河　北	26671.9	5.20	31750.02	5.24	35411.21	5.48
辽　宁	24730.83	4.82	6692.246	1.10	6923.738	1.07
江　苏	41938.65	8.18	49663.21	8.19	56207.24	8.71
浙　江	24262.76	4.73	30276.07	4.99	33946.42	5.26
山　东	42495.53	8.29	53322.94	8.79	57466.01	8.90
河　南	30782.18	6.00	40415.09	6.66	48101.15	7.45
广　东	26293.96	5.13	33303.64	5.49	41802.2	6.47
四　川	23318.66	4.55	28811.95	4.75	35156.11	5.44
全　国	512761		606465.7		645675	

数据来源:历年《中国统计年鉴》《中国统计摘要 2019》

2018 年,八省固定资产投资额总和占该地区 GDP 的比重差异性较为明显,其中,河南省固定资产投资额占 GDP 比重高达 100%,较上年上升 2.44 个百分点,仍是这些省份中的最高值;河北省固定资产投资占 GDP 比重也高达 98.34%,仅次于河南省;江苏省固定资产投资占 GDP 比重 60.71%,较上年下降 0.99 个百分点,排列第 5 位,但高出同为经济大省和强省的广东、浙江,这反映出“三驾马车”中的“投资”对江苏的经济贡献度要明显高于经济发达其他省份;辽宁省的固定资产投资占 GDP 的比重最低,占比为 27.35%。

投资结构继续优化。第一产业投资比上年增长 6.7%,第二产业投资增长 7.9%,第三产业投资增长 3.7%。第二产业投资中,工业投资增长 8.0%,其中制造业投资增长 11.2%;制造业投资占项目投资比重为 59.0%,对全部投资增长的贡献率达 79.9%。工业技术改造投资增长 10.7%,占工业投资比重达 55.0%。高新技术产业投资增长 15.2%。电子及通讯设备、计算机及办公设备、新能源、医药、智能装备、仪器仪表制造业投资分别增长 23.9%、22.6%、19.0%、14.9%、14.8%和 11.4%。第三产业投资中,科学研究和技术服务业增长 6.8%,水利、环境和公共设施管理业增长 2.4%,文化、体育和娱乐业增长 8.5%。分地区来看,广东省作为最强经济省份之一,第一产业固定资产投资比上年下降 20.9%;第二产业固定资产投资增长 0.6%;第三产业固定资产投资增长 14.9%;其第一产业固定资产投资实现了负增长,这说明其投资结构在不断优化升级。河北省第一产业固定资产投资比上年增长 1.3%;第二产业固定资产投资增长 8.7%;第三产业固定资产投资增长 4%。江苏省第一产业固定资产投资和第三产业固定资产投资比上年增长的情况低于全国水平(12.9%、5.50%);第二产业固定资产投资比上年增长情况略高于全国水平(6.20%)。

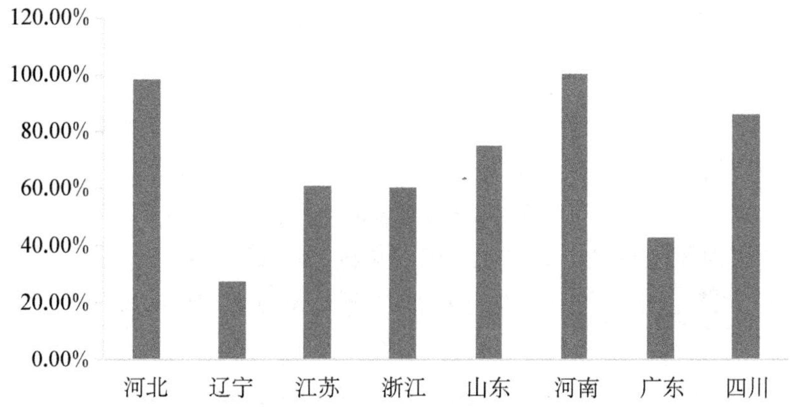

图 9　2018 年江苏及部分省份固定资产投资完成额占 GDP 比重(%)

数据来源:《中国统计摘要 2019》

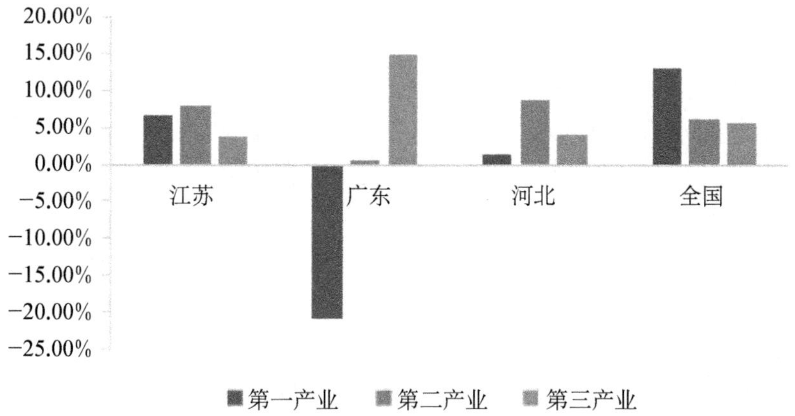

图 10　2018 年江苏及部分省份三次产业结构固定资产投资增长情况(%)

数据来源:各地区 2018 年国民经济和社会发展统计公报

2018 年,江苏省房地产投资同比增长 14.1%,占全部投资的比重为 30.0%。房地产开发投资增长 14.1%,其中住宅投资增长 14.4%。全省商品房销售面积 13484.2 万平方米,比上年下降

5.1%，其中住宅销售面积12040.7万平方米，下降3.6%。

表9　2018年全国及部分省份房地产投资情况

	房地产开发投资（亿元）	房地产销售额（亿元）	房地产销售面积（万平方米）
全　国	120263.5	149972.7	171654.4
河　北	4476.404	4034.959	5251.928
辽　宁	2599.271	2967.31	3934.568
江　苏	10982.34	14527.27	13484.21
浙　江	9944.935	14089.85	9755.487
山　东	7552.967	10065.7	13454.73
河　南	7015.473	8055.296	13990.5
广　东	14412.19	18742.12	14336.31

数据来源：《江苏统计年鉴2019》《中国统计摘要2019》

五、居民收入与城乡差距

2018年，在国内外经济环境发生深刻变化的背景下，江苏聚焦高质量发展，主动调结构促转型，全省经济社会发展水平和质量显著提高，经济运行的稳定性、协调性和可持续性进一步增强，具体可用“增长稳、结构优、质态好”来概括。在此背景下，江苏地区民生得到持续显著改善，人均可支配收入大幅提高。全省居民人均可支配收入38096元，比上年增长8.8%。其中，工资性收入21948元，增长7.6%；经营净收入5386元，增长7.8%；财产净收入3746元，增长15.7%；转移净收入7016元，增长9.8%。按常住地分，城镇居民人均可支配收入47200元，增长8.2%；农村居民人均可支配收入20845元，增长8.8%。城乡居民收入差距进一步缩小，城乡居民收入比由上年的2.277∶1缩小为2.264∶1。

从各省份的情况来看，上海、北京城镇居民人均可支配收入遥遥领先，位列前两位，分别为68033.62元和67989.89元，它们也是我国唯一的两个城镇居民人均可支配收入达到6万元俱乐部的省市，比全国平均水平高出一倍多。排名三至五位的依次是浙江（55574.31元）、江苏（47199.97元）、广东（44340.97元）。而从增幅来看，部分省市的年平均增速较稳定，均维持在8%左右；近五年的名义增幅维持在36%—40%。

2018年江苏农村人均可支配收入20845.07元，是同期全国水平的1.4倍，位列全国第五。排在其前面的省份依次是上海（30374.73元）、浙江（27302.37元）、北京（26490.29元）和天津（23065.23元）。2018年江苏农村居民人均可支配收入较2014年增长了43.3%，略高于同期全国增幅（39.3%），2014—2018年间年平均增速为8.65%，同于全国平均增幅8.65%。可见江苏近年来所做的民生项目和工作带来了令人瞩目的社会效应。

从城乡差距来看，城镇化的推进使得城乡收入差距逐渐减少，但城乡之间的不平衡性仍然存在。江苏省2018年的城乡差距为26354元，略高于全国城乡差距（246633元）。这意味着江苏在缩小城乡差距方面仍任重道远。

表10　全国及部分地区人均可支配收入变化(2014、2018年)

	城镇居民人均可支配				农村居民人均可支配			
	2014年	2018年	名义增幅(%)	年平均增幅(%)	2014年	2018年	名义增幅(%)	年平均增幅(%)
北　京	48532	67989.89	40.09291	8.793772	18867	26490.29	40.40543	8.85
天　津	31506	42976.25	36.40657	8.070913	17014	23065.23	35.56615	7.90
上　海	48841	68033.62	39.29613	8.638751	21192	30374.73	43.33112	9.42
江　苏	34346	47199.97	37.42493	8.272056	14958	20845.07	39.35734	8.65
浙　江	40393	55574.31	37.58401	8.303375	19373	27302.37	40.93001	8.96
广　东	32148	44340.97	37.92762	8.370932	12246	17167.74	40.19057	8.81
全　国	28844	39250.84	36.07974	8.00612	10489	14617.03	39.3558	8.65

数据来源:历年《中国统计年鉴》《江苏统计年鉴2019》

由于可支配收入水平决定了消费支出水平,因此,可支配收入上的区域差异直接导致了人均消费支出地区差异。2018年江苏全省居民人均消费支出25007元,比上年增长6.6%。其中,城镇居民人均消费支出29462元,增长6.3%,是全国水平的1.1倍;农村居民人均消费支出16567元,增长6.1%,是全国水平的1.3倍。与全国其他省份比较,可以发现,2018年江苏全省居民人均消费支出排名第六,落后于上海(58988元)、北京(57230元)、浙江(42046元)、天津(37022元)。排名基本与人均可支配收入的全国排名状况一致。

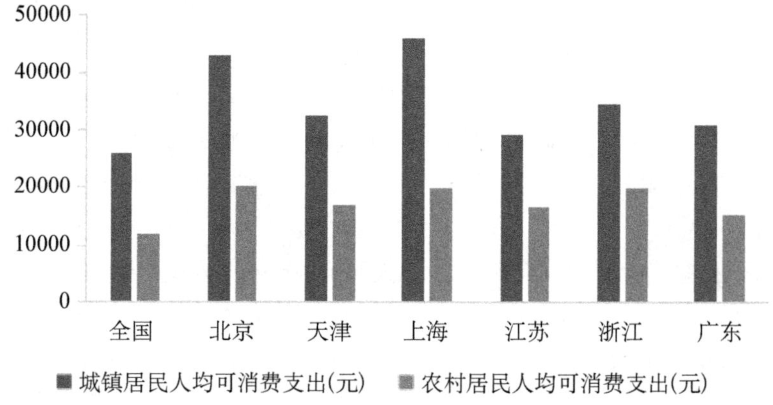

图11　2018年全国部分地区城乡居民人均消费支出　单位:元

数据来源:《中国统计年鉴2019》《中国统计摘要2019》

六、物价水平

2018年江苏消费价格温和上涨,全省居民消费价格比上年上涨2.3%。分城乡看,城市上涨2.3%,农村上涨2.4%。2018年六个经济发达省市中,北京的CPI指数最高,达到102.49,其次是山东(102.45)和江苏(102.31),然后是浙江(102.27),上海最低,只有101.59。从2014—2018年的趋势来看,江苏省物价上涨近五年间均高于全国总体水平,全国其他发达省份的CPI指数维持平稳,这与目前中国稳定的宏观经济环境有关。通常来看,江苏省农村的物价水平上涨幅度高于城市。在城乡收入差距日益增大、农村社会保障制度不完善的情况下,农村对物价上涨的抵御程度低于城市,物价上涨过快会对社会稳定和健康发展带来不利影响。

表 11　江苏及全国部分省份 CPI 指数变化(2014—2018 年)

	2014 年	2015 年	2016 年	2017 年	2018 年
北　京	101.62	101.85	101.4	101.91	102.49
上　海	102.65	102.42	103.23	101.68	101.59
江　苏	102.21	101.66	102.27	101.74	102.31
浙　江	102.06	101.41	101.92	102.12	102.27
广　东	102.31	101.55	102.3	101.51	102.16
山　东	101.91	101.23	102.08	101.52	102.45
全　国	101.99	101.44	102	101.56	102.10

数据来源:历年《中国统计年鉴》《江苏统计年鉴 2019》
注:上一年=100

2018 年,江苏省消费者价格指数分类别看,食品烟酒上涨 2.3%,衣着上涨 2.2%,居住上涨 2.4%,生活用品及服务上涨 3.4%,交通和通信上涨 2.5%,教育文化和娱乐上涨 2.4%,医疗保健上涨 1.2%,其他用品和服务上涨 2.2%。食品中,粮食上涨 1.2%,食用油上涨 0.2%,鲜菜上涨 8%,蛋类上涨 12.5%,水产品上涨 0.2%,畜肉类下跌 3%。工业生产者价格涨幅回落。全年工业生产者出厂价格上涨 2.8%,涨幅比上年回落 2.0 个百分点;工业生产者购进价格上涨 4.6%,涨幅回落 5.1 个百分点。

表 12　2018 年全国和东部部分省份消费者价格指数

	居民消费价格指数	食品烟酒	衣　着	居　住	生活用品及服务	交通和通信	教育文化和娱乐	医疗保健	其他用品和服务
全　国	102.1045	101.8517	101.2312	102.3783	101.5528	101.6591	102.2469	104.3417	101.188
北　京	102.4885	103.0869	99.74946	103.2153	101.3103	100.6466	103.5521	102.975	102.1638
天　津	101.9507	103.0576	101.0823	101.2611	101.0661	101.3474	102.4262	102.5671	101.0928
上　海	101.5883	102.2834	98.32735	100.2399	101.4214	104.0271	103.1094	102.4083	102.3811
江　苏	102.3104	102.2713	102.2021	102.3716	103.3975	102.4604	102.3925	101.2414	102.2168
浙　江	102.2737	102.632	101.1272	103.3585	101.3548	101.0031	102.1974	102.6236	100.2039
山　东	102.4536	102.3114	103.2276	103.0792	101.6471	101.8223	102.2469	102.9816	100.8235
广　东	102.1607	102.127	101.7173	102.1043	101.3668	101.945	102.2523	104.4958	101.0474

数据来源:《中国统计摘要 2019》
注:上一年=100

七、就业

2018 年江苏省就业形势持续向好。全省就业人口 4750.9 万人,占常住人口总数的 59.01%。与 2017 年末相比,就业人口减少 6.9 万人,占总人口的比重下降 0.24 个百分点。全省就业人口分三次产业的数量分别为 764.89 万人、2033.39 万人、1952.62 万人,占就业人口的比重分别为 16.1%、42.8%、41.1%。与 2017 年末相比,第一、第二产业就业人口分别减少 34.42 万人、7.71 万人,第三产业就业人口增加 35.23 万人;第一、第二产业就业人口比重分别下降 0.7 个、0.1 个百分点,第三产业就业人口比重上升 0.8 个百分点。

由表 13 可以看出,江苏省第一产业从业人员占比不断下降,由 2014 年的 19.3%下降到 2018 年的 16.10%,第二产业从业人员所占比例也逐步下降,第三产业从业人员比例不断上升,但第二产业人员占比仍高于第三产业人员占比。这表明江苏省工业与服务业吸纳了大多数的劳动人员,工业依然是经济发展和保障就业的重要部门。而全国看来,第三产业的从业人员占比最大,2018年第二产业的从业人员(27.57%)超过了第一产业(26.57%),表明农业和工业仍占据了全国53.68%的就业人员。

在总人口低速增长、劳动年龄人口大幅减少的情况下,江苏全省常住人口就业总量近年来呈波动式下降态势,与此同时,就业结构在进一步优化。分产业就业结构变化体现出:第一,城镇化发展持续快速稳定的推进,第一产业继续呈挤出效应,就业人数保持较大规模的缩减。第二,在劳动力资源的缩减、供给侧改革的双重作用下,劳动力密集型企业,尤其是制造业加快转型升级步伐,吸纳就业能力有所下降。同时,再就业帮扶行动和职业培训计划,有效解决了释放的劳动力就业问题,稳定了就业形势。第三,第三产业内部传统行业的分工进一步细化、深化,新型行业不断涌现,也是就业人数增加的主要因素。而随着人口老龄化程度的进一步推进,针对老年人口的服务行业增加迅速。

表 13 江苏省和全国按三次产业分从业人员构成(2014—2018 年)

年 份	江苏省			全国		
	第一产业	第二产业	第三产业	第一产业	第二产业	第三产业
2014	19.3	43	37.7	29.5	30	40.6
2015	18.4	43	38.6	28.3	29.3	42.4
2016	17.7	43	39.3	27.7	28.8	43.5
2017	16.8	42.9	42.3	27	28.1	44.9
2018	16.10	42.80	41.10	26.11	27.57	46.32

数据来源:历年《江苏统计年鉴》《中国统计摘要 2019》

社会保障体系更加完善。稳步实施全民参保计划,参保覆盖面持续扩大。年末全省城乡基本养老、城乡基本医疗、失业、工伤、生育保险参保人数分别为 5538 万人、7721.18 万人、1671.3 万人、1777.2 万人和 1694.46 万人,比上年末分别增加 160.4 万人、102.08 万人、88.4 万人、87 万人和 112.45 万人。城乡居民基本养老保险基础养老金最低标准由每人每月 125 元提高到每人每月 135 元。城乡居民医保人均财政补助最低标准提高到每人每年 589 元。

2018 年江苏失业保持较低水平,年末全省城镇登记失业率 2.97%,比上年下降 0.01 个百分点。全年新增转移农村劳动力 25.5 万人,转移率达 75.2%,比上年末提高 0.9 个百分点。城镇失业人员再就业 89.5 万人,城乡就业困难人员就业再就业 31.9 万人,分别比上年增长 11.0%和 26.6%。从全国范围看,2014—2018 年,江苏、浙江、广东、上海等省份的登记失业率均低于全国平均水平;上海市略高于全国水平,但在 2018 年低于全国平均水平。

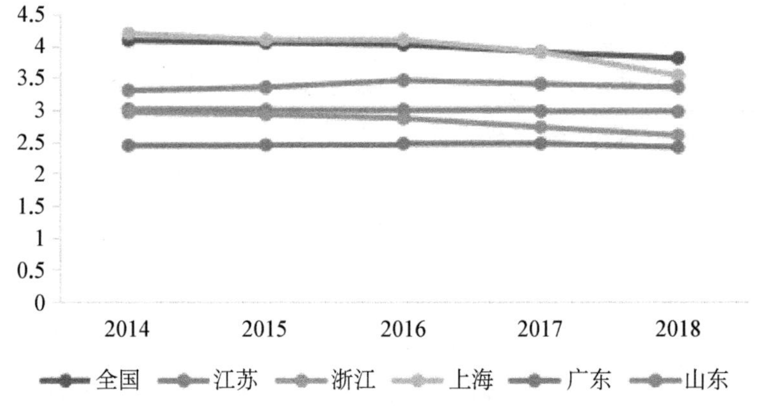

图 12 全国和部分地区历年城镇登记失业率(2014—2018 年) 单位:%

数据来源:历年《中国统计年鉴》

第二章　江苏省产业经济在全国的地位与变化分析

一、产业结构

与全国其他省份相比，虽然江苏省经济总量上一直处于前列，但却是一个比较典型的以工业生产为先导、第二产业优先发展的省份。与全国三次产业结构2012年即已进入“三二一”的产业比例结构不同，江苏省则在两年后的2014年第三产业才追平第二产业。这反映出江苏省产业结构的基本特点：在以制造业为代表的第二产业充分发展后，产业结构自然向中高端第三产业迈入，经济发展基础较为扎实；避免出现缺少第二产业支撑的第三产业虚假繁荣，即第三产业虽然就业人数较多，但层次却较低的现象。回看江苏省产业发展轨迹，在20世纪70年代第二产业超过第一产业，江苏产业构成进入“二一三”型后，随着第二、三产业的发展，1988年起，江苏省产业结构进入“二三一”型阶段。但进入该阶段后，第二、三产业中，第三产业始终增长缓慢，第二产业优势却不断增强。尤其是2002—2005年，甚至出现了第三产业比重明显下降而第二产业快速上升的现象，使得1988—2005年这一时期的江苏省成为典型的工业优先发展时期。而从2005年后第三产业才迅速增长，增长速度明显高于第二产业，直到2014年第二、三产业所占比重基本达到相同。因此，近一段时期，江苏省产业结构的特征是，第一产业不断弱化，产业结构进入到“二三”型并重阶段。

与全国7.2∶40.7∶52.2的三次产业构成比例相比较，可以看出江苏的第一产业比低于全国水平，且低2.73个百分点，第二产业比重略高，第三产业比重最高，说明工业带动江苏经济增长的现状较之前年份没有那么显著。与同属于东部地区的北京、上海相比，江苏服务业占比较为落后。2018年，江苏全年实现地区生产总值92595.4亿元，比上年增长6.7%。其中，第一产业增加值4141.7亿元，增长1.8%；第二产业增加值41248.5亿元，增长5.8%；第三产业增加值47205.2亿元，增长7.9%。全省人均地区生产总值115168元，比上年增长6.3%。产业结构加快调整，全年三次产业增加值比例调整为4.5∶44.5∶51，服务业增加值占GDP比重比上年提高0.7个百分点。

江苏经济社会已经迈入了工业化、城市化、国际化、市场化互动并进的新阶段。着力推进产业优化升级：努力调强第一产业发展能力，加快传统农业向现代农业转变；努力调优第二产业结构，提升制造业发展质量；努力调高第三产业比重，加速发展现代服务业。从三次产业的比重结构来看，新兴产业、高技术产业和现代服务业等新兴动能产业将是该地区未来产业结构调整有转型的主要方向。2018年江苏全年高新技术产业产值比上年增长11.0%，占规上工业总产值比重达43.8%，比上年提高1.2个百分点；战略性新兴产业产值比上年增长8.8%，占规上工业总产值比重达32%，比上年提高1个百分点。

表1　全国及部分地区三产产业比重变化(2014—2018年)

	2014年			2015年			2016年			2017年			2018年		
	第一产业	第二产业	第三产业	第一产业	第二产业	第三产业	第一产业	第二产业	第三产业	第一产业	第二产业	第三产业	第一产业	第二产业	第三产业
全国	9.2	42.6	48.2	9	40.5	50.5	8.6	39.8	51.6	7.9	40.5	51.6	7.2	40.7	52.2
北京	0.7	21.4	77.9	0.6	19.6	79.8	0.5	19.2	80.3	0.4	19	80.6	0.39	18.63	80.98
山东	8.1	48.4	43.5	7.9	46.8	45.3	7.4	45.4	47.3	6.7	45.3	48	6.47	43.99	49.53
上海	0.5	34.7	64.8	0.6	41.3	58	0.4	29.1	70.5	0.3	30.7	69	0.32	29.78	69.9
天津	1.3	49.4	49.3	1.3	46.7	52	1.2	44.8	54	1.2	40.8	58	0.92	40.46	58.62
浙江	4.4	47.7	47.9	4.3	45.9	49.8	4.2	44.1	51.6	3.9	43.4	52.7	3.5	41.83	54.67
江苏	5.6	47.7	46.7	5.7	45.7	48.6	5.4	44.5	50.1	4.7	45	50.3	4.47	44.5	50.98
广东	4.7	46.2	49.1	4.6	44.6	50.8	4.6	43.2	52.1	4.2	42.9	52.8	4	41.83	54.23

数据来源:历年《江苏统计年鉴》《中国统计摘要2019》

二、农业

江苏地处南北气候过渡地带,生态类型多样,农业生产条件得天独厚,素有“鱼米之乡”的美誉。作为全国13个粮食主产省之一,是南方最大的粳稻生产省份,也是全国优质弱筋小麦生产优势区,玉米、花生、油菜及多种杂粮杂豆等特色粮经作物遍布全省,棉花、蚕桑生产稳定,野生中草药材超千余种。园艺蔬菜是全省第一大经济作物。地方畜禽种质资源丰富,拥有畜禽遗传资源保护名录品种30个,其中15个被列入国家级畜禽遗传资源保护名录,国家级保种单位数量全国第一。2018年,江苏省农业农村经济发展稳中向好、稳中向优,乡村振兴实现良好开局。

从农业GDP规模来看,2018年,江苏第一产业GDP达到4141.725亿元,排名全国第四位,较2017年排名下降一位。排在其前面的依次是山东(4950.52亿元)、四川(4426.66亿元)、河南(4289.38亿元)。2018年,江苏农业GDP较2014年增长了13.96%,年平均增幅达到3.32%,比全国增速高0.68个百分点,农业产值增速较高。

表2　中国部分地区第一产业GDP情况(2014—2018年)　单位:亿元

	2018年排名	2014年	2016年	2018年	名义增幅(%)	年平均增幅(%)
山东	1	4798.4	4929.1	4950.52	3.17	0.78
四川	2	3531.1	3924.1	4426.66	25.36	5.81
河南	3	4160.8	4286.3	4289.38	3.09	0.76
江苏	4	3634.3	4078.5	4141.72	13.96	3.32
广东	5	3166.7	3693.6	3831.44	20.99	4.88
湖南	6	3148.8	3578.4	3083.59	−2.07	−0.52
全国		58333	63496.2	64734	10.97	2.64

数据来源:历年《江苏统计年鉴》《中国统计摘要2019》

2018年江苏农林牧渔业总产值达到7192.46亿元,仅次于山东(9397.39亿元)、河南(7757.93亿元)、四川(7195.64亿元),位居全国第四,其每亩耕地创造的农林牧渔业总产值占全国的比重为6.33%。山东作为一个农业大省,经过改革开放40年的发展,农业和农村经济发展呈现良好的态势，基本形成了“四大粮食作物、四大经济作物、两大优势产业”的农业产业布局。河南目前在现代化农业技术的影响下充分利用技术生产，获取农业的规模经济效应，使其农业产值得到进一步提升。江苏在农业发展方面虽然有着得天独厚的自然条件，但其2014—2018年间农林渔牧业总产值增速在逐步下降，近五年平均增速为1.9%，低于全国平均水平(3.9%)，这说明目前江苏三次产业结构已然发生了巨大调整。

表3　2014—2018年江苏及部分省份农林牧渔业总产值增速(按可比价计算)　　单位：%

	2014年	2015年	2016年	2017年	2018年	五年平均增速
山东	4	4.3	4.4	4	3.0	3.9
河南	4.2	4.6	4.5	4.6	3.9	4.4
江苏	3.1	2.6	0.8	2.3	0.9	1.9
四川	4	3.6	4	3.7	3.9	3.8
河北	4	2.7	3.5	4.1	3.0	3.5
全国	4.2	4.4	3.5	3.9	3.5	3.9

数据来源：历年《江苏统计年鉴》《中国统计摘要2019》

选取全国农林牧渔业总产值排名前五位的省份进行比较(山东、四川、河南、江苏、广东、湖北)，可以发现，2013年山东、河南、江苏、四川、河北农林牧渔业总产值占全国的比重分别为9.0%、7.4%、6.3%、6.0%和5.4%，中间虽然有波动，但波幅很小，到2018年，五省比例分别为8.27%、6.83%、6.33%、6.34%和5.02%，与前几年相比，呈现大幅下降之势。

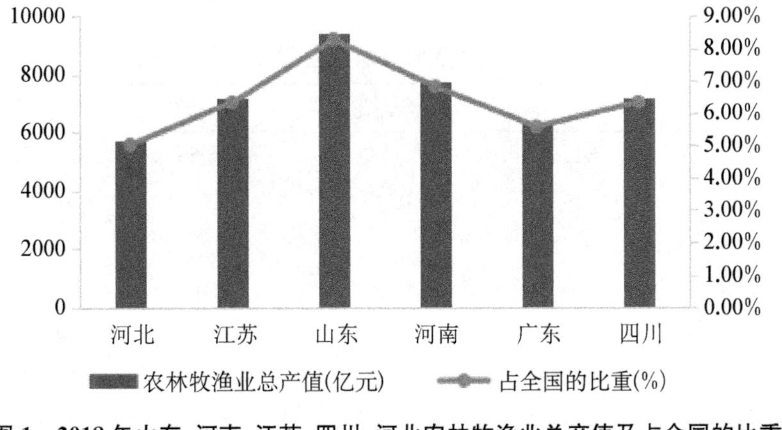

图1　2018年山东、河南、江苏、四川、河北农林牧渔业总产值及占全国的比重

数据来源：《中国统计摘要2019》

从地区农业内部产业结构来看(见表4)，相对2017年来说，江苏省种植业产品产量和畜牧业产量有所下降，林业和渔业产量总体呈现增加趋势；相对于全国来说，2018年江苏省农、林、渔、牧业占全国的比重分别为6.08%、2.71%、3.80%、14.08%；与其他省份相比，江苏畜牧业占比也明显偏低，但渔业占比明显偏高，农业服务业也位居前列。这种结构上的差异一方面是由自然条件决定的，如江苏自古就有“山水江南、鱼米之乡”的美誉，地区河道密布，水资源丰富，因此渔业较为发达；另一方面，与农业发展形态也有关系，江苏由于是经济强省之一，导致了都市农业、观光农业和现代技术农业也普遍发达，因此农业服务业相对发达。

表4　2018年全国及部分地区农业内部结构　　单位:亿元、%

	农业		林业		畜牧业		渔业	
	绝对值(亿元)	占全国比重(%)	绝对值(亿元)	占全国比重(%)	绝对值(亿元)	占全国比重(%)	绝对值(亿元)	占全国比重(%)
河　北	3085.86	5.02	186.64	3.44	1813.82	6.32	207.49	1.71
江　苏	3735.02	6.08	147.25	2.71	1091.31	3.80	1707.87	14.08
山　东	4678.26	7.61	181.63	3.34	2432.67	8.48	1425.91	11.75
河　南	4973.68	8.09	129.01	2.37	2067.71	7.21	122.71	1.01
广　东	3089.57	5.03	390.62	7.19	1184.72	4.13	1383.81	11.41
四　川	4153.71	6.76	358.74	6.60	2246.08	7.83	247.94	2.04

数据来源:《江苏统计年鉴2019》《中国统计摘要2019》

从主要农产品产量结构来看,2018年江苏全年粮食播种面积547.6万公顷,比上年减少5.1万公顷;棉花种植面积1.7万公顷,减少0.4万公顷;油料种植面积26.3万公顷,减少0.5万公顷;蔬菜种植面积142.5万公顷,增加1.7万公顷。全年粮食总产量3660.3万吨,比上年增产49.5万吨,增长1.4%。其中,夏粮1326.4万吨,下降0.7%;秋粮2333.9万吨,增长2.6%。粮食亩产445.6公斤,比上年增加10.1公斤,增长2.3%。全年造林面积4.3万公顷,比上年增长27.6%。全年猪牛羊禽肉产量321.9万吨,比上年下降4.0%;禽蛋产量178万吨,下降3.0%;牛奶总产量50万吨,增长2.1%。水产品总产量493.4万吨(不含远洋捕捞),下降2.1%,其中,淡水产品354.0万吨、海水产品139.3万吨,分别下降1.1%、4.6%。相对于其他省份来说,江苏粮食产量相对较高,而在肉类、奶类和棉花上产量相对较少,这和表4所反映的农业内部产业结构基本一致。

表5　2018年全国及部分地区主要农业产品产量　　单位:万吨

	粮　食	油　料	棉　花	肉　类	奶　类	水果
全　国	65789.22	3433.39	610.28	8624.63	3176.79	25688.35
北　京	34.14	0.42	0.00	17.47	31.06	61.46
天　津	209.69	0.63	1.83	33.89	48.04	62.47
上　海	103.74	0.71	0.01	13.45	33.44	54.31
江　苏	3660.28	86.04	2.06	328.48	50.03	934.13
浙　江	599.14	29.43	0.81	104.56	15.77	743.62
山　东	5319.51	310.90	21.70	854.70	232.52	2788.79
河　南	6648.91	631.03	3.79	669.41	208.90	2492.76
广　东	1193.49	106.25	0.00	449.90	13.90	1669.16
四　川	3493.70	362.54	0.40	664.74	64.27	1080.67

数据来源:《江苏统计年鉴2019》《中国统计摘要2019》

三、工业

2018年,江苏省工业运行总体稳定,中高端行业增势较快。全省规模以上工业增加值比上年增长5.1%。分经济类型看,国有企业增加值增长5.6%,股份制企业增加值增长5%,民营企业增加值增长4.1%,私营企业增加值增长3.5%。分行业看,列统的40个工业行业大类中有30个行业增加值比上年有所增长,增长面达75%。其中,电子、医药、汽车、专用设备等先进制造业增加值分别增长11.3%、10.4%、7.2%、12.5%。高耗能行业增加值增长2.5%,低于规模以上工业

2.6个百分点。全年高技术行业、装备制造业增加值分别增长11.1%、8%，增速比规模以上工业高6个和2.9个百分点；对规上工业增加值增长的贡献率达43.4%和74.2%，比上年提高13.3个和16.6个百分点。全年战略性新兴产业、高新技术产业产值增长8.8%和11%，占规模以上工业总产值比重达32%和43.8%。新能源汽车、城市轨道车辆、3D打印设备、智能电视、服务器等新产品产量比上年分别增长139.9%、107.1%、51.4%、36.4%和26.2%。全年规模以上工业企业产销率达98.8%。工业企业盈利能力提升，2018年1—11月，全省规模以上工业企业利润总额同比增长8.4%；主营业务收入利润率、成本费用利润率分别为6.41%、6.69%，同比提高0.03个、0.04个百分点。

2018年，苏浙沪鲁粤四省一市中，江苏、山东、广东规模以上工业总量位居前三位，但浙江省全年规模以上工业增加值14714亿元，比上年增长7.3%，是图2中各省市增长最快的。上海市2018年全年实现工业增加值8694.95亿元，比上年增长1.9%，是图2中各省市增长最慢的。江苏的工业增加值增速落后于浙江、广东、山东和河北，也低于全国平均增速1.1个百分点。

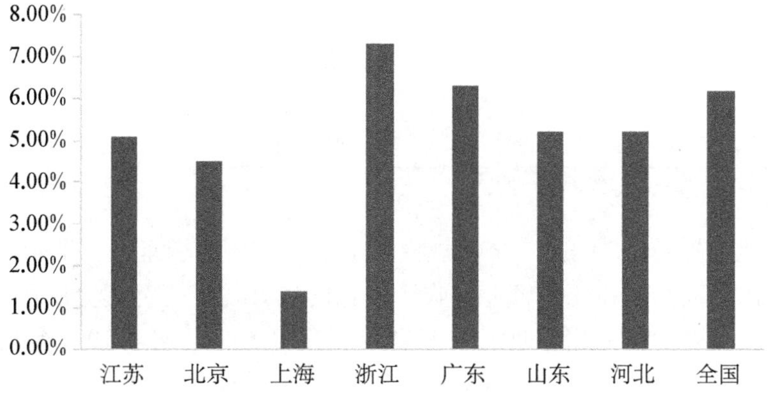

图2　2018年我国部分地区规模以上工业增加值增速对比

数据来源：各地区《2018年国民经济和社会发展公报》

就全国范围来看，2018年江苏规模以上工业利润总额达到了8491.9亿元，位列全国第一，占全国工业利润的12.8%，超出排在第二位的广东182.2亿元，超出山东3619.7亿元。江苏、山东和广东三省的规模以上工业利润总额分别由2014年的9057.2亿元、8763.4亿元、611.9亿元变为2018年的8491.9亿元、4872.2亿元、8309.7亿元。从全国占比而言，2018年江苏和山东的规模以上工业利润总额占比较2014年分别下降1.2个百分点和6.2个百分点，广东较2014年上升了2.3个百分点。

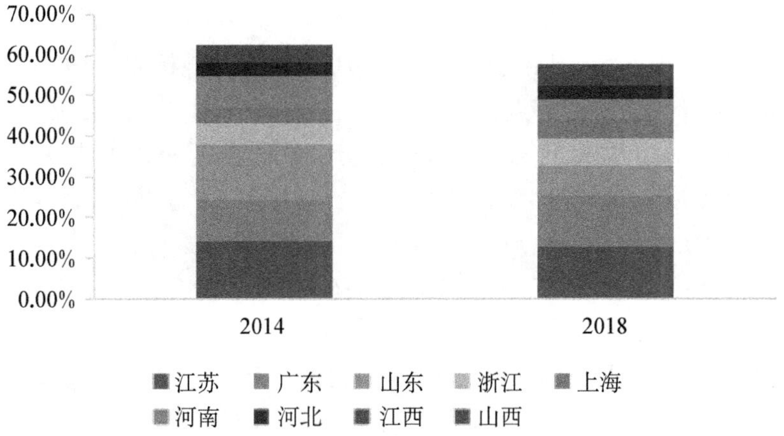

图3　2014—2018年江苏及全国部分地区工业利润总额占全国比重　单位：%

数据来源：《江苏统计年鉴2019》《中国统计摘要2019》

2014—2018 年,江苏、广东和山东三省工业利润总额均出现了不同程度的升降,其增幅分别为 −6.24%、25.68%和 −44.4%。三个省份中,江苏与山东工业规模增长速度明显放缓,甚至出现负增长,并且要远落后于全国增长水平(2.53%),而广东的增速要远高于这两个省。

表 6 中国及部分地区工业利润总额情况(2014、2018 年) 单位:亿元

	2018 年排名	2014 年	2018 年	名义增幅(%)	年平均增幅(%)
江　苏	1	9057.2	8491.9	−6.24	−1.60
广　东	2	6611.9	8309.7	25.68	5.88
山　东	3	8763.4	4872.2	−44.40	−13.65
浙　江	4	3543.7	4452.1	25.63	5.87
上　海	5	2646.5	3338.4	26.14	5.98
河　南	6	4771.4	3053.4	−36.01	−10.56
河　北	7	2421.7	2211.7	−8.67	−2.24
江　西	8	2043.9	2157.8	5.57	1.36
山　西	9	210.6	1355.9	543.83	59.29
全　国		64715.3	66351.4	2.53	0.63

数据来源:历年《江苏统计年鉴》《中国统计摘要 2019》

工业企业盈利能力提升。2018 年,全省规模以上工业实现主营业务收入、利润同比分别增长 7.3%、9.4%,呈现出利润增长快于主营业务收入增长的良好发展态势。分阶段来看,全省乡及乡以上全部独立核算工业企业产品销售收入由 1979 年的 312.6 亿元增至 1997 年的 7258 亿元,增长 22.2 倍,年均增长 19.1%;1998—2006 年,全省规模以上工业企业主营业务收入、利润分别由 7375.5 亿元、151.5 亿元增至 4.1 万亿元、1906.9 亿元,分别增长 4.6 倍、11.6 倍;2007—2018 年,全省规模以上工业企业主营业务收入、利润分别由 5.3 万亿元、2765.8 亿元增至 12.8 万亿元、8491.9 亿元,分别增长 1.4 倍、2.1 倍。同时,规模以上工业企业提质增效成果明显。2018 年,全省规模以上工业企业总资产贡献率、成本费用利润率、主营业务收入利润率分别为 12.1%、6.9%、6.6%,分别较 1998 年提高 3.7 个、4.5 个、4.5 个百分点;从企业经营状况来看,2018 年全省规模以上工业企业亏损面为 14.5%,与 1998 年相比,下降 9.8 个百分点,企业的经营状况明显改善;从人均主营业务收入、人均利润等指标来看,1998—2018 年,人均主营业务收入、人均利润分别由 12.7 万元、0.3 万元增至 138.3 万元、9.2 万元,单位劳动的产出稳步提升,工业企业提质增效成果显著。在工业企业经济中,江苏省的规模以上中小型企业对规模企业有着重要的意义。至 2018 年底,全省规模以上中小工业企业数为 44530 个,比上年底减少 2356 个,占全省规模以上工业的 97.5%;总资产为 68725.4 亿元,同比增长 5.6%。2018 年,全省规模以上中小工业总产值同比增长 7.9%,比去年同期下降 4.5 个百分点;完成主营业务收入 75917.2 亿元,占全省规模以上工业的 59.3%,同比增长 6.8%,比去年同期下降 3 个百分点。全省规模以上中小工业实现利润总额 4853.3 亿元,占全省规模以上工业比重的 57.2%,同比增长 8.7%。至 2018 年底,全省规模以上中小工业亏损企业个数为 6468 个,亏损面为 14.5%,比去年同期提高 2.8 个百分点;企业"两项资金"占用总额(应收账款净额与存货之和)为 17323.5 亿元,同比增长 7.9%,比去年同期下降2.9 个百分点。全省规模以上中小工业主要行业中,机械、轻工、石化和纺织四大行业支撑作用显著,主营业务收入均超过 7000 亿元,其中,机械行业主营业务收入 3 万亿元,石化行业主营业务收入 1.2 万亿元。四大行业的主营业务收入合计占规模以上中小工业的比重为 76.1%,比去年同期提高 2.1 个百分点。建材、冶金和医药行业主营业务收入增长较快,增幅均突破 10%。其中,建材行业主营业务收入同比增长 17.5%,冶金行业主营业务收入同比增长 15.3%,医药行业主营业务收入

同比增长10.2%。建材和冶金行业效益增长较快，利润总额分别增长38.0%和37.0%，分别比去年同期提高23.3个和29.9个百分点。轻工和纺织行业利润同比有所下降。全省规模以上民营中小工业企业总数为34690个，占规模以上中小工业企业总数的77.9%，比去年同期下降0.2个百分点；完成主营业务收入和利润总额分别占规模以上中小工业的63.2%和58.8%，同比增长6.8%和9.4%，分别高于外资中小工业企业主营业务收入和利润总额增幅0.6个和2.7个百分点。

表7　2018年江苏及部分省份工业企业经济指标　　单位：亿元

	主营业务收入	主营业务成本	利润总额	应收账款	产成品	资产总计
全　国	1022241	857474.1	66351.4	143418.2	43119.1	1134382
北　京	21435.7	17812.7	1530	4473.1	990.8	48009.5
天　津	17549.7	14743.6	1200.7	2694	803.4	20939.6
河　北	37835.5	32614	2211.7	4308.2	1592.3	44371.8
上　海	38445.7	30916.6	3338.4	7365.6	1650.1	42661.8
江　苏	128085.6	108782.4	8491.9	22059.9	5534.3	119590.9
浙　江	68653.8	57544.3	4452.1	12840.7	3665.2	77666.7
山　东	92703.6	79589.5	4872.2	9914.3	4458.4	102275.6
河　南	46627.6	39809.6	3053.4	5468.7	1668.4	50431.7
广　东	135616.1	113816.8	8309.7	22927	5858.8	124284.2
四　川	40646.7	33829.1	2717.9	5107.4	1429.9	44075.9

数据来源：《江苏统计年鉴2019》《中国统计摘要2019》

十一届三中全会以后，中央提出了以公有制为主体、多种所有制经济平等竞争和共同发展的方针，江苏工业经济成分日趋多元化，所有制结构调整稳步推进，多元化市场主体格局逐步形成，外商和港澳台商投资工业、民营、私营工业快速发展，成为推动江苏工业经济发展的重要力量。从企业个数来看，2018年，江苏共有规模以上工业企业45675家；其中，外商和港澳台商投资工业企业9578家，占全省比重21%；私营工业企业28747家，占全省比重高达62.9%；国有控股和集体工业企业1215家，仅占全省比重2.7%。从分经济类型增加值以及从业人员占比来看，2018年，国有控股工业增加值占全省规模以上工业比重为17.3%（国有工业占3%），从业人员占全省规模以上工业比重为6.5%（国有工业占0.7%）；集体工业增加值占比为0.2%，从业人员占比为0.2%；外商和港澳台商投资工业增加值占比为37%，从业人员占比为37.6%；私营工业增加值占比为32.1%，从业人员占比为40.9%。2018年，外商和港澳台商投资工业对全省工业增长的贡献率达35.5%，民营工业对全省工业增长的贡献率达45.6%（私营企业为28.6%）。可见，外商和港澳台商投资工业以及民营工业不仅有力地推动了江苏工业经济的发展，在稳定就业方面也发挥了关键性作用。与此同时，国有控股工业也在不断做优做强，虽然在全省工业中的各项占比均有所下降，但是在重要战略性领域仍然占据主导地位。2018年，在全省规模以上工业中，电力、热力生产和供应行业国有控股工业企业数占比达40.7%，资产占比达80.7%，主营业务收入占比达87.9%；水的生产和供应行业国有控股工业企业数占比达47.2%，资产占比达75.7%，主营业务收入占比达66.2%。

2018年江苏省外资企业比例仍然在增长，外资企业利润总额占全省工业利润的比例达到37.9%，比2017年的20.8%高出了17.1个百分点。而且2018年外商投资企业的亏损面较高，利润总额也仅有3151.35亿元，比上年下降9.3%。我国制造业自2008年已经出现外资撤出的现象，撤出的外资有相当一部分如服装纺织业流向了人力成本更为低廉的东南亚。相比之下，2018年江苏省大中型工业企业和私营企业较上年利润总额并不理想，大中型企业和私营企业的利润总额分别达到了5864.27亿元、2708.98亿元,相较2017年增长了870.4亿元、1052.6亿元,比2017年稍有下降,这与近两年来江苏的政策导向有一定的关系。近两年,江苏为发展民营经济出台了一系列的政策文件,推动产学研一体化的同时鼓励其实现"五个发展"和"五个转变",并且对其发展也有一定政策偏向。

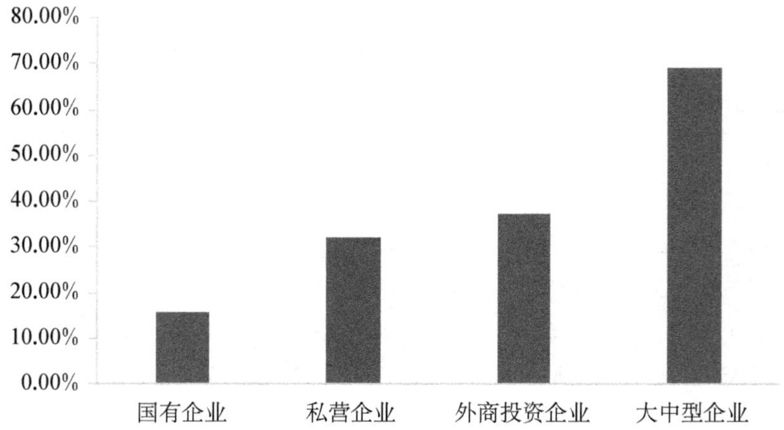

图4 2018年江苏省不同类型工业企业利润总额占全省的比重

数据来源:《江苏统计年鉴2019》《中国统计摘要2019》

四、服务业

党的十八大召开之后,经济发展进入新常态,党中央对民生高度关注,服务业被视为影响民生幸福的重要产业。据不完全统计,自2013年起,国家发布的与服务业发展相关的政策文件多达50个以上,比1978—2012年发布文件的总数还多,为服务业发展创造一个良好的环境。同时还对服务业的重点行业进行扶持,首次提出健康服务业、体育产业、养老产业等服务领域的促进政策加快服务业发展。江苏2015年发布《关于加快发展生产性服务业促进产业结构调整升级的实施意见》,2016年又出台《关于加快发展生活性服务业促进消费结构升级的实施意见》。这一系列政策措施的出台,极大地推动了服务业的发展,也增强了服务业服务经济社会的能力,其在国民经济中的地位迅速提高。2012—2018年,服务业占GDP的比重平均每年提升超过1个百分点,2015年江苏服务业增加值占GDP比重达到48.1%,首次超过第二产业占GDP比重,成为国民经济第一大产业,江苏三次产业结构实现了"二、三、一"到"三、二、一"的转变,2016年服务业贡献率超过第二产业,2018年服务业对经济增长的贡献率为58.8%,超过第二产业39.9%的贡献率,成为推进经济增长的重要引擎。江苏服务业发展实力不断增强,经济活力日益绽放,社会贡献逐渐加大,在国民经济各个领域影响力越来越大,成为助推全省经济发展的强大生力军,为江苏经济发展注入了新的活力。

从地区看,2018年苏州、南京、无锡三市服务业增加值均突破5000亿元,苏州达9450.2亿元,遥遥领先于其他地区,苏中南通服务业增加值超过4000亿元、扬州、泰州超2000亿元、苏北宿迁服务业增加值达1170.3亿元,地区服务业规模梯度特征明显。从占GDP比重看,知识密集型、技术密集型等高技术服务业发展较快的南京、无锡、苏州和常州均超过50%,这4个地区2018年服务业占GDP比重比1978年提高均超过33个百分点,重点地区服务业的快速发展对全省服务业发展带动作用明显。2018年苏南地区的服务业增加值占GDP比重达到53.2%,而苏中、苏北服务业增加值占比分别是47.6%、46.5%。

从服务业GDP规模来看,2018年江苏服务业GDP达到472015.16亿元,排名全国第二位,仅次于广东的52751.18亿元，高于山东（37877.43亿元）、浙江（30724.26亿元）。江苏服务业发展规模与广东的差距较大，2018年两省差值达到5546.02亿元，与2017年相比差距扩大了1227.18亿元。江苏服务业增加值的全国排名基本与GDP排名一致，由此可见，江苏服务业总量、服务业发展水平与地区经济的发展基本一致。从历年服务业GDP的名义增速来看，2014年之后，各省份服务业GDP增速基本维持在40%～70%左右，其中，2018年江苏增速为54.27%，高于全国水平，这也反映出江苏第三产业发展较迅猛，对经济增长起到越来越重要的作用。

表8　中国部分地区服务业GDP情况（2014—2018年）　单位：亿元

	2014年	2015年	2016年	2017年	2018年	2014—2018年增速（%）
全国	306038.2	346149.7	384221	427031.5	469574.6	53.44
北京	16627.04	18331.74	19995.3	22569.27	24553.64	47.67
辽宁	11956.19	13243.02	11360	12362.08	13256.95	10.88
上海	15275.72	17022.63	19362.3	20783.47	22842.96	49.54
江苏	30599.49	34085.88	38152	43169.44	47205.16	54.27
浙江	19221.51	21341.91	24000.6	27279.31	30724.26	59.84
广东	33223.28	36853.47	41446	47488.28	52751.18	58.78
山东	25840.12	28537.35	31669	34876.32	37877.43	46.58
湖北	11349.93	12736.79	14423.5	16503.4	18730.09	65.02
河南	12961.67	14875.23	16818.3	19198.68	21731.65	67.66
湖南	11406.51	12759.77	14485.3	16755.11	18888.65	65.60

数据来源：历年《江苏统计年鉴》《中国统计摘要2019》

从历年服务业GDP增速来看，受金融危机影响2008年之后，各主要经济大省的增速大体上都呈现下滑趋势，但2016年受“十三五”规划和供给侧改革的影响，该年各地区的服务业增速显示出上升的趋势。2018年江苏服务业GDP较2017年增加了1.1个百分点，北京增加了0.6个百分点，上海增加了1.9个百分点，浙江增加了1.2个百分点，山东增加了1.8个百分点，山东增加了1.8个百分点。

表9　历年中国及各地区服务业增加值指数（可比价格，上年＝100）

年　份	北京	上海	江苏	浙江	山东	广东
2014	107.5	108.8	110.01	108.59	108.9	107.99
2015	106.9	106.9	108.5	108	108	108
2016	112.3	115.5	113.5	112.9	111.2	114.1
2017	106.7	106.8	106.8	106.6	106.5	106
2018	107.3	108.7	107.9	107.8	108.3	107.8

数据来源：历年《江苏统计年鉴》《中国统计摘要2019》

从服务业占全国GDP的比重来看，考察2014—2018年间全国及各主要省份服务业占GDP比重，可以发现各省份该指标的变化方向不一致，其中，2018年江苏第三产业占GDP的比重较2014年上升了0.05个百分点，而广东省上升了0.38个百分点，浙江上升了0.26个百分点。这反映出2018年以来，在宏观经济处于“三期叠加”的背景下，江苏服务业的发展也受到了一定的影响，在这样一个背景下,政府也大力鼓励各个企业加快产业结构转型,促进产业优化升级。同时,服务业的贡献下降也与人口红利逐渐减弱有关。从服务业占各地区 GDP 比重来看,2018 年江苏服务业占江苏省 GDP 比重为 50.98%,比上年上升了 0.73 个百分点。与全国其他省份在服务业占 GDP 比重相比较,江苏比重明显偏低。同一时期,北京服务业的增加值占 GDP 比重为 80.98%、上海为 69.90%、广东为 54.23%和浙江为 54.69%,均高于江苏。与服务业发达省份相比,江苏省现代服务业企业普遍体量较小、产业雷同、竞争力弱、资源分散、同质化发展的现象比较突出。新兴业态布局分散,规模效应尚不明显,缺少龙头企业和知名品牌,集聚区集聚功能和产业带动能力还需持续提高。制造业企业大量服务资源还未真正向社会开放,仍以官办服务机构为主,服务效率相对较低。在研发创新方面,电子商务、创新型孵化器、互联网资讯等领域与北京、上海、广东、浙江等地相比,较为滞后。此外,江苏省科技服务业存在政策体系不完善、业务领域发展不平衡、科技服务机构自我发展能力较弱等问题,在很大程度上制约了产业的发展。

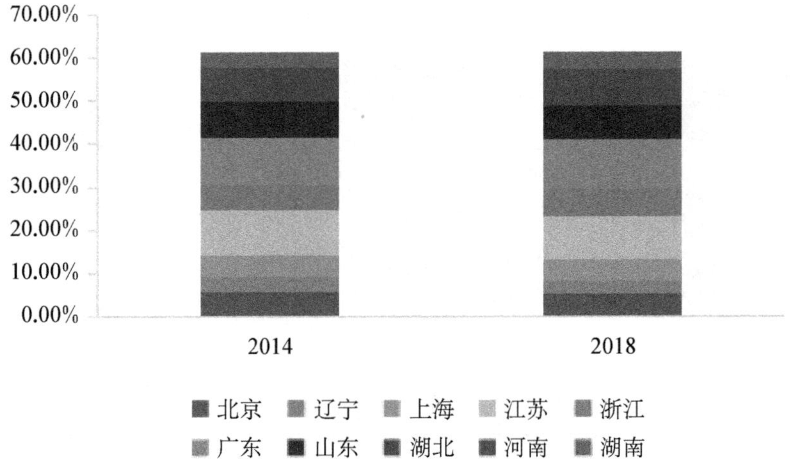

图 5　历年各地区第三产业 GDP 占全国比重

数据来源:历年《江苏统计年鉴》《中国统计摘要 2019》

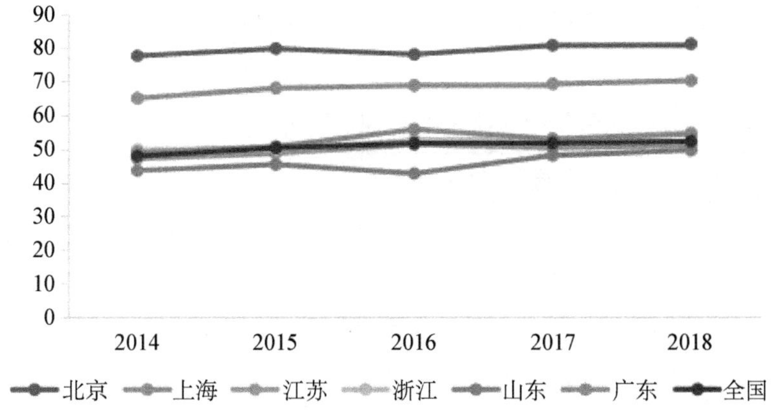

图 6　2014—2018 年全国及部分地区服务业 GDP 占总 GDP 比重　单位:%

数据来源:历年《江苏统计年鉴》、历年《中国统计摘要》

新中国成立之初,服务业构成简单,内容和形式比较单一,只有必需的交通运输业和商业。随着经济结构转型升级的推进和城市化进程的加快,江苏服务业产业结构不断优化。经过 70 年的建设发展,服务业的门类更加齐全,发展更趋均衡,传统服务业占服务业增加值比重不断下降，现代服务业则明显提升，服务业中主导行业发生了较大变化。1978 年，在服务业中排名前四位的行业分别是批发零售和住宿餐饮业、金融业、交通运输仓储及邮政业、房地产业；至 2017 年，租赁和商务服务业取代交通运输仓储及邮政业进入服务业行业中的第四位。租赁和商务服务业、信息传输、软件和信息技术服务业等新兴服务业更是从无到有、发展迅速，在服务业中的占比显著提高。"营改增"统一了货物和服务税制，有力地推动了先进制造业和现代服务业的融合发展，促进服务业的分工不断细化，租赁和商务服务业发展抢眼，广告业、会展服务、旅行社等相关商务服务业不断发展壮大，形成自己的发展体系。

然而，就传统服务业而言，江苏和北京、上海等地相比发展存在着差距，其占整个服务业的比重也较低。从数据来看，江苏省批发业在传统服务业有着十分重要的地位，批发业的主营业务收入实现 49324 亿元，占服务业 GDP 比重为 104.49%，低于全国和北京、上海等省份；零售业实现 10379.5 亿元，占服务业比重为 21.99%，低于全国水平(23.07%)；住宿业和餐饮业的主营业务收入实现额远远低于批发和零售业，占服务业比重均低于 1%。这表明江苏在发展传统服务业的方式上仍然存在问题，并未有效地利用知识、技术等要素资源，未实现传统服务业的创新性发展。

表 10　2018 年全国及部分地区传统服务业情况

	批发业		零售业		住宿业		餐饮业	
	主营业务收入(亿元)	占服务业比重(%)	主营业务收入(亿元)	占服务业比重(%)	主营业务收入(亿元)	占服务业比重(%)	主营业务收入(亿元)	占服务业比重(%)
全国	499369.4	106.35	108313.9	23.07	3878.40	0.83	5290.60	1.13
北京	49292.9	200.76	7623.4	31.05	397.30	1.62	671.50	2.73
上海	80607.8	352.88	7171.5	31.39	287.30	1.26	714.30	3.13
江苏	49324	104.49	10379.5	21.99	236.70	0.50	436.90	0.93
浙江	50353.6	163.89	7419.5	24.15	314.40	1.02	356.20	1.16

数据来源：《江苏统计年鉴 2019》《中国统计摘要 2019》

随着互联网经济高速发展和"互联网＋"战略的深耕，江苏出台《关于加快发展互联网经济的意见》，聚焦"互联网＋"工业等七个重点发展的领域，促进信息软件业企业发展。互联网迅速发展，成为经济发展的倍增器和产业转型升级的加速器。2018 年，规模以上互联网和相关服务业营业收入同比增长 60.2%，增速居新兴行业第一，居 35 个行业之首。一批行业龙头企业快速成长，江苏南瑞集团、国电南京自动化股份、南京联创科技集团三家企业入榜 2018 中国软件和信息技术服务综合竞争力百强企业，分别排名第 12、42、88 位。2010—2017 年，信息传输、软件和信息技术服务业增加值从 611.8 亿元增加到 2882.5 亿元。

互联网经济的迅速崛起，给流通消费市场带来了翻天覆地的变革，电子商务逐步壮大，涌现出同程旅游、途牛旅游、苏宁易购、孩子王等 232 家电子商务交易平台。2018 年，全省实现社会消费品零售总额 33230.4 亿元，是 1978 年的 392 倍，年均增长 16.1%。其中，全省实物商品网上零售额达 7696.7 亿元，比上年增长 30%，高于同期社会消费品零售总额增速 22.1 个百分点。在另一方面，互联网信息技术助推金融产品和服务创新不断推进，金融业取得稳步发展，成为对实体经济具有重要支撑和促进作用的主导产业。2018 年，江苏金融业增加值 7461.9 亿元，占服务业比重 15.8%，比 2005 年提高了 11.6 个百分点。

表 11　2018 年全国及部分地区现代服务业情况

	网上零售业		实物商品网上零售业	
	总值(亿元)	比上年增长(%)	总值(亿元)	比上年增长(%)
全国	90064.97	23.87	70198.18	25.41
北京	7294.09	10.32	5211.88	11.56
上海	8786.47	11.31	7105.16	9.47
江苏	9242.34	25.46	7696.68	30.03
浙江	14384.68	18.89	11089.15	24.32
山东	3513.56	31.67	2849.26	29.03
广东	18921.81	25.06	16383.05	26.53

数据来源:《江苏统计年鉴 2019》《中国统计摘要 2019》

从服务业总体来看,第一,江苏服务业综合实力明显提升,经济社会贡献不断加大,其主要表现在以下方面:① 贡献份额日益提升。改革开放前,服务业基础薄弱,对经济增长的贡献率较低。1978 年,江苏服务业占 GDP 的比重为 19.8%,低于第二产业 32.8 个百分点。改革开放后,江苏不断优化发展环境、完善服务体系、加大扶持力度,服务业得到了长足的发展,对经济增长的贡献不断加大。1978—2012 年,服务业增加值年均增速为 14.3%,高于 GDP 年均 12.5%的增速,也高于工业 14.2%的增速。2000 年以前,服务业贡献率在 30%上下波动,2000—2010 年贡献率在 35%左右,2011—2018 年江苏服务业对经济增长贡献率明显提升,超过 40%。2014 年服务业贡献率开始超过工业,2016 年服务业贡献率超过第二产业,2018 年服务业对经济增长的贡献率为 58.8%,超过第二产业 39.9%的贡献率,成为推进经济增长的重要引擎。② 经济活力不断增强。“大众创业、万众创新”掀起全社会创业创新高潮,“放管服”改革优化营商环境,激发服务业经济活力发挥了重要作用。2018 年,全省新增服务业企业 420552 家,平均每天新增 1168 家,占全部新登记注册企业总数的比重达到 76.5%。活跃的服务业经济也带动了投资领域的增长。全省服务业投资占全社会固定资产投资的比重由 1980 年的 28.9%提高到 2018 年的 55.4%,提高了 26.5 个百分点,成为投资的热门行业。服务业的较快发展使得用电量也同步增长。2018 年全省服务业用电量为 875.3 亿千瓦时,增长 14.2%,高出全社会用电量增速 8.7 个百分点。其中,发展最快的是科学研究和技术服务业、租赁和商务服务业,用电量增速分别为 19.5%、18.8%。服务业劳动生产率持续提升。1978 年,服务业劳动生产率只有 1615 元/人,1993 年首次突破 1 万元/人,2010 年突破 10 万元/人,2016 年突破 20 万元/人。2013 年开始服务业劳动生产率超过第二产业劳动生产率,居三次产业之首。2018 年服务业劳动生产率达到 243954 元/人,分别比第一、第二产业劳动生产率高出 190997 元/人、41482 元/人。③ 吸纳就业成效明显。随着产业结构的持续调整,服务业吸纳劳动力的作用不断增强,就业结构也趋于优化。改革开放以前,农业、工业是吸纳就业的主体,服务业从业人员较少。改革开放后,服务业充分发挥“蓄水池”作用,新增就业人员高于第一、第二产业,成为吸纳就业的主渠道。1978—2018 年,全社会第一、二、三产业就业人数平均增长率分别是－2.3%、3.3%和 4.8%。1978 年,服务业从业人员占全省从业人员的比重仅为 10.7%,分别低于第一产业和第二产业 59 个和 8.9 个百分点。2018 年,全省服务业从业人数为 1952.6 万人,占全部从业人员的比重为 41.1%,与第二产业从业人数占比差距缩小至最小,为 1.7 个百分点。随着经济地位不断提升,服务业吸纳就业的比重快速提升,服务业的就业形式更加多样。分行业看,与 2000 年相比,2018 年交通运输、仓储及邮政业、批发和零售业、住宿和餐饮业从业人员的比重下降,占比提升较快的是教育、金融业、卫生和社会工作以及房地产业,2018 年分别比 2000 年提高7.1、

5.5、5.4和4.2个百分点。④ 财税增长贡献显著。服务业快速发展、规模扩大的同时比重提高，税源结构也随之进一步优化，服务业税收比重显著提升。2018年，全省实现服务业税收6788亿元，同比增长17.4%，分别快于全部税收和第二产业税收5.9和11.2个百分点，是2008年的4.2倍，年均增长15.4%；服务业税收占全部税收比重为49.5%，比2008年提高了13.3个百分点。同时服务业税收对税收增长的贡献显著提升。2018年，服务业税收对整个税收增长的贡献率达71.5%，比第二产业高出43个百分点。房地产业、租赁和商务服务业、金融业等现代服务业对服务业税收增长的贡献率较高。2018年服务业对税收增长贡献率较2010年提高了21.9个百分点，服务业成为支柱行业。⑤ 吸引外资大幅增长。改革开放后，外商直接投资规模日益扩大。1981—2018年，外商直接投资额从0.02亿美元增长到605.2亿美元。从投资的方向看，2011年以前，外商主要投资于制造业；加入世贸组织后，服务业对外资的限制进一步放开，投资于服务业的外资比例大幅上升。2005年外商直接投资中，服务业仅占16.3%，2018年这一比例已经超过50%，达到52.2%，服务业已经成为外商投资的首选领域。

第二，江苏省服务业转型升级有序推进，经济结构不断优化。主要在于：① 所有制结构日益多元。改革开放前，服务业一直以国有经济和集体经济为主。党的十一届三中全会以后，开放的力度不断加大，个体、私营、外资等非公有制经济纷纷进入，经营主体呈现多元化发展格局。党的十八大以来，进一步放宽金融业等行业市场准入和显示，加强知识产权保护，打造良好的营商环境，服务业领域中的所有制结构发生了很大的变化，已由单一的公有制经济模式发展成为公有制经济和非公有制经济等多种经济成分共同发展的所有制结构新格局，特别是私营经济、外资经济，经历了从无到有、从小到大飞速发展过程。2018年全省规模以上服务业企业中，非公有制法人企业数和营业收入占比分别为65.8%、29.7%，比2013年提高8.9、4.4个百分点。在行业分布上，私营企业主要集中在交通运输、仓储和邮政业，租赁和商务服务业，科学研究和技术服务业，信息传输、软件和信息技术服务业这四个行业；外资也主要集中在这四个行业，但位次略有不同，分别为交通运输、仓储和邮政业，信息传输、软件和信息技术服务业，科学研究和技术服务业，租赁和商务服务业。② 区域发展更趋协调。改革开放前，地区间服务业发展水平差异不大，主要为满足工农业生产和人民基本生活需要。1978年以来，江苏根据各地区现代化建设进程、区域生产力和城市空间布局，打造“沿沪宁线、沿江、沿海、沿东陇海线”四个服务业集聚带，不同地区在金融、软件研发设计、创意文化旅游、物流、中央商务区等重点项目取得了一定的突破进展，促进了全省制造业与服务业、城市化与服务业的协同发展，逐渐形成了优势互补、层次鲜明的服务业区域发展格局。

第三，江苏服务业积极适应时代变化，科技创新引领作用不断增强，新产业新业态层出不穷，服务业已成为引领经济转型升级的“新引擎”和孕育新经济、新动能的“孵化器”。主要有几个方面：① 生产性服务业平稳发展。党的十八大以来，江苏为提升制造业企业核心竞争力，大力发展生产性服务业，承接制造业企业分离和外包的非核心业务，有力地促进了服务业与制造业的良性互动发展。2018年规模以上生产性服务业企业实现营业收入11591.7亿元，占全省规模以上服务业营业收入的八成。生产性服务业的发展壮大，有利于转变经济增长方式，增强自主创新能力、提供高水平的生产性服务业中间投入，占领经济价值链的中高端环节，推动“中国制造”的转型升级。受益于产业政策导向和现代服务业集聚区的发展带动，高新产业经济快速发展，对全省规上服务业增长的拉动作用明显。2018年，高技术服务业、战略性新兴服务业、科技服务业等高新服务业增速分别高于全省规上服务业营业收入增速6、6.4和6.8个百分点，对全省规上服务业增长的贡献率分别为62.2%、66.8%和59%，分别拉动全省规上服务业营业收入增长4.7、5和4.4个百分点。② “幸福产业”蓬勃发展。改革开放以来，在注重经济建设发展的同时，江苏省坚持把人民群众对美好生活的向往作为奋斗目标，着力解决民生突出问题，不断提高人民群众获得感幸福感安全感。民生事业呈现良好发展态势,旅游、文化、体育、健康、养老、教育培训等"幸福产业"实现从起步到稳定健康发展,居民"幸福感"不断提升。江苏积极参加首批国家全域旅游示范区创建,2018年江苏实现旅游总收入达到13247.3亿元,增长13.6%;接待境内外游客8.2亿人次,增长9.6%,旅游影响力不断扩大。大力发展文化事业与文化产业,成功举办紫金文化节、2018年戏曲百戏盛典。推出系列文化精品、打造江南文化、运河文化品牌。正着力打造"城市社区15分钟健身圈",方便帮助人民群众快捷的进行健身,促进群众体育和竞技体育、体育事业和体育产业协调发展。全民医保体系进一步完善,医疗保险待遇稳步提升。统一城乡居民医保制度,包括17种抗癌药在内的309个药品纳入医保支付,异地就医直接结算对象和范围进一步扩大。教育改革持续深化,学前教育资源供给不断增加,义务教育优质均衡发展加快推进,现代职业教育体系不断完善,高等教育事业得到加强,"双一流"和高水平大学建设取得新成效。

第三章 江苏省开放型经济在全国的地位与变化分析

一、对外贸易

江苏是中国开放较早、经济发展较快的省份之一。改革开放以来，开放型经济不断发展壮大，成为江苏经济社会发展的重要动力。2018 年全省开放型经济运行总体平稳、稳中有进。

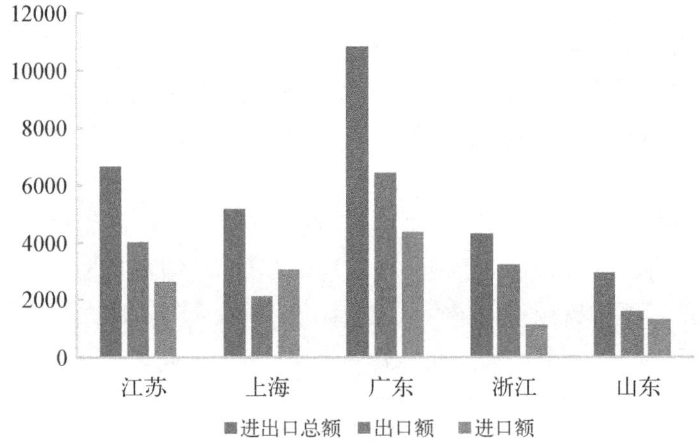

图 1 2018 年江苏及其他省份进出口情况（单位：亿美元）

数据来源：《江苏统计年鉴 2019》、各省份统计公报

从图 1 可以看出，江苏 2018 年全年进出口规模继续扩大。全省完成进出口总额 43802.4 亿元，比上年增长 9.5%。其中，出口 26657.7 亿元，增长 8.4%；进口 17144.7 亿元，增长 11.3%。广东全年货物进出口总额 71618.35 亿元，比上年增长 5.1%。其中，出口 42718.34 亿元，增长 1.2%；进口 28900.01 亿元，增长 11.3%。从总量上来看，广东对外经济规模，以及依赖度更高，江苏与广东之间的差距较为明显。

2018 年，广东省全年货物贸易进出口总值比 2017 年同期增长 5.1%，外贸降幅主要表现在出口方面：出口货物贸易值为 4.27 万亿元，同比增长 1.2%；进口货物贸易值为 2.89 万亿元，同比增长 11.3%。广东省货物贸易结构得到进一步优化，一方面，一般贸易比重不断提升，新型业态快速发展。2018 年，广东省一般贸易进出口 3.37 万亿元，增长 7.1%，占广东省外贸进出口的 47%，占比首超加工贸易 10 个百分点。此外，跨境电商进出口 759.8 亿元，增长 72%，市场采购出口 2446.3 亿元，增长 2 倍，广东省外贸新业态取得快速发展。与此同时，民营企业快速增长，经营主体不断增加。2018 年，广东省民营企业进出口 3.5 万亿元，增长 11.4%，占广东省外贸进出口的 48.9%，较去年同期提高 2.8 个百分点，继续成为我国第一大出口主体。

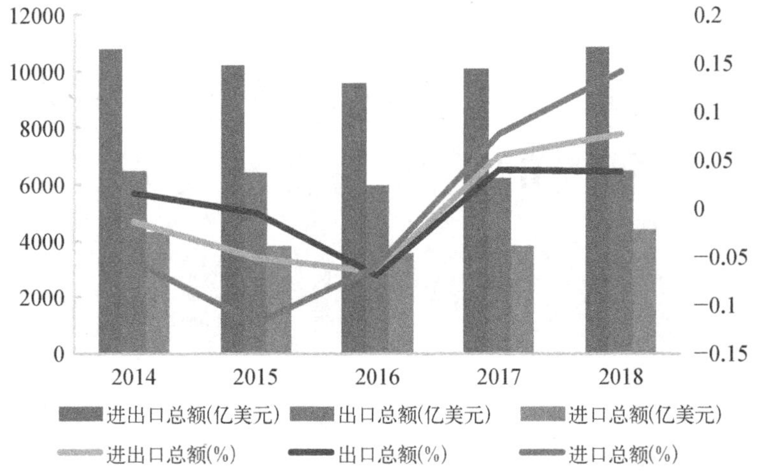

图 2　广东省对外贸易情况(2014—2018 年)

数据来源:历年《广东统计年鉴》

从进出口规模来看,2010 年至 2018 年,江苏连续 8 年进出口总额位居全国第二,仅次于广东。增幅达到 12.38%,在全国前七大贸易省份中,位列第三。其中,广东增幅 7.73%,增长速度排名倒数第一;上海增幅 8.29%,增长速度排名倒数第二。增幅较高的是北京,分别为 27.30%,其次是浙江、江苏、山东和福建。

2018 年,浙江省货物出口 21182 亿元,比上年增长 9.0%,增速高于全国平均水平 1.9 个百分点,也高于江苏(8.4%)、福建(7.1%)、上海(6.9%)、山东(6.1%)和广东(1.2%),出口增速连续六年居沿海主要省市之首。市场份额不断提高,占全国出口的 12.9%,比上年提高 0.2 个百分点。

表 1　2018 年全国及沿海主要省市数据

地区	依存度(%)			贸易竞争力
	进出口	出口	进口	
全国	33.9	18.2	15.6	0.076
广东	73.6	43.9	29.7	0.193
江苏	47.3	28.8	18.5	0.217
浙江	50.7	37.7	13.1	0.485
上海	104.1	41.8	62.3	−0.196
山东	25.2	13.8	11.4	0.095
福建	34.5	21.3	13.2	0.233

数据来源:《中国统计年鉴 2019》、各省份统计公报

2018 年中国外贸百强城市排名标准,包括外贸水平竞争力、结构竞争力、效益竞争力、发展竞争力和潜在竞争力 5 项共 25 个指标。除肇庆外,广东珠三角其余八市悉数入选。在前 10 名中,深圳、东莞、珠海、广州占据了四席。其中深圳和东莞更是进入了前三名。在榜单评选的5 个分项中,深圳在其中 3 个分项中排名第一。广东城市在外贸发展竞争力分项中表现突出,深圳、东莞、珠海均进入了这一分项的前 10,深圳更是排名第一。珠海则占据这一分项中"人均实际利用外资额"的首位,深圳在这一指标的得分排第 3 位,东莞排第 14 位,广州排第 17 位。这表明广东在吸引外资方面表现突出,其中,珠海表现尤为出色。去年,珠海新设外商投资企业 3973 家,同比增长 153.9%;实际吸收外资 156.3 亿元,同比增长 26.9%,规模位居全省第 3 位。这使得珠海在外贸发展竞争力分项中由之前的第 12 位上升到第 7 位。前十名的城市分别为深

圳、上海、东莞、苏州、珠海、厦门、广州、宁波、天津和北京。

二、利用外资

2018 年，江苏利用外资保持增长。全年新批外商投资企业 3348 家，比上年增长 2.9%；新批协议注册外资 605.2 亿美元，比上年增长 9.2%；实际使用外资 255.9 亿美元，比上年增长 1.8%。新批及净增资 9000 万美元以上的外商投资大项目 353 个，比上年增长 1.1%。全年新批境外投资项目 786 个，中方协议投资额 94.8 亿美元。加快推进“一带一路”交汇点建设，全年新增“一带一路”沿线对外投资项目 235 个，比上年增长 46.8%，中方协议投资额 23.1 亿美元。同时，从图 3 中可以明显看出江苏省 2013—2018 年实际利用外资金额高于其他沿海四省市，这意味着江苏省利用外资规模和效率较高，位于全国前列，其开放型经济对全国贡献较大。

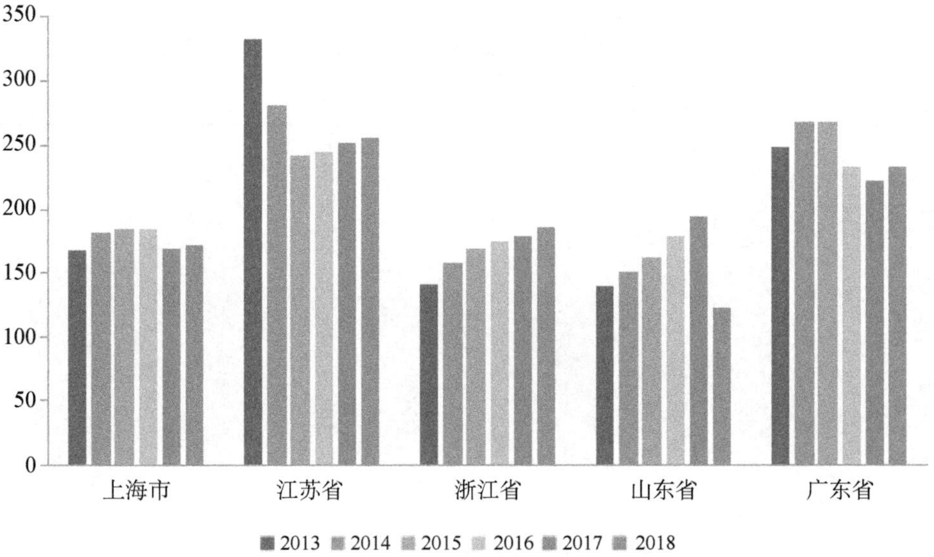

图 3　沿海五省市实际利用外资情况（单位：亿美元）

数据来源：各省份统计公报及各省统计年鉴

2018 年浙江省新批外商直接投资项目 3529 个，比上年增加 499 个；合同外资 430.6 亿美元，实际利用外资 186.4 亿美元，分别增长 24.1%和 4.1%。第二产业中，制造业实际利用外资 59.7 亿美元，增长 9.2%。第三产业投资项目 2940 个，比上年增加 502 个，占外商直接投资项目总数的 83.3%，合同外资 307.8 亿美元，实际利用外资 120.0 亿美元，分别增长 28.7%和 2.6%，占外资总额的比重分别为 71.5%和 64.4%。2018 年上海市全年新设外商直接投资项目 5597 项，比上年增长 41.7%；合同金额 469.37 亿美元，增长 16.8%；全年外商直接投资实际到位金额 173 亿美元，增长 1.7%。全年制造业外商直接投资实际到位金额 17.84 亿美元，增长 1.2 倍，占全市实际利用外资比重为 10.3%；第三产业外商直接投资实际到位金额 154.55 亿美元，下降 4.3%，占比为 89.3%。“一带一路”沿线国家在沪投资合同金额占全市比重达 10.9%。至年末，在上海投资的国家和地区达 182 个，在上海落户的跨国公司地区总部累计达 670 家。其中，亚太区总部 88 家；投资性公司 360 家；外资研发中心 441 家。年内新增跨国公司地区总部 45 家。其中，亚太区总部 18 家；投资性公司 15 家；外资研发中心 15 家。2018 年山东省利用外资稳步增长，新设立外商投资企业 2156 家，合同外资 277.1 亿美元，比上年增长 10.6%；实际使用外资 123.9 亿美元，增长 6.5%。其中，服务业实际使用外资 71.9 亿美元，增长 42.7%。新设及增资总投资过亿美元大项目 135 个，增长 32.4%，合同外资 135 亿美元。27 家世界 500 强企业投资项目 51 个，合同外资 21 亿美元，增长 41.4%。对外合作积极拓展，实际对外投资 465.0 亿元，比上年增长 23.2%。其中,跨国并购实际投资 189.4 亿元,增长 62.8%;对外承包工程完成营业额 806.8 亿元,增长 1.6%;派出各类劳务人员 5.8 万人,下降 19.1%。

三、境外投资

2018 年,地方企业对外非金融类直接投资流量达 982.6 亿美元,同比增长 14%,占全国非金融类流量的 81%。其中:东部地区 758.2 美元,占地方投资流量的 77.2%,同比增长 18%;西部地区 100.6 亿美元,占 10.2%,同比下降 19.2%;中部地区 101.4 亿美元,占 10.3%,同比增长 33.2%;东北三省 22.4 亿美元,占 2.3%,同比增长 17.3%。广东、上海、浙江、山东、北京、江苏、福建、河南、海南、天津位列地方对外直接投资流量前 10 位,合计 780.8 亿美元,占地方对外直接投资流量的 79.4%。

表 2　2018 年末对外直接投资流量前十位的省区市(单位:亿美元)

序号	省、市、区	流量	占地方比重(%)
1	广东省	160.6	16.4
2	上海市	153.3	15.6
3	浙江省	122.8	12.5
4	山东省	66.9	6.8
5	北京市	64.7	6.6
6	江苏省	61.0	6.2
7	福建省	45.4	4.6
8	河南省	38.6	3.9
9	海南省	33.8	3.4
10	天津市	33.7	3.4
	合计	780.8	79.4

数据来源:《2018 年度中国对外直接投资统计公报》

2018 年末,地方企业对外非金融类直接投资存量达到 7487.5 亿美元,占全国非金融类存量的 42.4%。其中:东部地区 6156.7 亿美元,占 82.2%;西部地区 623.5 亿美元,占 8.3%;中部地区 492.9 亿美元,占 6.6%;东北三省 214.4 亿美元,占 2.9%。广东省以 2005.5 亿美元的存量位列地方对外直接投资存量之首,其次为上海 1180.7 亿美元,其后依次为北京、浙江、山东、江苏、天津、福建、湖南、河南等。在 5 个计划单列市中,深圳市以 1450.8 亿美元位列第一,占广东省对外直接投资存量的 72.3%,青岛市以 186 亿美元位列第二,占山东省存量的 33.9%。

表 3　2018 年末对外直接投资存量前十位的省区市(单位:亿美元)

序号	省、市、区	存量	序号	省、市、区	存量
1	广东省	2005.5	7	天津市	246.5
2	上海市	1180.7	8	福建省	175.7
3	北京市	699.5	9	海南省	151.8
4	浙江省	573.6	10	河南省	134.4
5	山东省	549.1		合计(占地方存量的 82.5%)	6178.3
6	江苏省	461.5			

数据来源:《2018 年度中国对外直接投资统计公报》

浙江省是近年来对外直接投资增长较快的省份。2018 年，浙江全省经备案、核准的境外企业和机构共计 737 家，境外直接投资备案额 1261.52 亿元人民币，同比增长 1 倍(折合 183.81 亿美元，同比增长 90.63%)。其中，当月境外直接投资备案额 89.63 亿元人民币，同比增长 6.21%(折合 13.06 亿美元，同比增长 2.19%)。主要涉及制造业、批发和零售、电力能源等行业。

广东省一直是全国境外直接投资流量和存量最多的省份。2018 年，广东全省经核准境外新增中方实际投资额 138.0 亿美元，比上年增长 57.7%。对外承包工程完成营业额 175.7 亿美元，下降 2.9%；对外劳务合作新签劳务人员合同工资总额 6.7 亿美元，劳务人员实际收入总额 8.6 亿美元；承包工程和劳务合作年末在外人员共 9.28 万人。

从境外非金融类企业的隶属情况看，地方企业占 85.7%，中央企业和单位仅占 14.3%。广东、浙江、江苏、上海、北京、山东、福建、辽宁、湖南、天津位列地方境外企业数量前 10 位，合计占境外企业总数的 68.2%。广东省是中国拥有境外企业数量最多的省份，占境外企业总数的 19.1%；其次为浙江省，占 10.4%；江苏省位列第三，占 8%。

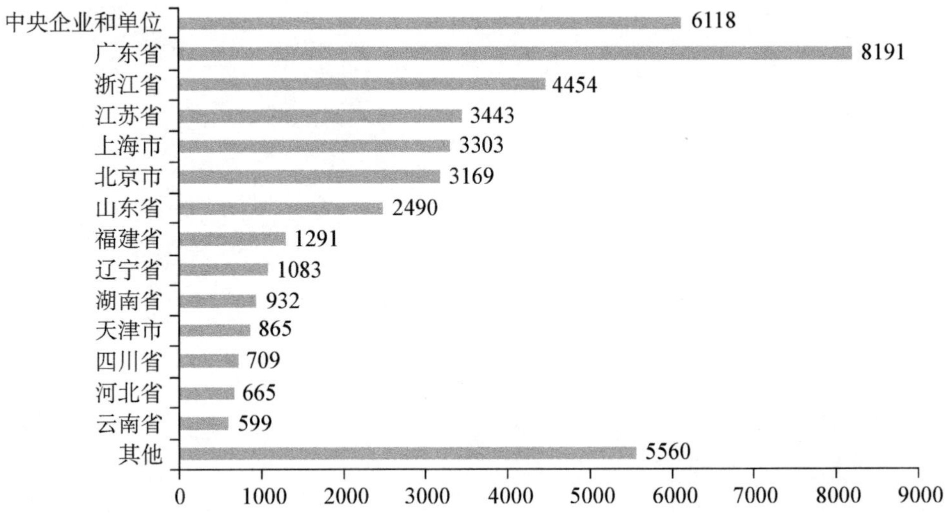

图 4　2018 年末中国主要省区市设立境外企业情况(单位:家)

数据来源:《2018 年度中国对外直接投资统计公报》

第五篇　江苏省区域经济发展报告

第一章　苏南、苏中、苏北地区经济社会发展比较

江苏是中国经济最发达的省份之一，但是和中国经济一样，江苏经济发展并不平衡，呈现出明显的地区差异，其中，苏南地区包括苏州、无锡、常州、镇江、南京五市，经济发达，已经进入到工业化后期阶段，力争在全国率先基本实现现代化；苏中地区包括扬州、泰州和南通三市，进入到工业化中期阶段，和苏南地区相比，尚有很大差距；苏北地区包括徐州、连云港、宿迁、淮安、盐城五个省辖市，经济相对于苏南和苏中地区相对落后，加快推进工业化发展，是其目前经济发展的重要途径。

2018 年，苏南转型升级步伐加快，苏中整体发展水平提升，苏北全面小康社会建设取得新进展。全年苏南、苏中、苏北地区生产总值分别比上年增长 7.53%、8.3%和 5.4%；与 2017 年相比，苏南、苏中、苏北地区的经济发展水平有明显提高，而且，苏中和苏北地区缩小了与苏南地区的差距。一般公共预算收入分别增长 11.21%、4.58%和 5.79%。2018 年，全省固定资产投资完成同比增长 5.5%，苏南、苏中、苏北固定资产投资同比分别增长 3.7%、9.4%、5.2%，分别占全省总量的 44.3%、23.6%、32.1%，同比分别下降 0.8 个、提高 0.9 个、下降 0.1 个百分点；社会消费品零售总额分别增长 8%、8.3%和 7.4%，其中，苏南地区和苏中地区分别高于江苏省 0.1 个和 0.4 个百分点，苏北地区低于江苏省 0.5 个百分点。

沿江、沿海、沿东陇海线"三沿"联动，成为我国东部地区新的经济增长极。长三角区域一体化、江苏沿海发展战略、苏南现代化建设示范区、苏南创新示范区等国家战略的实施，与"一带一路"倡议和长江经济带建设国家战略叠加影响，江苏省区域协调发展迎来新机遇。2018 年，江苏省上下以习近平新时代中国特色社会主义思想为指引，自觉践行新发展理念，坚持稳中求进工作总基调，以供给侧结构性改革为主线，全力推进稳增长、促改革、调结构、惠民生、防风险各项工作，经济社会发展的稳定性协调性明显增强。全省经济发展迈上新台阶，改革创新展现新活力，转型升级取得新成效，发展质量得到新提升，民生福祉获得新改善，社会事业实现新进步。

一、总体经济发展

（一）GDP 和人均 GDP

2018 年，苏南转型升级步伐加快，苏中整体发展水平提升，苏北全面小康社会建设取得新进展。全年苏南、苏中、苏北地区生产总值分别比上年增长 7.53%、8.3%和 5.4%。党的十八大以来，区域融合发展取得新成效，发展差距逐步缩小。2013—2018 年，苏南、苏中、苏北 GDP 年均分别增长 7.9%、9.0%和 8.3%，苏中、苏北追赶步伐加快。

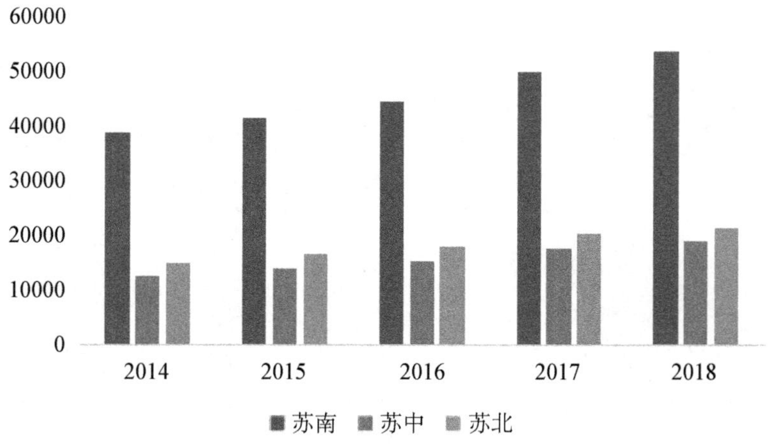

图 1　三地区 GDP 规模(亿元)

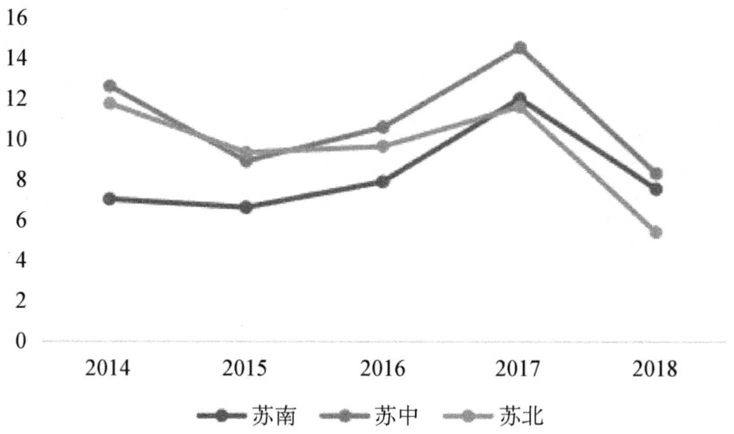

图 2　三地区实际 GDP 增速(%)

数据来源:历年《江苏统计年鉴》

2014—2018 年,苏南、苏中、苏北地区名义生产总值年均分别增长 8.22%、10.98%和 9.55%。在苏南经济发展质量和效益不断提升的同时,苏中、苏北对全省经济增长的贡献率与上一年保持基本一致,三大区域各展所长、优势互补、协调发展的局面逐步形成。苏南、苏中和苏北地区 GDP 总量分别从 2014 年的 38941.26 亿元、12721.49 亿元和 15151.49 亿元增加到 2018 年的 53956.76 亿元、19000.8 亿元和 21365.98 亿元,这几年间苏南、苏中和苏北地区增长了 38.56%、49.36%和 41.02%。

自 2007 年底苏南五市以市为单位率先全面达小康以后,苏南人民已开启率先基本实现现代化的新征程,与此同时,一种全新的发展模式——“现代苏南模式”逐步形成并展现其风采,推动经济转型升级,大力发展高新技术产业、总部经济和生产性服务业,规模总量继续领跑全省,发展质量效益不断提升。

苏中抢抓沿江开发机遇,积极推进跨江融合发展,整体发展水平实现新的提升。以南通为例,去年地区生产总值、公共财政预算收入、规模以上工业增加值、工业用电量等多个经济指标增幅高于全省平均水平。其中,在江海联动、陆海统筹、转型升级等方面表现突出的南通被称为苏中新一轮发展中的“领头雁”。2018 年南通完成地区生产总值 8427.0 亿元,按可比价计算,增长 7.2%,增速分别高于全国、全省 0.6 和 0.5 个百分点,列全省第三。其中,第一产业增加值 397.8 亿元,同比增长 2.2%;第二产业增加值 3947.9 亿元,同比增长 6.5%;第三产业增加值 4081.4 亿元,同比增长 8.4%。南通提出要积极策应上海自贸区建设,抓住创建陆海统筹发展综合配套改革试验区的契机加快发展。

苏北五市以苏北振兴、沿海开发和沿东陇海产业带开发开放为重要契机，立足自身产业发展基础和禀赋，在“一中心”“一基地”中找准定位，深入推进两化融合发展，做大做强优势主导产业，培育壮大战略性新兴产业，加快传统产业改造升级，大力发展现代服务业，形成具有区域特色和较强竞争力的现代产业体系。

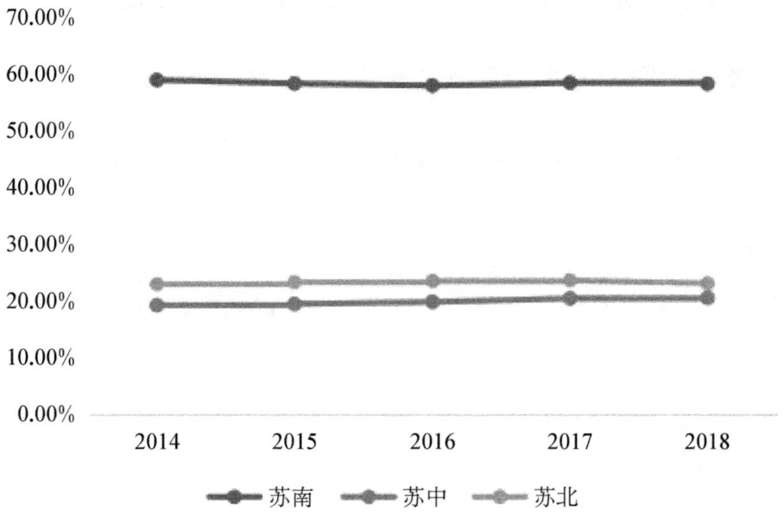

图 3　三地区 GDP 占江苏比例(%)

数据来源:历年《江苏统计年鉴》

苏南地区为长三角经济发达地区，其经济总量巨大，在整个江苏省 GDP 中占据绝对领先地位，2014 年，苏南、苏中和苏北 GDP 占江苏总量的 58.89%、19.24%和 22.91%。由于苏北地区在 2008 年以后增速高于苏南和苏中，使得其在江苏经济中的份额有所上升，到 2018 年升至 23.07%，苏南降至 58.27%，苏中也有所上升，为 20.52%。但是三地区比例变化不大，反映出区域发展不平衡仍然十分明显。

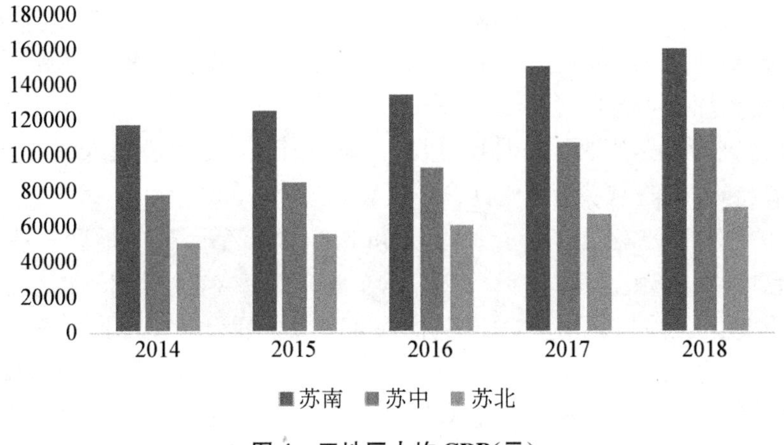

图 4　三地区人均 GDP(元)

数据来源:历年《江苏统计年鉴》

从人均 GDP 的角度来看，苏南、苏中和苏北三地区保持了持续快速增长，分别从 2014 年的 117477 元、77532 元、50603 元增加到 2018 年的 160747 元、115360 元和 70396 元(图 4)，分别增长了 36.83%、48.79%和 39.11%，且苏中增速快于苏北和苏南。并且，苏北、苏中地区的人均 GDP 与苏南的差距呈现出逐年缩小的趋势，这显示了苏北和苏中地区发展具有的后发优势。

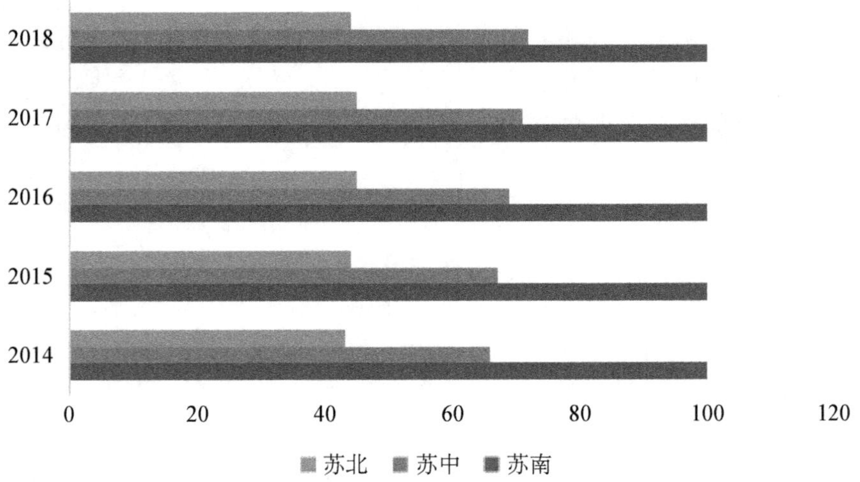

图5　苏南、苏中、苏北人均GDP相对比例(苏南=100)

数据来源:历年《江苏统计年鉴》

从具有比较意义的人均指标看:2014年苏南人均GDP比苏中、苏北分别高39945元和66874元,2018年差距扩大到45387元和90351元。从图5我们可以看到,苏中和苏北地区相对于苏南的比例稳步提高,2014年时,苏中、苏北地区的人均GDP分别是苏南地区的66%和43.07%,到2018年时上升到71.76%和43.79%,这说明在苏南保持快速增长的同时,苏中和苏北奋起直追,虽然经济总量的比例上变化不大,但是人均水平有了明显提高,反映了在各级政府和全省人民的努力下,江苏经济出现了明显的收敛趋势,经济发展逐渐趋于平衡。但是同时也必须看到,虽然苏中、苏北和苏南的相对差距在缩小,但是绝对差距却在扩大,三个地区经济平衡发展仍然任重道远。

(二)财政金融

1. 财政

伴随着总体宏观经济的快速发展,苏南、苏中和苏北三个地区的财政收支不断增加,金融规模不断提高,金融市场不断深化,总体呈现出增长的发展态势,但明显受到国际和国内宏观经济的影响,并且地区间的差异依然十分明显。

从基本财政状况来看,三个地区的财政总收入、地方财政一般预算收入和地方财政一般预算支出都呈现出明显增加,苏南三项指标分别从2014年的6829.52亿元、3826.96亿元和3720.87亿元增加到2018年的9742.08亿元、5464.12亿元和5544.59亿元,苏中地区三项指标分别从2014年的1751.93亿元、1123.15亿元和1388.52亿元增加到2018年的2148.44亿元、1303.37亿元和1972.93亿元,苏北地区三项指标则从2014年的2441.12亿元、1670.73亿元和2418.24亿元增加到2018年的2753.19亿元、1595.00亿元和3060.82亿元。从地方财政一般预算收入和预算支出来看,之前三个地区的增速相对比较稳定,这主要是由地方分税制和支出结构相对比较稳定导致的。2014—2018年三个地区的增速都出现了不同程度的下降,这与三个地区经济增速的趋势大致相同。

2018年,苏南、苏中、苏北一般公共预算收入分别达到5464.12亿元、1303.37亿元和1595.00亿元,并且一般公共预算收入占地区生产总值的比重分别达到了10.1%、6.9%和7.5%。

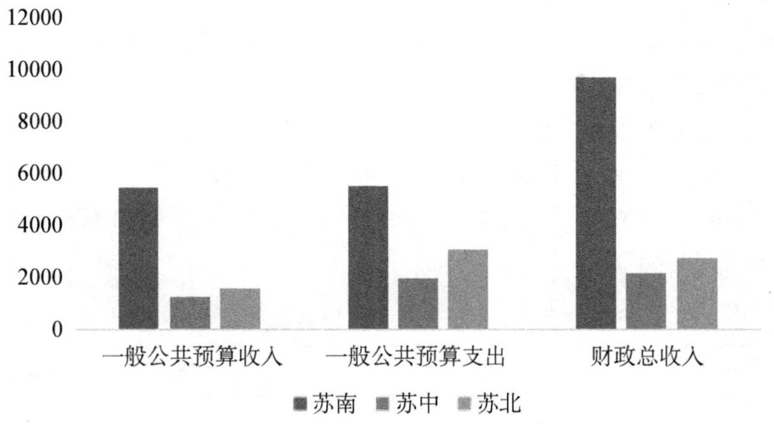

图6　2018年三地区基本财政状况(亿元)

数据来源:《江苏统计年鉴2019》

2018年江苏省一般公共预算收入8630亿元,比上年增加458亿元,同口径增长5.6%;上划中央四税6412.58亿元,比上年增长10.9%。全年一般公共预算支出11657.35亿元,比上年增长9.75%。财务支出结构有所优化。

表1　江苏省各地市2014—2018年财政总收入情况

市县	2014年	2018年
南京	1771.85	2783.85
无锡	1318.46	1752.76
常州	710.68	959.61
苏州	2623.61	3758.9
镇江	404.91	486.96
南通	842.91	983.36
扬州	468.36	566.37
泰州	440.54	598.72
徐州	732.6	916.87
连云港	345.66	391.39
淮安	463.5	476.58
盐城	595.86	593.62
宿迁	303.48	374.74

数据来源:历年《江苏统计年鉴》

从表1中可以发现,2014—2018年,江苏公共财政收入的区域结构已悄然变化。数据表明,苏州、南京和无锡的财政总收入高居江苏省的前列,其他市县的财政总收入也在稳步上升。2018年苏州以总量3758.9亿元位居第一,苏北地区的徐州也在2018年超过镇江。

江苏各地公共财政收入变化及其趋势,折射出在全球金融危机背景下,苏南及沿江各市产业升级所面临的挑战。外向型经济较为薄弱的苏北各地公共财政收入迅猛增长,得益于投资拉动与产业经济的快速增长,但其深层机理在于地产黄金十年形成的南北地租级差,牵动社会乃至国际资本转向苏北洼地,而苏北交通基础设施的

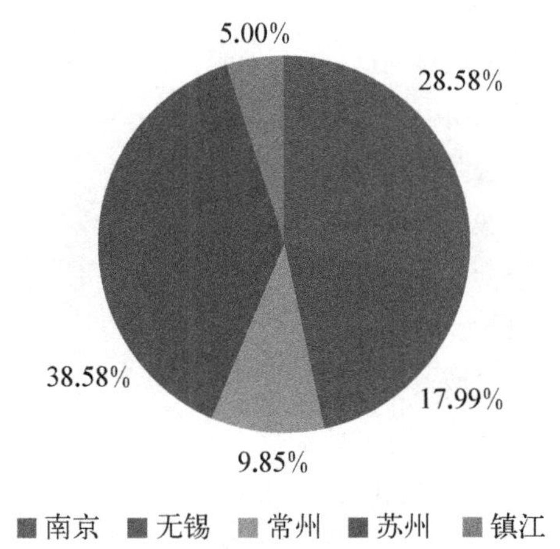

图7　苏南财政总收入中各市所占比例(%)

数据来源:《江苏统计年鉴2019》

持续改善则是推动南北经济一体化、驱动产业落户的加速器。

尽管苏北和苏中地区财政指标增速高于苏南地区，但是由于经济总量上的巨大差异，导致无论是财政总收入、一般预算收入还是一般预算支出，和苏南都有巨大的差异。2018 年，苏南在三个指标上分别是苏中的 4.5、4.2、2.8 倍和苏北的 3.5、3.4、1.8 倍。

从苏南、苏中和苏北地区内部来看，也存在着明显的地区差异。在苏南地区内部中，苏州占比 38.58%，其次分别是南京(28.58%)、无锡(17.99%)、常州(9.85%)和镇江(5%)。与 2017 年相比，苏南各市所占比都保持平稳。

表 2　苏南地区 2018 年公共财政预算收入和支出分类情况

指　　标	南京	无锡	常州	苏州	镇江
一般公共预算收入	1470.02	1012.28	560.33	2119.99	301.5
税收收入	1242.49	860.51	489.38	1929.54	241.24
增值税	484.3	420.72	217.77	818.05	110.41
营业税	0.34	1.04	0.31	4.63	0.32
企业所得税	235.23	142.97	81.11	392.69	32.02
个人所得税	98.35	57.87	33.31	128.4	13.64
城市维护建设税	88.53	60.5	32.14	118.02	15.62
房产税	47.02	39	22.73	93.27	9.98
土地增值税	88.53	36.75	23.86	114.77	18.11
耕地占用税	4.88	2.84	4.17	7.28	2.54
契税	144.77	55.81	39.67	171.92	24.45
其他各项税收	50.54	43.01	34.3	80.52	14.15
非税收收入	227.52	151.77	70.96	190.45	60.26
专项收入	89.65	64	27.41	101.42	26.93
行政事业性收费收入	54.37	25.46	15.22	27.41	11.47
罚没收入	15.51	13.76	8.16	15.55	5.72
国有资源(资产)有偿使用收入	48.29	41.99	15.06	36.81	7.8
其他各项收入	19.7	6.56	5.11	9.26	8.34
上划中央收入	1313.83	740.48	399.28	1638.91	185.46
增值税	485.13	421.82	218.13	822.82	110.75
消费税	328.32	17.4	9.52	34.47	6.21
企业所得税	352.85	214.46	121.67	589.03	48.03
个人所得税	147.53	86.8	49.97	192.6	20.47
一般公共预算支出	1532.72	1055.94	594.82	1952.71	408.41
一般公共服务	131.4	92.43	66.57	186.93	40.65
公共安全	128.48	75.2	47.18	150.36	29.75
教育	253.06	166.73	103.61	312.95	77.9
科学技术	80.54	49.68	25.39	152.28	16.5
文化体育与传媒	35.07	12.46	7.24	48.88	7.32
社会保障和就业	169.98	95.94	67.21	185.46	47.11
医疗卫生	95.86	65.46	47.18	112.89	29.94
节能环保	45.85	51.78	17.58	57.87	12.59

续表

指　　标	南京	无锡	常州	苏州	镇江
城乡社区事务	256	276.15	82.7	377.9	42.5
农林水事务	92.84	38.19	44.19	108.1	37.22
交通运输	55.21	23.7	15.22	64.96	8.72
资源勘探电力信息等事务	40.66	37.76	11.38	52.09	12.3
其他各项支出	147.76	70.46	59.36	142.04	45.92

数据来源:《江苏统计年鉴 2019》

2018年苏州市全年实现一般公共预算收入2119.99亿元,比上年增长11.1%。其中,税收收入1929.54亿元,增长15.34%,税收收入占一般公共预算收入的比重达91.02%,比上年提高3.3个百分点,一般公共预算收入总量、增量和税收占比保持全省首位。财政支出更多地投向民生领域。全年一般公共预算支出1952.71亿元,比上年增长10.2%。南京市全年完成一般公共预算收入1470.02亿元,比上年同口径增长11.1%。其中,税收收入1242.49亿元,增长13.3%,一般公共预算收入中税收占比84.5%。全年一般公共预算支出1532.71亿元,比上年增长13.2%。其中,住房保障、教育、社会保障和就业、医疗卫生与计划生育支出分别增长39.3%、16.2%、10.2%、6.9%。财政一般公共预算支出中民生支出占比达75%,连续10年入选中国"最具幸福感城市"。无锡全市一般公共预算收入突破千亿元大关,达到1012.28亿元,比上年增长8.8%。财政支出结构继续调整,一般公共预算支出1056.02亿元,比上年增长6.9%。常州市全年完成一般公共预算收入560.33亿元,增长8%,其中,税收收入489.38亿元,增长13.43%;税收占比87.3%、全省第二。全年一般公共预算支出594.82亿元,增长7.8%。民生领域支出增长较快,教育支出102.4亿元,增长4.6%,社会保障和就业支出66.3亿元,增长9.5%,住房保障支出31.3亿元,增长6.1%。镇江市全年实现一般公共预算收入301.50亿元,比上年增长6.0%,其中,税收收入241.24亿元,增长10.7%;非税收入60.26亿元,下降9.4%。从主要税种看,增值税增长15.0%,企业所得税增长22.4%,个人所得税增长25.0%。全年一般公共预算支出408.65亿元,增长5.7%,其中,教育支出77.80亿元,社会保障和就业支出46.80亿元,医疗卫生支出29.63亿元,环境保护支出12.67亿元。

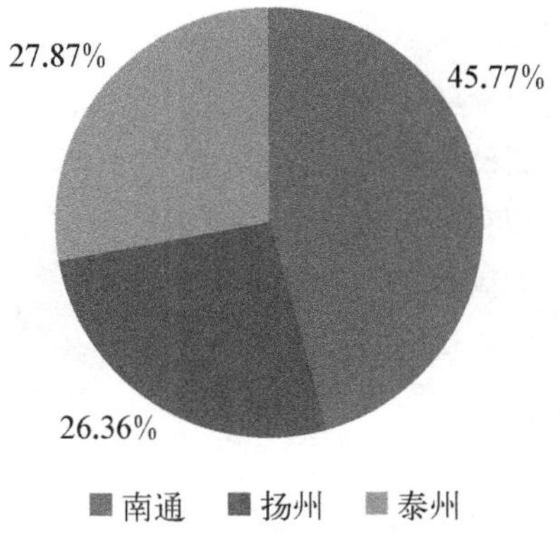

图8　苏中财政总收入中各市所占比例(%)

数据来源:《江苏统计年鉴 2019》

从苏中地区内部来看,南通占比45.77%,其次是泰州(27.87%)、扬州(26.36%)。与2017年相比,南通和扬州在苏中地区财政总收入中所占比例有明显的下降。

表3　苏中地区2018年公共财政预算收入和支出分类情况

指　　标	南通	扬州	泰州
一般公共预算收入	606.19	340.03	357.15
税收收入	503.98	272.11	285.8
增值税	206.02	131.92	143.67
营业税	0.64	0.1	0.04
企业所得税	76.62	38.73	39.54
个人所得税	29.54	13.4	14.85

续表

指　　标	南通	扬州	泰州
城市维护建设税	28.24	18.54	19.77
房产税	22.26	10.68	9.58
土地增值税	49.74	19.5	15.54
耕地占用税	4.73	3.04	7.31
契税	49.89	19.71	17.63
其他各项税收	36.3	16.5	17.87
非税收收入	102.2	67.93	71.36
专项收入	27.91	16.48	21.79
行政事业性收费收入	30.75	15.39	15.05
罚没收入	11.26	14.02	8.86
国有资源(资产)有偿使用收入	26.43	10.81	11.63
其他各项收入	5.87	11.22	14.04
上划中央收入	377.17	226.34	241.57
增值税	206.7	132.02	143.7
消费税	11.23	16.13	16.27
企业所得税	114.94	58.09	59.31
个人所得税	44.31	20.1	22.28
一般公共预算支出	877.18	563.39	532.36
一般公共服务	97.67	65.37	64.85
公共安全	53.97	38.86	36.61
教育	148.33	93.32	74.89
科学技术	37.78	16.05	15.12
文化体育与传媒	8.74	9.88	7.6
社会保障和就业	130.98	68.23	64.14
医疗卫生	84.37	40.36	48.04
节能环保	19.91	20.86	12.02
城乡社区事务	119.04	71.28	50.12
农林水事务	73.22	50.52	53.02
交通运输	19.73	25.82	19.83
资源勘探电力信息等事务	15.42	17.96	19.07
其他各项支出	68.03	44.88	67.02

数据来源:《江苏统计年鉴 2019》

2018 年南通市全年一般公共预算收入 606.19 亿元,增长 2.6%,其中,增值税增长 1.9%,改征增值税增长 26.7%,企业所得税增长 24.9%,个人所得税增长 8.0%,契税增长 5.4%。全年一般公共预算支出 877.12 亿元,增长 8.1%。一般公共预算支出中民生支出 684.20 亿元,占一般公共预算支出的比重达到 78%,比上年提高 1 个百分点。扬州全市一般公共预算收入 340.03 亿元,增长 6.2%,其中,税收收入 272.11 亿元,增长 12.7%,税收占一般公共预算收入比重为 80%。主体税种中,增值税 131.92 亿元,增长 16.4%;企业所得税 38.73 亿元,增长 29.2%;个人所得税 13.40 亿元,增长 26.6%;契税 19.71 亿元,下降 9.5%。全市一般公共预算支出 563.57 亿元,增长 12.6%,其中一般公共服务支出 65.64 亿元,下降 5%;教育支出 92.33 亿元,增长 1.8%;科学技术支出 15.31 亿元,下降

23.3%;社会保障和就业支出 67.42 亿元,增长 21.5%;医疗卫生支出 39.36 亿元,下降 13.9%;交通运输支出 24.87 亿元,增长 66.1%。泰州市全年完成一般公共预算收入 366.64 亿元,增长 6.6%,其中,税收收入 294.86 亿元,增长 11.3%。一般公共预算支出 532.65 亿元,增长 12.0%,其中,一般公共服务支出增长 15.2%,科学技术支出增长 12.1%,社会保障和就业支出增长 31.2%,节能环保支出增长 24.2%,农林水事务支出增长 10.6%,交通运输支出增长 15.8%,住房保障支出增长 31.7%。

从苏北地区内部来看,徐州占比 33.3%,其次是盐城(21.56%)、淮安(17.31%)、连云港(14.22%)和宿迁(13.61%)。

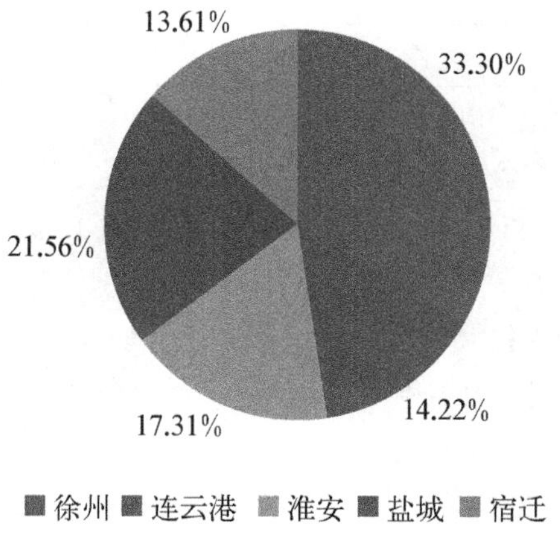

图 9　苏北财政总收入中各市所占比例(%)

数据来源:《江苏统计年鉴 2018》

表 4　苏北地区 2018 年公共财政预算收入和支出分类情况

指　　标	徐州	连云港	淮安	盐城	宿迁
一般公共预算收入	526.21	234.31	247.27	381	206.2
税收收入	416.77	187.45	203.49	305.06	173.2
增值税	173.29	89.86	101.08	121.95	75.73
营业税	0.52	0.14	0.16	0.17	0.46
企业所得税	38.73	28.38	21.83	31.94	30.56
个人所得税	23.65	8.51	10.26	14.57	8.03
城市维护建设税	31.92	11.99	19.01	20.79	11.62
房产税	15.22	5.32	8.24	18.57	6.28
土地增值税	54.09	11.91	11.75	32.56	17.31
耕地占用税	6.28	2.48	0.67	6.51	1.28
契税	38.22	13.32	16.92	31.15	11.65
其他各项税收	34.86	15.54	13.56	26.86	10.28
非税收收入	109.44	46.86	43.79	75.94	33
专项收入	29.09	16.34	15.44	23.12	11.03
行政事业性收费收入	24.11	11.89	9.77	18.13	5.64
罚没收入	14.86	7.91	8.8	10.29	5.01
国有资源(资产)有偿使用收入	35.55	6.66	7.71	20.5	9.71
其他各项收入	5.84	4.07	2.07	3.91	1.61
上划中央收入	390.66	157.08	229.31	212.62	168.54
增值税	174.19	90	101.24	122.12	76.19
消费税	122.89	11.74	79.93	20.74	34.47
企业所得税	58.1	42.57	32.75	47.9	45.83
个人所得税	35.48	12.76	15.39	21.86	12.04

续表

指　　标	徐州	连云港	淮安	盐城	宿迁
一般公共预算支出	880.86	419.57	486.77	840.08	433.54
一般公共服务	77.46	53.44	60.49	86.91	37.3
公共安全	54.61	26.55	30.96	41.74	21.92
教育	170.39	82.01	79.81	138.62	75.74
科学技术	25.45	9.92	9.35	28.45	11.75
文化体育与传媒	9.44	3.77	6.49	11.99	3.74
社会保障和就业	111.94	47.28	60.57	114.43	53.91
医疗卫生	74.02	38.74	46.24	78.3	44.14
节能环保	22.32	9.67	7.73	17.72	8.56
城乡社区事务	139.46	35.21	44.98	66.5	35.23
农林水事务	97	44.51	50.15	106.07	70.67
交通运输	23.92	18.9	16.54	35.16	15.94
资源勘探电力信息等事务	17.74	9.66	26.44	28.58	21.46
其他各项支出	57.11	39.9	47.02	85.6	33.19

数据来源:《江苏统计年鉴 2019》

2018 年徐州全市实现一般公共预算收入 526.21 亿元,比上年增长 4.9%。国税、地税和财政部门分别实现一般公共预算收入 199.65 亿元、217.17 亿元和 109.39 亿元。完成税收收入 416.77 亿元,增长 14.1%,占一般公共预算收入比重为 79.2%;主体税种增势良好,增值税(含营业税)、企业所得税、城市维护建设税和契税分别完成 173.81 亿元、38.73 亿元、31.92 亿元和 38.22 亿元,分别增长 23.1%、14.0%、11.5%和 7.4%。宿迁全市实现财政总收入 507.48 亿元,比上年增长 15.4%,其中,一般公共预算收入 206.20 亿元,增长 2.8%。完成财政总支出 635.39 亿元,比上年增长 6.6%,其中一般公共预算支出 433.73 亿元,增长 2.2%。财政支出继续优化,民生支出保障有力。盐城全市实现一般公共预算收入 381 亿元,比上年增长 5.8%,其中,税收收入 305.1 亿元,比上年增长 12.2%,税收占一般公共预算收入的比重为 80.1%。主体税种保持稳定,实现国内增值税 74.8 亿元、改征增值税(含营业税)47.4 亿元、企业所得税 31.9 亿元、个人所得税 14.6 亿元。财政惠民力度不断加大,2018 年全市用于民生保障支出 601.3 亿元,占一般公共预算支出的 71.1%。淮安市全年实现一般公共预算收入 247.27 亿元,比上年增长 7.2%。其中,税收收入 203.49 亿元,增长 14.9%;占一般公共预算收入比重达 82.3%,较上年提升 5.5 个百分点。一般公共预算支出 486.81 亿元,增长 7.6%,其中,民生类支出 354.25 亿元,占一般公共预算支出比重 72.8%。连云港市全年实现一般公共预算收入 234.31 亿元,增长 9.1%,其中,税收收入 187.45 亿元,增长 17.6%,税收占比达 80.0%,比上年提高 5.8 个百分点。增值税(含营业税)90.0 亿元,增长 16.8%;企业所得税 28.38 亿元,增长 47.2%;个人所得税 8.51 亿元,增长 14.2%。

2. 金融

2018 年江苏省年末全省金融机构人民币存款余额 139718 亿元,比年初增长 7.5%,增加 9775.1 亿元。年末金融机构人民币贷款余额 115719 亿元,比年初增长 13.3%,增加 13572.4 亿元。其中,苏南地区金融人民币存款余额 92711.27 亿元,占全省比重 66.36%,苏中地区金融机构人民币存款余额 24118.54 亿元,占全省比重 17.26%,苏北地区金融机构人民币存款余额 2 亿元,占全省比重 16.38%。与 2017 年相比,苏中与苏北地区占全省的比重有所降低。

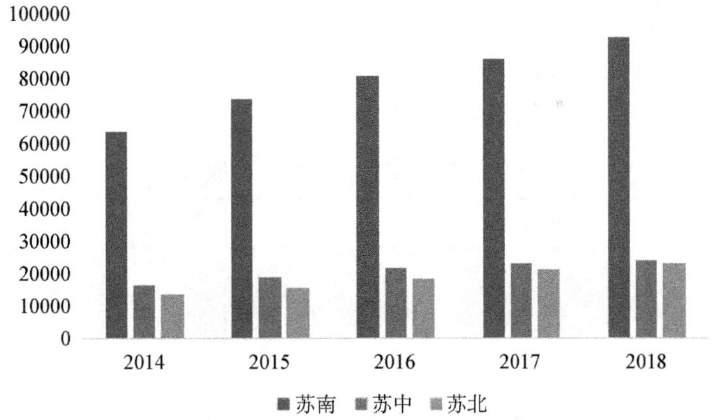

图 10　2014—2018 年苏南、苏中、苏北金融机构存款余额(亿元)

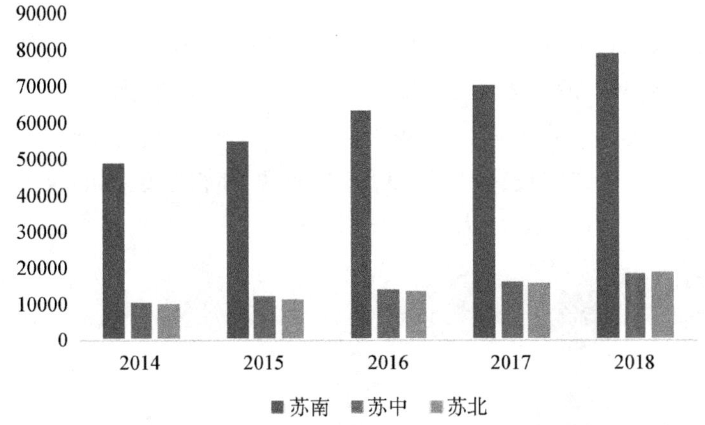

图 11　2014—2018 年苏南、苏中、苏北金融机构贷款余额(亿元)

数据来源:历年《江苏统计年鉴》

从金融市场来看,2014—2018 年苏南、苏中和苏北地区金融机构存款余额都呈现出上升的趋势,但其增速都比较缓慢。同时,苏南、苏中和苏北地区金融机构贷款余额也呈上升趋势,并且苏南地区贷款余额增速较快,这主要是因为政府在应对金融危机时所采取的贷款"宽松政策"和实施"四万亿"的财政刺激计划,使得银行贷款不断增加。

(三) 居民收入和城乡差异

2018 年,江苏省新型城镇化建设加快推进,年末城镇化率达 69.61%,比上年提高 0.85 个百分点。城镇化水平的显著,有力地推动了新型工业化与新型城镇化良性互动,持续地促进了新型城镇化与农业现代化协调发展。各地推动农民集中居住力度加大,使大量乡村人口集中到本乡镇范围的小城镇居住,原来的众多自然村逐渐消失,城乡居民稳步增收。

表 5　三地区城镇居民人均可支配收入(元)

年份	苏南	苏中	苏北
2014	36472	24599	18623
2015	39476	26760	20312
2016	42795	29138	22174
2017	46592.32	31862.69	24293.59
2018	51065	35573	26997

数据来源:历年《江苏统计年鉴》

2018 年，苏南、苏中和苏北地区的城镇居民人均可支配收入分别为 51065 元、35573 元和 26997 元，其均为 2014 年的 1.4 倍。从表 5 中可以看出，2014—2018 年，三个地区的城镇居民人均可支配收入逐年在增长，苏南地区增长的幅度较大，而苏中和苏北地区增长相较缓慢。

表 6　三地区农村居民人均可支配收入(元)

年份	苏南	苏中	苏北
2014	20954	15476	12670
2015	22760	16862	13841
2016	24638	18320	15102
2017	26759	20000	16501
2018	29030	21815	17982

数据来源：历年《江苏统计年鉴》

苏南地区农村居民人均可支配收入由 2014 年的 20954 元增加到 2018 年的 29030 元，增长了 38.54%；苏中地区农村居民可支配收入由 2014 年的 15476 元增加到 2018 年的 21815 元，增长了 40.96%；苏北地区农村居民人均可支配收入由 2014 年的 12670 元增加到 2018 年的 17982 元，增长了 41.93%。苏北地区收入的增长超过苏南和苏中地区，使得三区域的收入差距有所缩小。

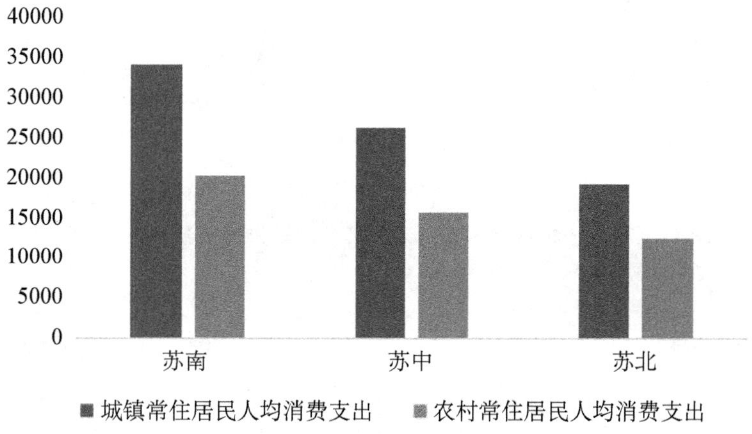

图 12　三地区城乡居民人均消费支出(元)

数据来源：《江苏统计年鉴 2019》

由于可支配收入水平决定了消费支出水平，因此，可支配收入上的区域差异直接导致了人均消费支出地区差异。从表 5、表 6 中可以看出三大区域的城镇和农村居民人均可支配收入的差距很大，这也就导致了城镇和农村居民在消费水平上的差异。2018 年苏南地区城镇居民人均消费支出和农村居民人均生活费支出分别为 34078 元和 20190 元，则苏中地区分别为 26236 元和 15671 元，苏北地区分别为 19264 元和 12449 元，其中差异最大的为苏南地区。

图 13 显示了江苏 13 个省辖市的城乡人均可支配收入状况，总体来看，苏南地区省辖市的人均可支配收入高于苏中地区各市，苏中地区各市高于苏北各市。在 13 个市中，苏州市的人均可支配收入最高，其次是南京市，最低的是宿迁市，这和人均 GDP 的分布状况是相似的。

按照江苏省定全面小康标准，2010 年苏中地区的省辖市、县级地区都达到了省定全面小康标准，2011 年底，苏北地区的省辖市实现"零突破"，徐州率先达到省定全面小康标准，25 个全面小康指标中，有 24 个达到或超过省定目标值，其中，核心指标全部达标。2012 年，盐城成为苏北第二个达标省辖市。截至 2015 年底，江苏 13 个省辖市中已有 10 个达到省定全面小康标准，已达标的县

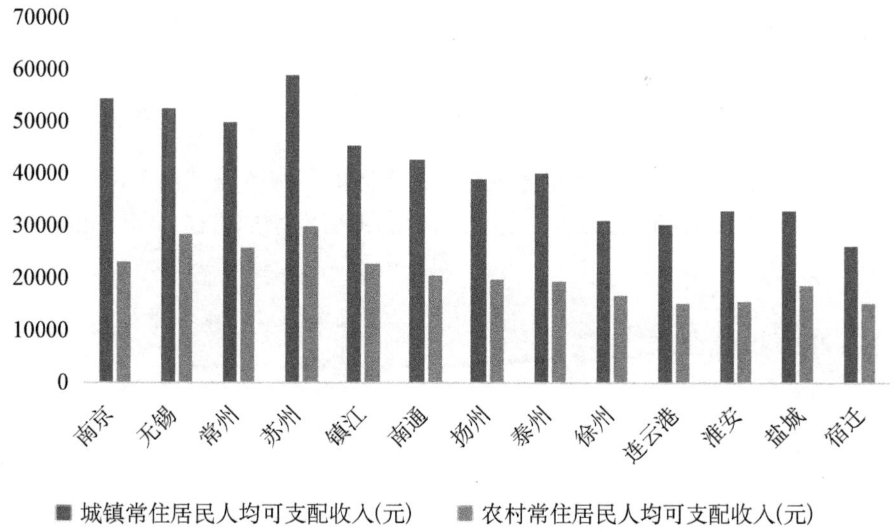

图 13　2018 年江苏各市城乡人均可支配收入(元)

数据来源:《江苏统计年鉴 2019》

(市、区)为 49 个,占纳入监测的 62 个县级地区的 79%。目前,苏南地区正在努力建设更高水平的小康社会,开启基本实现现代化新征程,苏中紧随苏南,不断提高小康水平。苏北全面小康工作加速推进,按照现行全面小康建设指标体系,苏北在已有 2 个省辖市、15 个县(市、区)达标的基础上,又有 1 个省辖市、8 个县(区)提出小康验收。

根据省统计部门测算,2018 年全省高水平全面建成小康社会综合实现程度为 97.6%,比上年提高 1.7 个百分点;六大类目标实现程度分别为:经济发展类 93.9%,人民生活类 100%,三大攻坚类 98.7%,民主法治类 100%,文化建设类 98.8%,资源环境类 95.0%。《中国城市全面建成小康社会监测报告 2018》显示,江苏小康指数达 109.52、列全国各省第二位;共有 11 座城市入围全国设区市小康前一百名,18 个县级市入围县级市小康 100 强;在全国 33 个小康分项指数 A+A+A+级以上城市中,江苏占 14 个。

苏北的 12 个省定重点扶贫县,特别是全面小康综合评分排在末位的五县——泗洪、泗阳、灌南、灌云、睢宁,“人均 GDP”“城乡居民人均收入”“第三产业比重”等核心指标以现在发展速度要到 2022 年才能达到标准值的 100%。因此,建议从加快县域经济发展与精准扶贫两个方面着手,实现定向扶持,力争在“十三五”末期一个不少地把苏北各县带进全面小康社会。在加快县域经济发展方面,建议一用“滴灌行动 5 年计划”,即针对苏北的 12 个省定重点扶贫县,由省政府主导,在产业、财政、金融、税收、投资等政策方面采取进一步的优惠政策与措施,定点定向扶持,项目安排优先;二用“涓滴行动 5 年计划”,一方面对苏北的 12 个省定重点扶贫县,组织苏南地区的企业与投资机构通过联办开发区加强投资,另一方面苏北通过发展生态旅游与观光农业等,吸引外地民众前来消费,从而带动苏北发展和人民富裕。在精准扶贫方面,要进一步强化政策力度,通过设立专项基金扶贫、金融扶贫、互助资金扶贫、厂商扶贫、合作社扶贫等多种形式,让苏北贫困地区农民有更多创业增收的机会。

江苏各地区不但存在着明显的区域差异,而且存在着显著的城乡差异,无论是苏南、苏中还是苏北,农村居民的人均纯收入和人均生活费支出都明显低于同地区的城镇居民。

二、产业结构

(一)三次产业结构

江苏经济发展水平上的地区差异同样也体现在三个地区的三次产业结构上,按照一般规律,经济发展程度越高,农业(第一产业)增加值在GDP中的比例越低,服务业增加值在GDP中的比例越高。

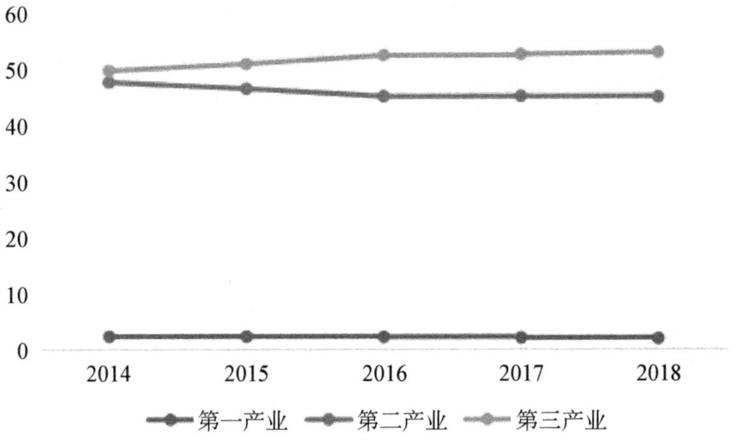

图14 苏南地区三次产业结构(%)

数据来源:历年《江苏统计年鉴》

20世纪80年代,苏南以创办乡镇企业为发端,以农村工业为引擎,带动了社会经济的全面繁荣,其经验被概括为"苏南模式"。如今,苏南地区在全球化、国际化的背景下,以实现"两个率先"为目标,坚持快速发展、科学发展,再一次创造了苏南速度、苏南特色、苏南经验,形成了"新苏南发展模式"。苏南地区由此抓住了国际产业资本加速向长三角地区转移的机遇,积极实施招商引资战略,区域经济得到迅速的发展,同时,积极招商引资,吸引外资的投入,从"三来一补"到生产研发,不断提高外企的质量,增加高新科技企业的比重,提高了净出口的产值,提升了苏南地方经济总量,促进了地方经济的增长。2015年,江苏深入实施现代服务业"十百千"行动计划,服务业增加值占地区生产总值的比重提高1.4个百分点。苏南五市则不断加快服务业提档升级,为经济新常态下引领服务业更好更快向中高端发展,推进产业结构优化升级和持续健康发展提供有力支撑。苏南现代服务业发展壮大,生产性服务业做大做强,生活性服务业健康发展,同时构建区域金融中心和电子商务示范基地。

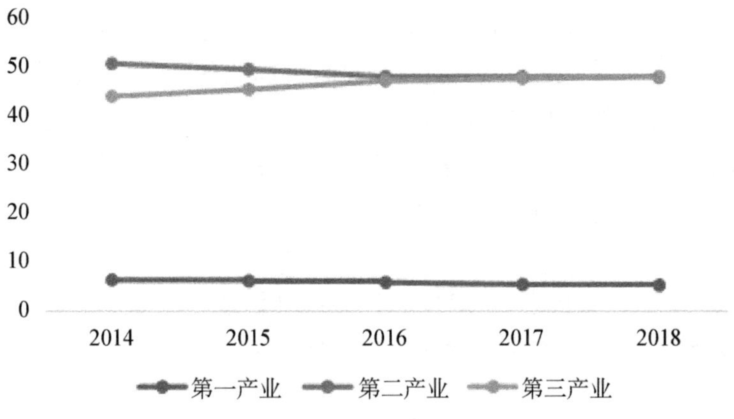

图15 苏中地区三次产业结构(%)

数据来源:历年《江苏统计年鉴》

在此基础上，苏南地区呈现出明显的工业化后期阶段特征，农业比重很低，并且不断下降，从 2014 年的 2.1%下降到 2018 年的 1.68%；第二产业（工业和建筑业）比重也在不断下降，从 2014 年的 47.9%下降到 2018 年的 45.15%，下降了 2.75 个百分点；第三产业比重不断增加，从 2014 年的 50%增加到 2018 年的 53.17%，增加了 3.17 个百分点，并且第三产业逐渐成为经济增长的主要拉动力。总之，苏南地区的三次产业结构由 2014 年的 2.1∶47.9∶50 调整到 2018 年的 1.68∶45.15∶53.17。

根据实际情况来看，苏中地区工业经济起步较早，玩具、机电、医药、汽车等传统产业具有明显优势，是支撑苏中经济增长的特色产业，也是提高区域竞争力的重要基础，南通海工产业、扬州汽车产业、泰州生物医药业均在全国处于领先水平。因此，苏中地区则呈现出工业化中期阶段特征，第一产业比重从 2014 年的 6.1%下降到 2018 年的 5%，下降了 1.1 个百分点；第二产业比重从 2014 年的 50.27%下降到 2018 年的 47.39%，下降了 2.88 个百分点；第三产业比重由 2014 年的 43.63%增加到 2018 年的 47.6%，增加了 3.97 个百分点。苏中地区三次产业结构由 2014 年的 6.1∶50.3∶43.6 调整到 2018 年的 5∶47.4∶47.6，从整体来看，苏中第二产业与第三产业比重相当。

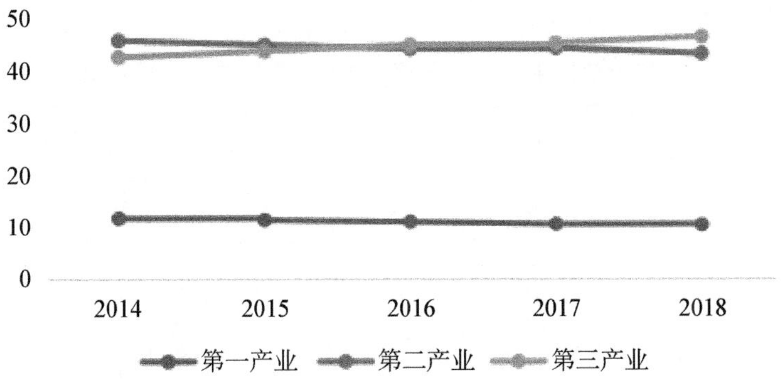

图 16　苏北地区三次产业结构(%)

数据来源：历年《江苏统计年鉴》

苏北地区显示出新型工业化发展特征，农业比重持续下降，从 2014 年的 11.6%下降到 2018 年的 10.25%，下降了 1.35 个百分点，按照一般产业结构演化趋势，农业比重的明显下降对应着工业比重的大幅提高，但是我们看到，苏北地区第二产业比重并没有明显提高，农业比重的下降主要对应着第三产业的不断提高，从 2014 年的 42.6%提高到 2018 年的 46.5%，提高了 3.9 个百分点。因此，苏北地区可以利用自身比较优势，实施错位发展，主动承接苏南、上海等地以及国际产业转移，积极打造具有较强竞争力的现代产业体系。在先进制造业的发展上，要依托自身要素禀赋优势和产业发展基础，积极培育提升一批市场竞争力强、产业配套能力好、科技含量高的特色产业基地。在现代服务业的发展上，要积极围绕制造业发展，提升生产服务业配套服务水平；立足苏北生态环境优美、文化底蕴深厚、旅游资源丰富的优势，重点发展特色旅游、文化休闲等生活服务业。这样可以进一步缩小三大区域之间的差距。

（二）农业

“十三五”时期，以农业现代化工程为抓手，着力转变农业发展方式，持续推进农业结构调整，全面深化农村改革，全省农业农村经济保持良好发展势头，现代农业建设加快推进。苏北地区由于其区域大，耕地面积辽阔，再加上工业相对没有苏南和苏中地区发达，农业在其 GDP 中的比重高，使得江苏省农业主产区域是苏北地区。然而,当前经济发展进入新常态,农业发展面临农产品价格和生产成本“双重挤压”,遭受资源与环境“双重约束”,苏北农业转方式调结构、推进转型升级、加快现代化进程的压力倍增。

表7　三地区农业GDP在江苏的比例(%)

年份	苏　南	苏　中	苏　北
2014	23.40%	20.58%	56.02%
2015	23.57%	20.17%	56.27%
2016	23.44%	20.19%	56.37%
2017	22.95%	20.27%	56.78%
2018	22.41%	23.50%	54.10%

数据来源:历年《江苏统计年鉴》

苏南和苏中地区受限于耕地面积,农业总产值相对较小,但是三个地区农业GDP占江苏的比例总体比较稳定。2014年苏南、苏中和苏北地区分别占23.4%、20.58%和56.02%,到2018年的23.88%、22.43%和62.47%。苏南地区和苏中地区波动不大。

表8　三地区农业增加值指数(按可比价计算,上年=100)

年份	苏南	苏中	苏北
2014	102.4	104.2	104.6
2015	102.8	103.2	103.5
2016	104.0	104.0	105.0
2017	101.1	103.6	120.4
2018	100.0	106.2	105.6

数据来源:历年《江苏统计年鉴》

从增长幅度来看,按照可比价格计算,从2014年到2018年,苏南和苏中地区农业增加值增幅很稳定,基本保持在4%左右,苏北地区除了2017年出现过20.4%的高速增长外,其余年份基本保持在5%的增幅。从总体来看,苏北农业增速快于苏南和苏中,但是差异很小。

表9　2018年三地区农业总产值(亿元)

指标	苏南	苏中	苏北
农林牧渔业总产值(亿元)	1665.49	1759.61	4254.46
农业	891.93	837.81	2333.33
林业	84.79	22.48	103.35
牧业	124.60	300.34	1001.64
渔业	410.15	460.28	613.64
农林牧渔服务业	154.03	138.70	202.49

数据来源:《江苏统计年鉴2019》

现代农业是继传统农业之后的一个农业发展新阶段。其内涵是以统筹城乡社会发展为基本前提,以科技进步为驱动力,以市场为导向,通过政府的宏观调控,实现农业产业化、集约化、商品化的生产与经营,提高农产品的市场竞争力和农业整体效益的新型产业形式。按照现代农业发展的要求，江苏各地区加快农业产业结构调整，优化农业生产要素合理配置，种植业和渔业产出规模逐年递增，畜牧业发展趋势呈生产规模逐步收缩调整，产业转型升级蓄势推进的新格局。

从表 9 中可以看出，2018 年苏南、苏中和苏北地区的农业总产值分别为 1665.49 亿元、1759.61 亿元和 4254.46 亿元。其中，苏南地区农业、林业、牧业、渔业和农林牧渔服务业与 2017 年相比分别增长了－0.11％、1.1％、－21.66％、2.94％和 1.56％；苏中地区农业、林业、牧业、渔业和农林牧渔服务业与 2017 年相比，分别增长了 6.23％、5.84％、－3.56％、6.92％和 8.27％；苏北地区农业、林业、牧业、渔业和农林牧渔服务业与 2017 年相比，分别增长了 5.6％、4.96％、1.08％、4.87％和 8.56％。数据表明，苏中和苏北地区 2018 年在牧业、渔业和农林牧渔服务业方面实现了较快发展，其农业结构调整取得成效。

表 10　2018 年三地区主要农业产品产量(万吨)

指标	苏南	苏中	苏北
粮食	437.1	911.37	2436.09
油料	9.23	33.5	43.31
棉花(吨)	2366	8394	11742
肉类	25.8	85.56	218.6
#猪牛羊肉	15.42	56.16	142.85
水产品	71.98	159.66	261.72

数据来源：《江苏统计年鉴 2019》

从主要农产品产量结构来看，相对于苏北来说，苏南和苏中地区各类产量普遍相对较少，这和三个地区所反映的农业内部产业结构是一致的。

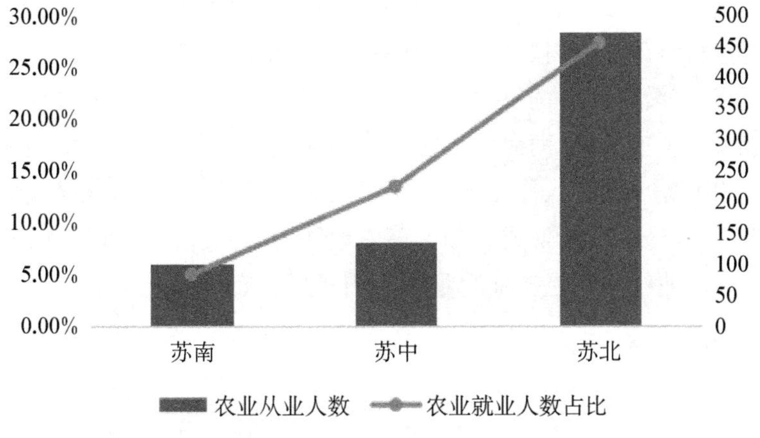

图 17　2018 年三地区农业从业人员人数及其在所有从业人员中的占比

数据来源：《江苏统计年鉴 2019》

就业结构也能够反映三个地区农业在经济发展中的作用。2018 年苏南农业从业人员 100.09 万人，较 2017 年减少了 2.68 万人，占苏南地区总就业人数的 4.95％，而苏中和苏北农业从业人员占所在地区从业人员的比例分别为 13.42％和 27.35％，明显高于苏南地区，这反映了苏中和苏北农业在经济结构中还比较重要。

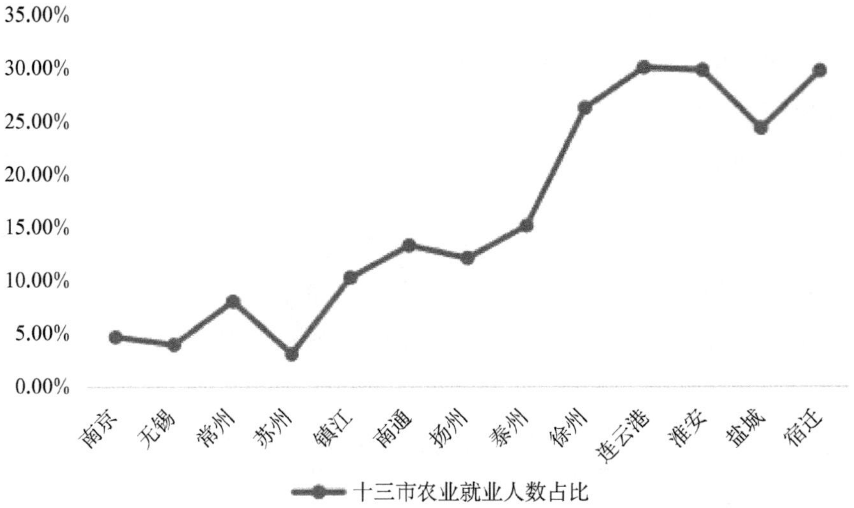

图 18　2018 年十三市农业人员在所有从业人员中的占比(%)

数据来源:《江苏统计年鉴 2019》

从江苏 13 个省辖市来看,农业从业人员比重最低的是苏州和无锡,最多的是连云港、淮安和宿迁,总体上,苏南地区该指标低于苏中,苏中则低于苏北,基本上和经济发展程度成反比,即经济越发达,农业人员从业比例越低。

(三)工业

苏南地区工业尤其是制造业十分发达,目前逐步迈入工业化后期阶段,从产业结构来看,第二产业(主要是工业)在国民经济中的比重不断下降,但是苏南地区工业发展速度并没有放缓,工业转型和产业升级突飞猛进,初步形成了以南京智能电网、软件,无锡物联网、集成电路,常州光伏、智能装备,苏州纳米、生物医药,镇江新材料等先进制造业产业格局。

苏中地区抓住沿江与沿海开发的重大机遇,积极接受国际国内制造业的转移,努力构筑产业发展的新优势,经济增长不断加快,承南启北的纽带作用正逐步得到发挥。凭借沿江、沿海两大经济起飞平台,以及崭新的服务理念和操作方式,加快了发达地区和苏南资源相对紧缺的产业向苏中有规划、有梯度地转移,新兴产业不断形成。加上苏中地区的纺织、机电、医药、汽车、建筑等传统产业优势,苏中工业无论是产业结构还是产业总量均有明显提升。

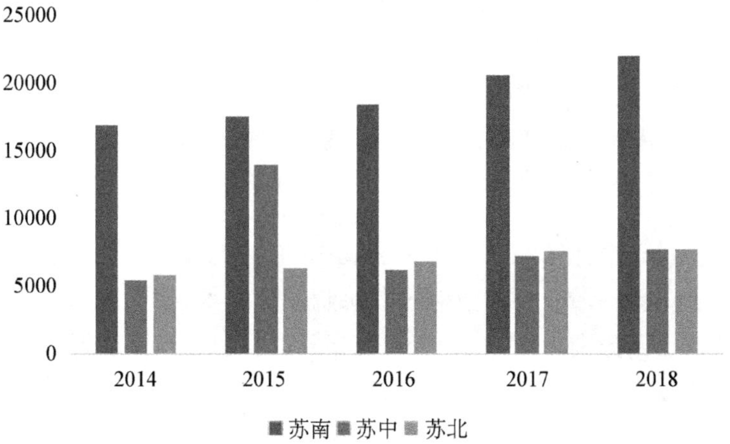

图 19　三地区工业增加值(亿元)

数据来源:历年《江苏统计年鉴》

从产业结构来看，苏北各地工业尤其是制造业结构不断优化，形成了各地具有特色的产业集群，其中，徐州工程机械产业、连云港新医药产业、盐城汽车产业、新能源产业以及淮安的石油机械产业、宿迁的酿酒产业都成为江苏乃至全国重要的产业集群，带动了苏北工业的发展和升级。

2014 年以来，苏南、苏中和苏北地区工业保持稳定的增长。到 2018 年，苏南地区实现工业增长值 22060.19 亿元，比 2017 年增加 6.8%；苏中地区实现工业增长值 7685.83 亿元，比 2017 年增加 7.2%；而苏北地区实现工业增长值 7729.9 亿元，比 2017 年增加 1.6%。

表 11　三地区工业增加值指数（按可比价计算，上年＝100）

年份	苏　南	苏　中	苏　北
2014	107.7	111.1	112.2
2015	106.1	110	110.2
2016	106.1	109.9	109.3
2017	106.9486	108.0384	105.5796
2018	106.82	107.24	101.56

数据来源：历年《江苏统计年鉴》

表 12　三地区工业增加值占江苏的比例（%）

年份	苏南	苏中	苏北
2014	60.28	19.27	20.55
2015	59.34	19.48	21.13
2016	58.6	19.8	21.6
2017	58.29	20.23	21.48
2018	58.86	20.51	20.63

数据来源：历年《江苏统计年鉴》

表 13　2018 年三地区工业发展情况（亿元）

	苏南	苏中	苏北
工业企业单位数（个）	23753.00	11092.00	10846.00
资产总计（亿元）	76424.72	20658.51	19914.83
负债合计（亿元）	40481.67	10367.19	10689.18
主营业务收入（亿元）	77918.78	27812.4	19395.37
主营业务成本（亿元）	66335.92	23557.15	15991.84
利润总额（亿元）	5093.60	2045.94	1306.72

数据来源：《江苏统计年鉴 2019》

从三个地区工业增速角度来看（表 11），近 5 年来，苏中地区工业增速在整体上均超过苏南地区，其中，苏北地区在 2017 年之前的增速最快，这使得苏北工业增加值在江苏工业中的比重不断提高。从表 12 中可以看出，苏北地区工业增加值占江苏的比例从 2014 年的 20.55%提高到 2018 年的 20.63%，增长了近 0.08 个百分点，苏中地区则从 2014 年的 19.27%提高到 2018 年的 20.51%，增长了 24 个百分点，而苏南地区 2014 年的 60.28%下降到 2018 年的 58.86%，下降了 1.42 个百分点。

尽管苏北、苏中工业增速超过苏南，但是它们与苏南之间的差距还是十分巨大的。除了工业增加值，从表 13 中的工业企业数量、资产额、主营业务收入和利润总额等指标上也可以看到这种巨大差异。

江苏省十三市工业发展的基本情况，南京高新区的软件产业、苏州工业园区的纳米技术产业、无锡高新区的软件产业、常州高新区的太阳能光伏产业、石墨烯产业等已形成先发优势，产业创新链条日益完善，成为苏南乃至整个江苏省转变发展方式与调整经济结构的重要引擎。苏中地区形成了南通家纺产业、海工装备、船舶产业，泰州医药、船舶制造和扬州石油化工、汽车及零部件等特色产业集群，有力地提升了苏中的工业水平。徐州工程机械产业、连云港新医药产业、盐城汽车产业、新能源产业以及淮安的石油机械产业、宿迁的酿酒产业都成为江苏乃至全国重要的产业集群，带动苏北工业的发展和升级。

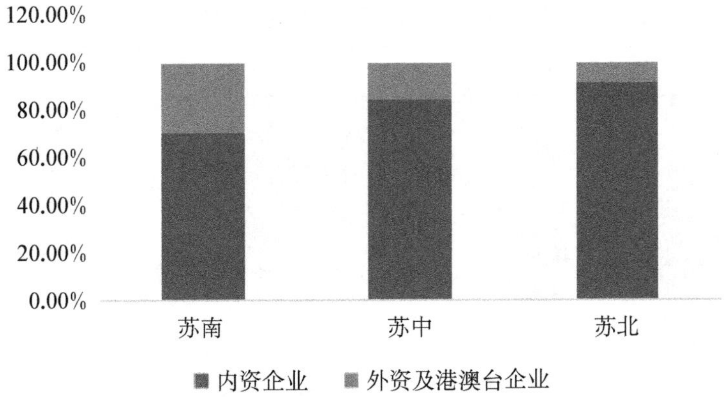

图 21　2018 年工业企业中的内外资企业所占比例(%)

数据来源:《江苏统计年鉴 2019》

从江苏十三个省辖市情况来看，工业总产值规模最大的是苏州，达到 8240.37 亿元，其次是无锡(5009.33 亿元)、南京(4055.14 亿元)，规模最小为连云港，只有 961.89 亿元。

苏南、苏中和苏北除了在工业规模和工业的产业结构上有差异外，另一个非常重要的差异是工业生产中的外资使用程度。苏南地区一直是我国吸引外资的重要地区，而外资最主要的投资领域是制造业，外资企业成为苏南地区工业生产的重要主体，而苏中和苏北地区由于外资规模有限，外资进入时间相对较短，外资企业在工业(制造业)生产中的份额相对较小。图 21 显示了三地区工业企业中内外资企业所占比例，可以非常明显地看到，苏南地区外资企业比例非常高，达到 29.26%，而苏中地区外资企业比例为 15.27%，苏北地区为 8.71%。

(四) 服务业

加快发展现代服务业是省委、省政府作出的一项重大战略决策。从 2005 年开始，江苏省政府高度重视现代服务业发展，力图通过服务业发展来实现经济转型和增长方式转变。在省委、省政府的带领下，各地政府也制定和出台了一系列文件支持和促进现代服务业快速发展，在政策的大力扶持下，江苏三个地区的服务业都出现了快速发展。

苏南地区已经进入到工业化后期阶段，凭借其雄厚的经济基础，再加上政府尤其是江苏省政府的大力支持(如 2011 年 10 月，江苏省委、省人民政府印发了《转型升级工程推进计划》，明确将重点培育宁苏锡等地现代服务业示范区，重点培育南京软件谷、昆山花桥商务服务集聚区、无锡太湖国际科技园等 20～30 家省级现代服务业示范区，支持南京开展国家服务业综合改革试点等)，苏南现代服务业规模不断增加，产业结构不断优化。

苏中地区充分利用沿江和沿海开发战略实施所带来的历史机遇，大力发展现代服务业，提升服务业产业结构。苏中各地延续“十二五”初期的时机，努力实施“十二五”的服务业发展规划，践行未来五年内服务业重点发展方向和发展策略，并出台了一系列的专门计划对服务业发展进行扶持，对服务业发展的政策支持持续加码。

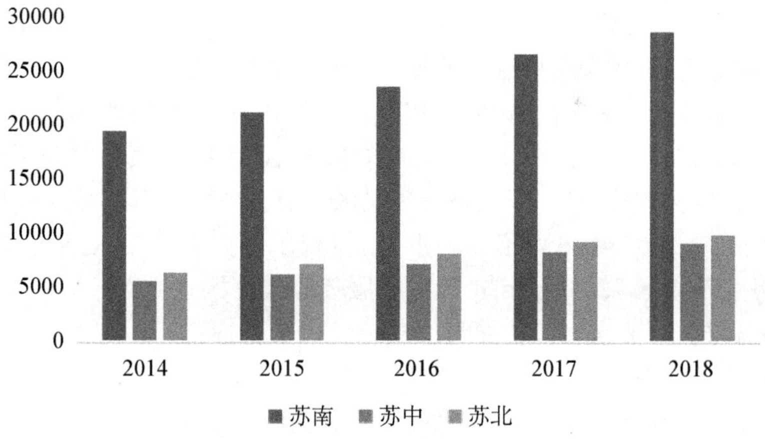

图 22　三地区服务业增加值(亿元)

数据来源:历年《江苏经济年鉴》

苏北地区经济的快速增长为苏北五市现代服务业的发展提供了基础,同时,苏北各地政府发布一系列政策,将服务业发展放在显著重要的位置,积极推动服务业的发展。

表 14　三地区服务业增加值指数(按可比价计算,上年=100)

年份	苏　南	苏　中	苏　北
2014	111.0	112.2	111.7
2015	110.6	110.7	111.7
2016	110.0	110.6	110.2
2017	108.9	109.6	109.6
2018	108.2	109.2	108.2

数据来源:历年《江苏统计年鉴》

表 15　三地区服务业增加值占江苏的比例(%)

年份	苏　南	苏　中	苏　北
2014	61.9	17.6	20.5
2015	61.2	18	20.9
2016	60.6	18.4	21
2017	60.30	18.83	20.87
2018	60.19	18.97	20.84

数据来源:历年《江苏统计年鉴》

2018 年苏南地区服务业实现增加值 28690.84 亿元,比 2017 年增加 2167.17 亿元,增幅达到 8.17%;苏中地区服务业实现增加值 9044.51 亿元,比 2017 年增加 763.02 亿元,增幅达到 9.21%;苏北地区服务业实现增加值 9932.57 亿元,比 2017 年增加 754.32 亿元,增幅达到 8.22%。

从表 14、15 可以看出,三地区服务业的实际增速差异不大,基本上维持在一个水平上,使得三个地区服务业增加值占江苏的比例基本上没有大的变化。2014 年苏南、苏中和苏北地区占比分别为 61.9%、17.6%和 20.5%,到 2018 年变为 60.19%、18.97%和 20.84%,苏南地区份额稍有下降,但变化很小,苏中地区占江苏比例有所上升,但幅度不大,苏北则基本保持不变。

目前在苏州、无锡、南京已经开始出现一批具有各自特色的现代服务业集聚区,如无锡动漫产业、南京软件产业、苏州研发设计和创意产业等出现了具有较大规模的产业园区和聚集区,除了特色和优势服务产业形成集群效应之外，苏南各地区的服务业集聚区发展迅速，集聚效应逐渐凸显。伴随着服务业规模的提高，苏中地区的服务业聚集区的发展步伐加快，服务业集聚发展的效应初步显现。南通市级以上服务业集聚区已由2007年的21家(省级3家、市级18家)发展到2012年的41家(省级7家、市级34家)，年均增长近20%。这41家省、市级集聚区涵盖了中心商务区、软件与服务外包集聚区、科技服务集聚区、现代物流集聚区、文化创意集聚区、旅游休闲集聚区、市场与商贸集聚区7种形态，较2007年增加了3种形态，体现了服务业聚集区结构的不断优化。2013年，扬州新认定服务业集聚区12个，全市市级以上服务业集聚区达到38个(其中省级服务业集聚区8个)，覆盖金融、科技、商贸、旅游、软件与信息、物流、文化、商务等八大产业，38个集聚区集聚企业12464家，增长7.7%，吸纳就业20.82万人，增长14.5%。“十三五”时期，徐州市坚持把发展现代服务业作为产业转型升级的重要方向，服务业发展呈现出增长较快、结构优化、后劲增强、贡献提高的良好态势，重点发展现代物流、金融服务、科技服务等生产性服务业。连云港市则优先发展现代物流业、旅游休闲业、商贸流通业三大主导产业，创新提升金融保险、商务会展、科技服务、电子商务四大重点产业，培育壮大文化创意、互联网平台、软件信息、养老、服务外包五大新兴产业。

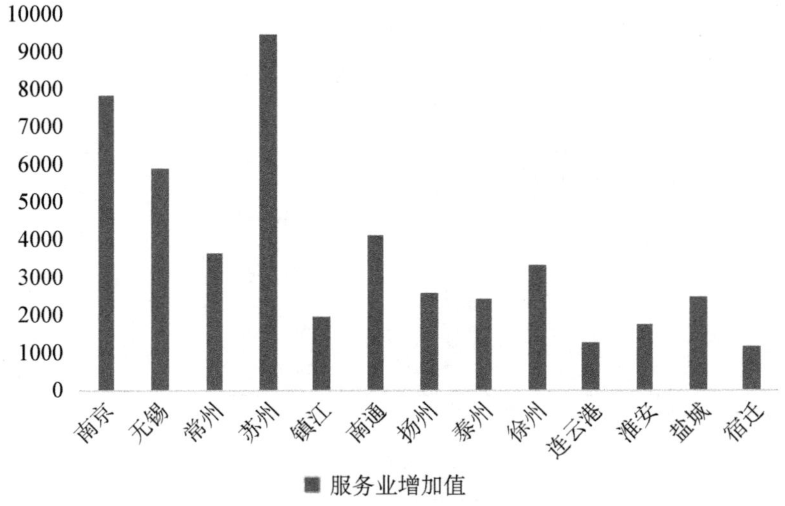

图23　2018年江苏十三市服务业增加值(亿元)

数据来源:《江苏统计年鉴2019》

从江苏十三个省辖市来看，服务业增加值规模最大的是苏州，南京和无锡次之，苏北的连云港和宿迁规模最小。

表16　江苏十三市服务业占GDP比例(%)

	2014年	2015年	2016年	2017年	2018年
南　京	56.5	57.3	58	59.7	61.04
镇　江	48.4	49.1	48	47.1	47.78
常　州	48	49.5	51	50.8	51.5
无　锡	48.4	49.9	51	51.5	51.14
苏　州	46.1	46.9	52	51.2	50.81
南　通	44.2	45.8	48	48	48.43
扬　州	42.9	43.9	45	45.9	47.01
泰　州	43.4	45	47	47.3	46.86
徐　州	45.2	46.2	47	47.2	49.03

续表

	2014 年	2015 年	2016 年	2017 年	2018 年
连云港	41.4	42.5	43	43.4	44.69
淮　安	44.1	45.9	48	47.6	48.16
盐　城	40.8	42.1	44	44.5	45.15
宿　迁	38.9	39.4	40	40.8	42.55

数据来源：历年《江苏统计年鉴》

江苏十三市服务业占 GDP 的比例呈稳步上升的趋势。南京市服务业占 GDP 的比例由 2014 年的 56.5%增加到 2018 年的 61.04%，增加了 4.54 个百分比；南通市由 2014 年的 44.2%增加到 2018 年的 48.43%，增加了 4.23 个百分比；盐城市由 2014 年的 40.8%增加到 2018 年的 45.15%，增加了 4.35 个百分比。这表明服务业越来越成为经济增长的主要动力。

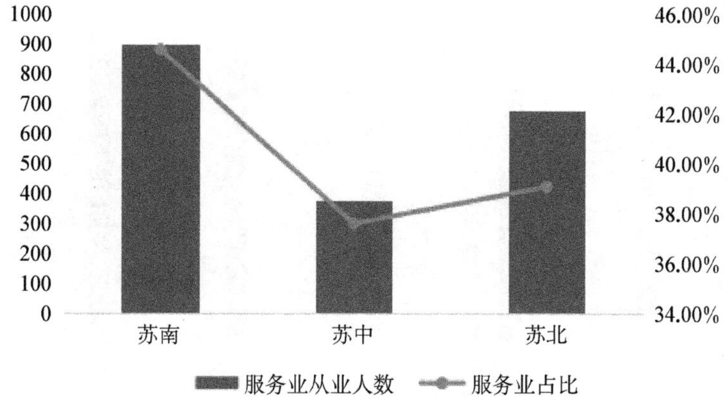

图 24　2018 年三地区服务业从业人员人数及其在所有从业人员中的占比（人、%）

数据来源：《江苏统计年鉴 2019》

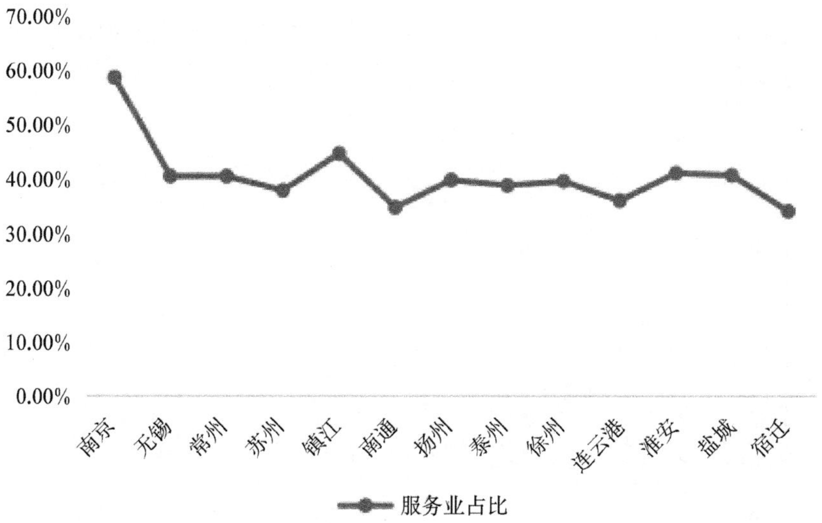

图 25　2018 年十三市服务业从业人员在所有从业人员中的占比（%）

数据来源：《江苏统计年鉴 2019》

从服务业人员就业角度来看，2018 年苏南地区 44.58%的从业人员从事服务业工作，而苏中和苏北只有 37.58%和 39.07%（图 24）。从十三个省辖市数据看到，南京市服务业从业人员比例最高，达到 59.19%，明显高于其他地区，这和南京市服务业比重很高是一致的。

三、对外经济

(一)出口

江苏经济尤其苏南经济是高度开放型的经济,出口在国民经济中占据十分重要的作用,是经济增长的重要拉动力。2008 年金融危机所造成的外需不足给江苏出口造成了巨大影响,2009 年江苏出口额出现了明显下降,不过,随着政府采取了诸多措施,以及外需的回暖,2010 年江苏出口呈现恢复性增长态势并逐步迈上新台阶。2018 年江苏全年货物进出口总额 6640.43 亿元,比上年增长 12.33%。其中,出口总额 4040.44 亿元,比上年增长 11.22%,对外贸易保持较快增长。

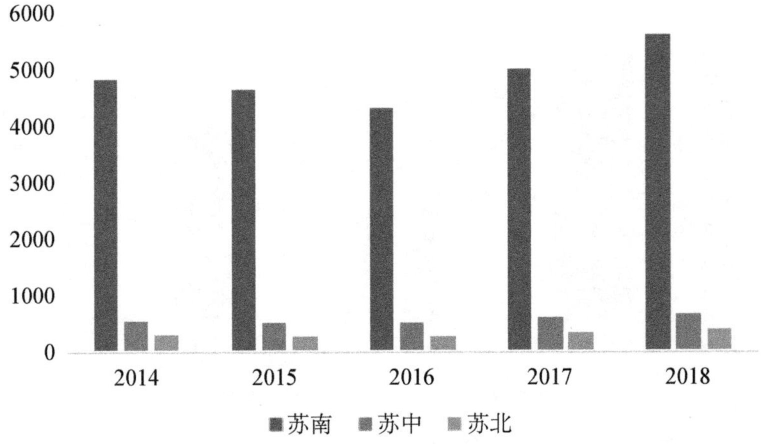

图 26　三地区出口规模(亿美元)

数据来源:历年《江苏统计年鉴》

2018 年苏南地区实现出口 5592.74 亿美元,苏中和苏北地区分别实现出口 653.14 亿美元和 394.51 亿美元。与 2017 年相比,三个地区的出口总额都有所上升。

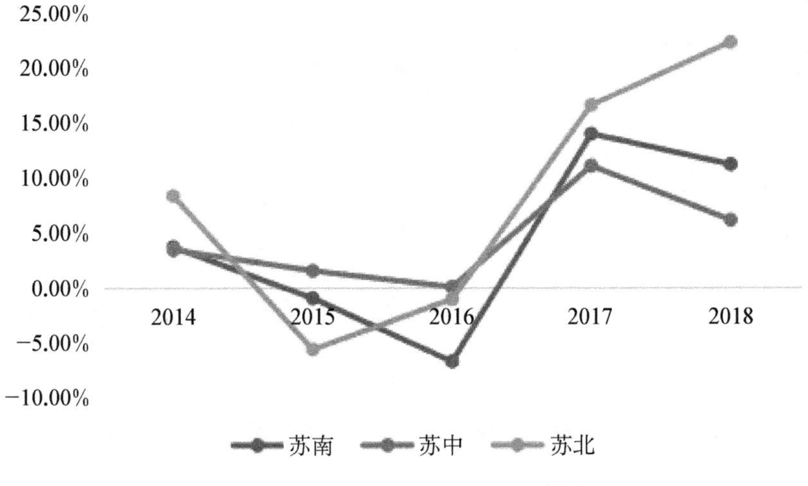

图 27　三地区出口增速(%)

数据来源:历年《江苏统计年鉴》

就出口速度而言，苏南和苏北地区除了 2015 年和 2016 年实现了负的增长，其他几年均为正的增长，而苏中地区这几年在出口方面表现良好，均为正的增长。与 2017 年相比，2018 年苏南地区增长了 11 个百分点，苏中和苏北地区增长了 6 个百分点和 22 个百分点。

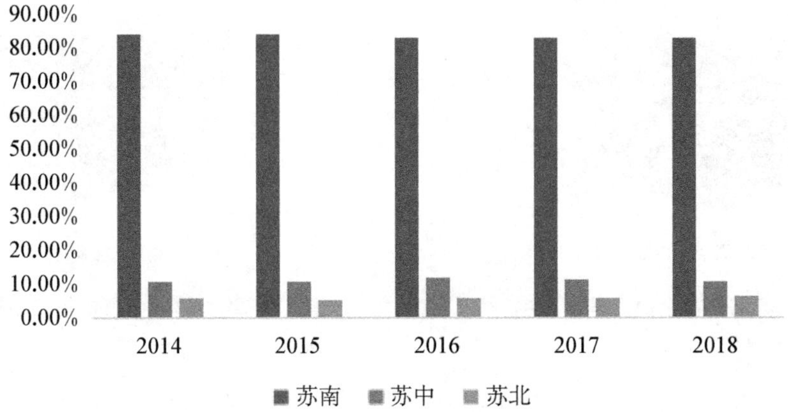

图 28　三地区出口占江苏省比例(%)

数据来源：历年《江苏统计年鉴》

传统上，苏南形成的外向型经济模式使其对出口和外资依赖程度比较高，而苏中和苏北地区外向型程度相对较低，这使得苏南地区出口占江苏的比例高于其 GDP 占江苏的比例，以 2018 年为例，苏南地区 GDP 占江苏的 58.27%，但是出口上苏南占到江苏的 82.8%，苏中和苏北 GDP 分别占江苏的 20.52%和 23.07%，但出口仅占江苏的 10.77%和 6.43%。虽然苏中和苏北出口规模相对较小，但是这两个地区也一直在积极吸引外商直接投资，希望通过出口拉动经济增长。

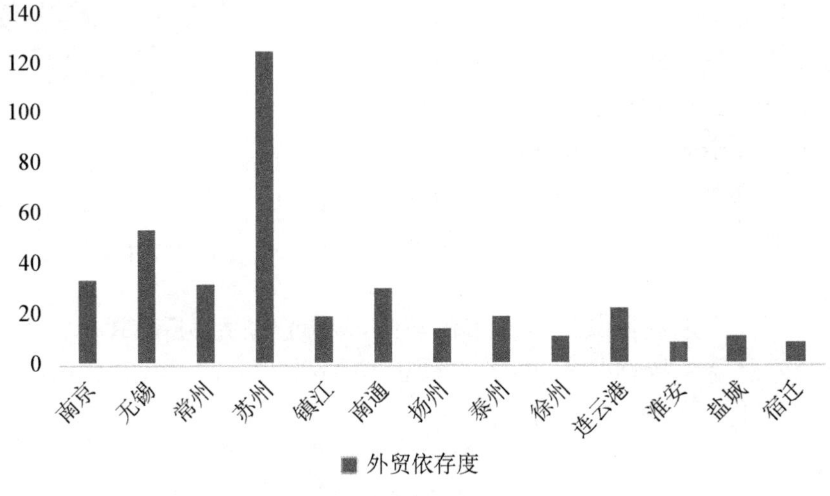

图 29　2018 年江苏各市的外贸依存度(%)

数据来源：《江苏统计年鉴 2019》

从整体来看，苏南地区外贸依存度明显高于苏中和苏北地区。其中，十三市中苏州的外贸依存度最高，达到了 125.7%，宿迁外贸依存度最低，只有 8.6%。十三市在对外贸易方面呈现出了较大的差异。

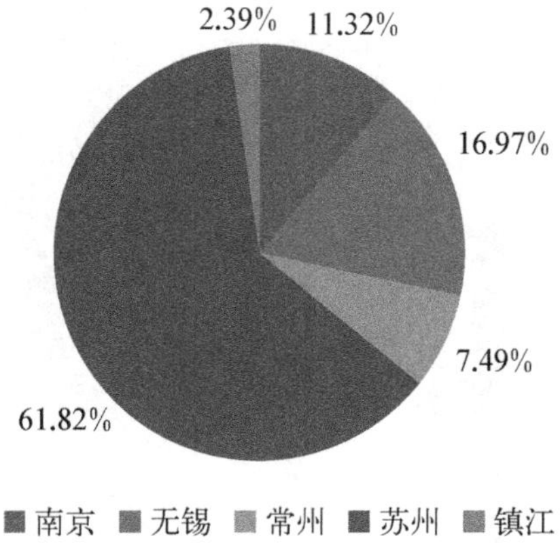

图 30　2018 年苏南各市出口占苏南比例(%)

数据来源:《江苏统计年鉴 2019》

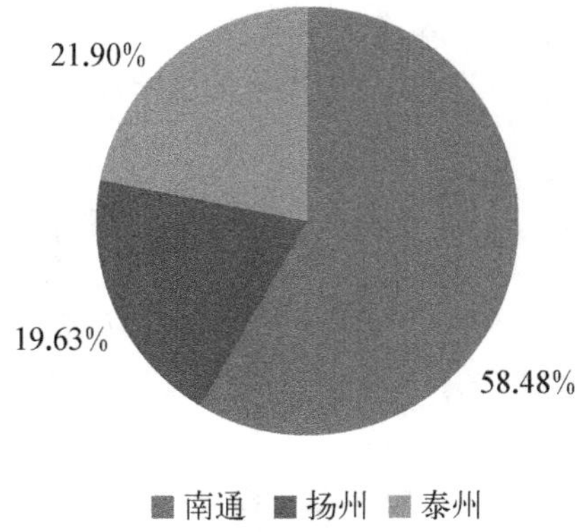

图 31　2018 年苏中各市出口占苏中比例(%)

数据来源:《江苏统计年鉴 2019》

江苏地区差异不仅体现在苏南、苏中和苏北三个地区上,同样也体现在地区内部,从苏南内部结构来看,2018 年苏州出口占到苏南五市的 61.82%,南京和无锡只占到 11.32%和 16.97%,而镇江仅占到 2.39%,这远远低于它们在苏南地区 GDP 中的份额,苏州出口所占比例如此之高,除了其地理位置,国家政策等原因之外,外资企业尤其是出口型外资企业大量聚集有很大的关系,如昆山的台资企业聚集等。

苏中出口相对苏南的苏州"一家独大"来说比较均衡,不过南通占据 58.48%的份额也高于其 GDP 份额。从 1982 年南通港水运口岸对外开放,到近五年如东洋口港、启东港、南通兴东机场口岸开放先后获得国务院批准并通过国家验收,南通拥有两个江港口岸、两个海港口岸、一个空港口岸,形成全方位、立体式的口岸开放格局,全省第一。2018 年南通外贸出口总值 254.53 亿美元,全市已从初期以劳动密集型、出口加工型为主,逐步向特色产业、科技和资本含量较高的先进制造业转变,初步形成以装备制造业、电子信息、新能源、新材料、生物医药、现代纺织为代表的支柱产业。

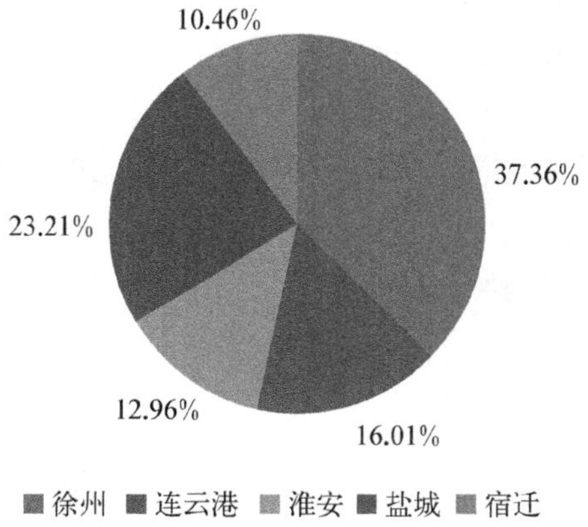

图 32　2018 年苏北各市出口占苏北比例(%)

数据来源:《江苏统计年鉴 2019》

苏北地区中除了连云港利用其港口城市优势外,各市出口比例和 GDP 比例大致比较吻合。2018 年,徐州市对外贸易保持增长态势,出口额占苏北地区的 37.36%,位居第一,其次是盐城 23.21%,连云港 16.01%,淮安 12.96%,宿迁 10.46%。

(二) 进口

由于受到金融危机的影响,江苏进口在 2009 年出现了下滑,不过之后出现了明显的反弹和回升,但随之又出现了衰退,到 2017 年,江苏全年进口总额 2599.99 亿元,比上年增长 14.11%。其中苏南地区进口 2247.31 亿美元,占江苏进口的 86.43%,苏中和苏北地区进口 217.89 亿美元和 134.69 亿美元,占江苏进口的 8.38%和 5.18%。和出口一样,江苏三大区域进口同样表现出明显的地区差异,而且进口的集中程度高于出口。

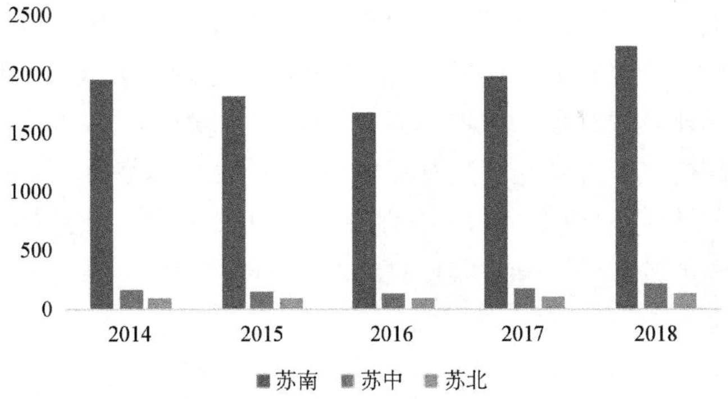

图 33　历年三地区进口规模(亿美元)

数据来源:历年《江苏统计年鉴》

(三) 外商直接投资(实际使用外资)

近年来,发达国家"再工业化"的"制造业回流"效应逐渐显现。数据显示,2012 年至 2013 年,欧洲与日本对江苏省实际外商直接投资额均出现小幅下降。美国的直接投资波动更加显著,自奥巴马政府正式提出重振制造业战略(2009 年)起,对江苏省的实际外商直接投资额逐年下降。2018 年苏南地区吸引 FDI153.59 亿美元,与 2014 年相比,减少 26.6 亿美元,降幅达到 17.32%。苏中地区在吸引 FDI 的总量上与苏南有较大差距,整体呈现下滑趋势。苏北地区 2018 年吸引的 FDI 只占苏南地区的 31.17%,与 2014 年比降幅达到 11.04%。

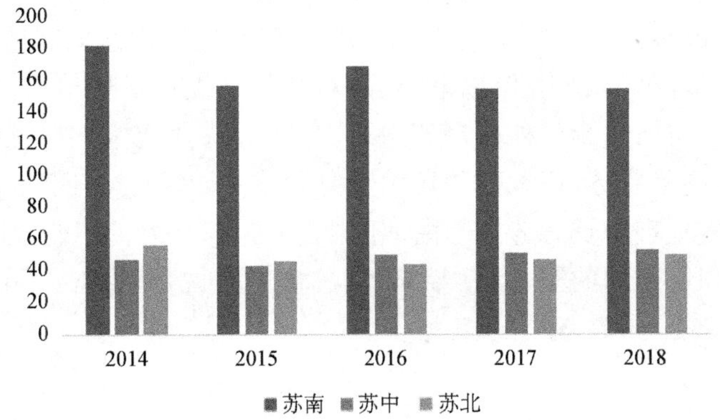

图 34　历年江苏三地区实际外商直接投资规模(亿美元)

数据来源:历年《江苏统计年鉴》

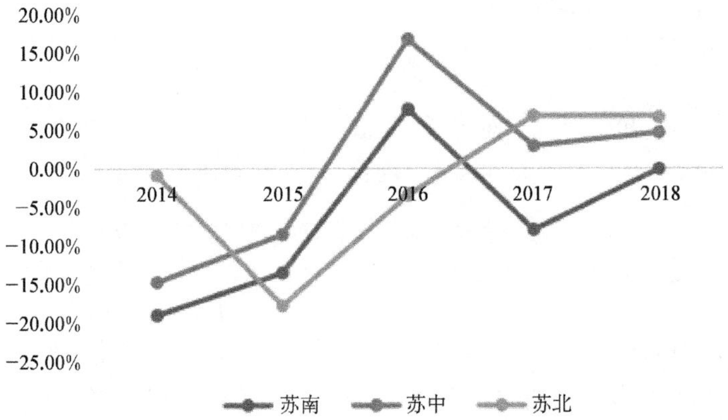

图 35　三地区实际外商直接投资增速(%)

数据来源:历年《江苏统计年鉴》

江苏内部，制造业正发生“三位叠加”效应：传统制造业受挑战，中坚 IT 业在动荡，新兴产业正孵化。受国际市场需求萎缩、贸易摩擦频发、产能相对过剩等因素影响，制造业遭遇挑战。在这样的经济运行环境中，江苏外企生存压力大增。南京海关人士表示，人工成本、汇率成本、融资成本、环保成本、摩擦成本等都构成了外贸企业生存压力。因此，在此背景下，苏南、苏中自 2013 年以来，吸引 FDI 逐年下降，2014 年降幅较大，2015 年有所收窄，在 2016 年又急剧回升，而在 2018 年又呈下降趋势，且苏南和苏中地区 2016 年的回升速度大于苏北。

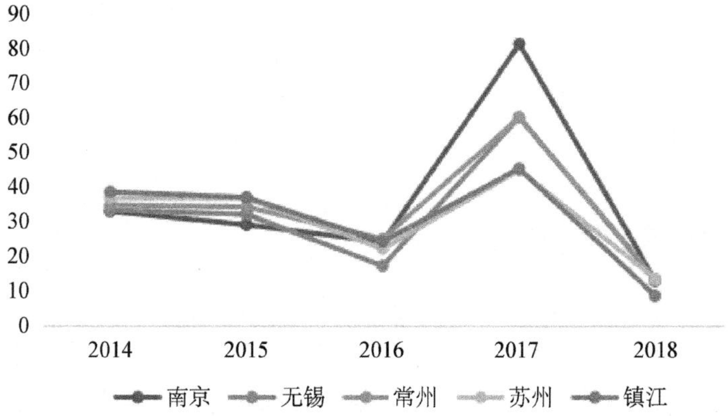

图 36 苏南各市实际外商直接投资规模(亿美元)

数据来源：历年《江苏统计年鉴》

从苏南内部结构来看，苏南地区外商直接投资规模最大的是苏州，2018 年为 45.25 亿美元，与 2014 年相比减少了 35.95 亿美元，降幅达到 79.45%。苏州因其发达的制造业，一直是我国吸引外商直接投资企业最多的地区，但 2013 年以来，外商对苏州的投资呈现出新的变化——制造业投资不断减少，但服务业投资有所提高。外商对苏州第三产业投资主要集中在批发零售业、住宿餐饮、信息技术、金融、租赁和商务服务、房地产和科学研究和技术服务业，三年中，每个行业均有不同程度下降，只有餐饮业一直呈现增长态势。苏南地区中，吸引 FDI 第二多的城市是南京，2018 年时达到 38.53 亿美元，与苏州所不同的是，近五年来，从总量上来说，南京对 FDI 的吸引力度并没有出现大幅的下降，反而在 2018 年时，还出现正增长。

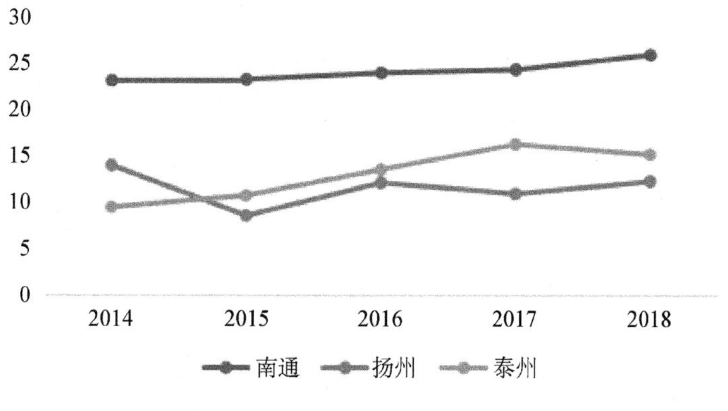

图 37 苏中各市实际外商直接投资规模(亿美元)

数据来源：历年《江苏统计年鉴》

从苏中内部结构来看，2014—2015 年，扬州吸引 FDI 出现下滑，2015 年实际利用外资资金只有 8.48 亿美元，比 2014 年减少 5.4 亿美元。在 2018 年，苏中地区的南通和扬州 FDI 规模都有上升，与 2014 年相比，南通的增幅为 11.97%，而泰州的 FDI 规模却较 2017 年有所下降，降幅为 7.37%。

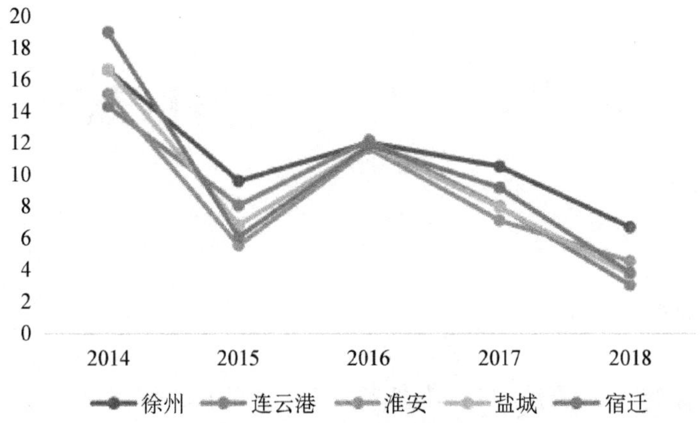

图 38　苏北各市实际外商直接投资规模(亿美元)

数据来源:历年《江苏统计年鉴》

从苏北内部结构来看,利用外资规模出现了明显分化,2014—2015 年苏北五市中,除淮安外其余四市吸引 FDI 均出现负增长。在 2014 年后,苏北五市整体上出现下滑,且在 2016 年只有徐州和宿迁有所回升,2018 年徐州市是苏北五市中吸引 FDI 最多的城市,达到 18.98 亿美元,比 2017 年增长 2.38 亿美元,其次是淮安市,11.82 亿美元。

第二章　江苏沿海区域

一、整体概况介绍

江苏沿海北起苏鲁交界的绣针河口，南抵长江口，大陆岸线全长954公里，海堤外滩涂面积750万亩，占全国滩涂面积1/4以上。早在新石器时期，江苏沿海地区就出现了海洋经济萌芽。如今的江苏，地处丝绸之路经济带、长江经济带与21世纪海上丝绸之路的交汇处，区位优势独特，发展海洋经济有着得天独厚的优势。

江苏沿海三市主要是指南通、连云港和盐城。沿海开发区域包括连云港、盐城和南通三市市区以及东海、灌云、灌南、响水、射阳、东台、海安、如东、海门、启东等10个县(市)。沿海开发影响范围包括连云港、盐城和南通三市的全部区域。2018年沿海三市人口2121.59万，面积35096平方公里，地区生产总值16685.78亿元，分别占全省的26.35%、32.74%和18.02%，人均地区生产总值87600元，相当于全省平均水平的76.06%。沿海开发区区域人口1664.3万，面积28887平方公里，地区生产总值14026.36亿元，分别占全省的20.67%、26.95%和15.15%，人均地区生产总值91871元，相当于全省平均水平的79.77%。江苏沿海区域位于我国沿海地区中部，是我国沿海、沿江、沿陇海线生产力布局主轴线的交汇区域。南部毗邻我国最大的经济中心上海，是长江三角洲的重要组成部分；北部拥有新亚欧大陆桥东桥头堡连云港，是陇海—兰新地区的重要出海门户；东部与日本、韩国隔海相望。该地区人均土地面积2.31亩，比全省平均水平多0.23亩；沿海滩涂面积1031万亩，约占全国的1/4。海洋生物资源种类多、数量大，吕四渔场和海州湾渔场为全国重要渔场，海洋资源综合指数居全国第四位，是全国海洋资源富集区域之一。岸线资源优良，具备在淤泥性海岸建设深水海港的技术条件，连云港港可布局建设30万吨级航道和码头。该地区劳动力资源较为丰富，产业基础良好。农业开发历史悠久，生产条件优越，产业化和规模化经营水平较高，是黄淮海平原和江淮地区国家粮食主产区的重要组成部分；工业初具规模，纺织、机械、汽车、化工等已成为主导产业；建筑业较为发达，旅游业特色鲜明，海洋产业在部分领域具备明显的比较优势；服务业发展水平逐步提升，现代物流等生产性服务业处于加速发展阶段，生活性服务业发展模式不断创新。作为全国主要港口的连云港港和南通港辐射带动能力不断增强，南通、盐城和连云港三个机场的运输能力快速增长，新长铁路、沿海高速公路、苏通大桥等相继建成通车，区域综合交通体系初步形成；能源结构逐步优化、供给充足；水利设施较为完善，水资源供给和防洪保安能力显著增强。

2005年11月江苏省委十届九次全会正式提出把“三沿”开发进一步拓展为“四沿”开发。沿海开发，是江苏继沿沪宁线、沿江、沿东陇海线经济带之后，又一次重要的生产力战略布局。江苏省省委、省政府以《中华人民共和国国民经济和社会发展第十一个五年规划纲要》及《江苏省国民经济和社会发展第十一个五年规划纲要》为编制依据，出台了《江苏省沿海开发总体规划》(2005—2015年)。该规划将江苏沿海开发地区的战略定位为区域性国际航运中心、新能源和临港产业基地、农业和海洋特色产业基地、重要的旅游和生态功能区。2009年国务院通过《江苏沿海地区发展规划》(2009—2020年)，使得江苏沿海地区发展从“地方战略”升级到“国家战略”，按照该规划，江苏沿海地区将建设我国重要的综合交通枢纽，沿海新型的工业基地，重要的后备土地资源开发区，生态环境优美、人民生活富足的宜居区，成为我国东部地区重要的经济增长极和辐射带动能力强的新亚欧大陆桥东方桥头堡，2017 年 7 月将淮安、泰州、宿迁纳入沿海地区开发整体布局。

2009 年江苏沿海地区发展上升为国家战略以来，全省上下特别是沿海地区抢抓战略机遇，坚持规划引领，突出项目带动，加强政策支持，推动沿海地区发展取得重大阶段性成果，提前一年实现国家规划确定的第一阶段目标，圆满完成了沿海开发五年推进计划和六大行动确定的目标任务，成为全省增长速度最快、发展活力最强、开发潜力最大的区域之一，为全省经济增长和区域协调发展做出了重要贡献。

二、2018 年经济表现

（一）经济规模不断增长

中国经济最发达的地方是沿海地区，而江苏经济最不发达的地区也是沿海地区。沿海本应成为江苏经济的“增长极”，但由于江苏经济发展存在着“浅内陆省”的倾向，江苏沿海经济成为中国沿海经济的“断裂带”，是整个沿海经济带发展的“凹地”。2004 年以来在江苏省强力推进区域共同发展战略和市场机制作用下，沿海地区抢抓沿海开发和长三角区域一体化两大国家战略的叠加机遇，经济建设取得了显著成效，总量规模大幅攀升，为全省区域共同发展新添了强劲引擎。以 2013 年 GDP 突破 1 万亿元和 2015 年人均 GDP 突破 1 万美元为标志，江苏沿海发展站上了新的起点，进入了新的阶段，东部地区重要经济增长极和新亚欧大陆桥东方桥头堡的地位初步显现。

2018 年沿海开发地区实现地区生产总值 14026.36 亿元，与 2014 年(9628.63 亿元)相比，增长了 45.67%，人均地区生产总值则从 63472 提高到 91871 元，增幅达到 44.74%。沿海三市的地区生产总值增长幅度为 45.67%，与沿海开发区开发区相同；沿海三市人均地区生产总值增幅为 44.997%，比沿海开发区的 44.74%略高。2017 年按可比价格计算，沿海开发地区的地区生产总值和人均地区生产总值的年均增长率为 12.45%和 12.15%；沿海三市的地区生产总值和人均地区生产总值的年均增长率为和 12.53%和 12.29%。这一数值都要高于全省的平均水平 11.3%和 10.92%，表明江苏的沿海地区在全省的经济发展中还是比较领先的。

表 1 沿海地区经济 GDP 与人均 GDP(2014—2018 年)

	地区生产总值(亿元)			人均地区生产总值(元)		
	2014 年	2018 年	增幅(%)	2014 年	2018 年	增幅(%)
沿海三市合计	11454.2	16685.78	45.67%	60415	87600	45.00%
沿海地带合计	9628.63	14026.36	45.67%	63472	91871	44.74%
南通市市区	2093.78	3048.89	45.62%	89766	129064	43.78%
海安市	624.14	993	59.10%	72051	114798	59.33%
如东县	615.51	952.29	54.72%	62631	97232	55.25%
启东市	739.13	1063.33	43.86%	77242	111824	44.77%
海门市	836.5	1249	49.31%	92697	137958	48.83%
连云港市市区	1072.34	1549.29	44.48%	52035	73695	41.63%
灌云县	274.98	375	36.37%	34532	46374	34.29%
灌南县	259.25	352.99	36.16%	41364	55397	33.93%

续表

	地区生产总值(亿元)			人均地区生产总值(元)		
	2014年	2018年	增幅(%)	2014年	2018年	增幅(%)
盐城市市区	1095.68	2202	100.97%	67641	92646	36.97%
响　水　县	222	349.86	57.59%	44170	70112	58.73%
滨　海　县	328.19	475.42	44.86%	34806	50997	46.52%
射　阳　县	370.1	536.61	44.99%	41510	60875	46.65%
东　台　市	610.33	878.68	43.97%	61868	90084	45.61%

数据来源:历年《江苏统计年鉴》

从沿海开发区域内部各城市来看,如同全省情况一样,存在着严重的地区发展不平衡,自南向比梯度落差较大。2018年,国民生产总值超过2000亿元的地区有南通市市区和盐城市市区,分别是3048.89亿元和2202亿元,而在2016年国民生产总值超过2000亿元的地区只有南通市区。连云港市市区的国民生产总值只有南通市市区的一半左右。连云港市市区的国民生产总值为1549.29亿元,才略高于南部沿海市(县)启东和海门市。南部市(县)的发展规模普遍要高于北部市(县),海安、如东、启东和海门的GDP均超过800亿元,最高的海门市,达到了1249亿元。而北部市(县)只有东台市的GDP超过800亿元,为878.68亿元,最低的是响水县只有349.86亿元。南通及所属四个县(市)的发展在江苏沿海地区具有龙头地位,而南通又是江苏沿江区域,所以可以很好地利用其特殊的地理位置,加强江海联动,加强与长三角的联系,进而带动整个江苏沿海地区的发展。虽然沿海地区北部城市的经济发展水平要落后于南部的南通地区,从2014—2018年的增幅来看,苏北和苏南的增速都比较接近。其中,苏南增速比较快的几个县是海安市和如东县,增速达到了59.1%和54.72%,相比之下苏北的增速有所减缓,增速最快的是响水县为57.59%。2018年人均国民生产总值最高的城市是海门市,高达137958元,高于全省平均水平115168元,其次是南通市区129064元。人均GDP高于全省平均水平的沿海城市也就只有南通市和海门市,其他城市都在115168元以下。除了盐城市区,其他北部所有市(县)的人均GDP均低于沿海地区平均水平91871元,其中,最低的是灌云县,只有46374元,倒数第二是滨海县50997元。同样人均GDP的增幅还是南部地区比北部地区要稍大,其中,增幅最多的是海安市,达到了59.33%,而最低的是灌南县只有33.93%。低于沿海地区人均GDP增幅的还有南通市市区43.78%、灌云县34.29%、连云港市市区41.63%、盐城市市区36.97%。

(二)增速全面"领跑"全省

图1是沿海开发区域2009年以来,GDP与各产业年增长速度与全省水平的一个比较。从中可以发现,2009年国务院通过《江苏沿海地区发展规划》,从"地方战略"升级到"国家战略"后,沿海地区国民生产总值、第二产业、工业和第三产业的增速速度全面"领先"全省平均水平。其中,GDP增速高于全省平均值,2010年达到10%,高出全省水平1.07个百分点,而2011年以后,GDP增速有所下降,但仍高于全省平均值。沿海地区的第二产业发展势头一直很强劲,2009年以来,其增速和工业增速大多高于全省平均水平。沿海地区一个中心城市位于苏中,其余两个中心城市位于苏北,因此既不是全省的服务业中心,经济发展水平也还没有达到向服务业转型的时期,因此第三产业发展起步较晚,也相对比较落后(如图1所示),但在目前沿江地区加速起飞的发展阶段,加上一系列扶持沿海和苏北现代服务业的政策措施,使得2011年后沿海地区的服务业发展也开始迎来了快速增长时期,全面超越全省平均水平。总的来说,2009—2012年连续4年沿海地区的经济发展速度领先全省平均水平。2013年出现一次回落,2014—2016年又明显于全省增速,2017年、2018

年总体与全省水平相当。沿海地区的经济发展速度令人惊讶，这也显示出江苏沿海大开发战略对这些地区带来的发展动力和初步成效。

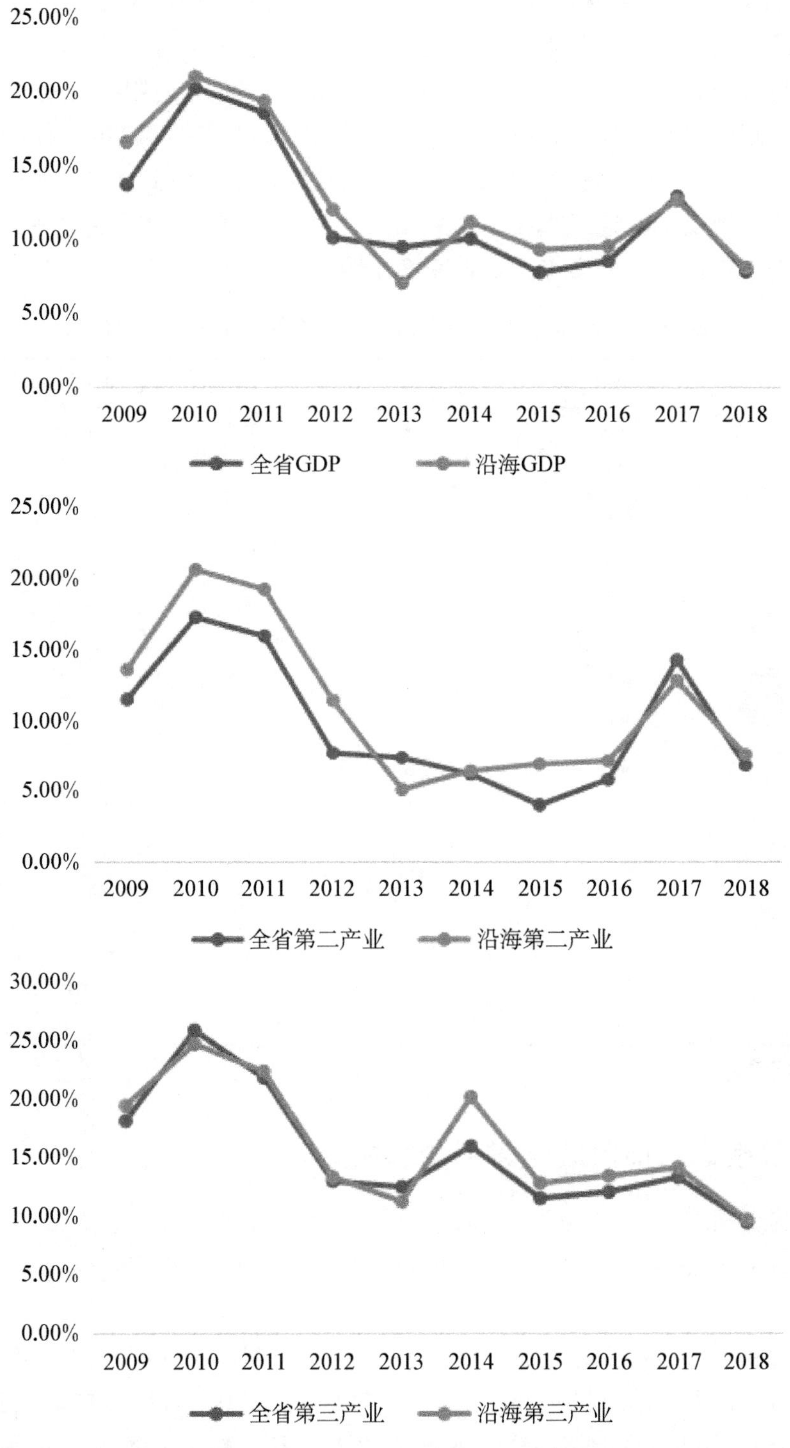

图 1　沿海地区 GDP、各产业增速与全省的比较

数据来源：历年《江苏统计年鉴》

2014—2018 年江苏沿海地区国民生产总值、第二产业和第三产业的年均增长率分别达到了 12.65%、10.97%和 15.99%，同期全省平均值为 11.89%、9.58%和 15.22%。这三个指标都超越全省水平，沿海地区的人均 GDP 增速要高出全省 GDP 增速 0.86 个百分比。人均 GDP 增速高于 GDP 增速可能得益于两个方面的原因：一是江苏沿海地区经济增长较快，但人口资质较好，人口负担有所减轻。二是产业结构有所提升,技术进步加快,人均劳动生产率得以提高。沿海地区经济越落后的地方增速反而越快,因为这些地区的发展潜力和要素回报率会更高。从表2可以看出,沿海地区GDP、人均GDP、第二产业和第三产业的年均增长率最快的城市主要集中在连云港市市区和经济最为落后的灌南县和灌云县。第二产业增速与往年相比有放缓趋势。GDP年均增长率最慢的城市是南通市市区、射阳县和东台市,其中,射阳县只有8.86%,射阳县也是唯一经济发展比较落后增速却不高的北部市(县)。沿海三市中连云港市市区的人均GDP年增长率最低,只有6.27%,相比较于其余两个中心城市市区要偏低不少,盐城市市区达到了9.46%,南通市市区也有9.53%。第二产业增速最低的地区主要是南通市市区和灌云县,均没有超过6.8%,此外,射阳县也比较低。连云港市市区和盐城市市区增长速度比较快,都超过了15%。

表2 沿海各城市主要经济指标年均增长率(2014—2018年,%)

	GDP增速	人均GDP增速	第二产业增速	第三产业增速
全　省	11.89	9.09	9.58	15.22
沿海地带合计	10.13	9.95	8.06	13.90
南通市市区	9.86	9.53	6.79	13.74
海 安 市	13.04	13.07	11.95	16.13
如 东 县	12.20	12.32	10.77	15.88
启 东 市	10.08	10.27	8.71	13.39
海 门 市	11.05	10.98	8.39	15.62
连云港市市区	23.28	6.27	18.85	26.06
灌 云 县	8.50	8.06	6.71	13.52
灌 南 县	8.43	7.95	6.80	11.98
盐城市市区	19.62	9.46	15.93	24.38
响 水 县	11.54	11.71	11.77	15.65
滨 海 县	9.65	9.93	8.11	13.59
射 阳 县	8.86	9.12	7.57	12.60
东 台 市	9.28	9.52	7.18	13.24

数据来源:历年《江苏统计年鉴》

(三)绝对数指标依旧落后全省平均水平

虽然沿海地区近几年经济加速发展领跑全省,但由于基础薄弱,主要经济指标的绝对数与全省平均水平仍然存在不小的差距。表3是沿海各城市主要经济指标绝对数以及占全省的比重情况。

首先分析沿海开发区域的地区生产总值、第一产业、第二产业、和第三产业的占比情况,2018年这四个指标分别为15.15%、25.23%、15.52%和13.94%,而人口与土地面积的占比有20.74%和26.95%。可见,只有第一产业的产值比重与其人口和土地面积的份额相匹配,其余都明显较低,在全省经济中的地位并不突出,这也从一方面说明了实施沿海开发的必要性。再结合图1,我们发现,2011—2017年间,沿海地区GDP占全省的比重先是不断上升,从2011年的14.63%上升到2012年的14.98%,在2012年后又开始有所下降,到2016年时达到了15.14%,2017年又略有下降,为15.11%,2018年有所上升,为15.15%,总的来说,波动不是很大。沿海地区一直都是江苏重要的农产品基地,2010年以来,其第一产业产值占全省的份额一直都围绕在25%上下波动,2012年曾经下滑到25.07%,2013年又有所回升,到2016年又下降到23.8%，2017年又再次回升到24.96%。第二产业是沿海地区发展势头最为强劲的产业，2010年后第二产业和工业产值占全省的比重就持续呈现出不断提高的趋势，其中，第二产业从2010年的14.36%提高到了2012年的15.28%，随后两年又呈现出略微下降的态势，2015年有所回升，2017年又略微下降，2018年再次上升，为15.52%。工业则从2010年的13.42%提高到2012年的14.44%，随后有略有下降，2014年之后开始回升。在苏南发达地区和沿江地区城市不断向服务业转型的过程中，沿海地区的服务业产值占全省的比重是在下降的，从2010年的13.07%%减少到2013年的12.65%；但之后也出现回升趋势。这一变化基本反映了江苏区域发展的战略，即苏南地区以制造业、服务业"双轮驱动"，苏中和苏北地区积极承接产业转移，重点发展优势制造业，可见，各个地区的产业正在慢慢地步入成熟。

表3　沿海各城市主要经济指标占全省的比重情况（2014—2018年）

指　　标	2014年		2018年	
	数值	占全省比重	数值	占全省比重
地区生产总值（亿元）	9628.63	14.79%	14026.36	15.15%
第一产业	878.46	24.17%	1044.84	25.23%
第二产业	4621.79	14.98%	6400.23	15.52%
第三产业	4128.38	13.49%	6581.3	13.94%
固定资产投资额（亿元）	7207.09	17.18%		
＃房地产开发投资	1121.81	13.61%	1426.8	12.99%
社会消费品零售总额（亿元）	3554.85	15.15%	5080.82	15.29%
进出口总额（亿美元）	429.91	7.63%	527.3	7.94%
＃出口	278.24	8.14%	315.45	7.81%
地方财政一般预算收入（亿元）	1046.82	14.47%	1072.46	12.43%
地方财政一般预算支出（亿元）	1353.37	15.97%	1788.53	15.34%
金融机构存款余额（亿元）	12202.39	13.02%	18952.51	13.56%
金融机构贷款余额（亿元）	8112.79	11.66%	14852.84	12.84%

数据来源：历年《江苏统计年鉴》

沿海地区其他经济指标的绝对值与全省平均水平相比显著落后的有其外向型经济发展水平。2018年沿海开发区域的进出口总额为527.3亿美元、出口总额为315.45亿美元，只占到全省水平的7.94%和7.81%，与一般认为的沿海地区的贸易地位是极不相符的。这主要是由于从客观条件来看，江苏的海岸线虽然有1000多公里，但大部分属于淤涨型海岸，难以泊船，因此，江苏沿海地区长期以来内陆化倾向明显，缺乏开放积淀，经济的关联度更多地倾向于内陆，没能利用海洋形成经济、文化的纽带。

表4　沿海地区GDP、各产业占全省的比重情况（2011—2018年）

	2011年	2012年	2013年	2014年	2015年	2016年	2017年	2018年
GDP	14.72%	14.98%	14.50%	14.79%	15.01%	15.14%	15.11%	15.15%
第一产业	25.24%	25.07%	25.19%	24.17%	23.42%	23.80%	24.96%	25.23%
第二产业	14.77%	15.28%	14.95%	14.98%	15.40%	15.75%	15.40%	15.52%
工业	13.91%	14.44%	14.23%	14.25%	14.68%	14.87%	14.72%	14.46%
第三产业	13.12%	13.17%	12.65%	13.49%	13.65%	13.65%	13.91%	13.94%

数据来源：历年《江苏统计年鉴》

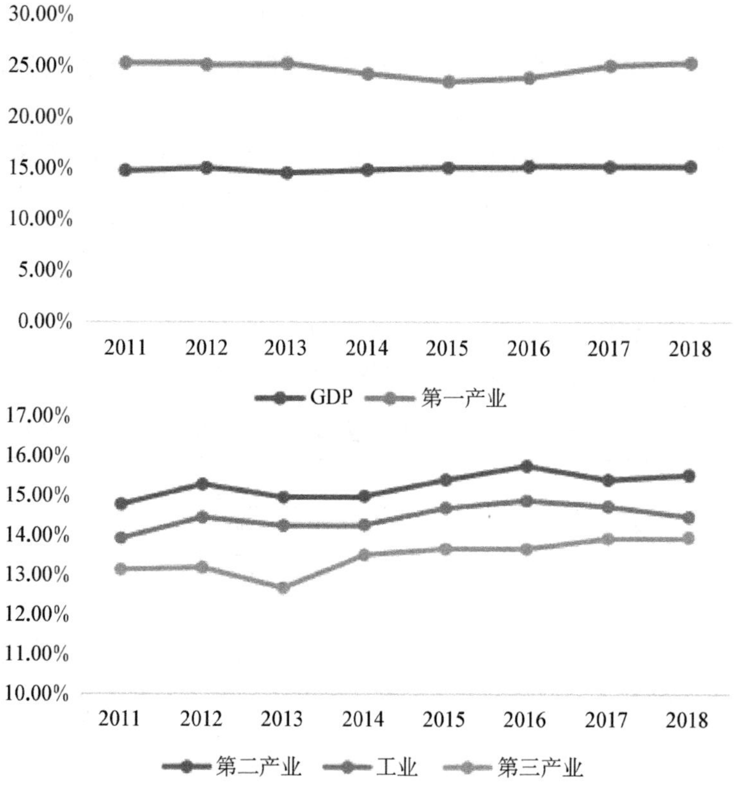

图 2　沿海地区 GDP、各产业占全省的比重情况(2011—2018 年)

数据来源:历年《江苏统计年鉴》

总体来说,表 3 所列的经济指标中,绝大多数指标的占比数值都有了一定的提高,这显示出沿海地区的经济地位在整个江苏都有所提高。其中,固定资产投资额提高的百分点最多,其次是地方财政一般预算收入和地方财政一般预算支出。这说明在江苏沿海战略升级为“国家战略”后,对沿海地区建设的投入不断加大。2016 年,江苏省集中力量组织实施沿海开发港口功能提升、沿海产业升级、临海城镇培育、滩涂开发利用、沿海环境保护和重大载体建设“六大行动”,进一步推动沿海地区科学发展,着力解决一批事关沿海开发的重大关键问题,为江苏沿海地区海洋经济的发展打好了坚实的基础。

(四) 区域内县(市)经济发展不如沿江地区

沿海地区的县(市)包括南通的海安市、如东县、海门市和启东市,连云港的灌云县和灌南县,盐城地区的响水县、滨海市、射阳县和东台市。从表 5 可以看出,GDP、工业增加值、人均 GDP、人均地方一般预算收入、规模以上工业企业利税总额、出口总额、外商直接投资总额、农村居民人均纯收入、城镇居民人均可支配收入等经济指标在全省 42 个县(市)的排名中,南通地区的四个县(市)位于中游偏上,盐城地区的四个县(市)位于中游偏下,而连云港地区的两个县(市)排名靠后,相较于沿江地区的县(市)经济发展要落后不少。

表 5　区域内县(市)经济主要指标在全省中的排名(2018 年)

名　称	GDP	工业增加值	人均 GDP	人均地方一般预算收入	规模以上工业企业利税总额	出口总额	外商直接投资总额	农村居民人均可支配收入	城镇居民人均可支配收入
海安市	13	13	13	14	8	14	9	15	14
如东县	14	15	16	18	9	12	12	18	15
启东市	10	12	14	13	7	11	11	11	13

续表

名　称	GDP	工业增加值	人均GDP	人均地方一般预算收入	规模以上工业企业利税总额	出口总额	外商直接投资总额	农村居民人均可支配收入	城镇居民人均可支配收入
海门市	8	8	8	12	4	10	10	10	10
灌云县	38	40	41	38	41	38	41	40	40
灌南县	39	38	35	29	40	40	31	41	35
响水县	40	34	26	22	19	26	35	33	31
滨海县	35	33	38	32	29	29	38	29	30
射阳县	29	29	30	35	32	37	34	24	29
东台市	18	17	18	19	21	19	30	12	20

数据来源:《江苏统计年鉴 2019》

在整个沿海地区 10 个县(市)中,海门市的各项经济指标排名是最靠前的。除了人均地方一般预算收入为 12 名,其 GDP、人均 GDP、规模以上工业企业利税总额和农村居民人均可支配收入都挤进了前 10。其次是启东市,大部分指标排名在 10～15 名之间。排名最后的是连云港地区的灌云县和灌南县,其中,灌云县的人均 GDP、农村居民人均可支配收入和城镇居民人均可支配收入,灌云县的 GDP、人均 GDP、农村居民人均可支配收入均排在全省 42 个县(市)中的倒数。盐城地区的东台市在沿海北部县(市)中经济发展情况较好,各项指标基本排名处于全省中游水平。

(五)基础设施日臻完善,支撑保障能力明显增强

以连云港港为核心的沿海港口群基本形成,连云港港 30 万吨级航道一期工程建成通航,2016 年沿海港口吞吐量突破 3 亿吨,年均增长 14.8%。沿海综合交通体系逐步完善,海洋铁路、宁启铁路复线电气化改造建成通车,连盐、沪通、连淮扬镇、徐宿淮盐铁路建设进展顺利;临海高等级公路建成通车,“三纵五横”干线公路网络基本建成;长江南京以下－12.5 米深水航道延伸到南通,“一纵两横”干线水运通道初步形成。沿海水利保障能力不断增强,海堤巩固完善、区域骨干河道整治工程有序推进,淡水资源供给、防洪减灾、水资源保护和河湖管理能力明显提高。能源基地建设取得新进展,沿海发电装机容量占全省比重提高 5 个百分点以上,风电、光伏电站并网容量分别占全省 98%和 50%左右,海上风电并网容量全国第一。

三、沿海地区产业经济发展现状

(一)产业结构高度化趋势,工业主导地位继续加强

随着江苏沿海地区生产力水平的提高和经济社会的发展,三次产业内部结构已发生了积极的变化。沿海地区三次产业结构比例由 2011 年的 10.7∶51.5∶37.8 调整为 7.4∶45.6∶46.9,呈现出第一产业,第二产业比重下降、第三产业比重在上升,第三产业已占最大比重,产业结构正向合理化方向演变,这也预示着沿海地区工业进程正在加速。与全省 4.5∶44.5∶51、沿江地区 2.5∶45.8∶51.7 和长三角地区 3.4∶41∶55.5 的三次产业构成比例相比较,可以看出,沿海地区的第一产业比重遥遥领先于其他各经济带,高于全省平均水平,是沿江地区的将近 3 倍,第二产业比重略高,第三产业比重不够高,工业是带动这一地区经济增长的主要动力,产业层次还较低。近年来,江苏沿海地区产业基础条件不断改善,产业利好政策不断出台,以高新技术、资本密集型企业为代表的新型产业纷纷落户沿海地区,推动了沿海地区第二产业的大发展,也推动了农业产业化的进程。沿海地区产业内部结构所发生的变化,符合三次产业内部结构变化

的一般规律,产业发展步入快车道。

表 6 沿海地区三次产业结构变化(2011—2018 年)

	2011 年	2012 年	2013 年	2014 年	2015 年	2016 年	2017 年	2018 年
第一产业	10.7	10.6	10.1	9.1	8.9	8.4	7.8	7.4
第二产业	51.5	51.2	50.2	48.0	46.9	45.8	45.9	45.6
第三产业	37.8	38.2	39.7	42.9	44.2	45.7	46.3	46.9

数据来源:历年《江苏统计年鉴》

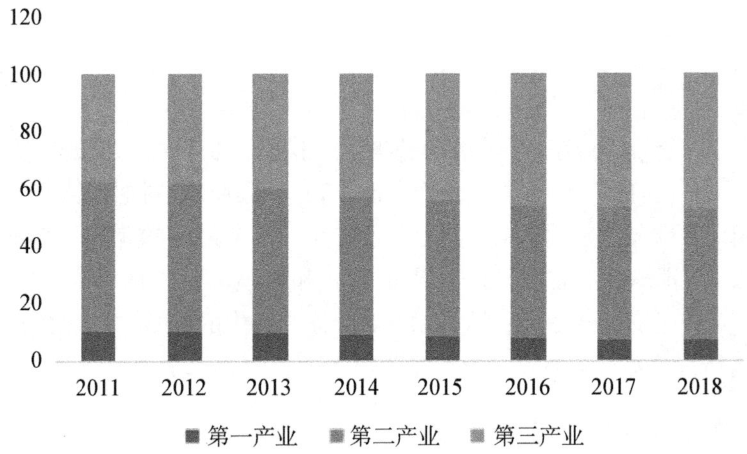

图 3 沿海地区三次产业结构情况(2011—2018 年)

数据来源:历年《江苏统计年鉴》

表 7 是沿海地区 2018 年三次产业产值和就业结构情况。在沿海地区所有城市中,2018 年第一产业产值占 GDP 的比重最高的城市是灌云县,达到了 18.4%,射阳县也达到了 16.3%,除此以外,响水县、滨海县、灌南县的第一产业产值比重也较高,说明这些地区的农业经济占整个国民经济的重要性还很大,产业结构比较落后,社会经济发展和工业化程度不够高。三个市区,南通市市区的第一产业产值比重最低只有 2.0%,其次是盐城市 7.8%,最后是连云港市市区 8.1%,相较于苏南五市市区只有 1.7%的第一产业而言,这一比重还是过高。第二产业在沿海地区各城市的经济地位都非常重要,基本在 50%上下,最高的是响水县 49.7%,最低的是射阳县 36.7%。沿海地区的苏北城市中第二产业占比均低于 50%,可见在整个沿海地区中南部的南通地区产业结构要大大优于北部地区。第三产业产值占 GDP 的比重在整个沿海地区都偏低,最低的灌南县只有 37.9%。

表 7 沿海地区三次产业产值和就业结构(2018 年,%)

	三次产业占 GDP 比重				三次产业就业人口占总就业人数的比重		
	第一产业	第二产业	#工业	第三产业	第一产业	第二产业	第三产业
沿海三市合计	7.8	45.5	38.0	46.7	22.62	39.73	37.65
沿海地带合计	7.4	45.6	38.1	46.9	21.76	39.91	38.33
南通市市区	2.0	45.7	38.3	52.3	10.94	42.90	46.16
海 安 市	6.2	47.1	39.1	46.7	19.41	52.74	27.86
如 东 县	7.9	46.1	39.2	46.0	19.36	49.69	30.94
启 东 市	6.8	47.5	37.7	45.7	23.08	43.78	33.14

续表

	三次产业占 GDP 比重				三次产业就业人口占总就业人数的比重		
	第一产业	第二产业	#工业	第三产业	第一产业	第二产业	第三产业
海　门　市	4.7	48.8	40.6	46.5	21.94	48.39	29.67
连云港市市区	8.1	43.8	33.9	48.1	23.66	36.03	40.30
灌　云　县	18.4	42.4	31.9	39.1	38.41	27.34	34.25
灌　南　县	16.2	45.9	39.7	37.9	41.05	30.43	28.51
盐城市市区	7.8	48.4	41.0	43.8	16.87	37.97	45.16
响　水　县	12.2	49.7	45.2	38.1	25.61	35.99	38.40
滨　海　县	13.3	40.8	34.0	45.9	26.70	34.70	38.60
射　阳　县	16.3	36.7	33.5	47.0	25.27	35.41	39.32
东　台　市	11.3	40.5	35.7	48.2	22.21	36.51	41.27

数据来源:《江苏统计年鉴 2019》

从三次产业的就业结构来看,江苏沿海区域的南部地区,即南通市区的四个市(县),第二产业是吸收劳动力的最主要产业部门。其中,海安市的第二产业就业人口占到总就业人数达到52.74%,是沿海地区所有城市中最高的,也是唯一超过50%的城市。在沿海北部地区的一些经济发展较落后的市(县)中,农业反而成了劳动力最重要的流向,例如,灌云县、灌南县、滨海县普遍存在第一产业就业人口比重过高(超过30%)的现象,表现沿海北部的产业发展水平与南部地区的差距还很大,但充裕的农村劳动力也将成为这些地区的一大优势。在苏南逐渐丧失轻工产业的比较优势的情况下,沿海北部地区应该做好充分准备积极承接区域产业转移,加快追赶步伐。

(二)工业生产快速增长、效益平稳攀升

从上文的分析中可以看出江苏沿海地带工业化进程明显加快,第二产业产值占地区生产总值的比重相对较高。纺织、机械、汽车、化工等已成为沿海地区的主导产业,南通的造船业、连云港的化学工业、盐城的纺织业和汽车制造业具有重要地位。以风力发电、核电为基础的新能源产业和现代医学产业发展势头良好。

表 8　沿海地区工业经济主要指标变化情况(2013—2018 年,亿元)

	2013 年	2014 年	2015 年	2016 年	2017 年	2018 年
工业总产值	18554.44	20872.75	22823.54	25352.43		
主营业务收入	18610.17	20731.08	21556.29	24982.76	27947.57	22339.22

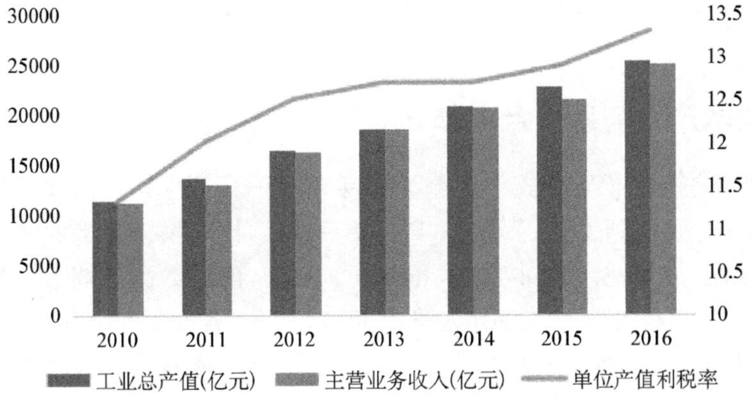

图 4　沿海地区工业经济主要指标变化情况(2010—2016 年)

数据来源:历年《江苏统计年鉴》

图4是2010—2016年沿海地区规模以上工业企业运行的相关指标走势图。可以看出,工业生产持续增长,总产值从2010年的11518.6亿元上升到了2016年的25352.43亿元、主营业务收入从11222.6亿元提高到了24928.76亿元,按可比价格计算,年均增长率分别达到了20.02%和20.44%,高于同期GDP增速,也高于苏南地区和全省平均水平。在工业生产快速增长的同时,企业效益平稳攀升,2016年规模以上工业企业完成利税总额1796.04亿元,单位产值利税率也从11.32%稳步攀升到13.3%,保持持续增长态势。

2018年沿海三市规模以上工业企业数量达到了9653个,主营业务收入22339.22亿元,实现利润总额1694.33亿元。其中南通市规模以上工业主营业务收入3969.89亿元,利润总额275.2亿元。连云港市以加快国家创新型试点城市建设为主线,深入实施创新驱动战略,推进科技创新工程,加快培育创新主体,完善科技服务体系,推动高新技术产业平稳较快发展,对全市经济转型升级起到积极的支撑作用。2018年其规模以上工业主营业务收入2000.57亿元。2018年所有沿海地区的城市中,南通市市区的主营业务收入最高,达到了3969.89亿元,其次是海安市2433.85亿元、盐城市市区2382.66亿元、海门市2109.24亿元和连云港市市区2000.57亿元。

表9　沿海地区工业经济运行情况(2018年)

地　区	规模以上工业企业个数(个)	主营业务收入(亿元)	利润总额(亿元)
沿海三市合计	9653	22339.22	1694.33
沿海地带合计	7520	19497.92	1531.70
南通市市区	1450	3969.89	275.20
海　安　市	983	2432.85	173.62
如　东　县	733	1991.87	159.34
启　东　市	501	1774.64	184.87
海　门　市	683	2109.24	262.11
连云港市市区	499	2000.57	225.30
灌　云　县	96	64.86	−2.06
灌　南　县	137	281.18	8.94
盐城市市区	1228	2382.66	78.64
响　水　县	163	751.97	68.12
滨　海　县	207	341.98	25.59
射　阳　县	317	515.21	23.78
东　台　市	523	881.00	48.25

数据来源:《江苏统计年鉴2019》

(三)高新技术产业与新兴产业加速崛起

江苏沿海三市的高新技术产业总产值自2011年以后一直都保持着高速的增速,南通、连云港和盐城的年均增长率分别达到了28.7%、39.5%和57.1%,比规模以上工业总产值的增长率要高出不少,也比苏南地区、沿江地区的同期增长率要高。其中,南通的高新技术产业产值在沿海三市中一直遥遥领先,2018年超过8500亿元,达到8835.14亿元,是盐城市3377.52亿元的2.63倍和连云港市1993.49亿元的4.43倍。高新技术产业快速增长的背后是其对各市工业结构的调整与升级,2011年,南通市、连云港市和盐城市的高新技术产业占工业总产值的比重只有37.45%、33.02%和20.84%,到了2018年,这一比重上升到了50.1%、43.7%和37%,成了工业生产中最重要的一股力量。盐城市的高新技术产业发展相对比较落后，产业发展慢、比重低的原因主要来自两个方面的原因：一是盐城市的产业层次原来就比较低，其优势和支柱产业都不属于高新技术产业，如传统的汽车及其零部件制造业、纺织业。而且在沿海大开发过程中重点布局的造船和风电等产业也不属于高新技术产业。二是盐城市主要的高新技术企业是重化工业，在《江苏沿海开发战略》中明确指明了江苏沿海地区要发展生态化工业，因此，盐城市除了响水县和滨海县的化工园区得到了发展外，其他地区的化工业都在萎缩。

表 10　沿海三市高新技术产业发展情况(2011—2018 年)

高新技术产值(亿元)	2011 年	2012 年	2013 年	2014 年	2015 年	2016 年	2017 年	2018 年
南 通 市	3250.83	3836.8	4816	5404.0	6048.4	7072.89	7564.33	8835.14
连云港市	868.7	1144.58	1830	1699.3	1936.90	2178.43	2137.79	1993.49
盐 城 市	908.46	1302.54	1774	2045.0	2455.42	3044.15	3239.83	3377.52
占规模以上工业总产值比重(%)	2011 年	2012 年	2013 年	2014 年	2015 年	2016 年	2017 年	2018 年
南 通 市	37.45	38.65	42.4	43.2	51.45	55.45	50.30	50.1
连云港市	33.02	33.53	44.3	34.3	43.01	42.74	35.10	43.7
盐 城 市	20.84	23.45	27.5	28.3	37.41	40.59	35.00	37

数据来源：历年《江苏统计年鉴》

2018 年南通市完成高新技术产业产值 8835.14 亿元，增长 16.8%，占规模以上工业比重达到 50.1%，同比提高 1.1 个百分点。新兴产业发展势头强劲，海洋工程装备、新能源、新材料、生物技术和新医药、智能装备和节能环保等六大新兴产业完成产值增长 12.9%，占规模以上工业的比重达到 33.5%，同比下降 0.3 个百分点。盐城市高技术产业发展加快。2018 年，全市高新技术产业实现产值 3377.52 亿元，比上年增长 4.25%，占全市规模以上工业产值比重的 43.7%以上。2018 年，全市战略性新兴产业产值增长 22%。连云港市以推进国家创新型城市建设和高新区升格发展为契机，加快创新资源集聚，强化创新载体支撑，着力打造了新医药、硅材料、高性能纤维及复合材料、装备制造四大国家级产业基地，有力地优化了产业结构，促进了高新技术产业的聚集发展。高新产业快速发展。2018 年高新技术产业产值 1993.49 亿元，下降 6.75%；总量占全市规模以上工业总产值的 37%。工业结构调整步伐加快。全市主动抓创新、促转型，大力淘汰落后产能，高新产业快速发展。全年高新技术产业占规模以上工业比重达 43.7%，比上年提高 8.9 个百分点。其中，新医药、新材料、新能源和高端装备制造等“三新一高”产业占高新技术产业产值比重达 97.0%。实现新产品产值 494.5 亿元，增长 12.5%，高于规模以上工业 20.6 个百分点。重点企业较快增长。全市 30 强工业企业产值增长 15.7%，高于全市平均水平 24.6 个百分点，拉动全市工业产值增长 8.4 个百分点。其中，镔鑫钢铁增速达 59.7%，兴鑫钢铁、斯尔邦、虹港石化、润众制药等企业增速超过 30%。销售过百亿企业达到 7 家。工业出口增速明显回升。全年规模以上工业实现出口交货值 126.22 亿元，增长 12.2%，比上年提高 9.1 个百分点。工业企业效益下行。全年规模以上工业实现主营业务收入 2493.70 亿元，下降 7.9%。在统的 34 个行业大类中 9 个实现正增长，占比 26.4%。实现利润总额 230.47 亿元，下降 10.4%。企业亏损面、亏损额双增长，亏损企业 298 家，增长 56.8%，亏损企业亏损额 25.18 亿元，增长 131.4%。建筑业平稳发展。全年实现建筑业增加值 245.50 亿元，增长 3.0%。资质以上建筑业企业完成总产值 719.22 亿元，增长 1.0%；房屋施工面积 5945.08 万平方米，下降 0.6%；房屋竣工面积 2380.43 万平方米，与上年基本持平。

表 11　沿海三市高新技术产业和新兴产业基本情况(2018 年)

	高新技术产业		新兴产业	
	产值(亿元)	增速(%)	主要优势新兴行业	产值(亿元)
南　通	8835.14	16.8	海洋工程装备、新能源、新材料、生物技术和新医药、智能装备和节能环保	5739.38
连云港	1993.49	−6.75	新材料、新医药、新能源	
盐　城	3377.52	4.25	节能环保、海洋生物、新材料产业	1977.62

数据来源:南通、连云港和盐城市《2018 年国民经济运行与统计年报》

四、沿海地区开放型经济发展现状

2018 年沿海地区出口总额为 315.45 亿美元,占全省比重为 7.81%。实际利用外商直接投资分别为 37.46 亿美元,占全省比重为 14.64%。沿海地区外向型经济发展近几年保持着高速增长,承接国际资本和产业转移的步伐加快,后发优势开始显现,正在成为江苏省开放型经济新的增长极为地区经济的稳定发展和综合实力的提高做出了贡献。

(一) 对外贸易规模不断扩大,成为全省新的出口增长极

2011—2018 年江苏沿海地区的出口总额在 2014 年之前都保持着增长趋势。但到 2015 年开始有所下降,出口总额从 2010 年的 190.04 亿美元,增长到 2018 年的 315.45 亿美元。

表 12　沿海地区对外贸易发展情况(2011—2018 年)

绝对值(亿美元)	2011 年	2012 年	2013 年	2014 年	2015 年	2016 年	2017 年	2018 年
出口总额	224.77	230.56	256.81	312.30	286.39	285.37	312.10	315.45
实际外商直接投资额	37.01	45.08	40.45	40.06	35.38	32.06	34.67	37.46
占全省的比重(%)	2011	2012	2013	2014	2015	2016	2017	2018
出口总额	7.19	7.02	7.81	9.14	8.46	8.94	8.59	7.81
实际外商直接投资额	11.52	12.61	12.16	14.22	14.57	13.06	13.79	14.64

数据来源:历年《江苏统计年鉴》

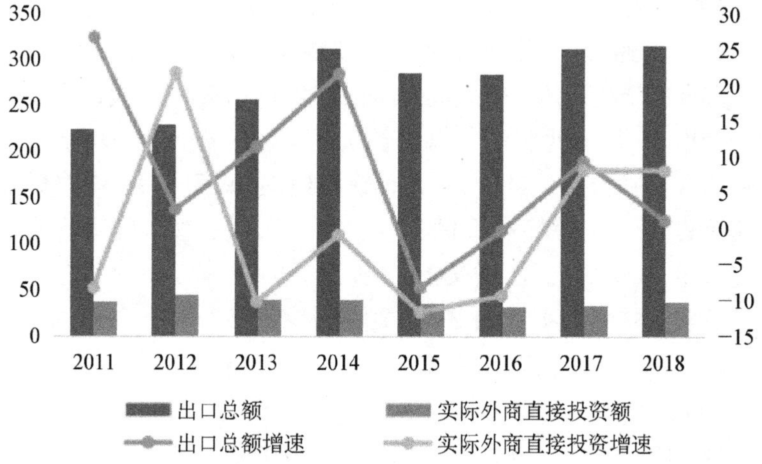

图 5　沿海地区实际外商直接投资额和出口总额及增长率变化情况(2011—2018 年)

数据来源:历年《江苏统计年鉴》

从沿海地区的内部城市来看，2018 年出口总额最高的城市是南通市市区，占到整个沿海地区的 43.89%，加上海安市、如东县、启东市和海门市，总共占到整个沿海地区的 71.1%，是整个沿海地区对外贸易的绝对主体。这也反映出江苏沿海地区南北部开放型经济的巨大差异，连云港市区和盐城市区 2018 年的出口总额是 34.38 亿美元和 31.37 亿美元，远落后于南通。且从 2011—2018 年的年均增长率来看，沿海北部地区的增长率总体高于南部城市。其中，最高的海门市达到了 23.59%，最低的为灌云县 2.55%。

表 13　沿海地区开放型经济主要指标及增长率情况（2011—2018 年）

	2018 年(亿美元)		2011—2018 年年均增长率(%)	
	出口总额	实际外商直接投额	出口总额	实际外商直接投资额
沿海合计	315.45	37.46	7.76	−0.36
南通市市区	138.46	11.29	6.79	7.15
海安市	15.31	3.38	9.71	13.38
如东县	20.63	3.01	12.81	2.50
启东市	23.09	3.08	6.18	26.28
海门市	26.78	3.26	23.59	11.31
连云港市市区	34.38	4.00	8.34	1.58
灌云县	1.84	0.21	2.55	38.21
灌南县	1.48	0.83	8.50	445.99
盐城市市区	31.37	5.76	18.81	7.48
响水县	6.01	0.58	11.19	−0.44
滨海县	4.70	0.55	21.63	−7.58
射阳县	2.73	0.61	16.07	2.61
东台市	8.68	0.90	17.77	−6.93

数据来源：历年《江苏统计年鉴》

（二）吸引 FDI 比较平稳，年增长率不断下滑

从图 6 江苏沿海地区 2011—2018 年的实际外商直接投资额及增长率的变化情况可以看出，沿海地区吸引 FDI 的规模明显上升，2011 年时实际外商直接投资为 37.01 亿美元，2012 年实际外商直接投资额开始激增到 45.08 亿美元，增长率高达 21.8%。2013 年之后就开始一直下降到 2016 年的 32.06 亿美元，而 2018 年又增长到 37.46 亿美元。在沿海所有地区中，2018 年吸引实际外商直接投资额最多的是南通市市区，有 11.29 亿美元，其次是盐城市市区 5.76 亿美元、连云港市市区 4 亿美元。沿海北部一些市(县)在 2018 年获得的外资直接投资额都不足 2 亿美元，最低的灌云县只有 0.21 亿美元，滨海县也只有 0.55 亿美元。

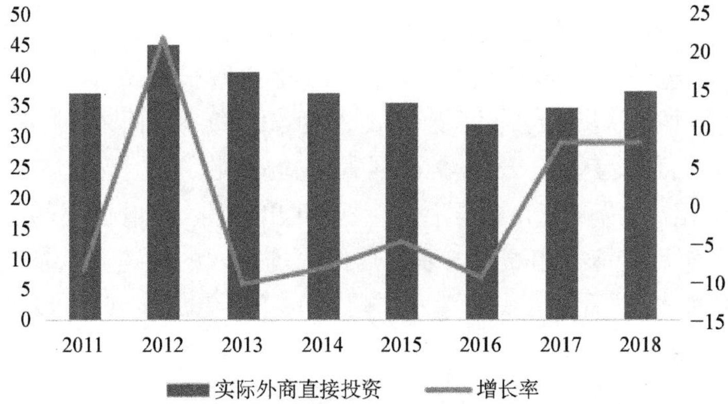

图 6　沿海地区实际外商直接投资额及增长率变化情况（2011—2018 年）

数据来源：历年《江苏统计年鉴》

(三)对外贸易地位在全省偏低

图7是沿海地区进出口总额、出口总额和实际外商直接投资额占全省比重的变化情况。其中2011—2018年间,进出口总额和出口总额在全省的比重有所增加,分别从6.39%和7.19%提高到7.94%和7.81%,但相较于该地区GDP和工业总产值占全省的比重,对外贸易的地位在省内偏低。实际外商直接投资总额从2011年到2018年都超过同期GDP和工业总产值比重,2011—2018年间,沿海地区吸引的FDI占全省的份额呈现有增有减的趋势,2011年为11.52%,2012年则上升到12.61%,2013年略有下降,之后持续上升到2015年的14.57%,随后2016年下降到13.06%,2017年又上升到13.79%,2018年继续上升到14.64%。这表明在沿海大开发战略的背景下,江苏沿海地区并没有成为外资特别青睐和省内外资转移的目的地。

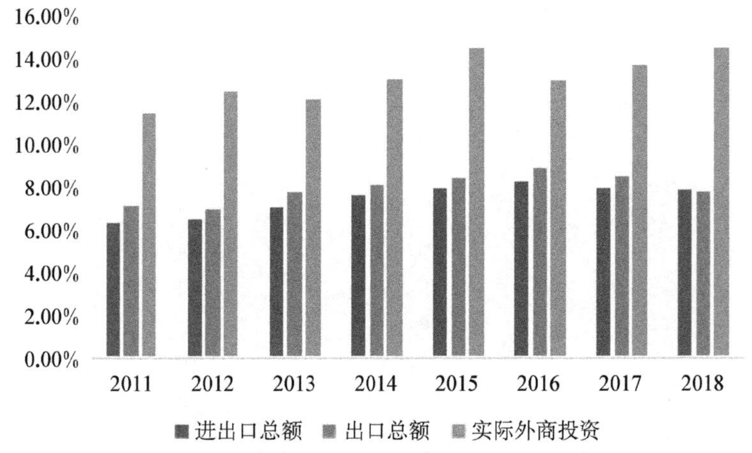

图7 2011—2018年沿海地区进出口总额、出口总额和外商直接投资占全省的比重

数据来源:历年《江苏统计年鉴》

五、沿海地区人民生活发展现状

(一)收入水平不断上涨,农村居民收益更多

在沿海开发战略引领下,人民群众富裕程度有了明显提高,幸福感明显增强,居民收入持续增加。图8和图9是沿海三市城镇与农村居民人均收入变化情况。从绝对数量来看,在沿海三市中南通市的城镇与农村居民人均收入最高,2018年达到了46321元和22369元,比2011年分别增长了84.59%和90.7%,年均增长率为9.89和10.75%。其次是盐城市,2018年盐城市的城镇与农村居民人均收入达到了35896元和20357元,年均增长率分别为9.87%和11.2%。最后是连云港市,2018年城镇居民人均可支配收入为32749元,而农村居民人均纯收入只有16607元,突破16000元大关,但连云港农村居民人均纯收入的年均增长率却是最高的,有11.39%。与沿江八市相比,沿海三市的居民收入要低出不少,但增长率却普遍要高。从图8中我们还可以发现,2011年后沿海三市城镇与农村居民人均收入的增速开始加快,可见,江苏沿海大开发战略升级成为“国家战略”后对人民生活水平提高的作用更加显现,可以说沿海开发惠及民生的社会效应同样令人瞩目。

表 14　沿海地区居民收入水平变化情况（2011—2018 年）

城镇居民人均可支配收入(元)	2011 年	2012 年	2013 年	2014 年	2015 年	2016 年	2017 年	2018 年
南　通	25094	28292	31059	33374	36291	39247	42756	46321
连云港	18483	20816	22985	23595	25728	27853	30293	32749
盐　城	19414	21941	24119	25854	28200	30496	33115	35896
农村居民人均纯收入(元)	2011 年	2012 年	2013 年	2014 年	2015 年	2016 年	2017 年	2018 年
南　通	11730	13231	14754	15850	17267	18741	20472	22369
连云港	8434	9589	10745	12067	12778	13932	15273	16607
盐　城	10511	11898	13344	14891	15748	17172	18711	20357

数据来源：历年《江苏统计年鉴》

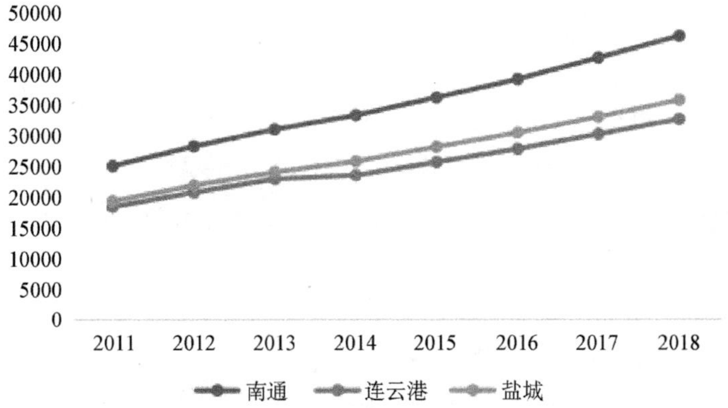

图 8　沿海三市城镇居民人均收入变化情况（2011—2018 年）

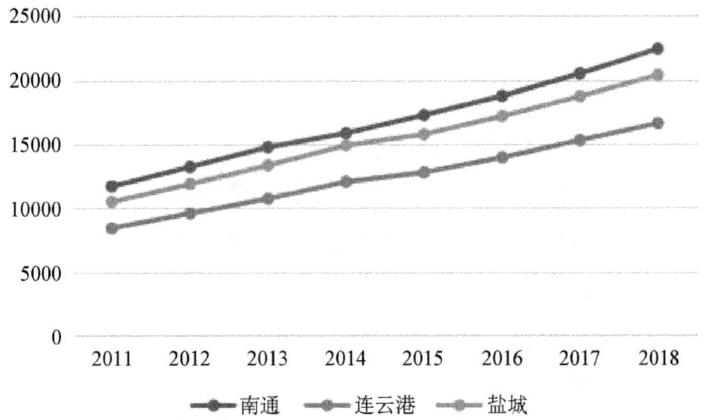

图 9　沿海三市农村居民人均收入变化情况（2011—2018 年）

数据来源：历年《江苏统计年鉴》

沿海三市城镇居民恩格尔系数波动存在一定的差异性。总体上说沿海三市城镇和农村的恩格尔系数处于下降趋势，其中，南通市一度由 2014 年的 29%和 29.6%下降到 2018 年的 28%和 28.6%。连云港市则由 2014 年的 32.3%和 32.7%下降到 2018 年的 31.6%和 31.5%。在 2012 年到 2013 年之间，南通市和盐城市的城镇恩格尔系数十分接近，由于 2013 年出现了较大幅度的通货膨胀，尤其是食品价格涨幅明显，盐城市在 2013 年有一个小幅度的回升。三市的农村居民的恩格尔系数一直都保持这逐年下降的情况,并且连云港市和盐城市2015年的城镇居民的恩格尔系数跟农村居民的恩格尔系数相同或略高,2016年跟2017年的城镇和农村恩格尔系数比较接近,变化比较小。这与沿海八市的情况相似,说明盐城和连云港城镇居民的食品消费支出受价格变化影响较小,而农村居民则较大。根据联合国的标准,恩格尔系数在59%以上为贫困,50%—59%为温饱,40%—50%为小康,低于40%为富裕。目前发达国家的恩格尔系数基本上在10%—20%左右。因此,按照联合国的恩格尔系数标准来说,沿海三市的城镇居民和农村居民都处在相对富裕的水平。

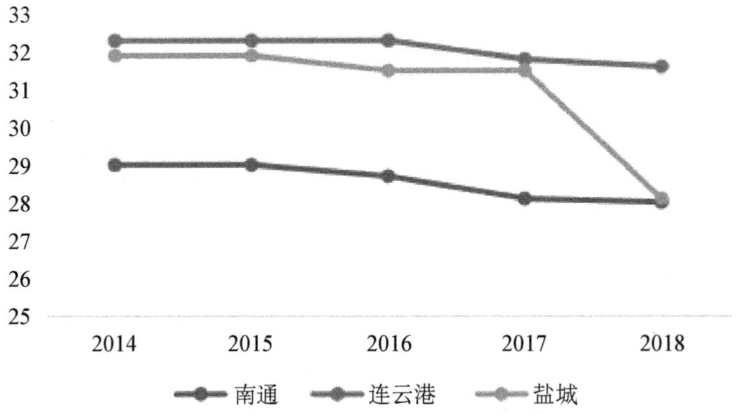

图10　沿海三市城镇居民恩格尔系数变化情况(2014—2018年)

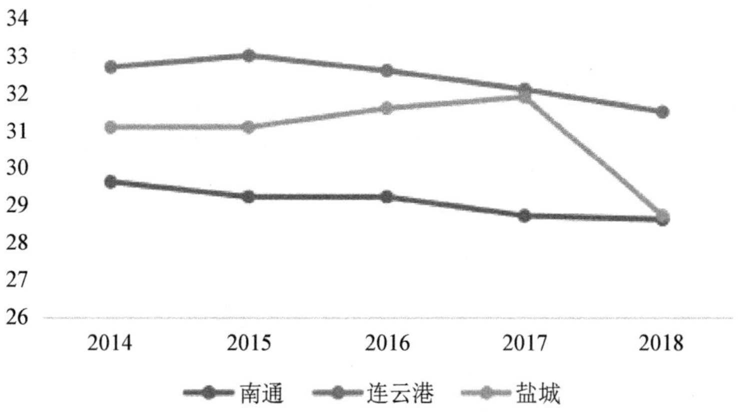

图11　沿海三市农村居民恩格尔系数变化情况(2014—2018年)

数据来源:历年《江苏统计年鉴》

(二)人民生活全面提高

沿海大开发战略除了在收入水平上给予民众实惠外,人均可支配收入、人均住房面积等指标的提升反映了人民生活水平的全面提高。南通市区是沿海地区所有城市中城镇居民人均收入最高的,在市(县)的比较中海门市、启东市、如东县和海安市排在前四位,都超过了40000元,其次是东台市,最低的是灌云县,只有27086元。在所有市(县)中,灌南县的农村居民人均纯收入增长最多,从2014年的10442元提高到2018年的14826元。海门市也是所有市(县)中2018年农村居民人均纯收入最高的,这几乎是收入最低的灌南县的1.6倍多。居住水平是衡量一个国家或地区生活质量的指标之一,也是反映社会发展水平和文明程度的重要标志。沿海地区城镇居民人均住房建筑面积与农村居民人均住房建筑面积的全面增加,则反映了沿海大开发战略对居民生活质量和居住环境的提升。其中，如东县的城镇人均住房面积最多，为 56.5 平方米，而滨海县只有 40.3 平方米；农村人均住房面积最多的是东台市，为 68.7 平方米，是农村人均住房面积最低的灌云县的 1.46 倍。

表 15　沿海地区人民生活主要指标变化情况(2014—2018 年)

	城镇居民人均可支配收入(元)		农村居民人均纯收入(元)		城镇居民人均住房建筑面积(平方米)		农村居民人均住房面积(平方米)	
	2014 年	2018 年	2014 年	2018 年	2014 年	2018 年	2014 年	2018 年
海安市	31597	44112	15155	21473	49.3	54.2	54.6	61.8
如东县	31557	43811	14494	20387	53.5	56.5	53.5	63.2
启东市	31708	44248	16762	23687	41.1	47.5	59.6	65.3
海门市	34280	47877	17419	24654	43.0	50.0	60.0	66.7
灌云县	19486	27086	10864	15493	42.6	47.2	45.9	47.2
灌南县	20805	28819	10442	14826	49.0	53.7	50.6	66.3
响水县	21710	30086	11964	17020	32.5	44.1	43.1	55.2
滨海县	22432	31234	12524	17746	32.4	40.3	40.9	49.3
射阳县	22440	31254	13848	19653	44.6	43.9	38.9	48.8
东台市	27800	38351	16565	23317	53.9	51.5	60.8	68.7

数据来源:《江苏统计年鉴 2015》《江苏统计年鉴 2019》

第三章　江苏沿江区域

一、整体概况介绍

沿江地区是江苏省乃至长江三角洲地区产业发展条件最优越的地区，是以上海为龙头的长江三角洲的重要组成部分，交通便利，辐射势能强劲，经济腹地广阔，消费市场巨大，是经济社会发展的上乘区域和贴近市场的理想投资区域，开发条件优良，现状经济基础好。其中，淡水资源丰沛，长江过境江苏多年平均径流量 9730 亿立方米；岸线资源优良，拥有 1175 公里长江岸线以及 142.3 公里可建万吨港口泊位的主江岸线；土地平坦，自然生态约束较小，空间开发适应性强，山地、湿地以及水面等不适宜开发土地仅占 20%；劳动力充足且素质较高，1996 年已普及九年义务教育，劳动者平均受教育年限超过 9 年。区位、水、土、岸线以及劳动力资源的综合叠加，产生优势发展要素整合的共振效应，使沿江地区成为江苏省乃至长江三角洲地区产业发展条件最为优良的区域。

江苏沿江八市，包括苏南地区的南京、无锡、苏州、常州和镇江，以及苏中地区的南通、扬州和泰州，是长江三角洲城市群的重要组成部分，是江苏经济发展的先发区域和主要支撑。土地面积 5.1 万平方公里，占江苏的 47.58%、长三角的 23.29%；2018 年年末总人口 4275.42 万人，占江苏的 53.11%、长三角的 26.37%。

2001 年江苏省省委、省政府制定了《江苏省沿江开发总体规划》(2003—2010 年)。规划中指出江苏拥有长江岸线的地区是沿江开发的核心区域。本区包括南京、镇江、常州、扬州、泰州、南通 6 个市区和句容、扬中、丹阳、江阴、张家港、常熟、太仓、仪征、江都、泰兴、靖江、如皋、通州、海门、启东 15 个县(市)①，是江苏经济社会发展较为发达的地区。2018 年该区域人口 2850.64 万人，面积 3.05 万平方公里，国内生产总值 48364.86 亿元，分别占全省的 36.4%、28.5%和 52.2%，人均国内生产总值 169663 元，是全省平均水平的 1.43 倍。规划中制定的目标到 2010 年江苏沿江地区的国民生产总值达到 12800 亿元，已经提前三年，在 2007 年就已经实现。该规划将江苏沿江开发的战略定位为：区域性国际制造业基地，走新型工业化道路的先行区，长江流域对外开放的重要门户，缩小江苏南北差距的重要纽带。

经过十几年的开发，截至 2018 年底，江苏沿江地区集聚了 99 个省级开发区、37 个国家级开发区、出口加工区和物流园区，集中了全省 90%以上的大型冶金、石化企业和 60%的电力企业，装备制造、化工、冶金、物流四大产业集群初步形成。以机械、成套设备、汽车和船舶产业为重点，形成机械基础件、关键零部件——先进重大技术装备的装备制造业产业链。以石油化工为龙头，形成基础石化原料—精细化工、合成材料的化工产业链。以特种钢为重点，形成钢冶炼—特种钢材—金属制品的冶金产业链。同时，积极发展了电子、纺织、医药、造纸等优势产业。建立了社会化、专业化、信息化、规模化的现代物流服务体系，形成市场—第三方物流—生产企业—用户供应链，构建南京、苏州、无锡三大物流枢纽和一批专业物流中心。随着新一轮沿江开发的加速推进，为进一步加快沿江地区的发展带来了极其宝贵的契机和更广阔的空间。沿江地区作为江苏经济社会发展核心区域、先导区域的地位更加得到了强化。

---

① 2009 年通州并入南通市，2010 年江都并入扬州市。

二、沿江区域综合经济发展现状

（一）经济总量规模不断扩大

在20余年的发展过程中，江苏沿江区域抢抓机遇，加快发展，经济不断实现新跨越，综合实力增强。经济总量迅速扩张，占全省份额明显提升，增长极的辐射带动作用日益显著。2018年，沿江八市及沿江开发区域完成地区生产总值为72957.56亿元和48364.86亿元，按可比价格计算，比2014年的51662.75亿元和33970.74亿元，分别增长了41.22%和42.37%。2014年，沿江开发区域中仅有南京市区、江阴市、常州市区、常熟市、张家港市、南通市区、扬州市区、镇江市区和泰州市区的地区生产总值超过1000亿元，到2018年，南京市区、江阴市、常州市区、常熟市、张家港市、太仓市、南通市区、如皋市、海门市、扬州市区、镇江市区、丹阳市、泰州市区均超过1000亿元。2014—2018年间，地区生产总值增幅最高的沿江开发区域中的城市是常州市区，增幅达63.53%，其次是泰兴市和泰州市，增幅均超过50%。

沿江八市及沿江开发区域的人均地区生产总值从2014年的104251元和107301元，分别提高到2018年的145807元和148566元，增幅达到了39.86%和38.46%。在沿江开发区域的所有市县中，2018年江阴市的人均地区生产总值最高，达到了230538元，随后是张家港市、太仓市、扬中市、镇江市区和常熟市，这五市的人均地区生产总值均超过15万元。发达的县域经济是江苏沿江地区经济发展的最大推动力之一，"江阴现象""张家港精神"、常熟"富民兴市"等成为这些地区经济特色和发展经验的概况。2014—2018年，人均地区生产总值增幅最大的是泰兴和如皋两市，大幅增长了55.64%和52.19%。可以发现，在这五年时间内，整个常州地区（包括常州市区和常熟、张家港和太仓）和镇江地区（包括镇江市区和丹阳、扬中、句容）的人均地区生产总值增幅都较为显著。

表1　江苏沿江八市及沿江开发区域经济总量情况

	地区生产总值（亿元）			人均地区生产总值（元）		
	2014年	2018年	增幅（%）	2014年	2018年	增幅（%）
沿江八市	**51662.75**	**72957.56**	**41.22**	**104251**	**145807**	**39.86**
沿江开发区域	**33970.74**	**48364.86**	**42.37**	**107301**	**148566**	**38.46**
南京市区	8820.75	12820.40	45.34	107545	152886	42.16
江阴市	2753.95	3806.18	38.21	168711	230538	36.65
常州市区	3744.81	6123.93	63.53	110923	154643	39.41
常熟市	2009.36	2400.23	19.45	133150	158332	18.91
张家港市	2180.25	2720.18	24.76	174148	216024	24.05
太仓市	1065.33	1330.72	24.91	150523	185466	23.21
南通市区	2093.78	3048.89	45.62	89766	129064	43.78
启东市	739.13	1063.33	43.86	77242	111824	44.77
如皋市	743.64	1120.48	50.68	59158	90031	52.19
海门市	836.50	1249.00	49.31	92697	137958	48.83
扬州市区	2432.28	3475.94	42.91	100578	142020	41.20
仪征市	465.06	673.94	44.91	82633	118401	43.29
镇江市区	1440.38	1965.79	36.48	117544	159276	35.50
丹阳市	1008.96	1250.25	23.91	103187	126736	22.82

续表

	地区生产总值(亿元)			人均地区生产总值(元)		
	2014 年	2018 年	增幅(%)	2014 年	2018 年	增幅(%)
扬中市	445.35	542.00	21.70	130467	157742	20.91
句容市	440.96	571.10	29.51	70684	91077	28.85
泰州市区	1408.22	2150.11	52.68	86997	131678	51.36
靖江市	666.19	1002.05	50.42	97063	146061	50.48
泰兴市	675.84	1050.34	55.41	62772	97697	55.64

数据来源:历年《江苏统计年鉴》

(二)经济地位十分显要

沿江开发区域在江苏经济发展全局中占有举足轻重的地位。2014—2018 年,沿江开发区域的国民生产总值占全省 GDP 的比重在小幅下降,最高的年份是 2015 年,达到 52.7%,超过江苏经济总量的一半,最低的年份是 2014 年,只有 52.2%。第二产业占全省的比重有缓慢下降的趋势,从 2014 年的 54.2%下降到 2018 年的 53.7%。其中,工业占全省的份额在三次产业中最高,2014 年时已达 55.2%,2014—2016 年间,呈现出小幅上升趋势,2018 年小幅下降至 54.8%。第三产业占全省的比重呈现明显的波动趋势,2018 年时沿江开发区域第三产业占全省比重已达 53%。

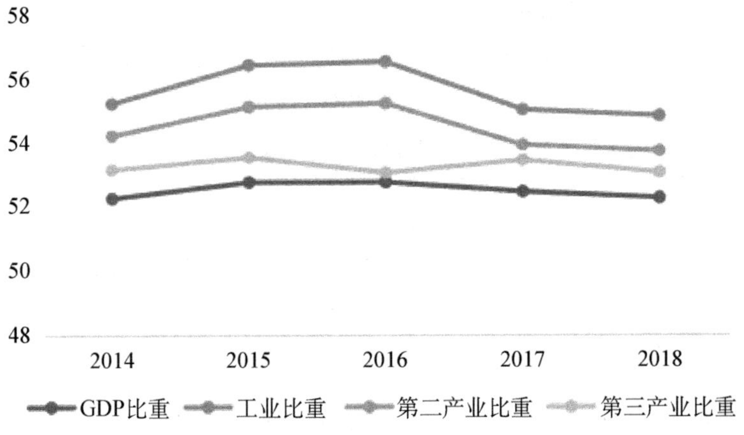

图 1　沿江开发区域经济指标占全省比重(2014—2018 年)

数据来源:历年《江苏统计年鉴》

2018 年江苏沿江开发区域规模以上工业总产值占全省的 54.8%,其中三个产业比重分别为 29.1%、53.7%以及 53.0%。社会消费零售品总额和公共财政预算收入分别占到全省的 50.6%和 48.7%。金融机构存、贷款余额均超过全省的一半以上,分别高达 56.2%和 55.4%。进出口总额 2661.18 亿美元,其中出口 1636.40 亿美元,占到全省的 40.1%和 40.5%。实际使用外资 139.77 亿美元,占全省的份额为 54.6%。

可以说,从各项指标来看,沿江开发区域对江苏的经济地位至关重要,很多核心的经济指标都接近或者超过全省的 50%,占到"半壁江山"。而该地区的人口和土地面积却只占全省的 36.4%和 28.5%。沿江地区作为江苏经济社会发展核心区域、先导区域的地位更加得到了强化。

表 2　沿江开发区域主要经济指标占全省比重(2018 年)

指　　标	全　省	沿江开发区域	沿江开发区域占全省比重(%)
年末户籍人口(万人)	7831.86	2850.64	36.4
土地面积(万平方公里)	10.72	3.05	28.5
地区生产总值(亿元)	92595.40	48364.86	52.2
第一产业	4141.72	1203.76	29.1
第二产业	41248.52	22141.42	53.7
第三产业	47205.16	25019.24	53.0
＃工业	36111.64	19772.62	54.8
规模以上工业主营业务收入(亿元)	128085.59	63497.31	49.6
规模以上工业利润总额(亿元)	8491.89	4705.81	55.4
＃房地产开发投资(亿元)	10982.34	5576.21	50.8
社会消费品零售总额(亿元)	33230.40	16817.89	50.6
进出口总额(亿美元)	6640.39	2661.18	40.1
＃出口	4040.50	1636.40	40.5
实际使用外资(亿美元)	255.92	139.77	54.6
一般公共预算收入(亿元)	8630.16	4199.44	48.7
一般公共财算支出(亿元)	11658.22	4696.95	40.3
金融机构存款余额(亿元)	139717.98	78515.58	56.2
＃住户存款	50768.61	25938.06	51.1
金融机构贷款余额(亿元)	115719.00	64081.40	55.4

数据来源:《江苏统计年鉴 2019》

(三)经济增长速度有高有低

得益于良好的政策环境、自身增长动力的增强,沿江开发区域的经济增长速度持续保持高速。2014—2018 年,GDP、人均 GDP、第二产业、第三产业的年均增长率分别为 9.11%、8.46%、6.86% 和 11.73%。其中,GDP 增速低于全省平均水平 0.28 个百分点,第二产业增速低于全省平均水平 0.43 个百分点,第三产业增速低于全省平均水平 0.60 个百分点,人均 GDP 增速落后全省平均水平 0.63 个百分点。这反映出江苏近几年经济呈现出“南温北快”的特点,经济基础最为薄弱的苏北地区在国民经济生产总值及人均 GDP、第三产值上都表现出更高的增长率。

表 3　沿江开发区域与全省相关经济指标年均增长率(2014—2018 年,%)

	GDP 增速	人均 GDP 增速	第二产业增速	第三产业增速
全省	9.39	9.09	7.29	12.33
沿江开发区域	9.11	8.46	6.86	11.73
南京市区	9.86	9.31	6.48	12.44
江 阴 市	7.13	6.82	6.51	8.41
常州市区	12.94	9.33	10.38	15.67
常 熟 市	3.95	3.84	3.29	4.88
张家港市	4.93	4.72	3.71	6.58
太 仓 市	5.84	5.53	4.90	7.45

续表

	GDP 增速	人均 GDP 增速	第二产业增速	第三产业增速
南通市区	9.86	9.53	6.79	13.74
启东市	10.08	10.27	8.71	13.39
如皋市	11.28	11.54	9.27	15.07
海门市	11.05	10.98	8.39	15.62
扬州市区	9.77	9.48	7.08	13.13
仪征市	11.54	11.27	11.70	14.16
镇江市区	9.24	9.00	7.40	11.51
丹阳市	6.24	6.01	5.48	7.90
扬中市	6.59	6.40	4.98	8.52
句容市	8.22	8.07	6.18	11.45
泰州市区	10.78	10.54	8.96	13.65
靖江市	8.51	8.50	6.23	11.53
泰兴市	11.48	11.51	8.83	15.63

数据来源:历年《江苏统计年鉴》
注:按当年价格计算

从城市来看,2014—2018年,常州市区、如皋市、泰州市区三市的GDP年均增长率在沿江开发区域所有城市中最高,而常熟市最低,年增长率没有超过5%。苏中地区过去一直落后于苏南沿江,但随着沿江高速公路、苏北铁路以及润扬大桥的相继建成通车,苏中地区的交通条件明显改善,区位优势和成本优势日益显现,在经济增长速度上已逐步开始表现出与苏南地区的趋同性。人均GDP增速排在最前的三座城市依次是泰兴、如皋和泰州市区,排在末尾的城市则是常熟市、张家港市和太仓市。随着中心城市的经济结构转型,工业在城市中的地位开始逐步被服务业取代,制造业将向周边地区转移,因此,从表3中可以看出,沿江开发区域中的中心城市中,江阴市、常熟市、张家港市、太仓市和南通市区的第二产业年均增速都要低于平均水平,相反,泰州市区、启东市、如皋等县市的第二产业增速要普遍高于平均水平。服务业自2005年后一直是江苏经济较发达地区发展的一个重点,因此,2014—2018年第三产业的年均增长率高于第二产业和GDP的增速,其中,沿江开发区域为11.73%,接近全省平均水平。在所有沿江开发区域的城市中,常州市的第三产业年均增长率位列前茅,达到15.67%,增速最慢的城市是常熟市,仅有4.88%。

表4 沿江开发区域与全省主要经济指标年增长率比较(2014—2018年,%)

	2014年	2015年	2016年	2017年	2018年
GDP					
沿江开发区域	13.44	8.81	8.43	12.41	7.35
全省	9.15	7.72	8.51	12.90	7.79
第二产业					
沿江开发区域	10.02	5.61	5.91	11.47	6.25
全省	9.06	3.86	5.65	14.18	6.71
第三产业					
沿江开发区域	16.12	12.06	11.08	13.81	8.63
全省	8.78	11.39	11.93	13.15	9.35

数据来源:历年《江苏统计年鉴》
注:按当年价格计算

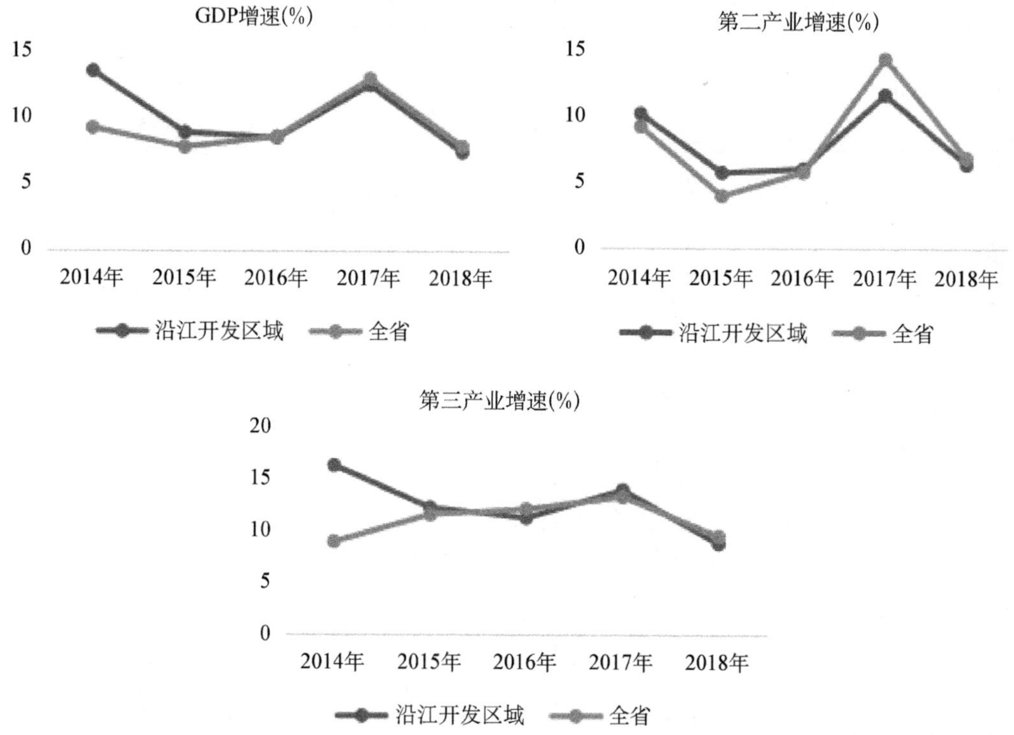

图 2　沿江开发区域 GDP、第二产业、第三产业增速与全省的比较(2014—2018 年)

数据来源：历年《江苏统计年鉴》

注：按当年价格计算

图 2 是沿江开发区域的 GDP、第二产业和第三产业生产总值 2014—2018 年间的年增长率与全省的比较。可以看出，2014—2015 年间沿江开发区域表现出较为明显的领先优势。2014—2015 年间沿江开发区域的 GDP 增速均超过全省水平，近两年 GDP 增速接近全省水平。沿江开发区域的第二产业增速在 2017 年和 2018 年均低于全省平均水平，2014—2016 年间均高于全省水平，是江苏工业经济在遭遇全球经济危机后较重要的支撑地区。沿江开发区域的第三产业增速在 2016 年和 2018 年低于全省水平。沿江开发区域在 GDP、第二和第三产业增速上表现出一定的优势，这主要由于近些年在推进江苏区域均衡发展的过程中，苏北五市的经济发展显示了强劲的增长势头，加上苏南地区产业升级与转型来到了“瓶颈”时期，发展后劲略显不足。

(四) 县(市)经济较为发达

沿江地区的县(市)包括苏州的常熟市、张家港市和太仓市，无锡的江阴市，南通的启东市、如皋市和海门市，镇江的丹阳市、扬中市、句容市，泰州的靖江市和泰兴市，扬州的仪征市。从表 5 可以看出，GDP、工业增加值、人均 GDP、人均地方一般预算收入、规模以上工业企业利税总额、出口总额、外商直接投资总额、农村居民人均纯收入、城镇居民人均可支配收入等经济指标在全省 44 个县(市)的排名中都十分靠前。尤其是江阴、常熟和太仓，大部分指标都能进入前 10 名。在沿江开发区域十三个县市中，江阴市农村居民人均可支配收入在全省 44 个县(市)中排名首位。

表 5　区域内县(市)经济主要指标在全省中的排名(2018 年)

区　域	GDP	人均 GDP	公共财政预算收入	规模以上工业企业利润总额	出口总额	实际使用外资	农村居民人均可支配收入	城镇居民人均可支配收入
江阴市	2	1	2	1	4	1	1	2
常熟市	4	5	4	6	3	3	3	4
张家港市	3	3	3	3	2	7	4	1
太仓市	6	4	5	10	5	6	5	5
启东市	10	14	8	7	11	11	11	13
如皋市	9	19	10	12	8	5	20	16
海门市	8	8	9	4	10	10	10	10
仪征市	21	12	20	11	23	18	17	18
丹阳市	7	10	14	14	9	17	9	9
扬中市	28	6	26	23	25	19	6	7
句容市	26	17	21	24	27	24	14	11
靖江市	12	7	12	15	13	29	13	12
泰兴市	11	15	7	13	7	8	16	17

数据来源:《江苏统计年鉴 2019》

南通地区的三个沿江县(市)经济发展也较好,在全省中的排名中游靠前,并且相较于其他的沿海地区(海安市、如东县)要稍好。丹阳市虽然总量指标并不突出,但人均指标都在全省前 10 名,是沿江地区经济发展不错的县(市)。相比较而言,仪征市、句容市和扬中市在整个沿江地区的县(市)中经济较靠后,但在大部分指标在全省的排名中也都在 30 位以内。

三、沿江地区产业经济发展现状

(一)产业结构不断优化

沿江开发区域的产业结构层次经过多年的调整,正逐步向高度化方向转换。以高新技术为主导、现代制造业为主体、大企业为支柱、现代物流业相配套的沿江工业走廊已初步形成。沿江八市三次产业结构比例由 2014 年的 3.1∶48.5∶48.4 调整为 2018 年的 2.5∶45.7∶51.7;沿江开发区域三次产业比例由 2014 年的 2.9∶49.2∶47.9 调整为 2018 年的 2.5∶45.8∶51.7,呈现出第一、第二产业比重下降,第三产业比重上升的格局。2014—2018 年间,沿江开发区域的第三产业比重一直呈现不断上升的态势,与此对应的是第二产业的比重在不断下降,其中,工业产值的份额从 2014 年 43.8%下降到 2018 年的 40.9%(如图 3 所示)。与全省 4.5∶44.5∶51.0、长三角地区 3.4∶41.1∶55.5 和全国 7.2∶40.7∶52.2 的三次产业构成比例相比较,可以看出,沿江八市及沿江开发区域的农业比重较低,第二产业比重较高,第三产业比重不够高,工业是带动这一地区经济增长的主要动力。这一结构特征与该地区大力推进工业结构的高加工度化和资本技术密集型工业的发展密切相关,是经济发展特定阶段的必然结果。

表 6　沿江地区三次产业结构变化（2014—2018 年）

	2014 年	2015 年	2016 年	2017 年	2018 年
沿江八市					
第一产业	3.1	3.0	2.9	2.7	2.5
第二产业	48.5	47.3	45.9	45.9	45.7
工业	43.1	42.2	41.0	41.1	40.8
第三产业	48.4	49.6	51.2	51.4	51.7
沿江开发区域					
第一产业	2.9	3.0	2.9	2.6	2.5
第二产业	49.2	47.8	46.6	46.3	45.8
工业	43.8	42.7	41.8	41.5	40.9
第三产业	47.9	49.3	50.5	51.1	51.7

数据来源：历年《江苏统计年鉴》

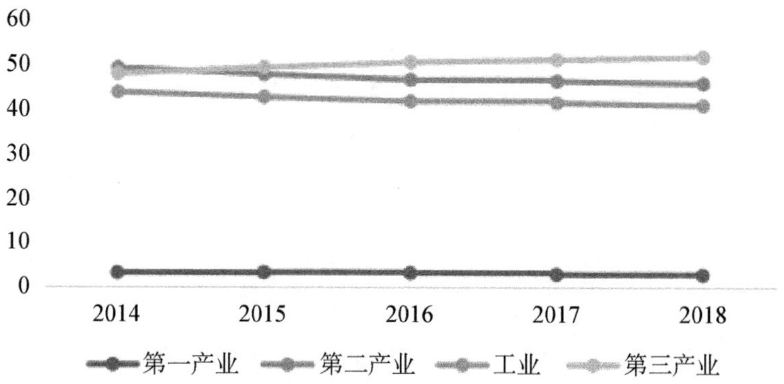

图 3　沿江开发区域三次产业占国民生产总值的比重（2014—2018 年，%）

数据来源：历年《江苏统计年鉴》

从沿江开发区域的内部城市来看，句容、启东、如皋三市的第一产业比重最高，分别为 8.1%、6.8%和 6.2%，远高于沿江开发区域的平均水平。泰兴市的第一产业比重也较高，已超过 5%。这表明这些地区的农业发展对当地的国民经济还有不小的作用，工业化进程要落后于区域中的其他城市。除了南京市区外，沿江开发区域内其他城市的第二产业比重差别不大，都集中在 50%上下，其中，最高的是江阴市 54.4%，其次是张家港市 52.3%以及泰州市区 51.7%。南京市区是沿江开发区域中第三产业比重最高，达到了 61%，这表明南京市区在产业结构的调整升级中走在了前列，全市经济正在向服务主导型的产业结构迈进。近五年来，南京市区的服务业发展速度明显加快，增加值年均增长率约 15%，高于同期 GDP 增长水平，实现了“三二一”经济结构的战略转变。南通市区、常州市区和镇江市区的第三产业比重在 50%以上，常州市区是五个市区中最低的，只有 43.64%。苏南沿江工业较发达县市的第三产业比重基本均超过 45%，普遍高于沿江开发区域中的苏中县市。总的来说，在当前服务业正在逐渐成为经济结构战略性调整的主导产业和促进经济增长的支柱产业的背景下，沿江开发区域的第三产业虽然在加速发展，但与发达的制造业相比，存在“滞后”的问题。

表 7　沿江开发区域三次产业产值和就业结构(2018 年,%)

地　区	三次产业占 GDP 比重			三次产业就业人数占比		
	第一产业	第二产业	第三产业	第一产业	第二产业	第三产业
沿江八市	2.5	45.7	51.7	10.28	47.45	42.27
沿江开发区域	2.5	45.8	51.7	9.82	44.79	45.39
南京市区	2.1	36.8	61.0	4.90	34.25	60.84
江 阴 市	1.0	54.4	44.6	4.72	61.09	34.19
常州市区	1.7	46.1	52.2	7.68	48.68	43.64
常 熟 市	1.7	51.2	47.1	3.49	60.39	36.12
张家港市	1.1	52.3	46.5	5.28	59.24	35.49
太 仓 市	2.6	50.8	46.6	5.33	57.64	37.04
南通市区	2.0	45.7	52.3	10.94	42.90	46.16
启 东 市	6.8	47.5	45.7	23.08	43.78	33.14
如 皋 市	6.2	47.7	46.1	23.24	46.76	29.99
海 门 市	4.7	48.8	46.5	21.94	48.39	29.67
扬州市区	2.9	46.9	50.2	8.12	44.31	47.58
仪 征 市	3.5	51.6	45.0	20.78	46.43	32.79
镇江市区	1.5	46.6	51.9	7.75	36.55	55.70
丹 阳 市	3.9	50.5	45.6	8.96	51.69	39.36
扬 中 市	3.4	50.4	46.2	6.02	52.39	41.59
句 容 市	8.1	46.3	45.6	23.91	38.63	37.46
泰州市区	3.3	51.7	45.1	13.45	40.76	45.79
靖 江 市	2.4	49.2	48.4	15.23	50.61	34.15
泰 兴 市	5.8	46.7	47.5	23.15	40.79	36.06

数据来源:《江苏统计年鉴 2019》

从三次产业就业人数占比的情况来看,第二产业依旧是沿江开发区域吸纳就业的最主要产业。在五个市区和十三个县市中,只有南京市区和镇江市区的第三产业就业人数占比超过 50%且高于第二产业。江阴市和常熟市两市的第二产业就业人数占比在 60%以上,是沿江开发区域所有城市中最高的。

(二)工业产值规模不断扩大,企业效益稳步攀升

2018 年,沿江开发区域规模以上工业企业实现利润总额 4705.81 亿元,是 2013 年的 1.13 倍,单位产值利润率从 6.32%上升到 6.96%。但与 2017 年相比,沿江八市的工业主营营业收入和利润总额均有不同程度的下滑,下滑的主要原因在于 2018 年沿江八市加快沿江化工产业的污染整治和转型升级,化工产业的整体营业收入明显萎缩。

表 8　沿江开发区域工业经济主要指标情况(2013—2018 年,亿元)

	2013 年	2014 年	2015 年	2016 年	2017 年	2018 年
工业总产值	66247.79	70920.39	73281.81	76616.63		
主营业务收入	65778.31	70144.41	71953.10	76241.33	112834.79	105731.18
利润总额	4158.85	4437.23	4702.63	5210.00	7619.85	7139.54

数据来源:历年《江苏统计年鉴》

2013 年沿江开发区域规模以上工业企业总产值占全省的比重为 48.1%，到 2016 年上升到 48.6%，显示出沿江地区的工业对江苏的支撑作用在不断加强。目前，沿江地区已经按照产业集群、资源集约、生态优先、和谐发展的原则，产业空间划分为 10 个产业集中区，包括南京浦口产业集中区、宁南沿江产业集中区、宁扬化工产业集中区、南京栖霞-丹徒产业集中区、镇江产业集中区、扬镇沿江产业集中区、常澄滨江新城产业集中区、高港-泰兴产业集中区、澄靖-皋张产业集中区、通常太产业集中区，重点发展化工、冶金、机械装备等沿江基础产业。沿江地区已经成为江苏开发开放和转型升级的主阵地，汽车、船舶、机械装备、石油化工四大产业 85%以上的规模企业在沿江地区集聚，战略性新兴产业 80%以上的规模企业在沿江地区落地生根。

（三）高新技术产业带动制造业结构升级

传统的观点认为工业结构的发展路径遵循着劳动密集型-资本密集型-技术密集型。高新技术产业的带动效应大，可以促进传统产业的整体进步，催生新兴产业，使主导产业、关联产业和基础产业之间形成体系。沿江八市和沿江开发区域抢抓国际制造业向长三角地区转移的机遇，着力于建设国际制造业生产基地，冶金、化工、电力、造纸、机械和运输仓储物流等沿江产业加速增长，基础产业带和高新技术产业群的集聚效应显现，集中了电子信息、生物与医药、光机电一体化、新材料等一批高水平的高新技术产业群，带动了沿江制造业产业层次的显著提升。

表 9　沿江八市 2018 年高新技术产业发展情况

地区	高新技术产业产值(亿元)	占全省比重(%)
南京	6680.67	1.65
无锡	7563.29	2.49
常州	6565.98	10.66
苏州	16360.18	3.75
南通	8843.46	15.63
扬州	4670.56	5.87
镇江	4172.17	5.03
泰州	6047.39	15.74

数据来源：江苏省高新技术产业主要数据统计公报

图 5 显示出沿江八市高新技术产业近年来的总体规模情况，从中可以看出，高新技术产业产值的增加速度是相当快的，年均增长率达到了 7.6%，大大超过了同期工业产值的增长。同时，高新技术产业占规模以上工业总产值的比重也在逐步攀升。沿江八市是江苏重要的高新技术产业带，其 2018 年的高新技术产业产值占到全省的 80.35%。

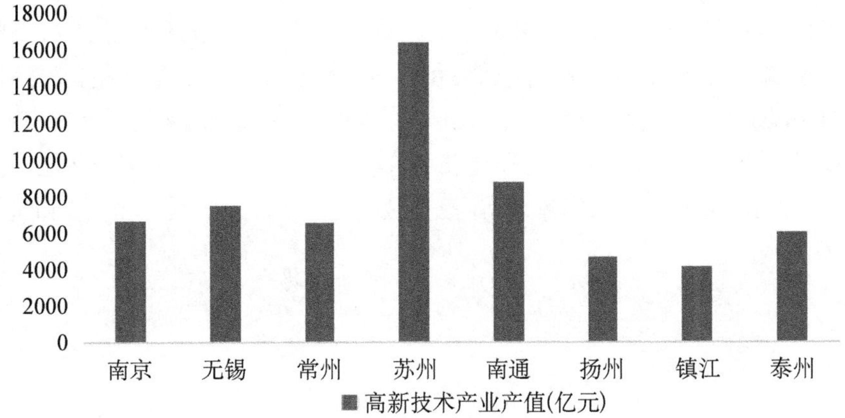

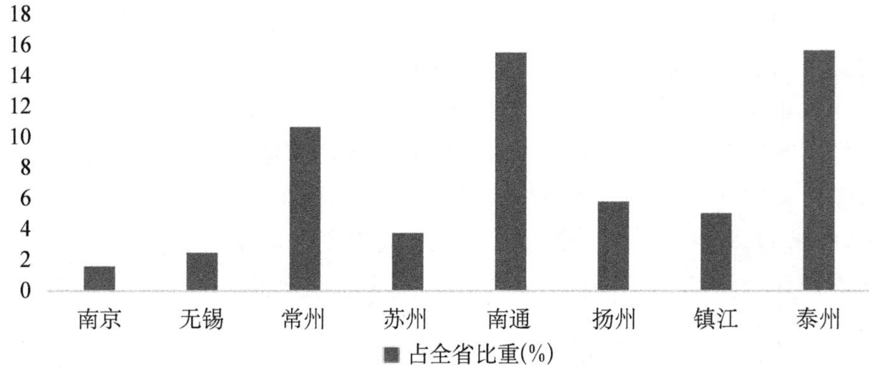

图 5　沿江八市高新技术产业发展情况(2018 年)

数据来源:江苏省高新技术产业主要数据统计公报

四、沿江地区开放型经济发展现状

沿江开发区域是江苏经济发展的重心区,包括苏南地区的南京、苏州、无锡、常州、镇江五市和苏中地区的南通、扬州、泰州三市,是长江三角洲城市群的重要组成部分,也是江苏经济发展的先发区域和主要支撑。2018 年,沿江开放区域城市进一步整合各种发展要素,创造新的沿江发展优势,主动与上海相呼应,积极融入长三角地区一体化发展的大战略中,经济开放度水平再上新台阶。2018 年,沿江八市和沿江开发区域进出口总额为 6245.88 亿美元和 2661.18 亿美元,占全省比重为 94.06%和 40.1%,其中出口为 3780.69 亿美元和 1636.40 亿美元;实际使用外资分别为 206.68 亿美元和 139.77 亿美元,占全省比重为 80.76%和 54.6%。沿江地区外向型经济发展一直保持着快速增长,基本形成了全方位、多层次、宽领域的对外开放格局,为地区经济的稳定发展和综合实力的提高做出了贡献。

(一)对外贸易规模持续扩大,但增速不断放缓

2014—2018 年,沿江开发区域的对外贸易总额从 2279.46 亿美元,提高到 2661.18 亿美元,总体呈现上升趋势。其中,出口总额从 1365.29 亿美元,提高到 1636.4 亿美元,呈上升趋势。沿江八市的进出口总额从 5343.66 亿美元,提高到 6245.88 亿美元,呈现上升趋势。其中,出口总额从 3223.42 亿美元,下降到 3780.69 亿美元。2018 年,沿江开发区域的进出口总额和出口额占全省的比重达到 40.1%和 40.5%;沿江八市的进出口总额和出口额占长三角地区的 38.74%和 40.55%。可见,沿江开发区域和沿江八市在江苏及长三角地区都具有举足轻重的贸易地位。从年增长率来看,2014—2018 年中,无论是沿江开发区域还是沿江八市的对外贸易总额和出口额的增速都呈现出总体上升的趋势,但 2015 年和 2016 年有些指标的增速反而为负。沿江八市对国外市场的依赖也使得沿江八市在 2009 年全球金融危机后出现负增长,虽然 2010 年强劲反弹,但 2015 年、2016 年国际经济形势不容乐观,出口增速再次出现负增长,对该地区的宏观经济冲击不小。但 2018 年沿江开发区域及沿江八市的出口增速分别达到 8.94%、10.53%。

表 10　沿江区域及沿江八市外向型经济发展情况(2014—2018 年)

沿江开放区域	2014 年	2015 年	2016 年	2017 年	2018 年
外贸进出口总额(亿美元)	2279.46	2204.92	2100.39	2431.19	2661.18
出口(亿美元)	1365.29	1394.22	1338.94	1502.06	1636.40
FDI(亿美元)	142.28	135.04	139.06	135.23	139.77
出口增速(%)	6.48	2.12	−3.96	12.18	8.94
沿江八市	2014 年	2015 年	2016 年	2017 年	2018 年
外贸进出口总额(亿美元)	5343.66	5173.08	4825.44	5588.89	6245.88
出口(亿美元)	3223.42	3202.37	3012.01	3420.40	3780.69
FDI(亿美元)	226.51	197.92	216.82	205.17	206.68
出口增速(%)	3.70	−0.65	−5.94	13.56	10.53

数据来源:历年《江苏统计年鉴》

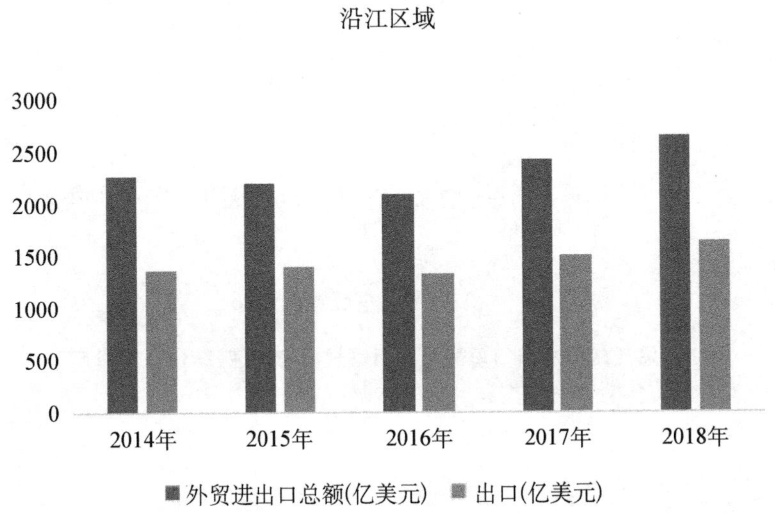

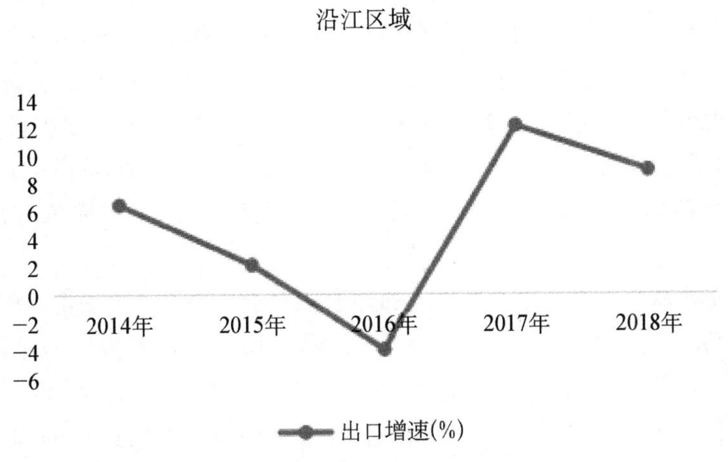

图 6　沿江开发区域进出口总额及出口额规模与增速(2014—2018 年)

数据来源:历年《江苏统计年鉴》

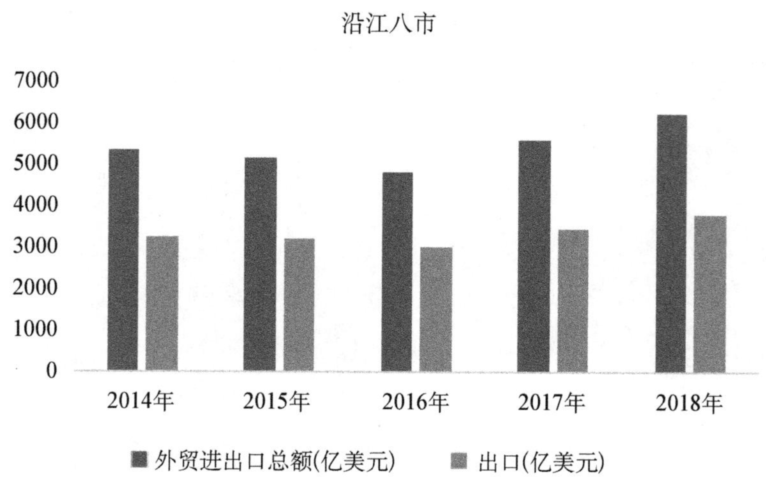

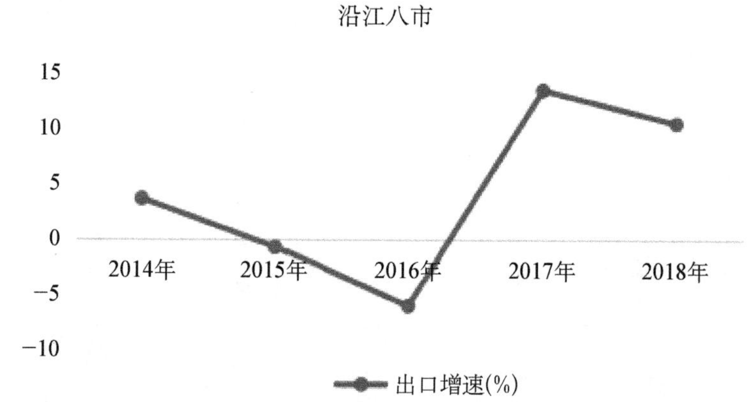

图 7　沿江八市进出口总额及出口额规模与增速(2014—2018 年)

数据来源:历年《江苏统计年鉴》

(二)外贸依存度低于全省平均水平

长期以来,理论界一直把外贸依存度作为衡量一国(地区)经济开放度的重要指标。外贸依存度是一国(区)对外贸易总额与国内生产总值的比值,用于衡量一国(地区)经济对国际市场的依赖程度。根据对有关统计资料进行整理,2014—2018 年沿江开发区域平均对外贸依存度水平为 36.16%。沿江八市因为包括了苏州和无锡的所有地区,外贸依存度提高到 56.5%,高于省内平均水平,这说明沿江八市的经济开放程度处于领先地位,但存在明显的地区不平衡,苏中地区的外向型经济要远落后于苏南地区,因此,沿江开发区域的对外贸易依存度在全省平均水平之下。

从沿江开发区域的单个城市来看,各地区的外贸依存度差异明显,较高的城市都集中在苏南地区。2014—2018 年,张家港的外贸依存度高达 88.3%,是所有沿江开发区域中最高的城市,其次是太仓和常熟,分别为 72.2%和 69.5%。苏南沿江地区抢抓了率先发展乡镇企业、浦东开发开放和国际产业转移三次重大战略机遇,不仅在 20 世纪 80 年代创造了闻名遐迩的“苏南模式”,而且在改革与建设进程中创新出工业化、城市化、信息化、国际化互动并进的“新苏南发展模式”,经济开放度也走在江苏的前列。依存度最低的城市是句容和扬中,都不超过 10%。但我们也看到,沿江地区的区位优势及相应的优惠政策,也促进了镇江及苏中三市出口贸易的发展,这些地区的外贸依存度都表现出不同程度的增长,但增长的幅度还是普遍低于苏南沿江地区。

表 11　沿江开发区域各城市贸易依存度(2014—2018 年,%)

地区＼年份	2014	2015	2016	2017	2018	2014—2018 年均
长三角地区	77.70	60.59	53.13	53.13	58.63	60.64
全　省	59.38	48.47	41.72	44.27	47.33	48.23
沿江八市	63.50	57.39	52.97	55.90	56.50	57.25
沿江开发区域	41.20	36.64	30.16	36.60	36.20	36.16
南京市区	39.90	33.66	31.57	35.40	33.70	34.85
江 阴 市	49.70	43.31	42.54	40.80	41.90	43.65
常州市区	43.10	36.86	35.64	35.50	35.80	37.38
常 熟 市	61.70	66.56	62.06	72.70	69.50	66.50
张家港市	92.50	80.63	78.06	83.60	88.30	84.62
太 仓 市	79.50	71.07	62.62	70.80	72.20	71.24
南通市区	51.50	51.93	45.91	43.50	45.10	47.59
启 东 市	25.50	23.46	22.54	17.20	18.30	21.40
如 皋 市	26.50	23.08	18.43	20.70	21.80	22.10
海 门 市	14.90	15.13	25.65	30.40	16.20	20.46
扬州市区	19.70	18.39	15.81	18.30	16.40	17.72
仪 征 市	13.50	5.60	12.71	4.40	16.70	10.58
镇江市区	27.30	24.09	25.46	23.50	24.20	24.91
丹 阳 市	16.90	16.09	14.77	15.20	16.90	15.97
扬 中 市	7.70	7.26	7.49	8.80	8.70	7.99
句 容 市	8.10	6.93	7.93	7.50	8.00	7.69
泰州市区	21.40	17.12	17.56	18.80	18.30	18.64
靖 江 市	25.20	24.54	22.24	21.70	18.60	22.46
泰 兴 市	24.30	20.18	20.42	26.80	32.50	24.84

数据来源:历年《江苏统计年鉴》

(三)外商直接投资稳步上升

2018 年沿江开发区域的实际使用外资额为 139.77 亿美元,占全省的 54.6%,沿江八市的实际使用外资额为 206.88 亿美元,占长三角地区的 33.62%。外资存量的增加促使外资经济成分在国民经济中所占的比重快速上升。

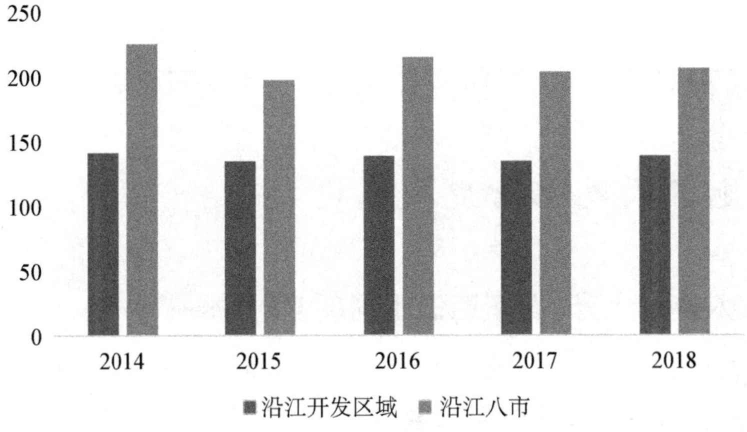

图 8　沿江开发区域和沿江八市 FDI 情况(2014—2018 年、亿美元)

数据来源:历年《江苏统计年鉴》

从表12可以看出,沿江开发区域各城市的实际使用外资表现出了极大的差异,2018年南京市区实际使用外资38.53亿美元,占苏南地区25.07%,占全省15.06%,是所有沿江开发区域中实际使用外资最高的城市。其次是常州市区23.10亿美元、南通市区11.29亿美元。而实际使用外资额最低的城市是靖江市,没有超过1亿美元,还不到南京市区的5%。沿江开发区域中苏中城市实际外商直接投资最多的是南通市区,其次是泰州和扬州市区。总的来说,沿江开发区域中市区城市比县市城市吸引了更多的FDI。外向型经济较为发达的江阴、常熟和太仓等市2018年的FDI都在4亿美元以上,在江苏所有县市中排在第一、三和六位,江阴9.51亿美元超过昆山的7.27亿美元,位列第一。

表12 沿江开发区域各城市的实际使用外资及在所在区域中比重的情况(2018年)

	实际使用外资(亿美元)	占苏南/中地区的比重(%)	占全省的比重(%)
南京市区	38.53	25.07	15.06
江阴市	9.51	6.19	3.72
常州市区	23.10	15.03	9.03
常熟市	4.87	3.17	1.90
张家港市	3.95	2.57	1.54
太仓市	4.40	2.86	1.72
南通市区	11.29	21.27	4.41
启东市	3.08	5.80	1.20
如皋市	4.57	8.61	1.79
海门市	3.26	6.14	1.27
扬州市区	9.18	17.29	3.59
仪征市	1.40	2.64	0.55
镇江市区	4.93	3.21	1.93
丹阳市	1.62	1.05	0.63
扬中市	1.03	0.67	0.40
句容市	1.10	0.72	0.43
泰州市区	9.37	17.65	3.66
靖江市	0.90	1.70	0.35
泰兴市	3.69	6.95	1.44

数据来源:《江苏统计年鉴2019》

五、沿江地区人民生活发展现状

(一)人均收入持续上升,但增速低于同期GDP水平

江苏沿江区域的国民经济和社会事业在近十年里得到了迅速发展,城乡人民生活水平不断提高,人均收入持续上升。从收入绝对额来看,2018年沿江八市城镇常住居民人均可支配收入超过50000元的是苏州(63481元)、南京(59308元)、无锡(56989元)和常州(54000元),超过40000元的有镇江(48903元)、南通(46321元)、泰州(43452元)和扬州(41999元),属于第一层次;苏中三市中,南通城镇居民人均可支配收入最高,为46321元,其次是泰州(43452元),扬州

最低(41999 元)，但也都超过了 40000 元。按 2000 年不变价格来看，2014—2018 年沿江八市的城镇居民人均可支配收入变化趋势如图 9 所示，在位次排序上，有一处变化：南京在 2013 年之前一直落后于无锡，2014 年开始反超。沿江八市的城镇居民人均可支配收入自 2004 年以后每年都保持正增长，只有扬州 2008 年出现过一次负增长，但增速却有所放缓。2005 年和 2006 年两年，沿江八市城镇居民人均可支配收入全部有两位数增长，平均增速达到了 13.9%和 12.6%，但 2011 年和 2012 年两年，只有扬州、苏州和泰州的增速超过 10%。2014—2018 年的城镇居民人均可支配收入年均增长率最高的城市是南京，达到 9.01%，是唯一超过 9%的城市。增速最慢的城市是常州，只有 8.08%，这一增速要低于同期 GDP 增速、人均 GDP 增速。

表 13　沿江八市城镇常住居民人均可支配收入(2014—2018 年)

	2014 年	2015 年	2016 年	2017 年	2018 年
南京	42568	46104	49997	54538	59308
无锡	41731	45129	48628	52659	56989
常州	39483	42710	46058	49955	54000
苏州	46677	50390	54341	58806	63481
镇江	35752	38666	41794	45386	48903
南通	33374	36291	39247	42756	46321
扬州	30322	32946	35659	38828	41999
泰州	31346	34092	36828	40059	43452

数据来源：历年《江苏统计年鉴》

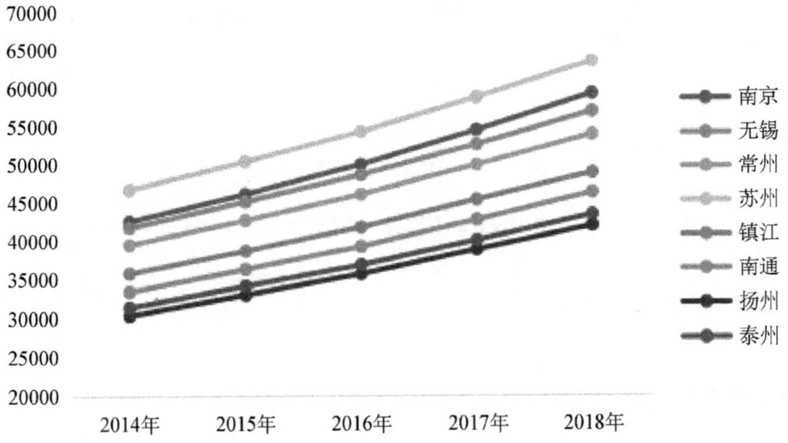

图 9　沿江八市城镇常住居民人均可支配收入(2014—2018 年)

数据来源：历年《江苏统计年鉴》

注：按 2000 年不变价格计算

农村居民人均纯收入也同样表现出不断增长的态势。从绝对数额来看，2018 年沿江八市中苏州、无锡的农村居民人均纯收入最高，分别达到了 32420 元和 30787 元，其次是常州 28014 元、南京 25263 元、镇江 24687 元，泰州、扬州、南通排在倒数三位，均没有超过 23000 元。可见，沿江八市中苏南和苏中在人均收入中表现出了极大的差距，并且这种差距随着时间的变化有不断扩大的趋势，2014 年农村居民人均收入最低的泰州是排在最高的苏州的 63.99%，2018 年增大到了 65.45%。2014—2018 年间，沿江八市农村居民人均收入的排位并没有发生任何变化，并且这八市的年均增长率都比较接近，增速最快的是南京 8.86%，最慢的是无锡 8.38%，苏中三市平均年增长率接近于苏南五市。农村居民人均收入的年均增速低于同期水平的城镇居民人均可支配收入，这反映出沿江八市城乡居民的收入差距在进一步扩大。

表 14　沿江八市农村常住居民人均纯收入(2014—2018 年)

	2013 年	2014 年	2015 年	2016 年	2017 年	2018 年
南京	16531	17661	19483	21156	23133	25263
无锡	20587	22266	24155	26158	28358	30787
常州	18643	20133	21912	23780	25835	28014
苏州	21578	23560	25580	27691	29977	32420
镇江	16258	17617	19214	20922	22724	24687
南通	14754	15821	17267	18741	20472	22369
扬州	14214	15284	16619	18057	19694	21457
泰州	13982	15076	16410	17861	19494	21219

数据来源:历年《江苏统计年鉴》

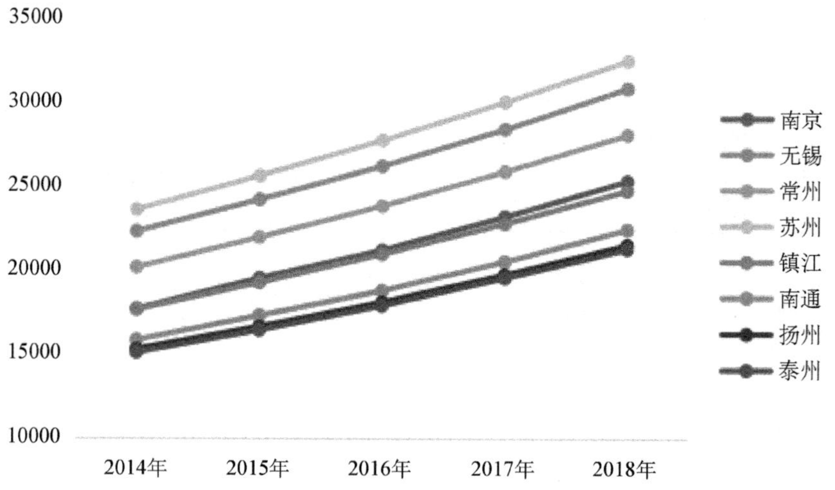

图 10　沿江八市农村常住居民人均纯收入(2014—2018 年)

数据来源:历年《江苏统计年鉴》

注:按 2000 年不变价格计算

(二)恩格尔系数不断下降

恩格尔系数指食品支出金额在居民生活消费总支出金额中所占的比例。一般说来,恩格尔系数的降低意味着居民的消费支出中用于购买食品的比重减少了,由此表明社会整体的生活水准得到了提高。沿江八市城镇居民恩格尔系数的平均值从 2014 年的 28.43% 下降到 2018 年的 27.35%,高于全省的平均水平 26.1%。农村居民恩格尔系数的平均值从 2014 年的 30.09%下降到 2018 年的 28.69%,高于全省平均水平 26.2%。根据联合国的标准,恩格尔系数在 59%以上为贫困,50%—59%为温饱,40%—50%为小康,低于 40%为富裕。目前,发达国家的恩格尔系数基本上在 10%—20%左右。因此,按照联合国的恩格尔系数标准来说,沿江八市的城镇居民和农村居民都处在相对富裕的水平。

细看 2018 年沿江开发区内部城市收入及恩格尔系数情况(如表 15 所示)可以发现,在城镇常住居民人均可支配收入上,常熟市、张家港市、江阴市、太仓市、南京市区和常州市区处于第一层次,收入均超过 54000 元,扬中市、句容市、镇江市区、海门市、靖江市、丹阳市和南通市区紧随其后,收入超过 45000 元,其他城市处于第三层次,收入均超过 40000 元。城镇居民恩格尔系数最低的是南京市区,只有 25.3%,最高的是丹阳,达到了 32.4%。农村居民人均纯收入最高的依旧是江阴、常

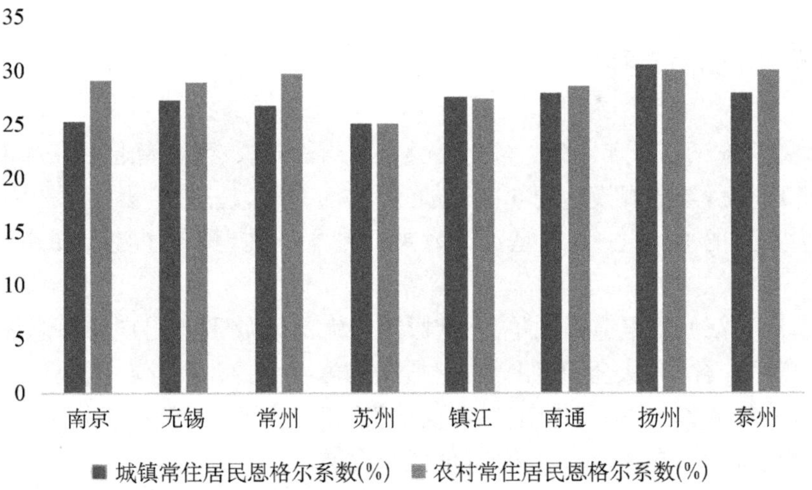

图 11　沿江八市城镇居民与农村居民恩格尔系数(2018 年)

数据来源:《江苏统计年鉴 2019》

熟、张家港和太仓四市,超过 30000 元;最低的城市是如皋市,只有 20166 元。农村居民恩格尔系数最高的是仪征市 30.9%,太仓市、启东市、扬州市区、句容市、泰州市区和靖江市也均超过 30%,最低的是泰兴市 21.2%,只有泰兴市未超过全省平均水平(26.2%)。除南京市区以外,沿江开发区域中所有县市的城乡居民收入比均低于全省平均水平 2.26,启东市最低 1.87,南京市最高 2.35。

表 15　沿江开发区内各城市收入及恩格尔系数情况(2018 年)

沿江开发区域	城镇居民人均可支配收入(元)	城镇居民恩格尔系数(%)	农村居民人均纯收入(元)	农村居民恩格尔系数(%)	城乡居民收入比(以农民收入为 1)
南京市区	59308	25.3	25263	29.1	2.35
江阴市	63957	27.5	33136	28.6	1.93
常州市区	54000	26.8	28014	29.8	1.93
常熟市	63712	27.5	32820	27.2	1.94
张家港市	64055	28.3	32664	28.0	1.96
太仓市	63076	29.2	32458	30.3	1.94
南通市区	46321	28.0	22369	28.6	2.07
启东市	44248	29.8	23687	30.4	1.87
如皋市	43255	27.9	20166	29.7	2.14
海门市	47877	28.3	24654	28.6	1.94
扬州市区	41999	30.7	21457	30.1	1.96
仪征市	42900	31.8	20688	30.9	2.07
镇江市区	48903	27.6	24687	27.5	1.98
丹阳市	48791	32.4	25633	29.8	1.90
扬中市	53675	29.4	28199	29.5	1.90
句容市	47431	29.2	22313	30.4	2.13
泰州市区	43452	27.9	21219	30.3	2.05
靖江市	46777	28.6	23220	30.3	2.01
泰兴市	43104	29.0	21268	21.2	2.03

数据来源:历年《江苏统计年鉴》

六、扬子江城市群

扬子江城市群涵盖江苏南京、镇江、常州、无锡、苏州、扬州、泰州、南通沿江八市，面积5.1万平方公里，人口近5000万，经济规模达到6.7万亿元，人均GDP超过10万元，是中国经济发展基础最好、综合竞争力最强的地区之一，也是江苏发展的精华所在，具备了建设城市群的良好基础和条件。

从国际上看，扬子江城市群应是竞争力强、影响力大的开放重要门户和标志性区域，要在更高层次上参与国际竞争和合作；从全国范围看，应是长三角城市群北翼核心区，建成长江经济带示范性的绿色城市群；从江苏省内看，则是全省的“发动机”和增长极，将苏南与苏中进一步融合起来，形成高端发展的新经济板块，支撑全省，带动其他区域发展。

第四章　沿东陇海线区域

一、整体概况介绍

东陇海铁路沿线地区是沿东陇海线产业带的建设区域。本区包括徐州、连云港两个市区和邳州、新沂、东海三个县(市)。2018 年人口 998.06 万，面积 1.1789 万平方公里，区内生产总值 7144.95 亿元，人均 GDP 为 81616 元，超过苏北平均水平，为全省平均水平的 70.87%，三次产业增加值结构为 7.4∶42.5∶50.1，三次产业从业人员结构为 1.03∶1.5∶1.82。

沿东陇海线位于江苏省最北端，地处长江三角洲地区与环渤海地区的中间地带，交通大动脉陇海铁路和连霍高速公路横贯东西，京沪铁路和京沪高速公路纵贯南北，使本区西连广阔的中原和西部地区，北通我国政治文化中心—北京，南与经济中心上海相连，东与日本、韩国隔海相望，区位优势明显，战略地位重要。该区自然环境优良，人居条件较好；土地、淡水、非金属矿产和海洋资源较为丰富，特别是非农用地资源独特，开发条件较好；教育基础扎实，文化底蕴较深，劳动力资源丰富，在矿业、机械、海洋、农业等领域拥有较强的科研力量。特别是改革开放以来，本区经济发展步伐不断加快，人民生活水平不断提高，形成了较好的农业基础，有一定的工业优势和产业规模，商贸流通较为发达，交通、通信、电力、水利等基础设施条件较为完备，基本形成了支撑本区产业发展的基础设施体系。初步形成了以资源加工为主的加工工业，以工程机械、食品、化工、医药、纺织为主的支柱行业，以新医药、新材料、新能源等一批高附加值新型工业为主的产业发展体系。但囿于历史条件、基础薄弱、经济结构等多重因素，两市总体上看发展不快，经济实力仍然较弱，经济发展与先进地区的横向差距相当明显，属于全省整体经济的相对“低洼”地带，是江苏经济快速发展的主要“瓶颈”。

2005 年，江苏省委省政府在区域共同发展战略、加快苏北振兴重要举措，国家西部大开发、陇兰经济带建设战略的背景下，提出了建设沿东陇海线产业带，并规划制定了《江苏省沿东陇海线产业带建设总体规划》(2005—2010 年)。该规划对沿东陇海线产业带建设的战略定位是：新兴的产业密集带、苏北地区对外开放的先导区、全省经济发展的重要增长极。目前，沿东陇海线产业带已经形成资源型加工、机械、化工、医药四大产业集群。以具有比较优势的农副产品资源和非金属矿产资源为基础，形成资源—初加工—制造的资源型加工产业链。以工程机械、重型汽车为重点，形成优质基础件—关键零部件—高水平辅机—整机组装的机械产业链。以盐化工和农用化工为重点，形成基础化工原料—化学中间体—精细化工的化工产业链。以拥有自主知识产权的医药研发和生产为重点，形成基础原料—中间体—制成品—药品包装的医药产业链。

江苏把沿东陇海线经济带建设作为发展重要战略，就是要在贯彻国家“一带一路”倡议中，发挥沿东陇海线经济带的先行先导作用，使其成为国家“一带一路”倡议总体布局的新经济增长极。

2016 年《江苏省人民政府关于落实“一带一路”倡议部署建设沿东陇海线经济带的若干意见》(以下简称《意见》)指出：将沿东陇海线产业带深化为沿东陇海线经济带，体现从单纯的产业布局调整向区域经济整体布局优化的重要转变，将经济带范围扩大至以连云港、徐州为核心区以及淮安、盐城、宿迁等有着紧密联系更大区域，并相应增加新型城镇化、扩大对内对外开放、注重环境保护等内容。《意见》提出，要加快沿东陇海线沿线中小城市和重点中心镇发展，形成以中小城市为骨干、重点中心镇为基础的新型城镇化布局体系。建好用好连云港国家东中西区域合作示范区、中哈物流合作基地等重要开放平台,深化与丝路沿线地区的合作,切实提高招商选资成效。此外,要构建与淮安立体交通网络的互联互通,推进与盐城沿海港口的协同互动,深化与宿迁腹地的融合发展。

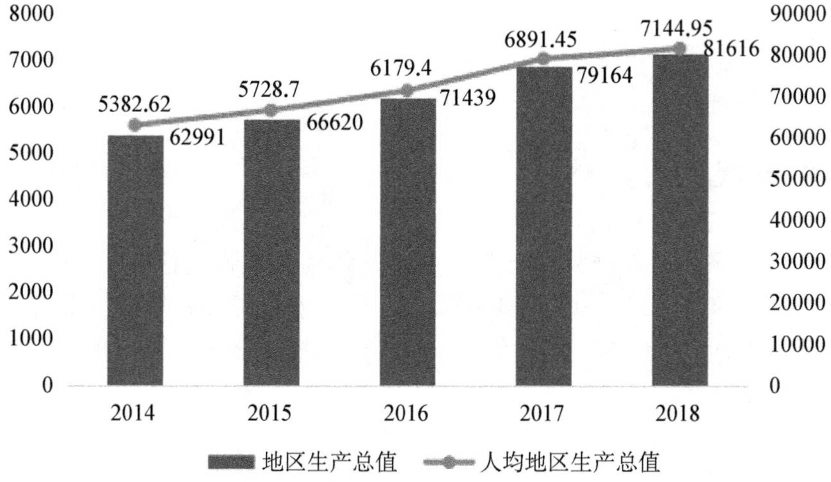

图1 沿东陇海地区GDP与人均GDP变化情况(2014—2018年)

数据来源:历年《江苏统计年鉴》

注:按增速计算按2000年不变价格

二、沿东陇海线综合经济发展现状

东陇海线经徐州自西向东依次穿越徐州市区、邳州市、新沂市、东海县和连云港市区,与沿海经济带交汇。长期以来,徐连两市经济发展相对滞后,是江苏经济快速发展的主要"瓶颈"。但徐州、连云港两市位于沿海经济带与陆桥经济带的交汇处,具有良好的区位条件和资源优势,近些年通过推进沿东陇海线产业带建设,快速振兴徐连经济,已成为全省培育的新区域经济增长极,提升了苏北发展水平,进而促进全省区域共同发展。

(一)经济总量大幅提升

2018年沿东陇海地区实现地区生产总值7144.95亿元,与2014年(5382.62亿元)相比,增长了32.74%,人均地区生产总值则从62991元提高到81616元,增幅达到29.57%。按可比价格计算,沿东陇海地区的地区生产总值和人均地区生产总值的年均增长率为9.42%和6.15%。全省的平均水平为9.39%和9.09%,与沿海地区的GDP与人均GDP增长率(10.13%和9.95%)相比,地区生产总值增长速度具有一定的优势,在全省的经济发展中比较抢眼。

自2004年以来,沿东陇海地区生产总值的规模就持续增大,在2004年为1033.78亿元,2009年突破2000亿元大关,2018年达到了7144.95亿元,突破7000亿元大关。人均地区生产总值同样也保持着持续向上的趋势,2004年是14110.06元,2007年突破20000元,2010年突破30000元,2018年突破80000元,达到81616元。

从沿东陇海地区的内部城市来看,2018年实现地区国民生产总值最高的城市是徐州市市区,达到了3527.26亿元,占整个沿东陇海线地区GDP的49.37%,而连云港市市区只有1549.29亿元的地区国民生产总值,是徐州市市区的二分之一不到。徐州市市区加上新沂市和邳州市的GDP占整个沿东陇海线地区的71.40%,可见徐州地区是该经济地带最重要的组成部分,有着举足轻重的作用。连云港市的东海县在2018年只取得了494.42亿元的地区生产总值,是整个沿东陇海线地区中最低的城市，而 2010 年 GDP 垫底的仍是连云港的东海县。但连云港市市区的地区生产总值增幅较高，达到了 254.21%，从 2010 年的 437.39 亿元，提高到 2018 年的 1549.29 亿元。2018 年沿东陇海线地区人均地区生产总值最高的城市是徐州市市区，为 105955 元，其次是连云港市市区 73695 元，从增幅来看，连云港市市区人均 GDP 的增幅只有 72.66%，远低于沿东陇海线的平均水平，也是该地区所有城市中最低的，而徐州市市区的增幅却有 83.50%，可见相较于连云港的经济发展，徐州在近几年更加突出。人均地区生产总值最低的是东海县，只有 50916 元，其次是邳州市 63888 元，但东海县和邳州市的人均 GDP 的增幅很大，分别到达了 146.02%和 153.66%，仅次于新沂市的 172.08%。

表 1 沿东陇海地区 GDP 与人均 GDP(2010—2018 年)

地 区	地区生产总值(亿元)			人均地区生产总值(元)		
	2010 年	2018 年	增幅(%)	2010 年	2018 年	增幅(%)
东陇海合计	3023.58	7144.95	136.31	40643	81616	100.81
徐州市市区	1779.47	3527.26	98.22	57742	105955	83.50
新 沂 市	241.2	653.32	170.86	26360	71719	172.08
邳 州 市	365.39	920.66	151.97	25186	63888	153.66
连云港市市区	437.39	1549.29	254.21	42683	73695	72.66
东 海 县	200.14	494.42	147.04	20696	50916	146.02

数据来源：历年《江苏统计年鉴》
注：2010 年徐州市区的数据包括了当时的铜山县。

（二）2010 年后经济加速增长，增速超过全省平均水平

从表 2 中可以很清楚地看出，2012 年后沿东陇海地区的经济开始加速增长，连续三年的经济增长率超出全省平均水平。尤其是 2013 年，当年 GDP 的增长率高达 11.4%，比全省平均水平高出近 2 个百分点，相当令人瞩目。2014 年沿东陇海地区的 GDP 增速为 17.62%，高于全省水平 7.6%、沿江地区 9.07%。但到了 2015 年增速开始下滑，低于全省和沿江、沿海地区，2017 年比 2016 年有增长，不过也低于全省和沿海沿江地区，2018 年又出现下滑，并且低于全省和沿海沿江地区。我们发现，与整个苏北地区的经济发展情况相比，同属于该地区的沿东陇海经济带并不突出，无论是 GDP 增速还是人均 GDP 增速都要低于苏北地区平均水平。在江苏省加大统筹力度，提出实施区域共同发展战略，加大对苏北发展的政策支持力度后，近三年来，全省呈现出“南升北快”的良好格局，在此背景下，沿东陇海地区不断加速增长，逐步缩小与苏南、沿海和沿江地区的差距。

表 2 沿东陇海地区 GDP、人均 GDP 增长率与全省及其他经济带的比较(%)

GDP	2014 年	2015 年	2016 年	2017 年	2018 年	年均增长率
东陇海地区	17.62	6.43	7.87	11.52	3.68	9.42
全省平均水平	10.02	7.72	8.51	12.90	7.79	9.39
苏北地区	11.79	9.32	9.63	11.61	5.41	9.55
沿海地区	11.15	9.27	9.52	12.63	8.08	10.13
沿江地区	8.55	8.81	8.43	12.41	7.35	10.99
人均 GDP	2014	2015	2016	2017	2018	年均增长率
东陇海地区	3.84	5.76	7.23	10.81	3.10	6.15
全省平均水平	9.74	7.48	8.25	12.53	7.44	9.09
苏北地区	11.35	8.94	9.25	11.14	5.13	9.16

数据来源：历年《江苏统计年鉴》
注：按 2000 年不变价格计算

(三)经济规模较小,占全省比重有所上升

沿东陇海地区的人口和土地面积占全省的比重大约在10%左右,然而从表3中可以看出,2018年除实际使用外资,包括GDP、社会消费品零售额、进出口总额、地方财政一半预算收支等经济指标占全省的比重都在10%以下,而且与沿江和沿海地区相比,差距也非常大,这说明沿东陇海地区的经济规模还较小,在全省中的地位较低。

2018年沿东陇海地区进出口总额和出口总额分别为186.10亿美元和118.11亿美元,分别占全省的2.80%和2.92%。江苏作为长三角地区和全国的出口大省,外向型经济相当发达,然而东陇海地区的对外贸易发展相对比较落后。这主要由于连云港港口发展的滞后及徐州身处江苏腹地,对外部的交流相对较少,沿线经济外向扩张能力较弱,经济对外贸易依存度低。

表3 沿东陇海地区主要经济指标及占全省的比重情况(2018年)

指　　标	全　省	东陇海地区	占全省比重
地区生产总值(亿元)	92595.40	7144.95	7.72%
第一产业	4141.72	530.05	12.80%
第二产业	41248.52	3036.37	7.36%
第三产业	47205.16	3578.52	7.58%
房地产开发投资(亿元)	10982.34	873.33	7.95%
社会消费品零售总额(亿元)	33230.4	3277.18	9.86%
进出口总额(亿美元)	6640.43	186.10	2.80%
#出口	4040.44	118.11	2.92%
实际使用外资(亿美元)	255.9	26.54	10.37%
地方财政一般预算收入(亿元)	8630.16	589.66	6.83%
地方财政一般预算支出(亿元)	11657.35	929.92	7.98%
金融机构存款余额(亿元)	139717.98	8181.88	5.86%
金融机构贷款余额(亿元)	115719.00	6489.98	5.61%

数据来源:《江苏统计年鉴2019》

沿东陇海地区由于经济基础较差,与苏南、苏中地区存在着不小的差距,虽然经济总量规模在全省中的地位较低,但随着赶超脚步的不断加快和不断深入推进的省内区域均衡发展战略,沿东陇海地区主要经济指标占全省的比重有所提高(如图2)。其中,地区国民生产总值的比重从2014年的8.27%下降到2015年的8.17%,在2016年的时候继续下降,下降到8.12%,2017年下降到8.02%,2018年下降到7.72%。近几年,沿东陇海地区的工业经济发展势头一直较好,因此第二产业占全省的比重呈现出上升的势头,从2014年的8.35%下降到了2016年的8.16%,2017年下降到7.75%,2018年继续下降到7.36%。而第三产业的比重在2014年上升到7.86%,之后发展一直较为缓慢,略有下降,到2016年占全省的7.64%,2017年略有上升,为7.85%,2018年又出现略微下降,为7.58%。

表4 沿东陇海地区主要经济指标占苏北及全省的比重情况(2014—2018年,%)

	2014年	2015年	2016年	2017年	2018年
苏北					
GDP	35.53	34.58	34.03	34.00	33.44
第二产业	37.14	35.59	34.44	33.35	32.85
第三产业	37.20	36.34	35.74	36.92	36.03

续表

	2014 年	2015 年	2016 年	2017 年	2018 年
全省					
GDP	8.27	8.17	8.12	8.02	7.72
第二产业	8.35	8.27	8.16	7.75	7.36
第三产业	7.86	7.73	7.64	7.85	7.58

数据来源：历年《江苏统计年鉴》

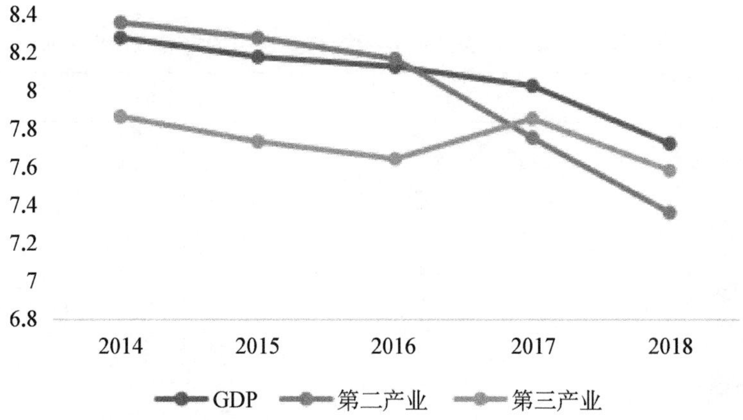

图 2　沿东陇海地区主要经济指标占全省比重情况（2014—2018 年）

数据来源：历年《江苏统计年鉴》

图 3 是沿东陇海地区主要经济指标占苏北地区比重的变化情况。其中，沿东陇海地区的 GDP 占苏北的比重从 2013 的年 33.75%首先持续上升到 2014 年的 35.53%，从 2015 年开始逐年下降，2017 年下降到 34%，2018 年继续下降到 33.44%。第三产业首先从 2013 年的 35.62%上升到 2014 年的 37.2%，2015 年开始下降，至 2016 年下降到 35.74%，2017 年又上升到 36.92%，2018 年略微下降，为 36.03%。而第二产业占苏北地区的比重则相对稳定，基本持平。这显然是由于在 2009 年后苏北地区加快经济增长步伐，虽然沿东陇海地区的增速也大幅提速，但却低于苏北的平均水平，才导致其在区域经济中的地位有所下降。从绝对值来看，沿东陇海地区是整个苏北经济版图中最重要的一部分的地位并没有下降多少，其经济总值还在占到了苏北的三分之一以上。

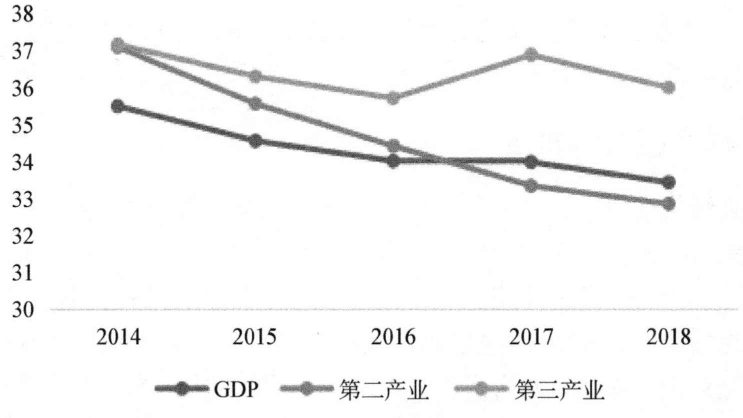

图 3　沿东陇海地区主要经济指标占苏北比重情况（2014—2018 年）

数据来源：历年《江苏统计年鉴》

（四）区域内县（市）经济在全省中排名靠后

沿东陇海线地区包括三个县(市)，分别是徐州地区的新沂市、邳州市和连云港地区的东海县。从表5可以看出，GDP、工业增加值、人均GDP、人均地方一般预算收入、规模以上工业企业利税总额、出口总额、外商直接投资总额、农村居民人均纯收入、城镇居民人均可支配收入等经济指标在全省45个县(市)的排名中，沿东陇海地区的三个县(市)排名都比较靠后，其中，邳州市在出口总额、外商直接投资总额上挤进过前15位，其他指标都在16位之外。新沂市很多指标都在25位后面，而东海县几乎所有指标都在30位后面。

表5　区域内县(市)经济主要指标在全省中的排名(2018年)

	新沂市	邳州市	东海县
GDP	23	16	30
工业增加值	26	19	30
人均GDP	25	29	39
人均地方一般预算收入	20	25	41
出口总额	16	15	32
外商直接投资总额	14	15	26
农村居民人均可支配收入	30	28	31
城镇居民人均可支配收入	34	25	27

数据来源:《江苏统计年鉴2019》

三、沿东陇海地区产业经济发展现状

东陇海产业带建设，不仅能够促进徐连两市加快发展，带动苏北地区的发展，而且可以调动苏北各市的积极性和创造性，形成“你追我赶、争先进位”的良好发展态势。同时，还能进一步呼应沿江开发，有利于承接沿沪宁线、沿江产业的梯度转移，实现全省南北上游产品与下游产品的延伸对接，对构筑江苏国际制造业基地是一个有力支撑。对全国来讲，加快东陇海产业带建设，使中西部地区在有了面向远东和欧洲陆路通道的基础上，又有了一条面向世界的出海大通道，实现了双向开放，为打破陇兰地区既不沿边又不沿海的封闭状态创造了条件，有利于推动陇兰经济带快速隆起，进一步加快中西部地区的开放与开发。

（一）产业结构调整稳步推进

随着江苏沿东陇海线地区生产力水平的提高和经济社会的发展，三次产业内部结构已发生了积极的变化。沿东陇海线地区三次产业结构比例由2014年的7.52∶47.87∶44.61调整为2018年的7.4∶42.5∶50.1，呈现出第一产业、第二产业比重下降，第三产业比重在上升的趋势，产业结构正向合理化和更高层次的方向演变，这也预示着沿东陇海线地区产业结构在不断优化。这也预示着沿海地区工业进程正在加速。与全省的三次产业构成比例相比较，可以看出，沿东陇海线地区的第一产业比重高于其他产业带和全省平均水平，第二产业比重较为合理，第三产业比重不够高，工业是带动这一地区经济增长的主要动力，工业化进程加快。从图4可以看出，2014—2018年沿东陇海线地区产业结构变化呈现出以下特征：第二产业比重不断下降，而同时，第三产业的比重迅速提升。沿东陇海线地区产业内部结构所发生的变化，符合三次产业内部结构变化的一般规律，也体现出该地区经济发展近些年的主要变化，三次产业总体呈现“稳固、提升、活跃”的良好局面，产业发展步入快车道。

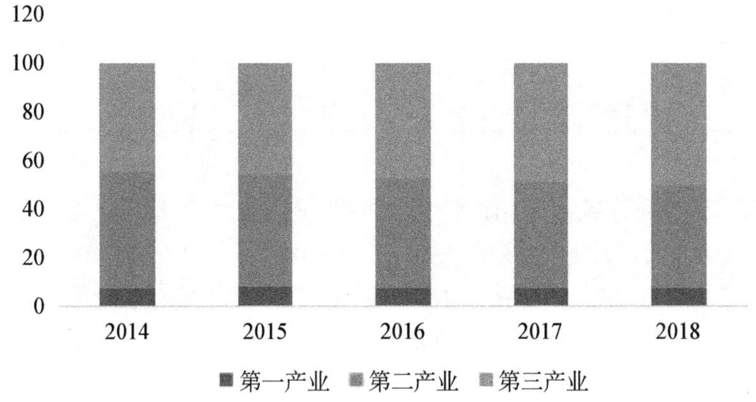

图 4　沿东陇海线地区三次产业结构情况（2014—2018 年）

数据来源：历年《江苏统计年鉴》

2018 年整个沿东陇海地区，第一产业比重最高的是东海县，达到了 14.86%，是第一产业比重最低的徐州市市区 3.54%的 4 倍多。第二产业比重最高的是连云港市市区 43.79%，其次是徐州市市区 43.20%，其他三个县（市）的第二产业比重均没有超过 44%，工业化进程相对落后。第三产业比重最高的是徐州市市区 53.26%，其次是新沂市 48.61%，而东海县最低只有 43.12%。就 2010—2018 年的变化趋势而言，沿东陇海地区的三县（市）新沂市、邳州市和东海县都呈现出第一产业比重大幅下降的情况，分别从 2010 年的 14.96%、16.31%和 20.54%，降低为 2018 年的 11.30%、14.37%和 14.86%。第二产业的比重也有所下降，随之上升的是第三产业的比重。其中，东海县第三产业比重的上升幅度最大，从 2010 年的 33.89%提高到 2018 年的 43.12%。徐州市市区和连云港市市区与三个县（市）的三次产业结构调整有所差异，徐州市市区的第二产业比重并没有增加，反而有所下降，从 54.36%下降到 43.2%，而连云港市市区的第二产业也有所下降，从 50.71%下降到 43.79%。徐州市市区第三产业比重从 42.71%上升到 53.26%，连云港市市区的第三产业比重则从 42.85%上升到 48.10%。

表 6　沿东陇海线各地区三次产业比重变化情况（2010—2018 年）

	2010 年			2018 年		
	第一产业	第二产业	第三产业	第一产业	第二产业	第三产业
东陇海合计	7.18	51.08	41.74	7.4	42.5	50.1
徐州市市区	2.93	54.36	42.71	3.54	43.20	53.26
新　沂　市	14.96	42.83	42.21	11.30	40.09	48.61
邳　州　市	16.31	43.99	39.70	14.37	39.58	46.04
连云港市市区	6.44	50.71	42.85	8.11	43.79	48.10
东　海　县	20.54	45.57	33.89	14.86	42.02	43.12

数据来源：历年《江苏统计年鉴》

（二）工业化进程加快，对地区经济的贡献率提高

从上文的分析中可以看出江苏东陇海地带工业化进程明显加快，第二产业产值占地区生产总值的比重相对较高，机械、医药、化工、食品等已成为该地区的主导产业。连云港的化学工业、造船

业、医药业,徐州的装备制造业、食品、能源和冶金行业是两市的优势产业。

表7 沿东陇海线各地区工业经济发展主要指标情况(2013—2018年,亿元)

	2013年	2014年	2015年	2016年	2017年	2018年
工业总产值	10186.74	12479.50	13332.23	14894.75		
主营业务收入	10256.45	12465.54	13201.24	15163.22	12891.41	6307.25

数据来源:历年《江苏统计年鉴》

2018年沿东陇海地区所有城市中,徐州市市区拥有规模以上工业企业个数最多,达到了735个。资产合计4673.29亿元。徐州地区的“一区二县(市)”是沿东陇海线区域工业发展的主要力量,其主营业务收入在区域中的占比都接近80%,占绝对地位。整个东陇海2018年拥有规模以上工业企业达到2285家,规模以上工业企业实现主营业务收入6307.25亿元,比上年下降51.07%;利润482.08亿元,下降53.82%。

表8 沿东陇海地区工业经济运行情况(2018年)

地　区	规模以上工业企业个数(个)	资产合计(亿元)	主营业务收入(亿元)	利润总额(亿元)
东陇海合计	2285	8645.02	6307.25	482.08
徐州市市区	735	4673.29	3300.64	188.96
新　沂　市	310	374.03	388.85	27.80
邳　州　市	451	546.37	438.29	30.01
连云港市市区	499	2815.07	2000.57	225.30
东　海　县	290	236.26	178.90	10.01

数据来源:《江苏统计年鉴2019》

2018年连云港市市区拥有规模以上工业企业499个,实现主营业务收入2000.57亿元,实现利润总额225.30亿元。东海县是沿东陇海地区工业发展规模最小的城市,2018年东海县拥有规模以上工业企业290个,资产合计236.26亿元,主营业务收入只有178.90亿元,并且利润总额也是最低的,只有10.01亿元,相当于利润率最高的徐州市市区的十分之一。2018年主营业务收入最高的是徐州市市区,为3300.64亿元,占整个区域的比重52.33%,而连云港市市区的主营业务收入为2000.57亿元,占整个区域的比重31.72%。

(三)高新技术产业与新兴产业逐步崛起

江苏沿东陇海地区的徐州市和连云港市在2005年以来,高新技术产业发展非常迅猛,年均增长率分别达到了40.44%和46.94%,既高出全省平均水平(24.18%)以及沿江八市平均水平(22.04)和沿海三市平均水平(35.01%),也高出同期GDP及工业总产值增长率。高新技术产业占规模以上工业总产值的比重也不断攀升,徐州市从2012年的33.79%快速增长到2018年的38.3%;连云港市则从34.13%提升到43.7%。高新技术产业在工业经济中的份额越大,越能说明沿东陇海地区工业结构在不断优化,经济增长方式调整、升级推动力越强。2017年徐州市高新技术产业产值达5305.98亿元,同比增长28.9%,占工业产值比重达36.5%,同比下降0.3个百分点。2017年,徐州市主导产业增长态势平稳。全年规模以上工业增加值比上年增长9.0%,其中轻工业增长8.8%,重工业增长9.1%。分经济类型看,股份制工业增长9.3%;外商及港澳台投资工业增长11.3%;国有控股工业增长9.0%,民营工业增长8.1%。重点培育的六大优势产业实现产值13332.97亿元,增长17.2%,占规模以上工业总产值比重为91.6%。其中,装备制造业、能源业、食品与农副食品加工业、煤盐化工业、冶金业和建材业分别增长24.3%、19.1%、11.6%、

19.0%、12.6%和17.0%。

表9　沿东陇海地区徐州和连云港高新技术产业发展情况(2013—2018年)

占规模以上工业总产值比重(%)	2013年	2014年	2015年	2016年	2017年	2018年
徐州市	38.14	35.54	36.2	36.8	36.5	37.7
连云港市	34.54	34.31	39.1	35.1	44.3	43.7

数据来源:历年《江苏统计年鉴》

2018年,徐州全市六大新兴产业产值同比增长5.8%,增速快于传统优势产业19.9个百分点,占规模以上工业产值比重为37.7%,较2017年提高4.2个百分点,其中,高端装备制造业、新一代信息技术和软件业产值分别增长32.6%和17.2%,分别拉动全市工业产值增长13.1和1.0个百分点;高新技术产业产值占规模以上工业比重较2017年提高1.8个百分点;高耗能行业产值下降19.9%,占比同比下降1.9个百分点。2018年,连云港全市主动抓创新、促转型,大力淘汰落后产能,高新产业快速发展。全年高新技术产业占规模以上工业比重达43.7%,比上年提高8.9个百分点。其中,新医药、新材料、新能源和高端装备制造等"三新一高"产业占高新技术产业产值比重达97.0%。实现新产品产值494.5亿元,增长12.5%,高于规模以上工业20.6个百分点。

2018年,连云港主动抓创新、促转型,大力淘汰落后产能,高新产业快速发展。全年高新技术产业占规模以上工业比重达43.7%,比上年提高8.9个百分点。其中,新医药、新材料、新能源和高端装备制造等"三新一高"产业占高新技术产业产值比重达97.0%。实现新产品产值494.5亿元,增长12.5%,高于规模以上工业20.6个百分点。

沿东陇海线产业带建设也存在一些急需解决的问题:一是战略定位不高。产业带的定位是江苏省"新兴的产业密集带、苏北地区对外开放的先导区、全省经济发展的重要增长极",却没有争取将其上升到国家发展战略层面,成为西部大开发及中部崛起的龙头。二是建设区域过于狭窄。产业带的建设区域是东陇海铁路沿线地区,而紧邻东陇海铁路线的宿迁市只是产业带的影响区域,削弱了产业带对苏北的带动作用。三是主导产业定位不合理。产业带的主导产业是以资源加工型为主,没有突出临港工业和高新技术产业的地位,造成了产业功能和经济结构上的严重缺陷。

四、沿东陇海地区开放型经济发展现状

2018年,沿东陇海线地区的进出口总额为186.10亿美元,比2017年的142.93亿美元增长30.20%,其中,出口为118.11亿美元,比2017年的87.91亿美元增长34.35%;实际利用外商直接投资26.54亿美元,比去年的20.76亿美元增长27.84%。沿东陇海线地区的外向型经济总体上比较不发达,与苏南和沿江地区有较大差距,但近几年迅猛发展,增长率领先于全省其他地区,承接国际资本和区域产业转移的步伐加快,后发优势开始显现,正在成为江苏省开放型经济新的增长极,为地区经济的稳定发展和综合实力的提高做出了贡献。

(一)对外贸易规模不断扩大,增速领先于其他三个经济带

从图6可以看出,2014年以来沿东陇海地区的进出口总额和出口总额都是有增有减的状态,分别从126.12亿美元和78.79亿美元上升到2018年的186.10亿美元和118.11亿美元。2015年和2016年都出现了负增长。其余年份的进出口总额增长率和出口总额增长率都在15%上下,最高时曾分别达到30.20%和34.35%。2012年国际经济形势不断下行,我国出口受阻严重,江苏及苏南部分地区对外贸易增速都出现大幅下滑,但沿东陇海地区却"逆势上扬"继续保持20%左右的

增长率,成为全省外向型经济新的增长点。

表 11　沿东陇海地区对外贸易发展情况(2014—2018 年)

	2014 年	2015 年	2016 年	2017 年	2018 年
进出口总额	126.12	120.25	116.16	142.93	186.10
出口总额	78.79	72.38	75.04	87.91	118.11
实际外商直接投资额	22.56	19.18	17.38	20.76	26.54

数据来源:历年《江苏统计年鉴》

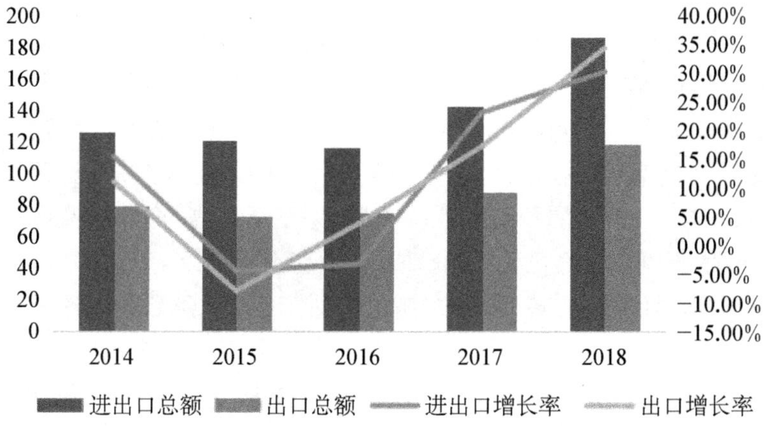

图 6　沿东陇海地区进出口总额和出口总额变化情况(2014—2018 年)

数据来源:历年《江苏统计年鉴》

2018 年,徐州市市区实现进出口总额和出口总额 66.96 亿美元和 54.34 亿美元,占到整个东陇海线地区的 35.98%和 46.01%。连云港市市区实现进出口总额和出口总额 86.74 亿美元和 34.38 亿美元,占到整个东陇海线地区的 46.61%和 29.11%。三个县(市)中,只有邳州市的进出口总额和出口总额超过了 10 亿美元,最低的东海县进出口总额只有 4.73 亿美元。新沂市的进出口总额增长率最高,达到了 188.58%,出口总额增长率和实际外商直接投资增长率也最高,分别为 386.4%和 700%。总体来说,徐州市市区的增长要快于连云港市市区。这主要是因为连云港市市区的进出口总额和出口总额均远远低于邳州市,为 19.67%和−7.16%,且连云港市市区的外商直接投资额也出现了负增长。

表 12　沿东陇海地区开放型经济主要指标及增长率情况(2014—2018 年)

地　区	2018 年(亿美元)			2014—2018 年增长率(%)		
	进出口总额	出口总额	实际外商直接投资额	进出口总额	出口总额	实际外商直接投资额
东陇海合计	186.10	118.11	26.54	47.56	49.90	17.64
徐州市市区	66.96	54.34	16.50	81.22	85.21	44.48
新　沂　市	12.38	11.09	2.72	188.58	386.40	700.00
邳　州　市	15.30	14.41	2.34	74.66	98.76	24.47
连云港市市区	86.74	34.38	4.00	19.67	−7.16	−48.52
东　海　县	4.73	3.89	0.99	29.59	34.14	−13.91

数据来源:历年《江苏统计年鉴》

（二）吸引 FDI 规模不断扩大，年增长率持续保持高位

从图 7 江苏沿东陇海地区 2014—2018 年的实际外商直接投资额及增长率的变化情况可以看出，该地区实际外资直接投资额的规模有增有减，比较波动。从 2014 年的 22.56 亿美元下降到 2016 年的 17.38 亿美元，2017 年又上升到 20.76 亿美元，2018 年继续上升到 26.54 亿美元。在《江苏省沿东陇海线产业带建设总体规划》出台之后，FDI 增长率出现了飞跃，之后一直保持在 15%上下。2014 年 FDI 的增长率为 25%，随后 2015 年出现了负增长，2016 年仍然是负增长，但负增长的趋势有所缓解，2017 年为正增长，2017 年的增长率为 19%，2018 年也为正增长，增长率为 28%。

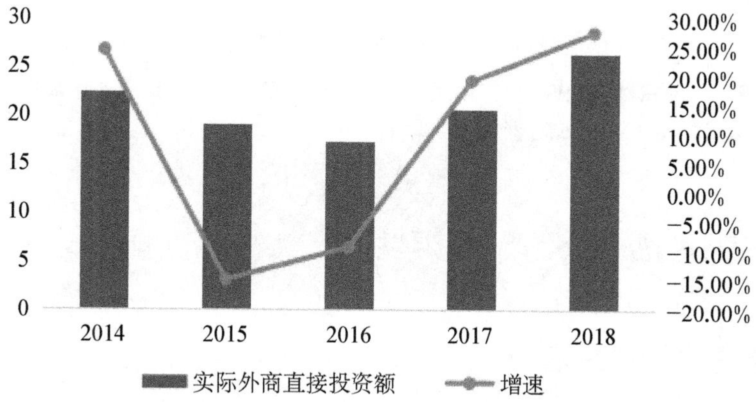

图 7　沿东陇海地区实际外商直接投资额及增长率变化情况（2014—2018 年）

数据来源：历年《江苏统计年鉴》

2018 年，在沿东陇海线地区中，徐州市市区是吸引外商直接投资额最高的城市，达到了 16.5 亿美元，占整个区域的 62.17%。其次是连云港市市区 4 亿美元，占整个区域的 15.07%。在三个县(市)中，新沂市的实际外商直接投资额最高，为 2.72 亿美元；其次是邳州市的 2.34 亿美元；东海县最低，只有 0.99 亿美元。

（三）外向型经济在全省中的地位缓慢提高

图 8 是沿东陇海地区进出口总额、出口总额和实际外商直接投资额占全省比重的变化情况。其中，2014—2018 年间，进出口总额和出口总额的比重有所上升，分别从 2.27%和 2.33%上升到 2.8%和 2.92%，但相较于该地区 GDP 和工业总产值占全省的比重，对外贸易的地位在省内较低。实际外商直接投资总额占全省的比重稍高一点，并表现出持续的上升趋势。从 2013 年的 5.44%提高到 2014 年的 8.01%，2015 年又略微降低到 7.9%，2016 年继续下降到 7.08%，2017 年迅速上升，为 8.26%，2018 年继续上升，为 10.37%。地区承接国际资本和区域产业转移的步伐加快，后发优势开始显现。

表 13　沿东陇海地区对外贸易发展在全省中的比重（2014—2018 年，%）

	2014 年	2015 年	2016 年	2017 年	2018 年
进出口总额	2.27	2.25	2.34	2.54	2.80
出口总额	2.33	2.17	2.40	2.54	2.92
实际外商直接投资额	8.01	7.90	7.08	8.26	10.37

数据来源：历年《江苏统计年鉴》

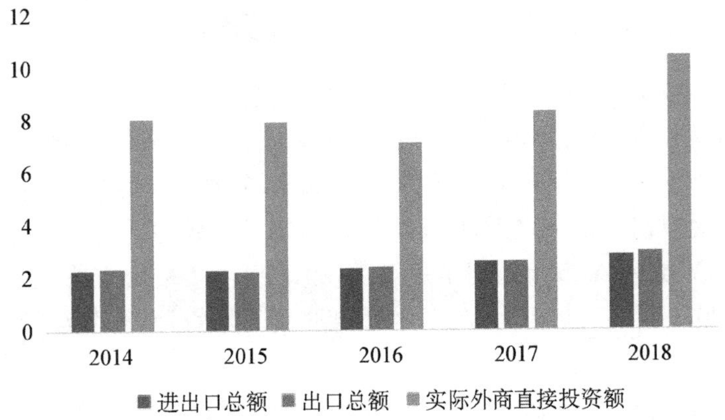

图 8　沿东陇海地区进出口总额、出口总额和 FDI 占全省比重变化情况

数据来源:历年《江苏统计年鉴》

五、沿东陇海地区人民生活现状

(一)城乡居民收入较快增长

在江苏省大力建设沿东陇海线产业带的政策推动下,城乡居民收入得到了较快增长,民生民计明显改善。图 9 是沿东陇海地区徐州与连云港城镇与农村居民人均收入变化情况。

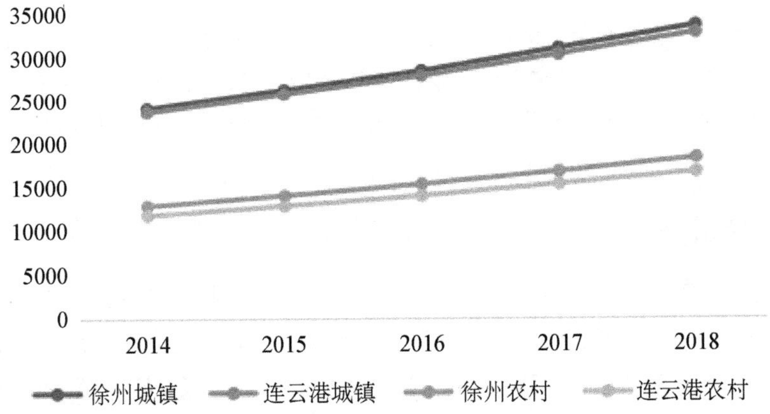

图 9　徐连两市城镇和农村居民人均收入变化情况(2014—2018 年)

数据来源:历年《江苏统计年鉴》

从绝对数量来看,徐州市的城镇与农村居民人均收入比连云港市要高,2018 年达到了 33586 元和 18206 元,比 2014 年分别增长了 39.48%和 42.11%。连云港市 2018 年城镇居民人均可支配收入为 32749 元,而农村居民人均纯收入只有 16607 元。连云港市的城镇居民人均可支配收入和农村居民人均纯收入,比 2014 年分别增长了 38.79%和 41.96%。

从表 14 中可以看出,连徐两市城镇和农村居民人均收入年增长率变化情况还是存在差异的。徐连两市城镇居民可支配收入的年增长率从 2013 年之后开始走低,2014 年两市的城镇居民可支配收入的增长率只有 1.3%和 2.65%,但在 2015 年迅速增长到 8.88%和 9.04%,到 2018 年分别为 8.39%和 8.11%。而徐连两市的农村居民人均纯收入增长率在 2014 年有小幅的下降,在 2015 年迅速增长到 9.14%和 9.23%,到 2018 年分别为 9.04%和 8.74%。与城镇居民可支配收入的年增长率所不同的是,徐连两市的农村居民可支配收入的增长率在 2012 年后连续年保持两位数高速增长，2015 年时分别达到了 22.04%和 22.73%，虽然在 2016 年有所下降，但依然高于城镇居民可支配收入，这表明在沿东陇海线经济发展的过程中，农民的民生问题得到了越来越多的重视，而且从趋势来看，农村居民的收入增长还将持续下去。

表 14　徐连两市城镇和农村居民人均收入年增长率（2014—2018 年，%）

	2014 年	2015 年	2016 年	2017 年	2018 年
徐州城镇居民可支配收入	1.30	8.88	8.40	9.03	8.39
连云港城镇居民可支配收入	2.65	9.04	8.26	8.76	8.11
徐州农村居民人均纯收入	6.30	9.14	12.46	6.19	9.04
连云港农村居民人均纯收入	8.87	9.23	9.03	9.63	8.73

数据来源：历年《江苏统计年鉴》
注：按 2000 年不变价格计算

徐连两市的城镇居民恩格尔系数从 2014 年的 30.8%和 32.3%分别下降到 2018 年的 29.6%和 31.6%。农村居民恩格尔系数从 2014 年的 32%和 32.7%分别下降到 2018 年的 30.4%和 31.5%。图 10 显示了 2014—2018 年江苏徐连两市城镇与农村居民的恩格尔系数变化情况，从中可以看出，城镇居民的恩格尔系数在整体上是下降的过程。两市比较来看，徐州市的城镇居民恩格尔系数一直低于连云港市。徐连两市的农村居民的恩格尔系数则一直都保持着逐年下降的情况。徐州和连云港的农村居民恩格尔系数降幅都要比城镇居民的恩格尔系数明显很多。并且徐州市 2014 年的城镇居民的恩格尔系数要比农村居民的恩格尔系数低，这与沿海八市的情况相似，说明徐州城镇居民的食品消费支出受价格上涨影响较大，而农村居民则较小。根据联合国的标准，恩格尔系数在 59%以上为贫困，50%—59%为温饱，40%—50%为小康，低于 40%为富裕。目前发达国家的恩格尔系数基本上在 10%—20%左右。因此，按照联合国的恩格尔系数标准来看，徐连两市的城镇居民和农村居民都处在相对富裕的水平。

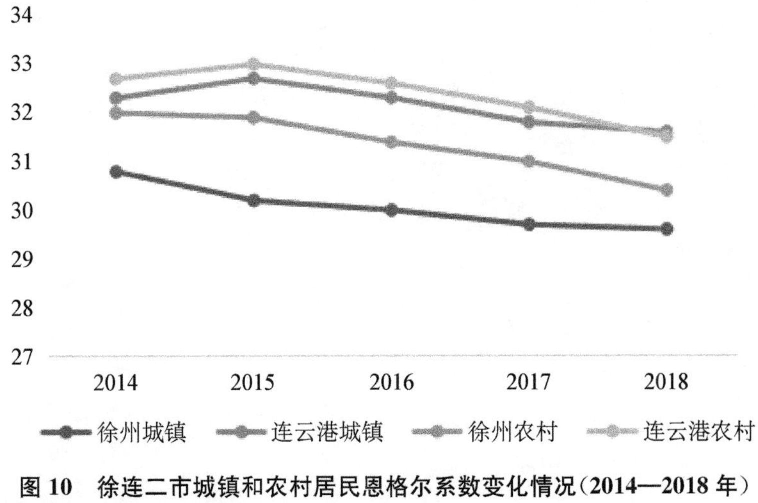

图 10　徐连二市城镇和农村居民恩格尔系数变化情况（2014—2018 年）

数据来源：历年《江苏统计年鉴》

（二）人民生活水平全方位提升

江苏沿东陇海线产业带的建设除了在收入水平上给予民众实惠外，人均储蓄存款余额、人均住房面积等指标的全面提升反映了人民生活水平全方位的进步。2018 年徐州市市区和连云港市市区的城镇居民人均收入水平为 33586 元和 32749 元，分别是 2014 年的 1.4 倍和 1.39 倍，徐州市市区要高出连云港市市区 837 元。

表 15　沿东陇海地区人民生活主要指标变化情况(2014—2018 年)

	城镇居民人均可支配收入(元)		农村居民人均纯收入(元)		城镇居民人均住房面积(平方米)		农村居民人均住房面积(平方米)	
	2014 年	2018 年	2014 年	2018 年	2014 年	2018 年	2014 年	2018 年
徐州市市区	24080	33586	12811	18206	40.5	49.5	48.0	49.7
新　沂　市	20984	29633	12140	17325	44.8	53.5	45.9	46.6
邳　州　市	24151	33796	12846	18207	61.8	43.0	52.8	63.7
连云港市市区	23595	32749	11698	16607	45.3	48.8	43.0	47.9
东　海　县	23151	32228	12171	17291	44.9	48.1	41.7	48.6

数据来源:2014 年和 2019 年《江苏统计年鉴》

在市(县)的比较中邳州市城镇居民人均收入水平最高,为 33796 元,其次是东海县 32228 元,最后是新沂市 29633 元。在三个县中邳州市的农村居民人均纯收入是最多的,从 2014 年的 12846 元提高到 2018 年的 18207 元,也是所有市(县)中 2018 年农村居民人均纯收入最高的。新沂市和东海县的农村居民人均纯收入比较接近,都在 15000 元左右。居住水平是衡量一个国家或地区生活质量的指标之一,也是反映社会发展水平和文明程度的重要标志。沿东陇海地区城镇居民人均住房建筑面积与农村居民人均住房建筑面积均全面增加,其中,徐州市市区和连云港市市区的城镇居民人均住房面积从 2014 年的 40.5 平方米和 45.3 平方米,增加到 2018 年的 49.5 平方米和 48.8 平方米。三个县(市)中新沂市 2018 年城镇居民人均住房面积最高,为 53.5 平方米,邳州市和东海县也都在 45 平方米左右。

第五章　沿沪宁线区域

一、整体概况介绍

沿沪宁线江苏地域内主要指东起苏州周庄，西至南京浦口，以沪宁铁路为主干，总长为 300 公里，两侧外沿 50 公里，包括南京、苏州、无锡、常州、镇江五个地级城市和昆山市、常熟市、张家港市、太仓市、江阴市、句容市、丹阳市七个县级市。2018 年沿沪宁线江苏区域总人口（户籍人口）3155.62 万人，土地面积 35500 平方公里，占全省的比重分别为 39.2%和 33.11%，完成国民生产总值 69867.48 亿元，占全省总量的 75.45%。沿沪宁线苏南五市总人口（常住）3365.74 万人、土地面积 28083 平方公里，占全省的比重分别为 41.81%和 26.19%，实现地区生产总值 53956.76 亿元，占全省的 58.27%，人均地区生产总值 155420.4 元，是全省平均水平的 1.35 倍。

沿沪宁线位于长江三角洲的北翼，紧邻中国改革开发的前沿，中国经济、文化、科技、金融、国际航运中心上海，地处素有“黄金水道”之称的长江下游，也是长江经济带与沿海经济带交汇处。区内交通便捷，高速公路网架基本形成，信息港、空港、河港网发达。公路里程达到 63370 公里，客运量 68135 万人。

沿沪宁线地区包括了江苏乃至长三角地区经济最为发达的“苏南地区”。近些年，该地区依托原有工业和经济基础、人才和科教资源、开发园区和产业载体以及长三角的区域优势，在加快经济转型升级中，大力发展战略性新兴产业，在全国新兴产业链中快速崛起了“苏南板块”，为江苏经济转变增长方式及转型升级提供了内生动力和创新活力。目前，沿沪宁线地区重点发展了资源消耗少、环境污染小、附加值高的电子信息产业、生物医药、新材料等高新技术产业集群，为加快产业结构升级，提高产业竞争力，大力发展现代服务业，构筑辐射面广、影响力大的现代服务业高地，形成具有国际竞争力的高新技术产业带。其中，占高新技术产业主导地位的信息产业在这一地区初步形成了移动和卫星通信、光纤和光电子、微电子、计算机及网络设备、软件等五大产业链。新材料产业、太阳能产业也形成了一定的集聚，产业链基本形成。

二、沿沪宁线区域综合经济发展现状

江苏沿沪宁线地区的苏州、无锡、常州以及南京、镇江，在中国改革开放的过程中走在了前列，其创造的“苏南模式”闻名全国。最初通过乡镇企业的发展实现工业化和城市化，在经历乡镇企业异军突起和外向型经济崛起后，苏南地区全面建设小康社会的创新性实践，演变成了“新苏南模式”。投资驱动向创新驱动转变，生产制造向设计创造转变，资源依赖向科技依托转变，这“三大转变”是目前苏南地区，也是沿沪宁线地区经济发展的战略调整重点，是经济增长方式又一次转型之路。

（一）国民经济规模不断扩大，但增速全省最低

2018 年，沿沪宁线区域的苏南五市共实现地区生产总值 53956.76 亿元，相较于 2014 年的 38941.26 亿元，增幅达到了 38.56%。沿沪宁线五个市区及七个县（市）完成地区生产总值 69867.48 亿元，比 2014 年的 51401.09 亿元增长了 35.93%。其中，五个市区比较，苏州市区的

GDP最高,达到18597.47亿元,其次是南京市区12820.4亿元、无锡市区11438.62亿元、常州市区7050.27亿元,最低的是镇江市区只有4050亿元。南京的GDP增幅最多,为45.34%,常州的增幅为43.83%,无锡为39.41%,苏州为35.15%,镇江最低,为24.52%。在七个县市中,昆山市的GDP总量领先于其他城市,2018年完成地区生产总值3832.06亿元,在全省48个县(市)中排名第一。江阴市紧随其后,GDP总量为3806.18亿元,在全省中排名第二。张家港、常熟紧随其后,也都超过了2000亿元大关,分别位列第三和第四。相比而言,沿沪宁线镇江地区的丹阳市和句容市在经济总量上略微落后,其中,丹阳市2018年实现地区生产总值1250.25亿元,是2014年1008.96亿元的1.24倍。最低的是句容市,只有571.10亿元,但其增幅也超过了29%。县(市)中,2014—2018年间,地区生产总值增幅最多的县市是江阴市,达到了38.21%,其次是句容市,为29.51%。江阴、太仓、张家港和昆山市的GDP增幅也都超过20%,最低的是常熟,也有19.45%。沿沪宁线区域内县(市)的经济总量规模增幅要普遍小于五个市区,说明沪宁线上的市区经济更具活力和实力,在2017年全国百强县域经济排名中,沪宁线上的昆山市、江阴市、张家港市、常熟市排在前4名,太仓市排第6名。

表1　沿沪宁线区域经济总量情况(2014—2018年)

	地区生产总值(亿元)			人均地区生产总值(元)		
	2014年	2018年	增幅(%)	2014年	2018年	增幅(%)
苏南五市	38941.26	53956.76	38.56	114187	155420.4	36.11
南京市区	**8820.75**	**12820.40**	**45.34**	**107545**	**152886**	**42.16**
无锡市区	**8205.31**	**11438.62**	**39.41**	**126389**	**174270**	**37.88**
江 阴 市	2753.95	3806.18	38.21	168711	230538	36.65
常州市区	**4901.87**	**7050.27**	**43.83**	**104423**	**149275**	**42.95**
苏州市区	**13760.89**	**18597.47**	**35.15**	**129926**	**173765**	**33.74**
常 熟 市	2009.36	2400.23	19.45	133150	158332	18.91
张家港市	2180.25	2720.18	24.76	174148	216027	24.05
昆 山 市	3001.02	3832.06	27.69	182222	230270	26.37
太 仓 市	1065.33	1330.72	24.91	150523	185470	23.22
镇江市区	**3252.44**	**4050.00**	**24.52**	**102652**	**126906**	**23.63**
丹 阳 市	1008.96	1250.25	23.91	103187	126736	22.82
句 容 市	440.96	571.10	29.51	70684	91077	28.85

数据来源:历年《江苏统计年鉴》

2018年,沿沪宁线上苏南五市的人均GDP为155420.4元,比2014年的114187元增长了36.11%。沿沪宁线上的五个市区,人均GDP最高的是无锡市区,为174270元,比2014年增长了37.88%,其次是苏州市区173765元、南京市区152886元、常州市区149275元和镇江市区126906元。在五个市区中,人均地区生产总值增幅最多的是常州市区,达到了42.95%,南京市区也有42.16%。七个县(市)中,人均GDP最高的是江阴市,达到了230538元,在全省48个县(市)中排名第一,这一数值将近是五个市区中人均GDP最高的无锡市区的1.32倍。紧随其后的是昆山市、张家港市,分别为230270元和216027元,太仓市、常熟市和丹阳市的人均GDP也突破了10万元大关。而句容市只有91077元,是沪宁线上最低的城市。从2014—2018年的增幅来看,县市的人均GDP涨幅中江阴市最高,为36.65%,其次句容市是28.85%,最低的是常熟只有18.91%,其他县(市)均超过15%。从表1中我们还发现,GDP增幅与人均GDP增幅相比较时,前者普遍要大于后者,这与苏中、苏北地区以及“四沿”中的沿海和沿东陇海线地区的情况恰恰相反。这其中的原因可能有三点：一是沪宁线经济带上的劳动力人口从低附加值部门到高附加值部门的转移力度不够，这反映出产业结构的层次还有待提升，加工工业的比重过大；二是人口老龄化问题；三是劳动力和资本的配置效率不高，劳动生产率没有随经济规模增长而提高。

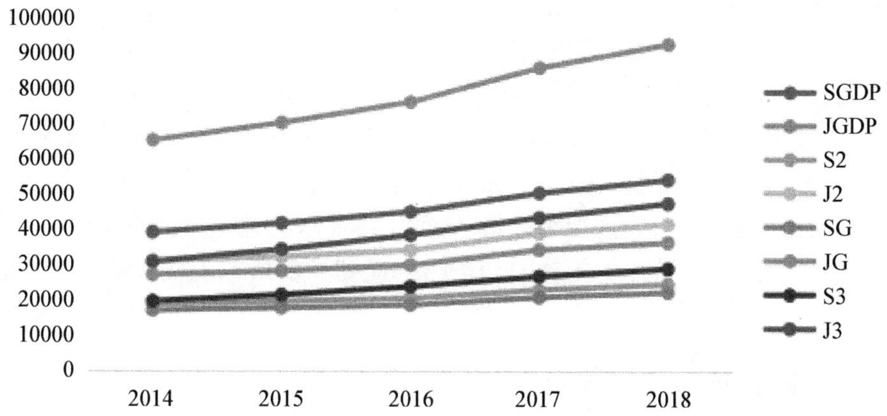

图1　沿沪宁线上苏南五市的GDP、各产业增速与全省的比较

数据来源：历年《江苏统计年鉴》

图1是沿沪宁线上苏南五市的GDP、第二产业、工业和第三产业的年增长率与全省平均水平的比较情况。其中SGDP是指苏南GDP，JGDP是指全省GDP，S2是指苏南第二产业产值，J2是指全省第二产业产值，SG是指苏南工业产值，JG是指全省工业产值，S3是指苏南第三产业产值，J3是指全省第三产业产值。从中可以发现，与全省平均水平相比，苏南五市的GDP增速低于全省平均水平，2014年的全省水平为10.02%，苏南为7.02%，落后3个百分点。一方面是由于苏中、苏北地区后发优势显现后经济加速增长的势头很猛；另一方面是因为苏南五市现有的经济增长方式和产业发展来到了"瓶颈"阶段，再加上国际经济形势的不稳定，使得出口受限，经济增速放缓，随着经济复苏，外贸条件改善。第二产业和工业作为苏南五市的传统主导产业，增速持续大幅下降，分别从2005年的17.88%和21.83%，降为2008年的8.06%和7.46%。虽然2009年在经历全球金融危机后，出现反弹企稳回升，但增速与危机前相比还是稍低，并且2013年再次下滑到6.41%和6.34%，但都高于当年全省平均水平。在工业增速不断下滑的同时，苏南第三产业开始加速发展，年增长率一直保持着在较高的水平上，2013年增速接近第二产值增速的两倍，第三产业正逐步成为苏南五市经济增长的新动力。

表2　沿沪宁线苏南五市GDP增长率(2014—2018年，%)

GDP增速	2014年	2015年	2016年	2017年	2018年
苏南	**9.10**	**6.62**	**7.89**	**12.01**	**7.54**
南京	10.10	10.20	8.05	11.54	9.43
无锡	8.20	3.81	8.12	14.14	8.82
常州	10.10	7.57	9.50	14.62	6.52
苏州	8.30	5.40	6.69	11.92	7.38
镇江	10.90	7.69	9.46	4.59	0.99

数据来源：历年《江苏统计年鉴》

沿沪宁线苏南五市近几年的GDP增长率比较如表2所示。从中可以发现苏南五市的GDP增长率在2012—2016年都表现出了不同程度的持续下降趋势，而2017年表现出了上升趋势，2018年再次下降。2008年由于全球金融危机，出现了大幅减速，降幅基本在3个百分点左右，2009年GDP增速再次下滑，但降幅有所减少，虽然在2010年出现反弹，但2011年又开始减少，2012

年发展比较稳定,各地各有增减。2013 年有所下降,2014 年变化剧烈,尤其是无锡、苏州和镇江,2015 年增长率普遍下降,2016 年除了南京,其他四市增长率均出现不同程度的反弹。2017 年除了镇江 GDP 增速大幅下降,其他四市增长率均出现大幅增长,2018 年苏南五市的 GDP 均出现大幅下降。2015 年无锡市和苏州市的 GDP 增速在苏南五市中最低,均不到 6%,而之前几年也是全省十三个地级市中增速最慢的,降幅也最明显,其中,无锡比 2013 年的 3.81%减少了 5.79 个百分点,苏州的 GDP 增速比 2013 年减少了 4.50 个百分点。2018 年南京市的 GDP 增速相对较高,为 9.43%,是苏南五市中最高的,无锡紧随其后达到 8.82%,超过了苏南地区平均水平(7.54%)。总体来看,沿沪宁线经济区域 GDP 增速不断放缓的主要原因从根本上讲是当地经济结构所导致的,在人民币不断升值、国内货币政策从紧、国际需求萎缩、企业生产成本上升等因素的影响下,苏南以传统产业、加工制造业为主体的产业结构遭到了前所未有的危机,产业国际竞争力下降、出口受阻。

(二)在全省中经济地位显著,但有所下降

沿沪宁线苏南五市的总人口和土地面积占全省的比重分别为 41.81%和 26.19%,然而表 3 中所列的包括地区生产总值、三次产业生产总值、规模以上工业总产值、地方财政一般预算收支以及进出口贸易等经济指标,除了第一产业产值、固定资产投资和地方财政一般预算支出外,苏南五市 2018 年所占的比重都超过了 50%,在全省的经济地位显著。其中,GDP、第二产业、工业和第三产业产值占全省比重分别为 58.27%、59.05%、61.09%和 60.78%,相较于 2014 年的 59.83%、60.45%、62.66%和 63.64%,所有比重均有所降低。再结合图 2 可以看出,2014—2018 年间,沿沪宁线苏南五市的 GDP 占全省比重表现出不断下滑的趋势,2014 年为 59.83%,五年连续下降到 2018 年的 58.27%。五年间,苏南五市第二产业、工业和第三产业占全省的比重也表现出持续减少的态势。

表 3 沿沪宁线苏南五市主要经济指标占全省的比重情况(2014—2018 年)

指 标	2014 年		2018 年	
	数值	占全省比重(%)	数值	占全省比重(%)
地区生产总值(亿元)	38941.26	59.83	53956.76	58.27
第一产业	816.27	22.46	907.13	21.90
第二产业	18651.56	60.45	24358.79	59.05
#工业	16895.45	62.66	22060.19	61.09
第三产业	19473.43	63.64	28690.84	60.78
社会消费品零售总额(亿元)	13679.38	58.31	19226.16	57.86
进出口总额(亿美元)	4818.13	85.46	5592.74	84.22
#出口	2860.03	83.66	3345.43	82.80
实际外商直接投资(亿美元)	180.19	63.96	153.59	60.01
地方财政一般预算收入(亿元)	3826.96	52.91	5464.12	63.31
地方财政一般预算支出(亿元)	3720.87	43.92	5544.59	47.56
金融机构存款余额(亿元)	63733.93	67.99	92711.27	66.36
#居民储蓄存款	20654.26	56.46	27597.85	54.36
金融机构贷款余额(亿元)	49015.65	70.45	78904.14	68.19

数据来源:历年《江苏统计年鉴》

沿沪宁线上的苏南五市外向型经济指标在全省中的比重尤其重要，2018 年进出口总额、出口总额和实际使用外资额占全省的比重分别达到了 84.22%、82.80%和 60.01%，比 GDP 份额要高出许多。在江苏省拉动经济增长的“三驾马车”中，出口拉动起到十分重要的作用，苏南地区是全省开放型经济的主阵地，在全省经济社会发展大局中的地位至关重要。然而，相较于 2014 年的情况，苏南五市的外向型经济指标所在比重还是有所下降。不过沿沪宁线上的苏南五市在全省经济地位的略微下降，就整个江苏而言，意味着苏中、苏北地区的经济赶超步伐在加快，南北之间的区域经济差距有望缩小。

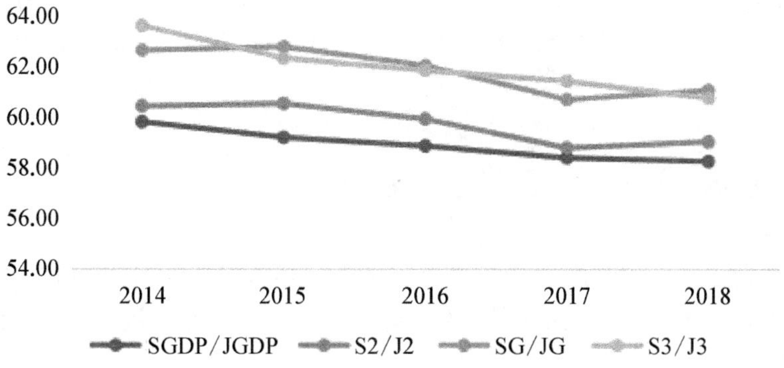

图 2　沿沪宁线上苏南五市的 GDP、各产业在全省中的占比情况(%)

数据来源：历年《江苏统计年鉴》

注：SGDP/JGDP 是指苏南五市 GDP 占全省比重，S2/J2 第二产业占全省比重，SG/JG 工业的占全省比重，S3/J3 第三产业占全省比重

(三) 区域内的县(市)经济高度发达

沿沪宁线上的县(市)包括无锡的江阴市，苏州的昆山市、张家港市、常熟市和太仓市，以及镇江的丹阳市和句容市。从表 4 可以看出，GDP、工业增加值、人均 GDP、人均地方一般预算收入、规模以上工业企业利税总额、出口总额、外商直接投资总额、农村居民人均纯收入、城镇居民人均可支配收入等经济指标在全省 48 个县(市)的排名中，苏州地区的四个县(市)和无锡地区的江阴市均排在前列，镇江地区的两个县(市)也能排在中游靠上。可以说，沿沪宁线区域内集中了全省乃至在全国都是最强的县(市)，这也是区域经济的一大特征，“外向型经济发达、县区域经济发达”。

表 4　区域内县(市)经济主要指标在全省中的排名(2018 年)

名　称	GDP	工业增加值	人均 GDP	人均地方一般预算收入	规模以上工业企业利润总额	出口总额	外商直接投资总额	农村居民人均纯收入	城镇居民人均可支配收入
常　熟	4	4	5	5	6	3	3	3	4
张家港	3	3	3	3	3	2	7	4	1
昆　山	1	2	2	1	2	1	2	2	3
太　仓	6	6	4	2	10	5	6	5	5
江　阴	2	1	1	4	1	4	1	1	2
丹　阳	7	7	10	17	14	9	17	9	9
句　容	26	22	17	11	24	27	24	14	11

数据来源：《江苏统计年鉴 2019》

沿沪宁线上七个县(市)的主要经济指标在全省中的排序如表4所示。昆山市在GDP、人均GDP、人均地方一般预算收入、出口总额和外商直接投资总额上都在全省48个县(市)中排名第一或者第二,是名副其实的全省经济最强县(市)。江阴市也表现不俗,在工业增加值、人均GDP、规模以上工业企业利润总额、外商直接投资总额和农村人均纯收入上排名全省第一。镇江的丹阳和句容两市在全省的县(市)中表现并不如苏州和无锡的县(市)优秀。其中,丹阳市在GDP、工业增加值、人均GDP、出口总额、外商直接投资总额、农村居民纯收入和城镇居民人均可支配收入的排名都进入了前十名,总体来说处于中游偏上的位置。句容市的经济要相对落后一点,出口总额、工业增加值、GDP和规模以上企业利润总额排在24名或之后,处于中游水平,吸引外商直接投资额、农村居民可支配收入和城镇居民人均可支配收入在2018年全省48个县(市)中分别排在了第24、14和11位。

三、沪宁线区域产业经济发展现状

2018年虽然面临着成本压力加大、外需萎缩的严峻形势,沿沪宁线江苏区域城市"苦练内功",通过转型升级寻求新的发展动力,以推动新兴产业和高新技术产业发展为抓手,努力促进工业生产平稳发展。

(一)产业结构持续优化

江苏沿沪宁线区域是全省乃至全国现代化建设的先导地区,在复杂多变的国内外经济形势下,也走在了经济增长方式调整的前列。三次产业内部结构发生了积极的变化,三次产业结构比例由2014年的2.1∶47.9∶50.0调整为2018年的1.7∶45.1∶53.2,呈现出第一产业比重下降、第二产业比重下降、第三产业比重上升的特点,产业结构正向合理化方向演变,这也预示着沿沪宁线地区的产业结构优化升级在不断推进。与全省4.5∶44.5∶51.0的三次产业构成比例相比较,可以看出,沿沪宁线江苏地区的第一产业比重偏低,第二产业比重略高,第三产业比重略低,二、三产业是带动这一地区经济增长的主要动力,产业层次已进一步提升。按三次产业的比重结构来看,沿沪宁线地区的苏南五市已经进入了后工业化时代,新兴产业、高技术产业和现代服务业等高端产业将是该地区未来产业结构调整有转型的主要方向。从图3中可以发现,2014—2018年间,沿沪宁线区域的第二产业占GDP的比重有所下降,同时第三产业比重逐渐上升,三次产业的优化调整正在加速进行,总体呈现第二产业比重不断下滑,而第三产业比重不断上升的态势。

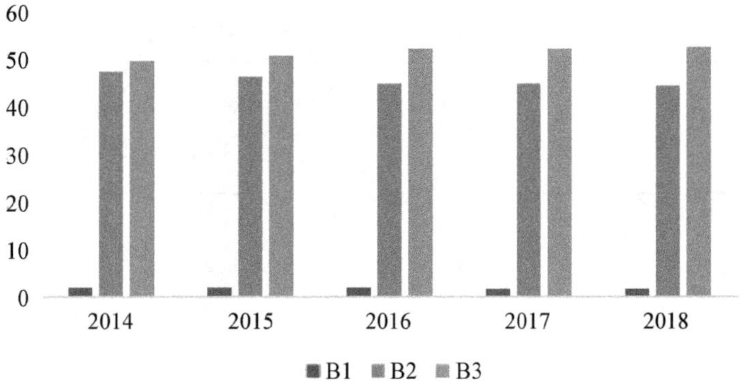

图3　沿沪宁线区域三次产业结构情况(2014—2018年)

数据来源:历年《江苏统计年鉴》

注:B1、B2、B3分别为第一产业比重,第二产业比重,第三产业比重

表5是沿沪宁线地区2018年三次产业产值和就业结构情况。在苏南五个市区中，除了镇江市区外的市区在2018年的第三产业比重均比第二产业高，并且超过了50%，其中，南京市最高，达到了61.0%，无锡市区、苏州市区的第三产业比重为51.1%和50.8%，仅次于常州市区。原因是南京市、苏州市、无锡市和常州市近些年在服务外包、信息服务、现代物流、科技研发等现代服务业上加快发展。七个县(市)的第三产业比重相差不大，均处于45%左右的水平，其中，常熟市最高，为47.0%，最低的江阴市为44.4%。可见，沿沪宁线上的县(市)目前还处于工业经济高度发达，在国民经济中的地位显著，但服务业发展落后的阶段。

从三次产业的就业结构来看，除了南京市区，江苏沿沪宁线的其他城市都主要以工业吸纳大量劳动力。在苏南五个市区中，南京市区第三产业就业人数占比为59.2%，是唯一超过50%的城市。苏州市市区的第三产业就业人数为38.2%，比第二产业占比(58.6%)低，苏州的第二产业就业人数占比最高。无锡第二产业比重为55.0%，相应的第三产业占比只有40.9%。镇江市区第一产业就业人数达到了11.2%，是最低的苏州市区的3.6倍。七个县(市)中，全部都是第二产业就业人数高于第三产业，且高出的幅度还不小，第三产业就业人数占比均处于30%的水平。例如，江阴市2018年第二产业吸纳的就业人口就是第三产业的1.79倍，最低的句容市也有1.03倍。句容市的农业就业人口都超过了20%，是最低的昆山市的17.07倍多。

表5　沿沪宁线地区三次产业产值和就业结构(2018年,%)

	三次产业占GDP比重			三次产业就业人数占比		
苏南五市市区	第一产业	第二产业	第三产业	第一产业	第二产业	第三产业
南京市	2.1	36.8	61.0	9.2	31.6	59.2
无锡市	1.1	47.8	51.1	4.1	55.0	40.9
常州市	2.2	46.3	51.5	10.4	48.7	40.9
苏州市	1.2	48.0	50.8	3.1	58.6	38.2
镇江市	3.4	48.8	47.8	11.2	43.7	45.1
县(市)						
江阴市	1.0	54.4	44.6	4.7	61.1	34.2
常熟市	1.7	51.2	47.1	3.5	60.4	36.1
张家港市	1.1	52.3	46.5	5.3	59.2	35.5
昆山市	0.8	54.1	45.0	1.4	62.8	35.8
太仓市	2.6	50.8	46.6	5.3	57.6	37.0
丹阳市	3.9	50.5	45.6	9.0	51.7	39.4
句容市	8.1	46.3	45.6	23.9	38.6	37.5

数据来源:《江苏统计年鉴2019》

(二)工业结构调整升级加快,高新技术产业蓬勃发展

在沿沪宁线江苏区域苏南五市大力进行工业结构调整升级的过程中，以通信设备、计算机及其他电子设备制造业、电气机械及器材制造业等为代表高新技术产业蓬勃发展。高新技术产值从2014年的34203.2亿元提高到2018年的41342.3亿元，年均增长率达到了5.31%。从各年的增速来看，2015年最低，只有3.52%，2014年为6.88%，2018年增速也只有10.66%，增速呈现下降的趋势。

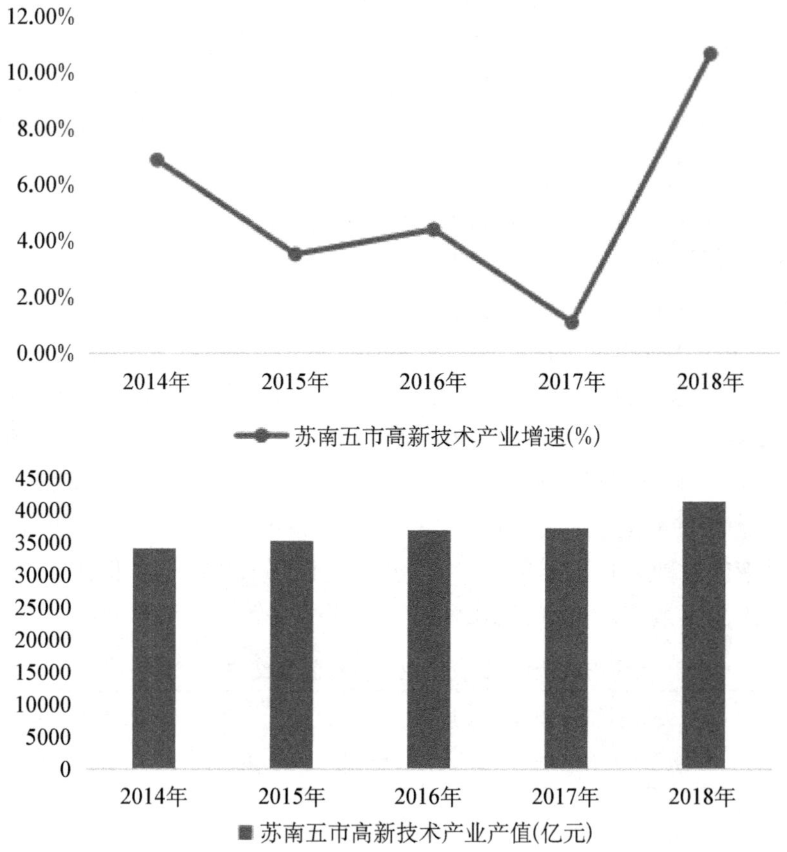

图5 沿沪宁线苏南五市高新技术产业发展情况(2014—2018年)

数据来源:历年《江苏统计年鉴》

注:SGAO为五市高新技术产业产值

根据表6可以对沿沪宁线苏南五市的高新技术产业发展情况进行比较分析。2018年苏州市高新技术产业产值最高,达到16360.1亿元,遥遥领先于其他四市,苏州市高新技术产业主要集中在电子及通讯设备制造业、电子计算机及办公设备制造业、电气设备制造业。其次是无锡市,2018年高新技术产业实现产值7563.3亿元。镇江市2018年高新技术产业总产值在五市中最低,只有4172.2亿元,但其占规模以上工业总产值的比重最高,达到了52.58%。

表6 沿沪宁线苏南五市高新技术产业发展情况(2014—2018年)

高新技术产业产值(亿元)	2014年	2015年	2016年	2017年	2018年
南京	5740.9	5918.9	5902.6	5606.9	6680.6
无锡	6110.7	6211.4	6548.7	6716.4	7563.3
常州	4805.9	4975.6	5453.8	5902.0	6566.0
苏州	13644.9	13962.3	14470.3	15158.1	16360.1
镇江	3900.8	4337.5	4586.9	3977.7	4172.2

数据来源:历年江苏省高新技术产业主要数据统计公报

从2014—2018年的年均增长率来看,苏南五市中,最快的是常州市,年均增长率为9.75%,最低的是苏州市4.43%。2014—2018年,南京、无锡、常州、苏州、镇江五市高新技术产业产值占规模以上工业总产值的比重分别增加4.5个百分点、1.7个百分点、4.4个百分点、2.9个百分点和4.4个百分点。

（三）新兴产业迅猛发展，成为新的增长极

大力支持和力度培育战略性新兴产业是江苏经济长远发展的重大战略选择，是实现江苏产业升级和以创新为内在驱动力的经济增长方式转型的突破口。沿沪宁线的苏南五市根据自己的工业经济发展现状，结合本身的优势产业，各自确立了本市优先发展的战略性新兴产业，并制定了相关的扶持政策和规划安排。

表 7　沿沪宁线新兴产业发展情况（2018 年）

	主要优势新兴行业	主要经济指标
南京	新型显示、物联网、信息通信设备、智能电网、新材料和节能环保	战略性新兴产业占工业比重达到 42%，高新技术产业产值首次突破万亿元大关，增长 17%
苏州	工业机器人、光伏、轨道交通、新能源汽车、生物技术、新医药	制造业新兴产业产值 1.73 万亿元，占规模以上工业总产值比重达 52.4%。
无锡	物联网、新能源、新材料和新型显示、新能源汽车、生物技术、新医药、节能环保、微电子、生物技术和新医药、软件和服务外包、工业设计和文化创意产业	战略性新兴产业（制造业）实现利润总同比增长 16.7%；高技术产业实现利润总额同比增长 16.5%
常州	轨道交通、汽车及零部件、农机和工程机械、太阳能光伏、碳材料、新医药、新光源、通用航空、智能电网、智能数控和机器人	全年十大产业链规模以上工业企业产值增长 12.8%，高于全市规模以上工业产值增幅 3.1 个百分点，对全市工业产值增长的贡献率为 54.1%
镇江	新材料、高端装备制造、新能源、航空航天、生物技术与新医药、新一代信息技术	高端装备、新材料两大主导产业实现营业收入 1371 亿元，同比增长 9%，占全市规上工业比重达 32.9%

数据来源：南京、无锡、苏州、常州和镇江市《2018 年国民经济运行与统计年报》

截至 2018 年底，南京市规模以上工业总产值达到 11834.7 亿元，同比增长 15.1%，创五年来新高；规上工业增加值增长 7.8%，创两年来新高。全市先进制造业主导产业完成主营收入 1.1 万亿元，同比增长 12%；新型显示、物联网、信息通信设备、智能电网、新材料和节能环保等 6 个产业规模超过千亿元，工业产值超百亿元的企业达到 22 家。

（四）外资企业在工业经济中的地位显著

沿沪宁线江苏区域的城市因为其优越的地理位置和良好的工业基础，自改革开放以来就一直是长三角地区以及全国吸引外商直接投资的“高地”，而外资企业在为该区域的工业发展和经济增长做出了重要的贡献。

表 8 是沿沪宁线江苏区域内五个市区和七个县（市）工业总产值中内外资企业的比重情况。2018 年，整个区域外资企业的工业总产值占比达到了 44.85%，与内资企业比重相当，高于 2012 年的外资企业份额（44.03%）。从苏南五市市区的比较来看，苏州市市区对外资的依赖程度最高，其外资企业工业总产值的份额高达 64.69%，远高出其他四市市区，而无锡、南京、常州和镇江四市的市区都还是内资企业的比重要高于外资企业。七个县（市）中昆山市的外资经济最为发达，占到总产值的 84.56%，几乎是排在之后的太仓市的 1.62 倍，太仓市的外资企业产值较内资企业相当。

表8 沿沪宁线各地区内、外资企业占工业总产值的比重(%)

	2013年		2018年	
	内资企业	外资企业	内资企业	外资企业
苏南五市				
南　京	59.15	40.85	58.36	41.64
无　锡	64.83	35.17	63.46	36.54
常　州	69.22	30.78	66.55	33.45
苏　州	35.25	64.75	35.31	64.69
镇　江	65.92	34.08	67.93	32.07
县　(市)				
江　阴	74.89	25.11	77.55	22.45
常　熟	57.55	42.45	51.38	48.62
张家港	76.27	23.73	66.63	33.37
昆　山	11.06	88.94	15.44	84.56
太　仓	50.38	49.62	47.75	52.25
丹　阳	71.57	28.43	72.98	27.02
句　容	65.05	34.95	70.54	29.46

数据来源:历年《江苏统计年鉴》

四、沿沪宁线区域开放型经济发展现状

2018年,沿沪宁线苏南五市进出口总额和出口总额为5592.74亿美元和3345.43亿美元,占全省比重为84.22%和82.80%,实际利用使用外资153.59亿美元,占全省比重为60.01%。2018年,沿沪宁线苏南五市实际使用外资额153.59亿美元,占全省的60.01%。沿沪宁线江苏区域是全省对外开放的排头兵,外向型经济十分发达,对全省的对外贸易发展有着极其重要的作用。2009年受全球金融危机影响,江苏外贸发展遭遇严峻考验,进出口增幅迅速回落。此后,江苏沿沪宁线地区积极转变外贸增长方式,以发展新兴产业或实现国际分工位次提升来向价值链的高端攀升,但我们要意识到,低技术劳动密集型产品出口占相当比重、加工贸易为主要贸易方式、外资企业为外贸主体的情况仍将长期存在,外贸结构演进将是一个较长期的过程。

(一)对外贸易规模再创新高,但增速不断回落

图6是沿沪宁线苏南五市进出口和出口总额及增长率变化情况,从中可以看出,2013—2018年间,苏南五市的进出口总额和出口总额连创新高。2009年因为遭遇全球金融危机的影响,企业订单迅速减少,导致当年苏南五市的进出口总额和出口总额比上年有所减少。从增速来看,趋势还是十分明显的,呈现出不断回落的情况。2004—2008年间,进出口总额和出口总额的年增速从43.10%、41.24%,逐步降为9.87%和14.36%,2009年首次出现了负增长,虽然2010年大幅反弹,但2012年又再次下滑到0.59%和3.85%。2014—2016年间进出口总额和出口额出现不同程度的下滑,从2014年的4818.14亿美元和2860.03亿美元,下降到2016年的4316.78亿美元和2642.56亿美元。然而2017年进出口总额和出口总额都出现大幅增长,分别为5003.21亿美元和3010.19亿美元,2018年继续增长,分别为5592.74亿美元和3345.43亿美元。

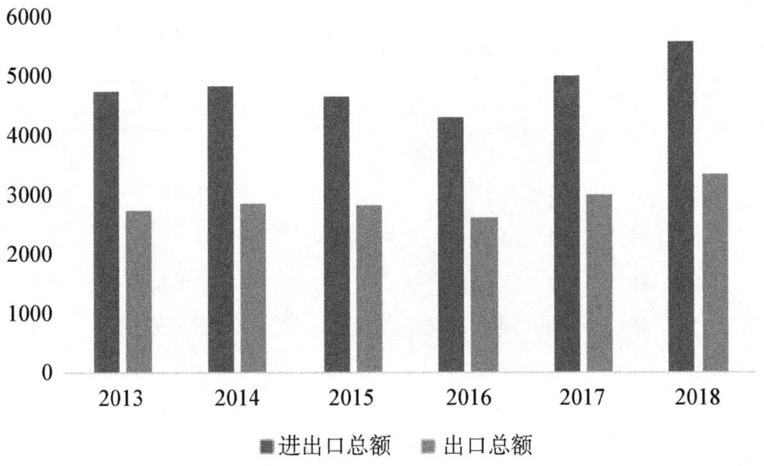

图 6　沿沪宁线苏南五市进出口和出口总额及增长率变化情况(亿美元)

数据来源:历年《江苏统计年鉴》

从沿沪宁线江苏区域的内部城市来看,2018 年在五个市区城市中,苏州市市区的进出口总额和出口总额遥遥领先,分别达到了 3541.14 亿美元和 2068.31 亿美元,是排在第二位无锡市市区的 3.79 倍和 3.64 倍。最低的是镇江市市区,只有 118.39 亿美元和 79.80 亿美元。七个县(市)中 2018 年完成进出口总额和出口总额最多的城市都是昆山市,分别达到了 891.40 亿美元和 580.52 亿美元,比无锡市市区还高出不少。除了丹阳和句容,其他县(市)的出口总额都超过 50 亿美元。丹阳和句容的进出口总额和出口总额明显要比苏、锡地区的县级市少很多,其中,句容市最低,只有 6.88 亿美元和 6.00 亿美元。

2014—2018 年间,进出口总额年均增长率最高的市区城市是常州市区,达到 6.64%,出口总额增长最快的是镇江,年均增长率为 8.57%。苏州市区的进出口总额和出口的年均增速最低,只有 1.50%和 2.67%。七个县(市)中 2014 年完成进出口总额和出口总额最多的城市都是昆山市,分别达到了 847.91 亿美元和 535.77 亿美元,比无锡市区还高出不少。除了丹阳和句容,其他县(市)的出口总额都超过 100 亿美元,并且都集中在 150 亿—200 亿美元之间。丹阳和句容的进出口总额和出口总额明显要比苏、锡地区的县级市少很多,其中,句容市最低,只有 5.79 亿美元和 4.52 亿美元。2014—2018 年间七个县级市的进出口总额和出口总额的年均增长率普遍要高于五市市区,其中进出口总额增速最快的是太仓市,达到了 12.20%,出口总额增长最快的是丹阳市 10.76%,而最低的昆山市只有 0.80%和 0.11%。

2014—2018 年间,受世界经济形势的影响,苏南五市进出口总额和出口额均表现出增长态势,但是苏州市实际使用外资下滑最为明显,下滑 12.61%。七个县级市中除了江阴市和太仓市,其他五个县级市均出现实际使用外资下滑的现象。

表 9　沿沪宁线地区开放型经济主要指标及增长率情况(2014—2018 年)

	2014 年(亿美元)			2014—2018 年年均增长率(%)		
	进出口	出口	实际外资直接投资	进出口	出口	实际外资直接投资
苏南五市市区						
南　京	572.21	326.28	32.91	5.84	7.01	5.31
无　锡	741.70	442.31	29.04	4.91	5.08	−3.14
常　州	288.10	213.64	24.09	6.64	8.25	−0.35
苏　州	3113.06	1811.78	81.20	1.50	2.67	−3.66
镇　江	103.07	66.02	12.95	6.03	8.57	−5.36

续表

	2018年(亿美元)			2014—2018年均增速(%)		
	进出口总额	出口额	实际使用外资	进出口总额	出口额	实际使用外资
县 (市)						
常 熟	201.80	125.53	10.52	3.89	1.87	4.80
张家港	328.26	148.10	6.72	5.93	10.44	-5.16
昆 山	847.91	535.77	12.84	0.80	0.11	-7.12
太 仓	137.91	60.80	3.96	12.20	10.32	-16.30
江 阴	223.04	130.23	8.55	8.92	8.42	5.13
丹 阳	27.73	22.41	3.48	11.28	10.76	12.18
句 容	5.79	4.52	2.57	7.02	10.25	4.03
沿沪宁线区域	6590.57	3887.39	228.83	3.12	3.81	-2.02
苏南五市市区						
南京市	654.91	378.79	38.53	4.06	4.21	4.03
无锡市	934.44	567.81	36.91	6.42	6.79	6.24
常州市	343.86	250.72	24.22	4.76	4.22	3.66
苏州市	3541.14	2068.31	45.25	3.81	3.79	-12.61
镇江市	118.39	79.80	8.68	3.66	4.99	-7.85
县 (市)						
江 阴	242.46	142.64	9.51	2.51	2.67	17.21
常 熟	252.59	172.98	4.87	6.47	9.13	-17.15
张家港市	364.67	175.18	3.95	3.38	4.51	-11.19
昆 山	891.40	580.52	7.27	1.81	2.67	-12.84
太 仓	145.70	67.31	4.40	2.27	3.13	4.38
丹 阳	32.06	27.83	1.62	4.11	0.99	-13.42
句 容	6.88	6.00	1.10	5.49	2.70	-8.84
沿沪宁线区域	7528.5	4517.89	186.31	3.85	4.15	-4.77

数据来源:历年《江苏统计年鉴》

(二)引资规模具有优势

沿沪宁线江苏区域内的各个城市积极优化本地投资环境,加大招商引资力度,不断提升引资质量。2018年沿沪宁线苏南五市实际使用外资153.59亿美元,比上年下降0.2%。其中,苏州市实际使用外资45.25亿美元,居长三角16个城市中的第二位,仅次于上海。镇江市引资8.68亿元,位居末位。从图7可以看出,2010年到2012年,沿沪宁线苏南五市的实际外商直接投资额一直呈现出不断上升的势头,从2010年的194.6亿美元攀升到2012年的228.8亿美元,之后便出现下降的势头,尤其是2014年下降幅度最大。从年增速来看,2006年出现过一次较大幅度的提升,之后一直持续下降,到2009年由于全球金融危机的影响,当年引资增速只有3.64%,2010年和2011年逐步企稳回暖,2013年增速又有所放缓,2014年下降不少。2016年,除无锡市外,其他地区的实际使用外资额的变化趋势同外商直接投资,增速放缓,有些甚至出现较大增幅的负增长,说明我国正从外资引进向资本输出转变。

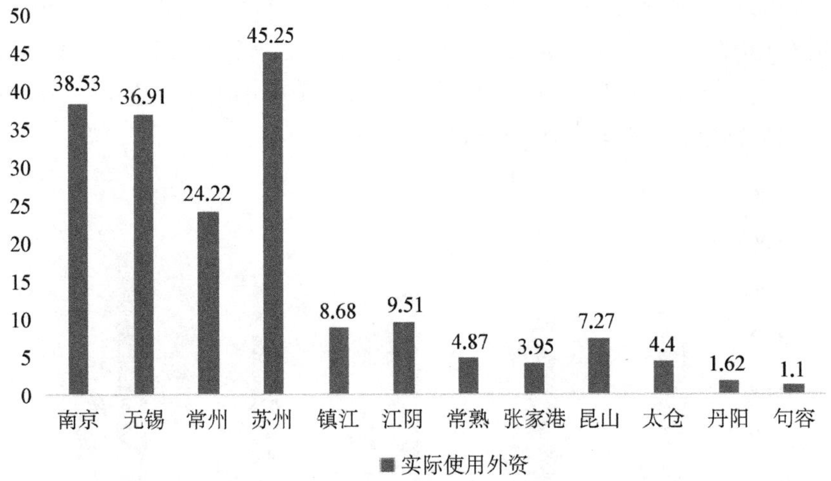

图 7　2018 年沿沪宁线苏南五市实际使用外资额情况(亿美元)

数据来源:《江苏统计年鉴 2019》

图 7 中数据显示,2018 年沿沪宁线区域五个市区中的苏州市区实际使用外资额最高,为 45.25 亿美元,其次是南京市区 38.53 亿美元,镇江只有 8.68 亿美元。与 2015 年相比,常州市区年均增长 3.66%,苏州市区年均下降 12.61%,其他城市的实际使用外资额年均变化较小,均不超过 10%。七个县(市)中,江阴市的实际使用外资领先于其他县级市,2018 年为 9.51 亿美元,昆山市为 7.27 亿美元,排在第二位。最低的是句容市,只有 1.1 亿美元,其次是丹阳市 1.62 亿美元。

五、沿沪宁线区域人民生活发展现状

沿沪宁线江苏区域在保持经济又好又快发展的同时,把切实提高城乡居民收入作为经济发展的基本出发点,通过调整收入分配制度、鼓励就业和用好公共财政等政策措施,使人民更多地分享经济发展的成果。而城乡居民收入的提高也是作为进一步扩大内需、推动经济平稳较快发展的重要保障。因此,基本形成了经济增长—社会财富增加—居民收入水平提高—消费需求增加—消费水平提高—经济持续增长的良性循环和良性互动局面。

(一) 居民收入稳步增加,城乡收入差距有缩小的趋势

表 10 显示出沿沪宁线苏南五市的城镇居民人均可支配收入与农村居民人均纯收入自 2014 年以来,一直保持着持续不断的增长,分别从 2014 年的 42753 元和 20954 元提高到 2018 年的 58564 元和 29030 元。同时,城乡收入比表现出先不断扩大而后缩小的趋势。2004—2008 年是城乡收入比持续扩大的时期,从 2004 年的 1.91 增加到 2.18,2009 年之后开始不断缩小,2014—2018 年间持续缩小,从 2014 年的 2.04 缩小到 2018 年的 2.02,说明沿沪宁线区域的城乡收入差距还是很大,但存在不断缩小的趋势。

表 10　沿沪宁线苏南五市城乡收入变化情况(2014—2018 年)

	2014 年	2015 年	2016 年	2017 年	2018 年
城镇居民人均可支配收入(元)	42753	46222	49920	54169	58564
农村居民人均纯收入(元)	20954	22760	24638	26759	29030

数据来源:历年《江苏统计年鉴》

从沿沪宁线江苏区域各城市来看(如表 11 所示),2018 年苏南五市中城镇居民人均可支配收

入最高的是苏州市市区,达到63481元,其次是南京市区59308元、无锡市区56989元,最后是常州市区54000元和镇江市区48903元。2018年沿沪宁线地区县级市的农村居民人均纯收入最高的是江阴市,为33136元。苏州的四个县(市)与江阴市的差距都不大,均超过了30000元。丹阳和句容的农村居民人均纯收入在七个县市中最低,只有25633元和22313元。

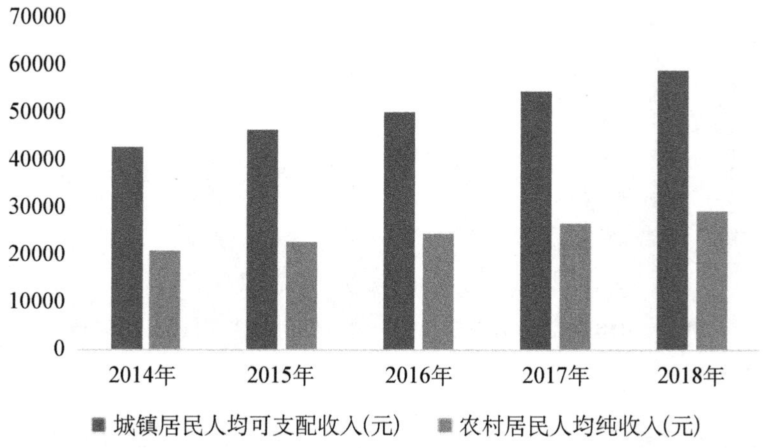

图8　沿沪宁线苏南五市居民人均收入变化情况(2014—2018年)

数据来源:历年《江苏统计年鉴》

2014—2018年间,沿沪宁线江苏区域的城乡收入不仅都在持续上升,而且每年的增速与当年的GDP增速相比,都要稍高。例如,2013年城镇居民和农村可支配收入增速比当年的GDP增速分别高出3.5和0.67个百分点。

(二)人民生活质量全面提高

伴随着沿沪宁线江苏地区经济社会的发展和综合实力的提高,人均储蓄存款余额、人均住房面积、恩格尔系数等反映人民生活水平指标全面提升。如表11所示,南京、无锡、常州、苏州和镇江市区的城镇居民人均恩格尔系数在持续下降,分别从2014年的26.0%、28.7%、28.3%、26.9%和28.5%,降为2018年的25.3%、27.3%、26.8%、25.2%和27.6%,其中苏州市区的降幅最多,达到了1.7个百分点。城镇居民人均住房建筑面积的不断增加则反映了居民生活质量和居住环境的提升,2018年无锡市区的城镇居民住房面积最多,为47.1平方米,较2014年减少了0.7平方米。只有南京市区的城镇居民人均住房建筑面积不足40平方米,为39.8平方米,比2014年减少了0.3平方米。

表11　沿沪宁线地区人民生活主要指标变化情况(2014—2018年)

	城镇居民人均可支配收入(元)		城镇居民人均住房建筑面积(平方米)		城镇居民恩格尔系数(%)	
	2014年	2018年	2014年	2018年	2014年	2018年
苏南五市市区						
南　京	42568	59308	40.1	39.8	26.0	25.3
无　锡	41731	56989	47.8	47.1	28.7	27.3
常　州	39483	54000	48.6	45.2	28.3	26.8
苏　州	46677	63481	45.9	43.5	26.9	25.2
镇　江	35752	48903	48.6	45.0	28.5	27.6

续表

	农村居民人均纯收入(元)		农村居民人均住房面积(平方米)		农村居民恩格尔系数(%)	
	2014 年	2018 年	2014 年	2018 年	2014 年	2018 年
县　(市)						
江　阴	23965	33136	50.3	63.0	30.3	28.6
常　熟	23767	32820	68.3	74.2	29.1	27.2
张家港	23722	32664	69.3	73.3	27.8	28.0
昆　山	23921	32916	49.9	63.5	29.0	28.7
太　仓	23590	32458	77.8	74.9	31.6	30.3
丹　阳	18250	25633	59.9	56.0	33.1	29.8
句　容	15893	22313	46.9	53.5	33.0	29.7

数据来源:《江苏统计年鉴 2015》《江苏统计年鉴 2019》

沿沪宁线江苏区域七个县(市)的农村居民人均纯收入,按可比价格计算,2014 年到 2018 年的五年间,增速均徘徊在 39%左右,增速最高的为丹阳 40.45%,最低的为太仓 37.59%,差异不是很大。农村居民恩格尔系数所有县级市都有所下降,降幅最多的是丹阳和句容,均下降了 3.3 个百分点,张家港是唯一增加的地区,增加了 0.2 个百分点。七个县(市)除了太仓和丹阳,农村居民人均住房面积都在增加,其中,昆山市增加最多,从 2014 年的 49.9 平方米增加到 2018 年的 63.5 平方米。

第六篇　县域经济篇

第一章　江苏省县域经济发展研究报告

一、整体概况介绍

县域经济作为国民经济的基本单位，无论在人口数量、地域规模，还是在经济发展中，都起到十分重要的作用。江苏要在全国率先实现全面小康社会，壮大县域经济将是极其重要的。2012年9月，经国务院、江苏省政府批复同意，苏州市县级吴江市撤销，设立苏州市吴江区，以原吴江市行政区域为吴江区的行政区域。2012年12月，经国务院、江苏省政府批复同意，泰州市撤销县级姜堰市，设立泰州市姜堰区，以原姜堰市行政区域为姜堰区行政区域。2013年2月，经国务院、江苏省政府批复同意，南京市溧水县、高淳县被撤销，设立南京市溧水区、高淳区，分别以原溧水县、原高淳县的行政区域为南京市溧水区、高淳区的行政区划。2014年5月，经国务院、江苏省政府批复同意，连云港的赣榆县整建制撤县设区，为连云港赣榆区。2015年6月，经国务院、江苏省政府批复同意，常州的金坛县，撤县设区，为常州金坛区。2015年8月，经国务院、江苏省政府批复同意，撤销县级大丰市，设立盐城市大丰区，以原大丰市的行政区域为大丰区的行政区域。2016年6月，经国务院批准撤销洪泽县，设立洪泽区。

因此，2018年江苏县域经济研究对象共有41个县(市)，与2017年相比没有变化。具体包括常州地区的溧阳市，淮安地区的金湖县、涟水县、盱眙县，连云港地区的东海县、灌南县、灌云县，南通地区的海安市、海门市、启东市、如东县、如皋市，苏州地区的常熟市、昆山市、太仓市、张家港市，泰州地区的靖江市、泰兴市、兴化市，无锡地区的江阴市、宜兴市，宿迁地区的沭阳县、泗洪县、泗阳县，徐州地区的丰县、沛县、邳州市、睢宁县、新沂市，盐城地区的滨海县、东台市、阜宁县、建湖县、射阳县、响水县，扬州地区的宝应县、高邮市、仪征市，镇江地区的丹阳市、句容市、扬中市。

在第十八届县域经济与县域发展监测中，全国地区生产总值超300亿元的和地方公共财政收入超20亿元的县域经济强县共有338个，比上届增加36个；分布在25个省区中；县域经济强县数量最多的三个省是山东(51个)、江苏(41个)和河南(31个)，县域经济强县数量占全省县域经济单位数量比例最高的三个省是江苏(100%)、山东(62.20%)和浙江(57.69%)。第十八届地方公共财政收入超过20亿元的县域经济单位有231个，比上届增加11个；第十八届地方公共财政收入超过100亿元的县域经济单位有9个，具体是江苏昆山市、江苏江阴市、江苏张家港市、江苏常熟市、湖南长沙县、浙江慈溪市、江苏太仓市、福建晋江市、江苏宜兴市。第十八届全国县域经济基本竞争力前100名(简称县域经济发展前100名)的地区分布情况是东部75个，中部17个，西部8个、东北1个；分布在17个省区，其中，安徽3个，福建6个，广东2个，贵州2个，河北3个，河南5个，湖北3个，湖南4个，江苏25个，江西2个，辽宁1个，内蒙古2个，山东17个，陕西1个，四川1个，新疆2个，浙江22个；与上届相比，浙江增加3个，安徽、河南、新疆各增加1个；新进县市有：安徽长丰县、河南中牟县、新疆昌吉市、浙江苍南县、浙江海盐县和浙江嵊州市。

2018年，江苏省县域经济土地面积为65220.37平方公里，占全省的63.94%；年末户籍人口数量达到4169.32万人，占全省户籍人口总数的53.62%。县域经济全年实现区域生产总值40288.7亿元，占江苏省GDP总量的43.51%，其中，实现工业增加值17146.42亿元，服务业增加值18350.27亿元，分别占全省的41.57%和38.87%。与2017年相比，虽然比重有下降，但绝对数均超过了2017年的水平。县域经济在江苏省总体发展中依旧占有重要的地位，县域经济的崛起对带动江苏省整体经济发展具有积极的推动作用。

二、江苏县域综合经济发展现状

自 20 世纪 80 年代以来,伴随着乡镇企业的兴起,江苏的县域经济一度进入一个蓬勃发展的时代,占据全省经济的半壁江山。以昆山、江阴为代表的一大批沿海县市成为江苏经济最为活跃的地区。从最早“村村点火、户户冒烟”的原始模式,到园区化承载、集群式推进,县域经济成为支撑国民经济中不可忽视的力量。

改革开放之初,苏南以“吃螃蟹”的勇气和决心,坚持走市场化之路,大力发展乡镇经济和乡镇企业,不仅冲击了高度集中统一的计划经济和资源配置的行政方式,而且为社会主义市场经济体制的建立开拓了道路,推动了区域经济长达数十年的高速发展。在全面深化改革的新形势下,苏南乡镇经济只有秉承改革思路,坚持破立并举,充分发挥市场配置资源的决定性作用,着力推动产业重兴、特色重显、渠道重拓、环境重建,才能重构发展新优势,推动经济新转型。

近五年来,江苏省县域经济规模不断扩大,但增速与大环境相似,有明显的下降趋势。2014 年江苏省 42 个县域经济全年完成地区生产总值 30534.8 亿元,至 2018 年,全省县域经济地区生产总值已达 40288.7 亿元,五年内平均增速到 6.39%。但从 GDP 占全省的比重来看,2014 年县域经济生产总值占江苏省 GDP 的比重为 46.91%,比上一年下降 1.63 个百分点;2018 年县域经济生产总值占全省比重达到 43.51%,比上年下降 0.28 个百分点;近五年将近下降了 3.4 个百分点。从图 1 可以明确看出,虽然县域经济总量在不断增加,但其占江苏省 GDP 的比重在逐步下降,这反映出随着宏观经济增速降低,竞争力薄弱的县域经济逐渐陷入困局,产业同质化、结构单一、技术力量不足等短板逐渐暴露。背后的核心重要因素在于县域产业发展同质化和产能过剩。从目前的情况来看,江苏相当部分县域产业体系雷同,而且很多产业链条短、科技含量低、附加值不高、能源消耗较大。特别是一些县域经济主要依靠钢铁、电解铝、水泥等传统工业或光伏、风电等新能源产业支撑,目前供给能力大幅超出需求,运行风险逐步显性化。

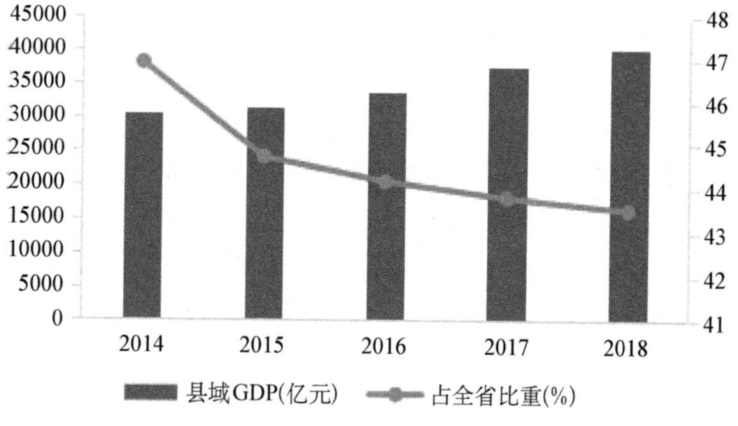

图 1　江苏省县域经济地区生产总值及占全省的比重

数据来源:历年《江苏统计年鉴》

注:本表县域经济数据由 2018 年的 41 个县(市)相关指标加总计算所得。

从苏南、苏中和苏北三大区域来看,其内部县域经济发展依然存在一定的差距。从经济总量上来说,苏南县(市)地区生产总值在全省县域经济中依旧占有绝对优势,这是由于苏南的基础好、区位好,再遇上好的历史机遇,培养吸纳了很多龙头企业,集聚了资本,所以苏南县域经济一路发展下来非常顺畅,在全国也具有代表性意义。但其占比从 2012—2016 年逐步下降,五年间由 52.98%下降到

48.03%，2017年增速却较快，占比达到57.03%，但2018年又下降到47.41%。苏中县(市)地区生产总值占比为25.59%；苏北县(市)地区生产总值占比为27%。苏中县域和苏北县域之间的差距主要在于两大区域中各自所归属的县级数量不同，其中，苏中县有11个，苏北县有20个。

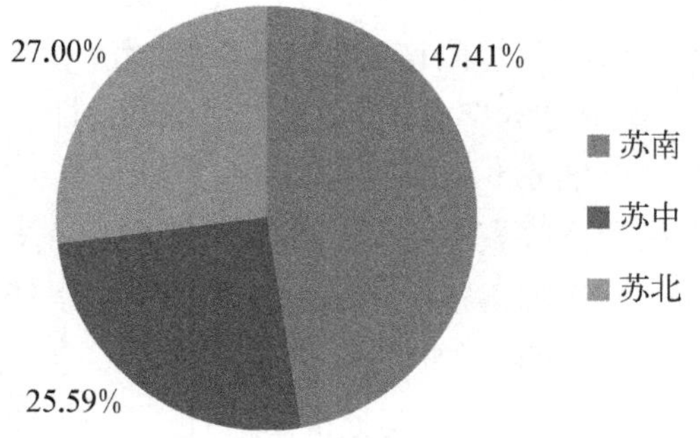

图2　2018年江苏省三大区域县域经济地区生产总值占比(%)

数据来源：历年《江苏统计年鉴》

注：本表县域经济数据由2018年的41个县(市)相关指标加总计算所得。

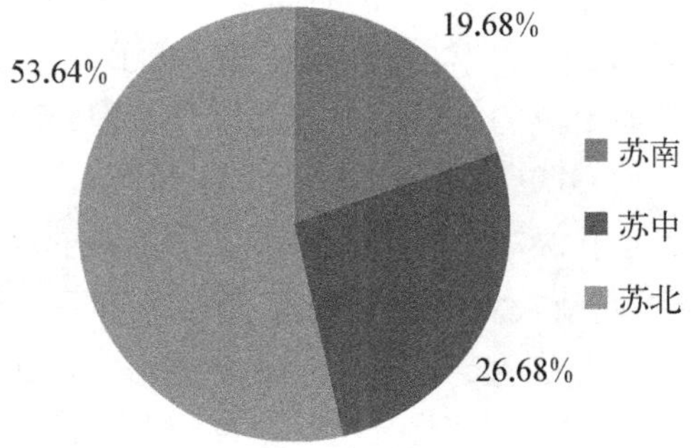

图3　2018年江苏省三大区域县域户籍人口占比(%)

数据来源：历年《江苏统计年鉴》

注：本表县域经济数据由2018年的41个县(市)相关指标加总计算所得。

从县域经济数量来看，2018年苏南地区共有10个县(市)，年末户籍人口数达820.36万人，占全部县(市)的19.68%，土地面积共计11275平方公里，占全部县(市)的17.29%；苏中地区共有11个县市，年末户籍人口达1112.45万人，占全部县(市)的26.68%，土地面积共计16915.2平方米，占全部县(市)的25.94%；苏北地区共有20个县市，年末户籍人口为2236.51万人，占全部县(市)的53.64%，土地面积共计37030.04平方米，占全部县(市)的56.78%。

从表1中可以看出，三大区域中县域经济中的户籍人口和土地面积存在显著差异，苏南地区以全省县域经济中19.68%的人口和17.29%的土地创造了近3倍于苏中的全省县域经济平均水平的经济密度，在全省县域经济发展中起到极为重要的作用。苏中地区全年地区生产总值仅为苏南地区县(市)的53.97%，苏北地区全年地区生产总值是苏南地区县(市)的56.95%，三大区域之间的总体经济发展还存在一定差距。

由于苏南地区经济发展基数较大，苏南、苏中、苏北三大区域县域经济在未来相当时间中仍将保持一定的差距。基于"长三角规划实施"、"江苏沿海开发"、"跨江联动"、"长江经济带"、"一带一路"等政策的叠加效应，苏北地区县域经济出现了快速发展的势头，展现出"三快于"的局面，即苏北地区县域经济增长速度快于苏北地区增长速度，更快于江苏省县域经济增长速度，更快于江苏省经济增长速度。

表1　2018年江苏省三大区域县(市)主要综合指标

	绝对值			比　重		
	苏南	苏中	苏北	苏南	苏中	苏北
县(市)数量	10	11	20	24.39%	26.83%	48.78%
年末户籍人口(万人)	820.36	1112.45	2236.51	19.68%	26.68%	53.64%
土地面积(平方公里)	11275	16915.2	37030.04	17.29%	25.94%	56.78%
GDP(亿元)	19102	10309	10878.15	47.41%	25.59%	27.00%
经济密度(万元/平方公里)	16941	6094.53	2937.655	—	—	—

数据来源：《江苏统计年鉴2019》

注：本表县域经济数据由41个县(市)相关指标加总计算所得；经济密度比重是指区域县(市)经济密度与全部县(市)经济密度的比例。

从具体县(市)表现来看,以昆山市、常熟市、江阴市等为代表的明星苏南县(市)依旧保持了较好的发展态势,为县域经济发展树立了榜样。2018年全省县(市)地区生产总值排名中,前十位依次为昆山市、江阴市、张家港市、常熟市、宜兴市、太仓市、丹阳市、海门市、如皋市、启东市,其中7个县(市)来自苏南区域,该排名与2017年基本相同。人均GDP排名前十位依次为江阴市、昆山市、张家港市、太仓市、常熟市、扬中市、靖江市、海门市、宜兴市、丹阳市,其中8个县(市)来自苏南区域。排名前十位的县(市)人居GDP均超过10万元,远高于全省人均GDP115168元,排名首位的江阴市人均GDP达230538元,是末位县(市)人均GDP的4.97倍。

昆山是县级"GDP千亿俱乐部"的"尖子生",也是台商投资集中区;拥有国家级经济技术开发区、国家级高新技术产业开发区、综合保税区。它的县域经济迅猛发展归功于其提升电子产业为主导和做强做大特色产业。30年的改革发展,使得昆山外向型经济中的电子产业具有一定的规模和比重,但大多是加工型、劳动密集型企业。前几年通过招商选资、产业链招商,引进了一批国际著名的、能带动上下游产业集聚的龙头企业,从而使昆山加速电子产业内部的产品升级、经济转型,连续两次在全国领跑。张家港市在全国率先提出了"既要金山银山,又要绿水青山"的发展理念,因其早期对于城市在生态文明发展上的重视,张家港市如今已成为中国优秀生态文明城市样本。常熟明白产业的强大首先基于企业竞争力的提升,在常熟,创新基因已深深植入企业,转型的步伐也迈得更加坚实。常熟深度融入苏南国家自主创新示范区建设,开展省科技创新体制综合改革试点,被确定为国家知识产权示范市,高新区升格为国家级高新区。江阴市政府积极转变职能,坚持市场化运作原则,引导企业上市以及上市公司再融资,使江阴的经济转型升级获得了更多的"源头活水",也形成了市值3000亿元的"江阴板块",强力推动了县域经济的发展。宜兴在不满1000多平方公里的土地上有1500多家环保设备生产企业、3000多家配套企业,环保产业集群拥有10万产业从业人员,年产值超过500亿元,这里生产的水处理设备占到了全国市场份额的40%以上。宜兴成长为中国的"环保产业之乡",也走出了一条特色产业发展之路。太仓的县域经济发展独树一帜,"融入"是太仓经济发展的关键词。作为全国唯一享受海港管理的内河港口,太仓港已跃升为长江集装箱第一大港、长江外贸第一大港、全国进口木材第一大港、长江进口铁矿石第一大港。崛起之后的太仓港,对县域经济发展的服务作用也在不断凸显。丹阳位于苏南腹地核心,除了本地的工业经济十分强大以外,更具有江苏高速铁路和铁路重要枢纽的地位。丹阳工业经济发展模式很有特色,以眼镜为例,丹阳是中国最大的眼镜生产基地之一,也是中国眼镜第一批发市场,除了本地商人,外地的眼镜批发商首选丹阳,丹阳也处于眼镜界的垄断地位。海门以结构性改革推动县域经济转型升级的发展。过去,"建筑铁军"是海门留给人们的单一印象。如今,海门发展壮大现代产业体系,把新兴产业和高新技术产业成为经济发展的主导力量。集聚特色园区,园区兴则海门兴,园区强则海门强,如今的六大开发园区承载全市70%以上的大项目,对经济增长贡献度超过80%。海门的区位优势非常强,正处沿海大开发的背景下,江海联动也在南通这个区域;以此看来,滨江地区也可以有更多的苏北县级城市走进GDP超千亿的序列。沭阳、东台都有其发展的特色优势,自身底子就不错,如果能够借助当地资源就可以得到更多的发展成果;沭阳是江苏人口最大的一个县,苗木花卉产业非常发达,这种特色产业继续发展下去,GDP超千亿绝对不是梦想。

表2　2018年全省各县(市)主要经济指标

县(市)	GDP		GDP增长率		人均GDP	
	绝对值(亿元)	排名	绝对值(%)	排名	绝对值(元)	排名
江阴市	3806.18	2	9.11	12	230538	1
宜兴市	1713.28	5	9.95	8	136473	9
丰县	460.14	36	0.70	39	48380	40

续表

县(市)	GDP		GDP 增长率		人均 GDP	
	绝对值(亿元)	排名	绝对值(%)	排名	绝对值(元)	排名
沛　县	762.62	20	0.83	38	68137	27
睢宁县	577.3	25	3.08	32	56149	33
新沂市	653.32	23	1.41	35	71577	25
邳州市	920.66	16	0.33	40	63824	29
溧阳市	935.51	15	9.03	13	122626	11
常熟市	2400.23	4	5.29	28	158332	5
张家港市	2720.18	3	4.38	30	216027	3
昆山市	3832.06	1	8.85	15	230270	2
太仓市	1330.72	6	7.23	25	185470	4
如东县	952.29	14	9.67	9	97232	16
启东市	1063.33	10	24.73	1	111824	14
如皋市	1120.48	9	13.24	3	90031	19
海门市	1249	8	21.76	2	137958	8
海安市	993	13	−12.58	41	114798	13
东海县	494.42	30	2.19	34	50916	39
灌云县	375	38	2.34	33	46373	41
灌南县	352.99	39	3.15	31	55397	35
涟水县	476	34	10.86	5	56033	34
盱眙县	441	37	11.45	4	67185	28
金湖县	296	41	10.50	6	89023	21
响水县	349.86	40	9.36	11	70112	26
滨海县	475.42	35	7.43	20	50997	38
阜宁县	482.83	31	8.02	18	58274	31
射阳县	536.61	29	7.32	22	60875	30
建湖县	561.68	27	7.38	21	77196	23
东台市	878.68	18	8.10	17	90084	18
宝应县	630.46	24	9.66	10	83032	22
仪征市	673.94	21	7.25	23	118400	12
高邮市	669.02	22	9.96	7	89972	20
丹阳市	1250.25	7	1.38	36	126736	10
扬中市	542	28	1.08	37	157742	6
句容市	571.1	26	7.71	19	91077	17
兴化市	905.13	17	4.97	29	72422	24
靖江市	1002.05	12	8.52	16	146061	7
泰兴市	1050.34	11	8.95	14	97697	15
沭阳县	825.45	19	7.18	26	52704	37
泗阳县	479.22	32	7.03	27	56602	32
泗洪县	478.95	33	7.24	24	53303	36

数据来源:《江苏统计年鉴 2019》

三、江苏县域产业经济发展现状

我国县域幅员辽阔，但由于自然资源、人文资源和发展基础的差异，不同区域的县（市）之间，在围绕科技创新发展重点产业上各有不同。仅江苏省而言，13 个省辖市划分为苏南、苏中、苏北三大区域，相互之间发展水平存在较大差异，类似于我国的东部、中部、西部地区。该省三大区域内的各县（市、区）都聚焦产业发展的重点方向，积极培育和发展战略性新兴产业；通过企业自主创新和技术改造，加快提升主导产业发展水平；推动传统优势产业转型升级，增强重点传统行业对地方经济发展的支撑力。目前，该省各县（市）的产业经济整体水平大为提升，2017 年有 25 个县（市）进入全国综合竞争力百强县（市），22 个区进入全国综合实力百强区；部分县（市、区）的产业在全国都有一定的发展优势和竞争力，如昆山市的机器人产业、泰兴市的医药产业、阜宁县的高性能纤维和高分子复合材料产业，等等。

（一）县域产业结构进一步调整

2018 年，江苏省县域经济三次产业结构由 2017 年的 4.8∶45.54∶49.98，进一步调整为 9.47∶45.41∶45.12，第二产业仍然占据经济发展的主导地位，但县域经济整体“服务化”进程也在稳步推进。该阶段特征与江苏省整体的产业结构特征依然有差异。相较于全省产业结构来看，县域产业结构依然存在第一、第二产业比重略高，第三产业比重偏低的问题。江苏在以后县域产业的发展上要结合本地资源和产业布局的实际情况，在保持工业发展的基础上实现产业结构的转型升级，即实现第一产业比重逐步下降和第三产业比重稳步提升。

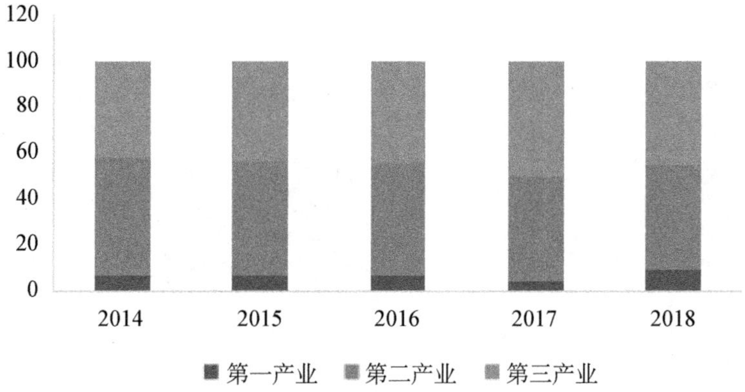

图 4　2014—2018 年江苏省县域经济产业结构变化情况（%）

数据来源：历年《江苏统计年鉴》

注：本表县域经济数据由 2018 年的 41 个县（市）相关指标加总计算所得。

从苏南、苏中、苏北三大区域来看，其县域产业结构存在显著差别。苏南县域产业结构存在显著的“弱农业”特征，第二和第三产业比重都处于较高的水平，其中，第二产业及第三产业比重显著高于全省及县域平均水平，说明苏南地区县域工业发展已成为苏南县域内的主导产业，而服务业已经成为经济发达县域地区产业结构调整的主导方向。例如，以张家港为例，张家港全市完成规模以上工业（以下简称规上工业）总产值 4790.59 亿元，同比增长 5.9%。六个重点行业中除食品行业均实现增长，其中，建材、化工、机电行业增幅较大，分别为 33.4%、9.8%、9.3%。服务业保持较快增长，全年完成服务业增加值 1265.87 亿元，增长 10.5%，服务业增加值占地区生产总值的比重为 46.5%，同比提升 0.1 个百分点。从三次产业构成看，第三产业比重不断提高。2018 年，全市第三产业占 GDP 的比重为 46.5%，比上年提高 0.1 个百分点。从工业内部结构看，随着企业转型升级的不断推进，全市新兴产业产值占规模以上工业总产值比重 47.5%，比上年提高 1.2 个百分点；高新技术产业产值占规上工业比重25.9%，比上年提高2.7个百分点。以昆山为例，在“十二五”期间，昆山市各工业园区的招商引资坚持选择具有良好成长性的技术密集型企业，他们曾谢绝一个年产值百亿元、用工以万计、占地上千亩的项目，却从欧洲引进一个投资0.5亿欧元、年销售额仅10亿元的智能制造项目。

苏中县域产业结构与全省县域产业结构较为类似，其工业规模与全省县域平均水平相比，增加了1.01个百分点，服务业发展水平较之增加了1.17个百分点。苏北县域产业结构中的农业比重过高，达到13.85%，第二和第三产业比重均较低，县域经济整体对农业发展依赖程度较高，工业、服务业发展较为不足。

表3　2018年全省及地区县(市)三次产业结构(%)

	第一产业	第二产业	第三产业
全省县(市)	9.47	45.41	45.12
苏南县(市)	3.10	51.05	45.83
苏中县(市)	7.29	46.42	46.29
苏北县(市)	13.85	42.03	44.12

数据来源:《江苏统计年鉴2019》
注:本表县域经济数据由2018年的41个县(市)相关指标加总计算所得。

从具体县(市)来看，江阴市全年实现第一产业增加值36.98亿元，增长0.8%；第二产业增加值2071.91亿元，增长8.7%；第三产业增加值1697.29亿元，增长6.0%。三次产业比例调整为1.0∶54.4∶44.6，三产增加值占GDP比重较上年提高0.2个百分点。启东全市实现地区生产总值1063.33亿元，按可比价计算比上年增长7.4%。其中，第一产业增加值72.04亿元，增长2.5%；第二产业增加值505.34亿元，增长7.6%；第三产业增加值485.95亿元，增长7.8%。三次产业比例由2017年的7.0∶48.0∶45.0调整优化为6.8∶47.5∶45.7，列全国综合竞争力百强县市第21位、全国科技创新百强县第12位、全国绿色发展百强县第19位。沭阳全县三次产业结构调整为11.8∶45.3∶42.9，与上年相比，一产增加值比重下降0.4个百分点，二产增加值比重下降0.5个百分点，三产增加值比重提高0.9个百分点。这种现象说明，江苏省经济强县(市)目前基本脱离传统农业，处于工业主导状态，服务业比重有待进一步提高；传统弱县(市)在依赖农业发展的同时，克服工业基础不足的劣势，大力发展第三产业取得了一定的成果。

(二) 县域农业发展稳步推进

2014—2018年，江苏省县域农业规模稳步扩大，2018年江苏省县域农业全年实现增加值2591.77亿元，同比上年增长3.67%。全省县(市)第一产业增加值占全省的比重于2016年之前呈现出缓慢增长的趋势，2016年之后出现快速增长，于2018年达到顶峰，约62.58%。2018年，苏南地区第一产业生产总值为389.11亿元，占全省县(市)总量的15.01%；苏中地区完成第一产业生产总值719.91亿元，占全省县(市)总量的27.78%；苏北地区全年实现第一产业生产总值1482.75亿元，占全省县(市)总量的57.21%.“十三五”期间，江苏将支持苏北大力发展优势特色产业，建设一批以“一村一品”“一镇一业”为特征的规模化、集约化、标准化生产基地，以产粮大县为重点，加强设施农业、农产品精深加工、仓储物流建设，加大高标准农田建设力度，到2020年苏北地区高标准农田比重达60%，高效设施农业比重达20%。

从具体县(市)农业发展状况来看，与三次产业结构中第一产业占比的情形类似，苏南地区的县(市)如江阴市、昆山市等明星县(市)经济发展对农业的依赖程度较低，导致其农林渔牧业总产值在全省县域中排名较低。然而，苏中和苏北地区的县(市)经济发展对农业的依赖程度较高，则其农林牧渔业总产值排名靠前。例如，如东县2018年全年农林牧渔业总产值实现156.7068亿元，农林牧

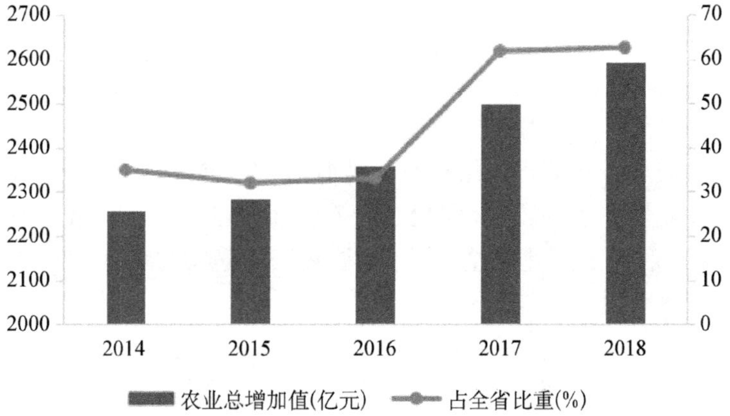

图 5　江苏省县域农业生产总值及占全省的比重

数据来源：历年《江苏统计年鉴》

注：本表县域经济数据由 2018 年的 41 个县(市)相关指标加总计算所得。

渔服务业实现 10.9495 亿元；沭阳县 2018 年全年农林牧渔业总产值实现 184.8037 亿元，农林牧渔服务业实现 3.8269 亿元。

表 4　2018 年全省各县(市)第一产业经济指标

市　县	农林牧渔业总产值	农业	林业	畜牧业	渔业	农林牧渔服务业
江阴市	67.5689	39.002	8.3059	2.7884	9.3058	8.1668
宜兴市	89.3648	54.8401	4.1335	3.6157	19.005	7.7705
丰　县	171.3287	124.3282	1.2612	38.5913	1.2371	5.9109
沛　县	203.1377	128.0247	1.1695	53.8444	7.6914	12.4077
睢宁县	184.6054	104.5995	4.7639	61.3673	6.3734	7.5013
新沂市	153.918	77.5794	5.7537	42.2693	20.881	7.4346
邳州市	267.1927	173.8929	4.7137	65.1183	9.8766	13.5912
溧阳市	94.7055	51.2224	1.2117	6.3538	31.7334	4.1842
常熟市	75.0944	44.4084	2.7804	3.5972	14.6762	9.6322
张家港市	59.7777	34.8628	7.6837	4.1245	4.4941	8.6126
昆山市	56.8708	17.3847	4.9155	0.6603	30.4343	3.476
太仓市	66.9694	29.5475	3.8551	8.8572	16.7533	7.9563
如东县	156.7068	50.8671	1.115	36.6954	57.0798	10.9495
启东市	144.8074	46.4668	0.8249	14.2448	65.5853	17.6856
如皋市	120.574	65.5723	0.2475	39.0668	7.1225	8.5649
海门市	106.345	52.5847	1.1267	13.8845	23.1757	15.5734
海安市	125.3187	49.4559	0.3517	51.4684	11.3394	12.7033
东海县	144.4344	83.8091	4.4455	26.5401	12.9439	16.6958
灌云县	138.6966	68.7846	2.9739	35.664	17.9257	13.3484
灌南县	106.6864	71.2864	2.4143	19.5088	8.556	4.9209
涟水县	123.2159	86.5262	3.3698	26.6849	3.781	2.854
盱眙县	108.8679	63.9337	1.8612	19.3046	21.871	1.8974
金湖县	69.5548	40.0945	2.0598	7.7441	17.6003	2.0561
响水县	80.2328	36.487	1.7052	19.62	15.2716	7.149
滨海县	120.6602	61.4765	4.9913	26.7013	23.8529	3.6382

续表

市　县	农林牧渔业总产值	农业	林业	畜牧业	渔业	农林牧渔服务业
阜宁县	120.2531	45.6823	4.1232	40.3991	19.59	10.4585
射阳县	196.8121	77.5719	5.1751	44.3634	53.4753	16.2264
建湖县	100.2668	38.1907	2.3298	25.8133	25.0998	8.8332
东台市	219.5405	101.6678	4.6819	63.5938	32.8035	16.7935
宝应县	132.7257	51.1264	2.8574	13.2031	58.584	6.9548
仪征市	47.2158	28.7875	2.597	9.0555	2.2348	4.541
高邮市	148.8313	55.7359	2.3062	18.7925	63.934	8.0627
丹阳市	83.854	47.0649	2.0754	10.84	12.4612	11.4125
扬中市	28.9305	14.011	1.0947	3.6677	5.0598	5.0973
句容市	78.814	46.6233	5.3229	8.4005	8.5852	9.8821
兴化市	221.0192	96.9363	1.5588	17.3548	93.8843	11.285
靖江市	42.7332	26.023	0.5036	8.5624	3.5542	4.09
泰兴市	101.5471	66.752	1.0158	24.8142	5.6621	3.303
沭阳县	184.8037	145.5457	5.6858	26.394	3.3513	3.8269
泗阳县	117.181	61.9351	7.9008	17.1284	25.5342	4.6825
泗洪县	138.7214	58.7486	2.0131	21.3857	53.179	3.395

数据来源:《江苏统计年鉴 2019》

（三）县域工业规模持续扩张

工业是江苏县域经济的重要支柱。2001 年中国加入 WTO 之后,江苏以制造业为代表的实体经济得到了突飞猛进的发展,也涌现出了一批具备全球竞争力的知名企业,如沙钢集团、江苏阳光、红豆集团、森达等。特别是一大批中小企业的成长,向国内和世界提供丰富的价廉物美的产品,向世界输出了“江苏制造”的新概念,给江苏县域经济带来了充沛的活力。

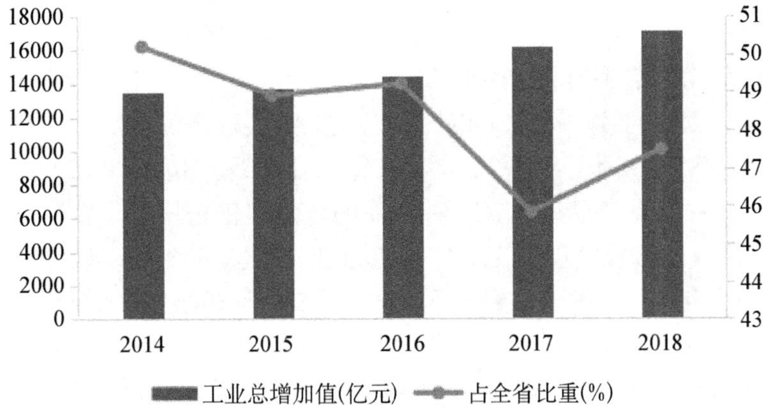

图 6　江苏省县域工业生产总值及占全省的比重

数据来源:历年《江苏统计年鉴》

注:本表县域经济数据由 2018 年的 41 个县(市)相关指标加总计算所得。

2018 年江苏省 41 个县(市)实现第二产业增加值 19347.16 亿元,同比增长 6.15%。其中,工业增加值完成 17146.42 亿元,比上年增加 5.6%,低出 2017 年 6.68 个百分点。县域经济第二产业增加值完成额占全省总量的 46.9%,工业增加值占比 47.48%。全省县域工业发展速度显著高于全省平均水平,县域工业发展成为全省工业经济发展的巨大推动力,为江苏省经济全面发展打下了坚实的基础。

从具体区域来看,苏南县(市)2018年完成第二产业增加值9988.38亿元,占全省县(市)总量的51.63%,其中工业增加值完成9331.83亿元,占全省县(市)总量的54.45%;苏中县(市)全年第二产业增加值为4799.86亿元,占全省县(市)总量的比重为24.81%,其中完成工业增加值4049.35亿元,占全省县(市)总量的比重为23.63%;苏北县(市)完成第二产业增加值4558.92亿元,占全省县(市)总量的23.56%,其中,工业增加值完成3756.25亿元,占全省县(市)总量的21.92%。苏南县(市)工业增加值增速出现少许下降,但由于其工业发展基数大,在全省县域工业发展中仍占有绝对地位。苏中、苏北县(市)虽然工业规模在全市县(市)中占比仅为20%左右,但其增速显著高于其他区域,尤其是苏中地区明显超过苏南增长速度,发展势头迅猛,工业经济地位不断改善。

从个体县(市)来看,江阴市、昆山市、张家港市、常熟市、宜兴市、丹阳市、太仓市、海门市、如皋市、靖江市位居全省县(市)工业增加值前10位,其中,江阴市、昆山市、张家港市、常熟市工业增加值超千亿,江阴市工业增加值达到1990.78亿元,是末位县(市)的20倍;昆山市工业增加值达到了1951.17亿元,是末位县(市)的19.71倍。工业强县(市)仍然以其良好的工业基础支撑全省工业发展,并保持稳步扩张,部分县(市)以其强劲的增长势头奋起直追,个别县(市)由于内部结构调整工业发展正在经历"阵痛",县域工业整体呈现良性发展,工业规模持续扩张。

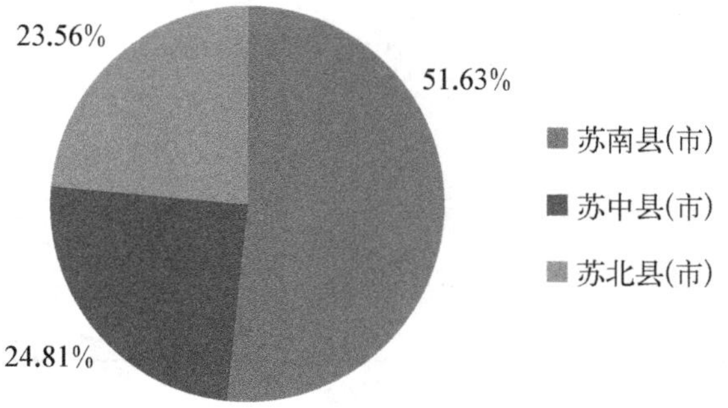

图7　2018年江苏省三大区域第二产业占比(%)

数据来源:《江苏统计年鉴2019》

注:本图县域经济数据由2018年的41个县(市)相关指标加总计算所得。

昆山市作为江苏县域经济中工业实力较强的地区。2018年,全市实现规上工业增加值1719.52亿元,按可比价计算比上年增长6.1%。全市拥有1个千亿级IT(通信设备、计算机及其他电子设备)产业集群和12个百亿级产业集群。拥有120家大型工业企业,369家中型企业。全市产值超亿元企业912家,其中,十亿元以上企业119家,百亿元以上10家。全年生产计算机整机4496.98万台、移动通信手持机(手机)3958.77万台。江阴市工业发展的特点之一就是大企业的作用非常明显,贡献继续增大。全市规模以上工业实现产值6059.13亿元,增长15.5%;其中轻工业实现产值1826.02亿元,增长9.4%;重工业实现产值4233.11亿元,增长18.3%。在全市跟踪统计的15种重点产品中,有12种产品的产量实现正增长。全年工业用电量240.84亿千瓦时,增长5.6%。全市规模以上工业实现主营业务收入6034.54亿元,增长11.4%;产品销售率为98.5%,与上年持平;利润总额428.49亿元,增长26.3%;规模以上工业企业亏损面为13.7%,比上年扩大1.0个百分点,亏损额18.28亿元,比上年减少5.46亿元。全市工业百强企业实现产品销售收入4112.47亿元,实现利润352.03亿元,分别占规模以上工业企业的68.1%和82.1%。海澜集团、兴澄特钢等两家企业集团税务销售超1000亿元,澄星集团、三房巷集团等两家企业集团税务销售超500亿元。华西集团、新长江集团、阳光集团等三家企业集团税务销售超300亿元。全年实现建筑业总产值121.80亿元,增长7.6%。获省"扬子杯"优质工程2个,省标准化星级工地11个,无锡市市政基础设施工程"太湖杯"2个,无锡市优秀物业管理项目7个,省优秀住宅项目2个。

表 5　2018 年全省各县(市)工业经济指标

县(市)名称	工业增加值(亿元)		工业利润额(亿元)	
	绝对值	排　名	绝对值	排　名
江 阴 市	1990.78	1	458.8751	1
昆 山 市	1951.17	2	389.4394	2
张家港市	1352.35	3	378.6307	3
常 熟 市	1161.97	4	220.3582	6
宜 兴 市	764.41	5	240.5314	5
太 仓 市	631.33	6	157.3028	10
丹 阳 市	605.88	7	102.46	14
海 门 市	506.51	8	262.11	4
如 皋 市	447.12	9	110.42	12
靖 江 市	442.32	10	99.29	15
泰 兴 市	430.64	11	107.91	13
启 东 市	400.55	12	184.87	7
海 安 市	388.17	13	173.62	8
溧 阳 市	379.67	14	87.86	16
如 东 县	373.47	15	159.34	9
沭 阳 县	332.51	16	79.2462	18
东 台 市	313.84	17	48.2501	21
仪 征 市	306.19	18	113.02	11
邳 州 市	305.58	19	30.01	27
兴 化 市	291.71	20	33.66	25
扬 中 市	261.17	21	37.79	23
句 容 市	233.1	22	35.98	24
高 邮 市	232.32	23	68.05	20
宝 应 县	230.35	24	81.81	17
沛　 县	222.25	25	11.26	38
新 沂 市	219.41	26	27.80	28
建 湖 县	203.14	27	32.74	26
泗 阳 县	196.39	28	21.78	34
射 阳 县	184.6	29	23.78	32
东 海 县	176.92	30	10.01	39
睢 宁 县	172.48	31	22.20	33
泗 洪 县	170.7	32	24.81	30
滨 海 县	164.14	33	25.59	29
响 水 县	158.2	34	68.12	19
阜 宁 县	154.39	35	21.18	35
涟 水 县	153	36	47.42	22
盱 眙 县	141	37	24.28	31
灌 南 县	140.07	38	8.94	40
丰　 县	138.16	39	12.49	37
灌 云 县	119.46	40	−2.06	41
金 湖 县	99	41	14.92	36

数据来源:《江苏统计年鉴 2019》

(四)县域服务业发展势头良好

全省41个县(市)2018年全年完成服务业增加值18350.27亿元,比上年增加8.66%,占全省服务业增加值总量的38.87%。服务业整体增速显著高于全省县(市)经济增速,成为对县域经济贡献率较高的产业。

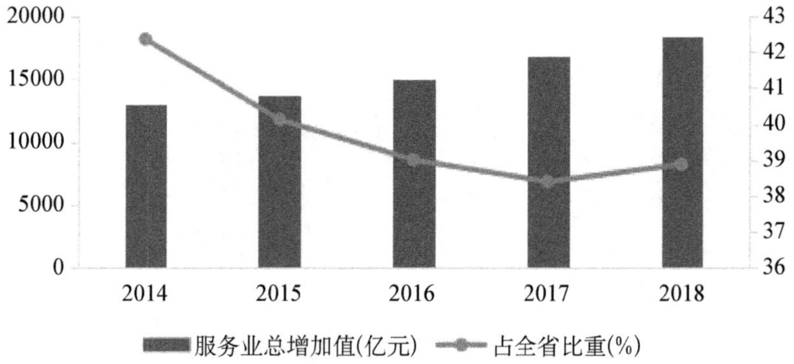

图8 江苏省县域服务业生产总值及占所占比重

数据来源:历年《江苏统计年鉴》

从具体区域来看,苏南县(市)实现服务业增加值8723.65亿元,占全省县(市)服务业增加值比重为47.54%;苏中和苏北县(市)全年完成服务业增加值4789.25亿元、4837.37亿元,占全省县(市)服务业增加值总量的比重为26.10%和26.36%。苏南县(市)服务业规模依旧占据绝对优势,其增速与全省平均增速基本持平;苏中、苏北区域县(市)服务业规模较小,但增速迅猛。结合产业结构来看,苏中、苏北部分县(市)服务业在整体产业中比重甚至超过部分苏南县(市),服务业成为苏中、苏北县(市)经济发展新的增长点。

从个体县(市)服务业发展情况来看,昆山市、江阴市、张家港市、常熟市、宜兴市、太仓市、海门市、丹阳市、如皋市、泰兴市依次居于县(市)服务业增加值前十位,其服务业增加值之和占所有县(市)总量的51.11%,全省县(市)服务业集中度较高。其中,昆山市和江阴市服务业增加值均超过1500亿元,仅这两个县(市)服务业增加值总量就超过全省县(市)总量的18.66%,昆山市服务业增加值为末位县(市)的12.96倍。2018年,昆山全市完成服务业增加值1725.91亿元,比上年增长9.3%,高出同期地区生产总值2.1个百分点。服务业增加值占地区生产总值的比重达到45%,比上年提高0.3个百分点。服务业对经济增长的贡献率达到59.2%,超过同期工业贡献率18.7个百分点以上。

从服务业增长率来看,2018年全省县(市)服务业增加值增速均值达到9.06%,启东市、如皋市、海门市、盱眙县、涟水县、高邮市、金湖县、宝应县、如东县、溧阳市位居前十,十个县(市)服务业增加值增速均超过10%,显示了强劲的发展势头。其中,苏中地区的泰兴市服务业加速增长,得益于其重点发展物流、金融、信息技术服务、电子商务、商务服务、商贸流通、住宿餐饮、家庭服务、房地产、旅游等10个服务业产业;重点扶持天星洲港口物流园、城北市场集聚区、苏中沿江化工物流园、城东高新区科技广场、总部经济集聚区、黄桥现代综合物流园、黄桥乐器文化产业园、济川健康产业园、电子商务产业园、智慧产业园等10个服务业集聚区。

表6　2018年全省各县(市)服务业经济指标

市　县	绝对值(亿元)	排　名	增长率(%)	排　名
江阴市	1697.29	2	9.59	19
宜兴市	772.36	5	10.14	11
丰　县	190.6	36	6.93	30
沛　县	325.64	20	9.53	21
睢宁县	245.34	29	6.33	32
新沂市	317.59	21	4.51	38
邳州市	423.9	17	8.28	27
溧阳市	430.48	16	10.29	10
常熟市	1130	4	5.44	35
张家港市	1266	3	4.70	37
昆山市	1726	1	9.75	15
太仓市	620	6	7.44	29
如东县	437.94	15	10.31	9
启东市	485.95	11	24.63	1
如皋市	516.73	9	16.05	3
海门市	580.69	7	24.23	2
海安市	464.19	13	−10.19	41
东海县	213.18	33	5.33	36
灌云县	146.79	39	6.25	34
灌南县	133.63	40	6.90	31
涟水县	229.95	30	12.75	5
盱眙县	208.17	34	14.27	4
金湖县	147.74	38	12.37	7
响水县	133.13	41	9.84	13
滨海县	218.22	31	8.70	25
阜宁县	213.53	32	9.72	16
射阳县	252.23	27	8.72	24
建湖县	272.58	25	9.01	23
东台市	423.53	18	9.67	18
宝应县	276	24	10.96	8
仪征市	303	22	9.68	17
高邮市	300	23	12.58	6
丹阳市	570.62	8	1.76	40
扬中市	250.4	28	3.79	39
句容市	260.5	26	9.84	14
兴化市	440.36	14	6.27	33
靖江市	485.1	12	7.51	28
泰兴市	499.29	10	9.48	22
沭阳县	354.11	19	9.54	20
泗阳县	181.75	37	9.98	12
泗洪县	205.76	35	8.70	26

数据来源:《江苏统计年鉴2019》

四、江苏县域开放型经济发展现状

2018年,全省41个县(市)共完成进出口总额2412.93亿美元,占全省进出口总额的比重为36.34%,其中,完成出口总额1519.11亿美元,占全省比重为37.60%。全省县域经济全年实际使用外资额为87.92亿美元,占全省实际外商直接投资额总量的34.35%。

表7 江苏省县域经济对外贸易发展情况

年份	进出口总额		出口总额		实际外商直接投资使用额	
	绝对值(亿美元)	占全省的比重(%)	绝对值(亿美元)	占全省比重(%)	绝对值(亿美元)	占全省比重(%)
2014	2183.09	38.72	1314.1	38.44	95.99	34.07
2015	1955.28	37.45	1296.43	38.28	85.26	35.12
2016	1888.22	37.05	1215.56	38.06	85.68	34.91
2017	2178.11	36.85	1402.73	38.61	78.06	30.99
2018	2412.93	36.34	1519.11	37.60	87.92	34.35

数据来源:历年《江苏统计年鉴》

注:本表县域经济数据由41个县(市)相关指标加总计算所得。

从近五年江苏省县域经济对外贸易发展情况来看,进出口总额、出口总额和进口总额在2014—2016年间呈现小幅下滑态势,但2016年后进出口总额、出口总额和进口总额均出现一定程度地上升状态。县域经济进出口总额由2014年的2183.09亿美元下滑至2016年的1888.22亿美元,总体减少13.51%。2017—2018年对外贸易情况出现好转。实际外商直接投资总额从2014年的95.99亿美元降低至2017年的78.06亿美元,总降幅达到18.68%,下降趋势非常明显,其占全省总量的比重自2009年金融危机后持续下跌,跌至近五年来的低点30.99%。但是,2018年江苏县域对外贸易经济出现明显回暖的态势,实际外商直接投资总额占全省比重达到34.35%。

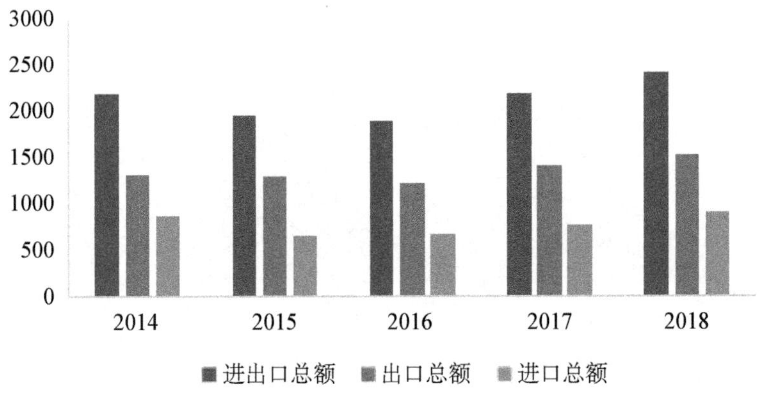

图9 江苏省县域经济对外贸易总体状况

数据来源:历年《江苏统计年鉴》

注:本表县域经济数据由2018年的41个县(市)相关指标加总计算所得。

从县域经济内部区域来看,苏南县(市)进出口总额2018年达到1996.7076亿美元,在全省县域经济进出口总额中占据绝对比重,达到82.75%。在经历了2008年全球金融危机的打击后,各区域县(市)在2010年迎来了进出口总额的全面反弹,2010年苏北县(市)进出口总额增速达到

48.71%，接近 50%。但受近年经济下行压力的影响，自 2013 年开始苏南、苏中县(市)进出口总额呈现负增长，而苏北县(市)的进出口总额增速则保持了相对稳定，2018 年进出口累积达到 118.4859 亿美元，占全省县域进出口总额的 4.91%。

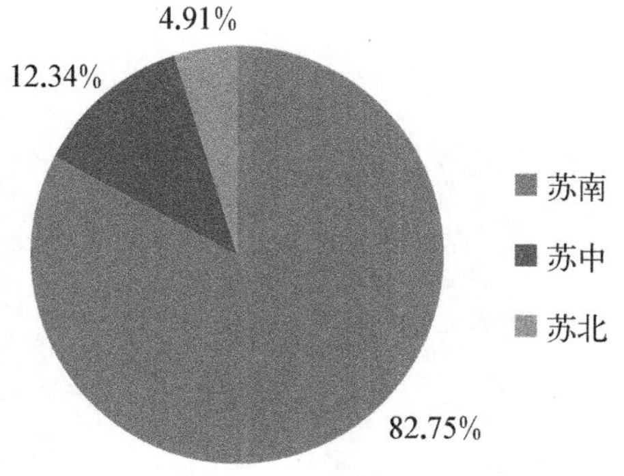

图 10　2018 年江苏省三大区域进出口总额占比(%)

数据来源：《江苏统计年鉴 2019》

注：本表县域经济数据由 2018 年的 41 个县(市)相关指标加总计算所得。

从全省及县域经济实际外商直接投资额及其增速变化情况可以看出，在遭遇金融危机时，2010 年全省县域经济实际外商直接投资增速达到最高点 10.17%，之后 2011 年、2012 年保持两年 7%—8%之间的增长，但之后开始持续出现负增长，尤其是 2014 年下降幅度达到 21.99%，增速为 −22.20%，之后增速出现稍微地回升趋势，2018 年增速达到 12.63%。县域经济实际外商直接投资总额由 2014 年的 95.99 亿美元下滑到 2017 年的 78.06 亿美元，2018 年出现了小幅度的增长，达到了 87.9169 亿美元。县域地区吸引 FDI 逐年下降的原因，既有大环境的影响，也与县域地区的产业结构与全球 FDI 产业调整相关。苏南地区的县域以昆山、张家港等市为代表，过去一直通过发展外向型经济，利用加工贸易融入全球价值链而获得成功，但近年来，由于劳动力成本、环境以及全球经济形势的影响，一方面，这些地区的传统比较优势不断散失，而新的竞争优势又尚未确定；另一方面，发达国家不断调整自身的全球战略，纷纷从中国迁移工厂到成本更低的地区，同时，也调整产业上的 FDI 政策，越来越多地倾向于对服务业的投资。

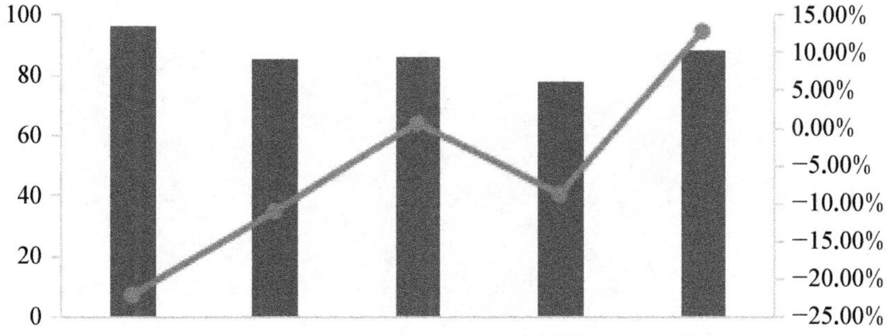

图 11　县域经济实际外商直接投资额及增速(亿美元，%)

数据来源：历年《江苏统计年鉴》

注：本表县域经济数据由 41 个县(市)相关指标加总计算所得。

从江苏省具体县(市)情况来看，江阴市、常熟市、张家港市、昆山市等明星县市进出口总额和出口总额均超过百亿美元，这些均属于苏南地区，说明苏南县(市)在对外贸易中占据绝对优势。从进口情况来看，明星县市依然排名前列，进口总额低于 1 亿美元的县(市)主要来自苏北地区。这表明苏北地区由于自身资源条件的局限后发能力不足，经济发展更多依赖于内部消费，而不是依赖于出口和外资来拉动经济增长。

表 8　2018 年江苏省各县(市)对外贸易发展情况

市　县	进出口总额(亿美元)	出　口	进　口	实际使用外资(亿美元)
江阴市	242.46	142.64	99.82	9.51
宜兴市	42.34	34.33	8.01	4.63
丰　县	8.14	3.73	4.40	0.80
沛　县	6.83	6.52	0.31	1.94
睢宁县	7.71	6.78	0.93	1.37
新沂市	12.38	11.09	1.28	2.72
邳州市	15.30	14.41	0.88	2.34
溧阳市	11.47	9.98	1.49	3.01
常熟市	252.59	172.98	79.61	4.87
张家港市	364.67	175.18	189.49	3.95
昆山市	891.40	580.52	310.87	7.27
太仓市	145.70	67.31	78.39	4.40
如东县	61.00	20.63	40.37	3.01
启东市	29.57	23.09	6.48	3.08
如皋市	37.15	30.26	6.88	4.57
海门市	30.50	26.78	3.72	3.26
海安市	18.56	15.31	3.25	3.38
东海县	4.73	3.89	0.84	0.99
灌云县	2.04	1.84	0.20	0.21
灌南县	1.96	1.48	0.48	0.83
涟水县	3.33	2.97	0.36	1.30
盱眙县	1.63	1.40	0.23	1.24
金湖县	5.44	5.17	0.26	1.35
响水县	6.62	6.01	0.61	0.58
滨海县	5.46	4.70	0.76	0.55
阜宁县	3.81	3.13	0.69	0.35
射阳县	4.73	2.73	2.00	0.61
建湖县	3.88	3.69	0.19	0.38
东台市	9.52	8.68	0.85	0.90
宝应县	11.25	8.83	2.42	0.70
仪征市	17.08	6.56	10.52	1.40
高邮市	4.94	4.48	0.46	0.93
丹阳市	32.06	27.83	4.23	1.62
扬中市	7.15	6.23	0.92	1.03
句容市	6.88	6.00	0.88	1.10
兴化市	7.31	7.04	0.27	1.12
靖江市	28.31	20.11	8.21	0.90
泰兴市	52.06	31.35	20.71	3.69
沭阳县	7.92	7.04	0.88	0.92
泗阳县	4.88	4.69	0.19	0.56
泗洪县	2.18	1.71	0.47	0.56

数据来源:《江苏统计年鉴 2019》
注:本表县域经济数据由 41 个县(市)相关指标加总计算所得。

五、江苏县域人民生活发展现状

党的十八大以来，江苏坚持以人民为中心的发展思想，出台实施一系列惠民富民政策，群众获得感、幸福感、安全感显著增强。高水平全面建成小康社会稳步推进，居民收入持续增长，分配格局明显改善；消费结构渐趋合理，居住条件不断改善；就业规模不断扩大，文教娱乐和医疗卫生服务长足进步。一组组沉甸甸的数据，昭示着江苏人民生活发生了令人瞩目的变化，民生幸福成为最有质感的现实景象。随着经济社会的发展，各项惠民政策不断出台，江苏县域人民生活水平不断提高。

2018 年，全省县（市）城镇居民人均可支配收入由 2014 年的 29236.82 元上升到 2018 年的 40396.73 元，增长 38.17%，其中，城镇居民人均生活消费支出达到 23255.88 元，五年增速 29.26%，小于收入增速。城镇居民恩格尔系数略低于 2017 年 0.53 个百分点，为 30.77%；农村居民人均纯收入在五年间由 15363.14 元增加到 21532.95 元，增长 40.16%，略高于城镇居民人均可支配收入的增速。农村人均生活消费支出达到 14867.54 元，农村居民恩格尔系数下降至 31.28%。城镇居民人均住房面积五年间增长了近 3.66 平方米，而相应的，农村居民人均住房面积增长 4.6 平方米。总体来看，从绝对值增幅上来说，农村地区从县域经济发展中受益更多，农村居民生活水平提高程度更为明显；但从绝对值上来看，城镇居民人均可支配收入与农村居民人均纯收入的比例已由 2014 年的 1.25 增加至 2018 年的 1.88，城镇居民人均可支配收入在 2011 年已经突破 20000 元大关，并在 2015 年成功突破 30000 元大关，在 2018 年突破 40000 元大关，达到了 40396.73 元，而农村居民人均纯收入也已经在 2014 年突破 10000 元，且在 2018 年突破 20000 元，达到了 21532.95 元，但城乡差距依旧显著。

表 9　全省县（市）人民生活主要指标

	2014 年	2015 年	2016 年	2017 年	2018 年
城镇居民人均可支配收入（元）	29236.82	31652.94	34338.29	37172.68	40396.73
城镇居民人均生活消费支出（元）	17991.03	19369.46	20838.56	22190.91	23255.88
城镇居民恩格尔系数（%）	32.33	31.9	31.6	31.3	30.77
城镇居民人均住房建筑面积（平方米）	45.63	46.34	47	47.2	49.29
农村居民人均纯收入（元）	15363.14	16634.42	18165	19608.04	21532.95
农村居民人均生活消费支出（元）	10556.66	11513.89	12907	14028.09	14867.54
农村居民恩格尔系数（%）	32.81	32.38	31.8	31.33	31.28
农村居民人均住房面积（平方米）	53.56	54.38	55.8	56.91	58.16

数据来源：历年《江苏统计年鉴》

注：本表县域经济数据由 41 个县（市）相关指标加总计算所得。

全省县（市）人民生活状况差异较大，城镇居民人均可支配收入、农村居民人均纯收入排列与县（市）整体经济发展状况接近，但恩格尔系数和住房面积可能还受到其他因素的影响，在一定程度上表现出与经济发展状况的偏离。昆山市、江阴市、常熟市、沛县、如皋市、张家港市、宜兴市、海门市、海安市、靖江市位列城镇居民恩格尔系数前十位，与农村居民恩格尔系数前十位有所不同。农村居民恩格尔系数前十名分别为东海县、海安市、靖江市、涟水县、昆山市、兴化市、泰兴市、句容市、沛县、宝应县。根据联合国对恩格尔系数标准的界定，全省只有仅少数区域县（市）都处于恩格尔系数低于 30%的富裕水平。从住房面积来看，城镇住房和农村住房状况存在明显差异，城镇居民人均住房建筑面积与县域经济发展水平并不完全相符，睢宁县、泰兴市、江阴市、靖江市、扬中市、常熟市、如东县、海安市、太仓市、灌南县排名前十，其中有 6 个城市为苏中、苏北县（市），说明城镇居住条件在一定程度上可能受到经济发达县(市)房价的影响,所有县(市)城镇居民人均住房建筑面积极差达到了42.2平方米;农村居民人均住房面积排名与所在县(市)经济发展状况高度相关,靖江市农村居民人均住房面积达到80.67平方米,高出末位县(市)38.67平方米。

表10 2018年江苏县域经济人民生活主要指标

市县	城镇常住居民人均可支配收入(元)	城镇常住居民恩格尔系数(%)	城镇常住居民人均住房建筑面积(平方米)	农村常住居民人均可支配收入(元)	农村常住居民恩格尔系数(%)	农村常住居民人均住房建筑面积(平方米)
江阴市	63957	27.5	65	33136	28.6	63
宜兴市	53891	28.3	49.1	27860	29.7	70.25
丰县	27277	29.34	49.39	16725	32.37	54.2
沛县	32336	27.72	42.88	18799	28.89	48.35
睢宁县	27718	31.64	71	16546	32.14	58
新沂市	29633	32.3	53.5	17325	33.7	47.5
邳州市	33796	30.11	43	18207	29.91	42
溧阳市	49489	32.3	41.9	25908	33.62	62.4
常熟市	63712	27.52	58.69	32820	27.15	74.24
张家港市	64055	28.26	50.78	32664	27.98	73.29
昆山市	63926	27.33	38.61	32916	28.65	63.51
太仓市	63076	29.15	53.7	32458	30.3	74.9
如东县	43811	30.4	56.5	20387	28.7	63.2
启东市	44248	29.8	47.5	23687	30.4	65.3
如皋市	43255	27.9	28.8	20166	29.7	64.8
海门市	47877	28.3	50	24654	28.6	66.7
海安市	44112	28.3	54.2	21473	30.6	61.8
东海县	32228	34.5	48.1	17291	34.3	58
灌云县	27086	34.4	47.2	15493	32.6	47.2
灌南县	28819	34.18	53.7	14826	36.59	66.3
涟水县	29781	31.26	48.9	15939	31.38	56.2
盱眙县	36179	30.78	50.7	17206	31.11	54.2
金湖县	36391	30.3	47	18718	31.1	63
响水县	30086	29.91	44.1	17020	28.25	55.2
滨海县	31234	32.2	40.3	17746	35.7	49.28
阜宁县	30074	34.57	36.2	18282	32.97	45.1
射阳县	31254	31.78	43.89	19653	35	48.77
建湖县	34873	31.4	44.4	20184	33.4	43.4
东台市	38351	31.53	51.5	23317	32.09	68.7
宝应县	31773	33.2	43	20119	32.6	47
仪征市	42900	31.83	49	20688	30.85	64

续表

市　县	城镇常住居民人均可支配收入(元)	城镇常住居民恩格尔系数(%)	城镇常住居民人均住房建筑面积(平方米)	农村常住居民人均可支配收入(元)	农村常住居民恩格尔系数(%)	农村常住居民人均住房建筑面积(平方米)
高邮市	37071	30.3	46	20140	30.99	58
丹阳市	48791	32.42	49	25633	29.8	56
扬中市	53675	29.4	58.89	28199	29.5	68.64
句容市	47431	29.15	49.8	22313	29.69	53.5
兴化市	39499	29.62	43.83	20066	33.51	42.77
靖江市	46777	28.6	63.45	23220	30.4	80.67
泰兴市	43104	28.95	68.7	21268	25	63.2
沭阳县	27993	36.93	45.7	16877	35.34	49.7
泗阳县	27681	33.54	47.9	16648	33.99	46
泗洪县	27046	34.7	45	16274	35.5	46.2

数据来源:《江苏统计年鉴 2019》

第二章　江苏县域经济社会发展综合竞争力比较

一、县域经济社会发展综合竞争力评价指标体系

对江苏省县域经济的研究显示，县域经济内部的不同区域和具体县(市)之间存在着显著的差异，不同县(市)在不同指标上的排名也千差万别。单一或者一组指标只能有限地反映县域经济社会发展的某一个或某一些方面，并不能对其进行全面的归纳和概括，这实际上就涉及县(市)社会发展的评价问题。城市竞争力概念兴起于20世纪80年代，90年代末期引入我国并引起了国内学者的广泛讨论。对于县域经济综合竞争力的确切含义，目前学术界尚无公认的统一的观点，但在概念的内涵上有一个普遍的共识，即县域经济综合竞争力是指县域经济主体集聚内外资源的能力，是在县域内市场占有、配置和利用生产要素的能力。为了将城市竞争力进行量化比较，《江苏经济年鉴2018》在总结国内外城市竞争力指标体系的基础上，从波特的国家竞争力评价的"钻石体系"和"价值"理论、城市竞争资本评价、竞争环境三个方面入手，建立了江苏县域经济社会发展综合竞争力评价指标体系，本章将沿用该指标体系，并对部分指标计算过程进行微调，这种调整不会对江苏县域经济社会发展综合竞争力评价产生影响。

（一）江苏县域经济社会发展综合竞争力评价指标体系构建的原则

想要对城市竞争力进行量化比较，必定要通过设计城市竞争力指标体系进行评价。到目前为止，国际上尚无成熟、并被广泛接受的城市竞争力指标体系。海内外学者的研究成果各有其侧重面和特点，为笔者的研究提供了有益的借鉴(表1所示)。总体上来讲，国外城市竞争力评价主要有三套评价体系：一是借鉴了波特的国家竞争力评价的"钻石体系"和"价值链"理论；二是在城市综合评价或者说是在城市竞争资本评价的基础上，结合部分其他影响城市竞争的其他因素来进行城市竞争力的评价；三是结合城市发展新的背景，关注竞争环境(或者竞争过程)与城市竞争力的关系。

表1　国内外代表性城市竞争力评价指标

作　者	主要评价指标
Iain et al. (1999)	生活标准；就业率；生产力；上、下部门趋势及其总体影响； 公司特质；商业环境；创新及学习能力
Robert et al. (1999)	环境、气候；生活形态机会；就业、退休；住宅成本与使用能力；健康服务与公共卫生；犯罪/公共安全；运输成本； 教育提供/水平/娱乐；经济/商业景气；艺术/文化多元化
IMD (2010)	经济运行：国内经济、国际贸易、国际投资、就业、消费价格； 政府效率：公共财政；财政政策；体制结构；商业立法；社会结构； 商务效率：生产率；劳动市场；金融服务；管理水平；价值观； 基础设施：基本设施；技术；科研；健康与环境；教育

续表

作　者	主要评价指标
宁越敏等(2001)	综合经济实力:经济总量、经济增长速度、资本实力等; 产业竞争力:产业结构比重、高新技术产业比重、产业结构效益; 企业竞争力:产品市场占有率、企业结构等; 科学技术竞争力:科技队伍、科技投入; 对外、对内开放度:经济的外向度、吸引外资的能力等; 基础设施:能源、通讯、对外交通等; 国民素质:文化素质、健康素质、就业情况; 政府作用:调控能力、管理水平; 金融环境:上市公司数量; 环境质量:大气状况、水环境质量等。
倪鹏飞等(2003)	显示性指标体系:城市产品市场占有率、城市国内生产、总值平均增长率、城市劳动生产率、城市居民人均年收入; 解释性指标:1. 硬:劳动力、资本力、科技力、环境力; 2. 软:区位力、聚集力、秩序力、文化力、制度力、管理力开放力。
段樵(2006)	生产因素条件:人力资本、科技实力,创业精神/环境; 既有经济基础、制度基础:企业文化、产业结构; 城市社会经济发展政策、政府管治水平、引资环境; 运营商环境法规、行政、开放、生产条件、劳动; 生活环境设施、环保。
"百强县"社会经济综合发展指数测评指标体系	发展水平指数:经济规模、产业结构、经济发展水平、社会发展水平; 发展活力指数:发展速度、贸易与外资、投资; 发展潜力指数:财政、生产效率、资源环境与基础设施、文化教育。
孙伊云等(2016)	经济发展指标:地区总产值、进出口总额、地方财政预算收入、固定资产投资总额; 科技文化指标:高等学校在校人数、专利申请受理量、公共图书馆藏书量; 基础建设指标:道路面积、公园绿地面积、卫生机构数; 居民生活指标:人均可支配收入、人均住房面积、人均消费性支出。
王彦彭(2018)	经济竞争力类指标:人均 GDP、地均 GDP、户籍人口城镇化率、第三产业增加值占 GDP 比重、房地产开发投资占固定资产投资总额比重; 宜居竞争力类指标:每万人在校大学生数、每万人在校中等职业学生数、每万人农民工随迁子女接受义务教育比例、每千人拥有的医院卫生院床位数、每千人拥有的医生数、每百人公共图书馆藏书、每十万人拥有的剧场、影剧院数、城市公共交通占机动化出行比例、每万人拥有公共汽车、人均城市道路面 积、城市轨道交通运行里程数等; 可持续竞争力类指标:研发经费投入占 GDP 比重、万人专利拥有量、科技进步贡献率、国际科技创新基地、新型产业总部基地、自主创新示 范区、国家级产学研中心的数量、科学技术支出占 GDP 比重、城镇可再生能源消费比重、城镇绿色建筑占新建筑比重、城市建设用地占市区面积比重、人均建设用地量、万元 GDP 建设用电量等; 一体化竞争力类指标:主要领导会商制度是否建立、城市群高层发展论坛举行次数、城市联盟是否确立、联合招商会举行次数、联合产业园区与产业集聚区城市群数量、城市群协同发展投资基金的规模、城市群生态保护协同机制、成本共担和利益共享机制是否建立。

综观国内外研究,国际竞争主体的关注从国家竞争力、产业、企业竞争力研究转到城市竞争力,主要是因为城市本身重要性的突现。一个有竞争力的城市,无论对所处的国家,还是所载含的企业的竞争力,都有至关重要的作用。国与国、企业与企业之间的竞争成败都取决于城市竞争力(仇保兴,2002)。

县域经济社会发展综合竞争力评价指标体系的指标选择固然越全面越好,但由于受到定量研究方法以及指标数据本身的限制,在构建指标体系时应结合研究问题的实际情况,兼顾指标的可采

集性,遵循指标选择的一般原则:

(1)科学性原则。指标选择应建立在充分认识、系统研究基础上,设计应简单明了,易理解,考虑数据采集的难易性与可靠性,尽可能选择有代表性的典型指标与重点指标。

(2)系统性原则。城市本身就是一个复杂的系统,城市综合竞争力可以由城市若干个相互作用的子系统综合集成。因此系统性原则要求相应的评价指标体系能够涵盖城市发展的各个方面,充分反映城市综合竞争力系统性特质。需要注意的是,系统性原则不是简单地将指标进行堆积,应该内部有层次划分,可以分为目标层、准则层和指标层等几个层次。处理指标时必须考虑体系内在关联性,不宜采用简单加权给指标赋权,而须采用更准确的方法。

(3)合理性原则。为了全面反映城市综合竞争力高低表现的各个层面,指标结构要合理、主次要分明。然而实际操作中往往难以把握,受到主观因素的干扰较大,因此,合理性原则要求对各种指标的进行取舍,许多指标意义上是相互重复或由主体指标决定的。该原则不是简单追求指标数量,选取指标越多看似全面,实际上由于忽视指标的重复性、相互间关联机理,反而使评价结果失真。

(4)可操作性原则。主要包括两个方面:第一,数据资料的可得性和可比性。有些指标意义很重要,但数据无法通过公开的全国性或区域性的统计资料收集,也无法进行比较。第二,数据的可量化性。选取的指标可以通过数据量化后进行对比,是保证整个指标体系真实、可靠和有效的前提,应尽量减少不可应用指标,避免主观性指标对客观体系的过度干扰。

(5)潜能性原则。潜能性是选择对未来提升城市竞争力起重要作用的指标。这些指标对城市当前经济繁荣、城市发展没有太大因果关系,却有利于城市在未来(10 年或 20 年)集聚更多资源要素。

(6)动态性原则。城市所处的社会、经济、文化、环境等内容都处于不断发展的动态过程中。同时,影响城市竞争力的一些主导因素也会随着时间的变化而变化。这就需要一个动态的指标评价体系能客观反映城市整体竞争力现状与未来趋势,随着研究、统计进一步完善,应充分考虑其动态变化的特点,合理地变动、调整;在一定时期指标体系内容不宜频繁变动,应保持相对稳定。

(二)江苏县域经济社会发展综合竞争力评价指标体系的主要结构

基于县域经济社会发展综合竞争力的内涵和构成要素的分析,在吸收国内外已有研究成果的基础上,根据绝对指标、相对指标或人均指标,并考虑指标之间相关性,以及县域经济社会发展综合竞争力指标体系构建的六大原则,我们从四个方面(县域综合经济竞争力、县域社会发展竞争力、县域经济发展潜力、县域经济发展活力)组成江苏县域经济社会发展综合竞争力指标体系,并构建如图 1 所示的递阶层次结构理论模型。

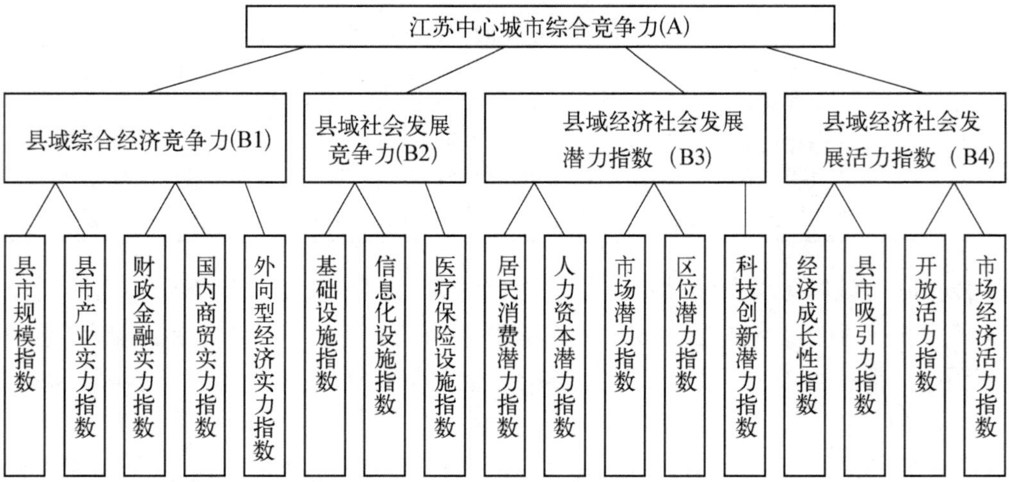

图 1 江苏中心城市综合竞争力评价指标结构图

江苏县域经济社会发展综合竞争力评价指标体系根据县域综合经济竞争力、县域社会发展竞争力、县域经济发展潜力、县域经济发展活力四个一级指标构建了一个递阶层次结构。

1. 县域综合经济竞争力(A)

县域综合经济竞争力主要反映一个县域在宏观经济运行方面的情况，是考量县域综合发展竞争力最重要的方面之一。县域以相应的平台和条件，吸引区外物资、人力、资本、技术、信息、服务等资源要素向区内集聚，通过对各种资源要素的重组、整合来促进和带动相关产业升级和扩充，并将形成进而扩大竞争能力，向周边和外界辐射扩张。在资源要素高效、规范、快速、有序的流动中实现价值，再循环往复不断扩大规模和持续增长，从而提升县域竞争力。根据江苏省45个县域经济的经济特点和发展情况，县域综合经济竞争力包括了县域规模实力指数(A_1)、县域产业实力指数(A_2)、财政金融实力指数(A_3)、国内商贸实力指数(A_4)和外向型经济实力指数(A_5)五个二级指标。其中，规模实力主要反映当前各县域经济的整体发展水平，描述县域地区的经济总量和经济水平。县域产业发展实力主要反映一个县域经济的整体发展结构及在农业、工业、服务业三个产业上具体的发展情况，可以从产业规模、产业效益指数、产业结构三个方面来分析。财政金融实力指数可以用财政收支、人均财政收支、金融机构存贷款余额等指标来衡量和排序，这些指标在一定程度上可以反映江苏县域财政金融体系的核心功能和辐射功能的强弱。国内商贸实力主要是考察区域内商业规模、商业辐射力和产品集散力，反映了巩固和提升产业在区域的地区并使本地区企业获得竞争优势的能力。外向型经济实力指数可以反映某个地区对外经济活动的基本情况及其带动国民经济发展的能力，指标的核心内容是进出口贸易和利用外资情况。

表2　江苏县域综合竞争力评价指标体系

一级指标	变量标识	二级指标	变量标识
综合经济竞争力	A	县域规模指数	A_1
		县域产业指数	A_2
		财政金融指数	A_3
		国内商贸指数	A_4
		外向型经济指数	A_5
社会发展竞争力	B	基础设施指数	B_1
		信息化发展指数	B_2
		医疗保健指数	B_3
经济发展潜力	C	居民消费潜力指数	C_1
		人力资本潜力指数	C_2
		市场潜力指数	C_3
		区位潜力指数	C_4
		科技创新潜力指数	C_5
经济发展活力	D	经济成长性活力指数	D_1
		城市吸引力指数	D_2
		开放活力指数	D_3

2. 县域社会发展竞争力(B)

社会发展竞争力是指一个城市以其现有的社会发展比较优势为基础，通过创造良好的城市环境，在资源要素流动过程中形成更强的集聚、吸引和利用各种资源的能力。城市的社会发展状况表现为城市本身对其居民的影响，包括居民就业、收入、消费行为、养老保障，等等。因此城市社会发展竞争力主要反映城市居民的物质生活水平、社会生活参与程度以及城市社会秩序的安定程度。它所涉及的内容具体有社会结构、人民生活、科技教育、社会保障、医疗卫生和社会秩序等方面，并把消除贫困、公平分配、大众参与和生态保护、社会稳定、可持续发展等多种社会价值作为发展目标。根据江苏省45个县域城市的社会特点和发展情况，社会发展竞争力包括基础设施指数(B_1)、信息化发展指数(B_2)、医疗保健指数(B_3)三个二级指标。

3. 县域经济发展潜力(C)

社会经济发展是一项涉及人、自然、社会等多要素的复合系统工程，陈石俊等(2003)认为经济发展潜力是指稀缺要素得到正常利用时的地区产出能力，而这种能力主要取决于需求的潜力、生产要素的供给和成本等(袁晓龙，2003)。李善同等(2003)从经济增长的潜在动力出发，在对改革开放以来我国经济增长进行核算的基础上，从未来资本投入、生产率和劳动力供给的变动趋势，分析了经济增长潜力和前景，认为自然资源和自然条件的差异是城市分工和城市竞争的基础。根据江苏省45个县级市的社会特点和经济发展情况，社会经济发展潜力包括了居民消费潜力指数(C_1)、人力资本潜力指数(C_2)、市场潜力指数(C_3)、区位潜力指数(C_4)和科技创新潜力指数(C_5)五个二级指标。其中，居民消费潜力指数主要衡量随着居民人均收入的不断上升以及国家医疗、教育等社会保障的根据，预期在未来会不断释放。一个城市的人力规模、人力结构、人力素质、人力资本投入及人力供求关系直接地影响城市的未来发展。市场潜力与经济活动之间的空间关联，印证了产地一市场空间联系和市场通达性是影响经济区位选择和区域经济格局形成的重要因素之一。良好的区位优势对于城市的发展具有较强的拉动力，使其能够减少贸易成本、受到中心经济城市的辐射等，从而获得先天的竞争优势。科技创新潜力指数反映了区域科技创新活动的发展态势和未来科技实力。

4. 县域经济发展活力(D)

“经济活力与可持续发展组织”将经济活力定义为：一个地区的经济竞争能力、适应能力，以及对私人企业和公共企业的吸引能力；具有经济活力的地区能够为居民提供满意的就业等经济活动以及长期可持续性的生活质量。本研究认为，县域经济社会发展活力是一个动态概念，随时间的变化而不断变化。根据江苏省45个县级市的社会特点和经济发展情况，社会经济发展活力指数包括了经济成长性活力指数(D_1)、城市吸引力指数(D_2)、开放活力指数(D_3)三个二级指标。其中，经济增长活力指数着眼于未来，从动态角度对城市经济活力进行阐释。一个具有活力的城市应该具有较强的吸引力，能够吸引人力和资本等生产要素，城市吸引力指数和开放活力指数主要反映了活力城市对劳动力和外资的吸引。

（三）江苏县域经济社会发展综合竞争力评价指标体系的指标选取

1. 三级指标的构建

构建的江苏县域经济社会发展综合竞争力评价指标体系中的二级指标对一级指标所涉及问题的具体方面进行了细分，但可以发现，这些二级指标大都是一种主观的指数型指标，难以进行量化，因此需要在此基础上对二级指标进行进一步量化处理。本研究从各二级指标的特征出发，根据各指标的复杂程度，采用数量不等的可量化的三级指标对其进行全面的描述，具体三级指标如表3所示。

表3　江苏县域经济社会发展综合竞争力评价指标体系三级指标

二级指标	三级指标	变量标识	单　位
县域规模指数(A_1)	年末常住人口	A_{101}	万人
	GDP	A_{102}	亿元
	人均GDP	A_{103}	元
	经济密度	A_{104}	万元/平方公里

续表

二级指标	三级指标	变量标识	单　位
县域产业指数(A_2)	第二产业增加值占 GDP 比重	A_{201}	%
	服务业增加值占 GDP 比重	A_{202}	%
	第二产业劳动生产率	A_{203}	万元/人
	第三产业劳动生产率	A_{204}	万元/人
	规模以上工业企业数	A_{205}	家
	主营业务收入	A_{206}	亿元
	工业总产值	A_{207}	亿元
	单位产值利税率	A_{208}	%
	单位产值利润率	A_{209}	%
	负债率	A_{210}	%
	总资产贡献率	A_{211}	%
财政金融指数(A_3)	财政一般预算收入	A_{301}	亿元
	财政一般预算支出	A_{302}	亿元
	财政收入占 GDP 比重	A_{303}	%
	人均财政一般预算收入	A_{304}	元
	人均财政一般预算支出	A_{305}	元
	金融机构年末储蓄总余额	A_{306}	亿元
	金融机构年末贷款总余额	A_{307}	亿元
	人均年末储蓄额	A_{308}	元
	人均财政一般收入增长率	A_{309}	%
	人均年末储蓄额增长率	A_{310}	%
国内商贸指数(A_4)	批发零售贸易业商品销售总额	A_{401}	亿元
	社会消费品零售额	A_{402}	亿元
	人均批发零售贸易业商品销售额	A_{403}	元
	人均社会消费品零售额	A_{404}	元
	社会批发零售贸易业商品销售额增长率	A_{405}	%
	社会消费品零售额增长率	A_{406}	%
外向型经济指数(A_5)	进出口总额	A_{501}	亿美元
	出口总额	A_{502}	亿美元
	出口总额增长率	A_{503}	%
	实际利用外资金额	A_{504}	亿美元
	实际利用外资金额增长率	A_{505}	%
	外资企业工业总产出	A_{506}	亿元
	外资企业工业总产出占比	A_{507}	%
基础设施指数(B_1)	固定资产投资总额	B_{101}	亿元
	房地产开发投资额	B_{102}	亿元
	新增固定资产	B_{103}	亿元
	住宅占房地产开发投资比重	B_{104}	%
	城镇居民人均住房建筑面积	B_{105}	平方米

续表

二级指标	三级指标	变量标识	单　位
基础设施指数(B_1)	农村居民人均住房面积	B_{106}	平方米
	公里里程	B_{107}	公里
	人均公路里程	B_{108}	公里/万人
	等级公路里程	B_{109}	公里
	等级公里里程占比	B_{110}	%
	地区客运总量	B_{111}	万人次
	地区货运总量	B_{112}	万吨
	民用汽车拥有量	B_{113}	万辆
	人均私人汽车拥有量	B_{114}	辆/万人
信息化发展指数(B_2)	邮电业务总量	B_{201}	亿元
	人均邮电业务消费量	B_{202}	元
	固定电话用户普及率	B_{203}	%
	移动电话普及率	B_{204}	%
	国际互联网普及率	B_{205}	%
医疗保健指数(B_3)	卫生机构数	B_{301}	个
	卫生机构床位数	B_{302}	张
	每万人拥有卫生技术人员数	B_{303}	人
	每万人拥有医生数	B_{304}	人
	每万人拥有医院病床数	B_{305}	张
居民消费潜力指数(C_1)	城镇居民人均可支配收入	C_{101}	元
	城镇居民人均消费支出	C_{102}	元
	城镇居民人均消费支出年均增长率	C_{103}	%
	城镇居民恩格尔系数	C_{104}	%
	农村居民人均纯收入	C_{105}	元
	农村居民人均消费支出	C_{106}	元
	农村居民人均消费支出年均增长率	C_{107}	%
	农村居民恩格尔系数	C_{108}	%
人力资本潜力指数(C_2)	在校学生总数	C_{201}	万人
	每万人在校学生数	C_{202}	人
	专职教师人数	C_{203}	人
	每万人专职教师人数	C_{204}	人
	师生比	C_{205}	%
	公共图书馆藏书册	C_{206}	千册
	每百人图书馆藏书量	C_{207}	册
市场潜力指数(C_3)	所在地级市 GDP	C_{301}	亿元
	所在地级市人均 GDP	C_{302}	元
	所在区域① GDP	C_{303}	亿元
	所在区域人均 GDP	C_{304}	元

① 这里的区域是指苏南、苏中、苏北。

续表

二级指标	三级指标	变量标识	单　位
区位潜力指数(C_4)	自然区位优势度	C_{401}	——
	交通区位优势度	C_{402}	——
	文化区位优势度	C_{403}	——
	经济区位优势度	C_{404}	——
	政治区位优势度	C_{405}	——
科技创新潜力指数(C_5)	专利申请受理量	C_{501}	件
	专利申请授权量	C_{502}	件
经济增长活力指数(D_1)	GDP 年均增长率	D_{101}	%
	财政收入年均增长率	D_{102}	%
	人均 GDP 年均增长率	D_{103}	%
	人均财政收入年均增长率	D_{104}	%
	人均社会消费品零售额年均增长率	D_{105}	%
县域吸引力指数(D_2)	常住人口指数	D_{201}	%
	人口密度	D_{202}	人/平方公里
开放活力指数(D_3)	外贸依存度	D_{301}	%
	FDI 占 GDP 比重	D_{302}	%
	FDI 年均增长率	D_{303}	%

2. 部分三级指标计算方法

在设置的三级指标中可以发现，该级指标由定性指标和定量指标两部分构成，其中除了包含在区位潜力指数(C_4)中的自然区位优势度(C_{401})、交通区位优势度(C_{402})、文化区位优势度(C_{403})、经济区位优势度(C_{404})和政治区位优势度(C_{405})五个定性指标外，其余均为定量指标。定性指标采用专家打分法获取，并使用德尔菲法使指标得分更为可信。专家们根据自己的知识经验对江苏 41 个县(市)在 5 个定性指标上的表现进行排序，并给出各自的排序依据，研究者汇总排序依据后，将这些信息反馈给专家们，让他们以此作为参照调整各自的排序结果，以第二次的排序结果作为最终统计值。最后将每个指标排名第一位的县域赋值为 100 分，以 2.2 分为公差，对排序统计值进行分数换算，依次递减，指标排名第 41 位的县域得分为最低值 3.2 分，各县(市)最终得分为专家打分的均值。定量指标中的大多数县域可以从相关资料中直接查询得到，部分数据需要进行简单计算。具体包括：

表 4　江苏县域经济社会发展综合竞争力评价指标体系部分三级指标计算方法

三级指标	变量标识	计算方法
经济密度	A_{104}	GDP＊10000/土地面积
第二产业增加值占 GDP 比重	A_{201}	第二产业增加值/GDP＊100
服务业增加值占 GDP 比重	A_{202}	第三产业增加值/GDP＊100
第二产业劳动生产率	A_{203}	第二产业增加值/第二产业从业人员数
第三产业劳动生产率	A_{204}	第三产业增加值/第三产业从业人员数
单位产值利税率	A_{208}	利税总额/工业总产值＊100
单位产值利润率	A_{209}	利润总额/工业总产值＊100
负债率	A_{210}	资产总额/负债总额＊100
总资产贡献率	A_{211}	(利润总额＋利税总额＋利息支出)/资产总额＊100

续表

三级指标	变量标识	计算方法
财政收入占 GDP 比重	A_{303}	财政一般收入/GDP＊100
人均财政一般收入增长率	A_{309}	(当年人均财政一般收入/上一年人均财政一般收入－1)＊100
人均年末储蓄额增长率	A_{310}	(当年人均年末储蓄额/上一年人均年末储蓄额－1)＊100
社会批发零售贸易业商品销售额增长率	A_{405}	(当年社会批发零售贸易业商品销售额/上一年社会批发零售贸易业商品销售额－1)＊100
社会消费品零售额增长率	A_{406}	(当年社会消费品销售额/上一年社会消费品销售额－1)＊100
出口总额增长率	A_{504}	(当年出口额/上一年出口额－1)＊100
实际利用外资金额增长率	A_{506}	(当年实际利用外资金额/上一年实际利用外资金额－1)＊100
外资企业工业总产出占比	A_{508}	外资企业总产出/工业总产出＊100
住宅占房地产开发投资比重	B_{104}	住宅开发投资/房地产开发投资额＊100
人均公路里程	B_{108}	公路里程/年末常住人口
等级公路里程占比	B_{110}	等级公路里程/公路里程＊100
人均私人汽车拥有量	B_{114}	私人汽车＊10000/年末常住人口
人均邮电业务消费量	B_{202}	邮电业务总量＊10000/年末常住人口
固定电话用户普及率	B_{203}	本地电话用户/本地户籍数＊100
移动电话普及率	B_{204}	移动电话用户/本地户籍数＊100
国际互联网普及率	B_{205}	国际互联网用户数/本地户籍数＊100
每万人拥有卫生技术人员数	B_{303}	卫生技术人员数/年末常住人口
每万人拥有医生数	B_{304}	执业(助理)医师/年末常住人口
每万人拥有医院病床数	B_{305}	卫生机构床位数/年末常住人口
每万人在校学生数	C_{202}	在校学生总数/年末常住人口
每万人专职教师人数	C_{204}	专任教师总数/年末常住人口
师生比	C_{205}	专任教师总数/在校学生总数＊100
每百人图书馆藏书量	C_{207}	公共图书馆图书藏量＊10/年末常住人口
GDP 年均增长率	D_{101}	2014—2018 年 GDP 增长率算数平均值
财政收入年均增长率	D_{102}	2014—2018 年财政一般收入增长率算数平均值
人均 GDP 年均增长率	D_{103}	2014—2018 年人均 GDP 增长率算数平均值
人均财政收入年均增长率	D_{104}	2014—2018 年人均财政一般收入增长率算数平均值
人均社会消费品零售额年均增长率	D_{105}	2014—2018 年人均社会消费品零售额增长率算数平均值
常住人口指数	D_{201}	年末常住人口/年末户籍人口＊100
人口密度	D_{202}	年末常住人口＊10000/土地面积
FDI 占 GDP 比重	D_{302}	实际外商直接投资/GDP＊100
FDI 年均增长率	D_{303}	2014—2018 年实际外商直接投资增长率算数平均值

注:年末常住人口从 2010 年起开始统计,在计算年均增长率时所涉及的之前年份的人均指标计算均使用年末户籍人口。

（四）数据采集与处理

江苏县域经济社会发展综合竞争力评价中所涉及的指标以 2018 年数据为主，数据主要来源于历年《江苏统计年鉴》《江苏高新技术产业发展公报》、江苏省 41 个县（市）政府官方网站发布的历年《政府工作报告》《国民经济和社会发展统计公报》等官方资料，具有较高的可信度和权威性。由于县域经济社会发展综合竞争力各项指标数据的量纲不同，因此，需要对这些指标进行综合统计分析。为了消除因量纲不同的评价指标数据对评估结果的影响，一般在完成数据的采集工作后，还需要对原始数据进行无量纲化处理。本书采用标准化处理方法，具体包含两个步骤：

首先，对原始数据资料进行指数化处理，计算公式如下：$X_i=\frac{x_i}{\max(x)}$。其中，X_i 是指数，x_i 是原始数据资料值，$\max(x)$ 是该指标中所有样本城市中原始数据资料值最大值。

其次，对指数化后的指标值进行标准化处理，计算公式如下：$W_i=\frac{X_i-\overline{X_i}}{\sigma(X_i)}$。其中，$W_i$ 是标准化后的指标值，X_i 是指数化后的数值，$\overline{X_i}$ 为该指标指数化后的平均值，$\sigma(X_i)$ 为该项指标指数化后的标准差。每一项指数经过标准化处理后的均值为 0，方差为 1。

主成分分析法（principal component analysis）原用于处理多维随机变量在线性变换下的分量相关问题，其方式是通过求协方差或者相关系数矩阵的特征值与特征根运算，按所要求的贡献率求出集中原理随机变量主要信息的、相互无关的主成分，是处理多维数据间相关问题的有力工具。主成分分析能将高维空间的问题转化到低维空间去处理，使问题变得比较简单、直观，而且这些较少的综合指标之间互不相关，又能提供原有指标的绝大部分信息。而且，伴随主成分分析的过程，将会自动生成各主成分的权重，这就在很大程度上抵制了在评价过程中人为因素的干扰，因此，以主成分为基础的综合评价理论能够较好地保证评价结果的客观性，如实地反映实际问题。本研究采用现阶段学术界对城市竞争力评价普遍通行的数学处理方式，即主成分分析方法来进行数据的处理并最终求得评价结果。首先对第三级指标进行指数化和标准化处理，在此基础上进行主成分分析，并将主成分分析结果根据因子载荷进行加权和标准化处理从而得到二级指标数值，从而体现评价分项竞争力所选的视角。最后基于二级指标得分再次使用主成分分析，得到县域经济社会发展综合竞争力得分，以此评价县域整体发展状况。

二、江苏县域经济社会发展综合竞争力分析

本研究从四个二级指标的角度出发，逐一进行主成分分析，具体分析步骤为：第一步，从相关资料中找出相应数据并进行必要的计算，建立其江苏省各县（市）的三级指标的初始数据矩阵；第二步，对初始数据矩阵进行指数化及标准化处理，得到待分析数据矩阵；第三步，对待分析数据矩阵进行 KMO 和 Bartlett 球形度检验，如相应的 KMO 值大于 0.70 且 Bartlett 统计值不大于 Cronbach's Alpha 值，则表示二级指标对应的三级指标具有较好的信度和效度，能够进行因子分析；第四步，经主成分分析，提取累计方差贡献率超过 80%的公因子，同时根据旋转后的因子载荷进行加权和指数化处理得出各县域的因子得分；最后，根据四个二级指标的因子得分进一步进行主成分分析，综合得到江苏县域经济社会发展综合竞争力的因子得分，并进行相应分析。

经济社会发展综合竞争力是一个综合概念，是城市竞争力的显性表示，能够显示一个城市好多快省创造财富的能力。经济社会发展综合竞争力排名先后，意味着城市在市场占有率、经济增长率、综合生产力、社会发展、教育科技等方面表现的好坏。表 5 是根据综合经济竞争力、社会发展竞争力、经济发展潜力、经济发展活力四个二级指标经主成分分析综合得到的江苏县域经济社会发展

综合竞争力得分及排名情况。

表 5　江苏县域经济社会发展综合竞争力 15 强比较

排名	经济社会发展综合竞争力	排　名	经济社会发展综合竞争力	排　名	经济社会发展综合竞争力	排　名	经济社会发展综合竞争力
1	昆山市	5	太仓市	9	如皋市	13	泰兴市
2	江阴市	6	宜兴市	10	丹阳市	14	靖江市
3	张家港市	7	海门市	11	海安市	15	邳州市
4	常熟市	8	启东市	12	溧阳市		

2018 年,江苏县域经济社会发展综合竞争力综合排名前五位的县市是昆山市、江阴市、张家港市、常熟市和太仓市。与 2017 年相比,前七名保持一致,启东市取代丹阳市位列第八,丹阳市下滑至第 10 位;如东县跌出前十五强,邳州市取而代之,位列第 15 位。

从江苏县域经济社会发展综合竞争力最弱的 10 个县(市)依次为:灌云县、金湖县、响水县、涟水县、泗洪县、东海县、滨海县、盱眙县、泗阳县、阜宁县。其中,连云港地区 2 个县(市)、淮安地区 3 个县(市)、宿迁地区 2 个县(市)、盐城地区 3 个县(市)。

第三章　重点县(市)经济发展情况

一、昆山市

2018年,全市上下坚持稳中求进工作总基调,贯彻新发展理念,按照高质量发展要求,有效应对外部环境深刻变化,坚持"五个牢牢把握"工作导向,践行"忠诚、担当、落实、创新、清正"工作要求,以解放思想深化改革创新,以人才科创增强发展动能,大力实施18项三年提升工程,坚决打好三大攻坚战,高质量发展迈出坚实步伐。位列全国中小城市综合实力、绿色发展、投资潜力、科技创新、新型城镇化质量百强县市"五个第一",连续14年位居全国百强县首位,蝉联福布斯中国"最佳县级城市30强"第一。

(一)综合经济

全市实现地区生产总值3832.06亿元,按可比价计算,比上年增长7.2%。其中,第一产业增加值31.62亿元,增长1.8%;第二产业增加值2074.53亿元,增长5.4%;第三产业增加值1725.91亿元,增长9.3%,第三产业增加值占地区生产总值比重达45%,比上年提高0.3个百分点。按常住人口计算,人均地区生产总值达23.03万元,按年均汇率测算,达34798美元。

全市完成一般公共预算收入387.89亿元,比上年增长10.0%。其中,税收收入356.01亿元,增长11.6%,税收收入占一般公共预算收入的比重达91.8%,比上年提升1.3个百分点。

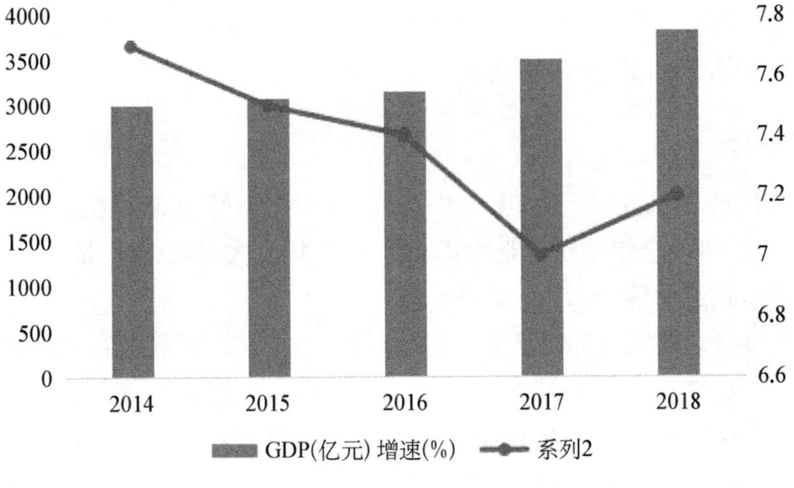

图1　昆山市GDP规模及实际增速

数据来源:历年《江苏统计年鉴》

(二)农林渔牧业

全市农林牧渔业总产值56.87亿元,比上年增长2.5%。全市水稻种植面积10.9万亩、亩产623公斤,小麦7.4万亩、亩产307.8公斤,稻麦总产9.07万吨。果品种植1.14万亩,产量1.26万吨,全年蔬菜播种面积5.8万亩,产量11.05万吨。水产养殖面积9.69万亩,产量2.9万吨。全年共出栏生猪0.33万头、家禽5.97万羽,上市鲜奶1.01万吨。新增申报省级"一村一品一店"5家。支持新型职业农民建设"蟹卡网"地产大闸蟹电商平台,42家本地蟹商入驻。全市农产品电商销售额达4亿元。全市118个休闲观光农业基地共接待游客151万人次,实现营业收入8.4亿元。

表1　2018年昆山市农林牧渔业总产值(亿元)

年　份	总产值	农　业	林　业	畜牧业	渔　业	农林牧渔服务业
2014	49.16	14.01	4.59	2.06	25.66	2.83
2015	52.37	15.02	4.76	2.16	27.33	3.11
2016	54.51	15.32	4.80	2.77	28.42	3.20
2017	55.51	15.86	4.82	1.47	29.98	3.37
2018	56.87	17.38	4.92	0.66	30.43	3.48

数据来源:历年《江苏统计年鉴》

(三)工业经济

全市实现规上工业增加值1719.52亿元,按可比价计算比上年增长6.1%。全市拥有1个千亿级IT(通信设备、计算机及其他电子设备)产业集群和12个百亿级产业集群,拥有120家大型工业企业,369家中型企业。全市产值超亿元企业912家,其中,10亿元以上企业119家,百亿元以上10家。全年生产计算机整机4496.98万台、移动通信手持机(手机)3958.77万台。

(四)建筑业

全市建筑业企业房屋新开工面积575.99万平方米,比上年下降11.9%;新签合同额297.74亿元,增长8.9%。全市资质以上建筑企业实现建筑业总产值285.47亿元,增长20.1%,其中,建筑工程产值252.43亿元,增长18.8%,安装工程产值30.87亿元,增长35.8%。全市建筑业企业期末人数6.85万人,下降9.5%,其中,工程技术人员1.05万人。

(五)运输邮电业

年末全市拥有机动车65.82万辆,比上年增长10.6%,其中私家车拥有量52.79万辆,增长10.6%,日均净增139辆。全年完成营业性客运量1.57亿人次,客运周转量15.46亿人公里,全年货运量1614.6万吨,货运周转量22.80亿吨公里。

全年实现邮电业务总收入66.93亿元,比上年增长5.7%。年末,移动电话用户331.3万户,比上年增加16.7万户,增长5.3%;其中,4G用户数268万户,增长12.6%。固定宽带互联网用户124.6万户,比上年增加16.1万户,增长14.8%。

(六)国内贸易

全市实现全社会消费品零售总额1021.77亿元,比上年增长8.5%,在全国同类城市中总量第一。其中,批发零售业实现零售额832.07亿元,增长8.0%;住宿餐饮业实现零售额189.69亿元,增长10.4%。网络零售快速增长,限上贸易企业通过互联网实现零售额370.44亿元,增长14.0%,拉动全市社会消费品零售总额增长4.8个百分点。

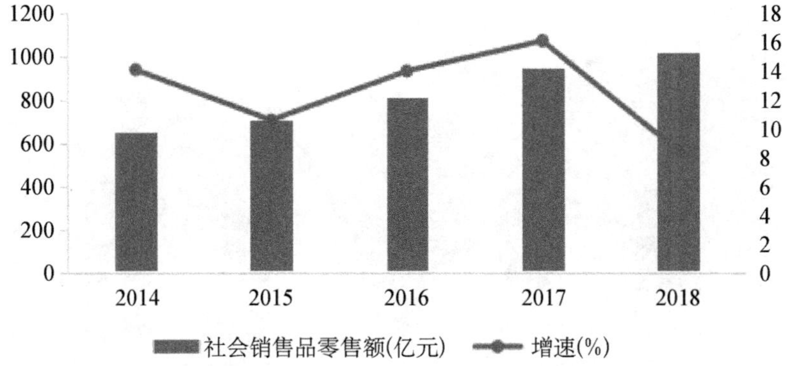

图 2　2014—2018 年昆山市社会销售品零售额

数据来源:历年《江苏统计年鉴》

（七）金融业

全市拥有银行机构 40 家,证券公司 20 家,保险机构 51 家。金融机构本外币存款余额 4674.94 亿元,比年初增加 295.57 亿元,增长 6.8%,本外币贷款余额 3441.4 亿元,比年初增加 298.46 亿元,增长 9.5%。“金融超市”上线试运行,累计注册企业 6568 家,解决融资需求 136 亿元;“小微贷”累计为 187 家小微企业解决融资需求 11.2 亿元。推进华创毅达生医产业基金、峰瑞昆山基金设立。成功举办“资本力量创新动力”金融合作对接会暨江苏人才创新创业路演活动。

全年保费收入 81.7 亿元,比上年增长 13.2%,其中,人寿保险保费收入 52.35 亿元,增长 17.3%。保险赔款和给付 22.42 亿元,增长 21.9%;其中,赔款支出 18.69 亿元,增长 21.8%。

全年新增 10 家上市挂牌企业,累计上市挂牌企业 110 家,其中,11 家境内 A 股上市,86 家挂牌新三板,11 家返台上市上柜,2 家登陆香港联交所。加快培育“独角兽”企业,挖掘潜在优质“独角兽”后备企业 21 家。

（八）房地产业

全市新建商品房销售面积 397.40 万平方米,比上年增长 15.0%,其中,住宅销售 359.14 万平方米,增长 18.9%。全年房地产开发投资 397.01 亿元,增长 5.6%,其中,住宅完成投资 321.80 亿元,增长 17.5%。全市房屋施工面积 2768.37 万平方米,下降 10.3%,其中,住宅 1933.26 万平方米,下降 8.5%。全年新开工面积 505.19 万平方米,下降 7.5%,其中,住宅 361.34 万平方米,增长 2.4%。

（九）旅游业

全年完成旅游投资 20.8 亿元,制定建设全域旅游三年提升工程。发展乡村旅游助推乡村振兴战略。全年接待国内外游客 2181.92 万人次,比上年增长 2.6%,实现全社会旅游收入 307.74 亿元,增长 8.3%。

（十）对外贸易

全年完成进出口总额 891.4 亿美元,比上年增长 7.7%,其中,出口 580.52 亿美元,增长 6.5%。一般贸易进出口总额 186.92 亿美元,增长 10.1%,高出进出口总额增速 2.4 个百分点,一般贸易进出口占货物进出口总额比重为 21%,比上年提高 0.5 个百分点。新设外资项目 276 个,新增注册外资 23.4 亿美元,增长 65.4%。实际使用外资 7.5 亿美元,增长 1.9%。对“一带一路”

沿线 65 个国家进出口 169.2 亿美元,增长 19.3%。

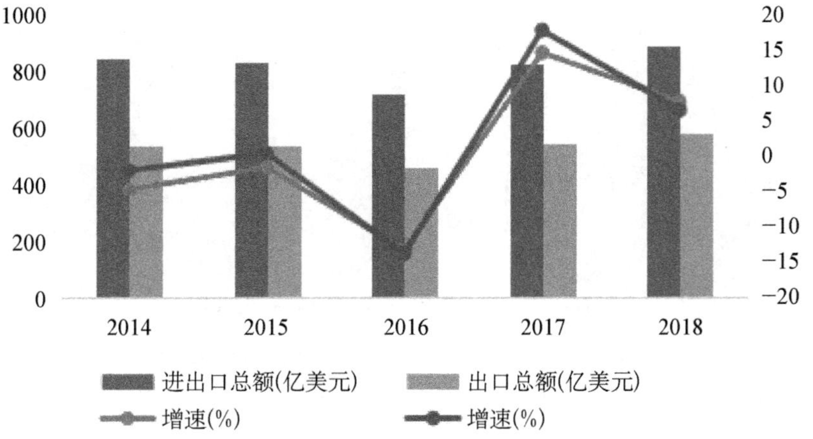

图 3　2014—2018 年昆山市进出口总额及增速

数据来源:历年《苏州市统计年鉴》

(十一)科技事业

全年认定高新技术企业 533 家、民营科技企业 270 家,年末有效高企数量达 1208 家。新增省工程技术研究中心 18 家、省企业研究生工作站 11 家、苏州市工程技术研究中心 65 家,大中型及规模以上高新技术企业建设研发机构比例为 94.97%。新增专利申请 24685 件,其中,发明专利申请 6468 件;新增专利授权 16703 件,其中,发明专利授权 2000 件,PCT 专利申请 375 件,万人发明专利拥有量 60.29 件。全年累计举办校企产学研对接交流活动 162 场,实施各类产学研合作项目 612 项。

(十二)人才建设

全市大专以上人才保有量达到 37.82 万人,人才贡献率达 50.9%。2018 年,重磅推出昆山“头雁人才”工程,认定昆山“头雁人才团队”2 个、“头雁人才”1 人,柔性引进院士 9 人。引进国家“千人计划”14 人、自主培育 2 人,“外专千人”实现零突破。入选国家“万人计划”3 人、“创新人才推进计划”6 人。认定省双创人才 13 人、省“外专百人”专家 2 名、省双创博士 18 人、六大高峰人才 14 人、省“333”人才 11 人。入选姑苏领军人才 27 人、姑苏重大创新团队 1 个、苏州高技能人才 3 人,姑苏团队项目连续两年县市唯一入选,苏州高技能人才占全市 3/8。成功入选苏州市 2017 年度“海鸥计划”20 个项目 25 名专家。

(十三)教育事业

全市共有各类学校 270 所,其中,幼儿园 142 所、小学 65 所、初中 33 所(含九年一贯制学校 8 所)、普通高中 8 所(含完中 1 所)、中等职业学校 4 所、社区教育中心校 10 所、特殊教育学校 1 所、地方高等院校 7 所。在校生 302583 人,其中,中小学幼儿园 276567 人,教职工 22666 人,其中中专任教师 17093 人。义务教育阶段学生 191014 人,其中,昆山新市民子女 114085 人,占 59.7%。公办在编在岗专任教师 11109 人,其中,幼儿教师 1846 人、小学教师 5153 人、初中教师 2358 人、普通高中教师 1036 人、中等职业学校教师 552 人、特殊教育教师 31 人,事业单位教师 133 人。累计拥有人民教育家培养对象 3 人,省特级教师 36 人,正高级教师 17 人,苏州市名校长 6 人、名教师 40 人、学科(学术)带头人 191 人,昆山市名校长 15 人、名教师 19 人、学科(学术)带头人 892 人、教学能手1845人、教坛新秀1852人。完成震川高级中学、亭林中学、萧林小学、青阳港幼儿园等新建、改扩建学校建设项目24个，新增校舍建筑面积41万平方米、学位2.3万个。

（十四）文化事业

有序推进陆放版画馆、昆曲文化中心、图书馆内部空间改造等规划建设。累计完成村（社区）综合性文化服务中心标准化建设240家。成功举办2018年戏曲百戏（昆山）盛典系列活动。全市举办文艺活动4483场。3个作品在第十三届江苏省“五星工程奖”比赛中获奖。成立爱读联盟。全市纸质图书借阅171.6万册次，服务人次199.8万人，举办读者活动600场。新建24小时自助图书馆3家。编制印发《昆山市昆曲发展规划（2018—2022）》。创排《顾炎武》《梧桐雨》两部大戏，获江苏省“京昆艺术紫金奖·优秀剧目奖”。完成20个折子戏的传承。

（十五）卫生事业

全市共有医疗卫生机构565所，其中，三级医院2家，二级医院14家。全市拥有卫生技术人员13649人，其中，执业（助理）医师5355人，千人拥有医生数为3.21人。拥有卫生技术人员高级职称1489人，中级职称3695人，硕士以上人员829名。全市拥有病床位7522张，千人拥有床位数为4.52张。人口平均期望寿命84.05岁。孕产妇死亡率为20.71/10万，婴儿死亡率1.61‰。

（十六）体育事业

全市人均体育消费水平达3073元。成功引进中国足协乙级俱乐部昆山FC。高质量举办U23亚洲足球锦标赛。成功举办海峡两岸马拉松赛。成功举办首届户外运动节。全市共有1家市级体育总会，46家市级单项体育协会，75家区镇协会。优化“15分钟体育生活圈”建设，新建区镇体育公园3个、体育馆3个、游泳馆2个、全民健身中心3个，新建全民健身工程点46处99片，新增健身步道36公里，人均体育场地面积达4.6平方米。

（十七）基础设施建设

全市完成交通建设投资22亿元。锦淀公路对接崧泽大道工程完工。曙光路对接复兴路开工建设。新开通2条对接上海跨省公交线路，日客流量达1500人次，通勤客流量超过70%。新开通昆山南站始发至上海G7215次列车，增加停靠列车27趟。轨道交通S1线开工建设。沪宁高速高新区互通、昆太路金鸡河大桥、长江北路杨林塘大桥建成通车，江浦路吴淞江大桥顶升改造工程完工。全年新建改建公交候车亭290座，建设公交专用道40公里。大修改造老旧公交场站9座，更新公交车159辆，扫码乘车公交线路覆盖率达到74%。

全社会用电量253.47亿千瓦时，比上年增长5.0%。其中，工业用电量194.47亿千瓦时，增长3.4%；城乡居民用电量25.49亿千瓦时，增长11.2%。

（十八）环境保护和资源节约

全市空气质量优良天数比例77.5%，比上年提升6.3个百分点，PM2.5平均浓度36微克/立方米，下降7.7%，较2013年考核基数下降41%；8个国省考断面全部达标，水质优Ⅲ比例75%，饮用水源地水质达标率100%。成功创建江苏省级生态文明建设示范镇4个、示范村6个。

腾出发展空间4550亩。完成低效用地再利用12364亩，亩均投资强度达内资816万元、外资124万美元，分别比上年增长29%、31%。

(十九) 安全生产

全年组织开展38项重点领域专项整治,检查企业场所11.7万家次,关停化工企业49家;强化城市安全风险评估管控,成立17个安全生产专业委员会,实现区镇安全生产委托执法全覆盖。深入推进“331”专项行动,排查整治“三类隐患”23万处。亿元GDP生产安全事故死亡率0.019。

(二十)质量监督

全市50个产品获评苏州名牌产品,37个产品申报江苏名牌产品,3家企业获评苏州市质量奖。全市有效期内苏州名牌产品135个,江苏名牌产品52个。全市企事业单位主导或参与制修订标准项目累计546项,其中,国际标准12项,国家标准292项,行业标准238项,团体标准4项。

(二十一) 体制改革

市政务办、市“12345”便民服务中心以及苏州市公共资源交易中心昆山分中心整体搬迁入驻政务服务中心(西区)。全年共完成办件量1405万件(政务服务中心完成46.74万件,分中心完成823.57万件,区镇中心完成534.69万件),其中,市政务服务中心即办件32.71万件,网上办件34.4万件,绿色通道1530件,联合验收364件;公共资源交易中心完成项目2106项,交易金额386.28亿元;便民服务中心12345平台受理各类诉求73.88万件,其中,热线受理69.13万件,即时处办54.90万件,直接处办率77.2%,满意度99.56%。

(二十二) 载体建设

昆山试验区建设扎实推进,第五次部省际联席会议议定事项得到有效落实,台资企业集团内部人民币跨境双向借款规模超180亿元,合格境外有限合伙人(QFLP)试点取得突破。15家企业开展综保区企业增值税一般纳税人资格试点,开具增值税发票52亿元。试验区第六次部省际联席会议成功召开,明确在昆山试验区立法、进一步落实台胞台企同等待遇、两岸产业科技合作、两岸金融创新合作、贸易便利化、医疗卫生领域交流合作等六个方面给予12项支持举措。

(二十三) 人口和就业

年末全市户籍总人口90.32万人,比上年末增加4.05万人,增长4.7%,其中男性44.36万人,女性45.97万人,户籍人口性别比为96.5(以女性为100)。全年出生人口1.25万人,出生率14.2‰,死亡人口0.48万人,死亡率5.5‰,自然增长率8.7‰。全市累计城镇新增就业岗位3.3万个,城镇登记失业率控制在1.78%。进一步优化全市创业扶持政策,新增创业社保补贴、创业运营补贴和创业注销补贴等补贴内容,全年发放一次性开业补贴1463人,共计738万元。加快创业孵化载体建设,全市已累计建立创业孵化基地32家,高校毕业生就业见习基地161家。

(二十四) 社会保障

全年民政社会救助总支出7848万元,惠及困难群众18620人(次)。全市困难救助对象2871人。城乡低保标准由875元/月提高到945元/月,特困人员生活救助供养标准由1125元/月提高到1323元/月。福彩全年销售达8.16亿元,比上年增长1.6%,筹集公益金9287万元。新建老年人日间照料中心(助餐点)6家,已建成日间照料中心110家,社会化运营率达62%。

全年新增公积金缴存职工20.68万人,净增1.63万人。年末,住房公积金缴存人数达64.5万人,比上年增长2.6%。全年归集住房公积金71.48亿元,增长13.3%。全年共向7116户职工家庭发放公积金贷款30.23亿元。

（二十五）人民生活

全市居民人均可支配收入55081元，比上年增加4156元，增长8.2%。其中，工资性收入35868元，增长7.7%；经营净收入4694元，增长5.6%；财产净收入8085元，增长12.6%；转移净收入6434元，增长7.6%。按常住地分，城镇居民人均可支配收入63926元，增长8.0%；农村居民人均可支配收入32916元，增长8.0%。

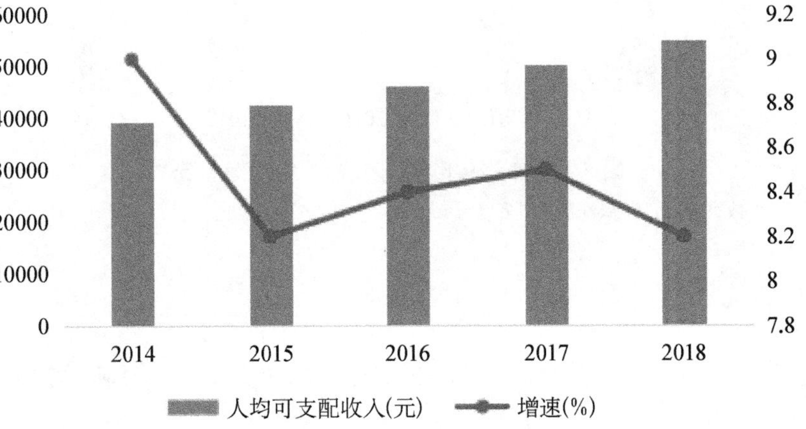

图4　2014—2018年昆山市居民人均可支配收入及增速

数据来源：历年《苏州市统计年鉴》

全市居民人均生活消费支出32248元，比上年增加1923元，增长6.3%。按常住地分，城镇居民人均生活消费支出36396元，增长6.0%；农村居民人均生活消费支出21851元，增长7.1%。

二、江阴市

2018年，全市上下以习近平新时代中国特色社会主义思想为指引，认真贯彻落实党中央国务院、江苏省及无锡市决策部署，贯彻新发展理念，紧紧围绕加快实现“六个高质量”、全面打响“五大品牌”的目标，着眼全局、把握大势，全力统筹做好稳增长、促改革、调结构、优生态、惠民生、防风险等各项工作，奋力当好高质量发展领跑者，高水平全面建成小康社会和“强富美高”新江阴建设迈出了新步伐。

（一）综合

全市实现地区生产总值3806.18亿元，按可比价格计算，增长7.4%。按常住人口计算，人均地区生产总值达23.05万元。

全年实现第一产业增加值36.98亿元，增长0.8%；第二产业增加值2071.91亿元，增长8.7%；第三产业增加值1697.29亿元，增长6.0%。三次产业比例调整为1.0∶54.4∶44.6，三产增加值占GDP比重较上年提高0.2个百分点。

全年提供就业岗位6.16万个，本地劳动力实现就业4.95万人，城镇新增就业2.53万人，城镇困难人员再就业5985人，城镇登记失业率为1.65%。扶持自主创业5639人，带动就业2.35万人，发放各类创业补贴742.1万元，发放创业担保贷款7479万元。

年末拥有各类工商登记市场主体总数177633户，增长14.5%。企业总数62132户，增长

14.1%;其中,国有及集体控股企业3530户,外商投资企业1160户,私营企业57442户。个体工商户总数115501户,增长14.7%。

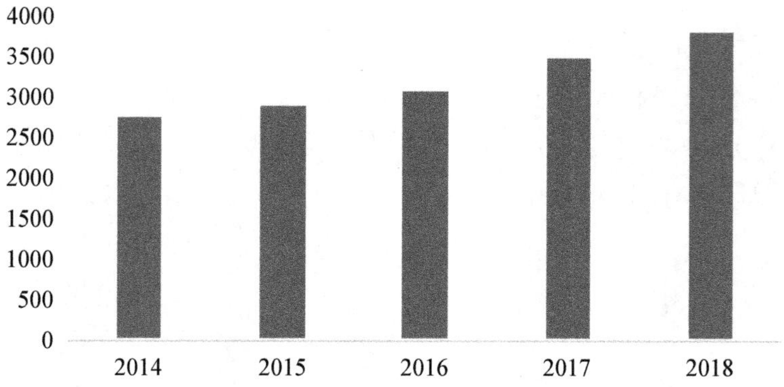

图5 2014—2018年江阴市GDP规模(亿元)

数据来源:历年《江苏统计年鉴》

(二)农业

全年粮食总产量13.06万吨,增长3.5%,其中谷物总产量12.68万吨,增长3.5%。油料总产量1249吨,下降45.5%。

全年粮食种植面积19.94千公顷,比上年减少0.32千公顷;油料种植面积0.58千公顷,比上年减少0.47千公顷;蔬菜种植面积12.08千公顷,比上年减少0.61千公顷;水果种植面积3.15千公顷,比上年增加0.06千公顷。

主要畜产品中,肉类总产量0.47万吨,下降85.3%;其中,猪牛羊肉0.35万吨,下降86.5%。牛奶1.29万吨,下降23.7%。全年水产品产量2.59万吨,增长0.8%。

(三)工业和建筑业

全市规模以上工业实现产值6059.13亿元,增长15.5%;其中轻工业实现产值1826.02亿元,增长9.4%;重工业实现产值4233.11亿元,增长18.3%。在全市跟踪统计的15种重点产品中,有12种产品的产量实现正增长。全年工业用电量240.84亿千瓦时,增长5.6%。

全市规模以上工业实现主营业务收入6034.54亿元,增长11.4%;产品销售率为98.5%,与上年持平;利润总额428.49亿元,增长26.3%;规模以上工业企业亏损面为13.7%,比上年扩大1.0个百分点,亏损额18.28亿元,比上年减少5.46亿元。

表2 2018年全市主要工业产品产量及其增长速度

产品名称	计量单位	2018年	增长(%)
纱	吨	439247	0.6
布	万米	59072	9.5
服装	万件	47160	7.5
机制纸及纸板	吨	35720	−71.3
初级形态的塑料	吨	1165408	8.8
合成纤维聚合物	吨	2088696	17.9
化学纤维	吨	3057999	−2.5

续表

产品名称	计量单位	2018 年	增长(%)
生铁	吨	8043288	5.3
粗钢	吨	9548089	4.1
钢材	吨	13013698	10.6
民用钢质船舶	载重吨	2007100	34.6
半导体分立器件	万只	10383928	11.6
集成电路	万块	3224581	11.4
印制电路板	平方米	6245763	2.7
发电量	万千瓦时	3068129	−2.2

全市工业百强企业实现产品销售收入 4112.47 亿元，实现利润 352.03 亿元，分别占规模以上工业企业的 68.1%和 82.1%。海澜集团、兴澄特钢等 2 家企业集团税务销售超 1000 亿元，澄星集团、三房巷集团等 2 家企业集团税务销售超 500 亿元。华西集团、新长江集团、阳光集团等 3 家企业集团税务销售超 300 亿元。

全年实现建筑业总产值 121.80 亿元，增长 7.6%。获省“扬子杯”优质工程 2 个，省标准化星级工地 11 个，无锡市市政基础设施工程“太湖杯”2 个，无锡市优秀物业管理项目 7 个，省优秀住宅项目 2 个。

（四）固定资产投资

全年固定资产投资增长 5.6%。分产业投向看，第一产业投资增长 5.9%，第二产业投资增长 10.7%，第三产业投资增长 1.2%。分投资主体看，国有投资下降 54.8%，民间投资增长 26.7%，外商及港澳台投资下降 34.1%。

全年房地产开发投资增长 24.5%。商品房施工面积 1439.26 万平方米，增长 1.4%；商品房销售面积 330.19 万平方米，增长 3.8%。全年商品房销售额 288.50 亿元，增长 12.4%；其中，住宅销售额 248.52 亿元，增长 8.3%。

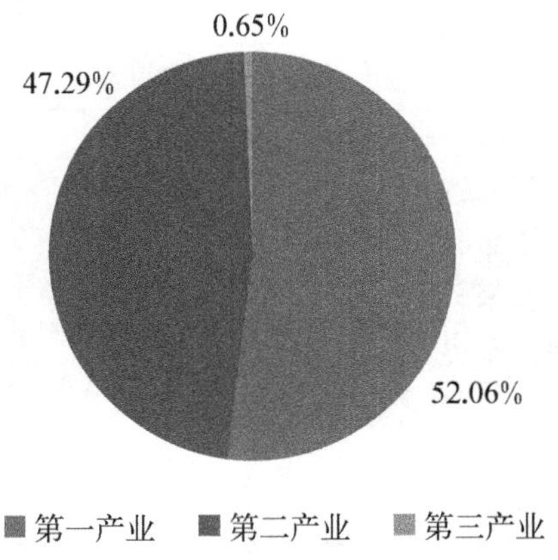

图 6　2018 年江阴市固定资产规模中三产占比

数据来源:《江苏统计年鉴 2019》

（五）国内贸易

全年实现社会消费品零售总额 949.29 亿元，增长 10.0%；其中，批发和零售业零售额 895.18 亿元，增长 10.0%；住宿和餐饮业零售额 54.11 亿元，增长 9.6%。在限额以上批发和零售业零售额中，汽车类增长 9.2%，石油及制品类增长 13.5%，粮油食品类增长 16.4%，服装鞋帽针纺织类增长 18.2%。

表 3　2018 年全市限额以上主要行业零售额

单位:亿元

商品类别	2018 年	增长(%)
限额以上批发和零售业零售额	218.96	10.5
#汽车类	89.73	9.2
石油及制品类	36.57	13.5
粮油食品类	24.28	16.4

续表

商品类别	2018年	增长(%)
服装鞋帽针纺织类	10.82	18.2
中西药品类	7.99	9.3
金银珠宝类	7.60	34.6
烟酒类	4.41	9.2
日用品类	3.19	5.8
家电和音像器材类	2.89	−8.0
建筑及装潢材料类	2.59	9.5

（六）开放型经济

全市实现进出口243.59亿美元，增长15.4%；其中，出口143.18亿美元，增长17.2%；进口100.41亿美元，增长13.0%。从结构看，机电产品、高新技术产品出口比重分别比上年提升1.6个和3.2个百分点。江阴获评国家级外贸转型升级基地(服装)。

表4　2018年全市主要商品进出口情况

单位:亿美元

商品类别	出口		进口	
	2018年	增长(%)	2018年	增长(%)
初级产品	6.09	7.1	16.32	−27.7
工业制成品	136.55	18.0	83.50	27.1
机电产品	63.56	21.9	29.84	40.2
高新技术产品	25.80	43.1	22.23	58.3
纺织品服装	32.75	8.7	4.85	20.7
化工品	6.11	12.7	46.72	25.5
农产品	0.45	39.6	4.56	16.4
新兴产业	26.34	9.0	5.72	22.0

全年到位注册外资9.51亿美元。新批外资项目53个，比上年增加10个；其中，超千万美元项目27个，比上年增加14个。全年新批境外投资项目29个，中方协议投资额7.30亿美元。对“一带一路”国家投资项目9个，中方协议投资额2.32亿美元。

（七）交通、邮电和旅游业

年末公路总里程2361.8公里，其中，高速公路72.7公里。年末全社会拥有车辆53.16万辆，其中汽车48.98万辆，增长6.1%。私人汽车拥有量42.51万辆，增长8.1%。

全年完成客运量406万人次，下降2.4%；完成货运量4524万吨，增长0.1%。完成港口货物吞吐量17559.78万吨，增长10.0%。

初步统计，全年邮政业务总量4.77亿元，增长31.2%；邮政业务总收入4.25亿元，增长10.5%。年末移动电话用户242.98万户，其中4G移动电话用户185.15万户。

全年共接待国内游客1789.17万人次，增长6.1%；接待入境过夜旅游者2.05万人次，下降11.8%。旅游总收入317.15亿元，增长9.1%。拥有国家A级景区8个，星级饭店10家，旅行社44家；省级以上工农业旅游示范点16个，省级旅游度假区1个，无锡市美丽乡村休闲旅游示范村4个。

（八）财政和金融

全年实现一般公共预算收入 254.04 亿元，增长 8.0%；其中，税收收入 223.01 亿元，增长 13.9%。一般公共预算支出 230.48 亿元，增长 1.4%。

表 5　2018 年全市财政分项情况

单位：亿元

指　　标	2018 年	增长(%)
一般公共预算收入	254.04	8.0
＃税收收入	223.01	13.9
＃增值税(50%)	118.49	14.2
营业税(50%)	0.81	10.5
企业所得税(40%)	38.06	5.8
个人所得税(40%)	12.46	18.8
城市维护建设税	15.49	16.4
房产税	7.94	6.3
印花税	4.20	9.5
契税	9.11	65.9
上划中央四税收入	197.32	11.5

年末金融机构各项本外币存款余额 3689.01 亿元，比年初增长 0.7%；各项本外币贷款余额 3047.78 亿元，比年初增长 2.8%。存款中，住户存款余额 1262.67 亿元，比年初增长 8.0%。住户贷款中，人民币短期贷款 92.67 亿元，比年初增加 2.64 亿元；中长期贷款 351.13 亿元，比年初增加 33.16 亿元。

全市证券交易开户总数 29.08 万户，下降 3.2%；证券机构交易金额 5153.57 亿元，下降 21.8%。年末全市拥有上市公司 48 家，包括境外上市 16 家，境内上市 32 家，其中，主板 19 家，中小板 7 家，创业板 6 家。实现保费收入 77.13 亿元，增长 7.9%，其中，财产险收入 22.36 亿元，增长 0.7%；人寿险收入 54.77 亿元，增长 11.2%。

（九）科学技术和教育

全年新认定高新技术企业 172 家、高新技术企业培育库企业 83 家、全国科技型中小企业 482 家，分别增长 85%、69%和 302%。企业获评国家科学技术奖 1 项、江苏省科学技术奖 4 项。获批建设全国首批创新型县(市)。全年高新技术产业产值达 2026.05 亿元，占规模以上工业产值比重为 33.4%，全社会 R&D 支出占 GDP 的比重为 3.02%。

全年新获批省级研究生工作站 10 家、新建市级院士工作站 5 家。新获批省级众创空间 3 家、省级星创天地 2 家。新增江阴工程技术研究中心 94 家、无锡市工程技术研究中心 19 家；新增省级工程技术研究中心 2 家，总量达 148 家。新建江阴市科技创新综合服务联盟、江阴市检验检测产业技术创新战略联盟。

全市专利申请量 10065 件，其中，发明专利申请 3538 件；专利授权 4881 件，其中发明专利授权 506 件，万人有效发明专利拥有量 21.32 件。获评国家知识产权示范企业 2 家、国家知识产权优势企业 7 家，2 家企业荣获中国专利优秀奖。

（十）文化、卫生和体育

全市建成第三批村(社区)综合文化服务中心 107 家，“三味书咖”阅读点增至 10 家。全年举办读书节系列活动155项，开展锡剧进校园活动50场次。25家影院全年票房收入1.09亿元。

全市拥有各类医疗卫生机构625个，其中，医院、卫生院45家，社区卫生服务中心11家，开放床位8952张。年末共有卫生技术人员10851人。全市医疗服务总诊疗1110.7万人次，收治住院29.6万人次。

全市人均公共体育设施场地面积为3.25平方米。全年累计承办省级以上体育竞赛12项17次，举办各级各类群体赛事活动540余项次。拥有社会体育指导员5626人。体育彩票销售收入13.14亿元。

（十一）人口、人民生活和社会保障

年末全市户籍人口125.95万人，常住人口165.18万人。全年出生人口9990人，出生率7.95‰；死亡人口9227人，死亡率7.34‰，人口自然增长率为0.61‰。全市人均预期寿命为81.98岁。

全市居民人均可支配收入54281元，增长8.7%，其中，城镇居民人均可支配收入63957元，增长8.1%，农村居民人均可支配收入33136元，增长8.5%。城镇居民家庭恩格尔系数为27.5%，农村居民家庭恩格尔系数为28.6%。城镇居民人均消费性支出32187元，增长6.8%；农村居民人均消费性支出21632元，增长6.2%。

全年企业职工基本养老保险扩面新增6.5万人，净增5.5万人；养老、医疗、工伤、失业、生育保险参保人数分别达68.1万人、83.99万人、50.28万人、49.62万人、50.28万人，企业退休职工人均养老金达2082元/月。居民养老保险和居民医疗保险参保人数分别达3.46万人和52.66万人。

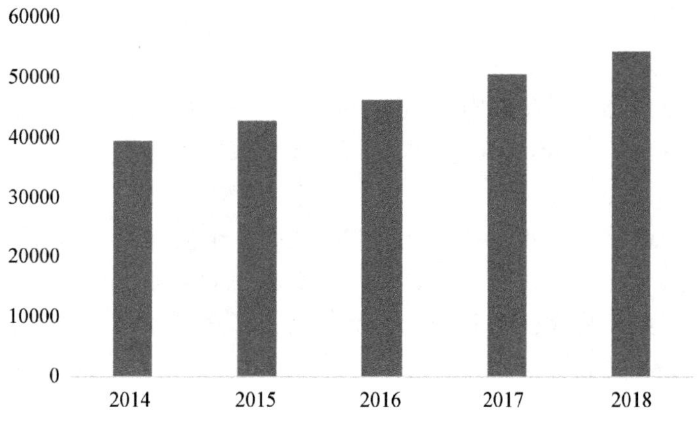

图7　江阴市居民人均可支配收入(元)

数据来源：历年《江苏统计年鉴》

年末全市拥有养老床位12940张。城乡居民最低生活保障对象4832人，发放最低生活保障3942.2万元。全年实施直接救助15.97万人次，直接医疗救助支出3882.8万元；实施临时救助7113人次，发放救助金622.4万元。国家抚恤、补助各类优抚对象人数5636人。

（十二）资源、环境和安全生产

全年全市国有建设用地供应总量593.40公顷，增长12.3%，其中，工矿仓储用地105.00公顷，房地产用地160.25公顷，基础设施等其他用地287.52公顷。

全市PM2.5年均浓度下降8.3%，环境空气质量优良天数比例为71.2%。集中式饮用水源地水质达标率为100%，9个国省考断面水质全面达标，地表水达到或好于Ⅲ类水体比例为66.7%。功能区昼间和夜间噪声达标率分别为78.1%和50%。

全市森林覆盖面积2.27万公顷，林木覆盖率为24.45%。城市建成区绿化覆盖面积5398.75公顷，绿地面积4993.75公顷，公园绿地面积556.24公顷。人均公园绿地面积15.97平方米，建成区绿化覆盖率为43.19%。

全年发生生产安全事故39起，死亡44人。亿元GDP生产安全事故死亡率为0.011。

三、溧阳市

2018年是贯彻党的十九大精神的开局之年，也是改革开放40周年。在市委市政府的正确领导下，全市上下紧紧围绕“凝聚精气神，建设新溧阳”总要求，坚持新发展理念，坚持供给侧结构性改革主线，紧扣“两大推进”工作主题，以“四大经济”为抓手，以高质量建设“宁杭生态经济带最美副中心城市”为目标，开拓创新，统筹谋划，积极作为，主动适应、把握经济发展新常态，全市经济持续健康发展，社会保持和谐稳定。

（一）综合经济

经济发展稳中向好。2018年，全市地区生产总值（GDP）突破900亿大关，达935.51亿元，按可比价计算比上年增长8%，人均GDP达到12.26万元（按常住人口），比上年增加1.0万元。从三次产业完成情况看，第一产业增加值51.06亿元，增长0.3%；第二产业增加值453.97亿元，增长10.1%；第三产业增加值430.48亿元，增长6.5%。产业结构进一步优化，三次产业增加值比例调整为5.5∶48.5∶46.0，服务业增加值占GDP比重比上年提高0.5个百分点。

四大经济加速融合。2018年，全市“四大经济”全产业累计完成增加值458.12亿元（合计数已剔除融合部分，下同），同比增长24%（同口径，下同），占全市地区生产总值的比重为49%，较上年提高6个百分点。全产业实现主营业务收入1422.75亿元，税收40.8亿元（列统口径），分别增长12.6%和16.4%。“四大经济”增加值融合部分达到93.16亿元，增长16.1%，较上年提升1.8个百分点；主营业务收入与税收融合部分分别为508.60亿元和10.53亿元，分别增长27.1%、13.7%。

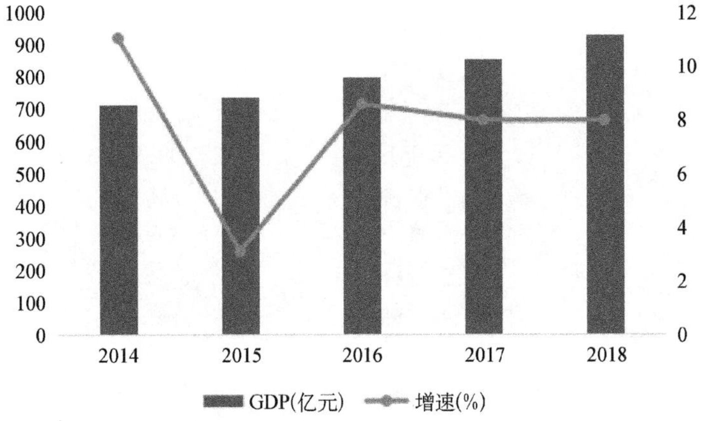

图8　2014—2018年溧阳市GDP规模及增速

数据来源：历年《江苏统计年鉴》

（二）农业

现代农业加快推进。2018年，全市农业总产值为94.71亿元，同比增长0.9%。其中，农业51.22亿元，增长0.9%；林业1.21亿元，增长1.7%；牧业6.35亿元，下降8%；渔业31.73亿元，增长2.1%；农林牧渔服务业产值为4.18亿元，增长4%。全市实现农林牧渔业增加值53.64亿元，增长1%，其中：农业32.06亿元，增长0.9%；林业0.51亿元，增长2%；牧业2.13亿元，下降7.8%；渔业16.36亿元，增长1.9%；农林牧渔服务业2.58亿元，增长4.9%。全年粮食播种面积

6.2万公顷,粮食总产量45.56万吨。

全市认定常州市级现代农业产业示范园3家,省级农业产业化龙头企业11家。建成设施农业面积19.58万亩,设施渔业面积9.07万亩,高标准农田面积52.75万亩,常州市"一村一品一店"示范村5个,戴埠镇牛场村(南天竺)被评为国家级一村一品示范村。绿色优质农产品比重为43.8%。拥有农民专业合作社1264家,家庭农场1138家,农机总动力55.9万千瓦。

(三)工业

工业结构不断优化。2018年,全市共有工业企业5000多家,其中规模以上工业企业385家。全市工业总产值、产品销售收入达1439.45亿元、1436.52亿元,分别增长10.2%、10%;实现工业利税总额152.88亿元、利润总额98.42亿元,分别增长23%、27.6%。规模以上工业产值、产品销售收入达1259.57亿元、1259.27亿元,分别增长14.7%、13.3%;规模以上工业利税、利润总额为138.87亿元、87.86亿元,分别增长29.9%、34.3%。全年工业应税销售收入1433.87亿元,增长14.4%。全年工业用电量79.13亿千瓦时,增长21.3%。

新兴特色产业主要有智能电网、汽车及零部件、农牧与饲料机械、动力电池四大产业,传统产业主要包括机械、冶金、建材、纺织轻工等。拥有50家工业企业技术中心,其中,国家级2家(华朋、上上),省级24家,常州市级24家。工业企业净入库税金3000万元以上的20家,其中,荣获特别贡献奖企业2家(上上电缆、金峰水泥),五星企业4家(国强镀锌、华朋集团、天山水泥、华鹏仪表)。金峰水泥、国强镀锌、上上电缆、申特钢铁4家企业入围2018年中国民营企业制造业500强。

表6 工业企业主要产品产量

产品名称	单 位	2018年	比上年增长%
水 泥	万 吨	2135.01	3.9
硅酸盐水泥熟料	万 吨	1783.74	17.3
电力电缆	万千米	77.86	69.3
服 装	万 件	2331.57	−3.3
钢 材	万 吨	268.00	−13.8
啤 酒	万千升	11.90	−29.4
生 铁	万 吨	161.71	−16.2
纱	吨	5814.26	−14.3
变压器	万千伏安	5395.45	−7.6
锂离子电池	万只(自然只)	345.79	111.2

(四)建筑业

行业实力不断壮大。2018年,全市建筑业企业352家,其中,特级2家、一级38家、二级144家、三级132家、劳务及一体化36家。建筑行业有注册建造师4434人,其中,一级建造师929人、二级建造师3505人。全市建筑业累计完成施工总产值764.4亿元,增长20%,占常州地区的43%;完成入库税收18.41亿元,较去年15.05亿元增长22%,占全市税收18.4%。建筑业施工产值超10亿元的企业有15家,超50亿元的企业有5家(龙海集团、天目集团、苏华集团、天力集团、溧阳建设),超100亿元的企业有3家(龙海集团、天目集团、苏华集团)。

企业资质不断提升。全市特级资质新增1家,一级资质新增6家。累计摘得"鲁班奖"7次(其中参建两次),5家企业被评为"江苏建筑业百强"企业,9家企业获江苏省建筑业"双百强",天力集团获2018年"江苏省建筑业优秀企业"。

（五）固定资产投资

项目攻坚取得突破。2018年，全市固定资产投资同比增长10.1%。其中：工业投资增长10%，服务业投资增长10.7%。5000万元以上投资项目投资额占比63.7%，制造业投资占比达到74.8%。全年引进投资亿元以上项目60个，其中超10亿元项目18个。总投资120亿元的时代新能源三期项目、总投资超50亿元的璞泰来二期和碳元科技项目均实现当年签约、当年开工。98个市级重点工业项目已投产或部分投产项目比重达64.3%。

房产市场加速发展。2018年，全市商品房施工面积500.37万平方米，增长21.7%，其中当年新开工面积165.76万平方米，增长38.4%。全市商品房销售面积117.21万平方米，增长24.3%。全市待售房屋面积为46.87万平方米，下降13.5%。全市房地产开发完成投资60.86亿元，下降17.7%。

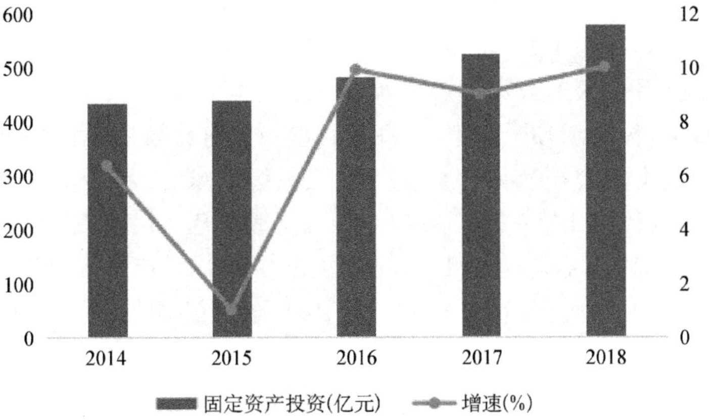

图9　2014—2018年溧阳市固定资产投资规模及增速

数据来源：历年《江苏统计年鉴》

（六）国内贸易

消费市场繁荣活跃。2018年，全市实现社会消费品零售总额356.82亿元，增长9.6%。其中，批发业32.87亿元、零售业285.61亿元、住宿业6.85亿元、餐饮业31.49亿元，分别增长13.9%、6.0%、23.9%、44.8%；城镇地区消费品零售额331.31亿元，增长11.7%；农村地区消费品零售额25.51亿元，下降12.6%；限额以上零售额106.93亿元，增长8.4%；限额以下零售额249.89亿元，增长10%。全市亿元以上市场实现成交额130.51亿元，增长2.2%，超10亿的市场有2家（江苏苏浙皖边界市场、溧阳市江南春市场），其中，江苏苏浙皖边界市场成交额达112.03亿元。

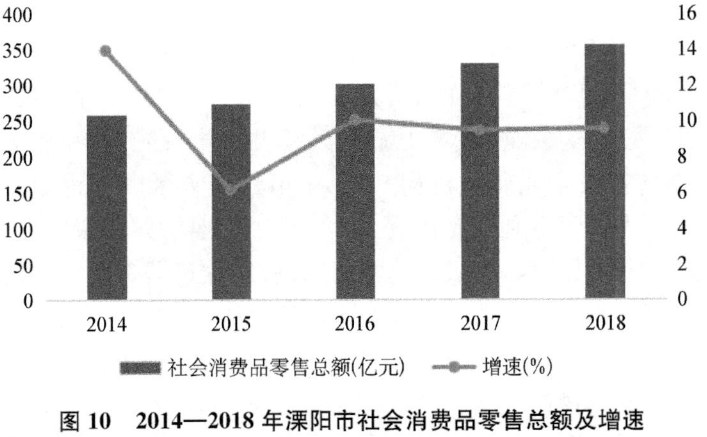

图10　2014—2018年溧阳市社会消费品零售总额及增速

数据来源：历年《江苏统计年鉴》

(七)开放型经济

开放水平不断提升。2018年,全市完成外贸进出口总额75.5亿元人民币,同比增长11.9%,增幅位列常州第一,其中,一般贸易占进出口总额比重达92.6%。外经方面:2018年,全市完成外经新签合同额1.3亿美元,同比增长26%,完成外经营业额1.4亿美元,同比增长38%。外资方面:2018年,全市完成协议注册外资4.94亿美元,下降4.2%,实际到账注册外资3.01亿美元,增长20.2%。其中,产业类占比为70%,超常州市平均水平;战略性新兴产业占比达53%,位列常州市第三。

(八)旅游

旅游产业蓬勃发展。2018年,全市拥有国家A级景区5家,其中,5A级1家(包括天目湖山水园、南山竹海、御水温泉),4A级1家(新四军江南指挥部纪念馆),3A级1家(史侯祠),2A级2家(高静园、凤凰公园)。拥有1家国家森林公园(含天目湖、南山竹海、龙潭林场),是全国唯一拥有两个国家湿地公园(天目湖、长荡湖)的县(市)。江苏省星级乡村旅游区(点)19家,其中,五星级1家(溧阳南山花园旅游发展有限公司)、四星级11家、三星级4家、二星级3家。旅行社(营业部)56家,其中,全国百强国内旅行社1家(天目湖旅行社)。星级饭店15家(其中,五星级3家、四星级4家、三星级6家、二星级2家),星级饭店拥有3672张床位。2018年全市旅游总收入236.04亿元,旅游总接待人数1930.03万人次,分别增长14.3%、9.8%;旅游增加值110.87亿元,占GDP比重为11.9%。

(九)财政与金融

地方财政稳步增长。2018年,全市一般公共预算收入完成66.29亿元,较上年同期增收4.9亿元,增长8%,收入总量和收入增幅在常州各辖市(区)中分别列第3位和第6位,在全省县市中分别列第11位和第19位。收入结构为:税收收入57.99亿元,同比增收7.80亿元,增长15.5%;非税收入8.3亿元,同比减收2.89亿元,下降25.8%。税收占比为87.5%。财政总收入完成328.62亿元(含政府性基金收入和上划中央四税收入),同比增收95.10亿元,增长40.7%。

金融市场运行稳健。全市共有银行20家。2018年年末,金融机构各项本外币存款余额1143.29亿元,比年初增加30.90亿元,增长2.8%;贷款余额901.07亿元,比年初增加44.16亿元,增长5.2%。小贷公司12家。证券公司5家。保险公司5家,全年保费收入14.81亿元,比上年增长13.6%;赔付额4.54亿元,比上年增长3.18%。

(十)科技与教育

科技创新成绩明显。2018年,全市完成高新技术产业产值464.1亿元,占规模以上工业产值的比重达到36.9%,较上年提升了10.3个百分点。截至2018年底,全市拥有高新技术企业88家,1家企业入选江苏省创新型领军企业,新增1家江苏省上市培育企业,申报常州市高新技术产品211只,认定198只。新增省级企业研发机构9家,全市建成省级以上企业“三站三中心”124家。全年申请专利2050件,万人发明专利拥有量达17.03件。拥有常州市级以上众创空间、孵化器、加速器27家,其中,国家级孵化器2家,省级孵化器2家,省级加速器1家,省级众创空间5家。

教育事业全面发展。全市共有各类学校145所,学生数93438人(含幼儿),教师数7639人。中学32所,其中,完中1所、高中7所(含民办1所)、初中24所。初中在校学生18772人,高中在校学生8709人。小学44所(另特教学校1所,学生116人),在校学生39499人。中专2所,在校学生4977人。幼儿园67所,其中,民办23所,在园幼儿21481人。高考一本达线率达59.6%,超全省计划录取率 34.1 个百分点。

（十一）文化、体育与卫生

文化事业全面推进。全市现有文物保护单位 64 处，其中，国家级 2 处（新四军江南指挥部旧址、中华曙猿化石地点）、省级 8 处、市级 54 处。有非遗项目 70 项，其中，国家级 1 项（传统舞蹈类-蒋塘马灯舞）、省级 9 项、常州市级 11 项。省级文化生态保护实验区 1 个（社渚傩文化生态保护实验区）。建成 195 个基层综合性文化服务中心，高标准建成 126 个文化小礼堂，打通公共文化服务“最后一公里”。

体育事业欣欣向荣。建成城市社区 10 分钟体育健身圈，实现 175 个行政村体育设施全覆盖，城市公园、绿地配建体育设施达 100%，全市健身点近千个，人均体育设施场地面积 3.48 平方米，市、镇两级单项体育协会达到 82 个，社会体育指导员 4000 余名，居民体质合格率达 96%。

卫生事业健康发展。2018 年年末，全市设置各级各类医疗卫生机构 273 家，其中，综合医院 12 家、中医医院 1 家、专科医院 2 家、乡镇卫生院 17 家、厂矿医务室（个体诊所）76 家、村卫生室 148 家、公共卫生机构 16 家、医学在职培训机构 1 家。各级各类医疗卫生机构实有床位数 3780 张，卫计从业人员 6077 人，其中执业（助理）医师 2053 人、注册护士 1985 人。

（十二）环境保护

生态创建扎实推进。2018 年 10 月溧阳市成功上榜江苏省第一批省级生态文明建设示范县（市、区），12 月在广西南宁召开的中国生态文明论坛上被命名为第二批国家生态文明建设示范县（市、区）并授牌。2018 年溧阳市 PM2.5 均值为 44.8ug/m^3，同比下降 1.3%，空气质量优良天数为 251 天，优良率为 68.8%，同比减少 48 天，下降 13.3%。集中式饮用水源地沙河水库、大溪水库水质达标率为 100%，水源地水质状况持续良好。

节能降耗常抓不懈。2018 年，全市规模以上工业企业综合能源消费量 478.53 万吨标准煤，在规上工业产值增长 14.7%的情况下，能耗同比下降 3.2%。规模以上工业万元产值能耗为 0.3799 吨标准煤/万元，同比下降 15.6%。

（十三）人口与就业

城镇化率稳步提高。2018 年年末，全市户籍人口 79.04 万人，比上年减少 0.06 万人，其中男 39.72 万人，女 39.32 万人。总户数 26.45 万户。人口自然增长率 0.76‰。全市常住人口 76.33 万人，其中，城镇人口 46.11 万人，城镇化率 60.41%，比上年提高 0.2 个百分点。

城乡就业统筹发展。2018 年，全市城镇新增就业人数 15495 人，城镇失业人员再就业 2680 人，就业困难人员再就业 550 人，新增转移农村劳动力 1490 人，支持成功自主创业 2815 人，引领大学生创业人数 419 人，扶持农村劳动力自主创业 701 人，城镇登记失业率 1.82%。

（十四）社会保障与人民生活

扩面提标有效推进。2018 年，全市城镇职工基本养老、医疗和失业“三大保险”综合覆盖率以及城乡社会保险参保率均超 98%。全市纳入低保的对象有 2753 户、4449 人，其中城市 250 户、378 人，农村 2503 户、4071 人。全市共有农村五保对象 1874 人，其中，集中供养 534 人、分散供养 1340 人。全市有建档立卡低收入农户 5895 户、10617 人。

居民收入稳步增长。2018 年，全市全体居民人均可支配收入 39424 元，增长 9.1%，其中城镇居民人均可支配收入 49489 元，增长 8.2%；农村居民人均可支配收入 25908 元，增长 8.7%。城镇和农村居民收入增速分别高于 GDP 增速 0.2 和 0.7 个百分点。农村居民收入增长快于城镇居民收入增长，城乡居民收入之比为1.91，城乡收入差距继续缩小，居民的"口袋"更加充实。

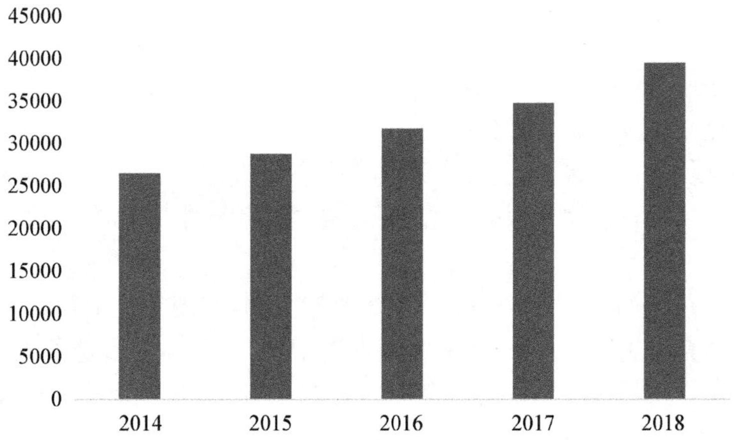

图11　2014—2018年溧阳市居民人均可支配收入(元)

数据来源：历年《江苏统计年鉴》

四、扬中市

2018年，在市委、市政府的坚强领导下，全市上下紧扣稳中求进总基调和高质量发展总要求，以长江生态旅游岛建设统领全局，深入解放思想，推进创新转型，经济社会发展态势平稳，高质量发展迈出坚实步伐。扬中市位列2018年度"全国中小城市综合实力百强县(市)"第23位、"中国县级市全面小康指数"第8位。

(一) 综合

综合实力进一步增强。全年实现地区生产总值(GDP)542亿元，可比增长5.0%。其中，第一产业增加值14.82亿元，增长1.5%；第二产业增加值276.78亿元，增长4.9%；第三产业增加值250.40亿元，增长5.1%。人均地区生产总值15.76万元(按常住人口计算)，按现行汇率折算为22842美元。结构调整取得新进展，经济运行质量稳步提高。三次产业构成由2017年的2.6∶52.4∶45调整为2.7∶51.1∶46.2，一般公共预算收入占GDP比重为6.05%。

民营经济发展较快。全年新办民营企业2128家，新增注册资本348.89亿元，吸纳民资89.44亿元。

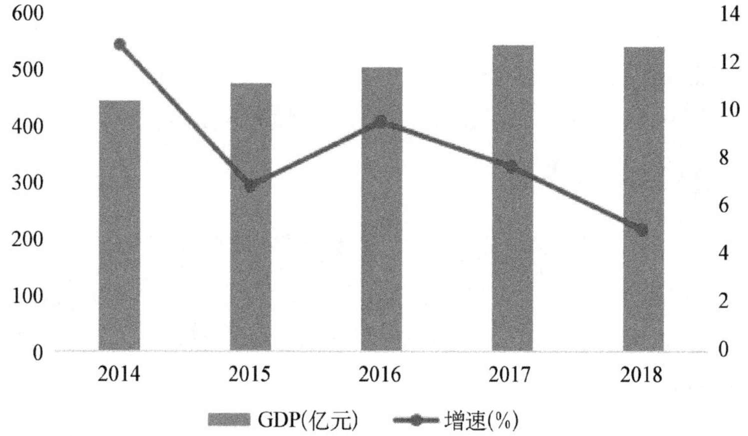

图12　2014—2018年扬中市GDP规模及增速

数据来源：历年《江苏统计年鉴》

（二）农业

农业经济发展平稳。全年完成农林牧渔业总产值28.93亿元，比上年增长6.0%。其中：种植业产值14.01亿元，增长5.56%；林业产值1.09亿元，增长5.65%；牧业产值3.67亿元，增长3.86%；渔业产值5.06亿元，增长10.87%。粮食播种面积10.73千公顷，比上年减播5.3%；粮食总产量7.86万吨，比上年减产5.64%，其中秋粮总产量5.31万吨，减产6.68%。油料种植面积0.4千公顷，比上年减播36.51%，油料总产量985吨，减产36.12%。蔬菜种植面积3.91千公顷，比上年增加110公顷。在主要农产品中，肉类总产量6433吨，比上年下降24.44%；家禽出栏57.46万只，下降36.46%；禽蛋产量3077吨，下降12.46%；水产品总产量7991吨，增长0.01%。

表7　2014—2018年扬中市农林牧渔业总产值(亿元)

年　份	总产值	农　业	林　业	畜牧业	渔　业	农林牧渔服务业
2014	21.69	10.58	0.82	3.03	3.15	4.11
2015	23.53	11.52	0.87	3.13	3.64	4.38
2016	25.53	12.46	0.97	3.37	4.08	4.65
2017	27.29	13.27	1.04	3.53	4.56	4.89
2018	28.93	14.01	1.09	3.67	5.06	5.10

数据来源：历年《江苏统计年鉴》

特色渔业势头稳健。全市水产放养面积2万亩，其中，特种水产1.72万亩，比去年同期增长3%；围绕渔业基础设施改善和渔业结构调整，全年完成高效设施渔业面积115亩，完成池塘标准化改造1200亩，河豚工厂化养殖面积新增2.2万平方米，江蟹标准化养殖面积扩模提升520亩。

绿化造林工作扎实推进。全市更新造林面积445亩，林木覆盖率达20.46%。扎实开展湿地保护与恢复，全年恢复扩大湿地面积500亩，并完成省级重要湿地名录与信息认定工作。

水利工程建设再创佳绩。实施以“小农水重点县”工程为重点的一批水利工程，全年完成水利工程总投入42035万元，完成总土方223.53万方，石方75.45万方，混凝土4.45万方。新(翻)建各类灌溉、排涝泵站176座，新建机耕桥50座，新建水泥固定沟47.85公里。“11·8”崩岸治理工程扎实推进，全长1331米的长江干堤复建主体工程全部完工，工程累计完成土方填筑225000方。

农业节能减排效果明显。持续开展耕地质量监测、土壤墒情监测和农产品重金属污染监测，建立了1个土壤墒情自动监测点、12个土壤监测点和30个农产品产地重金属污染防治监测点。全年农膜使用量114吨，下降8.06%；农药使用量210吨，下降8.3%；农用柴油使用量379吨，下降5.01%。化肥使用量较2015年削减3%，高效低毒低残留农药推广面达83%，秸秆综合利用率达95.96%。

（三）工业和建筑业

工业经济稳步增长。全市定报工业企业实现产值680.12亿元，完成工业增加值140.66亿元，可比增长1.9%。定报工业企业实现销售收入647.80亿元，利税60.82亿元。全年全社会用电量19.29亿千瓦时，比上年下降1.8%，其中，工业用电量12.85亿千瓦时，下降6.74%。

主导产业支撑有力。工程电器、新能源、装备制造三大支柱产业规模达547.85亿元，占规模工业比重的80.55%。工程电器在创新转型上又有新突破，产业规模达368.99亿元；装备制造业产业规模51.20亿元，其龙头企业新韩通船舶重工年销售突破10亿元；光伏行业稳定增长，全年实现产值127.65亿元，生产硅片23.2亿片。

重点企业发展稳健。年末销售亿元以上工业企业达到116家，十亿元以上企业9家，大全集团产值、销售达到57.17亿元、53.89亿元。作为工业经济中坚力量的“三十强”工业企业，在稳定发展中持续发力，“压舱石”作用凸显。全市“三十强”工业企业实现销售294亿元，占规模工业的比重为45%。亿能、威腾等重点企业增势迅猛,带动作用明显。

建筑业规模持续扩大。全市资质以上建筑企业29家,全年实现建筑业总产值28.6亿元,比上年增长5.05%。建筑业企业房屋建筑施工面积134.9万平方米,其中,本年新开工面积53.7万平方米。

(四)固定资产投资

固定资产投资结构不断优化。全年完成固定资产投资78.2亿元。其中,工业投资55.9亿元,占全市投资比重的71.5%;服务业投资22亿元,占全市投资比重的28.1%;制造业投资55.9亿元,其中规模以上先进制造业投资40亿元。完成新兴产业投资36.9亿元,下降20.9%;完成工业技改投资25.5亿元,下降21.2%;完成高新技术产业投资41.9亿元,下降10.7%。

房地产市场有所下降。全市有工作量的房地产企业40家,全年完成房地产开发投资20.3亿元,比上年下降20.4%。完成商品房施工面积180.1万平方米,增长35.66%。商品房竣工面积11.5万平方米,下降60.5%。商品房销售面积46.9万平方米,下降15.03%,其中,住宅面积44.1万平方米,下降13.5%。商品房销售额33.8亿元,下降4.5%,其中,住宅销售额32.4亿元,下降1.11%。

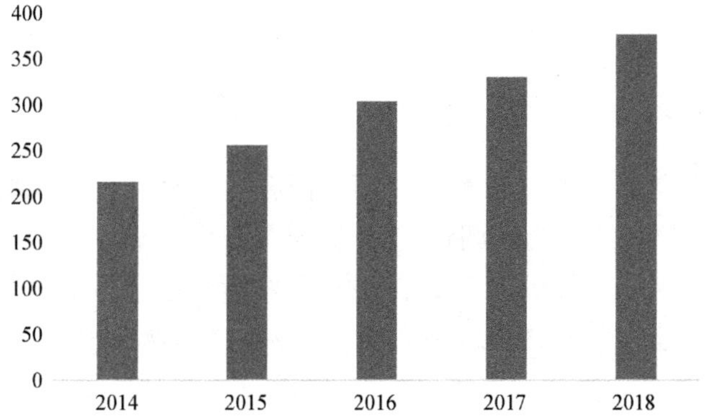

图13　2014—2018年扬中市固定资产投资总额

数据来源:历年《江苏统计年鉴》

(五)国内贸易

消费品市场运行平稳。全年实现社会消费品零售总额166.51亿元,比上年增长6.8%。按行业分,批发零售业实现销售133.14亿元,增长4.7%;住宿餐饮业实现销售33.37亿元,增长16.2%。按销售单位所在地分,城镇实现销售153.44亿元,增长5.7%;农村实现销售13.07亿元,增长22.1%。按销售规模分,限额以上销售67.68亿元,下降1.4%;限额以下销售98.83亿元,增长13.2%。

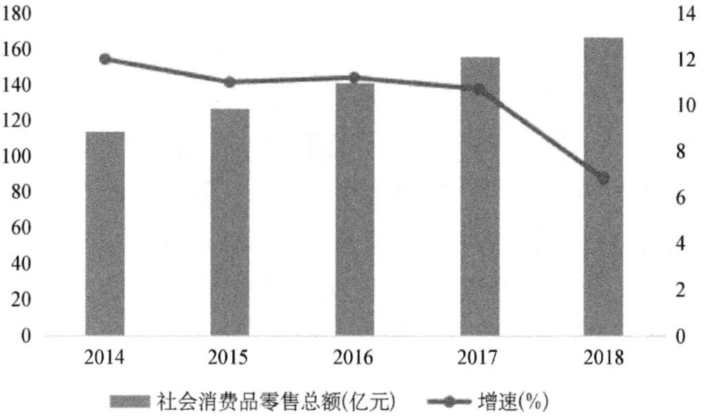

图14　2014—2018年扬中市固定资产投资规模及增速

数据来源:历年《江苏统计年鉴》

（六）开放型经济

突出产业和技术优势，着力提升招商引资的层次与水平。出台《扬中市深化招商体制改革实施办法（试行）》和相关配套文件，在北京、上海、深圳等9个城市建立的招商联络处中，精选20名招商顾问常态化联系。精心组织扬中乡贤恳谈对接活动、2018国际低碳（镇江）大会扬中产业项目（上海）推介对接等招商活动，全年实际利用产业类外资12547.85万美元，其中，制造业到位外资8138.3万美元。全年完成外贸进出口总额7.15亿美元，比上年增长1.52%，其中，出口总额6.23亿美元，增长12.23%。

（七）交通运输、邮电业

交通运输业平稳发展。全年公路客运量299万人，比上年下降6.85%；公路货运量490万吨，增长6.75%；内河港口货物吞吐量1492万吨。年末全市公路里程达837公里，其中高速公路9公里。民用汽车拥有量66654辆，其中，私人汽车拥有量66649辆。

信息化水平进一步提升。全年邮电业务总量18.77亿元，年末拥有邮政局（所）13处。电信业务收入3.53亿元，同比增长25.2%。固定电话用户71847户，移动电话年末用户388447户，其中3G以上用户313224户。互联网宽带接入户145202户。

（八）财政、金融和保险业

财政收支平衡发展。全市实现财政总收入108.6亿元，比上年增长32.02%，一般公共预算收入32.77亿元，增长2.38%。在一般公共预算收入中，税收占比85.4%。全年财政支出98.64亿元，增长23.24%，其中，一般公共预算支出42.13亿元，增长2.12%。

金融生态环境持续优化。积极稳妥防范化解金融风险，设立总规模5亿元的产业投资引导基金，转贷周转金规模增至1.5亿元，“苏科贷”规模突破1.5亿元，全年新增实体经济企业贷款6亿元，企业股权融资达32.68亿元，不良贷款余额和不良贷款率实现“双降”。年末全市金融机构本外币存款余额630.25亿元，比年初增长1.52%。其中，居民储蓄存款305.4亿元，比年初增长5.14%。金融机构本外币贷款余额489.99亿元，比年初增长1.84%。其中，中长期贷款231.93亿元，比年初增长1.19%；短期贷款235.78亿元，比年初增长2.16%。

保险事业保持稳定。年末全市拥有保险业企业31家，全年保费收入12.35亿元，比上年增长2.44%。其中，财产险收入2.49亿元，下降2.42%；人身险收入9.86亿元，增长3.75%。赔付额4.31亿元，比上年下降21.24%，其中，财产险赔付1.58亿元，下降35%；人身险赔付2.73亿元，下降10.27%。

（九）科学技术和教育

创新型城市建设全面推进。全年入选省“双创”、镇江市“金山英才”计划人才项目28个，净增高新技术企业23家，新增省级研发机构12家，签订产学研合作协议66项，获批国家级、省级科技项目20项，万人发明专利拥有量达35件，科技进步贡献率达66.5%。江苏和成显示荣获全省企业类唯一“中国专利金奖”，通灵股份、银佳集团、亿阀集团通过国家“两化”融合贯标试点认定，鼎圣集团获得KEMA国际电力产品认证；市科创中心获评镇江唯一A类国家级科技企业孵化器；高新区创成国家智慧电气高新技术产业化基地，在27家省级高新区创新驱动评价中排名第一。

各级各类教育稳步发展。教育现代化建设取得成效，扬中市创成第二批全国中小学校责任督学挂牌督导创新县（市、区）。教育资源进一步扩容，城区新建幼儿园3所、小学3所、初中2所，整体搬迁省扬中专；教育现代化“双创”工作完成率达100%，教育现代化先进学校实现全覆盖。城区所有义务教育阶段学校实行“集团化办学”,组建五个教育集团,实现优质教育资源的辐射推广和合成提升。一本、二本达线率分别为41.5%、90.14%,30人被“C9联盟”高校录取,65人被985高校录取,144人被211高校录取,7人位列镇江文、理科前十,高分优势持续保持。培养免费师范生和乡村定向师范生25名,招聘新教师115人,为扬中教育注入新力量;开展新一轮扬中市学科带头人和骨干教师评选,135名教师被评为镇江市骨干教师,26名教师被评为镇江市学科带头人,新增江苏省特级教师1名。

(十)文化、体育和卫生

文化体育设施建设加快推进。博物馆布展完成设计、施工一体化招投标,施工队进场施工。全市20个基层综合性文化服务中心提标升级,建成农村文化礼堂29个,4家镇街区、20个村(社区)农家书屋实现与市图书馆的通借通还。体育活动中心游泳池改造完成并对外开放,奥体中心亮化工程全面实施,全市新建健身路径24条,健身公园6个。

文化活动有效开展。全年举办新春走基层活动60余场,全民艺术普及讲座15场、培训25期、展示25场,“江洲大讲堂”3期,放映电影776场。1件舞蹈节目、2件儿童画入围镇江市艺术考级单位优秀作品展览展演。原创小戏《阿旺的救赎》获评镇江市首届“群星奖”金奖,入围省“五星工程奖”终评。

体育工作成绩斐然。举办市第十八届运动会,市第九届男子篮球联赛,“全民健身日”系列活动,承办首届全国青少年软式曲棍球锦标赛、镇江市青少年阳光体育运动联赛少儿田径比赛。承办中比女篮国际A级赛事。市篮球队在第二届全国百强县(市)男篮邀请赛中获第三名。

卫生事业取得新成效。编制印发《扬中市医疗机构设置规划(2018—2020年)》,依据《规划》审批设置门诊部及诊所类医疗机构3所,备案中医诊所6所。市人民医院与八桥中心卫生院正式组建医疗联合体,中医院与油坊镇卫生院签订帮扶协议,实现优势互补、资源共享。全市省级卫生村覆盖率达100%,完成2096户改厕任务。城乡居民人均基本公共卫生服务经费70元,免费提供14类55项基本公共卫生服务,全市规范化居民电子健康档案率83.54%,65岁以上老年人免费体检率57.09%,免疫儿童建卡率、建证率均达98%,11种疫苗全程接种率达95%以上。累计管理高血压患者34271人,糖尿病患者9124人,严重精神障碍患者1325人。

(十一)城市建设和环境保护

基础配套设施持续完善。基本建成市博物馆、新广电塔、人防应急疏散基地,有序推进扬子新村、滨江新城、西城区棚户区改造。238省道改线西来桥段竣工通车,523国道、扬中大道提升改造工程基本完成,新建改建农村公路27.9公里、农桥3座。运营西来桥公交次枢纽,开通常州孟河、镇江新区毗邻公交。建成思议港闸站、万太220千伏输变电等工程,改造老旧自来水管网30.8公里。

城市治理实效不断提升。推进全国文明城市创建,强化国家卫生城市长效管理。编制完成综合交通、供水、天然气等专项规划,调整土地利用总体规划,整改违法用地1068亩,创成省国土资源节约集约利用模范市。设立翠竹路、扬子路等严管街5条,开展市容环境、文明交通、电动三四轮车等专项整治。扩大垃圾分类试点范围,在21个小区推行垃圾分类,建成可回收垃圾分拣中心、油坊镇垃圾分类处置中心等终端处置设施7个。

生态环境明显改善。编制《扬中市城区黑臭水体整治方案》,推进三茅大港、扬子河、明珠湾等流域水环境整治,建成排口截污设施26座,实施20个居民小区雨污分流改造,新增雨污水管网145公里。全面推进污染防治攻坚行动,整改中央环保督察“回头看”、省环保督察交办信访问题58件。严格落实“河长制”,完成入河排污口调查登记,疏浚河道267条。

（十二）人口、人民生活和社会保障

人口规模略有上升。年末全市户籍人口282459人，比上年增加545人，其中男性人口138172人，女性人口144287人。全年出生人口3346人，人口出生率11.8‰，比上年上升1.7个千分点；死亡人口2302人，死亡率8.15‰，比上年下降0.55个千分点。年末全市常住人口34.39万人，城镇化率64.26%。

居民收入稳步增长。据城乡住户一体化调查，全市全体居民人均可支配收入43290.8元，比上年增长8.8%。其中，城镇居民人均可支配收入53675元，增长7.9%；农村居民人均可支配收入28199.4元，增长8.9%。居民消费水平继续提高，人均生活消费支出23774.4元，增长7.1%，其中，城镇居民26824元，增长6.0%；农村居民19342.4元，增长8.3%。居民生活持续改善，旅游休闲和健身娱乐活动消费已成为居民生活新时尚。文化娱乐教育支出占人均消费性支出的18.7%，比上年提高0.2个百分点，其中，城镇提高0.3个百分点，农村提高0.1个百分点。

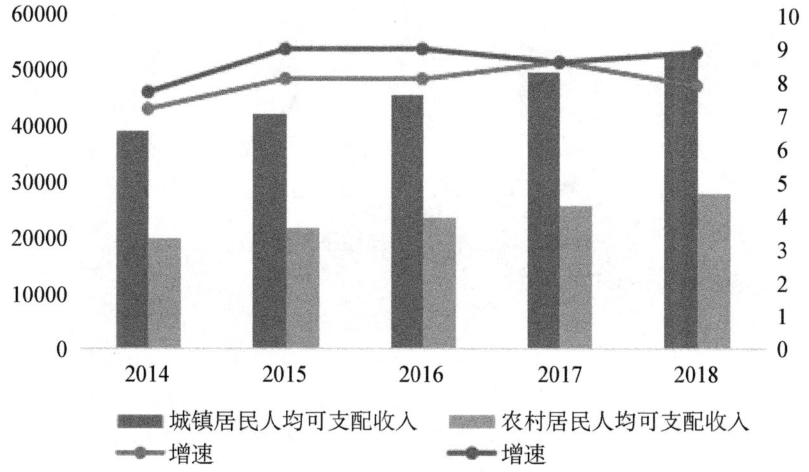

图15　2014—2018年扬中市居民人均可支配收入及增速

数据来源：历年《江苏统计年鉴》

保障水平逐步提高。发放稳岗补贴337万元、创业贴息贷款2350万元，扶持创业672人。实施医保“惠民大礼包”和“全民参保”计划，完成转保1.75万人。城乡低保标准提高至每人每月710元，特困人员供养标准提高至每人每月865元。982户1920人实现脱贫。启动公办养老机构民营化改革，开工建设市级老年活动中心，建成残疾人“三大中心”，新增“残疾人之家”3家、标准化居家养老服务中心8家。

社会治理持续深化。创新网格化社会治理机制，逐步完善立体化、信息化社会治安防控体系，创成省级民主法治示范村（社区）3个。实现“省双拥模范城”八连冠。组建长江花城社区。100家餐饮单位纳入“明厨亮灶”远程视频监管，高标准完成利民市场整治。开展社会矛盾和安全隐患大排查大整治，平稳有序处置“6·8”太保案，500户以上小区调解工作室实现全覆盖，创成省信访“三无”示范市。开展扫黑除恶专项斗争，深化“清风行动”，群众安全感和法治建设满意度保持全省领先。

五、靖江市

2018年，全市上下坚持以习近平新时代中国特色社会主义思想为指导，全面落实中央、省、泰州市决策部署，坚持稳中求进工作总基调，深入贯彻新发展理念，围绕“经济发展更平衡、民生保障更充分、小康建设更全面”工作主题，致力高起点融入长江经济带、高质量建设美好新靖江，经济社会保持稳中向好、稳中奋进的发展态势，高水平全面小康建设迈出坚实步伐。

（一）总体经济

经济总量再上新台阶，初步核算，全市实现地区生产总值1002.05亿元，按可比价格计算，同比增长7.1%。按常住人口计算，全年人均GDP达到146061元。分产业看，第一产业实现增加值24.44亿元，增长2.5%；第二产业实现增加值492.51亿元，增长7.1%；第三产业实现增加值485.10亿元，增长7.3%，第三产业占GDP比重达48.4%。

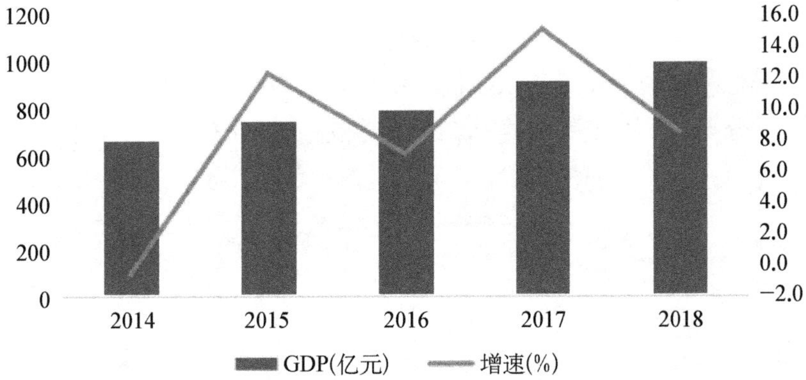

图16　靖江市GDP规模及实际增速

数据来源：历年《江苏统计年鉴》

全年实现财政总收入175.54亿元，增长20.5%；实现一般公共预算收入65.71亿元，增长9.3%，其中，税收收入54.05亿元，增长11.0%，税收占比为82.3%。靖江(不含澄靖园区)实现财政总收入156.96亿元，增长21.7%；实现一般公共预算收入56.22亿元，增长8.9%。全年完成财政总支出153.61亿元，增长33.4%，其中，公共财政预算支出81.14亿元，增长15.6%。

年末全市户籍总人口65.88万人，其中，女性33.32万人，男女性别比为97.69:100；本年登记出生人口6128人，出生率9.28‰；死亡人口5187人，死亡率7.86‰，人口自然增长率为1.42‰。城镇化水平持续提高，年末全市常住人口68.48万人，其中，城镇45.31万人，常住人口城镇化率为66.17%，比上年提高0.62个百分点。

全力支持民营经济发展，出台企业减负30条政策、便民利企50条意见，深化“放管服”改革，营商环境日益优化。全年新增各类市场主体13055户，注册资本金293.15亿元，其中，新注册私营企业3832户，个体工商户8749户。民营经济实现税收收入73.26亿元，比上年增长19.0%；民营经济固定资产投入同比增长11.5%。

（二）农业

全年实现农业总产值42.73亿元，增长2.4%。全年粮食播种面积60.14万亩，比上年减少1.87万亩；粮食总产量29.05万吨，下降1.1%，其中夏粮10.90万吨，秋粮18.15万吨；粮食亩产达483.0公斤，比上年增长2.0%。油料作物播种面积1.88万亩，产量0.35万吨。蔬菜播种面积9.81万亩，产量23.45万吨。全年生猪出栏38.27万头，家禽出栏142.16万只，禽蛋产量9265吨，水产品产量10031吨。

新增高标准农田3.65万亩，高标准农田比重达79.49%；新建50亩以上设施园艺基地15个，新增设施农业面积1.06万亩，全市高效设施农业面积达9.26万亩。新增高效设施渔业面积700亩，全市高效设施渔业达0.78万亩。新建9个小麦千亩示范片和10个水稻千亩示范片，绿色优质农产品比重达25.15%。生猪规模养殖比重92.36%,畜禽生态健康养殖比重34.3%。

表8　2018年主要农产品产量及其增长速度

产品名称	产量(吨)	比上年增长(%)
粮食	290500	−1.1
油料	3500	−34.0
肉类	30500	1.3
#猪牛羊肉	27500	1.5
水产品	10000	−4.8

数据来源:2018年靖江市国民经济与社会发展统计公报

(三)工业和建筑业

2018年,全市大力实施传统产业高质量提升、新兴产业高起点推进工程,工业经济延续平稳回升态势,全年实现工业开票1152亿元,同比增长11.6%;全年工业用电量30.28亿千瓦时,增长6.0%;规模以上工业总产值增长11.5%,增加值增长5.5%。

船舶产业生产逐步回升,金属材料产业持续高位增长,汽配产业、电机电器产业不断转型升级,规模以上工业产值分别增长6.4%、31.7%、17.0%、6.5%。新兴产业产出效应凸显,高端装备、新材料、节能环保产业规模以上工业产值分别增长20.0%、3.4%和10.3%。

全年规模以上工业企业主营业务收入比上年增长14.4%,利润增长15.2%,分别比上年提升1.8和3.2个百分点,利润增幅高于收入增幅0.8个百分点,主营业务收入利润率为7.4%,产销比达97.46%。

全市现有建筑企业198家,其中,特级资质2家、一级资质21家、二级资质73家。建筑企业市场份额不断扩大,全年实现建筑业总产值658.75亿元,上缴税金21.92亿元,分别增长11.3%、52.3%;海外施工面积1.02万平方米,海外营业额2.12亿美元,劳务收入0.58亿元,利润总额29.79亿元,利税总额51.71亿元;全年创省优工程2个,泰优工程10个,获"中国建筑之乡"称号。

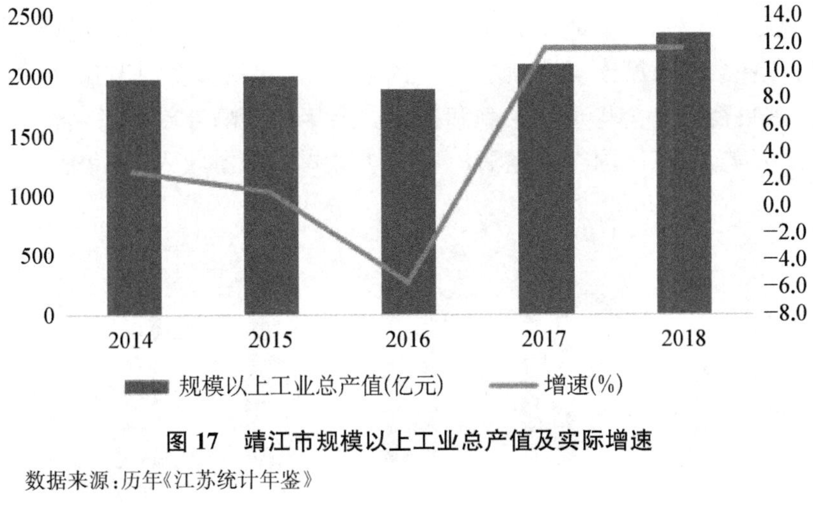

图17　靖江市规模以上工业总产值及实际增速

数据来源:历年《江苏统计年鉴》

(四)固定资产投资

全年固定资产投资增长12.2%,其中,第二产业投资增长19.9%,第三产业投资增长0.5%。制造业投资占项目投资比重为68.6%,对全部投资增长的贡献率达93.8%。优质项目加快集聚,大健康产业投资增长17.7倍,仪器仪表制造业投资增长14.7%,科学研究和技术服务业增长

32.8%,文化、体育和娱乐业增长 54.9%。

房地产开发投资 57.11 亿元,增长 34.6%。商品房施工面积 311.50 万平方米,增长 22.7%。商品房竣工面积 83.29 万平方米,增长 154.5%。商品房销售面积 89.35 万平方米,下降 16.5%,其中,住宅销售面积 80.11 万平方米,下降 30.0%。年末商品房待售面积 30.91 万平方米,比上年末下降 18.6%。

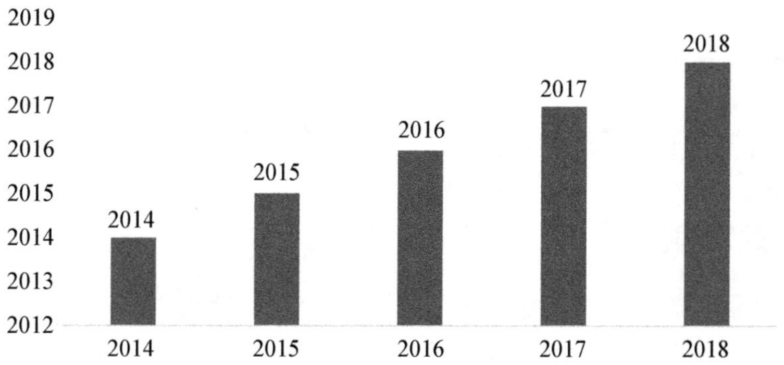

图 18　2014—2018 年靖江市固定资产投资(亿元)

数据来源:历年《江苏统计年鉴》

(五)消费和旅游

全市实现社会消费品零售总额 204.07 亿元,同比增长 4.4%。从销售单位所在地看,城镇市场实现零售额 188.61 亿元,增长 4.7%;乡村市场实现零售额 15.46 亿元,增长 0.6%。从消费形态看,批发和零售业实现零售额 169.01 亿元,增长 3.4%,住宿和餐饮业实现零售额 35.06 亿元,增长 9.8%。从消费品种看,基本生活类消费增长平稳,部分消费升级类商品零售额增长较快。在限额以上企业商品零售额中,体育、娱乐用品类增长 5.0%,电子出版物及音像制品类增长 45.2%,中西药品类增长 17.4%,文化办公用品类增长 6.1%,石油及制品类增长 22.5%。

深入推进全域旅游示范区创建,新建旅游风景道 15 公里,新增旅游生态停车场面积 1.1 万平方米,创成中医药健康旅游示范基地 2 个、四星级乡村旅游点 4 家、三星级乡村旅游点 3 家、旅游接待金牌饭店 3 家;依托泰州市第十届"水城水乡"国际旅游节平台,乡村节庆活动第一次系统化上线,"西来桃花节"被央视七套全程现场录制和播出。全年接待海外旅游者(含一日游)0.37 万人,旅游外汇收入 121 万美元;接待国内游客 128 万人,实现国内旅游收入 7.40 亿元。

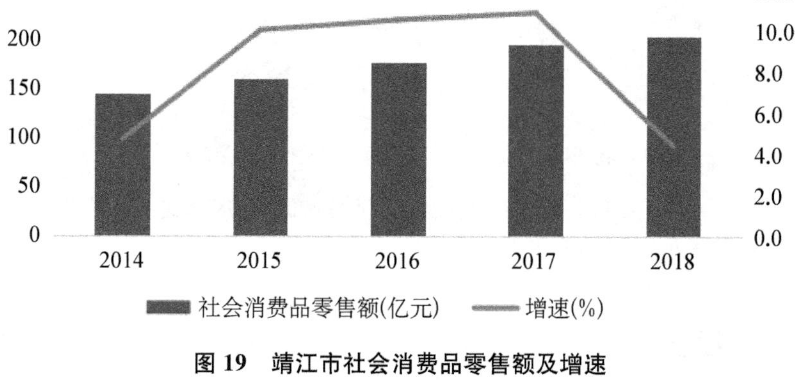

图 19　靖江市社会消费品零售额及增速

数据来源:历年《江苏统计年鉴》

（六）开放型经济

全年完成进出口总额28.31亿美元，同比下降3.8%。其中，进口8.21亿美元，增长7.7%；出口20.11亿美元，下降7.8%。从贸易方式看，一般贸易进出口16.05亿美元，加工贸易进出口11.48亿美元，其他贸易进出口0.78亿美元。从进出口市场看，大洋洲占比30.8%，亚洲占比29.7%，欧洲占比16.3%，北美洲占比13.4%。从出口产品看，船舶及配套产品仍是出口的主体，全年累计出口9.94亿元，占全部出口的49.4%。

全市新批外商投资企业7家，协议注册外资4322万美元，实际利用外资9037万美元。全年新批境外投资项目6个，"一带一路"沿线国家逐渐成为对外投资主要阵地。中小企业外贸渠道不断拓宽，全市有近200家企业通过阿里平台拓展海外市场，企业接单出口额不断上升，全年完成外经营业额1.06亿美元，增长3.9%，新增服务外包企业7个，完成服务外包执行额1.13亿美元。

（七）港口、交通和邮电

全年港口建设累计完成投资4.62亿元，年末共建成泊位179个，其中万吨级以上泊位67个。12.5米深水航道完工使用，通关时间同比压缩41.9%，港口、口岸环境不断优化。全年完成货物吞吐量14339万吨，同比增长34.7%，其中，外贸1115万吨，创历史新高。主要货类吞吐量分别为煤炭及制品5693万吨，矿建材料3203万吨，金属矿石2225万吨，粮食1500万吨，木材949万吨。口岸累计进出国际籍船舶1051艘次，进出境人员18505人次，同比分别下降10.1%和23.6%，到港船舶大型化趋势日益明显。

全年新注册机动车15965辆，其中汽车13826辆。全年完成公路货物运输量1804万吨，货物周转量451643万吨公里，同比分别增长1.1%和1.2%；公路客运量1819万人次，下降8.6%，客运周转量37804万人公里，增长8.2%；水上货物运输量1073万吨，货物周转量439546万吨公里，分别增长10.2%和12.9%。全市公路总里程达1362公里，其中，高速公路24公里。

全市邮政电信业务收入7.88亿元，同比增长2.9%。其中，邮政业务收入1.06亿元，增长5.2%；电信、移动和联通业务收入6.82亿元，增长2.6%。通信基础设施不断完善，全年完成建设投资6461万元，年末宽带接入用户28.11万户，移动电话用户数78.05万户，其中4G上网用户58.63万户。

（八）金融和保险

年末全市银行机构本外币存款余额1052.06亿元，比年初增加47.75亿元，增长4.8%，其中，住户存款539.60亿元，增加44.60亿元，非金融企业存款383.35亿元，增加15.05亿元。本外币贷款余额879.49亿元，较年初增加73.93亿元，增长9.2%，其中，住户贷款263.85亿元，增加42.72亿元，非金融企业及机关团体贷款615.64亿元，增加31.20亿元。

年末驻靖证券营业部共6家，证券机构年末开户总数78438户，较年初增长4.3%。实现证券交易额926.94亿元，同比减少21.7%。年末共有境内外上市公司5家，新三板挂牌公司7家，上市（挂牌）公司累计募集资金154.83亿元。

年末驻靖保险机构共36家，其中财产险16家，人身险20家。全年实现保费收入为22.45亿元，同比增长11.5%，其中，财产险保费收入6.31亿元，同比增长6.0%，人身险保费收入16.14亿元，同比增长13.9%。全市保险密度3278元/人，保险深度2.24%。

（九）科学技术和教育

企业研发机构建设稳步提升，平台载体服务能力显著增强，新建泰州市级以上创新联盟4

个,省级以上企业研发机构和人才工作站点8家,其中,省级工程技术研究中心2家,138家大中型企业和高新技术企业研发机构有效建成率达89.3%。院地合作显成效,全年引进高新技术项目并签订正式协议102项,共建产学研联合体31家、校企联盟19家,落实离岸孵化落地项目52个。

新认定国家高新技术企业69家,培育库入库省高新技术企业35家、省级民营科技企业18家,高新技术产业产值占列统工业比重达45.5%。科技项目持续推进,获批省国际科技合作项目2项、重点研发计划1项、自然科学基金项目1项,获评省级以上科学技术奖励3项。全年专利申请量4290件,其中发明专利753件;专利授权量3761件,其中发明专利137件;万人发明专利拥有量达15.33件。

年末全市拥有各类学校92所,其中幼儿园43所,义务教育学校43所,高中4所,特殊教育学校1所,中等专业学校1所。年末在校生71631人,专任教师数6202人;2018年中小学招生13448人,毕业12840人。统筹教育资源布局,新建季市中心小学、实验学校城北分校,新创省、泰州市优质幼儿园各4所,完成11所学校改薄项目,刘国钧中学创成四星级高中。中考均分和录取控制线继续蝉联泰州第一,高考本一、本科上线率分别达到39.35%、87.68%。

(十)文化、体育和卫生

年末拥有文化馆1个,博物馆1个,影剧院11家,艺术表演团体1家,文物保护单位24家,公共图书馆1个,藏书80.02万册。新建容湖书吧和人民公园显华书院,人均拥有公共文化设施面积0.21平方米,村(社区)综合性文化服务中心建成率达75%。成功举办以"颂歌十九大,唱响新时代"为主题的第36届文艺节,小品《幸福的红丝巾》等作品在省内外多次获奖,国家级非遗项目"靖江宝卷"参加央视5套中国方志栏目拍摄,张东海入选第五批国家级非遗代表性传承人。广播电视作品获省一等奖1个、三等奖3个,"智慧靖江"APP荣获江苏省县级广电媒体融合创新优秀案例。

竞技体育再创辉煌,靖江籍运动员在参与全国以上比赛中,2人获世界中学生乒乓球锦标赛团体冠军,1人获亚洲青少年乒乓球锦标赛金牌3枚,1人获全国竞走比赛银牌1枚。省运会青少年项目中获20.5枚金牌、15枚银牌、18枚铜牌,为市历届成绩之最。群众体育活动广泛开展,全民健身设施更加完善,农村体育设施覆盖率达95%。

年末拥有各类卫生机构306家,其中医院、卫生院29家;各类卫生机构拥有病床4830张,卫生技术人员4873人,其中,执业(助理)医师2111人,全科医生273名,注册护士1878人;年门急诊总量达433.33万人次,住院病人11.72万人次。完善分级诊疗制度,落实"两票制"改革,医改惠民取得实效,药占比<35%,市域内就诊率90%以上。医养融合覆盖面进一步扩大,居民健康档案建档率达87.1%,重点人群家庭医生签约率达65.4%,获评全省首批基层卫生十强县。

(十一)人民生活和社会保障

全体居民人均可支配收入37597元,其中,工资性收入23964元,增长8.1%;经营净收入4853元,增长10.8%;财产净收入3696元,增长9.7%;转移净收入5094元,增长10.5%。按常住地分,城镇居民人均可支配收入46777元,农村居民人均可支配收入23220元,分别增长8.4%和8.7%,城乡居民收入比为2.01,比上年进一步缩小。

全体居民人均消费支出26256元,增长7.7%。其中,食品烟酒类消费支出7649元,增长5.6%;衣着消费支出1645元,增长7.9%;居住支出5312元,增长8.3%;生活用品及服务支出1296元,增长9.0%;交通通信支出4710元,增长8.1%;教育文化娱乐支出3188元,增长11.4%;医疗保健支出1675元,增长8.8%;其他用品和服务支出782元,增长4.0%。按常住地分,城镇居民、农村居民人均生活消费支出分别为 30329 元和 19877 元，同比均增长 7.5%。居民恩格尔系数为 29.13%，比上年下降 0.59 个百分点。

表 9　2018 年城市居民消费和商品零售价格比上年涨跌幅度

指　　标	价格指数(上年=100)	比上年涨跌幅(%)
居民消费价格总指数	107.7	7.7
食品烟酒	105.6	5.6
衣着	107.9	7.9
居住	108.3	8.3
生活用品及服务	109.0	9.0
交通和通信	108.1	8.1
教育文化和娱乐	111.4	11.4
医疗保健	108.8	8.8
其他用品和服务	104.0	4.0

全年城镇新增就业 1.77 万人，开发公益性岗位 220 个，安置失业人员 1.18 万人，年末城镇登记失业率 1.78%。实施《马洲创业就业引领计划》，发放创业富民"三张券"3.26 万张，全年新增创业 1.53 万人，创业培训 1.41 万人。围绕传统产业高质量提升"五个一"工程，重点培养泵阀、电机、模具等传统优势产业高技能人才，全年取证 5506 人，其中，初中级 1068 人、高级工 2199 人、技师 2239 人。

社会保险持续扩面，全年办理新增社会保险登记 1420 户，新增参保人员 9474 人，企业职工基本养老、医疗参保人数分别达 18.62 万人、31.98 万人，覆盖率达 98.60%、98.06%；帮助 3536 名重残、低保人员和 10922 名建档立卡困难人群免费参加城乡居民医疗保险，城乡居民养老保险参保 3.97 万人、医疗保险参保 30.09 万人，覆盖率分别达 98.98%、和 99.5%。城乡居民养老保险基础养老金提高到每人每月 145 元，个人账户养老金调增 6%，大病保险报销补助 8584 人次共计 7221 万元，全年社会保险基金支出总额 44.01 亿元，增长 14.2%。

全市拥有各类养老机构 28 个，床位 2508 张，收养 1233 人；全市持证护理员达 324 人，护理型床位占比达 60.73%。年末拥有标准化城乡社区居家养老服务中心 112 个、老年人助餐点 112 个。困难救助精准抵达，城乡居民最低生活保障救助 1118 户共计 2435 人，其中，城市低保 117 户，农村低保 1001 户；农村五保供养 1619 人。年内累计促进残疾人就业 5400 人，全年发放各类残疾人补助、补贴 6921 人次共计 3156 万元，13 个"馨港湾残疾人之家"常态化运行，成为基层残疾人综合服务的主阵地。

（十二）城乡建设和环境保护

完成 229 省道靖江段改扩建、沿江高等级公路养护改善、城西大道贯通、新建路和车站路改造工程，提档升级农村道路 60 公里，改造桥梁 40 座，道路通行能力不断提升。新城"2020"南进东扩步伐加快，文化中心、金融商务区建设进展顺利，公兴河、小桥港景观带串绿成链，水清、绿透、文昌、城秀的滨江新城崭露风姿。老城基础设施持续完善，人民桥、上九圩港闸站建成投用，改造后街背巷 11 条、低洼地块 2 个，解危老旧危房 1.2 万平方米，新增停车泊位 1.5 万个。城北望江社区公交首末站投入使用，平均日开行各类城乡一体化公交班线 1025 班次。城市新增绿化面积 29 万平方米，城市建成区绿化覆盖率达 42.4%，城市"家·公园"形态初显，国家园林城市通过复检，获评"中国蕙兰解佩梅之乡"。

强力推进"263"专项行动，削减煤炭消费量 47.5 万吨，淘汰关闭化工企业 5 家，整治重组 11 家，改造升级36家。治理畜禽养殖场1653家，排查整改固体废物环境隐患点位45个。疏浚整治二三级河道137条，治理黑臭水体2条，新建城镇污水管网30公里。整合搬迁八圩、九圩汽渡，恢复生态湿地20万平方米，全年绿化造林3180亩，林木覆盖率达28.29%。全市空气质量优良率达72.3%，PM2.5平均浓度为0.044 mg/m³，省控以上地表水断面水质达到或优于Ⅲ类水质比例83.3%，垃圾分类集中处理率59.5%。创成泰州市园林小城镇1个，省级美丽乡村1个、泰州市美丽乡村20个，德胜村、徐周村完成泰州市特色田园乡村试点，季东村被住建部列入中国传统村落名录。

六、泰兴市

2018年，全市上下以习近平新时代中国特色社会主义思想为指引，自觉践行新发展理念，紧紧围绕"聚力创新快转型、聚焦富民奔小康、争当苏中排头兵"目标追求，牢牢把握稳中求进工作总基调，贯彻落实高质量发展，统筹做好稳增长、促改革、调结构、重生态、惠民生等各项工作。综合实力跃上新台阶，转型升级获得新成效，生态环境得到新改善，社会事业取得新进步，全面小康进程迈出坚实步伐。

（一）总体经济

综合实力跃上新台阶。初步核算，全市实现地区生产总值1050.34亿元，比上年增长7.2%（按可比价格计算，下同）。其中，第一产业增加值60.42亿元，增长2.6%；第二产业增加值490.63亿元，增长7.0%；第三产业增加值499.29亿元，增长8.1%。人均地区生产总值97697元，增长7.2%，比上年增加8241元。产业结构不断优化。三次产业增加值比例由上年的5.9∶46.8∶47.3调整为5.8∶46.7∶47.5。服务业较快发展，占GDP比重比上年提高0.2个百分点，占GDP比重超过第二产业0.8个百分点。城乡一体化发展进程加快，年末常住人口城镇化率62.2%，比上年提高1.3个百分点。连续18届跻身全国县域经济基本竞争力百强县（市）行列，排名第29位，较上年前移5位。

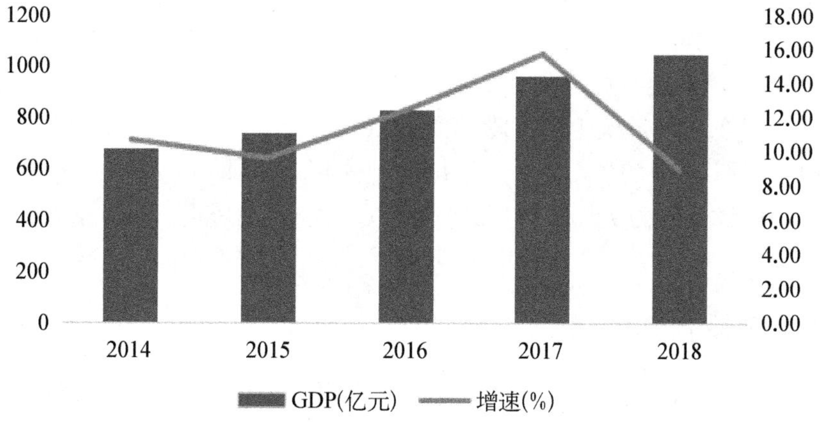

图20 泰兴市GDP规模及实际增速

数据来源：历年《江苏统计年鉴》

全年居民消费价格总水平比上年上涨2.3%，总体呈现"八升"态势。其中，衣着上涨6.2%，生活用品及服务上涨3.9%，居住上涨3.5%，医疗保健上涨2.4%，食品烟酒上涨1.8%，教育文化和娱乐上涨1.1%，交通和通信上涨0.4%，其他用品和服务上涨0.2%。在食品中，粮食下降0.3%，畜肉类下降4.5%，水产品上涨1.7%，食用油下降0.7%，蛋类上涨10.9%。

表 10　2018 年城市居民消费和商品零售价格比上年涨跌幅度

指　　标	价格指数(上年=100)	比上年涨跌幅(%)
居民消费价格总指数	102.3	2.3
食品烟酒	101.8	1.8
衣着	106.2	6.2
居住	103.5	3.5
生活用品及服务	103.9	3.9
交通和通信	100.4	0.4
教育文化和娱乐	101.1	1.1
医疗保健	102.4	2.4
其他用品和服务	100.2	0.2

年末全市工商注册私营企业 2.35 万户，增长 11.4%；注册资本 2151.32 亿元，增长 38.7%；私营从业人员 25.32 万人，同比增长 4.0%。个体工商户 8.29 万户，比上年增长 14.7%；个体工商户注册资本 125.86 亿元，比上年增长 21.1%；个体工商户从业人员 16.76 万人，增长 14.6%。

（二）农业

全市实现农业总产值 101.55 亿元，比上年增长 5.3%。全年粮食总产量达 63.17 万吨，比上年下降 6.1%，其中，夏粮 24.47 万吨、秋粮 38.7 万吨。全市粮食种植面积 128.64 万亩，粮食单产为 491 公斤，比上年增加 8 公斤。全年上市生猪 96.31 万头，比上年下降 2.6%；家禽 507.31 万羽，增长 14.2%；山羊 6.52 万只，下降 5.1%；禽蛋 1.95 万吨，下降 14.8%；水产品 2.44 万吨，比上年下降 2.4%。全市林木覆盖率达 25.28%。

全市新增高效设施农业面积 1.8 万亩，新增高标准农田 6.5 万亩。全市现有规模养殖场(户)2856 家，其中，万头猪场 11 家、万羽禽场 147 家、千只羊场 11 家、50 头以上奶牛场 6 家，生猪、蛋禽、肉禽、奶牛、山羊的规模养殖比重分别达到 92.9%、99%、100%、100%和 65.2%；生猪大中型规模养殖比重达 79.4%，比上年提高 4.2 个百分点。农产品检测合格率达 98%以上。

表 11　2018 年主要农产品产量及其增长速度

产品名称	产量(吨)	比上年增长(%)
粮食	631700	−6.1
油料	33000	−29.2
肉类	83500	1.0
#猪牛羊肉	76000	0.8
水产品	24400	−2.4

数据来源：《江苏统计年鉴 2019》

大力推进农业机械化，全市拥有农机总动力 62.95 万千瓦，全市各式大中型联合收割机保有量达 1892 台，插秧机保有量达标准 4266 台(其中高速乘座式插秧机 1039 台)，75 马力以上大中型拖拉机配套秸秆还田机械保有量达 2110 台套，粮食烘干机 710 台。全市农机化综合水平达 85.1%。

（三）工业与建筑业

全年规模以上工业增加值可比增长 5.6%。规模以上工业总产值增长 14.8%，其中，轻工业增长 19.5%，重工业增长 12.9%。全年规模以上工业企业实现主营业务收入增长 2.0%；利润总额增长10.4%。机电、化工、医药三大支柱产业实现规模以上产值同比增长13.1%,其中,机电、化工、医药行业产值分别同比增长15.8%、7.7%、22.1%。

全年建筑业完成总产值744亿元,同比增长9.9%;建筑业完成税收10.81亿元,同比增长47.3%。创鲁班奖1项、国家优质工程奖2项。资质晋升泰州领先。新增总承包一级资质企业6家。全市共有施工总承包一级资质以上企业17家,拥有一级建造师611名,二级建造师3106名。

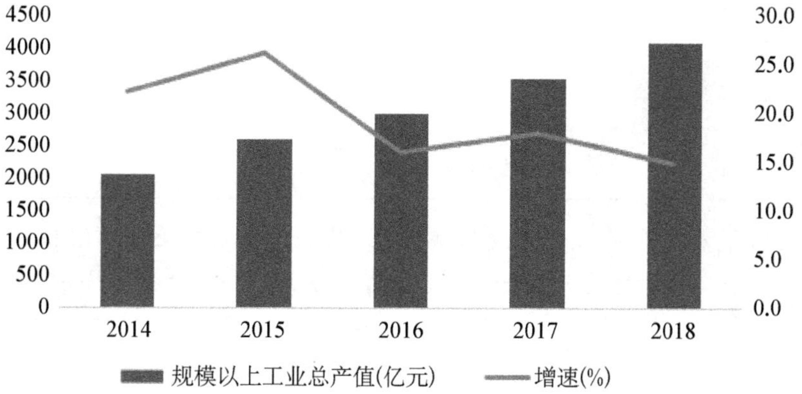

图21　泰兴市规模以上工业总产值及增速

数据来源:历年《泰兴市统计年鉴》

(四)固定资产投资

全年固定资产投资增长13.7%,其中,规模上固定资产投资增长7.0%,房地产开发投资增长60.8%。二、三产业投资快速增长,规模上工业投资增长9.0%,服务业产业投资增长25.0%。房地产市场健康发展。

全年商品房销售面积194.40万平方米,同比增长0.2%。其中,住宅销售面积183.24万平方米,增长5.2%。商品房屋施工面积775.08万平方米,增长32.4%,其中,住宅641.78万平方米,增长39.4%;房屋竣工面积28.48万平方米,同比下降60.4%。

重点项目扎实推进。全年新开工亿元以上项目130个,其中,10亿元以上项目9个;新竣工亿元以上项目95个,其中10亿元以上项目7个。全年规模以上项目产业投资同比增长11.0%。

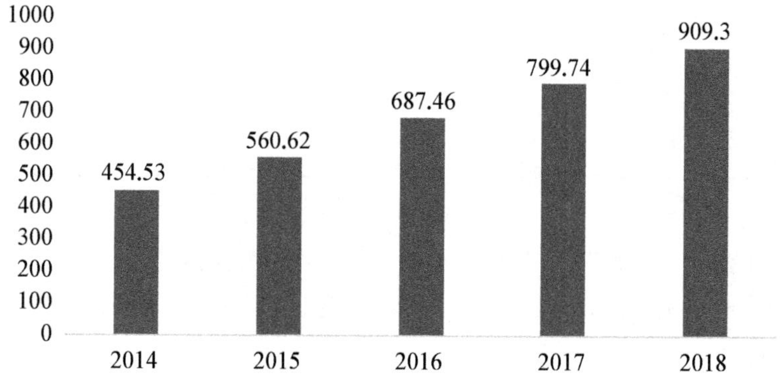

图22　2014—2018年泰兴市固定资产投资(亿元)

数据来源:历年《泰兴市统计年鉴》

（五）交通、邮电和旅游

全市公路总里程 2236.1 公里，净增 19.2 公里，其中，高速公路 74.0 公里，一级公路 187.3 公里。年末实有公交车 322 辆，出租车 375 辆；民用汽车拥有量 19.5 万辆。行政村双车道覆盖率 100%，全市开通 10 路公交线路，20 辆纯电动公交车投入运营。重大基础设施加快建设。常泰过江通道开工建设，北沿江高铁、盐泰锡常宜城际铁路项目前期属地工作扎实开展，完成京沪高速江广段扩容工程、355 省道改扩建项目主体工程。

全市邮政电信业务总收入 10.15 亿元，比上年增长 2.6%。其中，邮政业务收入 1.98 亿元，增长 9.6%；电信业务收入 3.10 亿元，下降 2.5%；移动业务收入 4.67 亿元，增长 4.6%；联通业务收入 0.41 亿元，下降 7.0%。年末移动电话用户 104.09 万户，比上年增长 6.2%；固定电话用户数 17.37 万户。

全年接待游客 405 万人次，同比增长 16.5%；实现旅游收入 39.65 亿元，同比增长 15.2%。旅游项目推进取得成效。宣堡银杏养生风情小镇获批省第二批旅游风情小镇创建单位，小南湖获批省五星级乡村旅游示范区，凤栖小镇获批省工业旅游示范区。黄桥烧饼、济川药业蒲地蓝系列成功入选江苏“百佳”特色旅游商品。成功举办宣堡桃花美食节、姚王江沙蟹丰收节等节事活动。

（六）国内贸易和开放型经济

全年实现社会消费品零售总额 237.05 亿元，比上年增长 6.2%。按销售单位所在地分，城镇消费品零售额 181.22 亿元，增长 6.5%；乡村消费品零售额 55.83 亿元，增长 5.4%。按行业分，批发和零售业 187.96 亿元，增长 6.4%；住宿和餐饮业 49.09 亿元，增长 5.7%。全年实现限额以上社会消费品零售总额 73.97 亿元，比上年增长 1.8%。

限额上批发和零售业中，石油及制品类零售额 9.90 亿元，增长 13.5%；建筑及装潢材料类零售额 1.73 亿元，增长 34.6%；文化办公用品类零售额 1.03 亿元，增长 40.6%；家具类零售额 0.63 亿元，增长 162.3%。刚性需求稳定增长。粮油、食品类零售额 13.15 亿元，增长 2.2%；服装、鞋帽、针纺织品类零售额 4.57 亿元，增长 10.0%；日用品类零售额 2.02 亿元，增长 9.4%；中西药品类零售额 2.69 亿元，增长 6.7%。

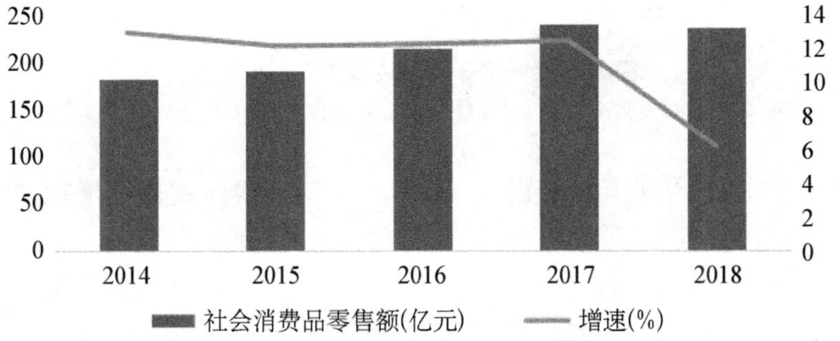

图 23　泰兴市社会消费品零售额及增速

数据来源：历年《泰兴市统计年鉴》

全年完成进出口总额 52.06 亿美元，增长 36.1%。其中，进口总额 20.71 亿美元，增长 14.3%；出口总额 31.35 亿美元，增长 55.7%。利用外资平稳发展。实际到账注册外资 3.69 亿美元，增长 2.5%；新批协议注册外资 10.64 亿美元，下降 27.7%。全年共批准外资项目 43 个，其中新批外资项目 28 个，外资增资项目 15 个，总投资超 3000 万美元的外资项目 11 个。

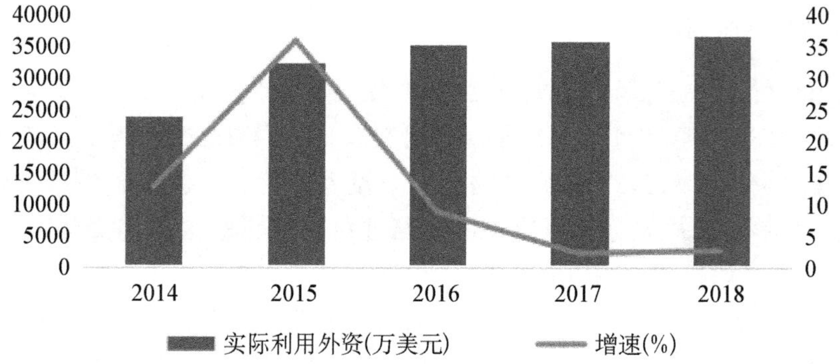

图 24 泰兴市实际利用外资及增速

数据来源:历年泰兴市国民经济和社会发展统计公报

(七)财政和金融业

全年完成一般公共预算收入 74.51 亿元,增长 18.1%。其中,税收收入完成 62.69 亿元,增长 18.5%,占一般公共预算收入比重为 84.1%,比上年提高 0.3 个百分点。财政支出结构优化。一般公共预算支出 96.34 亿元,增长 17.7%。财政用于民生支出占一般预算支出比重达 80.9%,比上年提高 2.9 个百分点。一般公共预算支出中,教育支出 16.28 亿元,比上年增长 2.6%;住房保障支出 7.15 亿元,增长 31.4%;医疗卫生支出 9.01 亿元,增长 6.9%;社会保障和就业支出 10.91 亿元,增长 33.8%;农林水事务支出 15.71 亿元,增长 15.3%。

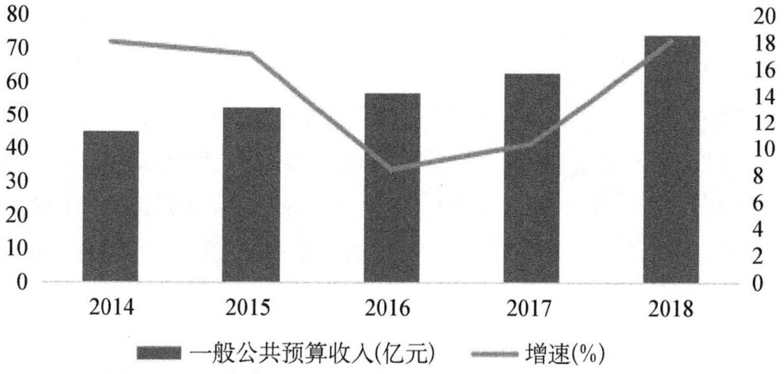

图 25 泰兴市一般公共预算收入及增速

数据来源:历年泰兴市国民经济和社会发展统计公报

金融规模持续扩张。全市现有金融机构 22 家。全年各项存款持续增加,年末全市金融机构人民币各项存款余额 1091.14 亿元,增长 8.4%;其中,住户存款余额 518.81 亿元,增长 5.0%。年末金融机构人民币各项贷款余额 840.93 亿元,同比增长 20.6%。从贷款期限看,全市短期类贷款余额为 315.29 亿元,增长 11.3%;中长期贷款余额为 500.73 亿元,增长 24.5%。

全年实现保险业务收入 25.01 亿元,比上年增长 7.4%。全年赔付额 8.57 亿元,比上年下降 8.8%。

(八)科学技术和教育

科技企业培育显现新成效,新认定国家级高新技术企业 67 家,全市国家级高新技术企业达 145 家。深入实施创新驱动,实现高新技术产业产值增长 13.5%,占规模以上工业总产值比重达 45.8%。全年专利申请 8309 件,其中发明专利申请 2342 件;专利授权 1666 件,其中发明专利 281

件。拥有有效发明专利1138件，万人有效发明专利10.56件。

全市共有普通中等专业学校1所，在校学生4627人，毕业生1143人；普通中学41所，在校学生42368人，毕业生14040人；小学34所，在校学生48260人，毕业生8677人；幼儿园59所，在园幼儿数23636人。教育质量稳中有升，学前三年幼儿入园率达98.5%，初中毕业生升学率97%，小学入学率、巩固率分别达100.5%、100%，初中入学率、巩固率分别达104.9%、100%。教育基础设施不断完善，育红幼儿园文江校区、泰师附小教育集团东阳校区、实验初中教育集团澄江校区开工建设，黄桥新城学校建成投入使用。

（九）文化、卫生和体育

年末共有文化馆(站)17个，图书馆1个，博物馆数6个，剧场影剧院1个，图书总藏量345千册。全市有线电视入户率达100%，广播电视覆盖率100%。全市拥有国家级文化产业示范基地1个，省级文化产业示范基地1个。扎实开展“文化四送”工程，全年完成420场惠民演出。全年建成69个村(社区)综合文化服务中心、3个文化馆分馆、12个星级农家书屋。声乐作品《中国狂草》荣获江苏省“五星工程奖”。泰兴文庙、朱东润故居等三处成功申报省级文保单位。

医疗基础设施建设有序推进。新中医院和妇幼保健院主体工程封顶，市二院新院建成使用，村卫生室提升工程全面完成。分级诊疗体系不断完善，家庭医生签约服务质量不断提高。年末拥有各类卫生机构455个，其中医院15个、卫生院31个；各类卫生机构床位数5713张；各类卫生技术人员5400人，比上年净增363人，其中执业(助理)医师2887人，注册护士2484人，卫生防疫人员159人。

全年举办“全民健身日”等系列群众性体育健身活动100余次，承办中国泰兴黄桥双人大鱼赛、江苏省健身气功联赛等国家和省级赛事。创新举办泰兴国际半程马拉松比赛，20多个国家和地区的近万名长跑运动员和爱好者参赛。全年新增健身网点80个，篮球场40个，室外乒乓球场20个，羽毛球场10个。全市人均体育场地面积达2.75平方米。

（十）资源和环境

向环境污染宣战行动全面启动，大力推进大气污染防治，城市空气质量优良率达75.9%。大力开展区域水环境治理，国考和省考断面水质达标率和优Ⅲ比例均达100%。大力推进城乡环境整治，古溪镇、广陵镇污水处理厂建设有序推进，乡镇污水处理厂全面整改。园林城市创建提速，新增城市绿地面积242万平方米，城镇绿化覆盖率36.85%。

深入推进“263”专项行动，综合整治长江干流一公里范围内化工生产企业。削减规上企业煤炭消费总量6.3万吨。固废排查整治专项行动扎实开展，整改完成39个固废环境隐患点风险防控。实施大气污染减排工程6个，完成重点工业企业挥发性有机物治理62家。单位GDP能耗下降和主要污染物排放削减均完成年度目标任务。

全年生产安全事故死亡33人。亿元GDP生产安全事故死亡率为0.034。

（十一）人口、人民生活和社会保障

年末全市家庭总户数39.29万户，年末户籍总人口117.88万人，比上年减少0.68万人。全年出生人口8836人，出生率7.5‰，比上年下降2.2个千分点；死亡人口10276人，死亡率8.7‰，比上年下降3.7个千分点。年末常住人口107.22万人，其中，城镇人口66.64万人，比上年增加0.95万人。在常住人口中，0～14岁、15～64岁、65岁及以上人口分别占比13.4%、68.7%、17.9%。

全年全体居民人均可支配收入33520元，增长9.2%；按常住地分，农村居民人均可支配收入21268元，增长9.2%；城镇居民人均可支配收入43104元，比上年增长8.4%。全年全体居民人均生活消费支出20616元，增长6.9%，农村居民人均生活消费支出14059元，增长6.8%；城镇居民

人均生活消费支出25746元,比上年增长6.3%。

新增创业19370人,带动就业24880人;新增城镇就业18380人,城镇登记失业率1.78%。城乡居民医疗和养老保险参保基本实现全覆盖。企业职工养老、医疗、工伤、失业参保人数分别达18.83万人、25.67万人、15.7万人、13.75万人。城乡居民养老保险参保46.97万人,被征地农民纳入社会保障7.71万人;基本社会保险覆盖率达98%以上,建设工程项目工伤保险参保率达95%以上。社保待遇稳步提升,城乡居民基础养老金逐年增长。

七、仪征市

2018年,全市上下坚持以习近平总书记新时代中国特色社会主义思想为指导,深入贯彻党的十九大精神,坚持稳中求进工作总基调,深入贯彻新发展理念,统筹做好改革发展稳定工作,经济运行总体平稳、稳中有进,综合实力显著增强,"强富美高"新仪征建设迈出坚实步伐。

(一)总体经济

经济运行稳中有进。全市完成地区生产总值673.94亿元,按可比价计算,增长6.7%。其中:第一产业增加值23.84亿元,可比价增长2.6%;第二产业增加值347.49亿元,可比价增长5.8%;第三产业增加值302.61亿元,可比价增长8.1%。按常住人口计算,人均地区生产总值118401元。产业结构不断优化。三次产业结构由上年的3.7∶52.3∶44.0调整为3.5∶51.6∶44.9。

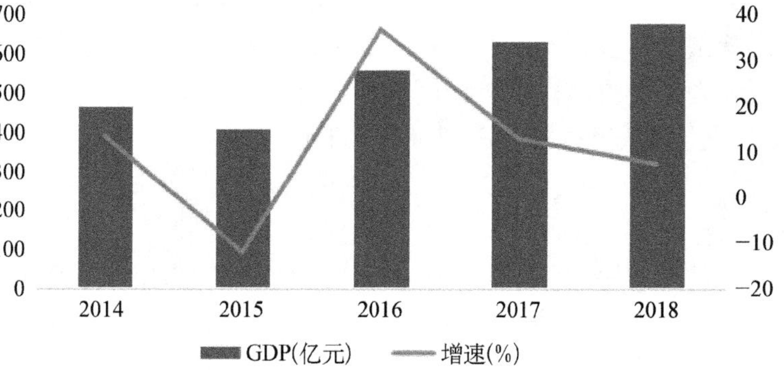

图26 仪征市GDP规模及实际增速

数据来源:历年《江苏统计年鉴》

经济活力持续增强。年末私营企业工商登记数13580户,从业人员132317人,其中,当年登记2140户,从业人员11052人。个体工商户登记数40501户,从业人员77307人,其中,当年登记6970户,从业人员12225人。

新型城镇化和城乡一体化扎实推进。按常住人口计算,年末城镇化率为57.27%,比上年提高1.0个百分点。

居民消费价格温和上涨。居民消费品价格总水平比上年上涨2.2%。其中食品价格上涨2.1%,非食品价格上涨2.3%;服务价格上涨1.6%,消费品价格上涨2.7%。从消费结构看,构成CPI的八大类消费品及服务项目价格同比全部上涨,其中:生活用品及服务上涨5.2%、衣着上涨4.2%、交通和通信上涨4.2%、居住上涨1.8%、食品烟酒上涨1.7%、其他用品和服务上涨1.7%、教育文化和娱乐上涨1.1%、医疗保健上涨0.2%。

表 12　2018 年城市居民消费和商品零售价格比上年涨跌幅度

指标	价格指数(上年=100)	比上年涨跌幅(%)
居民消费价格总指数	102.2	2.2
食品烟酒	101.7	1.7
衣着	104.2	4.2
居住	101.8	1.8
生活用品及服务	105.2	5.2
交通和通信	104.2	4.2
教育文化和娱乐	101.1	1.1
医疗保健	100.2	0.2
其他用品和服务	101.7	1.7

（二）农业

全年粮食总产量 27.49 万吨，增长 10.9%。其中，夏粮产量 6.68 万吨，增长 48.5%；秋粮产量 20.81 万吨，增长 2.6%。油料总产量 0.41 万吨，下降 21.2%。蔬菜总产量 28.45 万吨，增长 1.6%。

全年粮食种植面积 58.83 万亩，增长 14.1%；油料种植面积 2.49 万亩，下降 20.1%；蔬菜种植面积 10.72 万亩，增长 0.9%。肉类总产量 19150 吨，下降 10.4%；牛奶总产量 150 吨，下降 44.4%；禽蛋总产量 1.42 万吨，下降 5.1%；水产品总产量 7470 吨，下降 6.7%。

表 13　2018 年主要农产品产量及其增长速度

产品名称	产量(吨)	比上年增长(%)
粮食	274900	10.9
油料	4100	−21.2
蔬菜	284500	1.6
肉类	19150	−10.4
牛奶	150	−44.4
禽蛋	14200	−5.1
水产品	7470	−6.7

数据来源：2018 年仪征市国民经济与社会发展统计公报

实施农田水利重点县、农村河道疏浚治理等农水工程，建设高标准农田 3.2 万亩。推广休耕轮作、土壤深翻、综合种养，提升粮食综合生产能力，粮食总产稳步增长。加快现代农业园区建设，创成省休闲农业精品村 2 个、省主题创意农园 2 个。培育新型农业经营主体，新组建家庭农场 101 家，新增农民专业合作社 20 个。推进农业企业对接资本市场，4 家企业在省股权交易中心挂牌。完成粮食中心库二期仓容建设，新增烘干中心 6 个。

（三）工业与建筑业

全市规模以上工业实现产值 1048.39 亿元，增长 9.1%；其中市本级规模以上工业实现产值 804.48 亿元，增长 8.4%。规模以上石油化工产业实现产值 407.28 亿元，增长 13.8%；规模以上汽车及零部件产业实现产值 348.94 亿元，增长 8.9%。在列入统计的主要工业产品中，产量比上年增长的有 16 种，下降的有 19 种。其中，金属冶炼设备、水泥、混凝土、无纺布等产品产量增长 20%以上；初级形态塑料、变压器、民用船舶、移动通讯设备、纸制品等产品产量下降 20%以上。

全年建筑业实现总产值337.04亿元,增长14.5%;竣工产值198.34亿元,下降22.1%。建筑业企业房屋建筑施工面积1961.37万平方米,增长2.3%;竣工面积733.64万平方米,下降18.4%。

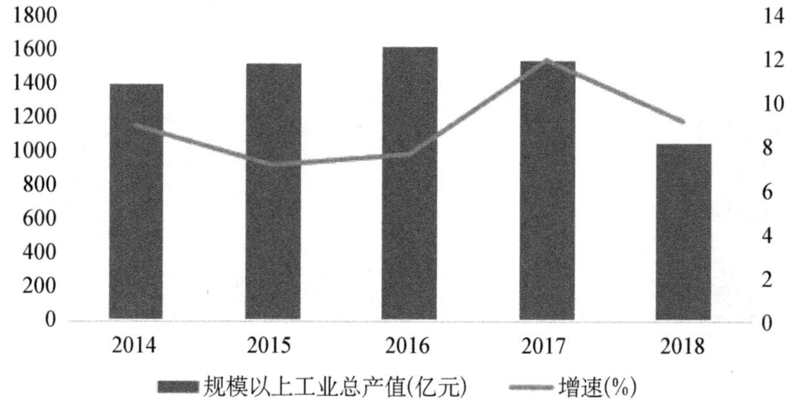

图27 仪征市规模以上工业总产值及增速

数据来源:历年仪征市国民经济与社会发展统计公报

(四)固定资产投资

全年市本级全社会固定资产投资完成307.95亿元,增长12.1%。第一产业完成投资2.87亿元,下降8.6%;第二产业完成投资105.74亿元,下降1.3%,其中,工业技改投资54.42亿元,下降14.4%;第三产业完成投资197.92亿元,增长19.7%,其中,房地产业完成投资74.25亿元,增长152.9%。

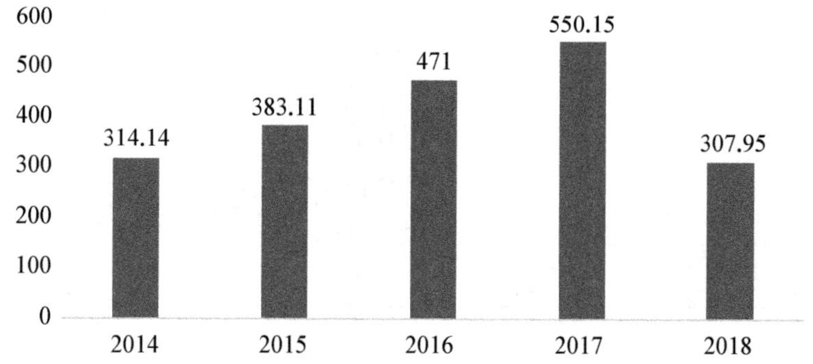

图28 2014—2018年仪征市固定资产投资(亿元)

(五)国内贸易

全年实现社会消费品零售总额129.57亿元,增长8.0%。按经营单位所在地分,城镇市场实现零售额111.64亿元,增长8.0%;乡村市场实现零售额17.93亿元,增长7.6%。按消费形态分,批发业零售额22.64亿元,增长21.6%;零售业零售额90.90亿元,增长4.5%;住宿业零售额1.31亿元,增长6.0%;餐饮业零售额14.71亿元,增长11.4%。

限额以上单位社会消费品零售额25.87亿元,下降1.4%;限额以下单位社会消费品零售额103.70亿元,增长10.6%。

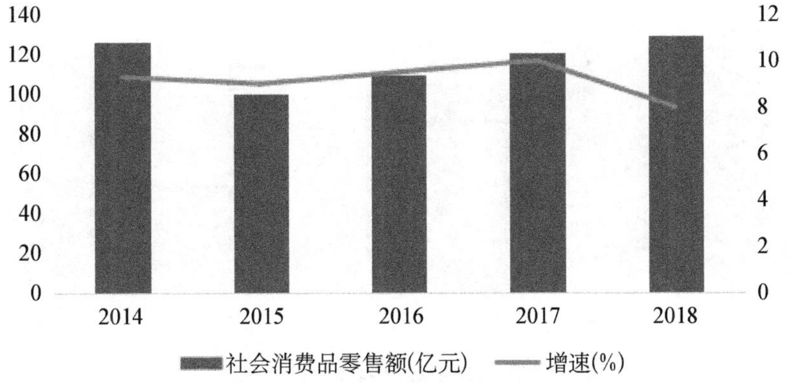

图 29　仪征市社会消费品零售额及增速

（六）开放型经济

对外贸易稳中向好。全市注册外资实际到账 19047 万美元，增长 69.0%；不含扬州化学工业园区，注册外资实际到账 14003 万美元，增长 74.0%。全市进出口总额 170837 万美元，其中，出口 65625 万美元。不含扬州化学工业园区，进出口总额 55642 万美元，其中，出口 41653 万美元。

（七）交通运输、邮政担心和旅游业

年末全市公路里程 1577.53 公里。全年公路客运量 1073.91 万人次，公路货运量 502.88 万吨，水路货运量 1956 万吨，铁路货运量 11.73 万吨。年末民用汽车拥有量 94820 辆，增长 8.5%，其中私人汽车拥有量 85699 辆，增长 6.7%。

全年邮政业务收入 1.40 亿元，增长 14.4%；电信业务收入 4.36 亿元，增长 2.9%。全市电话用户 84.09 万户，增长 0.2%。其中，固定电话用户 13.13 万户，下降 4.4%；移动电话用户 70.96 万户，增长 1.1%。年末互联网宽带接入用户 27.74 万户，增长 11.9%。

年末全市旅游景点 14 处，旅行社及分支机构 50 家，星级旅游酒店饭店 6 家。全年接待旅游者 482 万人次，增长 58%；旅游业总收入 48.6 亿元，增长 55%。

（八）财政和金融业

全市实现一般公共财政预算收入 50.92 亿元，增长 6.5%，其中税收收入 44.04 亿元，增长 6.2%，税收占比 86.5%。市本级（不含扬州化学工业园区）实现一般公共财政预算收入 44.83 亿元，增长 5.0%，其中，税收收入 38.32 亿元，增长 4.4%，税收占比 85.5%。市本级（不含扬州化学工业园区）实现一般公共财政预算支出 58.39 亿元，增长 1.5%。其中，城乡社区支出 6.00 亿元，增长 48.0%；公共安全支出 3.72 亿元，增长 17.5%；文化体育与传媒支出 0.65 亿元，增长 15.8%；教育支出 10.09 亿元，增长 6.7%；一般公共服务支出 6.99 亿元，增长 6.3%。

年末金融机构人民币存款余额 655.11 亿元，增长 0.8%；其中，住户存款 331.46 亿元，增长 8.3%；企业存款 177.93 亿元，下降 4.8%。年末金融机构人民币贷款余额 452.44 亿元，增长 12.3%；其中，短期贷款 175.07 亿元，增长 11.1%；中长期贷款 263.29 亿元，增长 10.2%。

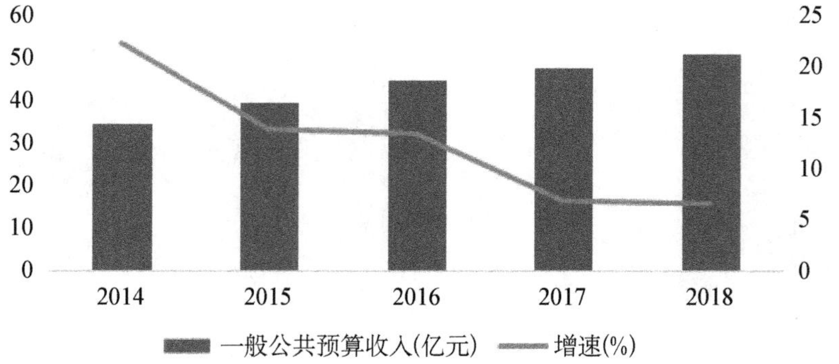

图 30　仪征市一般公共预算收入及增速

(九)科学技术和教育

科技创新能力持续增强。全年各类专利申请受理 4834 件,其中发明专利 591 件;专利授权 3305 件,其中发明专利授权 103 件。建成扬州市级以上研发机构 1 个,新增国家高新技术企业 28 家。全市共促成产学研合作协议 58 项,全年申报科技计划项目获立项 12 个。引进高层次领军人才 25 人、优秀博士 39 人。

教育事业全面发展。有序推进教育重点工程建设。大仪镇中心幼儿园、城北幼儿园进行室内装修施工,明年投入使用,实验小学东区校项目研究通过,实施仪征中学等一批暑期维修工程,加快推进南师大二附高中华兴分部及实验中学综合楼、报告厅建设。全市省优质幼儿园比例 76.5%,省现代化小学比例 96.6%,省现代化初中比例 100%,省三星级以上高中比例 75%。全市各类学校 86 所,招生 17336 人,在校生 58046 人。其中,幼儿园 34 所,招生 5650 人,在校生 12446 人;小学 29 所,招生 4314 人,在校生 23604 人;初中 17 所,招生 3899 人,在校生 11930 人;高中 4 所,招生 2605 人,在校生 7078 人。3～5 周岁幼儿毛入学率 100%,小学净入学率 100%,初中净入学率 100%,初中升学率 99.8%。共有省人民教育家培养对象 1 人,省、扬州市特级教师 16 人,扬州市首批中小学特级班主任 3 人,扬州市有突出贡献中青年专家、英才培养对象 4 人,扬州市级骨干教师 584 人。

(十)文化、卫生和体育

全年广播节目制作时间 3333 小时,电视节目制作时间 957 小时,广播节目综合覆盖率 100%,电视节目综合覆盖率 98%。年末电影放映单位 8 个、艺术表演场馆 1 个、博物馆 1 个、公共图书馆 1 个、文化站 9 个,全年艺术表演观众 32.7 万人次,文物展览参观 15 万人次,公共图书馆总藏书量 45.17 万册、件,书刊文献外借 22.27 万册次。

深化医药卫生体制改革,创成省基层卫生十强县市。完成中医院和妇幼保健院主体工程,人民医院创成三级医院,与上海东方医院开展合作共建。年末共有各类卫生机构(不含村卫生室)84 个,比上年增加 5 个;拥有床位数 2690 张,增加 309 张;共有卫生技术人员 3698 人,减少 64 人,其中执业医师、执业助理医师 1170 人,增加 86 人。全年诊疗 318.76 万人次,增长 4.4%。

年末全市共有体育场 7 个、体育馆 8 个、游泳池馆 8 个,教练员 16 人、等级裁判员 164 人、等级运动员 84 人。圆满承办省运会赛事 5 项,国家青年垒球队训练基地落户仪征。全年运动员获奖牌总数 115 枚,举办体育竞赛表演 125 次。完善村、社区文体设施,年末全民健身活动设施 869 个。

(十一)城镇建设、环境保护

新一轮城市总体规划修编成果通过省厅专家论证,老城区与滨江新城控制性详细规划形成初步成果。相继启动滨江新城区域城市设计、北门区域城市设计、前进路沿线区域城市设计编制工作。持续推进棚户区(城中村)改造,整治临街临水低矮危旧房屋4.5万平方米,实施危房解危1.2万平方米,老旧小区综合整治17.4万平方米。完善城市公园体系,新建、改造城市综合性公园1个、社区公园1个、街心游园5个。启动"多城同创",接续开展城市环境综合整治,实施项目90项。全面接管仪化区域城市管理职能,实施环境整治项目16项。

结合乡镇产业发展,推动集镇道路、绿化、文体、商业等设施建设。实施集镇环境综合整治项目109项,数字化城管二级平台实现园镇全覆盖。有序推进铜山、月塘、新集、刘集等特色小镇建设,扎实开展规划设计、产业布局和项目招引工作。加快特色田园乡村建设。乡风文明日益提升,创成全国文明村镇3个、江苏最美乡村3个。加大村级增收减债力度,化解村级债务8550万元,实现零债务村60个,所有村集体收入超过55万元。

深入推进"263"专项行动,实施污染防治重点工程。完成11家重点行业企业挥发性有机物综合治理,全面淘汰整治燃煤小锅炉和工业窑炉。全年空气质量优良天数比率77.3%,市控以上断面水功能区水质达标率100%,危险废物安全处置率100%。以枣林湾全域绿化、S 333、S 353景观廊道建设为重点,实施绿化重点工程35个,新增造林9500亩。S353生态绿廊获全国林业创新创业设计铜奖。被评为首批省级生态文明建设示范市。创成省级生态文明示范镇4个、示范村3个。

(十二)人口、人民生活和社会保障

年末全市户籍人口560258人,减少2775人。其中,男性人口280927人,减少1746人;女性人口279331人,减少1029人。全年人口出生率为8.21‰,较上年下降1.98个千分点;人口死亡率为7.67‰,下降1.09个千分点;人口自然增长率为0.54‰,下降0.89个千分点。年末全市常住人口57.06万人,较上年增加0.28万人。

根据城乡一体化住户抽样调查,全市全体居民人均可支配收入32362元,增长8.7%;人均消费支出19442元,增长7.4%。按常住地分,城镇居民人均可支配收入42900元,增长8.1%,人均消费支出23163元,增长7.4%;农村居民人均可支配收入20688元,增长8.7%,人均消费支出15321元,增长7.0%。年末城镇居民人均居住房屋面积为48.89平方米,农村居民人均居住房屋面积为64.38平方米。

年末城镇登记失业率1.77%,城镇职工基本养老保险覆盖率、基本医疗保险覆盖率、失业保险覆盖率分别为97.18%、97.59%、97.51%,参保人数分别达到14.20万人、17.74万人、9.54万人。开展新一轮低收入农户扶贫,落实危房改造、大病救助、子女就学等扶贫措施,建档立卡低收入农户脱贫率96.1%。城乡低保标准统一提高至每人每月640元,农村五保供养标准由每人每年7884元提高至8568元,城镇"三无"老人保障标准由每人每年16440元提高至每人每年17868元。新增住房保障家庭101户。住房公积金扩面0.57万人,使用公积金10.1亿元。

八、邳州市

2018年,全市上下在邳州市委、市政府坚强领导下,坚持以习近平新时代中国特色社会主义思想为指导,认真贯彻党的十九大精神和习近平总书记视察徐州重要指示,以推动高质量发展为主旋律,坚持新的发展理念,坚持稳中求进,坚持供给侧结构性改革,全市经济运行总体平稳,稳中有进,稳中提质,经济社会取得新成就,各项事业取得新进步,人民生活质量不断提高。

(一)总体经济

全市实现地区生产总值920.66亿元,比上年增长3.5%。其中,第一产业增加值132.32亿元,增

长2.8%;第二产业增加值364.44亿元,下降0.2%;第三产业增加值423.90亿元,增长7.5%。人均地区生产总值达到63842元,比上年增长3.49%,三次产业结构调整为14.439.6∶46.0。

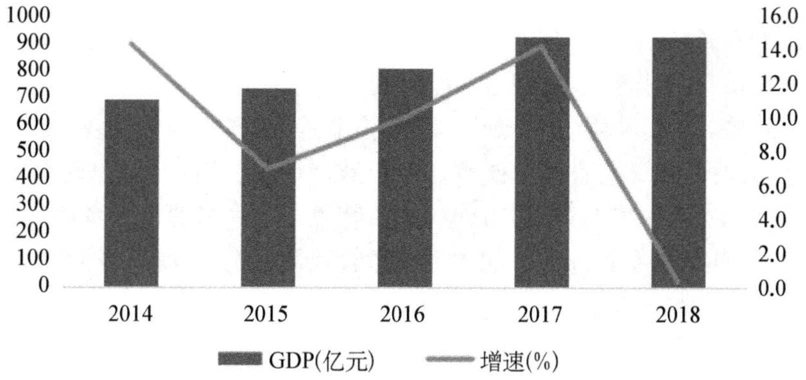

图31　邳州市GDP规模及实际增速

数据来源:历年《江苏统计年鉴》

年末工商部门登记的民营经济总户数达15.01万户,比上年增长116%。其中,民营企业1.74万户,个体经营户13.26万户。民营经济从业人员数为3.01万人,其中,私营经济从业人员数13.29万人,个体经济从业人员数19.72万人。全年全市新登记企业0.48万家,新增规模以上企业127家。

居民消费价格总指数(CPI)比上年上涨27%,涨幅比上年上升0.6个百分点。分类别看,食品烟酒类上涨3.6%,衣着类上涨1.7%,居住类上涨4.2%,生活用品及服务上涨1.8%,交通和通信类上涨1.8%,教育文化和娱乐类上涨2.1%,医疗保健类下降0.4%,其他用品和服务类上涨2.5%。

表14　2018年城市居民消费和商品零售价格比上年涨跌幅度

指　　标	价格指数(上年=100)	比上年涨跌幅(%)
居民消费价格总指数	102.7	2.7
食品烟酒	103.6	3.6
衣着	101.7	1.7
居住	104.2	4.2
生活用品及服务	101.8	1.8
交通和通信	101.8	1.8
教育文化和娱乐	102.1	2.1
医疗保健	99.6	−0.4
其他用品和服务	102.5	2.5

(二)农业

全年粮食播种面积185.54万亩,比上年减少0.18万亩;粮食亩产434.9公斤,比上年减少0.83公斤;粮食总产80.69万吨,比上年减少0.23万吨。其中,夏粮产量29.03万吨,比上年减少1.03万吨;秋粮产量51.67万吨,比上年增加0.8万吨。全年棉花产量0.04万吨,油料产量1.02万吨。

全年肉类总产量15.72万吨,禽蛋产量5.85万吨。生猪存栏46.23万头,出栏89.16万头。羊存栏1.12万只,出栏3.68万只。家禽存栏1204.27万只,出栏361726万只。水产品总产量达到2.53万吨。

年末全市农业机械总动力128.44万千瓦，比上年增长0.4%。拥有大中型拖拉机2396台，小型拖拉机27061台；联合收割机4440台，农田排灌动力机械12347台。当年实际机耕地面积295.02万亩，当年机械收获面积210.62万亩。农村用电量16.49亿千瓦时，农业化肥施用量10.71万吨。

表15　2018年主要农产品产量及其增长速度

产品名称	产量(吨)	比上年增长(%)
粮食	806900	—0.2
油料	10200	—26.6
棉花	0.0408	—37.0
肉类	157800	—6.4
#猪牛羊肉	67200	6.2
水产品	25300	—3.4

数据来源:《江苏统计年鉴2019》

（三）工业与建筑业

受环保等因素影响，工业企业生产放缓，经济效益比上年下降，全年规模以上工业企业增加值同比下降17.2%。从主导产业看，半导体材料和设备产业工业产值同比增长147.5%，碳基新材料产业工业产值同比下降21.4%，节能环保产业工业产值同比下降36.7%，木制品木结构产业工业产值同比下降68.3%。

工业项目实现旗舰式落户，1家新材料、1家半导体、1家电器产业等旗舰型项目成功落户；木制品木结构产业园"破茧成蝶"，25家京派联盟项目抱团入驻。大力推进发展替代，主攻高端的半导体、智慧的机器人、循环的产业链。新增规模以上工业企业43家，工业技改投资占工业投资56.3%，高新技术产业产值占规模工业总产值比重28.6%。

表16　2018年规模以上工业主要产品产量

产品名称	计量单位	数　量
小麦粉	吨	66306
饲料	吨	277125
鲜、冷藏肉	吨	47263
冷冻水产品	吨	0
纱	吨	24950
布	万米	860
服装	万件	397
人造板	立方米	2202218
人造板表面装饰板	立方米	1234
机制纸及纸板(外购原纸加工除外)	吨	0
纸制品	吨	29079
精甲醇	吨	103149
初级形态塑料	吨	58911
水泥	吨	167413

续表

产品名称	计量单位	数　量
水泥混凝土电杆	根	248210
石膏板	万平方米	5872
十种有色金属	吨	359242
单一稀土金属	千克	12073
钢结构	吨	44685
滚动轴承	万套	8743

数据来源:2018年邳州市国民经济与社会发展统计公报

年末全市资质以上建筑企业实现建筑业总产值191.69亿元,比上年增长15.9%;完成建筑业增加值44.75亿元,比上年增长3.2%;房屋建筑施工面积1352.42万平方米比上年增长13.1%;房屋竣工面积445.31万平方米,比上年增长5.2%。

(四)固定资产投资

全市实现规模以上固定资产投资比上年下降3.1%。从投资结构看,工业投资增长276%,服务业投资下降453%,从投资主体看,国有经济控股企业投资下降64.9%,外商及港澳台投资增长365.3%,民间投资增长10.0%。分投资领域看,制造业投资增长26.9%,增速快于全部投资30.7个百分点;基础设施投资下降30.3%,房地产投资下降4.5%。

全市房屋施工面积723.77万平方米,比上年增长14.5%。其中,房屋新开工面积355.29万平方米,增长72.3%。商品房竣工面积4.58万平方米,其中,住宅36.54万平方米。商品房销售面积174.88万平方米,比上年增长5.7%,其中,住宅销售面积156.92万平方米,下降07%。商品房销售额106.50亿元,比上年增长21.6%,其中,住宅销售额94.35亿元,增长18.4%。

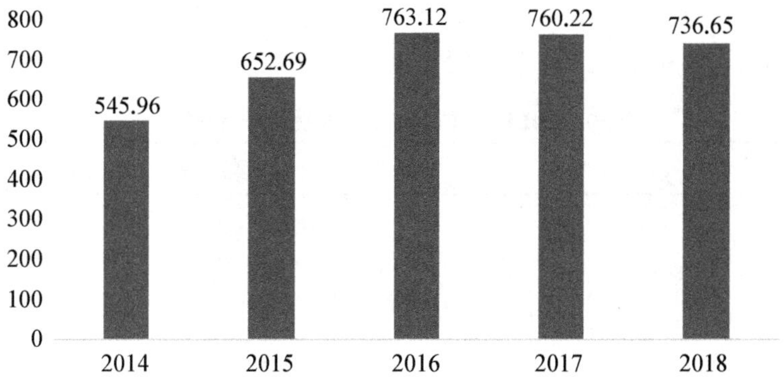

图32　2014—2018年邳州市固定资产投资(亿元)

数据来源:历年《江苏统计年鉴》

(五)交通运输和邮政电信

全年全社会货运量2518万吨,其中,公路货运量1279万吨,水运货运量1239万吨。公路客运量908.4万人,港口吞吐量100万吨。全市公路总里程3189.17公里,其中等级公路2886.06公里。内河航道总里程184.15公里,其中,省以上干线66.50公里。全社会营运汽车23327辆。其中,载客汽车500辆,载货汽车22827辆。城市公共汽车278辆,城市出租汽车536辆,城市公共汽车客运总量3422万人。

年末邮政线路总长度297公里,农村投递线路长度3463公里。全年邮递国内、国际函件及机要文件 2440 万件；包件 339.1 万件；江票 4.6 万张；报刊发行 1468.3 万份。

（六）国内贸易

全市实现社会消费品零售总额 303.56 亿元，比上年增长 10.2%。其中，限额以上企业实现消费品零售总额 119.90 亿元，增长 2.3%。按经营单位所在地分，城镇市场零售总额 193.90 亿元，增长 10.3%；乡村市场零售总额 109.60 亿元，增长 9.9%。按消费形态分，批发业零售总额 67.10 亿元，增长 15.9%；零售业零售总额 214.80 亿元，增长 10.4%；住宿业零售总额 5.00 亿元，下降 0.4%；餐饮业零售总额 16.07 亿元，下降 7.8%。

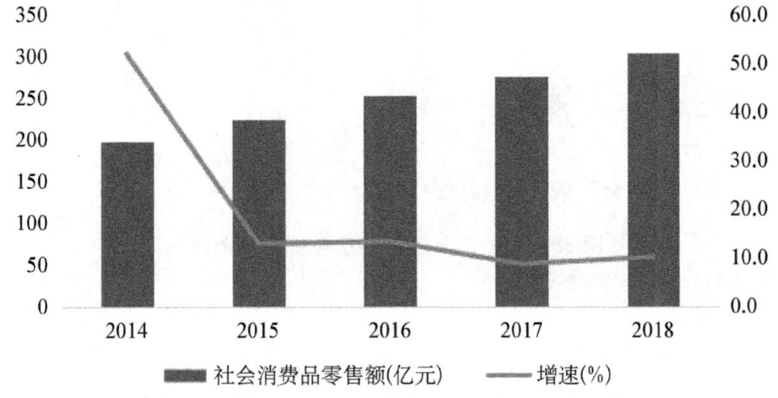

图 33　邳州市社会消费品零售额及增速

数据来源：历年《江苏统计年鉴》

（七）对外经济

全市实现进出口总额 101.24 亿元，比上年增长 27.9%，其中，自营出口总额 95.38 亿元，增长 31.2%。实际利用外资 2.34 亿美元，增长 15.0%。新批外商投资项目 35 个，比上年增长 20.7%。对外承包工程劳务营业额 502 万美元，增长 178.9%。年末实有三资企业 184 家，比上年增长 15.7%。

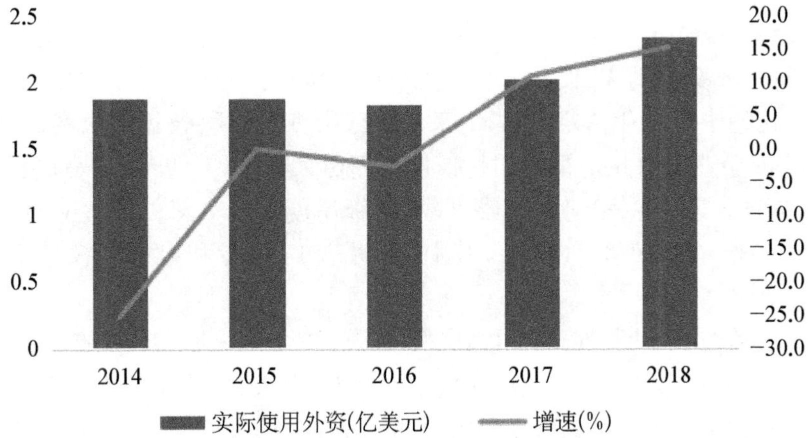

图 34　邳州市实际使用外资及增速

数据来源：历年《江苏统计年鉴》

（八）财政和金融业

全市实现一般预算收入 58.78 亿元，比上年下降 2.4%。其中，税收收入 45.89 亿元，增长

12.2%;非税收收入12.89亿元,下降32.6%。财政支出结构不断优化。一般预算支出中,教育支出34.30亿元,增长9.9%;科学技术支出1.91亿元,增长45.3%;社会保障和就业支出14.14亿元,增长24.4%;医疗卫生支出12.15亿元,增长12.8%;节能环保支出2.38亿元,增长11.1%;农林水事务支出11.86亿元,增长26.8%。

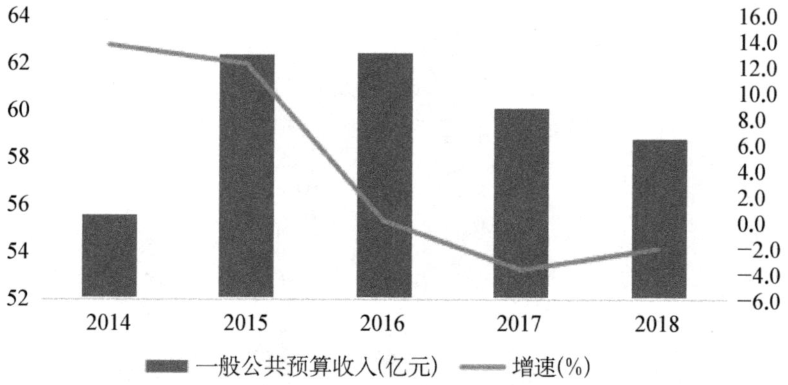

图35 邳州市一般公共预算收入及增速

数据来源:历年《江苏统计年鉴》

年末全市金融机构人民币存款余额644.04亿元,比上年增长7.0%。其中,住户存款余额417.24亿元,增长6.3%。金融机构人民币贷款余额488.14亿元,比上年增长14.2%。其中,短期贷款余额166.03亿元,较上年增加9.65亿元;中长期贷款余额300.57亿元较上年增加46.8亿元。个人消费贷款168.32亿元,较上年增加32.23亿元,其中,个人短期消费贷款增加3.59亿元,个人中长期消费贷款增加28.64元。

全年实现保费收入16.84亿元,比上年增长5.4%。其中,产险保费收入6.36亿元,下降5.1%;寿险保费收入10.48亿元,增长13.1%。全年各类保险赔款给付支出5.31亿元,下降5.7%。其中,产险支出3.39亿元,增长2.4%;寿险支出1.91亿元,下降17.7%。

(九)科学技术和教育

全年科技研发经费投入占GDP的比重为2.02%,年末全市拥有高新技术企业58家。全年技术成交项目9个,技术成交额0.42亿元。组织完成国家级科技项目2个、省级科技项目16个。38家企业完成国家科技型中小企业认定工作,1家企业获得江苏省科技创业大赛二等奖和中国创新创业大赛二等奖,2家企业获徐州市第六届科技创新创业大赛一、二等奖。获批省级科技企业孵化器6家、省级众创空间5家、科技企业加速器2家、省级星创天地2家;2家企业获批省级以上科技创新平台。全年专利申请受理量1487件,其中,发明754件;专利申请授权量712件,其中发明142件。

年末全市拥有小学校203所,在校学生19.08万人;初级中学44所,在校学生7.63万人;高中12所,在校学生2.28万人;职业中学2所,在校学生0.55万人;普通中等专业教育学校2所,在校学生0.17万人;特殊教育学校1所,在校学生0.03万人;在园幼儿5.39万人。实施中小学生品格提升工程,1所学校红色教育项目入选首批省中小学生品格提升工程,3所学校项目入选徐州市项目库。推进素质教育。推行"书法+阅读+体育+特长"素质教育模式,大力推进"大阅读"活动,丰富校园文化生活。3所中小学课程基地项目获省立项,8所中小学校获评全国青少年校园足球特色学校。推进名优品牌学校创建。创成省、徐州市优质幼儿园各4所,创成徐州市幼儿课程游戏化基地2个;1所学校创建成省四星级高中,2所学校通过省三星级高中复审,1所学接受省四星级高中现场评估验收;1所中专创建成省现代化职业学校,1所中专创建成省优质特色职业学校。

（十）文化、卫生和体育

扎实推进“文化三送”工程，全年送戏 10 场、送电影 5436 余场、送图书 2.4 万余册。市图书馆全年接待读者 30 万人次。文化馆举办春、夏、秋三季免费文化艺术培训班，培训人员近 2000 余人次。文化惠民演出活动共计 300 余场。推进阵地设施建设。邳州图书馆被国家文化和旅游部评定为国家一级图书馆，完成乡镇“一场一室一路径”示范村建设 14 完成 8 个综合文化站和 294 个行政村（社区）综合文化服务中心建设。推进文艺精品创作。琴书《招聘爸妈》荣获江苏省五星工程决赛优秀表演奖。农民画在“2018 全国优秀作品展”中荣获金奖 1 个、优秀奖 9 个。剪纸在江浙沪三地“枫林杯”全国剪纸大赛获金奖。

创建“江苏省示范卫生院”2 家，总数达到 24 家；5 家卫生院达到二级综合服务能力医院，被徐州市卫健委确立为“区域性医疗卫生中心”；“村级卫生室规范化建设三年行动计划”圆满完成，建成 477 所村级规范化卫生室，共创建“江苏省示范村卫生室”193 所。医疗服务水平持续提升。全市累计建立居民健康档案 140 余万份，建档率 98.7%；为邳州市内大型活动提供医疗保障 140 余次，重大医疗保障 10 次；出动救护车 128 余辆次，医疗保障人员 600 余人次。爱国卫生成效显著。全年共完成改厕任务 1.66 万座，完成个省级卫生镇和 7 个省级卫生村、2 个市级卫生镇和 67 个市级卫生村、2 个省级健康村创建目标。体育事业蓬勃发展。群众性体育活动广泛开展。组织举办了全国“百城千村”健身气功展示、迎新年健身长跑、广场舞选拔赛等活动 30 余场。组队参加徐州市第二届广场舞比赛、江苏省第十九届广场舞比赛、江苏省广场舞精英赛均获得一等奖 1 名、二等奖 1 名。加强人才培养。举办 2018 年徐州市二级社会体育指导员培训班，举办邳州市一线社会体育指导员技能培训。竞技体育健康发展。参加江苏省县组田径比赛荣获 3 枚金牌、团体第 16 名。参加江苏省小学生夏令营比赛，荣获 3 枚金牌、团体第六名。参加江苏省第十九届运动会，荣获 10 枚金牌、7 枚银牌、8 枚铜牌。

（十一）城市建设和环境保护

全年实施城区重点道路工程 7 项，新建改造道路 6.12 公里、15.02 万平方米，铺设透水人行道 1.94 万平方米、雨污水管网 1.95 万米。开展老旧道路改造 14 条，实施 13 个广场设施维修，新铺沥青路面 6.5 万平方米、人行道 2.08 万平方，新建改造汽车停车位 590 个，新装路灯 1175 盏，城市道路设施完好率超 90%，城区灯明率超过 98%。组织完成高铁沿线等 7 个地块 134.35 万平方米的房屋征收任务，棚改新开工 8190 套，基本建成 4079 套，危改工程已开工 545 户，完成 294 户。13 条国省干线公路连接线竣工通车，完成 21 项园林重点工程，城市建成区绿化覆盖率 42.8%。建成农村公路 290 公里、桥梁 64 座，完成村内道路硬化 284 公里。

全年城市空气质量优良天数比率为 73.7%，PM2.5 平均浓度为 46.9 微克方米。全力推进“散乱污”企业整治。全市 2052 家“散乱污”企业，整改验收 514 家，取缔关闭 38 家。深入推进化工、印染、生物医药等重点涉水行业深度减排、达标排放。加大黑臭水体综合治理，完成两个街道污水集中处理在线监控和地下油罐改造任务；水环境质量总体平稳，国考、考断面水质均达到或优于国家Ⅱ类水质。严格管控土壤环境风险，开展化工园区特征污染物申报查，推进重金属重点防控区专项整治，危险废物经营单位规范化管理抽查合格率和安全处置率均 100%，危险废物无害化处理率 100%。

（十二）人口、人民生活和社会保障

年末全市户籍人口 194.36 万人，其中，男性 101.23 万人，女性 93.13 万人，男女性别比为 109∶100，年末常住人口 144.21 万人。新型城镇化建设扎实推进，城镇化率为 5.8%，比上年提高 1.4 个百分点。

全市城乡居民人均可支配收入 25965 元,比上年增长 9.0%。其中,城镇居民人均可支配收入 33796 元,增长 8.4%;农村居民人均可支配收入 18207 元,增长 8.9%。城乡居民人均消费支出 14422 元,增长 73%,其中,城镇居民人均消费支出 17520 元,增长 6.8%;农村居民人均消费支出 11353 元,增长 7.3%。

年未企业职工基本养老保险参保人数达 1173 万人、城镇职工失业保险参保人数达 6.77 万人、城镇职工基本医疗保险参保人数达 13.53 万人、城乡居民基本医疗保险参保人数达 153.31 万人、城乡居民基本养老保险参保人数达 38.19 万人,各项保险覆盖面稳定在 98%以上。城乡居民基础养老金最低标准由每人每月 125 元提高到 135 元,城乡居民低保标准分别为 586 元/月、550 元/月。

年末拥有社会福利收养性单位 32 个,床位数 8014 张。年未社区服务设施数 477 个。年末重点优抚对象 9825 人,城乡居民享受最低生活保障人数达 3247 人,其中城镇居民 3148 人,农村居民 30099 人。社会救助坚强有力。保障低保家庭 14809 户、33247 人,特困人员 6692 人,困境儿童 994 人。残疾人“两项补贴”补贴对象 20324 人,医疗救助 36081 人次,临时救助 822 户次。春节、中秋节走访慰问困难群众 8.5 万人。

建成街道老年人日间照料中心 2 个,标准化居家养老服务中心 26 个,社区助餐点 22 个,农村老年人关爱之家 9 个。实施政府购买居家养老服务,已对 5000 名特殊和困难老年人提供服务。安康关爱行动承保老人 222 万名,发放老人尊老金 4.26 万名。

九、东台市

2018 年,全市以习近平新时代中国特色社会主义思想为指导,牢牢把握高质量发展新要求,大力践行“两海两绿”新路径,紧紧围绕“融入长三角、建设新东台”发展主题,扎实推进“五个新实践”,全面做好稳增长、促改革、调结构、惠民生、防风险各项工作,经济社会发展稳中有进,产业结构持续升级、新兴动能不断释放、民生保障继续完善、社会事业均衡发展,高质量发展实现良好开局。

(一)综合

经济运行总体平稳。全年实现地区生产总值 878.6 亿元,按不变价计算,比上年增长 5.6%。其中,第一产业增加值 99.0 亿元,增长 3.5%;第二产业增加值 356.1 亿元,增长 3.6%;第三产业增加值 423.5 亿元,增长 7.9%。全市人均地区生产总值 90548 元,增长 9.2%。实现社会消费品零售总额 290.1 亿元,增长 6.5%。

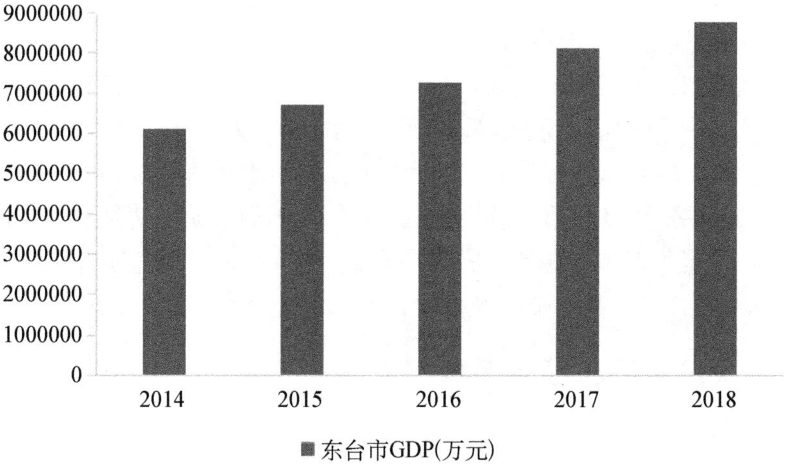

图 36　2014—2018 年全县 GDP 实现情况

数据来源:中经网统计数据库

经济结构不断优化。三次产业增加值比例调整为11.3∶40.5∶48.2，服务业增加值占GDP比重比上年提高0.7个百分点。实现规上工业高新技术产业产值380亿元，同比增长18.5%，占规上工业总产值比重达41%，比上年同期提高1.2个百分点。新型城镇化建设加快推进，年末城镇化率达61.7%，比上年提高1个百分点。

就业形势稳中向好。年末全市就业人口63.7万人，第一产业就业人口14.2万人，第二产业就业人口23.3万人，第三产业就业人口26.3万人。城镇新增就业2.76万人，年末城镇登记失业人员2184人，同比减少50人，城镇登记失业率1.78%，比上年下降2.2个百分点。

（二）农林牧渔业

表17　2014—2018年全县农业生产品产量情况

年份	粮食产量(万吨)	油料产量(吨)	棉花产量(吨)	肉类产量(吨)
2014	100.08	78706	7137	143429
2015	101.17	74514	4106	144349
2016	97.28	61193	636	137252
2017	96.07	52500	360	137900
2018	100.05	32300	150	141000

数据来源：中经网统计数据库

农林牧渔业稳步发展。全年实现农林牧渔业增加值107.5亿元，可比增长3.5%。实现农林牧渔业总产值219.5亿元，增长4.1%，其中，农业产值101.7亿元，增长3.8%；林业产值4.7亿元，增长3.8%；牧业产值63.6亿元，增长4.1%；渔业产值32.8亿元，增长4.2%；农林牧渔服务业产值16.8亿元，增长5.5%。全年粮食总产量100.35万吨，下降2.1%；粮食综合单产456公斤/亩，增长0.4%。全年蔬菜总产量400.8万吨，增长3.6%；油料总产量3.23万吨，下降38.5%；水产品产量18.51万吨，下降0.4%。出栏生猪111.25万头，增长6.7%，存栏68.5万头，下降0.5%；年末家禽存栏3002.41万只，增长23.1%。农业现代化水平位居全省前列。

（三）工业和建筑业

工业生产稳中有升。全年实现规上工业总产值925.8亿元，增长14.9%，比上年提升2.9个百分点；规上工业增加值增长7.8%。工业用电量28.8亿千瓦时，增长3.5%。列统的30个行业大类中，有27个行业产值保持正增长，传统行业增速较快，主要有非金属矿物制品业、家具制造业、酒饮料和精制茶制造业、皮革毛皮羽毛及其制品和制鞋业，分别增长52%、31.8%、29%、21.4%。全年实现规上工业主营业务收入881亿元，同比增长13.3%；利税总额81亿元，同比增长26.2%；利润总额48.2亿元，同比增长18.8%。

先进制造业增长较快。全年先进制造业总产值同比增长16.7%，高于规上1.8个百分点，其中医药制造、计算机通信制造、仪器仪表制造分别增长19.6%、19.1%、16.2%，分别比规上工业总产值增速高4.7、4.2、1.3个百分点。高端装备制造业、信息技术业、生物产业总产值分别增长22.7%、18.1%、13.6%。

建筑业稳定发展。全年实现建筑业总产值121.19亿元，比上年下降14%；竣工产值113.39亿元，同比增长4%，竣工率41%。建筑业企业实现利税总额2.71亿元，增长155%。建筑业劳动生产率为20.23万元/人。房屋建筑施工面积1094.7万平方米，同比下降13%；竣工面积453.01万平方米，同比下降34%，其中，住宅竣工面积291.4万平方米，同比下降33%。

(四)固定资产投资

投资需求保持稳定。全年固定资产投资421.6亿元,增长11.9%;工业投资282亿元,增长17.8%;服务业投资138亿元,增长8.6%。计算机通信和其他电子设备制造业、仪器仪表制造业、电气机械和器材制造业投资分别增长162.9%、14.2%、6.7%。第三产业投资中,科学研究和技术服务业增长27.5%,文化、体育和娱乐业增长14%,房地产开发投资增长2.6%。

投资结构持续调优。全年新开工高新技术产业项目127个,高新技术产业投资增长7.5%,占全部投资比重达13.7%,比上年提高0.6个百分点。第二产业中制造业投资增长12.4%,制造业投资占项目投资比重为82.1%。民间投资286.5亿元,同比增长17.2%,占全部投资的比重达68.0%,比2017年提升5.2个百分点。高耗能投资进一步下降,高耗能行业完成投资同比下降45%。

房地产市场增速放缓。全年房地产投资54.2亿元,增长2.6%。商品房销售面积118.5万平方米,同比下降9.3%;销售额80.4亿元,同比增长26.5%。其中,住宅销售面积87.1万平方米,同比下降27%;销售额54.1亿元,同比下降1%。

(五)国内外贸易

消费品市场保持稳定。全年实现社会消费品零售总额290.1亿元,增长6.5%,其中,限上消费品零售总额微增0.2%。分行业看,批发和零售业实现零售额258.8亿元,增长6.5%,住宿和餐饮业零售额31.3亿元,增长6.8%。按经营单位所在地来看,城镇实现消费品零售总额274.3亿元,增长6.8%,农村实现消费品零售总额15.8亿元,增长1.9%。消费升级类商品增速稳定,化妆品类、金银珠宝类、体育娱乐用品类、通讯器材类分别增长11.3%、4.1%、8.1%、7.6%。

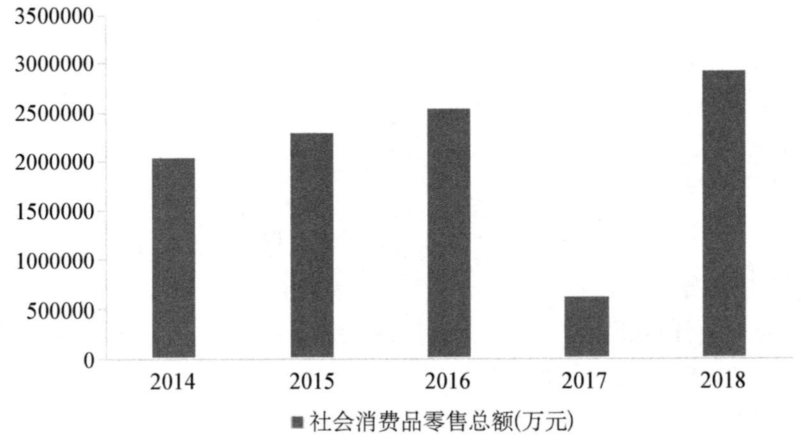

图37 2014—2018年社会消费品零售总额

对外贸易规模持续扩大。全年完成进出口总额完成9.52亿美元,同比增长8.9%。其中,进口完成0.84亿美元,同比增长35.2%;出口完成8.6亿美元,同比增长6.9%。一般贸易进出口占货物进出口总额比重为91.1%,比上年提升7.1个百分点。全年完成实际利用外资9013万美元,同比增长10.2%,新批外商投资企业数18个,同比增长20%。战略性新兴产业实际利用外资占实际利用外资总额比重达74%。

(六)交通、邮电和旅游

交通运输基本平稳。全年旅客运输量875万人,下降6.4%;货物运输量4137.6万吨,增长

3.04%。旅客周转量91115万人公里，下降4%；货物周转量686503万吨公里，增长3.13%。年末全市公路里程4487.09公里，增长1.84%。年末等级公路里程4209.1公里，增长1.52%，其中，高速公路里程35.5公里，与上年里程数相同；一级公路里程279.62公里，增长26.54%。铁路营业里程36.4公里。

汽车保有量稳步增长。年末民用汽车保有量12.6万辆，增长11.1%，净增1.3万辆。年末私人汽车保有量10.59万辆，增长11.1%，净增1.04万辆。其中，私人轿车保有量10.26万辆，增长10.1%，净增0.93万辆。

邮政电信快速发展。全年邮政业务收入1.86亿元，比上年增长28.3%；电信业务收入5.83亿元，增长5.85%。年末固定电话用户10.92万户，比上年末减少3.1万户；年末移动电话用户106.31万户，比上年末增加4.74万户。年末互联网宽带接入用户30.63万户，新增3.91万户。

旅游市场快速增长。全年接待境内外游客591.6万人次，比上年增长30.28%；实现旅游业总收入82亿元，增长44.37%。接待入境过夜游客0.44万人次，增长19.44%。其中，国外游客0.29万人次，增长14.8%；港澳台同胞0.15万人次，增长29.5%；接待国内游客591.6万人次，增长30.26%。

（七）财政、金融、保险

财政收入保持稳定。全年实现一般公共预算收入56.7亿元，增长5%，其中，税收收入45.7亿元，税收占比80.6%。主体税种快速增长，实现增值税、企业所得税、个人所得税17.3亿元、3.4亿元、3.04亿元，分别增长17.9%、40%、205.5%。

财政支出结构优化。全年实现一般公共预算支出115.3亿元，比上年增长21.5%。重点民生领域支出大幅增长，社会保障和就业支出16.62亿元，增长39.7%；交通运输支出7.3亿元，增长94.8%；住房保障支出2.09亿元，增长483.3%。

金融信贷规模扩大。年末全市金融机构人民币存款余额830.87亿元，比年初增加56.6亿元，增长7.3%。其中，住户存款余额594.11亿元，比年初增加43.8亿元，增长7.95%。年末金融机构人民币贷款余额509.21亿元，比年初增加44.27亿元，增长9.5%。其中，中长期贷款余额214.68亿元，比年初增加13.53亿元，增长6.73%。

保险行业平稳发展。全年保费收入183179万元，增长5.5%。分类型看，财产险收入45239万元，增长5.9%；寿险收入137940万元，增长5.4%。全年赔付额69278万元，下降7.1%。其中，财产险赔付36330万元，增长17.5%；寿险赔付32948万元，下降24.6%。

（八）科学技术、教育

科技创新能力不断增强。全年R&D经费支出占GDP比重达2.15%。全市专利申请受理量3309件，其中，发明专利申请受理量1092件；专利申请授权量1299件，其中，发明专利申请授权量127件，全年PCT专利申请量12件，万人发明专利拥有量4.5件。新增国家高新技术企业30家，年末拥有工程技术研究中心173个，增长26.3%；拥有企业院士工作站8个，增长14.3%；拥有国家级高新技术特色产业基地2个，拥有众创空间12家。

教育体育事业协调发展。学校总数155所，其中，普通中学38所，职业高中1所，小学27所，幼儿园87所。在校学生总数68418人，其中，普通中学29489人，高中11219人，职业高中2508人，技工学校117人，小学36105人，幼儿园在园幼儿21760人。毕业学生总数16747人。专任教师总数8074人，其中，普通中学3522人，职业高中334人，小学2527人。学龄儿童入学率100%，初中毕业生升学率100%。全民健身活动蓬勃开展，东台市体育健儿在各类比赛中，获金牌21人、银牌25人、铜牌26人。全年承办2项体育赛事，国家级赛事和省级赛事各一项，全年建成各类健身步道 69.05 公里,拥有社会体育指导员 3200 人。

(九) 文化、卫生

公共文化体系不断完善。年末全市共有文化馆 1 个,公共图书馆 1 个,博物馆 1 个。公共图书馆总藏量 30 万册。综合档案馆 2 个,向社会开放档案 1.7 万卷。广播电台 1 座,中短波广播发射台 1 座,电视台 2 座,广播综合人口覆盖率和电视综合人口覆盖率均为 100%。有线电视用户 18.2 万户。

卫生事业全面发展。年末全市共有各类卫生机构 466 个。其中,医院、卫生院 40 个,卫生防疫防治机构 3 个,妇幼卫生保健机构 1 个。各类卫生机构拥有病床 5286 张,其中医院拥有病床 5109 张。共有卫生技术人员 5170 人,其中,执业医师、执业助理医师 2405 人,注册护士 1908 人,卫生防疫防治机构卫生技术人员 113 人,妇幼卫生保健机构卫生技术人员 63 人。

(十)人口、人民生活和社会保障

人口总量相对稳定。年末全市户籍人口 109.81 万人,比上年减少 0.75 万人,其中城镇人口 68.43 万人,乡村人口 41.38 万人。全年出生人口 8684 人,人口出生率为 7.88‰;死亡人口 9043 人,人口死亡率为 8.21‰,人口自然增长率为-0.33‰。在户籍人口中,18 岁以下人口 125735 人,18~34 岁人口 192546 人,35~59 岁人口 451514 人,60 岁及以上人口 328324 人。年末全市常住人口 97.04 万人,比上年下降 1.02%。

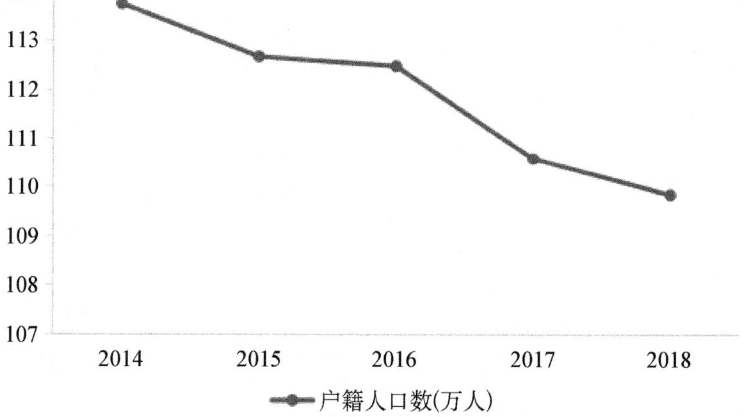

图 38 全县 2014—2018 年户籍人口数

居民收入持续增加。根据城乡一体化住户抽样调查,全年全市居民人均可支配收入 31817 元,较上年增长 8.9%。其中,工资性收入 14146.9 元,增长 10.0%;经营净收入 6887.4 元,增长 4.7%;财产净收入 1498.5 元,增长 6.7%;转移净收入 9284.2 元,增长 10.9%。按常住地分,城镇居民人均可支配收入 38351 元,增长 8.4%;农村居民人均可支配收入 23317 元,增长 8.8%。

社会保障不断完善。稳步实施全民参保计划,参保覆盖面持续扩大,社会保险主要险种覆盖率达 98%以上。年末城乡基本养老保险参保人数为 55.36 万人;城乡基本医疗保险参保人数为 84.6 万人;失业保险、工伤保险、生育保险参保人数分别为 91050 人、113821 人、81433 人,分别比上年增加 150 人、1470 人、148 人。城乡居民基本养老保险基础养老金最低标准每人每月提高到 135 人、城乡居民医保人均财政补助最低标准每人每年提高到 510 元。

十、东海县

2018年，全县贯彻党的十九大精神，以习近平新时代中国特色社会主义思想为指导，坚持稳中求进工作总基调，坚持新发展理念，以供给侧结构性改革为主线，深入推进“两聚一高”新实践，探索“生态优先、绿色发展”新路径，把握“打好三大攻坚战，推动高质量发展”工作主题，统筹做好产业转型、改革开放、城市发展、乡村振兴、生态优先、文化繁荣、民生幸福和政府自身建设各项工作，开创了新时代东海高水平全面小康社会建设新局面。

（一）综合

经济总量继续扩大。初步核算，全年全县实现地区生产总值494.42亿元，按可比价计算比上年增长4.9%。其中，第一产业增加值73.46亿元，增长2.8%；第二产业增加值207.78亿元，增长1.9%；第三产业增加值213.18亿元，增长8.9%。按常住人口计算，人均地区生产总值为50916元，增长4.7%。年内新注册登记私营企业4546家，新增注册资本159.71亿元，年末实有私营企业17589家，注册资本529.52亿元。新注册登记个体工商户16310个，新增注册资本31.16亿元，年末实有个体工商户61794个，注册资本110.49亿元。

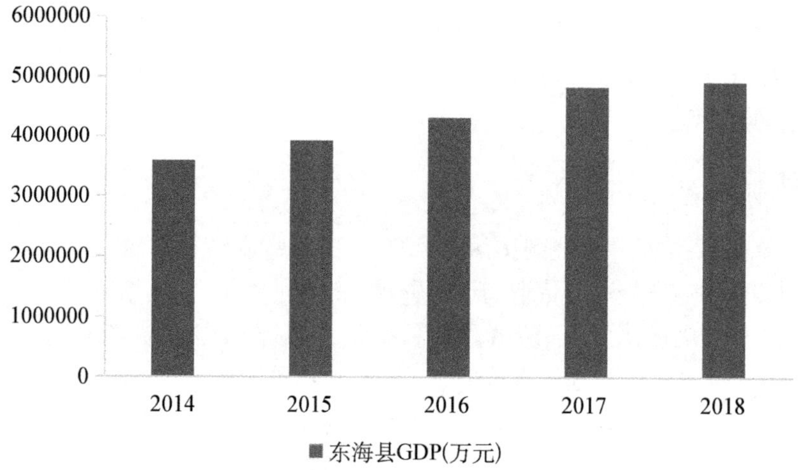

图39　2014—2018年全县GDP实现情况

数据来源：中经网统计数据库

高质发展步伐加快。二、三产业快速发展，三次产业结构由上年的14.4∶43.8∶41.8调整为14.9∶42∶43.1。全年高新技术产业产值占规上工业总产值比重达21.4%，比上年提高4个百分点。财政一般公共预算收入质量提升，税收占比达到77.2%，比上年提高3.2个百分点。新型城镇化建设加快，年末常住人口城镇化率达53.7%，比上年提高1个百分点；年末户籍人口城镇化率达到46.7%，比上年提高2.7个百分点。

就业创业形势向好。全年城镇新增就业1.1万人，新增转移农业劳动力8505人，城镇登记失业率1.76%。开展创业培训978人次，电商培训700人次，成功自主创业3538人；扶持农村劳动力自主创业1032人，创业带动就业1.45万人。城乡劳动者职业技能培训4362人，其中新成长劳动力职业技能培训2715人。

(二)农林牧渔业

表18　2014—2018年全县农业生产品产量情况

年份	粮食产量(万吨)	油料产量(吨)	肉类产量(吨)
2014	111.91	48035	77416
2015	112.91	48035	75436
2016	114.53	48035	73933
2017	115.37	49600	71700
2018	116.32	35300	59100

数据来源:中经网统计数据库

种植业产出基本稳定。全年粮食播种面积163.08千公顷,油料播种面积7.33千公顷;蔬菜面积24.21千公顷。全年粮食总产量达到1163170吨,其中夏粮454426吨,秋粮708744吨。农林牧渔业总产值144.43亿元,比上年增长5.7%。

农业现代化继续推进。全县新增高效农业4.07万亩,其中设施农业2.08万亩,全县设施农业总面积达到37.78万亩。生猪规模养殖比重为91.9%。新增家庭农场102家,新增农民合作社120家。参与首批省级粮食生产全程机械化创建的6个乡镇的耕、种、防、收、烘、秸秆处理六个环节机械化水平分别达到97%、98%、56.3%、98%、45%、85%;建设高标准农田面积4.5万亩。全国绿色食品原料标准化生产基地(稻、麦)有53.5万亩,种植业绿色优质农产品比重达38.5%。全县秸秆综合利用率为98.6%。

(三)工业和建筑业

工业供给侧改革有效推进。全县淘汰落后产能,促转型,调结构。通用设备制造业、有色金属冶炼和压延加工业、橡胶和塑料制品业、废弃资源综合利用业产值增幅达到19.2%、91.5%、118.9%和51.9%。非金属矿采选业、造纸和纸制品业、农副食品加工业产值明显下降。

重点企业较快增长。全县50强工业企业产值比上年增长8.7%,高出全县平均水平28.6个百分点,其中有22家增幅超过20%。太平洋石英股份增幅达38.8%。

表19　规模以上工业分行业产值和利税

计量单位:万元

行业名称	产值	利税
非金属矿采选业	13487	3416
农副食品加工业	255115	16362
食品制造业	29683	2506
酒、饮料和精制茶制造业	6719	1733
纺织业	75793	1735
纺织服装、服饰业	186106	18210
皮革、毛皮、羽毛及其制品和制鞋业	5171	837
木材加工和木、竹、藤、棕、草制品业	68624	7272
造纸和纸制品业	7229	827
印刷和记录媒介复制业	11425	1761
文教、工美、体育和娱乐用品制造业	34310	2877

续表

行业名称	产值	利税
化学原料和化学制品制造业	219611	690
橡胶和塑料制品业	58506	1631
非金属矿物制品业	758399	99463
有色金属冶炼和压延加工业	20440	819
金属制品业	54017	3523
通用设备制造业	17137	834
专用设备制造业	39149	5385
汽车制造业	60997	7061
铁路、船舶、航空航天和其他运输设备制造业	131	8
电气机械和器材制造业	122843	11969
计算机、通信和其他电子设备制造业	61675	6894
废弃资源综合利用业	24979	6012
电力、热力生产和供应业	23732	4243
燃气生产和供应业	6142	1193

建筑业运行平稳。年末施工总承包和专业承包建筑业企业52家，比上年增加4家，资质以上建筑企业完成总产值109.34亿元，比上年增长8.0%，其中，在省外施工产值14.74亿元，下降26%；建筑工程产值105.09亿元，增长7.2%。全年竣工产值76.18亿元，下降10.0%。资质以上建筑企业从业人员4.1万人，增长4.7%，其中，工程技术人员0.37万人，下降2.9%。

（四）固定资产投资

固定资产投资较快增长。全年规模以上固定资产投资329.40亿元，比上年增长20.0%，其中，项目投资304.17亿元，增长21.3%；工业投资252.61亿元，增长34.0%；工业技改投资85.60亿元，增长13.5%；房地产投资25.23亿元，增长5.9%。第一产业投资11.23亿元，增长3.4%；第二产业投资252.61亿元，增长34.0%；第三产业投资65.56亿元，下降12.7%。

房地产去库存成效明显。全年完成房地产投资25.23亿元，比上年增长5.9%，其中住宅投资23.02亿元，增长7.6%。房屋施工面积206.25万平方米，下降18.2%，其中，本年新开工53.48万平方米，下降19.5%。房屋竣工面积13.89万平方米，增长37.3%。商品房销售面积73.90万平方米，下降32.0%，其中，住宅销售面积64.85万平方米，下降35.2%；商品房销售额51.61亿元，下降12.4%，其中，住宅销售额44.67亿元，下降16.4%。待售面积4.29万平方米，下降6.3%。

（五）国内贸易和对外经济

消费品市场平稳运行。全年实现社会消费品零售总额211.88亿元，比上年增长8.3%。按经营单位所在地分，城镇消费品零售额137.81亿元，下降0.7%；乡村消费品零售额74.07亿元，增长30.2%。按规模分，限额以上单位实现零售额63.89亿元，增长7.9%；限额以下企业及个体实现零售额147.99亿元，增长8.5%。按行业分，批发业35.46亿元，增长51.5%；零售业141.99亿元，下降1.7%；住宿业10.05亿元，增长71.5%；餐饮业24.38亿元，增长11.2%。在限额以上企业商品零售额中，粮油、食品类增长11.4%，饮料类增长10.6%，烟酒类下降13.1%，服装、鞋帽、针纺织品类下降3.8%，金银珠宝类增长6.2%，日用品类增长19.7%，五金、电料类增长6.6%，书报杂志类下降18.7%，家用电器和音像器材类增长4.5%，中西药品类增长20.5%，通讯器材类下降31.7%，家具类增长 14.1%,石油及制品类增长 20.7%,建筑及装潢材料类增长 22.8%,汽车类增长 7.6%。

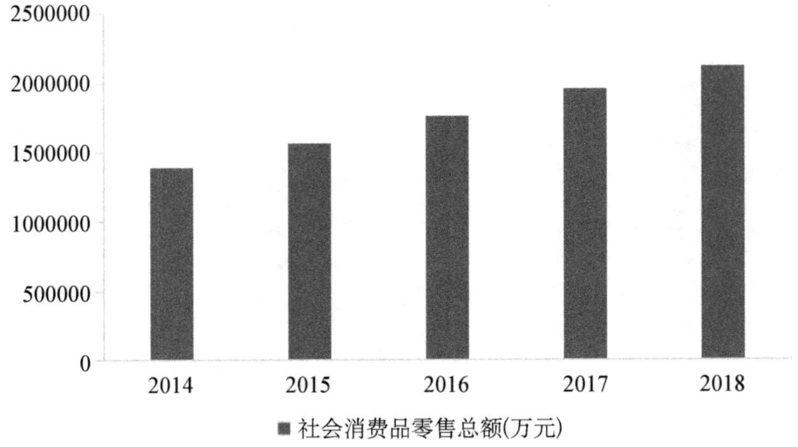

图 40 2014—2018 年社会消费品零售总额

对外经贸基本平稳。全年进出口总额 47314 万美元,比上年下降 2.6%,其中,出口 38913 万美元,下降 1.4%;进口 8401 万美元,下降 8.2%。当年合同利用外资项目 21 个,其中,新办项目 14 个,增资项目 7 个。合同利用外资额 12161 万美元。实际利用外资额 9911 万美元,下降 3.2%。外派劳务人数 1.1 万人,年末境外劳务人数 4.4 万人。

表 20 进出口总额分类表

项目名称	进出口总额(万美元)		#出口总额		#进口总额	
	总量	增长%	总量	增长%	总量	增长%
合计	47314	−2.6	38913	−1.4	8401	−8.2
外贸企业	4386	−20.6	3625	−11.0	761	−47.5
三资企业	26133	−16.9	19820	−19.0	6313	−9.5
生产企业	16795	44.6	15468	42.0	1327	84.6

(六)交通、邮电和旅游

交通运输快速发展。年末全县公路里程 3023 公里,其中,国道 144 公里,省道 185 公里,县道 443 公里,乡道 1001 公里,村道 1348 公里。公路客运量 289 万人,货物运输量 529 万吨。公交运行车辆 85 辆。年末各类机动车拥有量 17.07 万辆,比上年增长 7.6%,其中,载货汽车 1.76 万辆,增长 7.1%,营运汽车 1.61 万辆,增长 36.2%,大型客车 564 辆,下降 25.9%,大型货车 7339 辆,下降 24.7%,小型汽车 12.62 万辆,增长 14.7%。

邮政电讯业较快增长。全年邮政速递业务收入 2.31 亿元,收件量 3769.8 万件,派件量 2340.5 万件。全年通讯业务收入 6.38 亿元,比上年下降 0.8%。年末全县电话用户 107.76 万户,增长 2.8%,其中固定电话 10.99 万户,下降 12.9%;移动电话 96.77 万户,增长 5.2%。互联网用户 113.33 万户,其中移动网络用户 84.28 万户,增长 11.8%;固定宽带用户 29.05 万户,增长 8.8%。4G 移动网络用户 64.14 万户,增长 24.6%;100M 及以上带宽用户 17.20 万户,增长 34.6 倍。

旅游业发展兴起。全年接待国内外旅游人次 672.5 万人次,比上年增长 9.1%。实现旅游总收入 67.0 亿元,增长 8.9%。年末县内有国家 A 级景区 5 个,省级乡村旅游示范点 9 个,本地旅行社 5 家。乡村游、生态游、商务游成为旅游业发展的新亮点。

（七）财税和金融

财政收支稳定增长。全年一般公共预算收入 23.00 亿元，比上年增长 8.9%，其中税收收入 17.76 亿元，增长 13.6%。分税种看，增值税、改征增值税、企业所得税、土地增值税、资源税分别为 5.47 亿元、3.13 亿元、1.70 亿元、1.25 亿元和 0.87 亿元，分别增长 23.1%、18.3%、52.1%、8.5%和 32.2%；营业税、契税分别为 188 万元和 1.30 亿元，分别下降 37.7%和 11.4%。分征收部门看，国税收入 9.61 亿元，增长 21.9%；地税收入 8.15 亿元，增长 5.1%；财政部门 5.25 亿元，下降 4.3%。全年上划中央四税 12.19 亿元，增长 25.8%。一般公共预算支出 66.68 亿元，增长 7.8%，其中，一般公共服务、公共安全、教育、科学技术、社会保障和就业、医疗卫生与计划生育、节能环保和城乡社区支出分别为 8.09 亿元、3.78 亿元、15.69 亿元、1.82 亿元、7.67 亿元、6.76 亿元、0.54 亿元和 4.76 亿元，比上年分别增长－4.9%、28.1%、7.5%、－0.1%、9.8%、10.2%、32.2%和 18%。

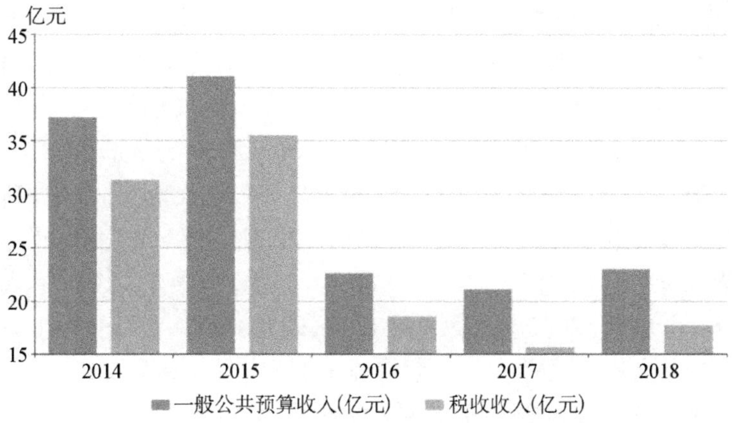

图 41　2014—2018 年一般公共预算收入和税收收入

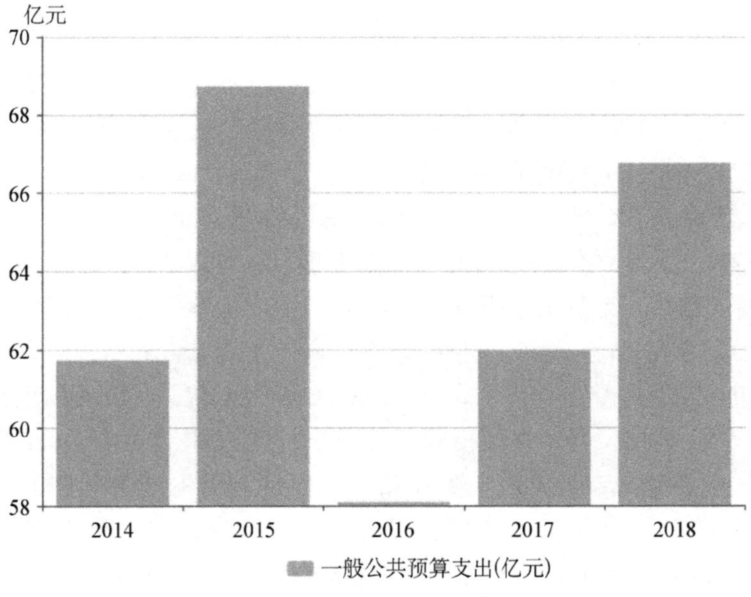

图 42　2014—2018 年全县一般公共预算支出情况

金融信贷较快增长。年末全县金融机构本外币各项存款余额 415.18 亿元，比年初增加 55.13 亿元，增长 15.3%，其中，住户存款 273.02 亿元，比年初增加 32.36 亿元，增长 13.4%；非金融企业存款 73.79 亿元，比年初增加 6.57 亿元，增长 9.8%；广义政府存款 68.29 亿元，比年初增加16.70亿元,增长32.4%。人民币各项存款余额410.40亿元,比年初增加54.37亿元,增长15.3%,其中,住户存款271.13亿元,比年初增加32.76亿元,增长13.7%;非金融企业存款70.91亿元,比年初增加5.42亿元,增长8.3%;广义政府存款68.29亿元,比年初增加16.70亿元,增长32.4%。各项贷款余额333.00亿元,比年初增加38.24亿元,增长13.0%,其中,住户贷款225.82亿元,比年初增加30.71亿元,增长15.7%;非金融企业及机关团体贷款107.19亿元,比年初增加7.53亿元,增长7.6%。

(八)科技和教育

科技创新能力增强。东海高新区正式获批省级高新区。年末拥有省级高新技术企业44家,比上年增加3家,省级民营科技企业33家。有9个科技项目列入省及省以上科技发展计划。全年专利申请1514个,授权专利1017个,其中发明专利38个。

教育事业全面发展。年末拥有各类学校303所,其中,高级中学7所,初级中学31所,小学校124所,幼儿园139所。各类学校专任教师16931人,比上年增加1488人,其中,高级中学教师1595人,减少25人;初级中学教师4076人,增加593人;小学教师7370人,增加885人;幼儿园教师3668人,增加49人。各类学校在校学生24.93万人,比上年增加8696人,其中,高中生1.72万人,增加548人;初中生4.88万人,增加7089人;小学生12.37万人,增加1163人;幼儿5.45万人,减少3528人。各类学校招收新生7.21万人,比上年增加12135人,其中,高中生6180人,增加531人;初中生19020人,增加2625人;小学生29467人,增加8834人;幼儿15500人,减少1317人。各类学校毕业生5.90万人,比上年增加5374人,其中,高中生5102人,减少458人;初中生11746人,增加907人;小学生18967人,增加2481人;幼儿21840人,增加2165人。应届高中毕业生5102人,考入高等学校4464人,其中,考取本科1766人,专科2698人。学龄儿童入学率98.62%;小学适龄儿童净入学率和初中学生毛入学率均达100%。

(九)医疗卫生和公共文化

卫生健康事业加快发展。年末共有各类卫生机构536个,其中医院15个,包括10个民营医院;乡镇卫生院21个;综合门诊部16个;个体诊所62个。各类卫生机构拥有病床4734张,其中医院的床位数为2885张,乡镇卫生院1849张。卫生机构的职工人数为6127人,其中卫生技术人员4601人,执业(助理)医师2105人,注册护士1906人。婴儿死亡率为3.9‰,新生儿出生缺陷率为3.78‰,婚前医学检查率为82.1%,农村无害化厕所普及率达到90.2%。

公共卫生保障有力。2018年基本公共卫生服务项目人均补助标准提高至65元。全年无重大传染病、流行病爆发流行,无重大公共卫生事件发生,全县孕产妇死亡率为0,婴儿死亡率为3.9‰。家庭医生签约服务率达40%。县医院已建成市级重点专科8个,基层医疗机构建成省级特色科室3个、市级特色科室6个。1家省级示范乡镇卫生院、5家中医馆及10家省级示范村卫生室全面通过省考核验收。全年累计招聘各类卫生计生人才100余人,开辟高层次人才招聘绿色通道,在县人民医院建成黎介寿院士工作站。年内针对卫生计生单位卫生应急负责人和技术骨干培训450余人次。开展霍乱疫情模拟演练1次。突发公共卫生事件及其他突发公共卫生事件紧急医学救援信息报告的完整率和及时率均达100%,及时、规范、有效处置率达到100%。开展自救互救知识培训11320人。

公共文化服务水平提升。年末有文化馆1个,基层文化站19个,组织文艺活动624次。县图书馆藏书76万册,基层文化站藏书83.28万册。放映电影7472场。全年新上演剧目4个,演出200场。公共图书馆发放借书证3.47万个,总流通1215千人次,藏书量760千册/件。年末公共文化设施面积达4.75万平方米。举办元宵节民俗踩街、2018中国·东海世界名校龙舟赛、“水晶梦”东海首届啤酒音乐嘉年华、纪念改革开放40周年和西双湖建湖60周年作品展等文化惠民活动100余场次。开展“送戏下乡”文艺巡演291场，配送图书22558册，放映农村公益电影4510场。建成全省第一家青少年24小时自助图书馆，组织系列阅读推广活动90余场，打造完成阅读新空间20家，完成农家书屋通借通还建设80家，加工图书8.8万册。

（十）城区建设和环境保护

基础设施提档升级。高标准示范化实施幸福路改造工程，完成郑庄路、北辰路等5条老城区道路改造及干休桥改建，实施钢铁路西延、明珠路南延等断头路打通工程。完善慢行系统建设，实施花园北路、幸福北路等人行道改造工程。对老城区雨水管网进行清淤，累计清淤雨水管网8000余米、雨水检查井300余个、雨水篦800个。启动排水管网综合整治工程，对中华路、复兴路、府苑路片区进行排水设施改造，消除路面积水。投资300余万元，完成钢铁路、四中路、四中西路等10余条路段绿化工程，新栽植、移植香樟、银杏、法桐等苗木1150余株，色块1900平方米。在幸福路等主次干道安装路灯289盏，红绿灯10组，完成晶都大道与幸福路等10个路口的红绿灯标准化改建。修复失明路灯2640盏，排除故障284处，更换变压器3台，更换破旧电缆4104米。对西双湖景区、金牛公园、市民广场、城市出入口等重要节点进行亮化小品安装和维修。

生态创建成效显著。建成国家级生态县，国家级生态乡镇19个，国家级生态村2个，省级生态村22个。环境空气良好天数达标率76.1%，区域环境噪声年均值为56.9分贝，集中式饮水水源地水质达标率为100%。交通噪声下降，年均值为62.1分贝。

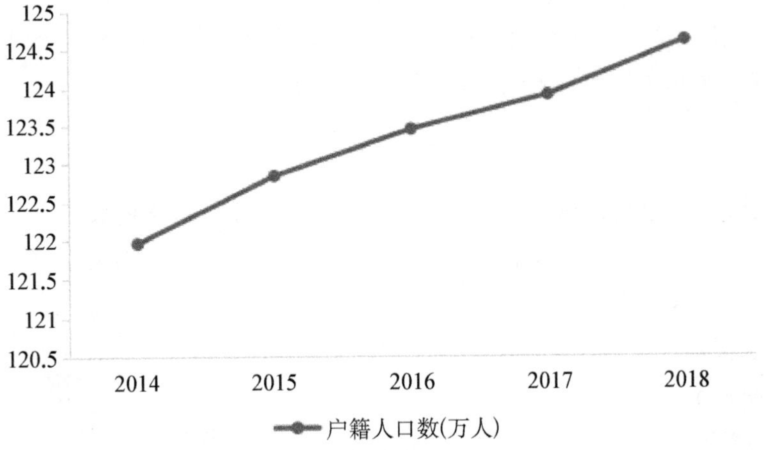

图43　全县2014—2018年户籍人口数

（十一）人口、居民生活和社会保障

人口规模继续扩大。年末全县户籍总人口124.62万人，比上年增长0.6%，其中女性59.64万人，占总人口比重为47.9%。城镇户籍人口58.20万人，户籍城镇化率46.7%。全年户籍申报出生人口21043人，死亡人口7972人。年末常住人口97.1万人，其中，0～14岁人口20.43万人，15～64岁人口64.75万人，16岁及以上人口75.69万人，60岁及以上人口17.47万人，出生率为11.8‰，死亡率为8.1‰，自然增长率为3.7‰。常住人口城镇化率达到53.72%，比上年提升1.02个百分点。

居民生活水平提高。全县全体居民年人均可支配收入24513元，比上年增长9.1%，其中工资性收入12178元，经营净收入7435元，财产净收入1903元，转移净收入2998元，分别增长8.3%、8.5%、16.4%和9.4%。全体居民人均生活消费支出15646元，食品消费占生活消费比重为

34.3%;文教娱乐支出占生活消费比重为18.2%。城镇居民年人均可支配收入32228元,增长8.3%,其中,工资性收入17753元,经营净收入7739元,财产净收入3556元,转移净收入3180元,分别增长7.0%、8.7%、14.9%和7.9%。城镇居民人均生活消费支出20263元,增长4.9%;食品消费占生活消费比重为34.3%;文教娱乐支出占生活消费比重为18.1%。农村居民年人均可支配收入17291元,增长8.9%,其中,工资性收入6958元,经营净收入7151元,财产净收入355元,转移净收入2827元,分别增长8.7%、8.1%、14.2%和10.8%。农村居民人均生活消费支出11324元,增长3.9%;食品消费占生活消费比重为34.3%;文教娱乐占生活消费比重为18.4%。

社会保障进一步加强。企业养老保险参保人数7.25万人,参保覆盖率达96.8%;城乡居民基本养老保险参保人数29.91万人,参保率99.99%。机关事业单位养老保险参保单位549家,在职参保人数1.8万人。企业离退休人数2.4万人,人均月发放养老金1800元;城乡居民基础养老金标准提高至每人每月135元,60周岁以上城乡居民领取基础养老金人数17.23万人,发放养老金3.06亿元。新增被征地农民4153人全部纳入社会保障体系。全县机关事业单位退休人数8125人,发放离退休费4.46亿元。退休人员资格认证8125人,认证率100%。年末城镇企业职工基本养老保险参保人数7.26万人,城镇职工基本医疗保险参保人数7.59万人,城镇失业保险参保人数3.22万人,比上年分别增长1.5%、0.9%和0.1%。农村新型社会养老保险参保人数29.12万人,参保率近100%。受理劳动争议案件680件,查处劳动争议案件5件。养老床位达到6132张,比上年增长4.7%。

十一、盱眙县

2018年,全县上下坚持稳中求进工作总基调,深入贯彻落实新发展理念,以供给侧结构性改革为主线,在国内外经济环境发生深刻变化背景下,聚焦高质量发展,主动调结构促转型,经济运行总体平稳、稳中有进,发展质态保持良好,高质量发展实现良好开局。

(一)综合

经济运行平稳增长。全县地区生产总值完成411.34亿元,同比增长6.5%。其中,第一产业增加值59.39亿元,同比增长3.4%;第二产业增加值173.78亿元,同比增长9.1%;第三产业增加值208.17亿元,同比增长5.1%。

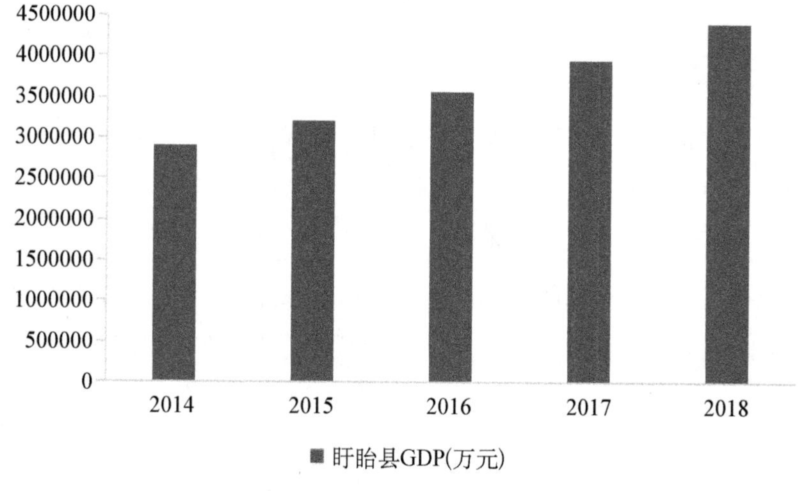

图44　2014—2018年全县GDP实现情况

数据来源:中经网统计数据库

产业结构持续优化。三次产业增加值占 GDP 比重从上年的 14.2∶39.8∶46.0 演进为13.4∶39.4∶47.2。与上年比较，第三产业比重提高 1.2 个百分点，三次产业结构更加趋于优化。第三产业对 GDP 增长的贡献率达 61.85%，对全县 GDP 的贡献率在三次产业中最高。

（二）农林牧渔业

表 21　2014—2018 年全县农业生产品产量情况

指标	粮食产量	油料产量	棉花产量	肉类产量
单位	万吨	吨	吨	吨
2014	98.56	18500	82	75259
2015	98.72	15206	83	74986
2016	97.86	12019	84	73003
2017	100.9	8900	67	74200
2018	103.82	6800	68	59700

数据来源：中经网统计数据库

全县实现农林牧渔业总产值 104.07 亿元，同比增长 3.3%，其中，农业总产值 62.96 亿元，同比增长 4.9%。优质农产品比重粮食产量稍有提高。全县粮食播种面积 145.70 千公顷，比上年增加 2.12 千公顷。全县粮食总产量 100.9 万吨，同比增长 3.1%。其中，夏粮总产 33.76 万吨，同比增长 0.9%，亩均产量 370 公斤，同比增长 2.8%；秋粮总产 67.14 万吨，同比增长 4.2%，亩均产量 527 公斤，同比增长 0.2%。全县设施农业面积 19.5 千公顷，同比增长 3.3%。

林木面积略增。全县林木覆盖总面积 61.27 千公顷，同比增长 0.08%，林木覆盖率 26.57%。

畜牧业出栏一升四降。全县全年生猪出栏 51.17 万头，同比增长 16.4%；牛出栏 0.69 万头，同比下降 10.4%；羊出栏 12.89 万只，同比下降 9.7%；家禽出栏 1704 万只，同比下降 6.4%；禽蛋总产量 2.72 万吨，同比下降 4.8%。

渔业生产稳定增长。全县水产养殖总面积 17.71 万亩，水产品总产量 5.94 万吨，同比增长 1.2%。

（三）工业、建筑业和固定资产投资

工业生产缓中有升。全县工业用电量达 10.17 亿千瓦时，同比下降 0.9%，占全社会用电量的 55.9%。全县规模以上工业企业产值同比增长 13.0%。

建筑业增长较慢。全县实现建筑业增加值 29.96 亿元，同比增长 0.4%。

固定资产投资增速趋缓。全县完成规模以上固定资产投资 395.90 亿元，同比增长 13.0%；完成工业投资 264.09 亿元，同比增长 15.5%。

（四）交通、邮电、旅游

交通运输业运行平稳。全县城市万人公共交通车辆拥有量 6.1 标台，行政村客运班线通达率 100%，镇村公共交通开通率 80%。行政村双车道四级公路覆盖率，全县公路货运量 1770.65 万吨，客运量 946.17 万人，港口货物吞吐量 1350 万吨。年末等级公路通车里程 3061.086 公里，其中，高速公路通车里程 117.931 公里。

邮电通信业稳步发展。全县邮电业务总收入 3.74 亿元，其中，电信业务收入 1.10 亿元，邮政业务收入 0.64 亿元。年末住宅电话用户 4.3 万户，移动电话用户 52.8 万户，互联网宽带接入用户 14.6 万户。

旅游业健康发展。全县共接待国内外旅客 683.4 万人次，旅游业总收入 77.72 亿元，分别增长 11.2%、13.4%。全县共拥有国家 AAAA 级景区 3 个，省级乡村旅游示范点 15 个，旅行社 11 家，星级饭店 5 家，星级饭店客房总数 515 间。

（五）内外贸易

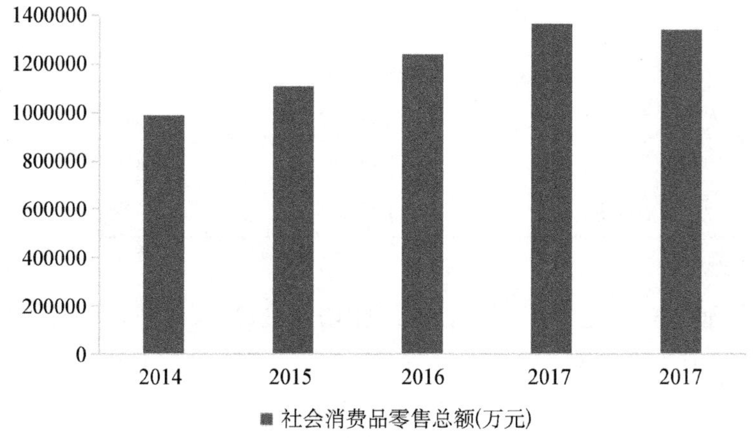

图 45　2014—2018 年社会消费品零售总额

消费品市场增势稳定。全县实现社会消费品零售总额 136.53 亿元，同比增长 10.2%。其中，城镇消费品零售额 94.9 亿元，同比增长 6.9%；乡村消费品零售额 41.6 亿元，同比增长 18.6%。

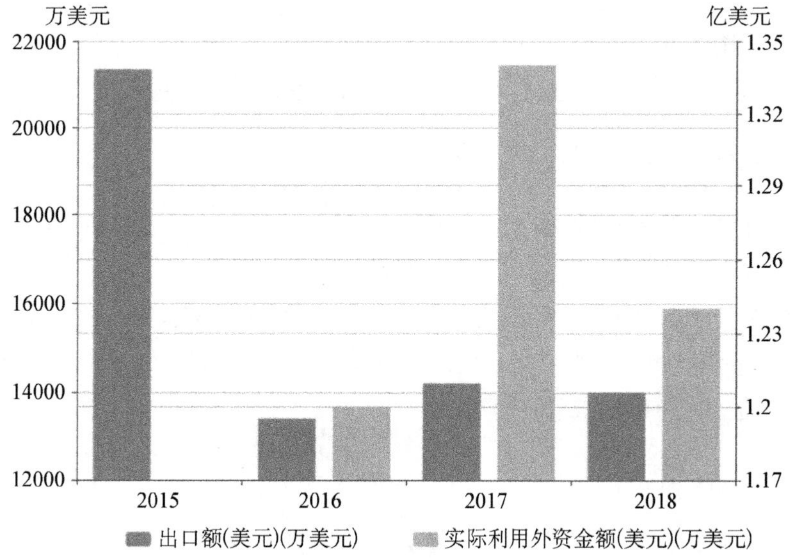

图 46　2015—2018 年全县出口总额和实际使用外资金额

外贸进出口形势低迷。全县实现进出口总额 1.79 亿美元，同比下降 4.6%，其中，出口总额 1.42 亿美元，同比增长 6.5%。全县新批外资项目 21 个，实际到账注册外资 1.34 亿美元，同比增长 11.6%。

（六）财政、金融

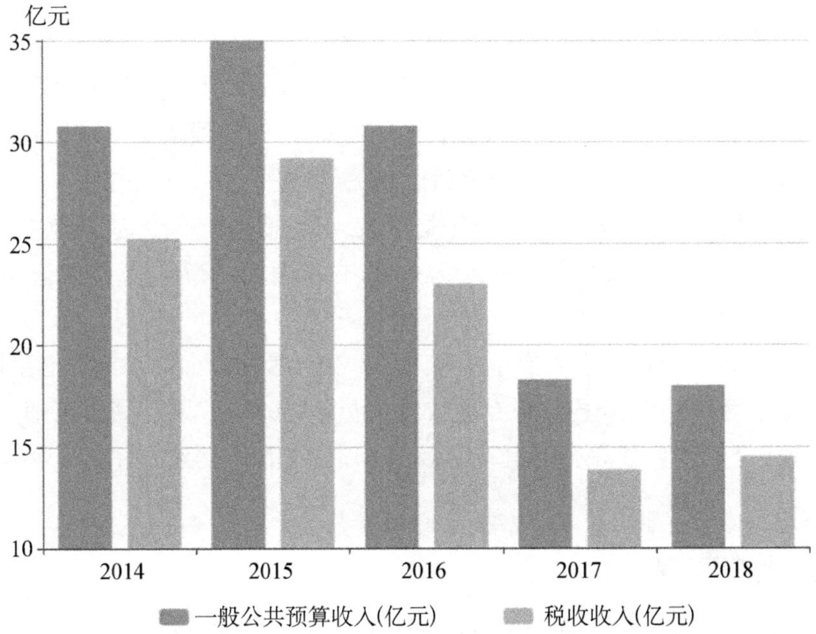

图 47　2014—2018 年全县一般公共财政预算收入和税收收入

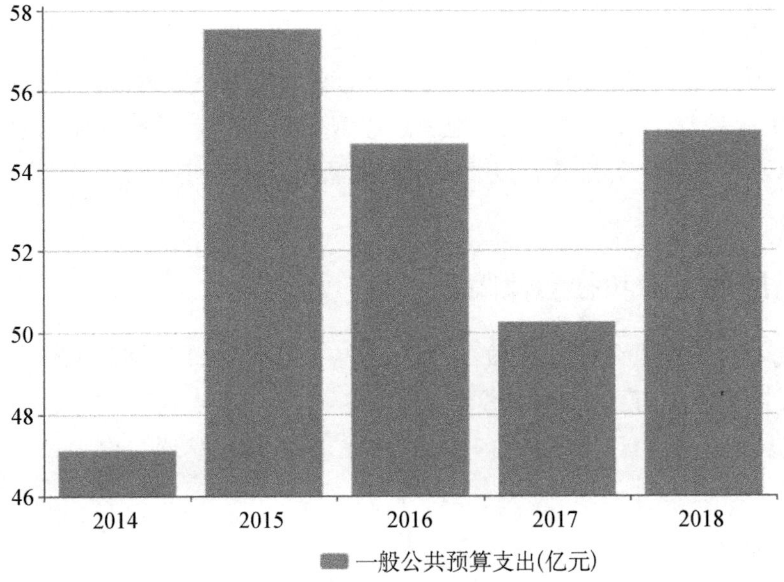

图 48　2014—2018 年全县一般公共预算支出情况

财政收入降幅较大。全县公共财政预算收入 18.30 亿元，下降 40.5%，其中，税收收入 13.84 亿元，下降 39.9%。全县公共财政预算支出 50.26 亿元，下降 8.0%。

金融业发展良好。年末全县银行业金融机构 14 家。年末金融机构存款余额 373.32 亿元，增长 34.7%，其中，居民储蓄存款余额 166.52 亿元，增长 13.9%；年末金融机构贷款余额 266.80 亿元，增长 20.0%，其中，企业贷款余额 57.35 亿元，增长 4.8%。

(七)教育、文化、卫生

教育事业稳步提升。全县各级各类学校总数105所,其中,幼儿园48所。共有在校学生11.90万人,其中,普通中学在校学生32689人;职业高中在校学生7631人;小学在校学生55920人;幼儿园在校生22663人。学龄儿童入学率100%,小学毕业生入学率100%,初中毕业生入学率98.6%,高中毕业生升学率87.5%。全县二本以上达线人数1544人。

文化事业蓬勃发展。全县有公共图书馆1个(含总馆及平台)、乡镇分馆19个和24小时自助图书馆1个,图书总藏量37.4万册(件),剧场、影剧院5个,博物馆6个,文化馆1个,美术馆1个,文化站(中心)20个。省级以上文物保护单位6个,其中,国家级3个。各类文艺团体110个,共举办各类文艺演出75场次。

卫生事业稳中向好。全县年末共有卫生机构335个,其中,医院11个,卫生院20个。全县卫生机构拥有床位数3370张,全县共有专业技术人员3380人,其中,执业医师1454人,每万常住人口全科医生数,全年产妇住院分娩比例100%,5岁以下儿童死亡率2.64‰,其中婴儿死亡率1.81‰。

(八)科技、生态环保

科技研发水平进一步提升。全县年末科研机构数168个,较上年增加15个,新获批江苏省工程技术研究中心2个,年末科研人员1316人,较上年增加106人。全县专利申请受理量2464项,授权量723项,其中,发明专利申请量645项。新获批国家级高新技术企业10家,累计31家;新获批省级高新技术产品12个,累计59个。

生态建设成效明显。全县共划定生态红线区域729.2平方公里,占全县总面积的29.2%。城市水域功能水质达标率100%,Ⅲ类及以上地表水比例90%,单位GDP化学需氧量排放强度2.09千克/万元,单位GDP二氧化硫排放强度0.38千克/万元,城市空气质量达到二级以上标准天数330天。

(九)人口、居民生活和社会保障

人口增长相对平稳。全县年末总户数21.52万户,户籍总人口79.86万人,性别比为104.52∶100。年末常住人口65.58万人,其中,城镇人口35.44万人,农村人口30.14万人,城镇化率54.04%。全年人口出生率11.14‰,人口死亡率7.46‰,人口自然增长率3.68‰。

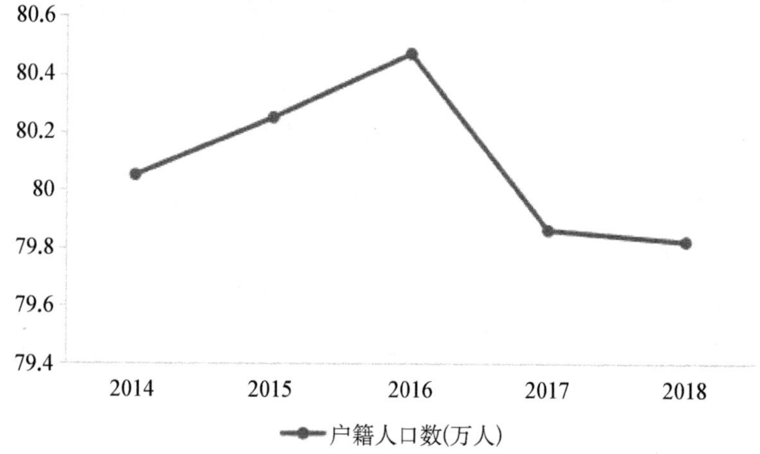

图49 全县2014—2018年户籍人口数

城乡居民生活水平显著改善。全县全体常住居民人均可支配收入 23960.8 元，同比增长 9.3%。其中，城镇常住居民人均可支配收入 33405.8 元，同比增长 8.9%；农村常住居民人均可支配收入 15762.3 元，同比增长 8.7%。城镇常住居民人均住房面积 54 平方米，农村常住居民人均住房面积 46 平方米。全年居民消费价格指数 101.8，恩格尔系数 31.2%。

社会保障和福利事业稳步发展。城乡基本养老保险参保人数 29.08 万人，城乡基本养老保险覆盖面 98.18%；城镇基本医疗保险参保人数 18.16 万人，城镇基本医疗保险覆盖面 96.69%；新型农村合作医疗参保人数 53.4 万人，新型农村合作医疗覆盖面 100%。

全县共新增城镇就业 10199 人，再就业 4527 人，新增农村劳动力转移 2500 人，城乡劳动者就业技能培训 5048 人次。年末城镇登记失业人数 2195 人，城镇登记失业率 2.04%；失业保险参保人数 7.28 万人，失业保险覆盖面 96.55%。

全县社会福利收养性单位 41 个，社会福利收养性单位床位 5748 张，社区服务中心覆盖率 100%。城乡居民最低生活保障对象 9163 人，城乡特困供养人数 2673 人。

十二、泗阳县

2018 年，全县上下以习近平新时代中国特色社会主义思想为指引，全面贯彻落实省市党委政府和县委的决策部署，紧紧把握“六个高质量发展”主题主线，坚持稳中求进工作总基调，统筹推进“六增六强”，全县经济社会保持稳中有进、稳中向好的发展态势。

（一）综合

国民经济保持平稳增长。经初步核算，2018 年，全县实现地区生产总值 479.22 亿元，比上年增长 6.9%，比全市增速快 0.1 个百分点。其中，第一产业实现增加值 61.22 亿元，增长 2.8%；第二产业实现增加值 236.25 亿元，增长 7.9%；第三产业实现增加值 181.75 亿元，增长 7%。人均地区生产总值达 56602 元（按常住人口计算），比上年增加 3510 元。

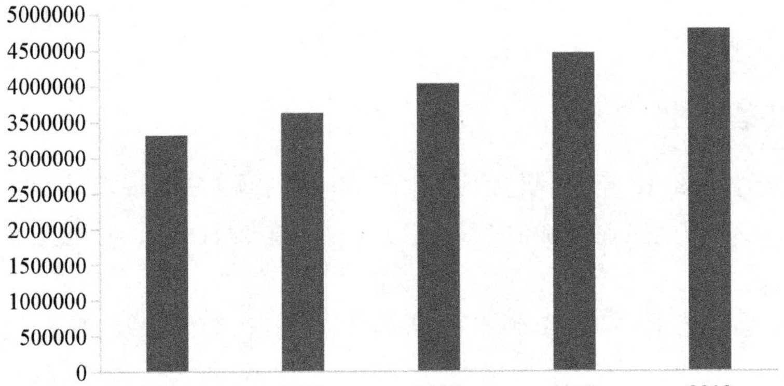

图 50　2014—2018 年全县 GDP 实现情况

数据来源：中经网统计数据库

三次产业结构不断优化。三次产业结构由上年的 13.1 ∶ 50 ∶ 36.9 调整为 12.8 ∶ 49.3 ∶ 37.9，二、三产业占 GDP 比重为 87.2%，比上年提高 0.3 个百分点。

(二)农林牧渔业

表 22　2014—2018 年全县农业生产品产量情况

年份	粮食产量(万吨)	油料产量(吨)	棉花产量(吨)	肉类产量(吨)
2014	60.98	9100	12	50282
2015	60.44	8616	12	50099
2016	60.37	8800	12	49295
2017	60.83	8900	12	53100
2018	62.69	6900	12	44500

数据来源:中经网统计数据库

农业经济平稳发展。2018 年,全年实现农林牧渔业总产值 117.2 亿元,按可比价计算,比上年增长 4.7%。其中,农业总产值 61.9 亿元、林业总产值 7.9 亿元、牧业总产值 17.1 亿元、渔业总产值 25.6 亿元、农林牧渔服务业总产值 4.7 亿元,占比分别为 52.8%、6.7%、14.6%、21.8%和 4%。

粮食生产总体平稳。全年粮食播种面积 143.1 万亩,比去年减少 0.1 万亩;油料播种面积 3.3 万亩,减少 1 万亩;蔬菜(含菜用瓜)面积 29.8 万亩,增加 0.4 万亩。粮食总产量 62.7 万吨,减产 0.5 万吨。其中,夏粮总产 26.1 万吨,减产 0.8 万吨;秋粮总产 36.5 万吨,增产 0.2 万吨。分品种看,小麦总产 26.1 万吨,减产 0.8 万吨,亩产 373 公斤,亩均比去年减少 10 公斤;水稻总产 29.6 万吨,减产 0.3 万吨,亩产 550 公斤,亩均比去年增加 5 公斤。全年粮食平均单产 438 公斤/亩,较上年减产 3 公斤/亩。

畜牧业生产形势平缓。2018 年,全县生猪出栏 48.5 万头,同比减少 2.2%;年末存栏 23.5 万头,减少 20.6%。2018 年,家禽出栏 601.0 万只,同比下降 0.2%;年末存栏 244 万只,下降 18.6%;禽肉产量 6988 吨,与上年持平;禽蛋产量 21200 吨,下降 0.9%。

特色农业提速发展。建成 2000 亩以上单品高效农业示范基地 20 个、新增产业结构调整面积 5.1 万亩,农业主导特色产业种植面积超 48.5 万亩。新建成家庭农场集群服务中心 4 个,新引进市级以上农业龙头企业 6 家,土地适度规模经营比例超 50%。全年新增“三品一标”农产品 39 个,绿色优质农产品占比超 45%。泗阳鲜桃、成子湖青虾等品牌逐步打响。

(三)工业和建筑业

工业经济平稳增长。2018 年,泗阳县工业生产增长稳中见好,实现规模以上工业总产值 269.4 亿元,同比增长 15.0%,规上工业增加值 58.5 亿元,同比增长 7.9%。实现工业用电量 17 亿千瓦时,同比增长 19.1%。

分产业来看,全县列统工业“2+1 产业”主要有家居制造、纺织服装、食品包装,全年分别实现产值 45.4 亿元、112.7 亿元、16.9 亿元,增速分别为−0.5%、32.9%、2.2%,占总产值的比重分别为 16.9%、41.8%、6.3%。

建筑企业生产稳中趋缓。2018 年末,全县列统总承包和专业承包的建筑业企业达 62 家,全年完成建筑业总产值 170.2 亿元,比上年增长 12.0%;完成竣工产值 165.0 亿元,比上年同期增长 29.9%;房屋建筑施工面积 1105.1 万平方米,比上年增长 24.1%;房屋建筑竣工面积 480.9 万平方米,比上年增长 29.7%。

(四)固定资产投资和房地产业

固定资产投资总体较为平稳。2018 年,全县固定资产投资总体平稳发展,比上年增长 7.1%,

分别高于全省、全市 1.6 个、0.1 个百分点。其中，房地产完成投资 52.8 亿元，同比下降 14.1%；工业投资同比增长 11%。分产业看，第一产业投资增速 18.6%，第二产业投资增速 7.5%，第三产业投资下降 8.9%，三次产业投资分别占投资总量的比重为 2.7%、67.4%和 29.9%。

（五）国内、外贸易

国内市场发展平稳。2018 年，全县实现社会消费品零售总额 119.0 亿元，同比增长 7.1%。其中，城镇实现社会消费品零售额 85.6 亿元，增长 9%；农村实现社会消费品零售额 33.4 亿元，增长 2.5%。按行业分：批发、零售、住宿、餐饮四个行业分别实现社会消费品零售额 42.4 亿元、64.3 亿元、1.6 亿元、10.7 亿元，分别增长 11.3%、6.7%、2.6%、－4.4%。按规模分：限额以上单位实现社会消费品零售额 29.3 亿元，增长 8.0%；限额以下单位实现社会消费品零售额 89.7 亿元，增长 6.8%。

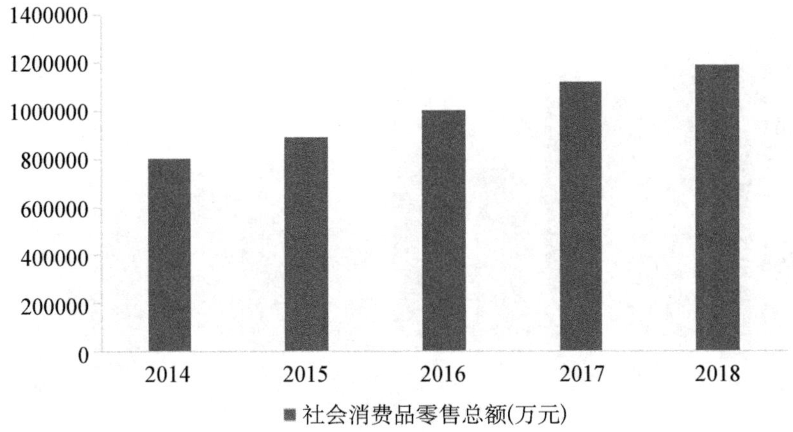

图 51　2014—2018 年社会消费品零售总额

现代服务业提质发展。完成新桂湾水系调整、滨湖路南延等重点旅游工程建设，新创建省三星级乡村旅游点 2 个，全年游客接待量增长 16%。新发展农村电商服务站 70 个、“淘宝村”7 个，新增各类网店 2100 余家，“一村一品一店”标准村占比提高到 75%。

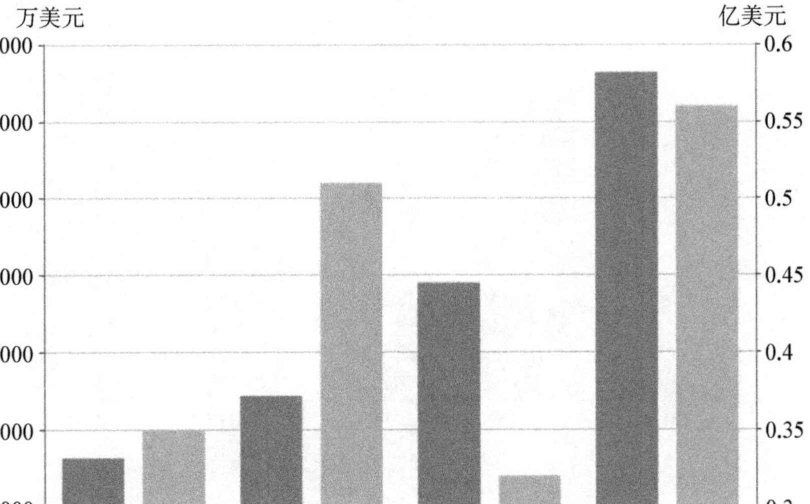

图 52　2015—2018 年全县出口总额和实际使用外资金额情况

对外贸易平稳增长。全县完成外贸进出口总额 48783 万美元，同比增长 18.7%，其中，出口

46928 万美元,增长 18.1%。实际利用外资到账 5600 万美元,增长 73.1%。

(六) 财政金融

财政收入保持增长。2018 年,全县实现财政总收入 62.0 亿元,同比增长 12.8%,其中:税收收入 35.2 亿元,增长 8.8%。按征收部门分:原国税部门收入 22.6 亿元,增长 16.7%;原地税部门收入 12.7 亿元,下降 2.9%;财政部门收入 26.8 亿元,增长 18.4%。实现一般公共预算收入 25.5 亿元,下降 2.9%。其中,税收收入 20.5 亿元,增长 2.3%,占一般公共预算收入的 80.4%。上划中央收入 14.8 亿元,增长 19.4%。基金收入 21.8 亿元,增长 32.7%。2018 年泗阳县一般公共预算支出 67.1 亿元,增长 2.7%,其中,民生支出占比为 70.8%。

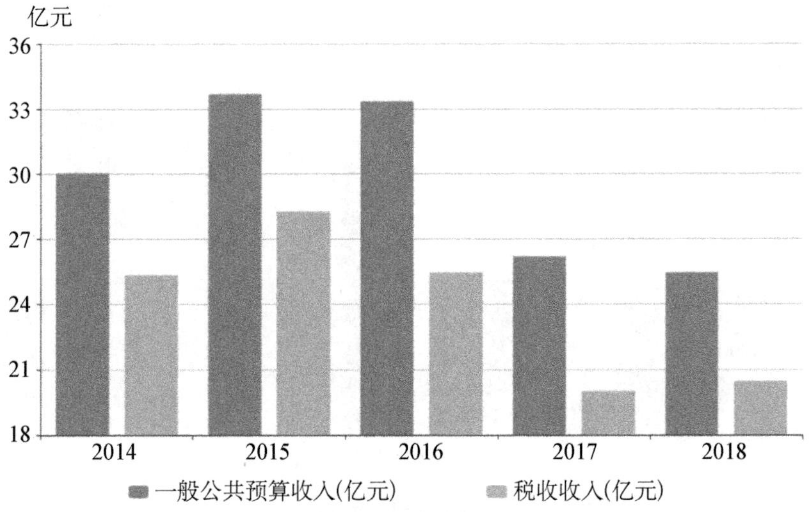

图 53　2014—2018 年一般公共预算收入和税收收入情况

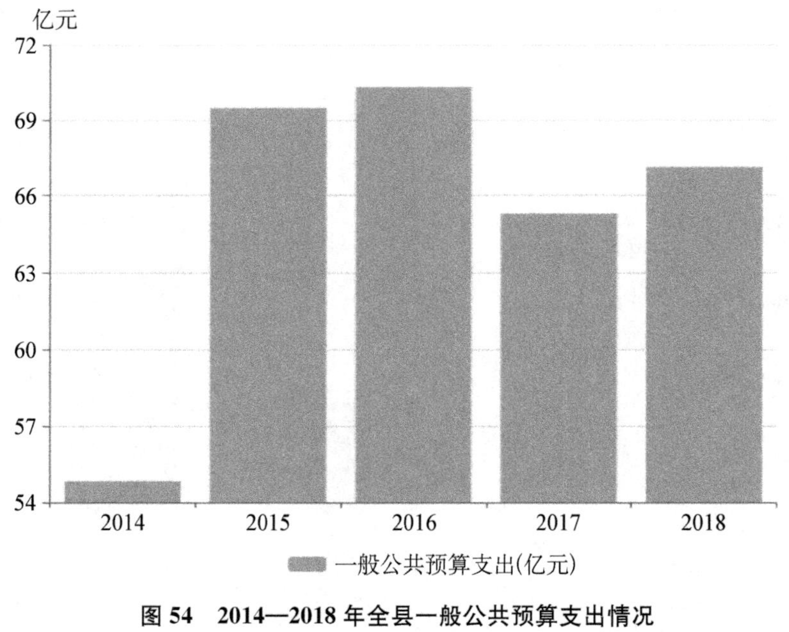

图 54　2014—2018 年全县一般公共预算支出情况

金融信贷发展较快。2018 年末金融机构各项存款余额达 396.4 亿元,比年初净增 25.3 亿元;各项贷款余额 426.4 亿元,比年初净增 60.4 亿元,其中,制造业贷款余额 50.4 亿元,比年初净增 3.6 亿元。累计发行企业债券 30 亿元。泗阳县蝉联全省金融生态优秀县。

（七）城市建设和环境保护

城市品质不断提升。城市治理与服务“123459”行动深入实施，东祥城市之家建成、众东等4个城市之家加快推进，7条新建和改建道路通车。“三场革命”战果丰硕，改造提升农贸市场5个，新建和改造街坊公舍16座，垃圾分类工作取得阶段性进展。以棚户区改造引领房地产市场健康发展，完成房屋征收100万平方米，新竣工房地产面积81.2万平方米，一批改善型住房投入市场，12个老旧小区完成提升改造。新增绿地面积80万平方米，建成区绿地率提升至42.1%。拆除各类违章建筑2.6万平方米，车辆乱停乱放、行人闯红灯、不文明遛狗等行为逐步减少，桃源中路获评首批省诚信示范街。

交通网络更加完善。徐宿淮盐高铁泗阳段主体工程、京杭运河四号桥连接线、徐淮路改建等工程完工，330省道裴圩至高渡段建成通车，完成农村公路提档升级85公里、安全生命防护工程182公里，改造危桥31座。

人居环境进一步改善。“263利剑100专项行动”深入开展，全面完成中央和省环保督察组交办的26个环境问题。完成172项大气整治任务，103辆纯电动公交车投入运营，PM2.5浓度均值全市最低、空气质量优良天数率达80.5%。城北污水处理厂三期建成投运，3个乡镇污水处理厂完成扩容提标，完成乡镇污水处理厂管理体制改革。“县乡村”三级河长制深入落实，总六塘河、颜倪河等水体治理工程成效显著，3个省考、2个市考和47个县考断面水质达标，3个水源地整治达标；成子湖生态修复工程清除圩区0.8万亩、恢复浅水湿地0.7万亩，取缔京杭运河沿线非法码头25座。生态“四项能力”建设进一步增强，餐厨废弃物资源化利用中心建成投用，光大生活垃圾发电项目、一般工业固废填埋场建成运营。

（八）科学技术、教育、文化和卫生

创新驱动能力逐步增强。新增国家高新技术企业15家、省民营科技型企业17家，新创建省级企业研发机构5家、市级以上众创空间1家，华绿生物获批泗阳县首个院士工作站。新引进“千人计划”创业项目2个，入选省“双创计划”人才13名。万人发明专利拥有量达1.7件。

社会事业稳步发展。新上榜中国好人1名、江苏好人4名，被列为省新时代文明实践中心建设试点单位；率先在全省推行“2212”审批改革，被列为市级“不见面审批改革试点县”。新建村（社区）综合文化服务中心60个、漂流书屋50个，通过省书香城市测评，获评省群众体育先进县。网格化社会治理获省表彰，应急救援体系更加健全，获评省平安建设先进县，5届蝉联省级双拥模范县。

医疗教育扎实推进。新建、改扩建村级医疗卫生机构92家，新卫生应急暨120急救指挥中心建成使用。基本公共卫生补助经费提高到65元/人。新增省优质园4所，双语实验学校、实验初中一期提升改造完成，新改扩建校舍19.2万平方米，高考本科达线率六年蝉联全市第一，获评全国中小学校责任督学挂牌督导创新县。

（九）人口、人民生活和社会保障

全县年末总户数270818户，户籍人口1067907人，其中，男性558459人，女性509448人，人口出生率14.45‰，人口死亡率7.1‰，人口自然增长率为7.35‰。常住人口84.75万人，城镇常住人口占58.21%。

全体居民收入稳步增长。2018年，全县居民人均可支配收入22363.4元，比上年增长9.3%，人均消费支出14711.7元，比上年增长7.1%，其中食品支出占33.8%。

城镇居民收入平稳增长。2018年，城镇居民人均可支配收入27680.7元，比上年增长8.4%，

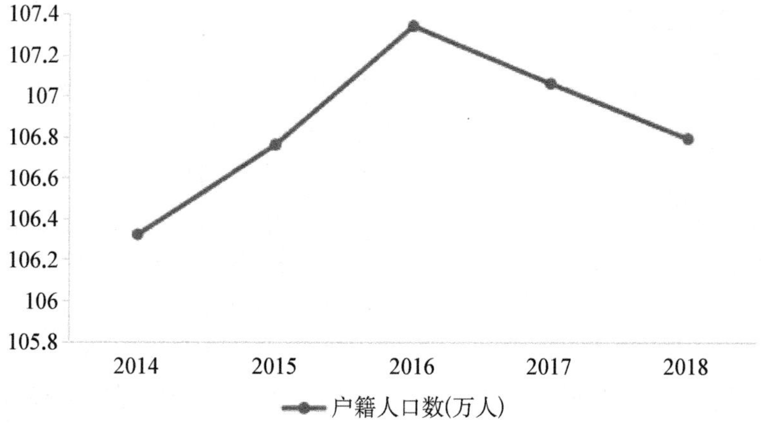

图 55　全县 2014—2018 年户籍人口数

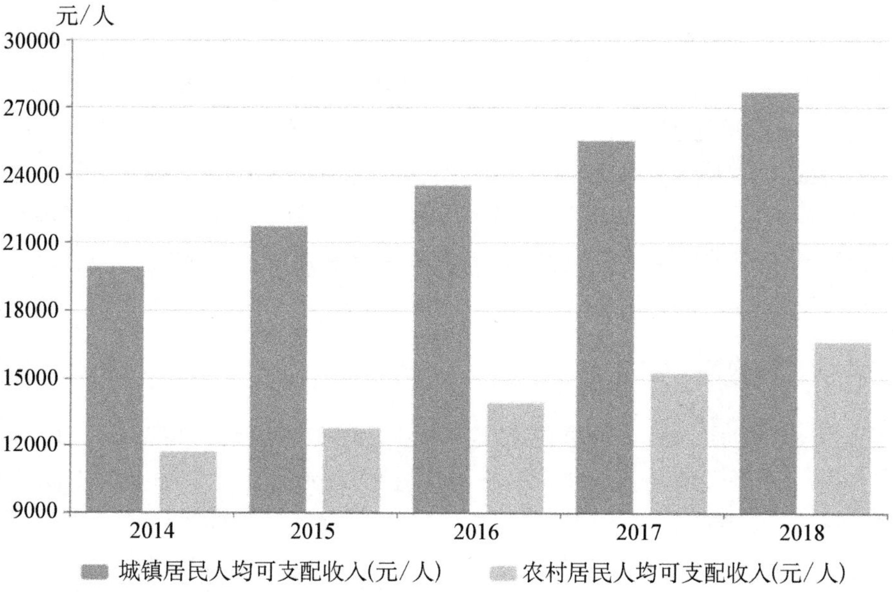

图 56　2014—2018 年全县城镇和农村居民人均可支配收入

人均消费支出 16775.2 元,比上年增长 6.4%,其中,食品支出占 33.5%。

农村居民收入稳步提高。2018 年,农村居民人均可支配收入 16648.1 元,比上年增长 9.1%,人均生活消费支出 12493.6 元,增长 7.1%,其中,食品支出占 34.0%。

民生保障更加坚实。大力扶持就业创业,全年支持自主创业 4500 余人,城镇新增就业 1.25 万人,被省表彰为促进就业创业工作完成较好县。新增参保人数 6.5 万人,城乡养老保险覆盖率、居民基本医疗保险覆盖率均提升至 98%,“12349”安康通智慧养老平台上线运行。统筹实施大病医疗救助、残疾人救助、临时救助、慈善救助,被民政部确定为社会救助综合改革试点县。

脱贫攻坚取得新进展。实施扶贫到户“菜单”项目 4000 余个、“联村共建”项目 102 个,2.62 万低收入人口精准脱贫、14 个省定经济薄弱村成功“摘帽”。“两大片区”投入扶贫资金 9.3 亿元,新实施重点扶贫项目 83 个。推进扶贫与扶志、扶智相结合,及时解决群众反映问题 1.2 万个。

第七篇　江苏城市发展报告

第一章　2018 年南京市经济社会发展报告

2018 年，全市上下深入贯彻习近平新时代中国特色社会主义思想和党的十九大精神，全面落实党中央国务院、省委省政府重大决策部署以及市委市政府工作要求，聚力建设“创新名城、美丽古都”，坚持新发展理念，按照高质量发展要求，对标找差、创新实干，统筹推进稳增长、促改革、调结构、惠民生、防风险各项工作，全市经济保持了总体平稳、稳中有进的发展态势，在高水平全面建成小康社会、高质量推进“强富美高”新南京建设上迈出新的更大步伐。

一、综合

经济运行稳中有进。全年实现地区生产总值 12820.40 亿元，比上年增长 8.0%。分产业看，第一产业增加值 273.42 亿元，比上年增长 0.6%；第二产业增加值 4721.61 亿元，增长 6.5%；第三产业增加值 7825.37 亿元，增长 9.1%。按常住人口计算人均地区生产总值为 152886 元，按国家公布的年平均汇率折算为 23104 美元。结构调整扎实推进。聚力培育“4+4+1”主导产业，重点打造人工智能、集成电路、新能源汽车等产业地标，加快推动“两钢两化”企业转型，三次产业增加值比例调整为 2.1∶36.9∶61.0，服务业增加值占 GDP 比重比上年提高 1.3 个百分点。新动能不断发展壮大。全年高新技术产业实现制造业产值增长 19.1%，占规上工业总产值比重为 47.85%，较上年提升 1.96 个百分点。规模以上服务业中，高技术服务业营业收入增长 21.4%。全年高技术产业投资增长 13.5%。

图 1　2013—2018 年地区生产总值及其增长速度

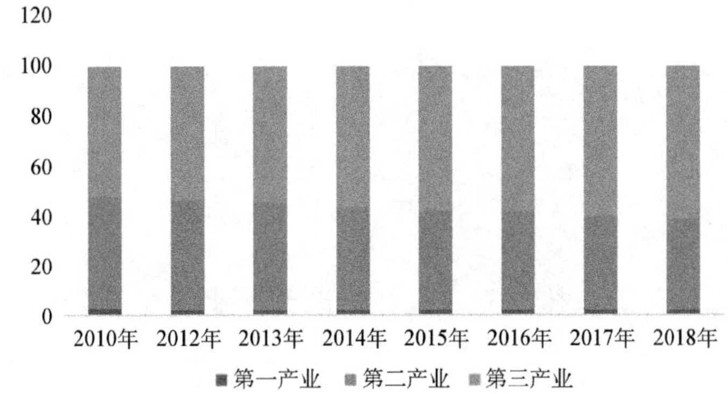

图 2　2010—2018 年三次产业

经济活力持续增强。全年民营经济实现增加值5953.76亿元,可比增长8.1%,占GDP比重为46.4%,比上年提升0.5个百分点。11家民营企业进入全国500强。年末全市工商部门登记的私营企业59.63万户,注册资本24230.99亿元,分别比上年增长8.4%和27.2%;个体工商户62.19万户,比上年增长19.2%。全年新登记私营企业7.26万户,下降14.3%,注册资本4743.06亿元,增长13.8%;新登记个体工商户13.16万户,增长20.9%。

居民消费价格温和上涨。全年城市居民消费价格比上年上涨2.4%。分类别看,食品烟酒类上涨3.6%,衣着类上涨1.7%,居住类上涨2.4%,生活用品及服务类上涨4.6%,交通和通信类上涨1.3%,教育文化和娱乐类上涨1.6%,医疗保健类上涨0.9%,其他用品和服务类上涨2.0%。

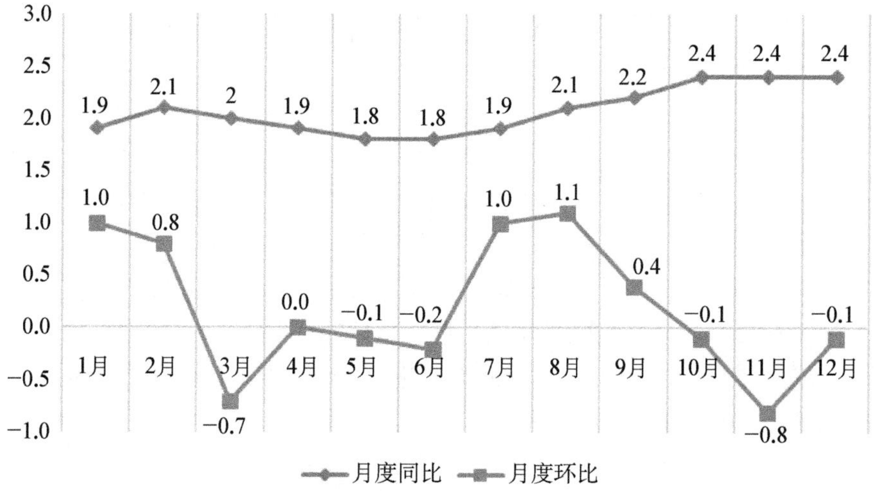

表1　2018年城市居民消费和商品零售价格涨跌幅度(%)

指标名称	2018年	2017年
城市居民消费价格	2.4	1.9
一、食品烟酒类	3.6	2.2
二、衣着类	1.7	1.1
三、居住类	2.4	2.4
四、生活用品及服务类	4.6	2.4
五、交通和通信类	1.3	1.1
六、教育文化和娱乐类	1.6	2.3
七、医疗保健类	0.9	0.5
八、其他用品和服务类	2.0	1.8
商品零售价格	2.8	1.6

工业生产者价格基本稳定。全年工业生产者出厂价格上涨2.5%,涨幅比上年回落0.9个百分点,其中,轻工业价格下降0.3%,重工业价格上涨3.2%。工业生产者购进价格上涨6.2%,涨幅比上年回落1.0个百分点。

二、农业

农业生产总体稳定。全年农林牧渔及农林牧渔服务业增加值288.41亿元,比上年增长0.9%。全年粮食播种面积227.07万亩,比上年增加6.57万亩;油料种植面积20.66万亩,减少3.23万亩;蔬菜种植面积123.15万亩,增加11.36万亩。全年粮食总产量106.92万吨,比上年增产1.54万吨,增长1.5%。其中,夏粮26.33万吨,增长10.4%;秋粮80.59万吨,下降1.2%。粮食亩产 470.9 公斤，比上年减少 7.0 公斤，下降 1.5%。蔬菜总产量 284.46 万吨，比上年增产 27.57 万吨，增长 10.7%。畜禽禁养政策有效落实，养殖结构不断调整优化。

现代农业高效发展。蔬菜园艺产业布局进一步优化，新建省级标准园 9 个，高效特色园艺基地 17 个，高标准农田累计达 247 万亩，设施蔬菜园艺面积累计达 78.2 万亩。市级、省级、国家级现代农业园区分别达到 40 个、9 个和 3 个。休闲农业和乡村旅游等新产业、新业态较快发展，全年休闲农业接待游客达 2500 万人次，实现综合收入 75 亿元。

三、工业和建筑业

工业生产平稳增长。全年实现全部工业增加值 4055.14 亿元，比上年增长 7.3%。其中，规模以上工业增加值 3091.83 亿元，增长 7.8%。在规模以上工业中，分经济类型看，国有控股企业增加值增长 9.2%，民营企业增长 8.7%，外商及港澳台商投资企业增长 5.7%。分行业看，计算机、通信和其他电子设备制造业增加值增长 12.1%、石油加工、炼焦和核燃料加工业增长 12.1%、黑色金属冶炼和压延加工业增长 14.0%、仪器仪表制造业增长 14.7%。新产品增长潜力不断释放，全年规模以上工业新产品产值增长 18.9%。新能源汽车产量增长 253.1%，工业机器人增长 108.9%，智能电视增长 17.9%，城市轨道车辆增长 107.1%。

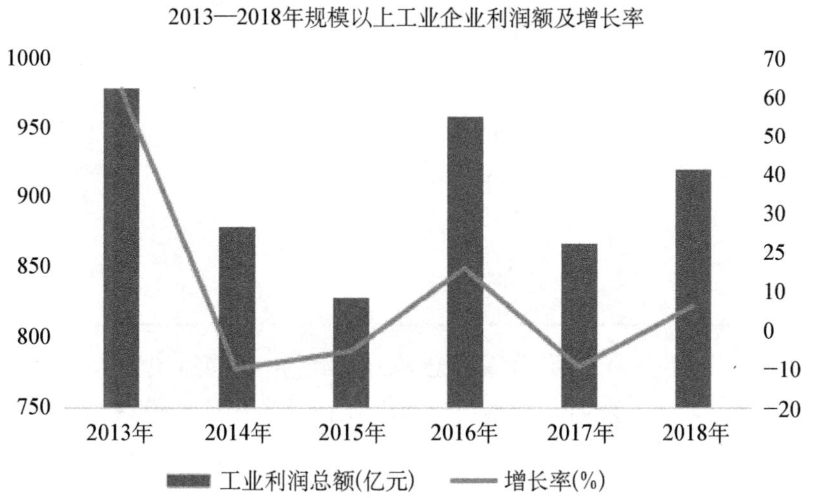

图 3　2013—2018 年规模以上工业企业利润额及增长率

工业企业盈利能力增强。全年规模以上工业企业实现利润总额比上年增长 6.1%，增速较上年提升 4.3 个百分点，工业企业利润增长 57.9%，较上年提升 16.0 个百分点。规模以上工业企业主营业务收入利润率、成本费用利润率分别为 7.5%、9.3%，较上年提高 0.1 个和 0.2 个百分点。规模以上工业企业资产负债率为 52.9%，较上年下降 0.6 个百分点。全年规模以上工业企业产销率达 99.08%。

表 2　2018 年主要工业产品产量及其增长速度

产品名称	计量单位	产品产量	比上年增长(%)
工业机器人	套	3648	108.9
城市轨道车辆	辆	58	107.1
新能源汽车	辆	74903	253.1
光纤	千米	—	—

续表

产品名称	计量单位	产品产量	比上年增长(%)
光缆	万芯千米	1506.43	−1.1
智能手机	万台	597.89	0.7
智能电视	万台	370.92	17.9
粗钢	万吨	1753.18	3.0
钢材	万吨	1617.98	4.5
民用钢质船舶	万载重吨	73.51	−8.7
水泥	万吨	757.01	−3.6
集成电路	万块	60648	29.6
光电子器件	万只(片、套)	52636456	−4.9
汽车	万辆	61.70	1.5
显示器	万台	590.63	−3.6
移动通信手持机(手机)	万台	628.94	2.7
电子计算机整机	万台	52.61	−2.2
程控交换机	线	2450	−63.7
卷烟	万支	3361963	−1.8
合成洗涤剂	万吨	7.45	−8.1
家用洗衣机	万台	378.67	−21.9
家用吸尘器	万台	56.86	−7.9
原油加工量	万吨	3021.51	9.1
汽油	万吨	740.65	16.8
煤油	万吨	440.22	14.5
柴油	万吨	631.20	−2.5

建筑业稳定发展。全年具有资质等级的总承包和专业承包建筑业企业完成建筑业总产值3833.69亿元,比上年增长12.3%,其中,本市建筑企业在外省完成建筑业总产值1374.77亿元,增长13.1%。

四、固定资产投资和房地产开发

固定资产投资增势平稳。全年全社会固定资产投资比上年增长9.4%。分经济主体看,国有经济控股和非国有经济投资均增长8.6%,港澳台及外商投资下降4.1%。民间投资增长22.7%。分产业看,第一产业投资下降22.6%;第二产业投资增长10.6%,其中,工业投资增长8.9%,较上年提高7.9个百分点;第三产业投资增长9.5%。三次产业投资比例为0.1∶16.3∶83.6。工业技改投资增长12.9%,占工业投资比重65.5%,比上年提高1.4个百分点。

重点项目推进有力。南沿江城际铁路正式开工,长江五桥等重大基础设施建设进展顺利,长江大桥公路桥维修改造工程竣工通车,地铁宁溧线建成运营,6条过江通道同步建设,地铁建设7线并进。江北新区建设快速推进,一批重要基础设施和公共服务设施建成并投入使用。宁句城际等南京都市圈、宁镇扬同城化重点项目有序推进。

全市房地产开发投资2354.17亿元,比上年增长8.5%。其中,住宅投资1547.64亿元,增长0.3%;商业用房投资351.93亿元,增长33.8%。全年新开工保障房456万平方米,竣工356万平方米。

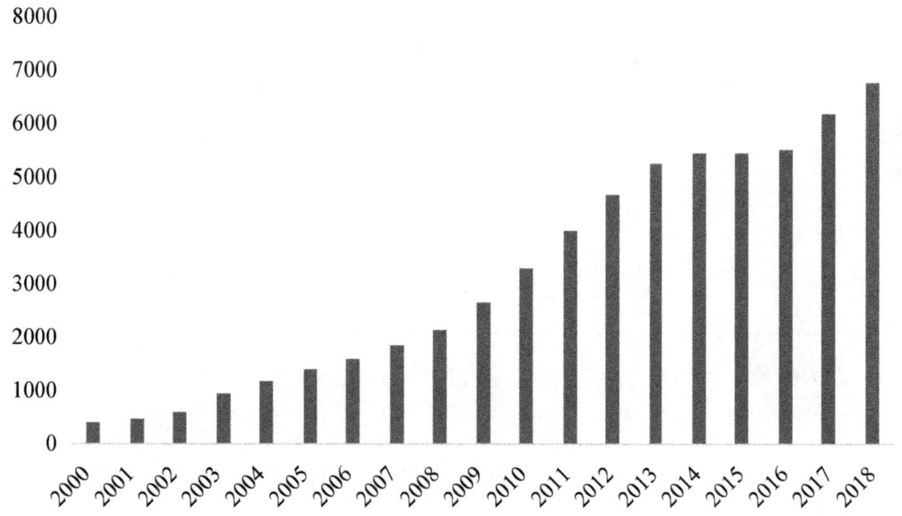

图4　2000—2018年全社会固定资产投资额(亿元)

五、国内贸易

消费品市场总体稳定。全年实现社会消费品零售总额5832.46亿元,比上年增长8.4%。分行业看,批发业和零售业零售额5262.21亿元,增长8.5%;住宿和餐饮业零售额570.25亿元,增长7.6%。全年限额以上社会消费品零售总额3568.32亿元,增长6.1%。

从消费品类值看,部分消费升级类商品零售额增长较快。在限额以上企业(单位)批发零售贸易业零售额中,通讯器材类增长49.3%,家具类增长21.0%,日用品类增长17.9%,电子出版物及音像制品类增长15.1%,家用电器和音像器材类增长11.8%,文化办公用品类增长11%,化妆品类增长9.6%,汽车类增长0.7%,石油及制品类增长1.1%。网上零售较快增长,全年限上批零业通过公共网络实现商品零售额增长36.7%。

六、对外经济

进出口规模继续扩大。全年实现进出口总额654.91亿美元,比上年增长7.6%。其中,出口总额378.79亿美元,增长10.8%,进口总额276.12亿美元,增长3.4%。

从进出口商品市场看,全年对欧盟、美国、日本、韩国和东盟等传统市场进出口额445.40亿美元,增长5.1%,占全市进出口总额的比重为68.0%。其中,出口238.17亿美元,增长8.9%,占全市出口总额的62.9%;进口207.23亿美元,增长1.0%,占全市进口总额的75.1%。

表3　2018年南京对主要国家、地区进出口额及其增长速度

国别和地区	出口额(亿美元)	比上年增长(%)	进口额(亿美元)	比上年增长(%)
合计	378.79	10.8	276.12	3.4
一、亚洲	151.49	20.9	164.91	2.5
#日本	15.92	−6.3	36.22	−12.3
韩国	28.04	60.2	64.52	5.7
#东南亚国家联盟	41.01	21.2	23.43	12.9
二、非洲	16.71	33.9	10.25	62.2

续表

国别和地区	出口额(亿美元)	比上年增长(%)	进口额(亿美元)	比上年增长(%)
三、欧洲	101.58	10.6	58.47	7.3
#欧洲联盟	91.42	9.7	53.55	10.1
四、拉丁美洲	25.67	5.3	6.56	−4.4
五、北美洲	73.45	−6.2	21.07	−11.2
#美国	67.39	−6.5	14.98	−16.7
六、大洋洲	9.88	3.9	14.85	0.9

从进出口商品构成看,全年高新技术产品出口91.52亿美元,下降4.0%,进口82.42亿美元,下降12.6%。机电产品出口185.48亿美元,增长0.7%,进口158.55亿美元,下降3.0%。

表4　2018年进出口总额及其增长速度

指　　标	金额(亿美元)	比上年增长(%)
进出口总额	654.9	7.6
出口额	378.8	10.8
其中:一般贸易	270.6	21.7
加工贸易	92.2	−15.1
其中:机电产品	185.5	0.7
高新技术产品	91.5	−4.0
其中:国有企业	112.2	−2.3
外商投资企业	130.4	1.1
民营企业	136.2	39.0
进口额	276.1	3.4
其中:一般贸易	193.7	3.8
加工贸易	52.6	13.4
其中:机电产品	158.5	−3.0
高新技术产品	82.4	−12.6
其中:国有企业	110.9	9.1
外商投资企业	130.0	−5.8
民营企业	35.2	28.8

利用外资稳定增长。全年吸收外商直接投资新设立企业439家。新增合同利用外资(不含减资)98.22亿美元,增长26.5%;新批准总投资净增资千万美元以上大项目186个,投资总额190.61亿美元,合同外资82.47亿美元,占全市新增合同外资总额(不含减资)的83.96%。全年实际使用外资38.53亿美元,比上年增长4.9%。分产业看,第一产业使用外资0.07亿美元;第二产业使用外资11.83亿美元,下降32.0%,其中,制造业使用外资增长8.8%,占全市29.1%;第三产业使用外资26.63亿美元,增长37.8%。全年开发区合同利用外资62.33亿美元,占全市比重63.5%;开发区实际使用外资28.35亿美元,占全市比重73.6%。全年实现对外投资总额42亿美元。境外世界500强设立法人企业、分公司及分支机构数达210个。

七、交通、邮电和旅游

交通运输邮电业发展平稳。全年货物运输总量38563.56万吨,比上年增长8.7%。货物运输周转量3123.57亿吨公里,下降6.2%。全年港口货物吞吐量25411万吨,增长4.9%。其中,外贸货物吞吐量3103万吨,增长26.5%。港口货物吞吐量中,集装箱吞吐量321万标箱,增长1.2%。

表5　2018年各种运输方式完成货物运输量及其增长速度

指　标	计量单位	绝对量	比上年增长(%)
货物运输总量	万吨	38563.56	8.7
公路	万吨	15751	5.2
水运	万吨	15955	7.5
铁路	万吨	1479.53	6.2
航空	万吨	7.67	−6.3
管道	万吨	5370.36	26.5
机场货邮吞吐量	万吨	36.4	−2.7
港口货物吞吐量	万吨	25411	4.9
其中:外贸吞吐量	万吨	3103	26.5
港口集装箱吞吐量	万标箱	321	1.2
货物运输周转量	万吨公里	31235665.51	−6.2
公路	万吨公里	2532622.00	15.2
水运	万吨公里	27553382.00	−8.2
铁路	万吨公里	734266.70	3.3
航空	万吨公里	10558.06	−9.9
管道	万吨公里	404836.75	7.5

全年旅客运输总量16062万人次,比上年下降2.2%。旅客运输周转量490.76亿人公里,增长3.5%。

表6　2018年各种运输方式完成旅客运输量及其增长速度

指　　标	计量单位	绝对量	比上年增长(%)
旅客运输总量	万人次	16062.87	−2.2
公路	万人次	9327	−8.2
铁路	万人次	5440.93	7.4
水运	万人次	22.94	5.4
航空	万人次	1272	8.7
机场旅客吞吐量	万人	2858	10.7
旅客运输周转量	万人公里	4907556.35	3.5
公路	万人公里	1124968	−6.6
铁路	万人公里	2084416	7.3
水运	万人公里	42.35	3.6
民航	万人公里	1698130	6.5

注:旅客运输总量中不含城市公共交通相关数据。

年末机动车保有量273.79万辆,比上年末增加15.86万辆,增长6.2%。民用汽车258.24万辆,比上年末增加19.04万辆,增长8.0%,其中,本年新注册29.21万辆。其中,私人汽车207.25万辆,比上年末增加5.69万辆,增长2.8%;私人汽车中轿车148.39万辆,比上年末增加2.65万辆,增长1.8%,其中,本年新注册17.73万辆。

全年新增、更新公交车1023辆。城市公共汽车运营线路网长度达12035公里;轨道交通运营总里程 394.3 公里,其中地铁总里程 377.6 公里。公共汽车运营车辆 9246 辆 11197 标台;有轨交通运营车辆 1725 辆 4141.5 标台。公共汽车客运总量 8.88 亿人次,比上年下降 1.2%;地铁承担客运人数 11.15 亿人次,增长 14.1%。出租车总数 13354 辆。

全年完成邮电业务总量(按 2010 年价格计算)461.06 亿元,比上年增长 50.5%。其中,邮政业务总量 161.41 亿元,增长 15.9%;电信业务总量 299.65 亿元,增长 53.3%。全年完成邮电业务收入(按现价计算)245.36 亿元,比上年增长 20.8%。其中,邮政业务收入 110.58 亿元,增长 14.8%;电信业务收入 134.76 亿元,增长 4.9%。全年完成国际国内快递业务量 76634.53 万件,比上年增长 20.8%。年末拥有移动电话用户 1284.06 万户,其中 4G 移动电话用户 1004.39 万户,增长 16.9%;拥有固定电话用户 201.17 万户;年末互联网宽带接入用户 492.01 万户。

旅游业较快增长。据旅游委统计,全年实现旅游总收入 2460.20 亿元,比上年增长 13.4%。接待海内外旅游者 1.34 亿人次,增长 9.3%。接待入境过夜旅游者 81.06 万人次,增长 12.9%;旅游外汇收入 8.83 亿美元,增长 16.2%。国内旅游收入 2400.4 亿元以上,增长 13.2%。年末共有等级旅游景区 53 家,其中 4A 级以上高等级景区 24 家;国家、省市级旅游度假区 4 家。拥有星级宾馆饭店 76 家,其中五星级以上酒店 21 家。拥有各类旅行社 694 家,其中具有组织出境游资质旅行社 68 家。

八、财政、金融和保险

财政收入较快增长。全年完成一般公共预算收入 1470.02 亿元,同口径增长 11.1%。其中,税收收入 1242.49 亿元,增长 13.3%。一般公共预算收入中税收占比 84.5%。全年一般公共预算支出 1532.71 亿元,比上年增长 13.2%。其中,住房保障、教育、社会保障和就业、医疗卫生与计划生育、支出分别增长 39.3%、16.2%、10.2%、6.9%。财政一般公共预算支出中民生支出占比达 75%,连续十年入选中国"最具幸福感城市"。

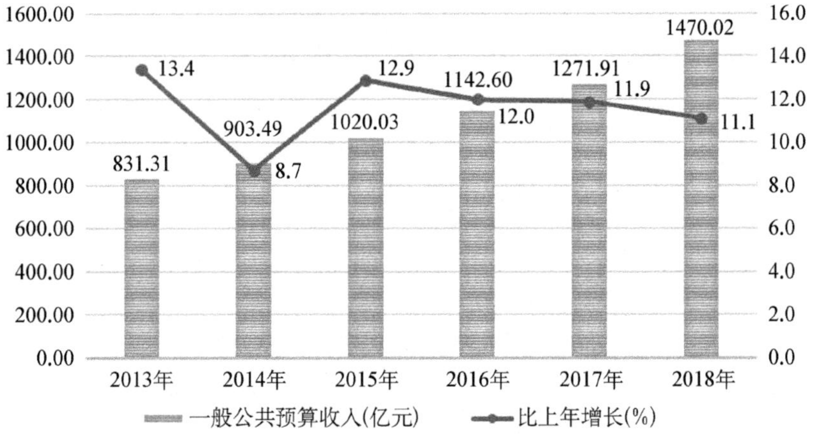

图 5　2013 年—2018 年一般公共预算收入及其增速

金融业发展稳定。全年金融业实现增加值 1473.32 亿元,比上年增长 4.9%。年末金融机构本外币各项存款余额 34524.86 亿元,比年初增加 3760.21 亿元,比上年增长 12.2%。其中住户存款 7106.00 亿元,比年初增加 903.05 亿元;非银行业金融机构存款 5930.47 亿元,比年初增加 2286.98 亿元。年末金融机构本外币各项贷款余额 29065.66 亿元,比年初增加 3880.90 亿元,比上年增长 15.5%。其中,住户贷款 9136.16 亿元,比年初增加 1432.49 亿元;非金融企业及机关团体贷款 19723.57 亿元,比年初增加 2429.94 亿元。

全年实现保费收入 603.55 亿元,比上年下降 13.6%。分类型看,财产险收入 162.22 亿元,增长 11.2%;寿险收入 353.30 亿元,下降 25.1%。

九、科技和教育

创新名城建设开新篇。深入实施创新驱动发展“121”战略，出台市委“1号文件”，全力推进“两落地一融合”等十大工程，成功举办世界智能制造大会、全球未来网络发展峰会、新型研发机构国际合作大会等重要活动。资源要素加速集聚，新增3名诺贝尔奖得主、55名国内外院士来南京创新创业，斯坦福、剑桥等一批国际一流高校创新团队落户南京。新增就业参保大学生34.15万人，首批29名高层次人才通过“举荐制”产生。年末在宁中国科学院院士、中国工程院院士分别为45名和36名，两院院士合计81名。南京着力打造集聚创新资源“强磁场”经验获国务院通报表扬。

创新能力不断提升。综合性科学中心建设展开布局，15个高新园区健康运营并快速发展。全社会研究与试验发展(R&D)经费投入占GDP比重达到3.07%。集中签约新型研发机构208个，孵化引进企业951家。高新技术企业净增1282家，总数达3126家。新增境内外上市企业7家，累计达到109家。新增科技部门备案众创空间64家，累计达到282家，其中国家级备案53家。新增市级以上工程技术研究中心128家，累计达到1047家。拥有省市科技公共服务平台130家，国家和省重点实验室88家，其中国家重点实验室31家。

创新成果不断涌现。全年南京地区共有33项成果获得国家科学技术奖励，其中获得国家自然科学奖5项；国家技术发明奖6项；国家科技进步奖一等奖3项、二等奖19项。全年共签订各类输出技术合同26035项，技术合同成交额403.81亿元，比上年增长41.8%。全年完成专利申请量99070件，比上年增长31.38%。其中，发明专利申请量40652件，增长9.0%。专利授权量44089件，比上年增长37.5%，其中，发明专利授权量11090件，增长3.4%。全年PCT专利926件，比上年增长92.5%。万人发明专利拥有量59.71件。

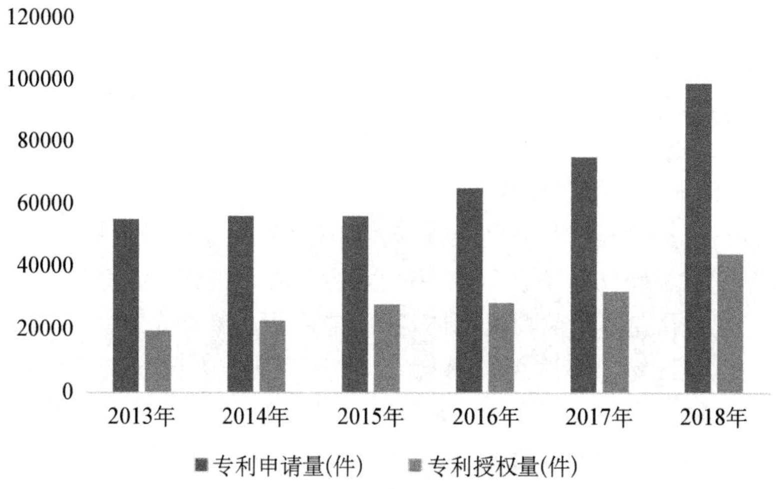

图6　2013—2018年专利申请量与授权量

教育事业成效显著。据市教育部门统计，全市在宁普通高等学校53所(不含部队院校)，在校学生(不含研究生)72.16万人，比上年增加103人。在宁高校及研究生培养机构在学研究生13万人，比上年增加1.08万人。普通中学240所，在校学生24.52万人，比上年增加1.1万人；中等职业学校(含成人中专，不包括技工学校)22所，在校学生6.28万人，比上年减少0.35万人。小学360所，在校学生42.21万人，比上年增加2.90万人；共有幼儿园939所，在园儿童24.52万人，比上年增加0.95万人。全年新改扩建达省优建设标准幼儿园30所，义务教育优质资源覆盖率达95.8%。“弹性离校”“空中课堂”等创新举措得到国家和江苏省有关部门的肯定。

十、文化、卫生和体育

公共文化服务水平提升。据市文广新局统计，年末全市共有文化馆 14 个，公共图书馆 15 个，文化站 100 个，博物馆 62 个，市级以上文物保护单位 516 处，拥有国家级历史文化街区 2 个，省级历史文化街区 7 个，国家级历史文化名镇(村)3 个。全年市级层面组织公益演出 1500 场；放映公益电影 8159 场，送戏 970 场；为农村和基层送书 19.09 万册，更新 200 家书屋出版物，创建 42 家星级示范农家书屋；新增图书漂流文化驿站 83 个。居民综合阅读率 95.63%。完善公共文化服务体系，达到省级标准的村(社区)综合性文化服务中心 1185 个。每万人拥有公共文化设施面积 2900 平方米。年末拥有南京市文化产业基地 15 个；江苏省文化产业示范基地(园区)24 个；国家文化产业示范基地 12 个。

卫生事业稳步发展。市中医院新院、鼓楼医院江北国际医院建成运营，基层医疗机构医联体实现全覆盖。据卫计委统计，年末全市拥有各类医疗卫生机构 2801 个。其中，医院、卫生院及社区卫生服务中心 360 个，疾病预防控制中心 17 个，妇幼卫生保健机构 14 个。各类卫生机构拥有病床 5.5 万张，其中，医院、卫生院病床 5.0 万张。各类卫生机构共有卫生技术人员 8.41 万人，其中执业(含助理)医师 3.16 万人，注册护士 3.83 万人。全市累计建成社区卫生服务中心(卫生院)138 个、社区卫生服务站(村卫生室)680 个。社区卫生服务城市人口覆盖率达 100%。

体育事业扎实推进。成功举办 2018 世界羽毛球锦标赛、南京马拉松、世界女排大奖赛总决赛、国际排联沙滩排球 U19 世界锦标赛、世界滑板精英赛等 10 项国际赛事，有序推进 2019 年篮球世界杯和 2020 年世界室内田径锦标赛筹备工作，南京体育城市指数位列全球第十。

十一、节能降耗和生态环境

节能减排成效显著。挂牌督办减煤减化等“十大项目”。关停化工企业、整治铸造企业各 42 家。全社会用电量 606.40 亿千瓦时，比上年增长 8.9%，其中工业用电量 331.27 亿千瓦时，增长 4.2%。全年规模以上工业综合能耗 3826.97 万吨标煤，增长 0.7%，低于规模以上工业增加值增速 7.1 个百分点，规模以上工业消费煤炭下降 5.7%。

生态环境持续改善。持续开展“263”专项行动，实施滨江生态环境保护要点和长江岸线保护办法，打好水环境治理等“六场硬仗”，完成 2000 多个雨污分流片区建设，城北、江心洲等污水处理厂提标改造基本完成。建成区基本消除黑臭水体，22 个省考以上断面全部达标，5 个主要入江支流控制断面消除劣Ⅴ类。建成区绿地率达 40.75%。全年空气质量达到国家二级标准天数 257 天，空气优良率为 70.4%；PM2.5 平均浓度 43.5 微克/立方米。全面实施农村人居环境整治，着力打造 6 个田园综合体、6 个省级特色田园乡村，完成市级 80 个美丽乡村示范村、100 个宜居村建设。

十二、人口、人民生活和社会保障

人口总量稳定增长。年末常住人口 843.62 万人，比上年末增加 10.12 万人，增长 1.21%。其中城镇人口 695.99 万人，占总人口比重(常住人口城镇化率)82.50%。在常住人口中，0～14 岁人口为 94.13 万人，占比 11.16%；15～64 岁人口 644.33 万人，占比 76.38%；65 岁及以上人口 105.16 万人，占比 12.47%。全年常住人口出生率为 9.74‰，比上年提高 0.99 个千分点；死亡率 5.04‰，比上年下降 0.01 个千分点；自然增长率 4.70‰，比上年提高 1 个千分点。年末户籍总人口 696.94 万人，比上年末增加 16.27 万人，增长 2.4%。

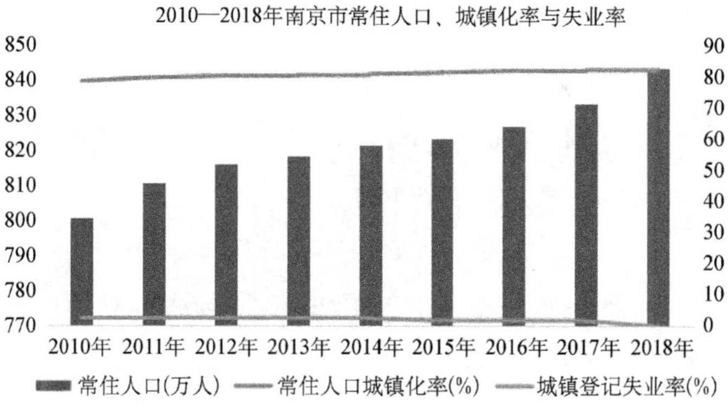

图 7　2010—2018 年南京市常住人口、城镇化率与失业率

就业创业形势稳定。全年城镇新增就业人数 31.05 万人。城镇登记失业率为 1.78%。实现再就业 11.33 万人，援助困难人员就业 1.41 万人，农村劳动力转移 1.14 万人次。新培育自主创业者 3.74 万人，其中大学生创业 6595 人。开展各类职业技能培训 51.42 万人次。

图 8　2014—2018 年全市居民人均可支配收入及其增长速度

居民收入稳定增长。根据城乡一体化住户抽样调查，全市居民人均可支配收入为 52916 元，比上年增长 9.1%。其中，工资性收入 33067 元，增长 9.2%；经营净收入 5911 元，增长 8.5%；财产净收入 5534 元，增长 9.8%；转移净收入 8404 元，增长 9.0%。按常住地分，城镇居民人均可支配收入 59308 元，增长 8.7%；农村居民人均可支配收入 25263 元，增长 9.2%。人均生活消费支出 30706 元，比上年增加 2061 元，增长 7.2%。分城乡看，城镇居民人均生活消费支出 33537 元，增长 6.9%；农村居民人均生活消费支出 18457 元，增长 7.6%。

全体居民人均生活消费支出中，食品烟酒支出占比为 25.7%，比上年下降 0.1 个百分点，其中，城镇为 25.3%，农村为 29.1%。

民生保障持续改善。据人社部门统计，年末城镇职工社会保险五大险种累计参保人数为 1603.84 万人次，其中，企业职工基本养老保险参保 317.36 万人、城镇职工基本医疗保险参保 432.06 万人、失业保险参保 289.12 万人、工伤保险参保 286.50 万人、生育保险参保 278.8 万人。低保标准提高到每月 860 元，企业退休人员月均养老金达 2984 元，位居全省第一，医疗救助标准进一步提高并惠及 14 万困难群众。城乡居民享受最低生活保障 6.3 万人，享受国家抚恤、补助等各类优抚人员 2.16 万人。符合市定标准的低收入农户和经济薄弱村脱贫率分别达到 96%、96.5%。据民政部门统计，年末全市福利收养单位拥有床位 4.83 万张，收养人员 2.41 万人。其中，社会福利院拥有床位 7022 张，收养人员 4489 人。全市建立城镇各类社区服务设施 11477 处，区、街镇、社区服务中心 1503 个。全市现有养老机构 279 家，机构床位数 4.3 万张，其中，当年新增养老机构床位 4500 张，每千名老人拥有养老床位数 39 张。

第二章　2018 年苏州市经济社会发展报告

2018 年，面对错综复杂的宏观环境，全市上下坚持以习近平新时代中国特色社会主义思想为指导，全面贯彻党的十九大精神，紧紧围绕“六个高质量”发展目标，坚持稳中求进工作总基调，自觉践行新发展理念，扎实推进供给侧结构性改革，大力实施十二项“三年行动计划”，全市经济运行总体平稳，创新驱动、改革开放、城乡建设、生态保护、民生事业等各项工作取得新进展，高质量发展取得新成效。

一、总体经济

经济运行稳中有进。全市预计实现地区生产总值 1.85 万亿元左右，按可比价计算比上年增长 7%左右。全年实现一般公共预算收入 2120 亿元，比上年增长 11.1%，其中，税收收入 1929.5 亿元，增长 15.3%，占一般公共预算收入的比重达 91%。全年一般公共预算支出 1952.8 亿元，比上年增长 10.2%，其中，城乡公共服务支出 1483 亿元，占一般公共预算支出的比重达 75.9%。

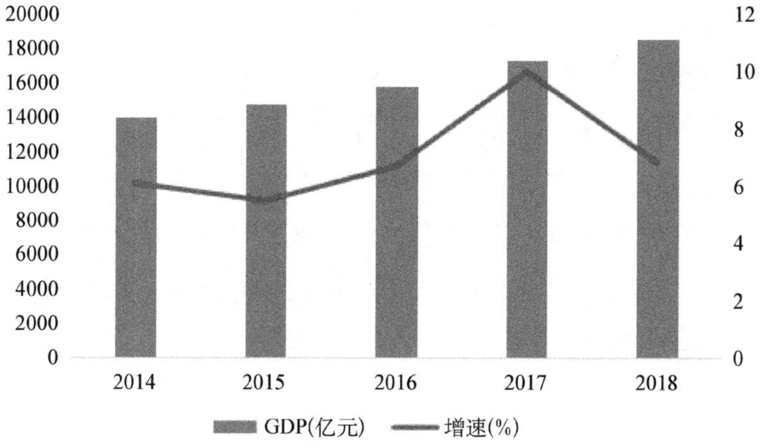

图 1　苏州市 GDP 规模及实际增速

数据来源：历年《江苏统计年鉴》

经济结构不断优化。全市服务业增加值占地区生产总值比重达到 50.8%。实现制造业新兴产业产值 1.73 万亿元，占规模以上工业总产值比重达 52.4%，比上年提高 1.6 个百分点。先导产业加快发展。新一代信息技术、生物医药、纳米技术、人工智能四大先导产业产值占规模以上工业总产值比重达 15.7%。苏州成为首批国家服务型制造示范城市。

改革开放纵深迈进。苏州工业园区、张家港市、昆山经济技术开发区获评江苏改革开放 40 周年先进集体，6 人获评先进个人。商事制度改革、事中事后监管等举措获国务院通报表彰。全年新增私营企业 9.9 万家，注册资本 4302 亿元；新增个体户 17.6 万家，注册资金 219 亿元。国资国企改革稳步实施，新设混合所有制企业 21 家，完成企业公司制改革 4 家。在全国率先启动推广“互联网＋不动产抵押登记”模式。供给侧结构性改革取得实效。关停淘汰落后低效企业 1757 家。降低企业负担 360 亿元，“补短板”项目完成投资 259.7 亿元。

二、农业和农村建设

农业生产调整优化。全市实现农林牧渔业总产值410.09亿元。推广耕地轮作休耕，提升耕地质量。全年夏粮总产量23.85万吨，比上年下降9.6%；秋粮总产量64.07万吨，比上年下降3.0%。夏粮、秋粮亩产分别比上年提高3.5%和1.3%。畜禽养殖环境整治力度加大，全年猪牛羊禽肉产量3.85万吨，比上年下降49.6%；禽蛋产量0.92万吨，比上年下降58.9%；水产品产量19.56万吨，比上年下降16.9%。

现代农业稳步发展。全年新增高标准农田7.37万亩，新增现代农业园区面积5.38万亩。年末全市农业机械化水平达89.3%。全市农业龙头企业实现销售收入1390亿元，比上年增长6.1%。产业融合发展加快推进。新型农业经营主体不断壮大，全市组建农业产业化联合体46个，认定新型职业农民1562名。年末全市各类农民合作社3772家，持股农户比例超过98%。集体合作农场216家。农村集体经济总资产1970亿元，村均年稳定性收入850万元，分别比上年增长7.1%和4.3%。

表1　2018年苏州市农林牧渔业总产值(万元)

地　区	总产值	农　业	林　业	牧　业	渔　业	农林牧渔服务业
全　市	4074471	1741298	240637	256977	1345285	490274
市　区	1505997	503201	52049	74219	680789	195739
#吴江区	771245	303812	26520	64936	322922	53055
常　熟	745863	437907	27288	38321	146986	95361
张家港	591268	341114	75455	43871	45059	85769
昆　山	564659	170154	48281	7080	304652	34492
太　仓	666684	288922	37564	93486	167799	78913

数据来源:《苏州市统计年鉴2019》

三、工业和建筑业

工业经济增量提质。全市实现规模以上工业总产值3.31万亿元，比上年增长6.1%。其中民营工业企业实现产值1.12万亿元，比上年增长8.5%；外商及港澳台工业企业实现产值2.12万亿元，比上年增长4.6%。35个行业大类中有26个行业保持增长，行业增长面达74.3%。10个行业大类产值超1000亿元，其中，前六大行业实现产值2.17万亿元，比上年增长5.7%。高端产品产量较快增长。新能源汽车产量比上年增长83%，3D打印设备产量增长51.4%，工业机器人产量增长32.2%。新增国家智能制造新模式和试点示范项目5个，新增省级示范智能车间144个，累计达262个。

建筑业稳步发展。全市完成建筑业总产值2367亿元，比上年增长21.1%，其中，建筑安装工程产值2349亿元，比上年增长20.9%。竣工产值1665亿元，比上年增长7.9%，竣工率70.3%。全市资质以上建筑业企业房屋施工面积10395万平方米，比上年增长11.3%，其中，新开工面积4072万平方米，比上年增长19.4%。年末拥有总承包和专业承包资质建筑企业1345家，实现利税155亿元，比上年增长8.4%。建筑业全员劳动生产率37万元/人，比上年增长12.7%。建筑业企业在外省完成建筑业产值713亿元，比上年增长27.2%。

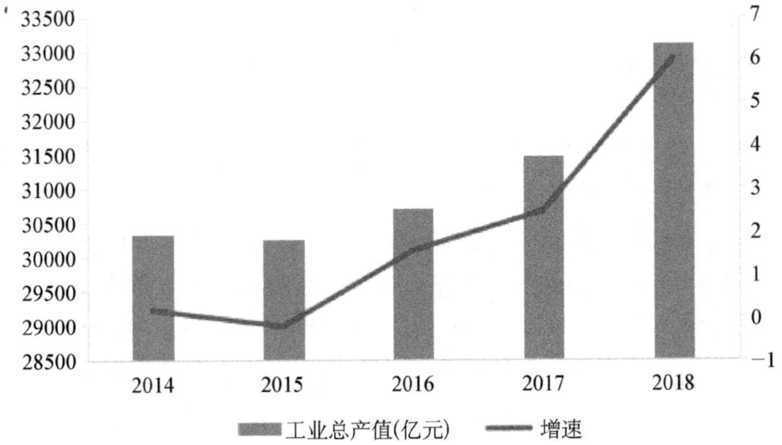

图 2　苏州市工业总产值及其增速

数据来源:历年《江苏统计年鉴》

四、固定资产投资和房地产开发

投资需求保持稳定。全市完成固定资产投资 4556 亿元,同口径增长 4.5%。其中,工业投资 1102 亿元,同口径持平;服务业投资 3450 亿元,增长 6.1%;民间投资 2949 亿元,增长 14%。投资结构继续优化调整。服务业投资占固定资产投资的比重达 75.7%,比上年提高 1.1 个百分点;工业技术改造投资和高新技术产业投资占工业投资比重分别达 77.5%和 40.5%。民间投资主体地位稳固,占固定资产投资比重达 64.7%。

房地产市场平稳发展。全年完成房地产开发投资 2558 亿元,比上年增长 10.9%。全市房屋新开工面积 2801 万平方米,比上年增长 9.2%;房屋施工面积 11659 万平方米,比上年下降 2%;房屋竣工面积 1507 万平方米,比上年下降 29.7%;商品房销售面积 1994 万平方米,比上年增长 3%,其中,住宅销售面积 1788 万平方米,比上年增长 5.9%。

五、国内贸易和旅游

市场消费保持稳定。全年实现社会消费品零售总额 5746.9 亿元,比上年增长 7.4%。其中批发和零售业零售额 5034.6 亿元,比上年增长 7.1%;住宿和餐饮业零售额 712.3 亿元,比上年增长

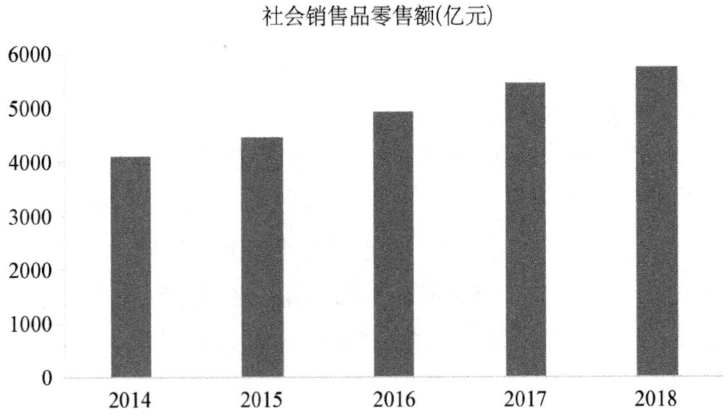

图 3　2014—2018 年苏州市社会销售品零售额

数据来源:历年《江苏统计年鉴》

9%。生活类商品增势较好。限额以上批发和零售业粮油食品类、日用品类、家具类商品零售额分别比上年增长12.8%、15.3%和19%。新型商业模式较快发展。全年电子商务网络零售交易额超2000亿元。限额以上批发和零售业实现互联网零售额475亿元，比上年增长14.8%。

旅游市场健康发展。全市实现旅游总收入2609亿元，比上年增长12%，其中，旅游外汇收入24.89亿美元。全年接待入境过夜游客188万人次，接待国内游客12768万人次，分别比上年增长7%和6%。年末全市共有5A级景区6家(11个点)、4A级景区35家、五星级饭店28家。高等级景区、星级酒店、旅游度假区、乡村旅游点数量继续保持全省领先。

六、开放型经济

对外贸易迎难而上。全年实现进出口总额3541.1亿美元，比上年增长12%。其中出口突破2000亿美元，达2068.3亿美元，增长10.5%；进口1472.8亿美元，增长14.2%。分注册类型看，外商投资企业实现进出口2558.9亿美元，比上年增长7.8%，占全市进出口总额比重达72.3%；民营企业和国有企业进出口分别增长19.9%和41.2%。从贸易市场看，对美国出口578.3亿美元，比上年增长8.3%；对欧盟、东盟出口分别增长8.6%和15.7%；对“一带一路”沿线国家和地区出口425.9亿美元，增长11.3%。贸易方式积极转变。全市实现一般贸易出口688.7亿美元，比上年增长13.6%。一般贸易出口占全市出口比重达33.3%，较上年提高0.9个百分点。

服务贸易创新发展。全年服务贸易进出口246亿美元，比上年增长10%。获批国家深化服务贸易创新发展试点。跨境电子商务、市场采购贸易、外贸综合服务等新业态出口增长10%。服务外包平稳发展。全市服务外包接包合同额117.5亿美元，服务外包离岸执行额47.7亿美元。

“引进来”与“走出去”同步发展。全年新设外商投资项目1013个，实际使用外资45.2亿美元，其中，服务业实际使用外资占比达43.7%，新兴产业和高技术项目使用外资占比达51.5%。年末全市具有地区总部特征或共享功能的外资企业超300家。全年新批境外投资项目中方协议投资额26.8亿美元。对外投资扩面增量。在“一带一路”沿线国家和地区新增投资项目64个，中方协议投资额9.11亿美元。

七、交通运输和邮政

交通运输健康发展。年末全市公路总里程12174公里，其中，高速公路598公里。全市公路、水路客运量2.98亿人次，客运周转量121.18亿人公里；全市公路、水路货运量1.62亿吨，货物周转量267.82亿吨公里，分别比上年增长8.2%和7.3%；苏州港集装箱吞吐量635.51万标箱，比上年增长8.2%。

汽车保有量稳步增长。年末拥有汽车391万辆，其中，私家客车328万辆，分别比上年增长9.9%和9.2%。

邮政业务快速发展。全年邮政业务收入181.57亿元，比上年增长14.7%。全年发送快递12.5亿件，增长20.1%；实现快递业务收入156.21亿元，增长17.8%。

八、金融

金融运行保持稳定。年末全市金融机构总数868家，金融总资产5.5万亿元。年末全市金融机构人民币存款余额28560.4亿元，比年初增加2092.9亿元，比年初增长7.9%；金融机构人民币贷款余额26546.2亿元，比年初增加2555.1亿元，比年初增长10.7%。

保险业务保持平稳。全年新增保险公司4家，年末达86家，保险公司分支机构916家。全年保费收入 629.7 亿元,比上年下降 2.8%;保险赔付支出 181.3 亿元,比上年增长 10.9%。

资本市场稳步发展。全年新增上市公司 8 家,年末上市公司总数达 135 家,累计募集资金 2770 亿元。其中,境内 A 股上市公司 107 家,数量列全国第五、全省第一,累计募集资金 2560 亿元。全年新增债券融资 1184 亿元。年末全市证券机构托管市值总额 5000 亿元,各类证券交易额 4 万亿元,期货市场交易额 2.5 万亿元。

九、科技和教育

科技创新加快推进。全市财政性科技投入 152 亿元,占一般公共预算支出的 7.8%。张家港、常熟、昆山入围国家首批创新型县(市)建设名单。高新技术产业产值占规模以上工业总产值的比重达到 47.7%。全市新增高新技术企业 952 家,累计达 5416 家。新增省级以上工程技术研究中心 73 家,累计达 733 家;新增省级以上企业技术中心 86 家,累计达 505 家;新增省级以上工程中心(实验室)11 家,累计达 90 家;年末省级以上公共技术服务平台 60 家,其中国家级 15 家。

创新载体加快培育。启动建设市产业技术研究院,与中科院、南京大学、牛津大学等一批国内外大院大所合作共建的重大创新载体落户苏州。年末全市省级以上科技孵化器 112 家,孵化面积 458.1 万平方米。新增 42 家省级众创空间,年末共有国家级众创空间 52 家,省级众创空间 190 家。各类众创空间共孵育创新团队 4000 余个。

创新实力不断增强。年末全市各类人才总量 274.2 万人,其中,高层次人才 24.54 万人。全市拥有高技能人才 56.92 万人。新增国家级人才引进工程入选者 13 人,累计达 250 人,其中创业类人才 131 人。新增省"双创人才"91 人,累计达 873 人。专利工作成效显著。中国(苏州)知识产权保护中心获批建设。新增国家知识产权示范企业 16 家。年末万人有效发明专利拥有量达 53 件,比上年增加 7 件。

教育公共服务水平不断提升。新建中小学、幼儿园 52 所,改扩建 17 所,新增学位 6.8 万个。年末全市拥有各级各类学校 1620 所,在校学生 185.45 万人,毕业生 41.07 万人,专任教师 11.28 万人。其中,普通高等院校 26 所,普通高等学校在校学生 23.56 万人,毕业生 5.78 万人。高等教育毛入学率 69.1%。推动教育均衡优质发展。推进集团化办学,增加普通高中教育资源供给,统筹全市名优教师,打造免费线上教育平台。

十、文化、卫生和体育

文化事业繁荣兴盛。全年文化产业实现主营业务收入 5880 亿元,比上年增长 10%。苏州第二图书馆如期建成,苏州湾文化中心主体结构封顶,苏州博物馆西馆、吴文化博物馆等项目建设顺利推进。完成 671 个村(社区)综合性文化服务中心标准化建设。成功举办世界遗产城市组织第三届亚太区大会、中国昆剧艺术节、中国苏州评弹艺术节、苏州国际设计周等重大活动。获评全球首个"世界遗产典范城市"。

健康苏州建设扎实推进。苏大附二院浒关院区建成运行,市疾控中心迁建,苏大附一院二期项目开工建设。引进高水平临床医学专家团队 26 个,年末累计达到 53 个。新建、改扩建基层医疗卫生机构 24 家。年末全市拥有各类医疗卫生机构 3368 个,其中,医院 206 个,社区卫生服务中心(卫生院)171 个。卫生机构床位数 6.93 万张,其中,医院病床 5.84 万张;拥有卫生技术人员 8.22 万人,其中执业医师和执业助理医师 3.12 万人。

体育事业稳步发展。全民健身工程提档升级。新增健身步道 264 公里。苏州奥林匹克体育中心、东园体育休闲公园建成投用。成功举办 2018 年国际田联世界竞走团体锦标赛、2018 冰壶世界杯苏州站等高规格体育赛事。在第十九届省运会上取得历史最好成绩。体育彩票销售首次突破50亿元。

十一、人口和就业

人口总量保持稳定。年末全市常住人口1072.17万人,其中城镇人口815.39万人。全市户籍人口703.55万人,户籍人口出生率9.82‰,户籍人口自然增长率2.79‰。

就业创业形势良好。全市新增就业17.55万人,开发公益性岗位8941个,城镇就业困难人员实现就业3.75万人。城镇登记失业率1.78%。苏州籍应届高校毕业生就业率达98.7%。全力推进大众创业。全年支持成功自主创业人数19441人,其中,引领大学生创业2344人,扶持农村劳动力自主创业2467人。

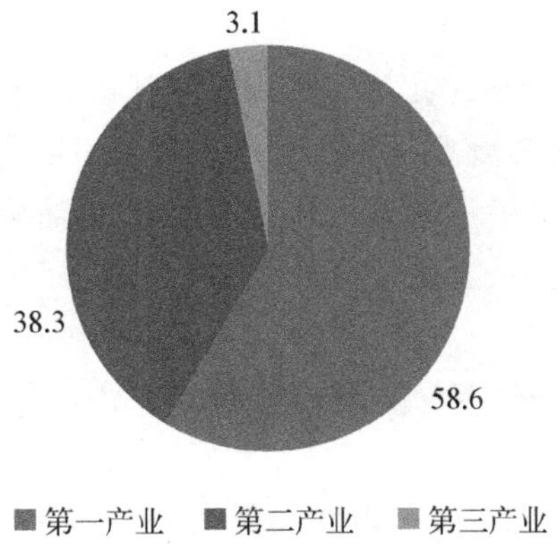

图4　2018年苏州市按三次产业划分的就业人口构成(%)

数据来源:历年《苏州市统计年鉴》

十二、人民生活和社会保障

居民收入稳步提高。根据抽样调查,全市城镇常住居民人均可支配收入6.35万元,比上年增长8%;农村常住居民人均可支配收入3.24万元,比上年增长8.2%。

物价水平温和上涨。市区居民消费价格总水平比上年上涨2.6%。其中,食品烟酒类价格上涨2.2%;衣着类价格上涨5.0%;居住类价格上涨2.9%;生活用品及服务类价格上涨3.5%;交通和通信类价格上涨1.6%;教育文化和娱乐类价格上涨3.1%;医疗保健类价格上涨0.8%;其他用品和服务类价格上涨2.5%。

社会保障水平进一步提高。全市最低工资标准上调至2020元/月。年末全市企业职工养老保险缴费人数543.27万人,比上年增加32.44万人。城镇职工基本医疗保险参保人数737.57万人,失业保险参保人数505.02万人,工伤保险参保人数511.75万人,生育保险参保人数533.44万人,分别比上年增加49.25、40.45、38.49和43.09万人。全年新增缴存公积金职工81.64万人,年末缴存住房公积金职工数达307.15万人,全年职工提取公积金319.7亿元。

城乡最低生活保障标准提高至每人每月945元。年末全市1.43万户、共计2.15万人享受低保,全年发放低保金2.17亿元。全市新增养老机构床位1054张、日间照料中心110个、助浴点20个。开工建设保障性住房21205套,基本建成27196套,新增租赁补贴发放2604户。

强化食品药品安全监管。全年累计抽检各类食品7.26万批次,每千人抽检率6.8批次,动态合格率98.22%。全年查办食品药品违法案件6198件,比上年增长32%。在省内率先启动食品药品生产经营严重失信联合惩戒机制,出台评定严重失信者管理办法。

十三、城市建设和公用事业

全年完成基础设施投资488.5亿元。沪通铁路苏州段一期工程开展铺轨作业,江苏南沿江城际铁路苏州段、通苏嘉甬纳入盐通铁路先行实施段开工建设。524国道相城段改扩建、桐泾路北延、独墅湖第二通道等重点道路交通项目开工建设。轨道交通3号线主体完工,5号线加快推进,6号线、S1线开工建设,有轨电车1号线延伸线、2号线开通试运营。1000千伏淮上线苏通管廊过江隧道全线贯通。智慧城管大数据平台(二期)建成投用。5G通信试点稳步推进。

全年全社会用电量1562.5亿千瓦时,比上年增长3.9%。其中,工业用电量1227.8亿千瓦时,增长2.1%;城乡居民生活用电量136.6亿千瓦时,增长9.7%。市区(不含吴江,下同)管道天然气供气总量9.11亿立方米。全市拥有区域供水厂22座,总供水能力717.5万吨/日,其中市区自来水供水能力达到345万吨/日。全市生活污水处理能力达到375万吨/日,城镇生活污水处理率超过96%。

年末城市轨道交通(含有轨电车)运营线路总长164.9公里,全年运营总里程1676万列公里,线网客流总量32807万人次。市区新辟、优化调整公交线路63条,年末市区公交线路总数达393条,全年营运里程2.9亿公里,总客运量5.0亿人次。古城区(环护城河内)实现纯电动、插电式混合动力、氢能公交车100%全覆盖。

十四、环境保护和节能降耗

生态保护得到加强。全年环保投入664亿元。太仓、吴江、吴中建成首批省级生态文明建设示范县区。市区PM2.5平均浓度42微克/立方米,市区空气质量优良天数比例为73.7%,比上年提高2.2个百分点。国考、省考断面水质优Ⅲ比例分别为68.8%和76%,通江支流优Ⅲ比例达到95.2%。市区新增及改造绿地面积350万平方米。山水林田湖生态保护带日益完善。全年完成森林抚育5.03万亩,年末全市陆地森林覆盖率达29.9%。

节能减排稳步推进。全年劝退、拒批不符合环保要求建设项目358个,涉及投资额32.9亿元。完成大气污染防治工程治理项目1256项。淘汰低端落后化工企业260家,整治“散乱污”企业(作坊)35425家,完成省下达的煤炭消费总量削减任务。

2018年,苏州经济社会发展取得了来之不易的成绩,经济运行保持在合理区间,新旧动能加快转换,质量效益改善提升,经济社会发展协调性可持续性不断增强,但经济社会发展仍面临不少困难和问题,经济下行压力增大,产业转型任务艰巨,自主创新能力和经济发展质量有待进一步提高,生态环境保护、节能减排和污染防治任务依然繁重。2019年,全市上下以习近平新时代中国特色社会主义思想为指导,继续坚持稳中求进工作总基调,坚持新发展理念,坚持推进高质量发展,以供给侧结构性改革为主线,深化市场化改革,扩大高水平开放,加快建设现代化经济体系,继续打好三大攻坚战,以持续推进十二项“三年行动计划”为抓手,进一步稳就业、稳金融、稳外贸、稳外资、稳投资、稳预期,确保全市经济平稳增长,继续推动苏州高质量发展走在最前列,以优异的成绩庆祝中华人民共和国成立70周年。

第三章　2018年无锡市经济社会发展报告

2018年，全市上下以习近平新时代中国特色社会主义思想为指引，紧紧围绕省委提出的“当好全省高质量发展标杆、示范、领跑者”的新目标，牢固树立新发展理念，坚持稳中求进工作总基调，深化供给侧结构性改革，推动新旧动能转换，综合实力迈上新台阶，转型升级步伐持续加快，质量效益稳步提高，增进民生福祉百姓幸福感提升，各项社会事业蓬勃发展，高水平全面建成小康社会、“强富美高”新无锡建设迈出了新步伐。

一、总体经济

全市经济发展再上新台阶，实现地区生产总值11438.62亿元，按可比价格计算，比上年增长7.4%。按常住人口计算人均生产总值达到17.43万元，其中，第一产业增加值125.07亿元，比上年下降0.3%；第二产业增加值5464.01亿元，比上年增长8.0%；第三产业增加值5849.54亿元，比上年增长7.1%；三次产业比例调整为1.1∶47.8∶51.1。

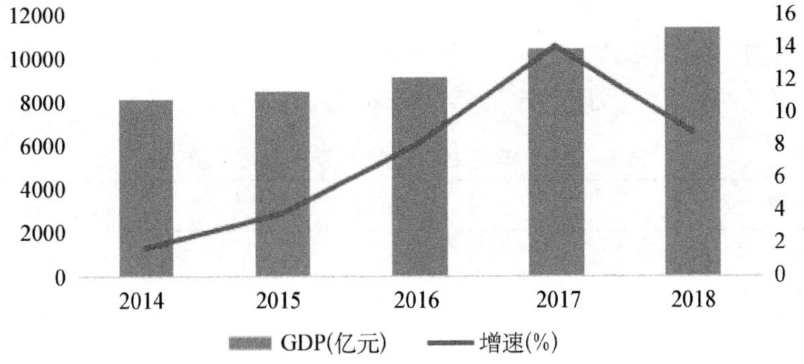

图1　无锡市GDP规模及实际增速

数据来源：历年《江苏统计年鉴》

全年城镇新增就业16.14万人，其中，各类城镇下岗失业人员实现就业再就业8.86万人，援助就业困难人员再就业2.15万人。全市城镇登记失业率为1.78%。

全年民营经济实现增加值7526.61亿元，比上年增长7.5%，占经济总量的比重为65.8%，比上年提高0.2个百分点。民营经济固定资产投入比上年增长7.9%，民营工业产值比上年增长16.0%。

年末全市工商部门登记的各类企业达31.31万户，其中，国有及集体控股公司2.72万户，外商投资企业0.65万户，私营企业27.94万户，当年新登记各类企业5.11万户。年末个体户40.07万户，当年新增7.58万户。

全年市区居民消费价格指数(CPI)为102.3，比上年提高0.4个百分点。其中，服务项目价格指数为102.3，消费品价格指数为102.4，商品零售价格指数为102.3。

表1　2018年城市居民消费和商品零售价格比上年涨跌幅度

指　　标	价格指数(上年=100)	比上年涨跌幅(%)
居民消费价格总指数	102.3	2.3
食品烟酒	102.1	2.1
衣着	102.4	2.4
居住	101.9	1.9
生活用品及服务	104.7	4.7
交通和通信	102.0	2.0
教育文化和娱乐	104.0	4.0
医疗保健	101.5	1.5
其他用品和服务	100.0	0.0

二、农业

全年粮食总产量56.80万吨,比上年下降0.2%。预计油料总产量4768吨,比上年增长0.1%,其中,油菜籽3807吨,比上年下降7.5%;茶叶总产量6573吨,比上年增长2.5%;水果总产量18.76万吨,比上年增长0.5%。

全年粮食种植面积84.34千公顷,比上年减少2.48千公顷。预计油料种植面积2.15千公顷,比上年减少0.02千公顷;蔬菜种植面积43.63千公顷,比上年减少2.12千公顷。

主要畜产品中,预计肉类总产量2.00万吨,比上年下降61.4%,其中,猪牛羊肉1.46万吨,比上年下降65.1%;禽蛋总产量2.16万吨,比上年增长208.6%。奶牛存栏0.28万头,比上年下降66.3%。全年水产品产量12.23万吨,比上年下降6.6%。

表2　2018年主要农产品产量及其增长速度

产品名称	产量(吨)	比上年增长(%)
粮食	568010	−0.2
油料	4768	0.1
#油菜籽	3807	−7.5
茶叶	6573	2.5
水果	187596	0.5
水产品	122292	−6.6

数据来源:2018年无锡市国民经济与社会发展统计公报

三、工业与建筑业

全市规模以上工业企业实现增加值3618.71亿元,比上年增长9.0%。分经济类型看,内资企业总产值增长15.1%,港澳台商投资企业总产值增长13.1%,外商投资企业总产值增长8.7%。全市统计的264只主要工业产品中,产品产量比上年增长的有136只,占全市统计产品数的51.5%。在全市跟踪统计的30种重点产品中,有14种产品的产量实现增长。全市规模以上工业实现主营业务收入16576.71亿元,比上年增长9.8%;工业产销率98.4%,比上年下降0.7个百分点。

全年建筑业完成增加值455.31亿元,比上年增长0.9%;实现建筑业总产值874.63亿元,比上年增长17.8%。施工房屋建筑面积3768.63万平方米。1个建设工程项目获得鲁班奖,18个建设工程项目获江苏省优质工程奖“扬子杯”(房屋建筑工程)。

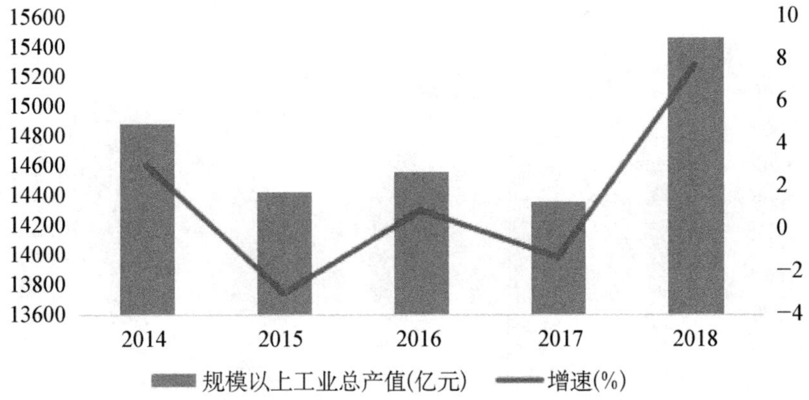

图2　无锡市规模以上工业总产值及增速

数据来源:历年《无锡市统计年鉴》

四、固定资产投资

全年固定资产投资比上年增长5.8%。分产业投向,第一产业投资比上年下降27.7%,第二产业投资比上年增长10.7%,第三产业投资比上年增长1.8%。

全年房地产业实现增加值591.93亿元,比上年增长7.9%。房地产开发投资比上年增长9.4%,商品房施工面积为5994.51万平方米,比上年增长4.5%,竣工面积761.67万平方米,比上年下降32.6%。全年商品房销售面积1378.35万平方米,比上年增长16.6%,商品房销售额1582.44亿元,比上年增长26.2%。

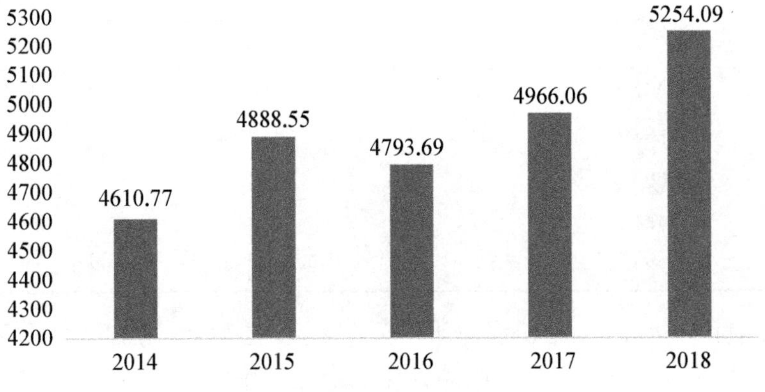

图3　2014—2018年无锡市固定资产投资(亿元)

五、国内贸易

全年实现社会消费品零售总额3672.70亿元,比上年增长9.0%。其中,批发和零售业零售额3382.76亿元,比上年增长8.9%,住宿和餐饮业零售额289.94亿元,比上年增长9.5%。按经营地统计,城镇社会消费品零售总额3136.07亿元,比上年增长9.1%;乡村社会消费品零售总额536.63亿元,比上年增长8.4%。

在限额以上批发和零售业零售额中,汽车类增长2.6%;粮油、食品类增长6.4%;石油及制品类增长 16.1%;通讯器材类增长 33.3%;服装、鞋帽、针纺织品类增长 9.8%;化妆品类增长 8.3%;金银珠宝类增长 11.7%。

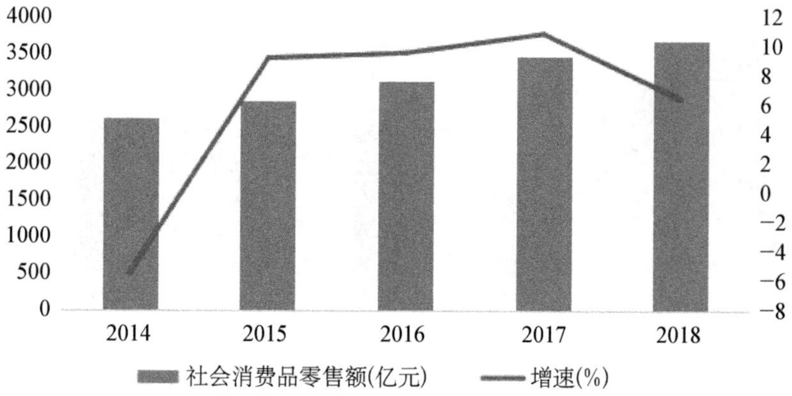

图 4　无锡市社会消费品零售额及增速

六、开放型经济

按美元计,全年实现对外贸易进出口总额 934.44 亿美元,比上年增长 15.0%。其中,进口总额 366.63 亿美元,比上年增长 15.5%;出口总额 567.81 亿美元,比上年增长 14.7%。一般贸易实现出口额 253.02 亿美元,占出口总额的比重 49.8%。按人民币计,全年实现对外贸易进出口总额 6161.83 亿元,比上年增长 12.0%。其中,进口总额 2418.15 亿元,比上年增长 12.6%;出口总额 3743.68 亿元,比上年增长 11.6%。

表 3　2018 年对主要国家和地区进口、出口总额及其增长速度

单位:万美元

出口国家和地区	2018 年	增长(%)	进口国家和地区	2018 年	增长(%)
美国	809457	5.6	韩国	833594	47.4
香港	745204	8.5	日本	653764	6.7
韩国	567627	36.9	台湾	331308	15.9
日本	434701	4.6	美国	202902	12.4
印度	180239	13.2	澳大利亚	99744	−25.8

全年批准外资项目 434 个,新增协议注册外资 104.78 亿美元,比上年增长 54.0%。到位注册外资 37.15 亿美元,比上年增长 1.1%。战略性新兴产业利用外资占到位注册外资比重 58.3%,全年完成协议注册外资超 3000 万美元的重大外资项目 59 个。至年底,全球财富 500 强企业中有 101 家在无锡市投资兴办了 197 家外资企业。

全市服务外包产业接包合同总额 142.22 亿美元,比上年下降 11.9%,执行金额 112.12 亿美元,比上年下降 7.1%;离岸合同总额 103.31 亿美元,比上年增长 9.0%,离岸执行金额 81.12 亿美元,比上年增长 8.2%。

全年备案投资项目 103 个,中方协议投资额达到 15.23 亿美元,比上年增长 26.4%,其中 1000 万美元以上项目 26 个。

七、交通运输、邮政担心和旅游业

年末公路总里程7575.68公里，其中高速公路273.88公里。年末全社会拥有车辆210.43万辆，比上年增长8.1%。其中，汽车194.53万辆，比上年增长9.3%。私人汽车拥有量年末达到161.63万辆，比上年增长8.5%。年末城市轨道交通运营线路总长55.01公里，全年运营总里程531.56万列公里，线网客流总量10312.02万人次。市区新辟公交线路2条，年末营运线路293条，线路总长5806公里，全年公交运客总量3.99亿人次。年末市区营运巡游出租汽车4040辆。

全年完成客运量8445.77万人次，比上年下降4.0%，完成货运量18639.80万吨，比上年增长7.2%。完成港口吞吐量23240.08万吨，比上年增长8.8%。空港旅客吞吐量720.93万人次，比上年增长7.8%。

全年邮电业务总量300.10亿元，发送函件2225.20万件。全年规模以上快递服务企业业务量完成5.12亿件，比上年增长13.5%。率先建成国内高标准全光网城市，覆盖用户超过879.02万户，城域网出口带宽5.02T。建设4G基站累计达到33508个。年末移动电话用户945.32万户，其中4G手机用户达到756.14万户。固定互联网宽带接入用户313.03万户，移动互联网宽带接入用户778.35万户。

全年共接待国内游客9817.68万人次，比上年增长7.0%；接待旅游、参观、访问及从事各项活动的入境过夜旅游者58.60万人次，比上年增长18.3%。旅游总收入达1951.97亿元，比上年增长11.9%。全市拥有年接待游客10万人以上的景区50个，国家5A级景区3家，国家4A级景区27家，3A级景区14家，2A级景区9家。省星级乡村旅游区(点)117个。年末全市星级宾馆40家，其中，五星级宾馆13家，四星级宾馆10家。全市拥有旅行社229家，其中，出境游组团社34家。

八、财政和金融业

全市一般公共预算收入突破千亿元大关，达到1012.28亿元，比上年增长8.8%。财政支出结构继续调整，一般公共预算支出1056.02亿元，比上年增长6.9%。

表4　2018年无锡市财政分项情况

单位:亿元

指　　标	2018年	比上年增长(%)
一般公共预算收入	1012.28	8.8
#税收收入	860.51	14.4
#增值税	420.72	13.9
营业税	1.04	-44.2
企业所得税(40%)	142.97	14.0
个人所得税(40%)	57.87	22.7
城市维护建设税	60.50	14.8
房产税	39.00	6.6
印花税	13.36	12.7
契税	55.81	9.0
上划中央四税收入	740.48	13.2

年末金融机构各项本外币存款余额达 16056.79 亿元,比上年增长 6.1%;各项本外币贷款余额 12102.76 亿元,比上年增长 7.8%。存款中,非金融企业存款余额 7044.32 亿元,比上年增长 5.8%;住户存款余额 5599.85 亿元,比上年增长 8.9%。贷款中,非金融企业及机关团体贷款 9355.30 亿元,比上年增长 5.9%;住户贷款 2739.73 亿元,比上年增长 15.0%。全年现金净投放 225.59 亿元。

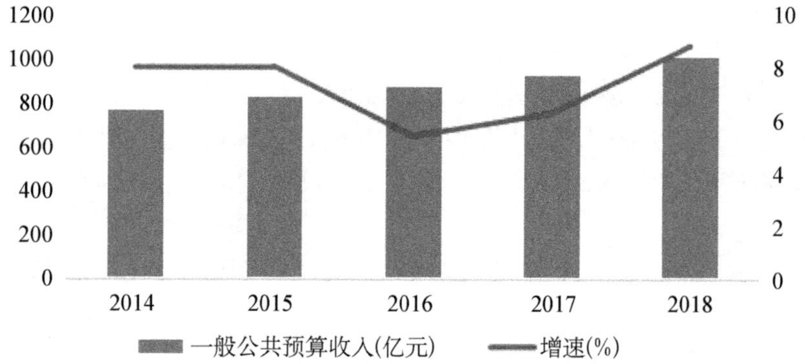

图 5　2014—2018 年无锡市一般公共预算收入及其增长速度

全年实现保费收入 374.36 亿元,比上年下降 8.4%。其中,财产险收入 96.21 亿元,比上年增长 3.5%;人寿险收入 278.15 亿元,比上年下降 11.9%。保险赔款支出 68.16 亿元,比上年增长 14.4%。保险给付支出 32.63 亿元,比上年下降 0.1%。

全年证券市场完成交易额 2.39 万亿元,比上年下降 24.8%。本年新增上市公司 11 家,累计 138 家。全市证券交易开户总数 152.82 万户,托管市值 1958.97 亿元,下降 25.9%。年末全市共有证券公司 2 家,证券营业部 155 家。全年新三板企业挂牌 9 家,累计挂牌 268 家。

九、科学技术和教育

全市共有国家级工程技术研究中心 6 家,省级以上重点实验室 9 家,省级以上企业重点实验室 6 家,国家级国际合作基地 8 家,省级国际技术转移中心 11 家。当年自主培育"千人计划"专家 1 人,累计培育国家"千人计划"专家 90 人,年末在锡创新创业"千人计划"专家 264 人。

预计全市高新技术产业产值占规模以上工业总产值比重达到 43.23%,高新技术产业产值同比增长 12.3%。

万人有效发明专利拥有量达 38 件。全市获国家、省科技计划到位经费 6.35 亿元,比上年增长 40.3%,其中获国家科技经费 1.19 亿元。

全市共有国家级产品质量监督检查中心 10 个,国家级型式评价实验室 1 个,国家级检测重点实验室 6 个,国家级产业计量测试中心 1 个,全年省级监督抽查无锡市产品预计 1200 多批次,强制性产品认证获证企业 1245 家,法定计量技术机构 3 家,强制检定计量器具 76.03 万台(件),全年新增主导和参与制修订国际、国家、行业标准 61 项。

全市共有普通高校 12 所。普通高等教育本专科招生 3.40 万人,在校生 10.60 万人,毕业生 3.20 万人;研究生教育招生 0.27 万人,在校生 0.78 万人,毕业生 0.23 万人。全市中等职业教育在校生达 6.66 万人(含技校)。九年义务教育巩固率 100%,高中阶段教育毛入学率 100%,普及高中阶段教育。特殊教育招生 193 人,在校生 1330 人。全市共有幼儿园 436 所,比上年增加 33 所;在园幼儿 19.95 万人,比上年增加 0.88 万人。

十、文化、卫生、体育和民族宗教

年末共有艺术表演团体72个，文化馆8个，公共图书馆8个，文化站82个，博物(纪念)馆58个。全市人民广播电台节目8套，电视台节目8套，无锡有线电视总用户已达121.89万户。电视人口总覆盖率和广播人口覆盖率均达100%。全市档案馆8个，已向社会开放档案59.77万卷(件、册)。

全市拥有卫生医疗机构2480个，其中，综合医院81家，社区卫生服务中心(卫生院)106家，社区卫生服务站(村卫生室)700家，护理院30家，疗养院7家。年末全市共有卫生技术人员5.48万人，其中执业(助理)医师2.10万人；拥有医疗床位4.69万张，其中医院、社区卫生服务中心(卫生院)4.57万张。全市各级医疗机构全年完成诊疗5587.56万人次，比上年增长2.2%。

年末全市人均公共体育设施面积1.53平方米，新增各级社会体育指导员1994人，国民体质总体达标率95.6%。城乡社区“10分钟体育健身圈”实现全覆盖，成功举办无锡马拉松、第九届环太湖国际公路自行车赛、世界击剑锦标赛等一批大型国际赛事，世界跆拳道中心成功落户无锡。全年无锡籍运动员在全国以上各级各类比赛中共取得52个冠军，其中，5人获9项世界冠军。全市体育彩票销售达到45.06亿元，增长55.1%。

年末有宗教活动场所273处，教职人员593名(不含散居道士)。

十一、人口、人民生活和社会保障

年末全市户籍人口497.21万人，比上年增长0.84%。全年出生人口42117人，出生率8.5‰；死亡人口36939人，死亡率7.5‰，人口自然增长率为1.0‰。户籍人口城镇化率76.02%。年末全市常住人口657.45万人，比上年增长0.33%，其中，城镇常住人口501.50万人，比上年增长0.7%，常住人口城镇化率76.28%。

全体居民人均可支配收入50373元，比上年增长8.6%。城镇常住居民人均可支配收入56989元，比上年增长8.2%。农村常住居民人均可支配收入30787元，比上年增长8.6%。全体居民人均生活消费支出31593元，比上年增长6.7%，城镇常住居民人均生活消费支出35016元，比上年增长6.2%，农村常住居民人均生活消费支出21460元，比上年增长7.3%。

全市企业职工基本养老保险人数达到272.42万人，扩面19.02万人。全市参加城镇职工基本医疗保险人数达到266.48万人，扩面17.81万人。全市参加失业保险职工人数为221.00万人，扩面12.21万人。全市参加工伤保险人数224.02万人，扩面15.88万人。全市参加生育保险人数223.86万人，扩面15.88万人。市区月低保标准提高至900元。年末在领失业保险金人数为3.19万人。

城乡居民最低生活保障对象17213人，全年共发放低保金1.46亿元。实施城乡医疗救助41.23万人次，支付救助金9910.74万元；实施临时救助24246人次，发放救助金2434.07万元。全市享受国家抚恤、生活补助的优抚对象17787人。保障性安居工程建设有序推进，全市新开工保障性住房17204套，基本建成18565套。

全年累计抽检各类食品4.2万批次，每千人抽检率达6.41批次，食品监测合格率为98.38%。

十二、资源、环境和安全生产

全年全市国有建设用地供应总量2879.04公顷，比上年增长26.8%，其中，工矿仓储用地804.57公顷，房地产用地688.84公顷，基础设施等其他用地1385.63公顷。

全年全社会用电量732.81亿千瓦时，比上年增长6.7%。其中，工业用电量551.49亿千瓦时，增长5.1%；城乡居民生活用电73.78亿千瓦时，增长10.5%。

预计，年末全市水资源总量27.80亿立方米，比上年减少4.5%。全年总用水量27.22亿立方米左右，比上年增长0.9%，其中，生活用水增长6.8%，工业用水(开式火电用水以耗水计)增长0.3%，农业用水下降2.6%。

全市PM2.5年均浓度较上年下降2.3%，环境空气质量优良天数比例为70.7%，集中式饮用水源地水质达到考核要求，全市功能区昼间和夜间噪声达标率分别为94%和71%。

年内市区新增绿地面积206公顷，人均公园绿地面积14.91平方米，建成区绿化覆盖率达到42.98%。

全年发生各类事故618起，死亡323人。亿元GDP生产安全事故死亡率0.028人/亿元。

第四章　2018年常州市经济社会发展报告

2018年是全面贯彻党的十九大精神的开局之年，全市上下坚持稳中求进工作总基调，深入贯彻高质量发展理念，有效应对各种困难和挑战，全力推进“种好幸福树、建好明星城”各项工作。全市综合实力迈上新台阶，转型升级步伐不断加快，社会事业取得新发展，民生改善取得新成效，高质量发展实现良好起步。

一、综合经济

经济运行总体平稳。经初步核算，全市地区生产总值（GDP）突破7000亿，达到7050.3亿元，按可比价计算增长7%。分三次产业看，第一产业实现增加值156.3亿元，下降1.0%；第二产业实现增加值3263.3亿元，增长6.2%；第三产业实现增加值3630.7亿元，增长8.1%。三次产业增加值比例调整为2.2∶46.3∶51.5。2018年全市按常住人口计算的人均生产总值达149275元，按平均汇率折算达22558美元。民营经济完成增加值4760亿元，按可比价计算同比增长7.4%，占地区生产总值的比重达到67.5%，提升0.1个百分点。

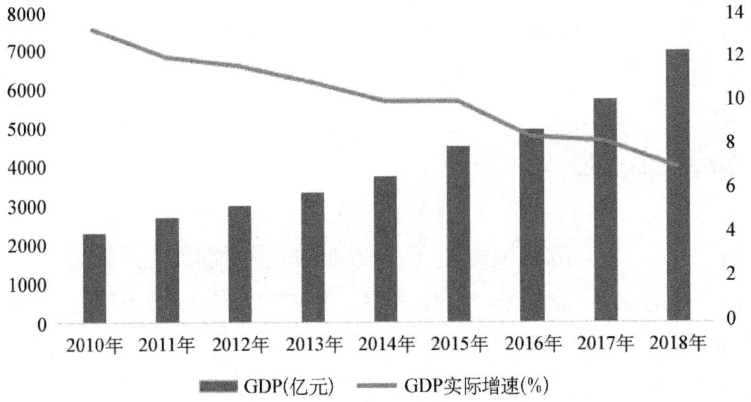

图1　2010—2018年常州市GDP及实际增速

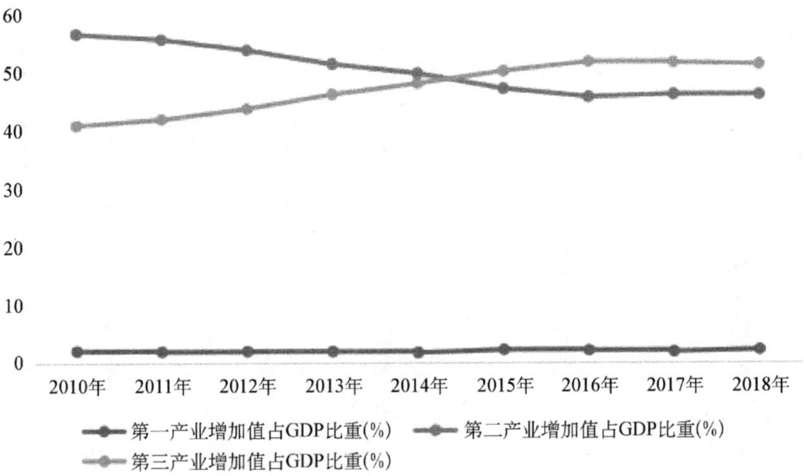

图2　2010—2018年三次产业占GDP的比重

财政收入稳步增长。全年完成全口径税收收入 915.17 亿元、增长 10.4%，总量前进一位、列全省第四。完成一般公共预算收入 560.3 亿元，增长 8%。一般公共预算收入中，税收收入占比 87.3%、全省第二。其中，增值税和营业税(50%)218.1 亿元，增长 8.6%；企业所得税 81.1 亿元，增长 24.3%；个人所得税完成 33.3 亿元，增长 21.1%。全年一般公共预算支出 589.1 亿元，增长 6.8%，其中，教育支出 102.4 亿元，增长 4.6%；社会保障和就业支出 66.3 亿元，增长 9.5%；住房保障支出 31.3 亿元，增长 6.1%。

二、农业与农村经济

农业生产总体平稳。全市完成农林牧渔业现价总产值 293.8 亿元，增长 0.1%。其中，农业产值 162.5 亿元，增长 2.3%；林业产值 2.1 亿元，增长 3.1%；牧业产值 27 亿元，下降 23.6%；渔业产值 81 亿元，增长 3.5%；农林牧渔服务业产值 21.2 亿元，增长 11.2%。全年粮食播种面积 109.5 公顷，比上年下降 3%；粮食总产量 78.2 万吨，比上年减少 3.2 万吨，其中小麦 20 万吨，增产 1.1 万吨；水稻 54.6 万吨，减少 3.9 万吨。全市粮食亩产 475.8 公斤，下降 1%，其中小麦亩产 309.3 公斤，增长 0.7%；水稻亩产 623.6 公斤，增长 0.6%。

现代农业稳步发展。国家现代农业示范区建设水平位居全国前列。农业物质装备水平不断提升，全市高标准农田面积达 149.4 万亩，比上年增长 2.3%；高效设施渔业面积 20.6 万亩，增长 2.8%。绿色农业加快发展，全面推进种植业清洁生产、养殖业综合整治、农业废弃物资源化利用和生态循环农业示范创建。全市规模畜禽养殖场治理率达 96%，实现化肥减量农药零增长。创意休闲农业蓬勃发展，预计全市农业休闲观光接待游客 900 万人次，增长 14.9%；实现营业收入 28.6 亿元，增长 13.5%。

三、工业和建筑业

工业经济缓中趋稳。全年全市规模以上工业增加值按可比价计算增长 6.6%。全年规模以上工业总产值增长 9.7%，七大行业产值五增二降，其中，电子行业增长 24.3%，建材行业增长 19.3%，机械行业增长 14.8%，生物医药行业增长 13.5%，冶金行业增长 7%，纺织服装和化工行业发展有所放缓，分别下降 11.4%和 3%。企业效益稳定增长，全年规模以上工业企业利润总额增长 19.1%。

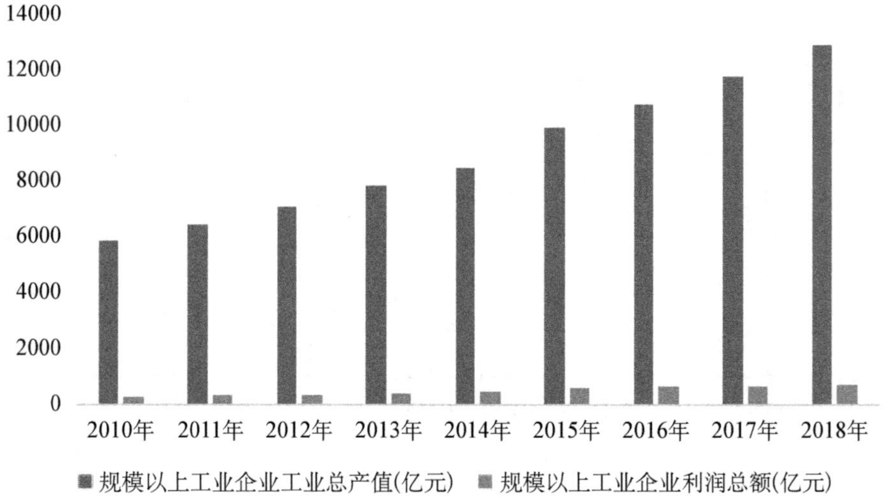

图 3　2010—2018 年工业总产值及利润额

十大产业链贡献提升。十大产业链发展加快，全年十大产业链规模以上工业企业产值增长12.8%，高于全市规模以上工业产值增幅3.1个百分点，对全市工业产值增长的贡献率为54.1%。其中，新一代信息技术产业链增长35.3%，新能源汽车及汽车核心零部件产业链增长24.2%，智能制造装备产业链增长19.8%，新医药及生物技术产业链增长18.2%，轨道交通产业链增长17.2%。

建筑行业稳步增长。建筑企业全年完成施工产值1607.6亿元，比上年增长15.6%；房屋施工面积11104.4万平方米，增长16%；房屋竣工面积3190.2万平方米，下降7.9%。建筑业按施工产值计算的全员劳动生产率为30.4万元/人，比上年增长4.5%。

四、固定资产投资

固定资产投资结构优化。全市固定资产投资同比增长7.5%，其中，工业投资增长7.1%，服务业投资增长7.8%。高新技术产业投资保持较快增长，全年增长13.3%，快于工业投资6.2个百分点。亿元以上项目投资支撑有力，全年投资增长12.9%，高于全市投资增速5.4个百分点。

房地产市场发展平稳。全市房地产开发投资同比增长24.4%，其中住宅投资同比增长35.7%。全年商品房新开工面积1002.9万平方米，增长7.7%，其中，住宅新开工774.8万平方米，增长26.7%。年末商品房待售面积412.9万平方米，下降2.5%，其中，住宅待售面积104.6万平方米，下降9.7%。

五、国内贸易

消费品市场稳定繁荣。全年实现社会消费品零售总额2613.2亿元，增长9.1%，增速列全省第二。从消费形态看，批发业实现零售额350.5亿元，增长14.5%；零售业实现零售额2006.8亿元，增长7.1%；住宿业实现零售额25.5亿元，增长24.1%；餐饮业实现零售额230.4亿元，增长18.4%。从经营地看，城镇消费品零售额2415亿元，增长8.5%；农村消费品零售额198.1亿元，增长17.2%，农村消费增幅快于城镇8.7个百分点。

六、开放型经济

对外贸易难中求进。按人民币计价，全市完成进出口总额2266.4亿元，增长7%，其中出口总额1652.9亿元，增长6.3%，进口总额613.5亿元，增长9%。一般贸易进出口1789.3亿元，增长8.2%，占全市比重78.9%。从主要出口市场来看，全市对美国出口353.1亿元，增长9.1%；对欧盟出口304.9亿元，增长17.6%；对东盟出口220.1亿元，增长7.6%；新兴市场加快拓展，对非洲出口增长14.1%，对拉美出口增长13.7%。获评国家级外贸转型升级示范基地3家，新认定市级出口基地4家、进口交易中心2家。

利用外资力度加大。全年实际使用外资26.1亿美元，其中产业类外资占比55.8%。十大产业链实际到账外资9.1亿美元，同比增长39.5%。全年新增外资项目356个，其中新设项目225个、增资项目131个，累计新签协议注册外资51.2亿美元，新增总投资超亿美元项目30个，其中产业类项目17个。新增世界500强投资项目2个，省级跨国公司功能性机构1家。

对外投资稳步推进。全年新增境外投资项目84个，中方协议投资额8.4亿美元，其中“一带一路”投资项目30个，同比增加了14个，中方协议投资额近亿美元，继续保持高位运行。新增境外并购项目19个，中方协议投资额5.8亿美元，增长110%，今创集团、恒立液压、远东文化等一批重点企业通过跨国并购整合全球资源、加快海外布局。全年新增国际产能和装备制造合作项目41个,中方协议投资额5.7亿美元。

服务外包增势良好。全年完成服务外包合同额8.6亿美元,服务外包执行额6.7亿美元,分别增长31.8%、20.8%,其中,离岸服务外包合同额3.5亿美元,离岸服务外包执行额2.6亿美元,分别增长59%和40.1%。

开发区加快发展。全市开发区完成一般公共预算收入320.1亿元,实际到账外资23亿美元,进出口总额1731.6亿元。全市开发区一般公共预算收入、实际到账外资、进出口总额占全市的比重分别为57.2%、90.6%和76.4%,园区经济对经济增长贡献率达到62.3%。各开发区排位稳中有升,武进高新区在全国高新区排位中提升6位,常州国家高新区继续稳居前30位;常州经开区省内排位提升13位,江苏中关村列省级高新区第2位。

对外交流不断深化。全年接待外宾213批1480人次,其中,外国驻华使领馆团组26批113人次,外国友好城市团组47批381人次,外国来访记者3批10人次。

七、交通运输、邮政电信业和旅游业

交通运输基本平稳。年末全市公路总里程9331公里,其中高速公路306公里。全年营业性客运量6048.7万人,比上年下降5.5%,货运量15663.8万吨,比上年增长6.8%。公路客运量4087万人,比上年下降9.6%,公路旅客周转量30.1亿人公里,下降6.8%;公路货运量13068万吨,增长7.3%,公路货物周转量143.5亿吨公里,增长6.2%。铁路客运量1521.6万人,增长4%;铁路货运量130万吨,增长9.1%。民用航空旅客吞吐量332.8万人次,增长32.6%,货邮吞吐量2.8万吨,增长49.3%。港口货物吞吐量10170万吨,下降2.5%,其中,常州长江港货物吞吐量4862.5万吨,增长3.1%,集装箱吞吐量31.2万标箱,增长23.1%。年末全市民用汽车拥有量133.8万辆,其中个人汽车113.4万辆。

邮电业务快速发展。全年邮政业务总量61.8亿元,比上年增长18.5%;全年邮政业务总收入47.7亿元,增长19.1%,其中快递业务收入34.5亿元,增长20.3%。邮政业全年发送特快专递2.3亿件,增长20.5%。全年通信业务收入61.1亿元,增长7.7%。年末全市固定电话用户104万户,移动电话用户579.8万户,其中4G用户达到516.2万户。年末互联网用户252万户,其中宽带网用户249.5万户。全市城域网出口带宽突破6T。

旅游业稳步发展。全年接待游客7244.9万人次,增长9.8%,实现旅游总收入1088.6亿元,增长14.2%;接待国内游客7224.5万人次,国内旅游收入1070.3亿元,分别增长9.8%和14.2%;接待入境过夜旅游者20.4万人次,旅游外汇收入1.8亿美元,分别增长15%和14.6%。全市拥有国家A级旅游景区31家,其中5A级3家,位居全省第二;花谷奇缘成功创建成为国家4A级旅游景区,全市4A级景区增加到10家。

八、金融业

金融市场运行平稳。全年实现金融业增加值420.5亿元,增长7.5%。年末全市金融机构本外币存款余额10090.1亿元,其中,住户存款3888.4亿元,非金融企业存款3834.2亿元。全市金融机构本外币贷款余额7564.8亿元,其中,住户贷款2231.7亿元,非金融企业及机关团体贷款5332.1亿元;全年新增本外币贷款840.9亿元,创历史最高。

保险业务发展平缓。年末全市保险公司共74家,其中产险公司29家,寿险公司45家。全年保费总收入263.9亿元,下降5.8%,其中,人寿险202.4亿元,下降8.4%;财产险61.5亿元,增长

4.2%。全年保险赔(结)款支出69.5亿元,与上年持平,其中人寿险33.1亿元,下降3.5%,财产险36.4亿元,增长3.3%。2018年全市保险深度为3.74%,位居全省第三;保险密度5580元/人,居全省第四位。

证券市场保持稳定。年末全市证券营业部72个,资金账户总数114.9万户。证券市场全年各类证券交易总额14432.8亿元,比上年下降1.3%。其中,A股交易额9195亿元,增长1.1%;B股交易额958.4亿元,增长68.1%;基金成交额1673.6亿元,下降5%;债券成交额2605.9亿元,下降18.6%。新增上市企业4家,总数达58家;新增新三板挂牌企业10家,总数达113家。

九、科技创新

创新能力不断提高。全年完成专利申请41858件,其中发明专利13648件;专利授权23334件,其中发明专利授权2759件;万人发明专利拥有量32.8件,实现中国专利金奖零的突破。全年新增高新技术企业280家,累计1444家;预计高新技术产业产值占规模以上工业总产值比重达到47.3%。全市获评国家科学技术进步二等奖项目3个。全年争取省级以上科技项目329项。天合光能和上上电缆获第五届中国工业大奖,武进不锈获提名奖。全市中国驰名商标累计107件,列全省第二。深入实施"龙城英才计划",引进创业人才项目247个、市级层面引进各类高层次紧缺人才621名,每万劳动者中高技能人才数达1143人,连续五年全省第一。

创新载体建设提质加速。全年新增省级以上企业研发机构65家,全市企业研发机构累计达1658家,其中省级以上768家。新增孵化器20家,累计155家。新增11家省级工业设计中心,工业互联网四星以上上云企业13家,均居全省第一。安泰创明新能源材料研究院等5个载体平台被列为新增省市共建重大项目,列苏南五市第二。59家创新载体列入苏南自创区优秀创新载体,其中光伏智慧能源、机器人及智能装备等4家基地被认定为科技成果产业化基地,中简科技、爱尔威2家企业被认定为潜在独角兽企业,53家企业被认定为瞪羚企业。

十、教育、文化、卫生和体育

教育事业优质发展。年末全市拥有各级各类学校739所,在校学生86.6万人,教职工6.2万人。其中,普通高等学校10所,普通本专科在校学生12.5万人;中等职业学校(含技工学校)19所,在校学生6.1万人;普通高中36所,在校学生5.3万人;初中128所,在校学生12.6万人;小学216所,在校学生30.5万人;幼儿园325所,在校学生14.2万人。全市九年义务教育巩固率100%,高中阶段教育毛入学率100%。教育资源建设取得新进展,全年实施教育重点建设项目68个,建成投入使用学校20所,新增学位16955个。学前教育优质普惠发展,新增省、市级优质幼儿园30所(其中省级8所、市级22所),省市优质园达300所,占比96.2%,就读学生占到92.6%。义务教育优质均衡发展,创建"新优质学校"14所,学前教育、义务教育集团化办学覆盖率均超50%。普通高中教育高品质发展,本一进线率达56.04%。职业教育优势进一步凸显,常州信息职业技术学院等3所高职院创建省高水平高等职业院校,新增省现代化示范性职业学校和省优质特色职业学校各1所,总数达5所,占比全省第一。社会教育品质进一步优化,常州"青果在线学校"上升为国家数字教育公共服务资源,实现城区"送教进社区"全覆盖。

文化事业繁荣发展。年末全市共有艺术表演团体11个,群众艺术馆、文化馆7个,博物馆28个;公共图书馆7个,图书总藏量533.5万册,全年总流通285.1万人次;自办广播节目7套,电视台节目7套,有线电视用户98.3万户。精品创作取得丰收,锡剧《卿卿如晤》入选国家艺术基金,实现常州市国家艺术基金大型项目零的突破;大型滑稽戏《陈奂生的吃饭问题》作为江苏唯一大戏参加首届“中国戏曲百戏盛典”,并作为全省两部戏之一,推荐申报国家舞台艺术精品工程。文化惠民品质不断提升,持续五年成功举办“文化100”大型惠民行动,全年共推出305项高品质文化惠民活动;以“书香常州·幸福阅读”为主题,推出各类阅读活动近千场次,顺利通过省“书香城市”建设示范市的实地测评;扎实推进农村文化“三送”工程,全年送戏超千场、送电影超万场、送书五万多册。

医疗服务水平不断提升。年末全市共有各级各类医疗卫生机构1401个,拥有总床位2.66万张,卫生技术人员3.48万人,其中,执业(助理)医师1.41万人、注册护士1.54万人,全市每千人拥有执业(助理)医师2.97人。推进“健康常州”建设,14类55项基本公共卫生服务基本覆盖居民生命健康全过程、全周期,全面提供免费唐氏筛查服务,新生儿疾病筛查病种数扩大到29种。综合医改取得新成效,医联体内基层门急诊、住院、手术人次等指标均实现大幅度增长,省内率先实施委属公立医院总会计师派驻制度,积极推进法人治理结构改革试点和全面预算管理,完成新一轮药品和市管医用耗材、检验检测试剂集中采购工作。市妇幼保健院、市一院钟楼院区等建设项目投入运行。

体育事业稳步发展。年末全市拥有体育场地14297个,其中体育场33个,体育馆34个。年内新增公共体育设施面积101.1万平方米。年内承办国际级比赛10项、国家级比赛15项、省级比赛27项。第23届冬季奥林匹克运动会上,武大靖获得短道速滑男子500米冠军并打破世界纪录;第18届亚运会上,常州运动健儿代表中国参赛,在11个大项13个小项中勇夺5金3银3铜,金牌数量位列全省第一;第19届省运会上,常州体育代表团获得136.5枚金牌、80枚银牌、101枚铜牌和3627.5分,金牌数稳居全省第三,创市外参赛的历史最好成绩。

十一、人口、民生与社会保障

人口规模平稳增长。年末全市常住人口472.9万人,其中城镇人口342.8万人,城镇化率达到72.5%。全市户籍总人口382.2万人,增长0.9%,其中,男性187.8万人,增长0.7%;女性194.4万人,增长1.1%。户籍人口出生率8.9‰,死亡率7.2‰,人口自然增长率1.7‰。

就业创业形势良好。全年城镇新增就业13.2万人,失业人员实现再就业5.5万人,扶持创业1.9万人,创业带动就业8.1万人,年末城镇登记失业率为1.78%。

居民收入稳步增长。全市居民人均可支配收入45933元,增长8.5%,其中城镇居民人均可支配收入54000元,增长8.1%,农村居民人均可支配收入28014元,增长8.4%,城乡居民收入比为1.93∶1。全市居民人均生活消费支出26863元,增长7%,其中,城镇居民人均生活消费支出30351元,增长6.7%,农村居民人均生活消费支出19116元,增长7.1%。城镇居民恩格尔系数26.8%,农村居民恩格尔系数29.7%。

居民消费价格温和上涨。全年居民消费价格总指数为102.2。八大类商品均有所上涨,其中食品烟酒类上涨3.3%,生活用品及服务类上涨3.0%,交通和通信类上涨2.3%,居住类上涨1.9%,衣着类上涨1.8%,医疗保健类上涨1.7%,教育文化和娱乐类上涨0.5%,其他用品和服务上涨0.4%。

住房保障体系不断完善。全年新开工各类保障房24807套,基本建成18535套。继续扩大住房保障覆盖面,年内新增实物配租家庭473户,租金补贴家庭748户。全市累计保障城镇中低收入住房困难家庭5.2万户,为新就业、外来务工人员提供公租房近4.3万套,棚户区(危旧房)改造累计超过13万套(户)。

社会保障水平进一步提高。年末全市企业职工基本养老保险参保人数153.6万人,比上年增长5.1%;城镇职工基本医疗保险参保人数211.3万人,增长5%;城镇失业保险参保人数121.6万人,增长4.5%。养老、医疗、失业三大保险综合覆盖率达到98%以上。企业离退休养老金实现“十四连调”,平均增幅5.8%。城乡低保标准提高到每人每月800元,全市12290户、18159人纳入低保范围,其中,城镇低保对象4415户、6119人,农村低保对象7875户、12040人,累计发放保障金

1.5亿元。截至年末，全市医疗直接救助33.3万人次、医疗直接救助金额达15212万元。年末全市拥有各类养老机构109个，养老机构床位数26017张，收养人数达14134人。全市拥有法律援助中心7个，社会矛盾纠纷调处成功率99.5%。

十二、城乡建设和公用事业

基础设施建设不断加快。溧高、常宜、溧宁、苏锡常南部高速公路以及苏南沿江城际铁路工程加快推进，常泰过江通道开工建设，锡溧漕河前黄枢纽工程进展顺利，德胜河航道整治工程、魏村枢纽工程前期工作积极推进。233国道金坛段、360省道溧阳段等国省公路项目有序实施；加快完善城市路网，紫荆西路、河滨东路、大明路主线等项目建成通车。地铁1号线实现“洞通”“轨通”“电通”，2号线土建工程过半。全市及各辖市区顺利通过省级“四好农村路”示范市及示范县验收，溧阳创成“四好农村路”全国示范县。全年完成各类水利建设土方1042万立方米，恢复治理水土流失面积10平方公里。新沟河延伸拓浚主体工程基本完成。

公交服务水平提升。年末全市公交线路290条，公交营运车辆2388辆，营运出租汽车3042辆，投放有桩公共自行车2万辆，开辟校园定制公交和校车专线19条。城市万人公共交通车辆拥有量19.4标台，镇村公交开通率、覆盖率继续保持100%。

公用事业不断发展。全年全社会用电量489.7亿千瓦时，比上年增长7.6%，其中，城乡居民生活用电50.3亿千瓦时，增长12.1%。全年城区自来水供水3.2亿立方米，管道燃气供气量13.6亿立方米，污水处理3亿立方米。全年生活垃圾清运量189.4万吨，生活垃圾无害化处理率100%。

十三、生态建设和环境保护

生态绿城建设水平不断提高。建成区绿地总面积10477.9公顷，比上年增长0.9%。建成区绿化覆盖率达43.12%，林木覆盖率达26.4%。建成老运河生态绿道和一批公园绿地，顺利通过江苏省生态园林城市创建验收，溧阳天目湖、金坛长荡湖湿地公园成为国家湿地公园。推进特色田园乡村和全域美丽乡村建设，2个村庄获评中国美丽休闲乡村，7个村庄入选省特色田园乡村建设试点。

环境保护力度加大。积极推进打好污染防治攻坚战暨“263”专项行动，全力做好中央环保督察“回头看”和省级环保督察交办问题整改。组织开展大气污染防治攻坚行动，全年完成重点治气工程1835项，专项整治化工、“散乱污”企业（作坊）、成品油取得阶段性成果，关停化工企业205家，圆满完成进博会等重大活动空气质量保障任务。加快绿色转型，新增工信部绿色工厂7家，列全省第二。城市空气质量达到或好于二级标准天数比例63.0%，PM2.5年均浓度52.9微克/立方米。地表水达到或好于Ⅲ类水体比例60.6%。

第五章　2018年镇江市经济社会发展报告

2018年，面对错综复杂的宏观经济形势，全市上下在市委市政府的坚强领导下，围绕高质量发展，坚持新发展理念，坚持产业强市不动摇，深化改革创新，增强发展活力，进一步推动经济转型升级，扎实推动高质量发展，全市经济运行总体平稳，城乡建设扎实推进，各项社会事业不断发展，民生保障不断提高。

一、总体经济

初步核算，全年实现地区生产总值4050亿元，按可比价计算增长3.1%，其中，第一产业增加值138.40亿元，下降4.2%；第二产业增加值1976.60亿元，增长3.0%；第三产业增加值1935.00亿元，增长3.7%。人均地区生产总值126906元，增长2.9%。产业结构继续优化，三次产业增加值比例调整为3.4∶48.8∶47.8，服务业增加值占GDP比重提高0.7个百分点。

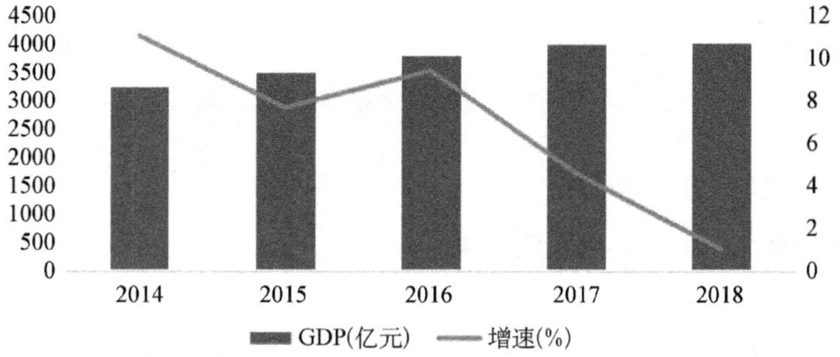

图1　镇江市GDP规模及增速

数据来源：历年《江苏统计年鉴》

全年居民消费价格(CPI)总指数为102.0，比上年上涨2.0%。消费品价格上涨2.6%，服务价格上涨1.1%。分类别看，八大类消费价格全部上涨：食品烟酒类上涨3.3%，衣着类上涨1.5%，居住类上涨1.7%，生活用品及服务类上涨2.7%，交通和通信类上涨0.8%，教育文化和娱乐类上涨2.1%，医疗保健类上涨1.0%，其他用品和服务类上涨0.6%。

表1　居民消费价格指数(以上年为100)

指　标	价格指数	比上年±%
居民消费价格总指数	102.0	2.0
#食品烟酒	103.3	3.3
衣着	101.5	1.5
居住	101.7	1.7
生活用品及服务	102.7	2.7
交通和通信	100.8	0.8
教育文化和娱乐	102.1	2.1
医疗保健	101.0	1.0
其他用品和服务	100.6	0.6

二、农林牧渔业

全年粮食播种面积229.95万亩，比上年减少17.60万亩，下降7.1%。全市粮食总产量107.30万吨，比上年减少3.52万吨，下降3.2%，其中，夏粮总产量31.69万吨，减少0.84万吨，下降2.6%；秋粮总产量75.61万吨，减少2.68万吨，下降3.4%。全年油料总产量3.25万吨，比上年下降39.5%。蔬菜总产量94.14万吨，比上年下降2.6%。

全年肉类总产量6.80万吨，比上年下降3.2%，其中，猪肉产量4.37万吨，增长0.4%；禽肉产量2.21万吨，下降8.9%。全年生猪出栏量52.26万头，下降1.2%；家禽出栏量1448.16万只，下降13.0%。水产品产量9.57万吨，比上年增长0.3%。

表2　主要农产品产量情况

产品名称	产量(万吨)	比上年±%
粮食	107.30	−5.9
棉花	0.06	−18.4
油料	3.25	−39.5
#油菜籽	2.89	−42.2
花生	0.18	−0.1
肉类总产量	6.80	−3.2
水产品	9.57	0.3

年末全市拥有高标准农田152.45万亩，占比重65.6%，比上年提高5.5个百分点，其中当年新建12.98万亩。全年新增高效设施园艺面积1.7万亩，新增永久性蔬菜基地面积4558亩。新创全国休闲农业与乡村旅游三星级示范点3个、五星级示范点2个，省级主题创意农园5个、省级休闲观光农业精品示范村6个。全市新增绿色农产品43个，年末绿色优质农产品面积占比46.0%。新增省级、市级示范家庭农场分别达到17家、46家，新增国家级示范社12家、省级示范社21家。年末农机总动力149.5万千瓦，比上年增加1.7万千瓦。

三、工业和建筑业

年末全市拥有规模以上工业企业2044个，实现总产值比上年增长3.2%，其中大中型企业增长3.9%。分轻重工业看：轻工业增长1.8%；重工业增长3.6%。分经济类型看：国有企业下降15.4%；股份制企业增长2.8%；三资企业增长6.0%。在规模以上工业企业中，民营企业总产值增长2.7%，其中私营企业增长2.7%。

表3　主要工业产品产量情况

产品名称	单　位	产　量	比上年±%
食醋	万吨	27.54	10.9
复合木地板	万立方米	4574.72	−3.8
机制纸及纸板	万吨	202.15	−6.8
多晶硅片	万片	16999	0.2
水泥	万吨	1382.20	−11.8
石墨及碳素制品	万吨	30.74	−26.4

续表

产品名称	单 位	产 量	比上年±%
钢材	万吨	283.84	-22.51
铝材	万吨	53.94	7.88
民用钢质船舶	载重吨	141727	57.9
光缆	芯亿米	134.04	-25.9
锂离子电芯	万千瓦时	283.00	9.1
眼镜成镜	万副	4711.02	6.2
发电量	亿千瓦时	340.94	-13.1
桥架	万吨	27.48	4.4
母线	万米	111.93	1.4

全年规模以上工业企业实现主营业务收入增长0.4%、利润总额下降1.3%。企业亏损面18.9%,亏损企业亏损额38.37亿元,增长64.3%。年末应收账款870.71亿元,增长9.0%,产成品存货222.83亿元,增长8.0%。产品销售率98.7%,下降0.1%。

年末全市拥有资质以上建筑业企业413家。全年实现建筑业总产值537.64亿元,比上年增长8.6%,其中工程产值525.01亿元,增长7.8%。建筑业全员劳动生产率为33.93万元/人,增长9.2%。建筑业企业房屋建筑施工面积1933.35万平方米,下降7%;竣工面积579.57万平方米,下降19%,其中,住宅竣工面积303.76万平方米,下降30.2%。

四、固定资产投资

全年固定资产投资比上年下降26.5%,其中国有及国有经济控股投资下降23.4%,港澳台及外商投资下降28.3%,民间投资下降30.4%。分产业看,第二产业投资下降28.9%,其中,工业投资下降27.9%;第三产业投资下降24.3%。

全年完成房地产开发投资356亿元,比上年增长3.6%,其中,住宅投资281.22亿元,增长7.1%。房地产开发企业房屋施工面积3262.41万平方米,比上年增长1.1%,其中,住宅施工面积2487.47万平方米,增长0.8%。商品房竣工面积575.35万平方米,比上年增长68.2%,其中,住宅竣工面积432.98万平方米,增长58.0%。商品房销售面积512.74万平方米,比上年下降27.3%,其中,住宅销售面积471.75万平方米,下降27.4%。商品房销售额508.77亿元,比上年下降15.5%,其中,住宅销售额462.29亿元,下降14.6%。

五、国内贸易

全年实现社会消费品零售总额1360.92亿元,比上年增长5.0%。按经营单位所在地分,城镇市场零售额1281.99亿元,增长4.8%;乡村市场零售额78.93亿元,增长7.6%。按消费形态分,批发业零售额191.44亿元,下降4.0%;零售业零售额983.49亿元,增长6.4%;餐饮业零售额166.86亿元,增长7.1%;住宿业零售额19.12亿元,增长12.0%。

从限额以上批发和零售业分类商品零售情况看,汽车类零售额86.82亿元,比上年下降6.6%;石油及制品类零售额75.53亿元,增长5.2%;通讯器材类零售额5.23亿元,下降19.7%;日用品类零售额17.12亿元,下降10.1%;家用电器和音像器材类零售额26.00亿元,下降18.3%;化妆品类零售额4.27亿元,增长5.3%;金银珠宝类零售额15.58亿元,下降0.4%;文化办公用品类零售额7.26亿元，下降24.0%；粮油食品、饮料烟酒类零售额60.26亿元，下降9.1%。

六、开放型经济

全年实现进出口总额118.39亿美元，比上年增长12.4%，其中出口总额79.80亿美元，增长14.2%；进口总额38.59亿美元，增长8.7%。从出口方式上看，一般贸易出口63.50亿美元，增长17.8%；加工贸易出口15.88亿美元，增长3.3%。分企业类型看，国有企业出口2.27亿美元，增长13.3%；外商投资企业出口34.76亿美元，增长6.9%；民营企业出口41.93亿美元，增长21.5%。从主要出口产品看，机电产品出口31.28亿美元，增长19.9%；纸及纸制品出口6.10亿美元，增长35.1%。高新技术产品出口5.57亿美元，下降14.8%。从出口市场看，对东盟组织出口10.75亿美元，增长11.1%；对日本出口5.22亿美元，增长7.2%；对印度出口4.92亿美元，增长21.5%；对欧盟出口10.94亿美元，增长25.9%；对美国出口16.66亿美元，增长24.1%。

表4　进出口贸易情况

指　　标	绝对值(亿美元)	比上年±%
进出口总额	118.39	12.4
#进口总额	38.59	8.7
#一般贸易	91.56	16.4
加工贸易	23.07	0.2
#国有企业	9.91	56.7
外商投资企业	56.54	2.7
私营企业	51.09	18.4
出口总额	79.80	14.2
#一般贸易	63.50	17.8
加工贸易	15.88	3.3
#纸及纸制品	6.10	35.1
机电产品	31.28	19.9
#高新技术产品	5.57	−14.8

全年新批外商投资企业85家，新批协议外资9.95亿美元，实际利用外资8.68亿美元。新批及净增资1000万美元以上项目23个。

截至年末，全市累计批准233家企业在64个国家和地区，投资294个境外项目，中方协议投资14.79亿美元。全年新批及增资境外投资项目28个，与上年持平；中方协议投资1.38亿美元，新签订对外承包工程合同额0.53亿美元；完成营业额4.29亿美元，增长30.2%。

七、交通、邮电

全年公路客运量2965万人，比上年下降6.9%；铁路客运量1196万人，增长4.5%。公路旅客周转量20.06亿人公里，下降4.0%。公路货运量8058万吨，增长6.7%；水路货运量1583万吨，增长1.7%；铁路货运量197万吨，下降4.3%。公路货物周转量90.00亿吨公里，增长5.7%；水路货物周转量43.43亿吨公里，增长2.6%。全年完成港口货物吞吐量16264万吨，比上年增长

1.9%,其中,长江港口吞吐量15331万吨,增长7.9%;港口集装箱吞吐量43.18万标箱,增长6.5%。年末全市民用汽车拥有量60.61万辆,其中,个人载客汽车51.53万辆,分别比上年增长9.0%和8.4%。

全年邮政电信业务总量163.30亿元,比上年增长102.5%,其中,邮政业务总量23.95亿元,增长23.8%;电信业务总量139.34亿元,增长127.3%。邮政电信业务收入46.16亿元,比上年增长9.2%,其中,邮政业务收入15.52亿元,增长17.3%;电信业务收入30.64亿元,增长5.6%。年末固定电话用户60.32万户,下降10.8%。移动电话用户354.73万户,增长9.8%。年末互联网宽带接入用户144.73万户,增长5.5%。

八、财政、金融业

全年实现一般公共预算收入301.50亿元,比上年增长6.0%,其中税收收入241.24亿元,增长10.7%;非税收入60.26亿元,下降9.4%。从主要税种看,增值税增长15.0%,企业所得税增长22.4%,个人所得税增长25.0%。全年一般公共预算支出408.65亿元,增长5.7%,其中教育支出77.80亿元,社会保障和就业支出46.80亿元,医疗卫生支出29.63亿元,环境保护支出12.67亿元。

表5　一般公共预算收入和支出分项情况

指　　标	绝对值(亿元)	比上年±%
一般公共预算收入	301.50	6.0
# 税收收入	241.24	10.7
# 增值税(50%)	110.72	15.0
企业所得税(40%)	32.02	22.4
个人所得税(40%)	13.64	25.0
房产税	9.98	1.2
印花税	3.93	−0.7
契税	24.45	−7.3
一般公共预算支出	408.65	5.7
# 一般公共服务	40.79	7.6
教育	77.80	4.8
科技	16.52	43.2
社会保障和就业	46.80	12.5
医疗卫生	29.63	18.9
环境保护	12.67	−10.8

年末全市拥有各类金融机构33家,金融机构人民币存款余额5042.97亿元,比年初增加165.48亿元,其中,住户存款2161.07亿元,比年初增加177.64亿元;非金融企业存款1852.42亿元,比年初减少63.13亿元。年末金融机构人民币贷款余额4450.60亿元,比年初增加586.45亿元,其中,短期贷款1510.48亿元,比年初增加102.37亿元;中长期贷款2702.22亿元,比年初增加392.13亿元。

表 6　年末金融机构人民币存贷款情况

指　　标	绝对值(亿元)	比年初增减额(亿元)
金融机构人民币存款余额	5042.97	165.48
＃住户存款	2161.07	177.64
非金融企业存款	1852.07	－63.13
金融机构人民币贷款余额	4450.60	586.45
＃住户贷款	1407.64	239.68
非金融企业及机关团体贷款	3042.35	346.82

截至年末，全市上市挂牌企业达 279 家，其中主板上市公司 19 家(境内 13 家，境外 6 家)，“新三板”挂牌企业 43 家，区域股权市场挂牌企业 217 家。全年新增上市挂牌企业 117 家(主板上市公司 1 家，区域股权交易中心挂牌企业 116 家)，上市挂牌企业新增股票融资 11.56 亿元。

年末全市拥有市级保险机构 62 家，其中财险公司 29 家，寿险公司 33 家。全年保费收入 128.19 亿元，比上年增长 9.3%。其中，财产险收入 27.80 亿元，增长 3.3%；寿险收入 100.39 亿元，增长 11.1%；健康险和意外伤害险收入 5.10 亿元，增长 24.6%。全年赔付额 35.22 亿元，比上年下降 8.9%。其中，财产险赔付 16.94 亿元，增长 1.5%；寿险赔付 18.28 亿元，下降 16.8%；健康险和意外伤害险赔付 7.54 亿元，增长 26.9%。

九、科学技术和教育

全市每万劳动力中研发人员数 162 人年，比上年提高 7 人年。全市专利申请量 29635 件，其中发明申请量 12466 件；专利授权量 15348 件，发明专利授权量 2790 件，万人发明专利拥有量达 37.56 件，比上年增加 4.28 件。全市技术交易市场网络平台投入运营，新增国家级高新技术企业 120 家。2 家企业入选“独角兽” 企业榜，新增省级“科技小巨人”企业 6 家、上市挂牌企业 117 家，1 家企业获得中国专利金奖，4 家企业获得国家科学技术进步二等奖，京口区获评“ 国家知识产权强县工程示范区”。新增省级企业技术中心 9 家、省级企业工程技术研究中心 10 家、省级众创社区 4 家和省级孵化器 5 家。年末拥有国家高新技术企业数 750 家。

年末共有产品质量检验机构 4 个，国家检测中心 2 个。法定计量技术机构 5 个，强制检定计量器具 23.94 万台(件)，比上年增加 2.12 万台(件)。全年监督抽查产品 58 种，完成强制性产品认证的企业 1389 家，比上年增加 362 家。

全市共有普通高校 8 所，本专科招生 2.45 万人，在校学生 8.38 万人，毕业生 1.98 万人；研究生教育招生 4314 人，在校生 12093 人，毕业生 2835 人。全市中等职业学校(不含技工学校)11 所，在校学生 1.89 万人。普通中学 111 所，在校学生 10.29 万人，毕业生 3.06 万人。小学 113 所，在校学生 15.35 万人，毕业生 2.34 万人。九年义务教育巩固率 100%，高中阶段教育毛入学率 100%。全市共有幼儿园 253 所，比上年增加 9 所；在园幼儿 7.97 万人，比上年增加 0.29 万人。

表 7　各类教育学校、招生和在校生情况

指　　标	学校数(所)	毕业生数(人)	招生数(人)	在校生数(人)
普通高校	8	22657	28850	95933
中等职业学校	11	5391	6432	18874
普通中学	111	30557	35754	102928
高中阶段	22	10254	12303	33523

续表

指　　标	学校数(所)	毕业生数(人)	招生数(人)	在校生数(人)
初中阶段	89	20303	23451	69405
普通小学	113	23385	29050	153540
特殊教育学校	5	66	72	549
幼儿园	253	26441	27688	79727

十、文化、旅游

年末全市共有艺术表演团体5个,文化馆8个,公共图书馆9个,文化站59个,博物(纪念)馆14个,美术馆2个。年末有线电视总用户75万户,其中数字电视用户72万户。年末拥有省级以上重点保护文物单位67处,其中全国重点保护文物单位13处。2018年建成省级村(社区)基层综合文化服务中心246个(总数665),农村文化礼堂251个。实施文化广场提升工程,完成30个镇(街道)和37个村(社区)文化广场提升任务。开展"文心"系列公益活动526场。举办全民艺术普及活动528场,送戏下乡565场,送电影下乡7687场。开展纪念改革开放40周年系列活动15场。1家农家书屋获评"全国示范农家书屋"、1名管理员获评"全国优秀农家书屋管理员"。凤凰新华镇江分公司漫书阁店入选"2018江苏省最美书店"。

年末全市拥有A级景区38个,其中5A级景区2家,4A级景区7家,3A级景区14家。拥有省级旅游度假区3家,省星级乡村旅游区101家。拥有星级旅游饭店30家,其中五星级宾馆3家;拥有旅行社112家,其中星级旅行社35家。全年接待境内外游客6554.27万人次,比上年增长9.8%;实现旅游业总收入934.46亿元,增长13.6%。接待国内游客6546.70万人次,增长9.8%,实现国内旅游收入923.77亿元,增长13.6%。接待入境过夜游客7.57万人次,增长8.8%;其中,国外游客5.94万人次,增长9.9%;港澳台同胞1.63万人次,增长4.9%。旅游外汇收入0.94亿美元,增长10.4%。

十一、卫生、体育

年末全市拥有各类卫生机构(医疗卫生机构)972个,其中医院50个、卫生院49个,社区卫生服务中心35个,卫生防疫防治机构(疾病预防控制中心)7个,妇幼保健机构7个,村卫生室308个。卫生机构床位15623张,其中,医院、卫生院13163张,社区卫生服务中心1511张。年末拥有卫生技术人员21080人,其中,执业医师及执业助理医师8200人,注册护士9183人。全市医疗机构(医疗卫生机构)全年总诊疗2445.96万人次。疾病预防控制中心卫生技术人员322人,妇幼卫生保健机构卫生技术人员1548人。

年市区新建5个体育小公园、15个乡镇(街道)多功能运动场、70条健身路径、6个笼式足球场、完成安装80张室外乒乓球桌、15副篮球架。全年共组织开展有影响的全民健身活动和比赛300余场次。承办了第九届环太湖国际公路自行车赛(句容赛段)、镇江国际马拉松等9项国际、国家级竞技类体育赛事,承办了5项省级青少年竞赛,举办市级比赛21项次。年末共有注册教练员111人,运动员1137人。全年参加省级以上竞赛共获得41枚金牌、37枚银牌、61枚铜牌。全市拥有全国校园足球特色学校117所,开展校园足球活动的特色幼儿园62所,其中省级12所,市级50所。

十二、城建、环保

2018年,镇丹高速、句容西部干线建成通车,南沿江高铁、宁句城际轨道交通、高铁南站优化提升工程正式开工，连淮扬镇铁路镇江段、五峰山过江通道及其接线高速公路加快推进；长江南京以下12.5米深水航道工程镇江段全面完成。老旧小区改造力度加大，全年共安排财政资金3亿元，推进中营等五个老旧小区改造，完成危房和空斗墙房屋改造2.37万平方米，市区完成棚户区改造7024户。城市公用设施进一步完善，全年市区建设市政燃气管道79公里，改造老旧燃气管道83公里，完成上党液化天然气储配站二期扩建工程；新建污水管网约10.63公里，完成农村供水管网改造约38.03公里；建成世界最大规模电网侧储能电站群。农村环境持续改善，提档升级农村公路200公里，改造农桥20座，新增81个美丽宜居村，基本建成3个省级特色田园乡村。

全市实施大气污染防治项目411项，燃煤锅炉整治10项。整治建筑工地161家、重点排污企业69家，分类治理“散乱污”企业（作坊）7811家，对172家企业分类实施错峰生产。全年PM2.5平均浓度54微克/立方米，比上年下降1.8%；空气优良天数达标率64.4%，比上年提高0.8个百分点。大力推进水污染治理。全面落实河（湖）长制，整治入河排口215个，实施61个年度水污染防治项目和28个治理太湖项目。全年治理畜禽规模养殖场585家，其中已关闭198家，规模养殖场治理率达到95.0%。长江镇江水域非法采砂全面禁绝，完成江心洲水源地达标建设，长江豚类自然保护区问题整改到位。完成四明河等5条黑臭水体治理任务，全市地表水国考、省考断面水质优Ⅲ比例分别为87.5%、90%。

十三、人口、就业

年末常住人口319.64万人，比上年增加1.01万人，其中，城镇人口227.72万人，城镇化率71.2%。全年常住人口出生率8.05‰，死亡率7.02‰，自然增长率为1.03‰。在常住人口中65岁及以上人口占比达到14.2%，比上年提高0.6个百分点。年末户籍人口270.78万人，比上年减少0.12万人，其中，男性133.68万人，减少0.18万人；女性137.10万人，增加0.06万人。

年末从业人员194.82万人，比上年增加0.32万人，其中，第一产业22.86万人、第二产业85.12万人、第三产业87.84万人。全年新增城镇就业8.35万人，城镇失业人员再就业人数3.40万人，新增转移农村劳动力0.99万人，城镇登记失业率1.78%。全年新增登记注册私营个体从业人员22.46万人，其中私营企业12.78万人、个体工商户9.68万人。

十四、人民生活、社会保障

全年常住居民人均可支配收入40883元，增长8.5%，其中，工资性收入26351元，增长7.6%；经营净收入5863元，增长5.9%；财产净收入3503元，增长14.6%；转移净收入5166元，增长12.6%。常住居民人均消费支出24359元，增长7.1%。按常住地分，城镇常住居民人均可支配收入48903元，增长7.7%，城镇常住居民人均消费支出27278元，增长6.4%。农村常住居民人均可支配收入24687元，增长8.6%，农村常住居民人均消费支出18463元，增长7.8%。年末城镇居民现住房人均建筑面积48.6平方米，百户家庭拥有汽车56辆、电脑112台、手机268部；年末农村居民现住房人均建筑面积57.3平方米，百户家庭拥有汽车43辆、电脑67台、手机262部。

年末全市企业职工养老保险、医疗保险、失业保险参保人数分别为89.68万人、96.37万人、53.95万人。全市54个经济薄弱村达标，3300余户建档立卡低收入人口实现脱贫，达标率超过80%。城乡困难人群纳入保障体系，最低生活保障标准由655元/月提高到710元/月，增加55元/月。全市退休人员养老金比上年增加136元/月，实现“十四连增”。新建老年人日间照料中心5个、助餐点100个、居家养老服务中心15个。实施医疗救助31.6万人次。全市最低工资标准由上年的1890元/月提高到2020元/月，增加130元/月。

第六章　2018年扬州市经济社会发展报告

2018年，扬州市上下坚持以习近平新时代中国特色社会主义思想为指导，全面贯彻党的十九大精神，深入落实习近平总书记对江苏重要指示要求，全面落实省委省政府决策部署，践行新发展理念，把握稳中求进工作总基调，深化供给侧结构性改革，打好“三大攻坚战”，统筹做好改革发展稳定工作，全市高质量发展实现良好开局。

一、综合

经济运行稳中有进。经初步核算，全年实现地区生产总值5466.17亿元，比上年增长6.7%。其中，第一产业增加值273.34亿元，增长3.0%；第二产业增加值2623.24亿元，增长5.8%，其中，工业增加值2283.60亿元，增长6.4%；第三产业增加值2569.59亿元，增长8.2%。按常住人口计算的人均地区生产总值为120944元，按年均汇率折算达18277美元。结构调整扎实推进，三次产业结构调整为5∶48∶47，第三产业增加值占地区生产总值比重比上年提高1.1个百分点。

经济活力持续增强。年末全市有各类法人单位109872家，产业活动单位8667家。2018年末全市工商部门登记的私营企业141500户，全年新登记私营企业25606户，新登记私营企业注册资本1176.65亿元。年末个体工商户333668户，全年新登记54983万户。年末全市就业人口267.1万人，第一产业就业人口39.4万人，第二产业就业人口120.4万人，第三产业就业人口107.3万人。失业保持较低水平，年末全市城镇登记失业率1.78%，城镇新增就业人数79103人。全年新增转移农村劳动力15200人。城镇失业人员再就业85772人，城乡就业困难人员就业再就业16142人。

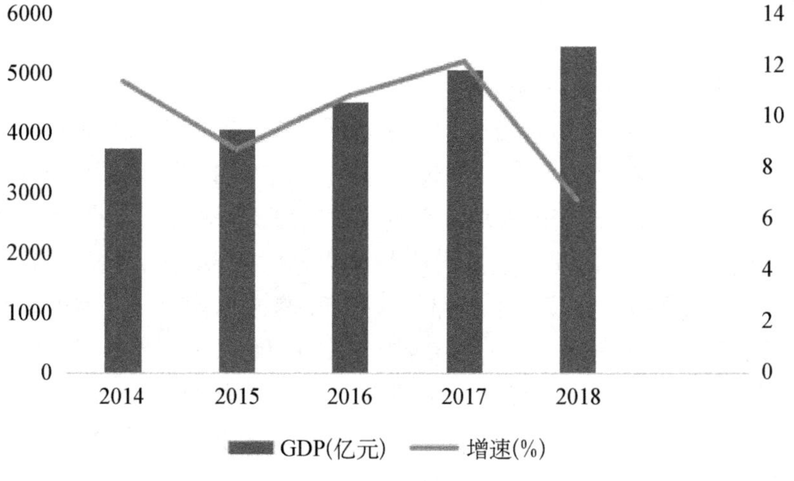

图1　扬州市GDP规模及实际增速

数据来源：历年《江苏统计年鉴》

居民消费价格温和上涨。全年居民消费价格比上年上涨2.2%。其中，食品烟酒类上涨

1.7%，衣着类上涨4.2%，居住类上涨1.8%，生活用品及服务类上涨5.2%，交通和通信类上涨4.2%，教育文化和娱乐类上涨1.1%，医疗保健类上涨0.2%，其他用品及服务类上涨1.7%。

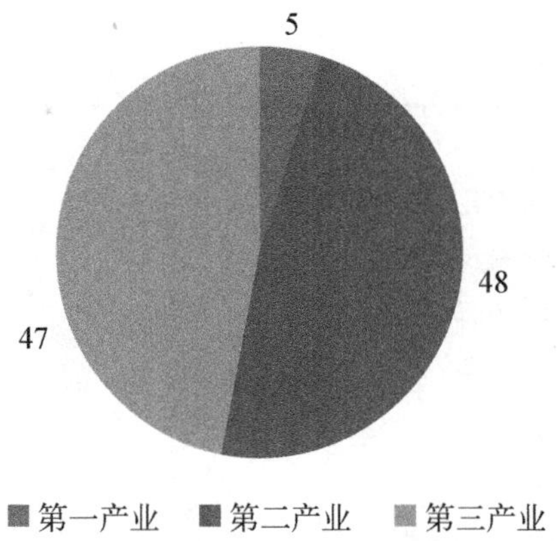

图2　2018年扬州市三次产业占比(%)

数据来源：《扬州市统计年鉴2019年》

二、农林牧渔业

粮食播种面积、总产双增。全年粮食播种面积594.14万亩，增长1.1%。其中，水稻294.83万亩，下降1.8%；小麦268.5万亩，增长2.7%。粮食总产287.36万吨，增长0.4%。其中，水稻179.43万吨，下降1.1%；小麦99.84万吨，增长2.0%。

主要畜禽品种存出栏有升有降。全年生猪出栏116.84万头，下降0.6%；存栏51.04万头，下降7.6%。家禽出栏3726.77万只，增长3.7%；家禽存栏1141.84万只，下降4.4%。全市水产养殖面积112万亩，下降6.7%；水产品产量39.6万吨，下降1.98%，其中，养殖产量为36.8万吨，捕捞产量为2.8万吨。

现代农业稳步发展。全市登记家庭农场3181家，成立农民专业合作社(含农地股份合作社)3763家，累计创成国家级示范合作社39个，创成省级示范家庭农场128个，建成市级以上现代农业园区50个，全市实现全市农业电商网上销售额达57.9亿元。

三、工业与建筑业

工业运行总体稳定。全年规模以上工业增加值增长5.1%，其中轻工业增长3.8%，重工业增长5.5%。分经济类型看，国有工业增长0.8%，集体工业下降17.3%，股份制工业增长6.7%，外商港澳台投资工业增长2.0%。在规模以上工业中，国有控股工业增长8.5%，民营工业增长5.7%。

先进制造业发展加快。全市先进制造业总产值增长10.1%，对规上工业产值增长的贡献率达56.9%。分产业看，海工装备和高技术船舶、新型电力装备、高端纺织服装、汽车及零部件(含新能源汽车)、生物医药和新型医疗器械、电子信息、高端装备、食品先进制造业产值分别增长21.9%、18%、12%、8.2%、8%、7.1%、4.7%、1%。全市高技术产业、装备制造业产值分别增长16.5%、8.9%，对规上工业产值增长的贡献率分别为5.5%、39.8%。

工业企业盈利能力提升。全年规模以上工业企业主营业务收入增长7.8%，利润增长46.6%。规模以上工业企业主营业务收入利润率、成本费用利润率分别为6.3%、6.7%，比上年分别提高1.7、1.8个百分点。规模以上工业企业资产负债率为51.7%，总资产贡献率为14.3%。全年规模以上工业企业产销率为97%。

表1　规模以上工业主要产品产量

指　标	单　位	2018年	比上年±%
布	万米	15611.22	12.2
呢绒	万米	324.60	0.0
服装	万件	11693.76	9.8
皮革鞋靴	万双	3754.67	7.0
人造板	万立方米	67.34	2.8
氢氧化钠(烧碱)(折100%)	万吨	29.29	−3.1

续表

表 1 规模以上工业主要产品产量

指　标	单　位	2018 年	比上年±%
农用氮、磷、钾化学肥料总计(折纯)	吨	4849.00	−0.3
化学农药原药	吨	80586.84	−0.7
光电子器件	万只(片、套)	77512.00	9.1
电子元件	万只	29883.39	−6.0
水泥	万吨	1045.78	20.9
钢材	万吨	412.33	37.9
灯具及照明装置	万台(套、个)	713.64	18.5
金属集装箱	万立方米	788.78	8.6
民用钢质船舶	万载重吨	173.05	−2.4
交流电动机	万千瓦	1359.28	8.3
电力电缆	万千米	186.82	228.5
通信及电子网络用电缆	万对千米	132.24	−24.0
太阳能电池(光伏电池)	千瓦	4124820	38.2
家用电冰箱	万台	426.35	20.4

用电量稳步增长。全社会用电量 248.99 亿千瓦时,增长 5.0%。第一产业用电量 2.84 亿千瓦时,增加 10.6%;第二产业 168.74 亿千瓦时,增长 2.5%,其中,工业用电 165.64 亿千瓦时,增长 2.1%;第三产业 36.71 亿千瓦时,增长 13.1%;城乡居民生活用电 40.70 亿千瓦时,增长 9.0%。

建筑业稳定健康发展。全市实现建筑业总产值 3915 亿元,增长 7.7%;建筑业增加值 340.34 亿元,增长 11.2%。房屋建筑施工面积 28533.9 万平方米,增长 3.8%,其中,新开工面积 12094.1 万平方米,下降 1.6%;竣工产值 3168.5 亿元,增长 2.5%;竣工面积 10650.2 万平方米,下降 0.8%。

四、固定资产投资

投资保持较快增长。全市固定资产投资增长 11%,其中,工业投资增长 16.2%,服务业投资增长 5.0%。

制造业投资持续扩张。全市制造业投资增长 22.0%,占固定资产投资比重(不含房地产)达

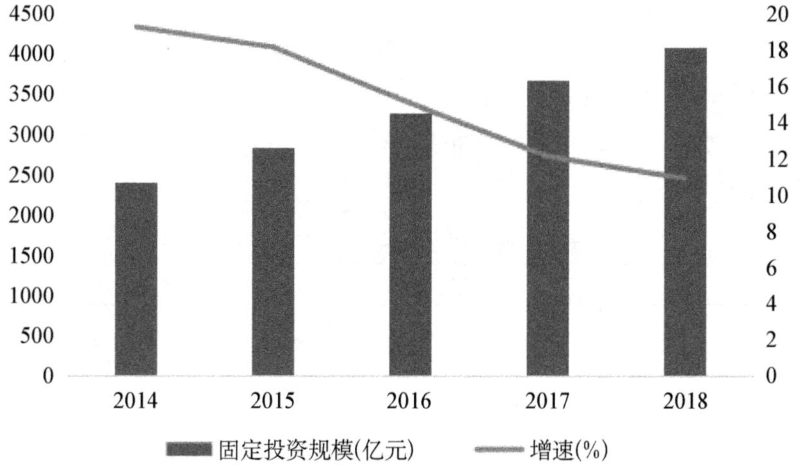

图 3 扬州市固定资产投资规模及增速

数据来源:历年《江苏统计年鉴》

64.3%，占比较2017年提高6.8个百分点。重点行业增长较快，其中，化学原料和化学制品制造业投资增长49.4%，金属制品业投资增长47.2%，电气机械和器材制造业投资增长38.1%，汽车制造业投资增长21.5%。

重点项目扎实推进。连淮扬镇高铁扬州段完成投资83%。沪陕高速枣林湾互通、352省道江都段、金湾路万福路以南段、观潮路跨古运河大桥建成通车，完成真州路与文昌路交叉口立体化改造。京沪高速扩容先导段、328国道仪征段、扬州西外环路、芒稻河特大桥和通扬线航道整治工程开工建设，启动快速路网二期建设。瓜洲泵站完成水下主体工程，长江防洪能力提升一期工程全线开工。

五、国内贸易

消费品市场增势稳定。全市社会消费品零售总额1557.03亿元，增长9.2%。按经营单位所在地分，城镇消费品零售额1442.99亿元，增长9.1%；农村消费品零售额114.04亿元，增长9.3%。按行业分，批发业198.04亿元，增长10.3%；零售业1173.90亿元，增长9.2%；住宿业26.13亿元，增长10.3%；餐饮业158.95亿元，增长7.2%。全市限额以上批发和零售业实现零售额402.36亿元，增长4.8%。在22个大类商品的零售额统计中，增幅居前5位的是饮料类、中西药品类、石油及制品类、通讯器材类、日用品类，分别增长21.7%、21.3%、16.9%、14.0%、10.9%。

六、开放型经济

进出口规模继续扩大。全市实现进出口总额119.9亿美元，增长11.1%。其中，出口85.4亿美元，增长8.6%；进口34.5亿美元，增长17.7%。从出口行业看，全市十大出口行业累计出口48.8亿美元，较去年同期增加3.4亿美元，占全市出口总额的57.1%。十大出口行业中有八类实现增长，化学化工、新光源新能源、电动工具与机床等加工设备出口分别增长29.3%、22%、17.4%。从出口主体看，国有企业出口额减少15.9%，外资企业、私营企业出口额分别增长5.9%、19.3%。从贸易方式看，一般贸易进出口总额91.17亿美元，增长19.7%，占进出口总额比重76.0%；加工贸易进出口额21.49亿美元，下降13.2%，占进出口总额比重19.9%。从出口市场看，对前十出口国家(地区)累计出口额76.5亿美元，占全市出口89.6%；对东盟、南亚、台湾等市场出口保持较快增长，出口分别增长20.3%、33.5%、26.9%；对欧盟市场出口保持稳定，累计出口增长10.5%；对"一带一路"沿线国家地区累计出口额19亿美元，增长18%，占全市出口比重22.3%。

对外开放层次不断提升。全市实际利用外资12.20亿美元，增长12.3%。新设立135个外商投资项目，增长10.7%；新增合同外资25.15亿美元，增长6.1%；新设及净增资1000万美元以上企业83家，增长2.5%。来自"一带一路"沿线国家的实际外资2481万美元，增长129.3%。全市完成外经营业额9.68亿美元，增长6%。新批境外投资项目19个，中方协议投资额7456万美元，增长19.5%。"一带一路"沿线19个国家完成外经营业额约6.79亿美元，占全市总量70.1%。

表2　2018年1—12月主要出口商品情况表

单位：万美元

名　称	累　计	累计同比(%)	占全市比重(%)
化学化工	118444	29.3	13.9
纺织制品	79716	12.1	9.3
鞋帽	48222	15.4	5.6
机动车辆与零配件	47642	15.0	5.6

续表

名　　称	累　计	累计同比(%)	占全市比重(%)
新光源新能源	44405	22.0	5.2
电子纸与液晶装置	36026	−5.8	4.2
船舶	34968	−45.8	4.1
电动工具与机床等加工设备	32851	17.4	3.8
牙刷	24199	8.6	2.8
钢管	21657	17.2	2.5

七、交通、邮电和旅游

交通运输基本平稳。全市货运总量和货物周转量分别完成1.41亿吨和413.32亿吨公里,分别增长5.2%、5.8%。客运量和旅客周转量完成3101万人和27.91亿人公里,分别下降9.5%、6.7%。港口货物吞吐量14132万吨,增长6.9%;集装箱吞吐量50.8万标箱,下降0.3%。扬州泰州国际机场新开辟国内航线1条,国际航线2条,累计开通航线45条,其中国内32条,国际/地区13条;全年旅客吞吐量238.4万人次,增长29.8%,货邮吞吐量11136.8吨,增长18.8%。年末全市公路里程9729.92公里,年末高速公路里程293.68公里。截至2018年底,全市机动车保有量980156辆,其中汽车771252辆,私人轿车478516辆。

邮电通信业快速发展。全市邮政通讯业务收入73.15亿元,增长9.1%,其中,通讯业务收入45.54亿元,增长4.3%;邮政业务收入27.61亿元,增长18.2%。年末电话用户625.1万户,增长2.8%,其中移动电话用户531.7万户,增长4.5%。互联网宽带接入用户171.6万户,增长11.5%。

旅游业实现较快增长。全年接待境内外游客7044.23万人次,增长11.9%;实现旅游业总收入917.90亿元,增长15.2%。接待入境过夜游客7.64万人次,增长12.6%,其中,外国人5.17万人次,增长13.6%;港澳台同胞2.47万人次,增长10.6%。旅游外汇收入8341.10万美元,增长11.1%。接待国内游客7036.56万人次,增长11.9%,实现国内旅游收入904.76亿元,增长15.2%。全市拥有国家A级景区54家,旅行社个数157个,出境旅行社14个。

八、财政金融

财政收入较快增长。全市一般公共预算收入340.03亿元,增长6.2%,其中,税收收入272.11亿元,增长12.7%,税收占一般公共预算收入比重为80%。主体税种中,增值税131.92亿元,增长16.4%;企业所得税38.73亿元,增长29.2%;个人所得税13.40亿元,增长26.6%;契税19.71亿元,下降9.5%。

表3　财政收入情况

单位:亿元

指标名称	2018年	比上年±%
一般公共预算收入	340.0	6.2
#税收收入	272.1	12.7
增值税	131.9	16.4
营业税	0.1	−43.0

续表

指标名称	2018年	比上年±%
企业所得税(40%)	38.7	29.2
个人所得税(40%)	13.4	26.6
资源税	1.3	20.1
城市维护建设税	18.5	13.3
房产税	10.7	0.3
印花税	4.1	11.9
城镇土地使用税	8.0	−8.5
土地增值税	19.5	1.0
车船税	2.3	5.0
耕地占用税	3.0	−13.7
契税	19.7	−9.5
附:上划中央收入	226.3	14.9
增值税(含营业税)	132.0	13.3
国内消费税	16.1	−17.8
企业所得税(60%)	58.1	29.2
个人所得税(60%)	20.1	26.6

支出结构持续改善。全市一般公共预算支出563.57亿元,增长12.6%,其中,一般公共服务支出65.64亿元,下降5%;教育支出92.33亿元,增长1.8%;科学技术支出15.31亿元,下降23.3%;社会保障和就业支出67.42亿元,增长21.5%;医疗卫生支出39.36亿元,下降13.9%;交通运输支出24.87亿元,增长66.1%。

金融信贷规模扩大。年末人民币存款余额5997.55亿元,增长5.2%,其中,住户存款余额2860.65亿元,增长7.4%。人民币贷款余额4630.51亿元,增长15.5%,其中,个人消费贷款1356.17亿元,增幅20.9%;住房消费贷款1210.79亿元,增幅23.7%。

表4　年末金融机构人民币存贷款情况

单位:亿元

指标名称	2018年	比上年(±%)
金融机构各项存款余额	5997.55	5.2
#住户存款	2860.65	7.4
非金融企业存款	1894.02	4.1
广义政府存款	1187.04	−0.2
金融机构各项贷款余额	4630.51	15.5
#住户贷款	1716.02	17.8
非金融企业及机关团体贷款	2914.08	14.3
票据融资	266.77	27.4
个人消费贷款	1356.17	20.9
#住房消费	1210.79	23.7

证券市场保持稳定。全市证券资金账户数67.79万户,比上年增加5.15万户,增长8.2%。证券交易额9950.41亿元,比上年减少1780.62亿元,下降15.2%,其中,股票交易额6714.03亿元,比上年减少1796.64亿元,下降21.1%,占交易额的67.5%;基金交易额546.86亿元,比上年

增加102.51亿元,增长23.1%,占交易额的8.1%。

保险行业稳定发展。全市各类保险机构实现保费收入175.75亿元,增长11.1%。其中,财产险保费收入37.20亿元,增长6.2%;人身险保费收入138.55亿元,增长12.5%。保险赔款总支出26.58亿元,增长8.0%,其中,财产险支出22.58亿元,增长7.1%;人身险支出4.01亿元,增长13.2%。

九、科技技术和教育

科技创新能力持续增强。全年专利申请量和授权量分别是41222件和22804件,分别同比增长26.3%和60.4%,其中,企业申请量和授权量分别是23498件和11847件,分别同比增长41.1%和82.5%;万人发明专利拥有量12.51件,比2017年年末增长27.5%。新投用科技产业综合体65.7万平方米,新入驻企业1020家,新获批省级孵化器8家、众创空间14家;新签约产学研合作项目488个,引进研创中心42家,新建国家级博士后科研工作站4家,新增省级企业技术中心23家、工程研究中心11家;新获批国家技术创新示范企业2家、省级示范智能制造车间9家;新入选国家"千人计划"3人、"万人计划"5人、省"双创计划"领军人才(团队)33人。

教育事业全面发展。全市共有普通高校8所。普通高等教育招生2.87万人,在校生8.69万人,毕业生2.29万人,其中,研究生教育招生0.32万人,在校生0.79万人,毕业生0.19万人。高等教育毛入学率达60.2%,比上年提高1.3个百分点。高中阶段教育毛入学率达100%。中等职业教育在校生4.03万人(不含技工学校)。特殊教育招生0.015万人,在校生0.11万人。全市小学在校生214547人,普通中学在校生175123人。全市共有幼儿园354所,比上年增加56所;在园幼儿10.95万人,比上年减少0.34万人。学前三年教育毛入园率达99.4%。

十、文化、卫生和体育

公共文化服务水平提升。城乡公共文化服务体系不断完善。全市共有文化馆、群众艺术馆7个,公共图书馆7个,博物馆16个,美术馆1个,综合档案馆7个,向社会开放档案9.15万件。共有广播电台电视台4座,广播综合人口覆盖率和电视综合人口覆盖率均达100%。全市有线电视用户101万户。开展公益文化活动470场,在全省率先实现公共文化机构全覆盖,"文明有礼24条"市民素质提升行动全面推开。

卫生事业稳步推进。2018年末全市共有各类卫生机构1813个。其中,医院80个,疾病预防控制中心7个,妇幼卫生保健机构8个。各类卫生机构拥有病床23355张,其中医院拥有病床17119张。共有卫生技术人员34255人,其中,执业医师、执业助理医师11209人,注册护士11659万人,疾病预防控制中心卫生技术人员406人,妇幼卫生保健机构卫生技术人员1278人。

体育事业蓬勃发展。圆满承办第十九届省运会,新改建扬州体育公园、游泳健身中心、广陵体操馆等省运场馆20个,举办比赛6115场次,参赛人员2万人,参赛总成绩创历史最好。

十一、城乡建设和生态环境

城乡建设不断完善。市区新建停车位2343个,新添置新能源公交车242辆,新辟调整公交线路26条,群众出行更为方便。加快推进"厕所革命",全市新改建公厕53座。新铺设污水管网100公里。新建垃圾分类小区380个,通过国家餐厨废弃物资源化利用和无害化处置试点验收。实施"三路一环""六路一环一河"整治提升工程,出新建筑立面57万平方米,改造亮化道路65公里、楼宇1400栋。建设美丽乡村，疏浚县乡河道65条、村庄河塘873条。新改建农村公路238公里、农桥438座。完成2个省级特色田园乡村和10个省级美丽乡村建设试点，11个重点中心镇全部创成国家级生态镇。

生态环境建设力度不断加大。新增城市绿地158.5万平方米，新增植树665万株。林木覆盖率23.1%，自然湿地保护率51%，同比提升1.8个百分点。市区空气优良率66.6%，同比上升4.1个百分点；PM2.5平均浓度49微克/立方米，同比下降9.3%；全市32个省考断面水质达标率93.8%，其中，优于Ⅲ类水比例71.9%，无劣Ⅴ类断面，阶段性达到2020年水环境质量改善目标。紧紧围绕江淮生态大走廊规划建设的“八大工程”，全年完成24个重点项目，投资27.24亿。“一带一廊”沿岸、高等级公路等重点交通干线沿线绿化率达100%。宝应、邗江、仪征、高邮创成省级生态文明建设示范县区。全市创成示范乡镇18个、示范村14个。

十二、人口、人民生活和社会保障

人口总量保持稳定。全市总户数147.2万户，户籍人口458.34万人，其中，男性228.70万人，女性230.13万人，男性占总人口的49.84%，女性占总人口的50.16%。

年末全市常住人口453.1万人，比上年末增加2.28万人，增长0.51%。0～14岁人口51.09万人，15～64岁人口324.97万人，65岁及以上人口77.04万人。全年人口出生率7.43‰，比上年上升0.03个千分点；人口死亡率7.92‰，比上年上升0.61个千分点；人口自然增长率－0.49‰，比上年下降0.58个千分点。常住人口城镇化率66.05%。

居民收入稳定增长。全体居民人均可支配收入34076元，比上年增长8.9%，其中，工资性收入20360元，增长8.8%；经营净收入5672元，增长8.7%；财产净收入2734元，增长9.7%；转移净收入5310元，增长9.1%。按常住地分，城镇居民人均可支配收入41999元，增长8.2%；农村居民人均可支配收入21457元，增长8.9%。城乡居民收入差距进一步缩小，城乡居民收入比由上年的1.97∶1缩小为1.96∶1。居民人均消费支出20683元，比上年增长7.7%。按常住地分，城镇居民人均消费支出23718元，增长7.4%；农村居民人均消费支出15848元，增长7.3%。

社会保障体系日益完善。年末全市城乡基本养老、城乡基本医疗、失业、工伤、生育保险参保人数分别为106.52万人、434.80万人、67.03万人、80.61万人和74.62万人。城乡居民基本养老保险基础养老金最低标准由每人每月125元提高到135元。城乡居民医保人均财政补助最低标准提高到每人每年510元。

第七章　2018年泰州市经济社会发展报告

2018年，在习近平新时代中国特色社会主义思想指引下，在市委市政府坚强领导下，全市上下认真贯彻落实中央、省、市各项决策部署，坚持稳中求进工作总基调，坚持新发展理念，坚持推动高质量发展，坚决打好三大攻坚战，全力打造江苏高质量发展中部支点城市，全市综合实力迈上新台阶，经济发展、改革开放、城乡建设、文化建设、生态环境、人民生活不断向高质量发展迈进！

一、综合

综合实力再上新台阶。地区生产总值首次突破5000亿大关，达到5107.63亿元，按可比价计算，比上年增长6.7%。其中，第一产业增加值280.05亿元，增长2.7%；第二产业增加值2434.01亿元，增长6.8%；第三产业增加值2393.57亿元，增长7.0%。按常住人口计算，全市人均地区生产总值为109988元，增长6.8%。

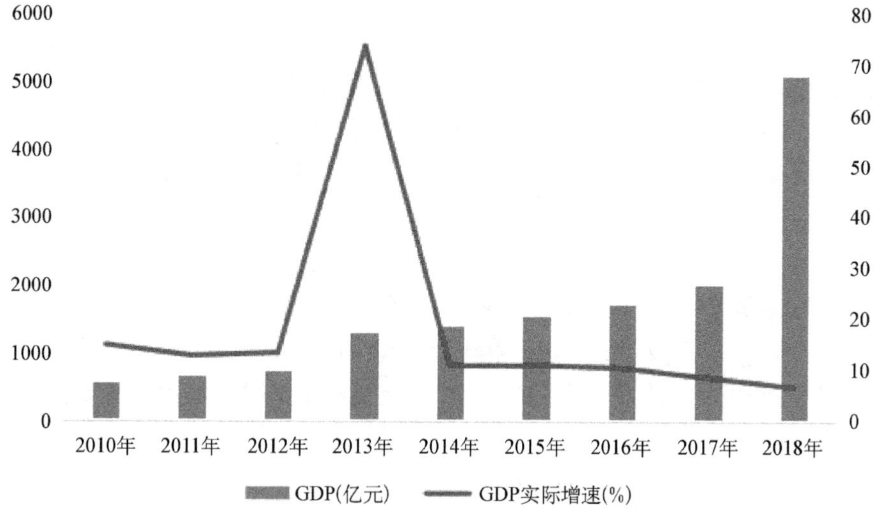

图1　2010—2018年GDP及实际增速

就业形势稳定。年末全市就业人员275.5万人，其中，第一产业就业人员55.7万人，第二产业就业人员111.9万人，第三产业就业人员107.9万人。全年城镇新增就业10.37万人，年末城镇登记失业率为1.78%，比上年下降0.04个百分点。

价格指数保持在合理区间。消费价格指数温和上涨。全年居民消费价格指数(CPI)上涨2.0%。从调查项目看，食品烟酒价格上涨1.4%，非食品烟酒价格上涨2.2%；服务项目价格上涨1.9%，消费品价格上涨2.0%。工业价格指数保持上涨。全年工业生产者购进价格指数(IPI)上涨6.3%，工业生产者出厂价格指数上涨0.9%。

市场主体活力持续增强。年末全市工商登记私营企业11.4万户，全年新增1.65万户，注册资本6908.05亿元，比上年增长24.5%；个体经营户33.47万户，全年新增4.43万户。

二、农林牧渔业

粮食生产总体平稳。全年粮食总产量287.11万吨，比上年减少3.9万吨，其中夏粮106.94万吨，比上年减少1.01万吨；秋粮180.17万吨，比上年减少2.89万吨。粮食播种面积570万亩，比上年减少13.02万亩。粮食亩产495.9公斤，比上年增加4.3公斤，粮食综合亩产继续位居全省第一。

农业供给侧结构性改革扎实推进。大力推广绿色农业。全年农药实际使用量下降2.4%，化肥施用量减少3024吨，下降1.9%。示范推广稻田高效种养模式。全市稻田综合种养和“水稻+N”模式示范面积达到10.87万亩。推进畜禽养殖污染治理。全年关停禁养区内养殖场1231家，全市规模化养殖场治理率达96%，非规模化养殖场治理率达88%，畜禽粪污综合利用率达96%。

现代农业稳步发展。农业设施提档升级。全年新增连片50亩以上高效规模设施农业基地122个，新增设施农业面积6.5万亩，新增设施渔业面积1.17万亩。农业机械化进程加快。全年新增各类农业机械3200台，年末农业机械总动力达284.02万千瓦，比上年增长1.7%。培训新型职业农民。全年举办新型职业农民培训班253期，培训农民36176人。

三、工业和建筑业

工业生产平稳运行。全年规模以上工业产值增长9.8%，规模以上工业增加值增长5.5%，其中轻工业增加值增长6.2%，重工业增加值增长5.1%。分经济类型看，国有企业增加值增长2.2%，集体、股份制、外商和港澳台投资企业增加值分别增长8.8%、5.0%、8.9%。支柱行业增长平稳。全年医药、石化、装备制造、食品产业产值分别增长17.1%、11.0%、7.8%、4.4%。

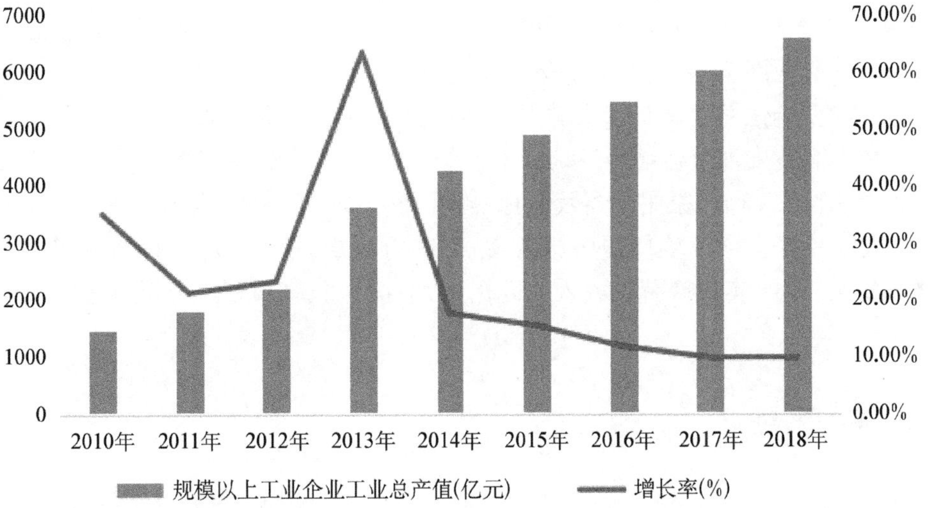

图2　2010—2018年工业总产值及增长率

工业向高质量发展迈进。先进制造业加快发展。全年高新技术产业产值增长11.8%，占规模以上工业产值比重为44.2%，比上年提高1.2个百分点。战略性新兴产业产值增长15.6%，占规模以上工业产值比重为22.0%。五大主导产业发展势头良好。全年五大主导产业产值增长11.6%，其中，生物医药及高新能医疗器械产值增长16.8%，高端装备制造及高技术船舶产值增长11.6%，新一代信息技术产业产值增长33.3%。

建筑业平稳发展。全年完成建筑业总产值3335.67亿元，增长11%。年末全市具有资质等级的总承包和专业承包建筑企业747家，比上年增加116家，其中，具有特级、一级和二级资质企业308家，比上年增加33家。年末建筑业从业人员达116.94万人，增长9.5%。

四、固定资产投资

固定资产投资增长平稳。全年固定资产投资增长9.2%,其中第一产业投资下降54.9%,第二产业投资增长8.9%,第三产业投资增长11.6%。在二产投资中,工业投资增长8.5%,其中食品行业投资增长5.5%,医药制造业投资增长12.1%,金属制品业投资增长34.0%,电气投资增长13.2%,通信设备、计算机及其他电子设备制造业投资增长14.4%,仪器仪表制造业投资增长24.5%。在服务业投资中,金融业投资增长102.1%,租赁和商务服务业投资增长36.9%,科学研究和技术服务业投资增长37.1%,文化、体育和娱乐业投资增长25.1%,信息传输、软件和信息技术服务业投资增长10.8%。

房地产市场健康发展。全年房地产开发投资353.71亿元,增长21.3%,其中,住宅投资281.59亿元,增长19.6%。商品房施工面积2563.06万平方米,增长13.6%。商品房新开工面积739.36万平方米,增长21.2%。商品房竣工面积377.75万平方米,增长9.0%。商品房销售面积704.76万平方米,下降20.2%。商品房待售面积283.36万平方米,下降10.8%。

五、国内贸易和旅游

消费品市场发展稳中趋缓。全年实现社会消费品零售总额1282.87亿元,增长5.8%。按经营单位所在地分,城镇消费品零售额1177.21亿元,增长5.0%;乡村消费品零售额105.67亿元,增长14.5%。从消费形态看,批发和零售业1100.09亿元,增长5.3%;住宿和餐饮业182.79亿元,增长8.6%。从限额以上单位看,全年限额以上社会消费品零售额432.33亿元,下降1.1%,其中,批发和零售业零售额403.80亿元,下降1.3%;住宿和餐饮业零售额28.54亿元,增长2.8%。全年限额以上单位实现网络零售额8.75亿元,增长5.5%。

消费市场呈现多样化发展态势。限额以上零售额中,基本生活类商品消费平稳增长,全年增长2.0%;发展享受型消费出现分化,全年家具消费增长77.8%,建筑及装潢材料消费增长24.0%,石油及制品类消费增长15.1%,家用电器及音像器材消费下降10.8%,汽车消费下降9.6%。

旅游市场发展良好。全年接待国内旅游者2868万人次,增长12%;接待入境过夜游客4.57万人次,增长12%。全年实现旅游总收入375亿元,增长15%;实现旅游外汇收入4657万美元,增长11%。

六、外向型经济

对外贸易稳中向好。全年完成进出口总额147.30亿美元,增长13.8%,其中出口95.31亿美元,增长16.0%,进口51.99亿美元,增长9.9%。按贸易方式分,一般贸易出口55.84亿美元,增长13.4%;加工贸易出口38.79亿美元,增长18.4%;一般贸易进口34.41亿美元,增长11.5%;加工贸易进口11.60亿美元,下降2.3%。按企业性质分,外商投资企业出口47.34亿美元,增长8.2%;民营企业出口45.97亿美元,增长26.3%;外商投资企业进口36.79亿美元,增长11.3%;民营企业进口13.96亿美元,增长4.5%。按商品类别分,机电产品出口50.33亿美元,增长15.2%;农产品出口4.04亿美元,增长13.4%;机电产品进口9.03亿美元,增长6.6%;农产品进口12.08亿美元,下降8.7%。按出口地区分,对亚洲出口44.06亿美元,增长43.5%;对欧洲出口16.33亿美元,下降5.2%;对美国出口18.53亿美元,增长17.8%。服务贸易出口有所回落。全年完成服务贸易出口3.14亿美元,下降9.6%。

外资利用有所回落。全年新批协议注册外资 29.43 亿美元，下降 37.4%；新批外商投资企业 129 个，比上年减少 12 个；新批及净增资 9000 万美元以上项目 15 个，比上年减少 11 个；实际到账注册外资 15.07 亿美元，下降 6.8%。

七、交通运输、邮电

交通运输基本平稳。全年公路客运量 6057 万人，公路客运周转量 41.8 亿人公里。公路货运量 3041 万吨，增长 8.6%；公路货运周转量 78.4 亿吨公里，增长 7.7%。水路货运量 18715 万吨，增长 2.7%；水路货运周转量 851.4 亿吨公里，增长 4.6%。港口货物吞吐量 2.62 亿吨，增长 21.0%，其中，外贸吞吐量 2196.12 万吨，增长 22.7%。

居民汽车保有量稳步增长。年末民用汽车拥有量 76.82 万辆，本年新增 7.03 万辆；私人轿车拥有量 47.83 万辆，本年新增 3.91 万辆。

邮电业快速发展。全年邮政行业业务总量 29.63 亿元，增长 25.9%，其中，快递业务量 9836.04 万件，增长 33.1%；邮政行业业务收入 19.92 亿元，增长 17.3%，其中，快递业务收入 11.15 亿元，增长 20.6%。全年电信业务总量 262.97 亿元，增长 13.9%；电信业务收入 41.27 亿元，增长 8.7%。年末移动电话用户 495.57 万户，增长 3.6%。

八、财政、金融、保险和证券

财政收支平稳增长。全年完成一般公共预算收入 366.64 亿元，增长 6.6%，其中税收收入 294.86 亿元，增长 11.3%。一般公共预算支出 532.65 亿元，增长 12.0%，其中，一般公共服务支出增长 15.2%，科学技术支出增长 12.1%，社会保障和就业支出增长 31.2%，节能环保支出增长 24.2%，农林水事务支出增长 10.6%，交通运输支出增长 15.8%，住房保障支出增长 31.7%。

金融信贷规模不断扩大。年末金融机构人民币存款余额 6119.38 亿元，增长 6.8%，其中住户存款余额 2876.63 亿元，增长 9.1%。金融机构人民币贷款余额 4784.04 亿元，增长 14.6%，其中，短期贷款余额 1837.26 亿元，增长 12.03%；中长期贷款余额 2710.88 亿元，增长 14.0%。

保险业发展总体平稳。全年保费收入 162.71 亿元，下降 9.3%，其中，人身险 125.14 亿元，下降 12.4%；财产险 37.57 亿元，增长 2.8%。全年赔付金额 46.52 亿元，下降 8.8%，其中人身险 21.77 亿元，下降 26.6%；财产险 24.75 亿元，增长 15.8%。

证券交易有所回落。全年证券交易额 4846.10 亿元，下降 26.0%，其中，股票交易额 3615.17 亿元，下降 25.8%；基金交易额 277.73 亿元，下降 21.0%。

九、科学技术和教育

科技创新能力不断增强。预计全社会 R&D 经费支出占 GDP 比重 2.53%，比上年提高 0.03 个百分点。全年专利申请 35045 件，其中发明专利申请 103813 件；专利授权 15555 件，其中发明专利授权 1267 件；年末万人发明专利拥有量 13.47 件。全年 378 家企业进入国家高新技术企业公示阶段，189 家企业通过省高新技术企业培育入库评审，预计年末高新技术企业达到 780 家。全年新建省级工程技术研究中心 14 家，新增省级众创空间 2 家、省级孵化器 7 家。

教育优质均衡发展。学前教育优势扩大。全年新创优质园 22 所，省优比例达到 86.62%，连续四年位居全省第一。城乡义务教育一体化程度不断提升。深化教育集团、学区管理、城乡结对等“名校＋”模式，全市建有教育集团(联盟)76 个。普通高中高品质发展成效明显。全市三星高中比例100%、位列全省第一,高考成绩再续辉煌,文科全省第2名、理科全省第3名花落泰州,文理科前一百人数稳居全省前列。年末全市拥有小学138所,在校学生22.89万人;初中146所,在校学生11.10万人;高中35所,在校学生6.37万人;普通高等学校7所,在校学生6.34万人。

十、文化、卫生和体育

文化事业蓬勃发展。文化产业不断壮大。持续推进文化产业"1133"工程,深入指导6个重点文化产业园区、8个特色产业街区以及重点文化企业发展。文化服务体系不断完善。年末全市拥有文化馆7个、公共图书馆7个、博物馆19个、美术馆3个,公共图书馆总藏量312.52万册;有线电视入户率79.8%,电视综合人口覆盖率100%。

卫生事业加快发展。年末全市拥有各类卫生机构1997家,其中,医院、卫生院195家,卫生防疫防治机构10家,妇幼保健机构7家。各类卫生机构拥有床位28275张,其中医院、卫生院拥有床位26812张。拥有卫生技术人员29390人,其中,执业医师、执业助理医师12251人,注册护士12454人。年末农村无害化卫生户厕普及率为90.07%,新型农村合作医疗人口覆盖率为100%。

体育事业迈上新台阶。公共体育服务体系建设提档升级。改造升级居民健身场所50个,完成10000人国民体质监测工作计划。开展全面健身活动。举办2018年元旦"骑跑"、春节"健身大拜年"系列活动等全民健身赛事。扩大品牌赛事影响力。举办2018年铁人三项亚洲杯赛,全国游泳邀请赛,第十二届春兰杯世界职业围棋锦标赛,第五届高港杯全国象棋青年大师赛等品牌赛事活动。竞技体育综合实力提升。在省运会上,泰州市竞技项目共夺得金牌42.5枚,银牌36枚,铜牌44枚,总分1423分,金牌数名列全省第九名;远大足球俱乐部成功获得2019年度中乙联赛名额。

十一、资源环境、节能降耗和安全生产

生态环境建设取得成效。打好污染防治攻坚战。实施蓝天保卫战,全市PM2.5浓度为48.8微克/立方米,下降5.1%;空气优良天数比例为70%。实施碧水保卫战,预计全市24个省考及以上断面达到或优于Ⅲ类水质比例91.7%,排名全省第一。实施净土保卫战,开展固体废物整治百日行动,排查问题点位241处并完成整改171处;开展"减存量、控风险"专项行动,全市危废产生企业库存量比2017年削减50%。

节能降耗取得进展。全年规上工业累计综合能耗936.72万吨标准煤,下降1.2%;规上工业万元产值能耗0.1318吨标准煤,下降9.6%。预计全年单位GDP能耗下降3.7%。

安全生产形势稳定。全年各类安全生产事故325起,下降7.9%;死亡人数2219人,下降3.5%,亿元GDP生产安全事故死亡0.043人。

十二、人口、人民生活和社会保障

人口基本稳定。年末户籍总人口503.39万人,其中市区163.95万人。当年出生人口4.23万人,人口出生率8.39‰;死亡人口4.26万人,人口死亡率8.44‰;人口自然增长率−0.06‰。年末全市常住人口463.57万人,其中市区163.49万人。年末常住人口城镇化率为66.0%,比上年提高1.13个百分点。

居民收入稳定增长。全体居民人均可支配收入34642元,增长9.0%。其中城镇常住居民人均可支配收入43452元,增长8.5%;农村常住居民人均可支配收入21219元,增长8.8%。

社会保障水平不断提升。大力实施全民参保计划,年末基本养老保险参保人数达203.48万

人，城乡基本养老保险覆盖率97.71%，为4.45万低收入人口等困难群体代缴养老保险费674万元。全面推行企业职工养老保险断保救助，累计救助1333人，救助金额达2700多万元。民生保障取得新进展，全市城乡低保标准统一提高到每人每月650元，在苏中、苏北提前两年实现全市城乡低保标准一体化，特困人员供养标准也同步提高。扩大政府购买养老服务范围，13.96万名居家老人接受上门服务，占比达到10.7%。新建城乡标准化社区居家养老服务中心111家，其中城市56家、农村55家，覆盖率分别提高到60.3%、32.8%；新建街道日间照料中心5个、城市社区老年人助餐点186个。现有养老床位总数50349张，每千名老人拥有床位数达到38.6张。开展护理型养老机构达标创建活动，现有护理型床位14508张，占养老机构床位比例达到53.27%。

第八章　2018年南通市经济社会发展报告

2018年，全市上下坚持以习近平新时代中国特色社会主义思想为指导，认真贯彻党的十九大精神，按照省委提出的争当“一个龙头，三个先锋”的要求，坚持稳中求进工作总基调，自觉践行新发展理念，加快建设上海大都市北翼门户城市，经济运行平稳有序，综合实力显著增强，改革开放持续深入，新旧动能接续转换，质量效益稳步提升，城乡建设统筹推进，民生福祉日益改善，高质量发展实现良好开局。

一、综合

年末全市常住人口731.00万人，其中，城镇人口达到490.50万人，增长1.69%，城镇化率67.1%，比上年提高1.07个百分点。年末户籍人口762.52万人。全市人口出生率6.9‰，人口死亡率9.1‰，人口自然增长率－2.2‰。

表1　2018年末人口数及构成

指　　标	年末数(万人)	比重(%)
年末常住人口	731.00	—
城镇人口	490.50	67.1
乡村人口	240.50	32.9
年末户籍人口	762.5	—
#18岁以下	91.3	12.0
18～34岁	139.4	18.3
35～60岁	301.5	39.5
60岁以上	230.3	30.2
#男性人口	374.6	49.1
女性人口	387.9	50.9

国民经济平稳增长。初步核算，全市实现生产总值8427亿元，按可比价格计算，比上年增长7.2%。其中，第一产业增加值397.77亿元，增长2.2%；第二产业增加值3947.88亿元，增长6.5%；第三产业增加值4081.35亿元，增长8.4%。人均GDP达到115320元，增长7.1%。按2018年平均汇率计算，人均GDP为17427美元。

全市实现一般公共预算收入606.19亿元，剔除“营改增”政策因素影响，同口径增长2.6%，其中，税收收入503.98亿元，税收占比达到83.1%，比上年同期提高4.8个百分点。一般公共预算收入占地区生产总值的比重达7.2%，比上年下降0.4个百分点。

就业持续增加。全年新增就业人数10.4万人，新增转移农村劳动力1.51万人。全年提供就业岗位32万个。

年末从业人员达455.0万人，其中，第一产业83.7万人，第二产业211.6万人，第三产业159.7万人。

劳动生产率稳步提高。2018年，全员劳动生产率为173266元/人，比上年提高7.2%。

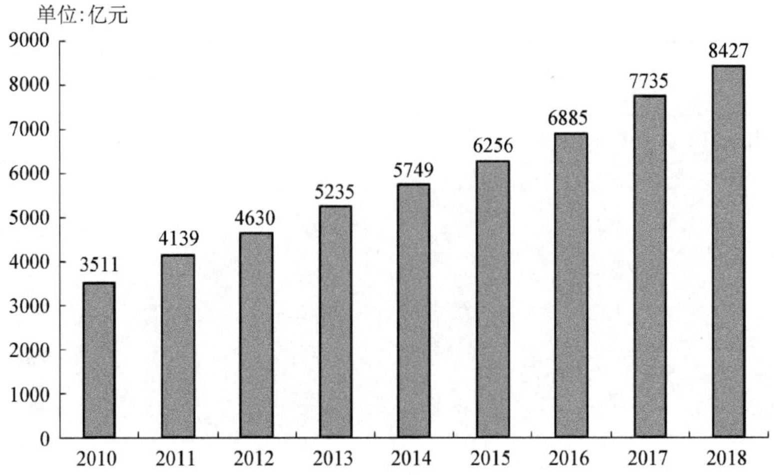

图 1　2010—2018 年地区生产总值

产业结构继续优化。全市三次产业结构演进为 4.7∶46.8∶48.4。“两新”产业较快发展，高新技术产业产值增长 16.8%，占规模以上工业比重达到 50.1%，同比提高 1.1 个百分点；六大新兴产业完成产值增长 12.9%，占规模以上工业的比重达到 33.5%，同比下降 0.3 个百分点。投资结构加快调整，服务业投资占固定资产投资比重达到 50.6%，同比提高 0.4 个百分点。

区域经济协调发展。县(市)实现生产总值 5378.11 亿元，增长 7.6%，高于市区增幅 0.8 个百分点，在一般公共预算收入、工业应税销售收入、工业用电量、社会消费品零售总额和金融机构本外币贷款余额等方面，县(市)增速也快于市区。县(市)完成一般公共预算收入 332.59 亿元，增长 0.6%，增幅低于全市平均水平 2 个百分点。县(市)人均地区生产总值 108754 元，与全市平均水平差距进一步缩小。

大众创业万众创新氛围更趋浓厚，全年新登记私营企业 3.36 万家，年末累计达 20.94 万家；新登记私营企业注册资本 2088.98 亿元，年末实有注册资本 12662.98 亿元。全年新登记个体户 8.81 万户，年末实有个体工商户 61.52 万户；新登记个体工商户资金 117.81 亿元，年末注册资金 521.61 亿元。年末全市共有规模以上民营工业企业 4111 家，占全市规模以上工业企业总数的比重达 78.8%；全年民营工业增加值增长 9.1%，占全市规模以上工业的比重达 67.4%。

二、人民生活和社会保障

城乡居民收入稳步增加。全体居民人均可支配收入 37071 元，比上年增长 9.3%，按常住地分，城镇居民人均可支配收入 46321 元，增长 8.3%；农村居民人均可支配收入 22369 元，增长 9.3%。全体居民人均消费支出 23379 元，增长 7.2%，按常住地分，城镇居民人均消费支出 28259 元，增长 6.6%；农村居民人均消费支出 15624 元，增长 6.7%。

表 2　2018 年居民收支构成表

	全体居民		城镇居民		农村居民	
	指标值(元)	增长(%)	指标值(元)	增长(%)	指标值(元)	增长(%)
人均可支配收入	37071	9.3	46321	8.3	22369	9.3
工资性收入	21429	9.1	26720	8.3	13018	9.0
经营净收入	6893	8.3	8032	7.0	5083	12.9
财产净收入	2960	18.9	4394	13.8	682	19.6
转移净收入	5789	6.4	7175	6.8	3586	3.7

续表

	全体居民		城镇居民		农村居民	
	指标值(元)	增长(%)	指标值(元)	增长(%)	指标值(元)	增长(%)
人均生活消费支出	23379	7.2	28259	6.6	15624	6.7
食品烟酒	6589	6.8	7923	6.3	4468	6.3
衣着	1558	8.1	2013	3.5	836	15.8
居住	5098	5.6	6323	5.3	3152	2.8
生活用品及服务	1372	10.0	1626	6.1	968	18.9
交通通信	3563	4.3	3964	6.4	2926	3.0
教育文化娱乐	2985	13.1	3752	12.1	1765	10.7
医疗保健	1514	9.3	1849	6.9	982	12.7
其他用品和服务	700	3.0	809	4.5	527	0.4

年末,城镇居民家庭每百户拥有电冰箱118台,空调230台,移动电话257部,家用电脑82台,家用汽车68辆。农村居民家庭每百户拥有电冰箱125台,空调168台,移动电话251台,家用电脑49台。

年末全市城镇居民人均住房建筑面积48.6平方米,比上年增长0.2%。农村居民人均住房面积62.0平方米,比上年增长0.8%。

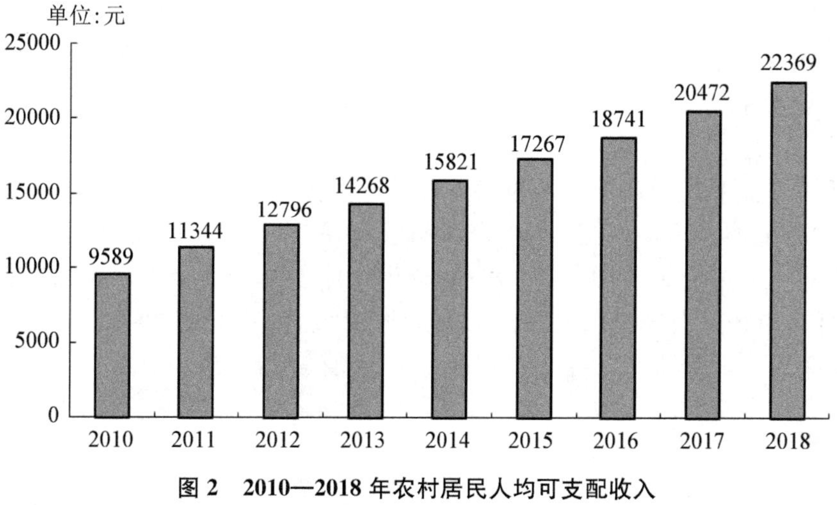

图2　2010—2018年农村居民人均可支配收入

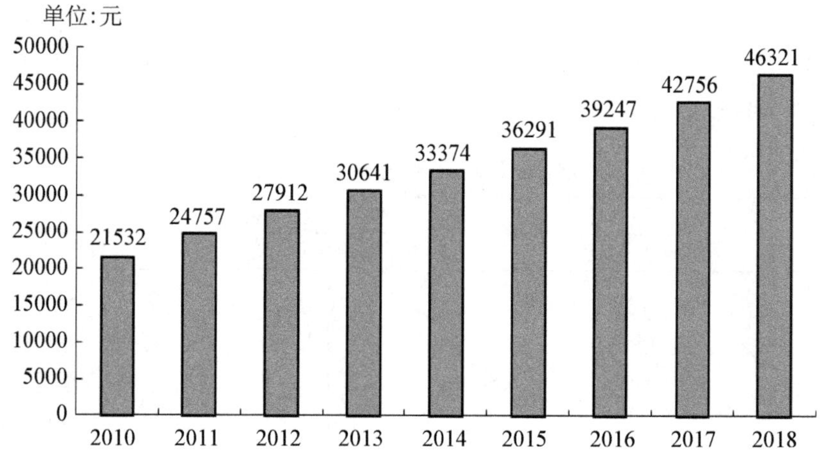

图3　2010—2018年城镇居民人均可支配收入

市区居民消费价格总指数 102.3，物价总水平比上年增长 2.3%，其中，服务项目价格上涨 2.6%，消费品价格上涨 2.2%。八大类消费价格全部上涨。

年末全市参加城镇职工基本养老保险人数 159.5 万人，比上年增加 6.0 万人。全市城镇职工基本养老保险离退休人数 68.8 万人，比上年增加 4.4 万人。城乡居民养老保险参保人数 141 万人；参加失业保险人数 111.91 万人，比上年末增加 5.55 万人；参加工伤保险人数为 131.20 万人，比上年末增加 0.44 万人。

年末参加基本医疗保险人数 717.5 万人，比上年末减少 4.43 万人；其中，参加职工基本医疗保险人数 210.63 万人，比上年末增加 10.46 万人；参加城乡居民基本医疗保险人数 506.87 万人，比上年末减少 14.89 万人。

年末全市拥有各类养老机构 242 家，总床位数 70183 张，其中，养老机构床位数 47604 张，农村敬老院 91 家，床位 21750 张。年末农村五保对象 21337 名，集中供养 8886 人，农村五保集中供养能力达到 101.9%。全年结婚登记 54589 对。

三、农林牧渔业

全市农林牧渔业总产值 761.23 亿元，按可比价计算，增长 3.0%。其中，农业产值 324.55 亿元，增长 3.7%；牧业产值 167.67 亿元，增长 0.9%；渔业产值 178.57 亿元，增长 1.3%。

粮食播种面积 803.04 万亩，下降 2.2%；棉花种植面积 10.6 万亩，下降 9.7%；油料种植面积 98.7 万亩，下降 7.5%；蔬菜种植面积 206.2 万亩，增长 1.2%。全年粮食亩产 419.5 公斤，增长 0.8%。

现代农业加快发展。新增设施农业面积 6. 5 万亩。年末农业机械总动力 413.93 万千瓦，比上年增长 0.8%。全年家庭农场总数达 4188 家，其中，新增省级示范家庭农场 28 家，累计 113 家。全市建成农业产业化龙头企业 380 家，其中，国家级 8 家。

表 3　主要农副产品产量情况

产品名称	计量单位	产量	比上年增长(%)
粮食	万吨	336.90	−1.4
棉花	万吨	0.79	−5.9
油料	万吨	20.89	−6.8
生猪存栏	万头	230.61	−13.1
生猪出栏	万头	349.06	−2.3
羊存栏	万只	162.28	−10.9
羊出栏	万只	225.01	−16.3
家禽存栏	万羽	4260.56	4.9
家禽出栏	万羽	9827.71	0.7
肉类	万吨	45.30	−1.0
禽蛋	万吨	34.71	9.8
水产品	万吨	83.1	−2.7

四、工业和建筑业

全市规模以上工业增加值增长 7.7%，其中轻重工业分别增长 6.9%和 8.1%。分经济类型看，国有企业增长 21.4%，股份制企业增长 8.7%，外商及港澳台投资企业增长 5.1%。“3+3”重点产业较快增长,重点产业产值同比增长 13.7%,其中,电子信息、智能装备、新材料产业等三大重点支柱产业同比分别增长 18.4%、17.1%和 16.9%。

全市规模以上工业主营业务收入 14029.55 亿元,增长 13.7%,利润总额 1165.55 亿元,增长 25.3%。亏损企业亏损总额 32.8 亿元,下降 11.2%。

表 4　主要工业产品产量情况

产品名称	计量单位	产　量	比上年增长(%)
纱	万吨	51.98	1.3
布	亿米	29.71	6.4
印染布	亿米	27.86	−7.7
服装	亿件	6.10	5.4
化学纤维	万吨	115.46	5.9
金属集装箱	万立方米	29.14	−74.3
电动手提式工具	万台	9647.84	6.7
民用钢质船舶	万载重吨	267.99	−1.6
海洋工程及特种船舶	万综合吨	648.78	0.2
通信及电子网络用电缆	万对千米	0.00	−100.0
光缆	万芯千米	1432.50	23.6
半导体分立器件	亿只	79.07	−9.5
集成电器	亿块	176.46	11.1
发电量	亿千瓦时	434.02	−1.2
其中:风力发电量	亿千瓦时	53.27	30.9

深入实施“263”专项行动,全市煤炭消费量(除公用燃煤机组外)同比减少 105 万吨,万元地区生产总值能耗稳步下降,超额完成全市减煤及节能强度控制目标任务。2018 年全市规模以上工业企业中,六大高耗能行业能耗下降 5.7%,占规模以上工业综合能耗比重为 62.9%。

表 5　工业十大行业能源消耗情况

指　　标	综合能源消费量(万吨标准煤)	单位产值能耗(吨标准煤/万元)	单位产值能耗比上年增长(%)
电力、热力生产和供应业	635.7	3.2427	−11.1
化学原料和化学制品制造业	170.5	0.0996	−22.2
纺织业	118.2	0.0895	−11.0
造纸和纸制品业	73.9	0.8828	−11.3
化学纤维制造业	72.5	0.2283	−6.6
电气机械和器材制造业	39.1	0.0167	−17.7
金属制品业	37.2	0.0458	−35.5
非金属矿物制品业	31.7	0.0624	−5.4
通用设备制造业	19.1	0.0159	−25.4
文教、工美、体育和娱乐用品制造业	18.6	0.0293	−23.8

全市实现建筑业增加值 667.4 亿元,增长 1.5%。全市建筑企业承建施工面积 8.76 亿平方米,增长 13.4%。全市建筑队伍人数 180 万人,建筑队伍遍及 40 个国家和地区,年末出国人数 0.6 万人;年末全市拥有特级资质建筑企业 24 家,拥有一级建造师 10382 人。全年新入围鲁班奖 3 项,累计获 103 项,居全国地级市之首。

五、固定资产投资

全市固定资产投资额增长 8.8%，其中，民间投资增长 10.8%，工业投资增长 8.0%，其中技改投资增长 24.8%，服务业投资增长 9.6%，基础设施投资增长 10.8%。

全年房地产开发投资 759.52 亿元，比上年增长 24.5%。商品房施工面积 5718.53 万平方米，增长 10.9%，其中，普通商品房施工面积 4265.61 万平方米，增长 11.9%。全市商品房竣工面积 1114.1 万平方米，增长 1.2%，其中，普通商品房竣工面积 837.82 万平方米，增长 3.6%。商品房销售面积 1731.53 万平方米，增长 4.5%，其中，普通商品房 1570.45 万平方米，增长 6.8%。

六、国内贸易和旅游业

全年社会消费品零售总额 3088.77 亿元，增长 9.0%。其中，城市消费品零售额 2311.75 亿元，增长 9.0%；农村消费品零售额 777.01 亿元，增长 8.9%。分行业看，批发和零售业消费品零售额 2817.63 亿元，增长 8.9%；住宿和餐饮业消费品零售额 271.13 亿元，增长 9.6%。

限额以上贸易单位商品零售额中，汽车类零售额比上年下降 0.3%，石油及制品类增长 25.9%，粮油、食品类增长 6.9%，饮料类下降 5.7%，烟酒类增长 11.7%，服装鞋帽针织纺品类增长 17.1%，日用品类下降 5.4%，金银珠宝类增长 4.7%，家用电器和音像器材类下降 2.3%。

全年接待海内外旅游者总人数 4786.45 万人次，比上年增长 12.2%。其中，国内旅游者 4766.93 万人次，增长 12.2%，旅游住宿设施和居民家中接待过夜海外旅游者 19.52 万人次，增长 5.1%。全年实现旅游总收入 709.19 亿元，比上年增长 15.3%，其中，外汇收入 1.37 亿美元，增长 9.2%；国内旅游收入 693.33 亿元，增长 15.3%。年末全市拥有旅游星级饭店 62 家，旅行社 187 家，A 级旅游景区(点)51 处，省星级乡村旅游区 81 家。

七、开放型经济

全年进出口总值 2542.90 亿元，增长 7.7%，其中，出口总值 1676.88 亿元，下降 0.9%；进口总值 866.02 亿元，增长 29.6%。年末与南通市建立进出口贸易关系的国家和地区 199 个，与上年持平。全市有进出口业绩的企业 6521 家，增长 7.5%。

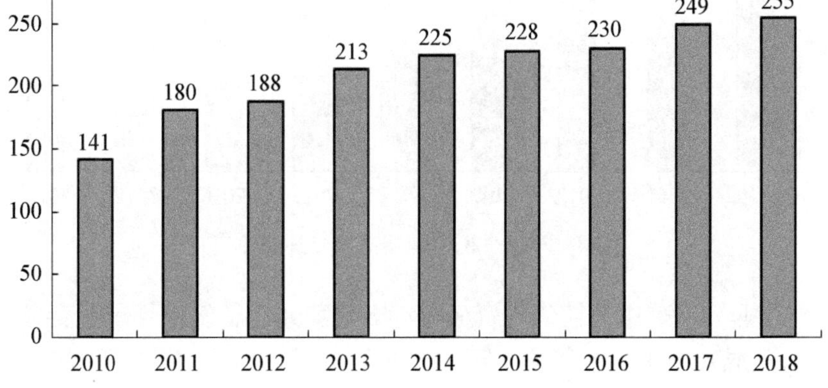

图 4　2010—2018 年出口总值

表 6　进出口贸易方式及出口地分类情况

指　　标	总量(亿元)	比上年增长(%)
进出口总值	2542.90	7.7
进口	866.02	29.6
出口	1676.88	−0.9
#三资企业	747.95	4.9
私营企业	875.37	−5.7
#一般贸易	1179.87	12.7
加工贸易	438.31	5.9
#纺织品	470.16	−3.0
化工产品	184.85	19.9
机电产品	693.76	4.4
高新技术产品	223.40	9.5
#船舶及海工	134.46	7.7
光伏产品	34.66	−18.8
#亚洲	917.44	−0.4
#东盟	206.73	−7.2
日本	241.76	5.6
欧洲	251.58	−12.3
#欧盟	215.25	−12.1
北美洲	295.25	13.8
#美国	275.35	14.6

全年新批外商投资项目 294 个,比上年下降 15.5%,其中,千万美元以上项目 212 个,比上年下降 17.2%;新批协议外资 70.1 亿美元,增长 30.7%;实际到账注册外资 25.8 亿美元,增长 6.6%。

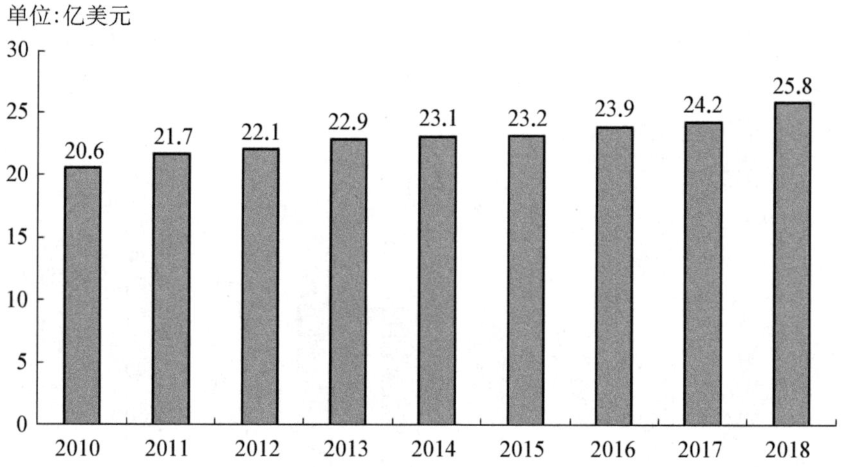

图 5　2010—2018 年实际到账注册外资

全年新批境外企业 68 家,中方协议投资额 10.48 亿美元。新签对外承包劳务合同额 17.26 亿美元,增长 80.5%;完成对外承包劳务营业额 17.79 亿美元,下降 1.7%;新派劳务人员 0.89 万人次,增长 0.5%;年末在外劳务人员 2.35 万人,下降 2.4%。

八、交通、邮政电信业和电力业

全年交通运输、仓储及邮政业增加值264.55亿元，比上年增长4.3%。兴东国际机场年末拥有国际航线4条、开通周航班量12班；国内航线31条，开通周航班量250班，完成旅客运输量277.1万人次，增长37.9%；全年民航货邮吞吐量5.6万吨，增长15.2%。年末铁路南通站始发列车24对；全年铁路客运量516.25万人次，增长12.0%；货运量119.24万吨，增长8.9%。全年公路货运量13746万吨，增长8.6%；公路客运量6807万人次，下降6.9%。

南通港全年货物吞吐量26702.11万吨，增长13.3%，其中，进港15839.01万吨，增长12.3%；外贸吞吐量6063.08万吨，增长2.0%。集装箱吞吐量96.79万标准箱，下降3.9%，其中，外贸航线36.16万标准箱，下降7.8%。

年末全市机动车保有量195.7万辆，比上年末增加8.3万辆。其中，载客汽车156.9万辆，增加14.3万辆；载货汽车9.6万辆，增加1万辆；摩托车27.5万辆，减少7.1万辆。年末全市个人汽车保有量达149.3万辆，比上年末增加13.6万辆。

全年实现邮政业务收入45.78亿元，增长22.4%，电信业务收入81.11亿元，增长15.2%。年末全市固定电话用户168.21万户，比上年减少9.32万户，其中，城市电话用户103.8万户，减少3.5万户；住宅电话用户92.0万户，减少26.5万户。年末移动电话用户861.50万户，净增20.51万户。年末互联网用户974.55万户，新增49.87万户，其中固定宽带互联网用户294.42万户，新增35.79万户，无线宽带互联网用户680.13万户，增加14.08万户。

全年用电量433.31亿千瓦时，增长8.2%。分产业看，第一产业用电量6.81亿千瓦时，增长7.9%；第二产业用电量301.46亿千瓦时，增长7.5%，其中，工业用电量295.86亿千瓦时，增长7.3%；第三产业用电量56.64亿千瓦时，增长11.2%。全年城乡居民生活用电量68.40亿千瓦时，增长8.8%。

全市拥有发电装机容量1162.14万千瓦，其中，燃煤火电厂装机738.2万千瓦，占全市总装机容量的63.5%，风力发电、光伏发电、生物质发电、燃气发电装机容量分别为238.65万千瓦、118.46万千瓦、8.5万千瓦、46.33万千瓦，占全市总装机容量的比重分别为20.5%、10.2%、0.7%和4.0%。

九、财政、金融

全年一般公共预算收入606.19亿元，增长2.6%，其中，增值税增长1.9%，改征增值税增长26.7%，企业所得税增长24.9%，个人所得税增长8.0%，契税增长5.4%。全年一般公共预算支出877.12亿元，增长8.1%。一般公共预算支出中民生支出684.20亿元，占一般公共预算支出的比重达到78%，比上年提高1个百分点。

全年金融机构新增本外币存款493.01亿元，年末存款余额12211.17亿元，其中，储蓄存款余额5596.37亿元，比年初增加125.67亿元；非金融企业存款余额3736.89亿元，比年初减少117.07亿元。全年金融机构投放贷款988.41亿元，年末各项贷款余额8878.00亿元。

全年缴存公积金116.08亿元，比上年增长12.7%；发放住房公积金贷款74.42亿元，比上年下降5.9%；本年提取公积金90.51亿元，增长7.4%。全年新增公积金开户人数15.52万人，至年末有76.1万人正常缴存住房公积金。

年末全市拥有保险机构80家，保险行业从业人员3.45万人。全年保费收入300.59亿元，比上年下降9.3%，其中，财产险收入67.23亿元，增长5.1%；人寿险收入193.38亿元，下降16.2%。

年末全市上市公司41家，其中，境内上市公司33家，比上年新增1家，上市公司通过首发、配股、增发、可转债、公司筹集资金77.32亿元。企业境内上市公司年末总股本312.3亿股，市价总值2292.7亿元。

十、科学技术和教育

年末全市拥有高新技术企业1308家；新建省级工程中心6家，省级企业院士工作站6家。新建市级公共技术服务平台1家，市级工程技术研究中心18家，企业院士工作站1家。全年有26项科技成果获国家及江苏省科技进步奖，其中，国家级一等奖1项，二等奖4项；省级二等奖9项，三等奖12项。年末，全市共建成科技孵化器52家，其中国家级14家、省级32家。全年专利申请量52799件，比上年下降3.5%；专利授权量24578件，同比增长29.0%；其中，发明专利申请量9837件，下降26.5%，发明专利授权量2240件，下降14.8%，万人发明专利拥有量27.30件，增长14.7%，PCT专利申请量达1069件，增长8.1%。全社会研发投入占GDP的比重达到2.7%，比上年提高0.02个百分点。

全市拥有普通高等学校8所，年末在校学生10.68万人；成人高校2所，在校学生2.12万人；中等职业教育学校28所，在校学生7.48万人；普通高中43所，在校学生7.78万人；普通初中163所，在校学生16.32万人；小学324所，在校学生34.62万人；特殊教育学校7所，在校学生0.15万人；各级各类幼儿园508所，在园儿童17.67万人。

十一、文化、卫生和体育

年末全市拥有文化馆9个，文化站97个，公共图书馆10个，“农家书屋”1643个。城乡社区综合性文化服务中心建成率100%。全市已备案的各类博物馆(纪念馆)22家，年末万人拥有公共文化设施面积2835平方米。市级以上文物保护单位92处，其中，全国重点文物保护单位11处，省级文物保护单位22处。市级以上非物质文化遗产125项，其中，国家级10项，省级53项。全市拥有广播电视台7个，年末有线电视用户213.47万户，其中，数字电视用户199.02万户，高清电视用户46.51万户。年末全市共有文化市场经营单位4091家。全市拥有文化产业示范园区(基地)56个，其中，国家级2个，省级6个。

年末全市拥有卫生机构1733个(不含农村社区卫生服务站、村卫生室)，其中，医院、卫生院345个，妇幼保健院(所、站)8个，专科疾病防治院(所、站)2个。卫生机构床位数4.41万张，卫生技术人员4.80万人。其中，执业医师和执业助理医师1.99万人，注册护士2.04万人。疾病预防控制中心(站)9个，卫生技术人员476人。卫生监督所7个，卫生技术人员207人。乡镇卫生院99个，床位0.78万张，卫生技术人员0.77万人。

崇川区、港闸区和开发区共建成城市社区卫生服务中心21个，以街道(镇)为单位建成率100%。全市累计建成农村社区卫生服务站、村卫生室1543个，行政村覆盖率100%。

全年成功承办了11项次全国赛事、6项次省级赛事。全市新增晨晚练健身点129个，各级各类全民健身活动参与群众超过10万人次。体育彩票销售创历史新高，全年销售额18.55亿元。

十二、环境保护和安全生产

全年市区新增绿地443公顷，城市绿化覆盖率44%；日供水能力达到200万立方米，水质综合指标合格率100%；市区燃气普及率、用水普及率、生活垃圾无害化处理率均达到100%。全年市区新增路灯、景观灯10935盏，城市道路亮灯率达到99.6%，农村自来水普及率100%。

全年共新建(改造)燃煤火电、热电机组脱硫设备17套、脱硝设施17套、除尘改造17套，锅炉平均脱硫效率达90%以上、综合脱硝效率达75%以上，烟尘排放基本达到重点区域特别排放限值。全市各地根据实际划定了禁燃区范围。

环境质量保持稳定，环境空气主要污染物年平均值为：二氧化硫17微克/立方米，二氧化氮35微克/立方米，可吸入颗粒物62微克/立方米，PM2.5浓度为41微克/立方米，其中二氧化硫、二氧化氮和可吸入颗粒物年均值符合国家空气质量二级标准，PM2.5年均值超过国家空气质量二级标准；全年空气质量指数达到良好以上的天数达291天，占全年有效监测天数的79.7%。长江南通段主流水质符合国家地表水环境质量Ⅲ类水质标准，饮用水源地水质达标率100%。区域环境噪声平均值为56.2分贝，交通干线噪声平均值为67.2分贝，均符合国家环境噪声质量标准。

全年共发生各类安全生产事故485起，死亡336人，比上年分别下降1.4%和1.5%，其中，工矿商贸企业(含建筑业)发生生产安全亡人事故144起，死亡153人。全年发生一次死亡3人(含3人)以上安全生产事故2起，死亡8人。全市共发生火灾1366起，死亡1人，受灾234户，烧毁建筑面积18140.2万平方米，直接经济损失601.04万元。全市共发生一般以上交通事故1233起，死亡419人，伤1031人，直接经济损失296.7万元。

第九章　2018年徐州市经济社会发展报告

2018年，全市上下在市委市政府的坚强领导下，以习近平新时代中国特色社会主义思想为指导，认真贯彻党的十九大精神，坚持稳中求进工作总基调，切实贯彻新发展理念，克难奋进、开拓创新，落实高质量发展要求，以供给侧结构性改革为主线，以建设淮海经济区中心城市为重点，经济运行总体平稳，综合实力显著增强，质量效益稳步提升，人民生活持续改善，高质量发展实现良好开局。

一、总体经济

经济运行保持平稳。初步核算并经省统计局核定，2018年，全市实现地区生产总值（GDP）6755.23亿元，按可比价计算，比上年增长4.2%。其中，第一产业增加值631.39亿元，增长2.4%；第二产业增加值2812.02亿元，增长1.5%；第三产业增加值3311.82亿元，增长7.0%。全市人均地区生产总值76915元，比上年增长3.7%。全社会劳动生产率持续提高，全年平均每位从业人员创造的增加值达139961元，比上年增加3206元。

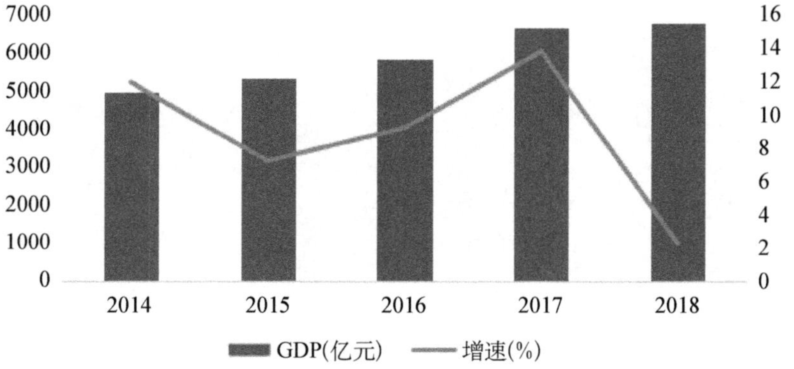

图1　盐城市GDP规模及实际增速

数据来源：历年《江苏统计年鉴》

产业结构持续优化。全市三次产业结构调整为9.4∶41.6∶49.0，第三产业增加值比重比上年提高1.8个百分点，超过二产7.4个百分点。全市规模以上工业实现高新技术产业产值比上年增长2.2%，占规模以上工业总产值比重为38.3%；六大战略新兴产业产值比上年增长5.8%，占规模以上工业总产值比重达到37.7%，提高4.2个百分点。

新市场主体快速增加。年末全市工商新登记企业4.74万家，比上年增长9.9%；注册资金3068.8亿元，增长1.7%。其中，新增私营企业4.16万家，增长11.5%，注册资金2047亿元，下降0.9%；新增外资企业355家，增长16.0%，注册资金427.3亿元，增长38.1%。新增个体户13.39万户，增长10.1%，注册资金174.1亿元，增长9.6%。

新型城镇化建设步伐较快。年末全市城镇化率为65.1%，比上年提高1.3个百分点；县域城镇化率55.1%，比上年提高1.4个百分点。五县（市）地区生产总值为3374.04亿元，按可比价计算，比上年增长3.8%，总量占全市比重为49.9%。

价格指数平稳上涨。全年城市居民消费价格比上年上涨2.3%。分类别看，食品烟酒类上涨2.4%，衣着类上涨0.4%，居住类上涨2.1%，生活用品及服务类上涨3.1%，交通和通信类上涨3.5%，教育文化和娱乐类上涨3.1%，医疗保健类上涨1.6%，其他用品和服务类上涨0.3%。全市工业生产者出厂价格上涨3.0%，涨幅比上年下降2.4个百分点；购进价格上涨4.8%，涨幅比上年下降7.8个百分点。

表1　2018年徐州市居民消费和商品零售价格比上年涨跌幅度

指标名称	价格指数(上年=100)	比上年涨跌幅(%)
居民消费价格总指数	102.3	2.3
#食品烟酒类	102.4	2.4
#食品	102.7	2.7
#粮食	103.0	3.0
食用油	99.7	−0.3
菜	106.8	6.8
#鲜菜	107.2	7.2
畜肉类	99.3	−0.7
禽肉类	107.6	7.6
水产品	105.6	5.6
蛋类	116.0	16
干鲜瓜果	97.9	−2.1
烟酒	104.1	4.1
衣着	100.4	0.4
居住	102.1	2.1
生活用品及服务	103.1	3.1
交通和通信	103.5	3.5
教育文化和娱乐	103.1	3.1
医疗保健	101.6	1.6
其他用品和服务	100.3	0.3
商品零售价格指数	103.0	3.0

数据来源：2018年徐州市国民经济与社会发展统计公报

经济社会高质量发展取得较为突出成绩的同时，还存在不少困难和问题。实体经济发展面临较大困难，经济下行压力有所加大；自主创新能力还不强；资源环境约束趋紧，大气、水、土壤等污染防治形势依然严峻；部分领域风险隐患不容忽视，社会治理、保障和改善民生面临许多新情况新问题。

二、农林牧渔业

农业生产保持稳定。全年实现农林牧渔业总产值1211.96亿元，比上年增长5.4%。全年粮食总产量484.48万吨，增长0.4%，粮食亩产422公斤，减少11公斤；其中，夏粮产量204.42万吨，增长0.1%；秋粮产量280.07万吨，增长0.6%。棉花总产量1.03万吨，下降45.5%；油料产量12.32万吨，下降4.1%；水果(含瓜果类)产量215.03万吨，下降11.5%；蚕茧产量0.45万吨，下降3.0%。全年猪牛羊禽肉产量69.90万吨，下降3.2%；禽蛋产量29.67万吨，增长2.8%；水产品产量 16.87 万吨,增长 2.1%。

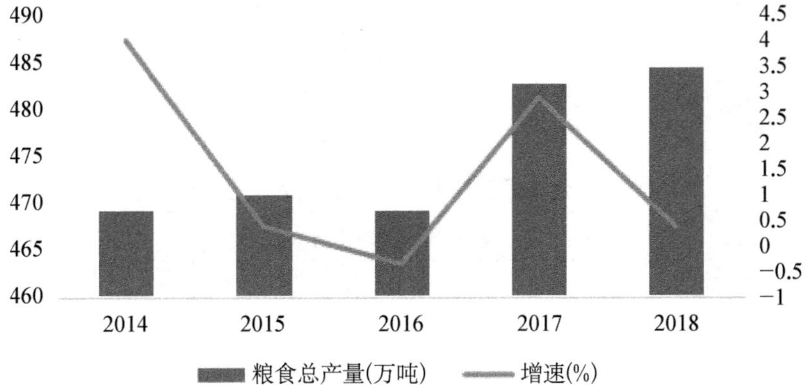

图 2 2014—2018 年粮食总产量及增速

数据来源:2018 年徐州市国民经济与社会发展统计公报

现代农业加快推进。全年新增设施农业面积 6.69 千公顷,设施农业面积累计达 146.22 千公顷,比上年增长 4.8%;新增设施渔业面积 0.17 千公顷,累计达 7.08 千公顷,增长 2.5%;新建高标准农田 43.39 万亩,累计建成 549.18 万亩,占耕地面积比重提升到 60.1%,比上年提高 4.8 个百分点。新增有效灌溉面积 7.93 千公顷,累计达 535.20 千公顷;新增节水灌溉面积 16.19 千公顷,累计达 359.13 千公顷;年末农业机械总动力 736.85 万千瓦,增长 0.5%。

农业产业化水平不断提升。全市新增国家级农业龙头企业 2 家;新增市级农业龙头企业 39 家。全部市级农业龙头企业销售收入 454.19 亿元,比上年增长 4.1%。全年秸秆还田面积达 853.52 万亩;累计建设秸秆收储中心和临时堆放点 1300 处,年收储能力达 125 万吨。全市土地承包经营权流转面积达 384.54 万亩;家庭农场、农民合作社分别达到 1.09 万家和 1.68 万个,分别比上年增长 15.1%和 1.9%。

三、工业和建筑业

工业生产下行压力较大。为加速转型振兴,打赢蓝天保卫战,全市对高污染、高耗能、高排放行业加大治理力度。全年规模以上工业增加值比上年下降 9.9%,其中,轻工业下降 8.5%,重工业下降 10.8%。工业用电量下降 10.4%。分经济类型看,股份制工业下降 10.9%;外商及港澳台投资工业下降 2.4%;国有控股工业增长 7.5%,民营工业下降 22.9%。重点培育的六大优势产业产值下降 14.1%,占规模以上工业总产值比重为 94.6%。其中,装备制造业增长 12.0%,能源、食品加工、煤盐化工、冶金和建材分别下降 11.0%、24.0%、34.5%、28.9%和 12.7%。

工业结构向中高端攀升。规模以上工业中,新兴产业、高端产业增长情况好于传统产业,2018 年,全市六大新兴产业产值同比增长 5.8%,增速快于传统优势产业 19.9 个百分点,占规模以上工业产值比重为 37.7%,较 2017 年提高 4.2 个百分点,其中,高端装备制造业、新一代信息技术和软件业产值分别增长 32.6%和 17.2%,分别拉动全市工业产值增长 13.1 和 1.0 个百分点;高新技术产业产值占规模以上工业比重较 2017 年提高 1.8 个百分点;高耗能行业产值下降 19.9%,占比同比下降 1.9 个百分点。

表 2　2018 年规模以上工业企业主要产品产量

产品名称	单　位	绝对量	增长(%)
发酵酒精	万千升	27.41	−19.7
卷烟	亿支	366.52	2.7
纱	万吨	44.03	−47.7
布	万米	11238	−17.9
轻革	万平方米	121.25	—20.3
纸制品	万吨	4.79	−49.0
烧碱(折 100%)	万吨	7.05	−2.7
化肥(折 100%)	万吨	12.55	172.8
树脂	万吨	7.68	17.9
轮胎外胎	万吨	12.90	−35.3
水泥	万吨	1362.41	−29.5
生铁	万吨	97.89	−61.3
铝材	万吨	18.17	35.2
起重设备	万吨	64.94	58.3
铲土运输机械	台	63162	39.7
压实机械	台	8258	16.9
混凝土机械	台	2835	36.0

建筑业稳定发展。年末全市资质以上建筑业企业 551 家;全年实现建筑业总产值 1554.63 亿元,比上年增长 4.1%。全年房屋建筑施工面积 10980.20 万平方米,其中,新开工面积 4764.56 万平方米。全年建筑业竣工产值 1155.36 亿元,下降 3.1%。

四、固定资产投资

固定资产投资平稳增长。2018 年,全市完成固定资产投资较上年增长 2.0%。全年在建项目 3548 个,其中,本年新开工项目 2914 个。分所有制类型看,项目投资中国有经济控股投资下降 17.4%;外商及港澳台商投资增长 54.0%;民间投资下降 1.5%,其中私营企业投资下降 1.0%。分投资领域看,制造业投资增长 6.1%,增速快于全部投资 4.1 个百分点,拉动全部投资增长2.6 个百分点;基础设施投资下降 3.3%;房地产投资增长 33.0%,拉动全部投资增长 5.3 个百分点。

投资结构继续优化。第一产业投资比上年增长 14.7%;第二产业投资增长 2.2%;第三产业投资增长 1.0%,占全部固定资产投资比重为 52.4%,比上年提升 8.2 个百分点。第二产业投资中,工业投资增长 4.0%,其中,工业技改投资增长 30.0%,占工业投资比重为 54.3%,较上年提高 11.3 个百分点。高新技术产业中,电子及通讯设备制造业、电子计算机及办公设备制造业、新能源制造业投资分别增长 99.3%、17.0%和 11.3%,三类产业占工业投资比重同比提高 0.8 个百分点;高耗能行业投资下降 13.5%,占工业投资比重同比降低 3.1 个百分点。

房地产市场较快发展。全年房地产开发投资增长 33.0%。其中,住宅开发投资增长 38.8%;办公楼、商业营业用房投资分别下降 34.6%和 2.7%。全年商品房施工面积 5842.17 万平方米,增长 24.6%;新开工面积 2077.32 万平方米,增长 64.0%;竣工面积 766.19 万平方米,增长 47.2%。全年商品房销售面积 1253.45 万平方米,增长 5.9%,其中,住宅 1160.67 万平方米,增长 7.7%;商品房销售额 863.08 亿元,增长 16.3%,其中,住宅 788.95 亿元,增长 22.1%。

五、国内贸易

消费品市场平稳增长。全年实现社会消费品零售总额3102亿元，比上年增长7.5%。按经营单位所在地分，城镇消费品零售额2553.47亿元，增长7.5%；农村消费品零售总额548.54亿元，增长7.2%。按消费形态分，批发业实现零售额503.63亿元，增长7.6%；零售业零售额2345.43亿元，增长7.7%；住宿业44.12亿元，增长0.8%；餐饮业208.83亿元，增长5.8%。

消费结构日渐优化。在限额以上单位中，粮油食品类、饮料类、服装鞋帽针纺织品类、日用品类和体育娱乐用品类商品分别实现零售额168.72亿元、23.66亿元、142.55亿元、73.19亿元和8.65亿元，分别增长4.2%、2.7%、6.8%、5.3%和5.7%；石油及制品类、家具类和建筑及装潢材料类商品分别实现零售额95.68亿元、55.15亿元和146.26亿元，分别增长13.3%、13.9%和6.8%；家用电器和音像器材类、中西药品类和通讯器材类分别实现零售额138亿元、45.53亿元和30亿元，分别增长6.6%、8.6%和43.7%；文化办公类、五金电料类、汽车类分别实现零售额31.86亿元、82.32亿元和340.82亿元，分别下降1.2%、11.3%和0.8%。

六、开放型经济

外贸进出口发展向好。全年实现进出口总额773.69亿元，比上年增长46.8%；其中出口总额638.35亿元，增长49.1%。按美元计价的进出口总额实现117.4亿美元，增长50.6%。服务贸易进出口总额9.05亿美元，占对外贸易比重为8.76%。出口结构有所优化，一般贸易出口额575.7亿元，增长50.5%，占出口总额比重为90.2%，比上年提高0.8个百分点；加工贸易出口额60.4亿元，增长36.1%。机电产品出口额276.3亿元，增长60.9%，高新技术产品出口额18.5亿元，增长16.9%。分出口市场看，对东南亚国家联盟出口101.5亿元，增长32.1%；对欧盟出口86.8亿元，增长51.5%；对美国出口124.1亿元，增长67.2%；对拉丁美洲出口33.6亿元，增长20.5%；对日本出口19.4亿元，增长33.6%；对非洲出口43.6亿元，增长46.5%。

对外经济合作发展良好。全年实际使用外资18.98亿美元，比上年增长14.4%。新批外商投资企业263个，增加75个；新批协议外资57.17亿美元，增长34.3%；新批及净增资3000万美元以上的项目169个，增加72个，其中1亿美元以上的项目17个，增加3个。新签对外承包工程合同额、新签对外承包工程完成营业额分别为2.17亿美元和1.36亿美元；新批境外投资项目21个，境外投资中方协议外资2亿美元。

开发区经济稳定发展。全市共有省级以上开发园区16个，其中国家级开发区2个。全年开发区业务总收入1.12万亿元，比上年增长2.6%；一般公共预算收入275.42亿元，增长5.2%。全市开发区实现进出口总额614.53亿元，增长36.3%，占全市总量的79.4%。其中，出口总额477.74亿元，增长34.0%，占全市总量的74.8%；实际到账注册外资15.98亿美元，增长18.5%，占全市总量的84.2%。

七、服务业

服务业增加值较快增长。全年批发和零售业增加值979.33亿元，按可比价计算(下同)，比上年增长5.6%；交通运输、仓储和邮政业增加值336.36亿元，增长6.4%；住宿和餐饮业增加值119.36亿元，增长6.5%；金融业增加值322.69亿元，增长9.8%；房地产业增加值342.88亿元，增长5.5%。

综合交通网络日趋完善。全市年末公路总里程16610.62公里，比上年增长1.6%，其中高速公路463.93公里；输油管道里程7270公里，增长1.1%；铁路营业里程797.3公里，其中高铁234.9公里；铁路正线延展长度1584.75公里。全年公路货运量21164万吨，比上年增长8.6%；水运货运量6456万吨，增长2.7%。分别完成公路、水运货物周转量536.45亿吨公里和242.03亿吨公里，分别增长7.8%和4.6%；完成港口吞吐量3139.64万吨，下降57.7%，徐州港集装箱吞吐量3.15万TEU；管道货物运输量14402万吨，管道货物周转量719.99亿吨公里；航空货物运输量1.0万吨，增长9.0%；全年公路旅客运输量9960万人次，公路旅客周转量63.68亿人公里，分别下降9.6%和6.8%；观音机场航空旅客运输量251.88万人次，增长31.4%；徐州直属站铁路客运发送量2534.52万人次。年末全市机动车总计159.01万辆，比上年末增长10.5%，其中，民用汽车保有量136.64万辆，增长13.6%。年末私人汽车保有量125.53万辆，增长13.8%，其中，私人轿车75.86万辆，增长14.0%。

邮政电信业较快发展。全年邮政行业业务总量和业务收入（不包括邮政储蓄银行直接营业收入）分别完成65.72亿元和34.03亿元，比上年分别增长23.7%和16.8%。邮政寄递服务业务量累计完成1.50亿件；邮政寄递服务业务收入累计完成2.19亿元，增长31.4%。全市快递服务企业业务量累计完成2.63亿件，增长22.9%；业务收入累计完成20.19亿元，增长15.2%。全年完成电信业务总量和电信业务收入381.18亿元和67.55亿元，比上年分别增长144.9%和6.9%。年末全市固定电话用户总数94.55万户，下降8.6%；移动电话用户903.74万户，增长11.4%。年末互联网宽带接入用户313.81万户，增长16.8%。

八、财政金融

财税收入平稳发展。全市实现一般公共预算收入526.21亿元，比上年增长4.9%。国税、地税和财政部门分别实现一般公共预算收入199.65亿元、217.17亿元和109.39亿元。完成税收收入416.77亿元，增长14.1%，占一般公共预算收入比重为79.2%；主体税种增势良好，增值税（含营业税）、企业所得税、城市维护建设税和契税分别完成173.81亿元、38.73亿元、31.92亿元和38.22亿元，分别增长23.1%、14.0%、11.5%和7.4%。

表3　2018年全市财政收入分项情况

指　标	绝对量(亿元)	比上年增长(%)
一般公共预算收入	526.21	4.9
# 税收收入	416.77	14.1
# 增值税(含营业税)	173.81	23.1
企业所得税	38.73	14.0
城市维护建设税	31.92	11.5
契税	38.22	7.4
上划中央四税	390.66	13.8
国内增值税	174.19	23.1
国内消费税	122.89	—3.6
企业所得税	58.10	14.0
个人所得税	35.48	52.4

财政支出结构不断优化。全年一般公共预算支出880.85亿元，比上年增长6.5%。其中，一般公共服务支出77.34亿元，增长9.2%；科学技术支出25.43亿元，增长13.9%；社会保障和就业

支出111.54亿元,增长17.1%;医疗卫生与计划生育支出74.03亿元,增长9.6%;节能环保支出22.31亿元,增长18.0%;城乡社区事务支出139.35亿元,增长6.1%。

金融市场运行稳健。年末全市金融机构人民币各项存款余额7107.39亿元,较年初增加711.01亿元,比上年增长11.1%。其中,住户存款3604.84亿元,增长7.6%。金融机构人民币各项贷款余额4912.47亿元,较年初增加739.30亿元,比上年增长17.7%。按贷款期限分,中长期贷款2918.83亿元,增长19.8%;短期贷款1534.94亿元,增长10.0%。

表4　2018年末金融机构人民币存贷款情况

指　　标	绝对量(亿元)	比年初增加(亿元)	比上年增长(%)
各项存款余额	7107.39	711.01	11.1
#住户存款	3604.84	254.94	7.6
非金融企业存款	2095.45	295.13	16.4
广义政府存款	1338.59	120.26	9.9
各项贷款余额	4912.47	739.30	17.7
#短期贷款	1534.94	139.55	10.0
中长期贷款	2918.83	481.65	19.8
#消费贷款	1602.69	342.22	27.1
经营贷款	420.43	49.64	13.7

资本市场保持稳定。年末全市共有证券公司(分公司)3家;证券营业部41家;期货经纪公司1家;期货营业部3家。年末全市共有上市公司12家,其中境内11家、境外1家;"新三板"挂牌企业26家、新增2家;区域股权交易市场挂牌企业681家、新增216家。新发企业债券规模16亿元,累计发行469.5亿元;新发行银行间各类债务融资工具265.8亿元。

保险业务增势良好。新增保险机构8家,年末保险机构达69家。全年保费总收入220.64亿元,比上年增长16.8%。其中,寿险保费收入159.68亿元,增长22.1%,财产险保费收入60.78亿元,增长4.6%。全年累计赔付和给付支出61.24亿元,增长7.8%,其中,赔付额41.07亿元,增长30.0%。在赔付额中,财产险赔付33.19亿元,增长17.5%;保险深度和保险密度分别为3.3%和2531元/人。

九、科学技术和教育

科技创新空间持续扩大。省级以上科技创新平台232个,当年新增17个;省级以上孵化器达到51个,新增15个;全市大中型工业企业和规模以上高新技术企业研发机构建有率达91.92%。国有独立科研机构21个;民营型科技企业10454家,比上年增长1.7%。技术市场签订技术合同1291个,技术合同成交金额38.46亿元,增长16.1%。

科技创新能力逐步增强。新增国家高新技术企业174家。全市科技成果获国家专利奖4项;省级科学技术奖29项(公示)。全市专利申请量25951件,其中,发明专利申请量12388件,分别比上年增长39.9%和57.3%;专利授权量11247件,其中,发明专利授权量2097件,分别增长6.9%和17.0%。万人发明专利拥有量达9.79件,比上年增加2.47件。

质量强市取得新成效。年末全市共有质量检验机构183家、国家级产品质量监督检验中心3个、国家公证实验室3个、省级产品质量监督检验中心7个。全年监督抽查产品108种810批次,合格738批次,平均抽样合格率90.9%,较上年提升2个百分点。企业获批强制性产品认证证书1696张,比上年增长4.0%。共有法定计量技术机构7个,其中,省级计量中心1个,全年强制检定计量器具32.96万台(件)，比上年增长17.9%。获批建设2项国家级和3项省级标准化项目，制修订国家标准和行业标准40项、地方标准3项。全市质量管理体系证书达3416张。

教育事业全面发展。年末全市拥有各级各类学校2321所，在校学生200.55万人，毕业生46.75万人，专任教师11.43万人。其中，普通高等院校10所，全日制本专科招生6.68万人，在校学生18.98万人，毕业生5.28万人；成人高等学校在校学生4.43万人，毕业生1.55万人。研究生教育招生0.53万人，在校生1.48万人，毕业生0.37万人。中等职业教育在校生8.18万人，毕业生2.91万人。普通高中在校生11.13万人，毕业生3.87万人。全市共有初中267所，在校学生34.44万人，比上年增长20.2%；小学924所，在校学生95.58万人，比上年增长1.4%；特殊教育学校13所，在校学生0.32万人；幼儿园(含民办)997所，在园幼儿31.93万人。学龄儿童入学率为99.3%，九年义务教育巩固率保持在99.9%。

十、文化旅游、卫生健康和体育

公共文化服务水平稳步提高。年末全市文化系统共有艺术表演团体9个、文化馆11个、博物馆21个、美术馆1个，共有公共图书馆8个，公共图书馆总藏量3864.85千册，电子图书藏量6715.25千册，总流通229.44万人次，其中书刊文献外借152.12万人次。有线广播电视实际用户123.83万户，其中数字电视实际用户104.25万户。共有电影放映单位49家、广播电台7座、中短波广播发射台和转播台2座、电视台8座，广播和电视综合人口覆盖率均为100%。全市现有市级以上文物保护单位260处，其中全国重点文物保护单位8处，省级29处。拥有9个国家级、58个省级非物质文化遗产名录项目和8位国家级、26位省级非遗代表性传承人。

旅游行业健康发展。全市共有国家A级旅游景区68家，省级旅游度假区3家，星级酒店50家，旅行社210家，乡村旅游示范区59家。共接待国内外游客5762.89万人次，比上年增长13.0%；旅游总收入775.10亿元，增长16.3%。接待入境过夜旅游者4.45万人次，增长11.5%，其中，外国人3.39万人次，增长8.3%；旅游外汇收入5430.62万美元，增长9.4%。接待国内游客5758.44万人次，增长13.0%；实现国内旅游收入766.03亿元，增长16.3%。

卫生健康事业取得积极成效。年末全市共有各类卫生机构4599个，其中医院、卫生院322个，卫生防疫防治机构13个，妇幼保健机构14个。各类卫生机构拥有病床5.86万张，比上年增长5.4%，其中，医院、卫生院床位5.42万张，增长5.5%。每千人拥有医疗机构床位数6.7张，比上年增加0.4张。共有各类卫生技术人员6.74万人，比上年增长17.2%。其中，执业(助理)医师2.58万人，注册护士3.17万人，分别增长12.7%和25.2%；每千人拥有执业(助理)医师数和每千人拥有注册护士数分别为2.93人和3.60人，分别比上年增加0.3人和0.7人。卫生防疫防治机构卫生技术人员453人，妇幼卫生保健机构卫生技术人员1340人。全市三级医院数量达17家、其中三甲10家。全市家庭医生全人群签约率38.73%，重点人群签约率68.66%，其中建档立卡低收入人口、离休干部有效人群家庭医生签约率100%。

全民体育蓬勃发展。年末全市共有体育场馆61所，游泳馆32所，市属体育社会组织174个，晨晚练健身站点达5638个。共有56名一级运动员、157名二级运动员，参加省级注册运动员1948名，向省优秀运动队输送25人。全年获得省级以上比赛奖牌数314个，其中，金牌107个、银牌92个、铜牌115个。全市社会体育指导员3.50万人，其中，国家级204人，一级767人；国际级裁判9人，国家级裁判员35人。体育彩票全年销售额12.77亿元，增长3.6%。

十一、资源、环境和安全生产

自然资源储备丰富。全年水资源总量51.31亿立方米,平均年降水量924.2毫米。全年总用水量39.01亿立方米,比上年减少3.0%。其中,生活用水增长5.5%,工业用水下降5.0%,农业用水下降4.9%,生态补水增长7.6%。万元国内生产总值(现价)用水量50.75立方米,比上年下降5.2%。人均综合用水量407.94立方米,比上年下降11.2%。全年成片造林面积4.2千公顷,其中人工造林面积3.9千公顷,占全部造林面积的92.8%。森林抚育面积6167公顷。新建及更新农田林网面积39万亩,新建省级绿化示范村97个。

环境治理卓有成效。全市林木覆盖率为30.3%,比上年提高0.2个百分点。截至年底,全市自然保护区6个,自然保护区面积46.07千公顷。空气质量明显改善。市区环境空气质量达到二级以上的天数为205天,比去年同期增加29天,优良率56.2%,比上年提高8.0个百分点。市区PM2.5浓度为61.6 $\mu g/m^3$,较去年下降6.7%。水环境治理持续领先。地表水国控断面优于Ⅲ类水质的比例为93.3%,省考以上地表水断面水质优良(达到或优于Ⅲ类)比例为83.3%,无劣Ⅴ类水断面。

安全生产形势良好。全年各类生产安全事故593起,死亡315人,按可比口径计算,比上年分别下降17.5%和12.5%。亿元GDP生产安全事故死亡人数0.047人,比上年下降13.0%。

十二、人口、民生和社会保障

常住人口总量继续回升。年末全市常住人口880.20万人,比上年末增加3.85万人,增长0.4%;全市城镇化率65.1%,比上年提高1.3个百分点。在常住人口中,0～14岁人口178.96万人,15～64岁人口593.10万人,65岁及以上人口108.14万人。全年人口出生率11.81‰,比上年下降1.90个千分点;人口死亡率7.62‰,下降0.25个千分点;人口自然增长率4.19‰,下降1.65个千分点。年末全市户籍人口1044.77万人;其中男性人口540.65万人,女性人口504.13万人;户籍人口出生率为1.34%,死亡率为0.5%。

居民收入持续增长。全年全市居民人均可支配收入27385元,比上年增长9.0%。城镇居民人均可支配收入33586元,增长8.4%;农村居民人均可支配收入18206元,增长9.0%。城乡收入比由上年的1.856:1调整为1.845∶1,收入差距进一步缩小。全市居民人均生活消费支出16818元,增长7.2%,其中,城镇居民人均生活消费支出19463元,增长6.7%;农村居民人均生活消费支出12902元,增长7.2%。全市居民恩格尔系数为30.0%,比上年下降0.1个百分点,其中,城镇为29.6%,农村为30.8%。

就业情况总体稳定。年末全市就业人口483.1万人,其中,第一产业119.9万人,第二产业170.2万人,第三产业193.0万人。全年城镇新增就业13.33万人,比上年增长5.0%;城镇失业人员再就业11.23万人,城乡就业困难人员就业3.38万人;新增农村劳动力转移5.60万人。年末城镇登记失业率为1.78%,比上年下降0.04个百分点。新增大学生创业人数3015人。全年城乡劳动者就业技能培训人数5.75万人。新增高技能人才4.68万人。规模以上企业劳动合同签订率达99.95%,已建工会企业集体合同签订率达95.0%。

社会保障体系不断完善。年末职工养老保险、城乡居民养老保险(含离退休人员)参保人数分别达194.09万人和326.01万人,比上年分别增长6.7%和1.1%,城乡基本养老保险覆盖率达97.45%;城镇居民医疗保险、职工医疗保险参保人数分别达792.12万人和159.62万人,城镇基本医疗保险覆盖率达97.2%。全市城镇和农村低保标准分别达到每人每月586元和550元,农村低保标准比上年增加60元，最低生活保障救济人数14.10万人；全年实施直接医疗救助25.75万人次，支出救助金2.90亿元。年末各类养老机构达247家，养老床位6.4万张，千名老人拥有机构养老床位38.7张。

养老服务和社区治理成效明显。全年新建成街道老年人日间照料中心23个、老年中央厨房7个、社区老年人助餐点113个、城乡社区标准化居家养老服务中心76个和140个。累计完成经济薄弱村服务中心提档升级256个，新改扩建城乡社区综合服务中心143个。

保障性住房建设有序推进。公共租赁住房累计达到17391套；城镇常住人口保障性住房覆盖率为25.40%；已完成第七期经济适用住房(12万平方米)和第二期公租房(9万平方米)建设。

十三、城乡建设

城建重点工程进展顺利。协调推进六大类170项城建重点工程，开工153项，开工率达91%。徐派园林展示工程、公园绿地便民提升、特色田园示范村建设等工程已完工。轨道交通1、2、3号线强力推进，观音机场二期扩建项目正式启用，迎宾大道高架快速路主线已通车，城东大道高架正紧张施工，城市交通枢纽地位更加巩固；第一人民医院迁建、文化活动中心、一中迁建等项目正在加快实施。

村镇建设水平继续提升。协助做好美丽乡村建设工作，行政村双车道四级公路覆盖率和行政村百兆光纤宽带覆盖率均实现100%。美丽宜居乡村建设达标率78.3%，比上年提高44.2个百分点。沛县张庄镇陈油坊村等4个村庄入选第二批省级特色田园乡村建设试点村庄。新沂市双塘镇、丰县赵庄镇、邳州市炮车街道果园村入选省第五批特色旅游名镇、名村。

城乡一体化进程明显加快。统筹推进中心城市建设、新型城镇体系构建、乡村振兴战略和区域协同发展，荣膺联合国人居奖，成功举办“世界城市日”中国主场活动，成为国务院表彰的老工业基地调整改造真抓实干成效明显城市，获国家节能减排示范市考核优秀等次，徐州资源枯竭城市转型发展经验全国推广，跻身国家创新型城市、国家知识产权示范市，通过全国文明城市和国家森林城市复检，淮海经济区协同发展机制初步建立，中心城市地位进一步巩固。

第十章　2018 年淮安市经济社会发展报告

2018 年，面对严峻复杂的宏观环境和艰巨繁重的发展任务，全市上下坚持以习近平新时代中国特色社会主义思想为指引，全面贯彻党的十九大精神，牢牢把握稳中求进总基调，深入践行新发展理念，以供给侧结构性改革为主线，统筹抓好改革发展稳定各项工作，经济社会保持平稳健康发展，主要经济指标保持在合理区间，高质量发展实现良好开局。

一、综合

经济发展总体稳定。全年实现 GDP3601.3 亿元，按可比价格计算，比上年增长 6.5%。其中，第一产业增加值 358.7 亿元，增长 3.1%；第二产业增加值 1508.1 亿元，增长 4.9%；第三产业增加值 1734.5 亿元，增长 8.8%。三次产业结构比例为 10.0∶41.8∶48.2，第三产业增加值占 GDP 比重比上年提升 0.6 个百分点。人均 GDP 达到 73203 元人民币，按可比价格计算，增长 6.1%，按当年平均汇率折算为 11062 美元。

消费价格温和上涨。居民消费价格比上年上涨 2.1%。八大类商品价格“七涨一跌”：食品烟酒类上涨 1.6%，居住类上涨 2.9%，生活用品及服务类上涨 1.8%，交通和通信类上涨 1.7%，教育文化和娱乐类上涨 4.6%，医疗保健类上涨 1.5%，其他用品和服务类上涨 4.3%，衣着类下跌 1.8%。食品价格中，鲜菜价格上涨 7.4%，鸡价格上涨 11.2%，虾蟹价格上涨 19.5%，鸡蛋价格上涨 10.1%，鲜瓜果价格上涨 8.5%；受非洲猪瘟疫情影响，猪肉价格下跌 4.4%。

就业形势保持稳定。全年城镇新增就业 9.24 万人；下岗失业人员再就业 6.27 万人，其中，困难群体再就业 8562 人。年末城镇登记失业率 1.78%，保持在较低水平。新增转移农村劳动力 2.61 万人，城乡劳动者职业技能培训 3.45 万人，创业培训 1.53 万人。实施“创富淮安”行动计划，新增省级创业型街道（乡镇）43 个、创业型社区（村）436 个、创业型园区 2 个。

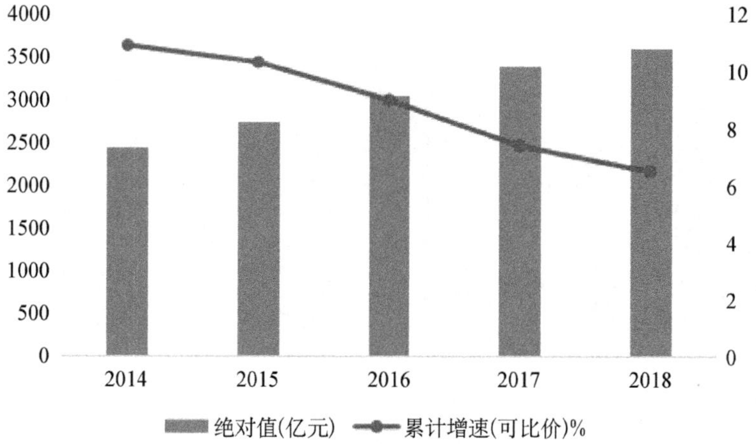

图 1　淮安市 GDP 规模及实际增速

数据来源：《淮安市统计年鉴 2019 年》

2018年，面对高质量发展要求，全市经济社会发展中还存在着一些困难与问题，主要有经济社会发展不平衡不充分，产业层次不高，科技创新能力不强，实体经济面临着成本上升以及融资结构性矛盾，民生保障、公共服务等领域诸多短板还有待提升等。

二、农林牧渔和水利业

农业生产获得丰收。全年粮食总产量482.26万吨，比上年增产0.01万吨。其中，夏粮181.09万吨，减产0.32万吨；秋粮301.17万吨，增产0.33万吨。全年粮食播种面积1021.59万亩，比上年增加0.87万亩。蔬菜种植面积143.57万亩，建设大棚6.6万亩，成片造林3.93万亩。全年水产品总产量26.1万吨，增长4.46%。年末农业机械总动力634.92万千瓦，增长0.9%。

水利建设成效显著。总投资连续8年超30亿元，全年完成水利建设投资32.17亿元。重大基建项目扎实推进，洪泽湖大堤除险加固、分淮入沂整治和淮河入江水道综合整治等三大流域性治淮骨干工程圆满收官；盱眙县蔡港等19座小型水库除险加固等区域治理重点项目进展迅速。城市水利建设质态提升，淮河行蓄洪区及淮河干流滩区居民迁建工程启动实施，茭陵一站引河等中小河流得到有效治理。农村水利强力推进，完成农村河道疏浚及河塘整治土方2005万方，累计修建小沟级以上建筑物8877座；新改造农村供水管网3600公里，新增受益人口超过55万人，全市饮水安全巩固提升工作提前2年完成省定计划。

三、工业和建筑业

工业经济平稳运行。全市有规模以上工业企业2192户，规模以上工业增加值比上年增长4.8%，其中，轻工业增长3.1%，重工业增长6.0%。分经济类型看，国有工业下降9.9%，集体工业增长4.9%，股份制工业增长5.3%，外商港澳台投资工业增长2.7%。规模以上工业企业主营业务收入增长10.9%，利润总额增长9.2%。

优势产业集聚发展。新一代信息技术、新能源汽车及零部件、盐化凹土新材料、食品等“三新一特”优势特色产业完成工业总产值1116.70亿元，占规模以上工业产值比重27.9%，增长9.9%。其中，新能源汽车和零部件、生物医药产业产值分别增长11.9%、22.9%。

建筑业稳步增长。全市具有资质等级的总承包和专业承包建筑业企业568户，全年完成建筑业总产值1395.9亿元，比上年下降了0.05%。其中，建筑工程产值1350.57亿元，下降0.01%。实现建筑业增加值241.4亿元，增长10%。

四、固定资产投资

固定资产投资持续增长。全年规模以上固定资产投资完成额比上年增长9.0%，其中，工业投资增长16.1%，房地产开发投资增长3.0%，民间投资增长12.8%，民间投资占固定资产投资比重69.3%。全年新开工亿元以上工业项目154个，新竣工设备投资超千万元项目107个。实施725个城建重点项目。金融中心一期工程顺利竣工，京杭运河淮海路大桥主体结构基本完成，里运河文化长廊、高铁商务区建设加速推进，淮安东站综合客运枢纽开工建设，市区内环高架一期进展顺利。制造业投资高质量推进，德淮一期、时代芯存等龙头制造业项目主体竣工，首辆“淮安造”纯电动新能源汽车正式亮相。

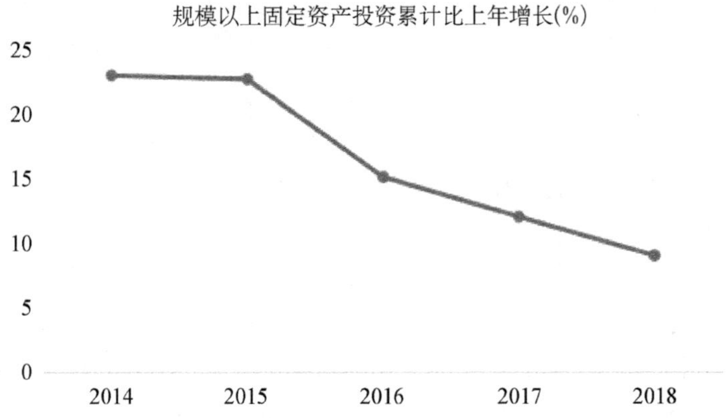

图 2　2014—2018 年淮安市规模以上固定资产投资累计增速

数据来源：历年《淮安市统计年鉴》

五、国内贸易

消费市场繁荣稳定。全年实现社会消费品零售总额 1239.7 亿元，比上年增长 7.8%。按经营单位所在地分，城镇实现消费品零售额 1105.5 亿元，增长 6.9%；农村实现消费品零售额 134.2 亿元，增长 15.2%。按消费类型分，批发和零售业实现零售额 1116.3 亿元，增长 7.6%，住宿和餐饮业实现零售额 123.4 亿元，增长 8.8%。以智能手机、平板电脑等消费升级类商品销售保持较快增长，其中限额以上单位通讯器材类商品零售额增速达 20.3%。全年限额以上网上销售额增长 17.4%，零售额增长 24.5%。

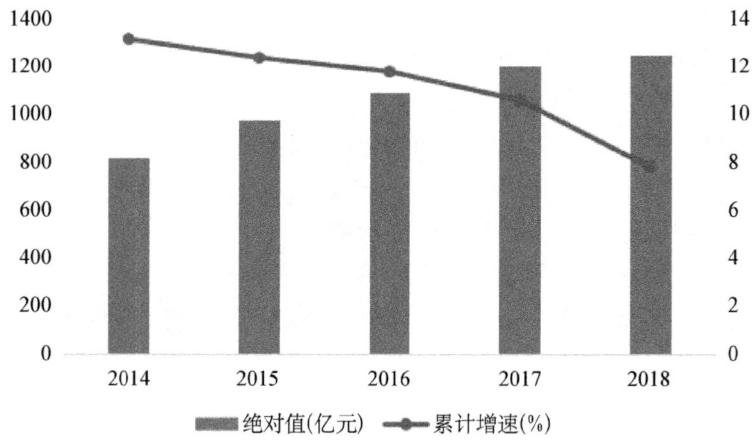

图 3　2014—2018 年淮安市社会消费品零售总额及增速

数据来源：历年《淮安市统计年鉴》

六、开放型经济

外资利用稳中提质。全年新设外资项目 168 个，实际到账注册外资 11.8 亿美元(省口径)，比上年增长 0.3%。新设总投资 3000 万美元以上外资项目 73 个，其中，1 亿美元以上项目 16 个；制造业实际利用外资占比 40%，和兴汽车被认定为全省跨国公司地区总部。台资高地建设加快推进，新引进及增资台资项目 48 个，其中，超千万美元项目数增长 45%，连续 7 年获评台商投资“极力推荐城市”。

对外经贸加快拓展。全年外贸进出口总额 50.1 亿美元，比上年增长 8.1%，总量创历史新高。其中，出口 33.7 亿美元，增长 12.1%；进口 16.4 亿美元，增长 0.6%。机电和高新技术产品出口占比 40%以上；一般贸易进出口占货物进出口比重 58.6%。全市有进出口实绩企业 934 户，较上年增加 71 户，进出口超亿美元企业 11 户。新设境外投资项目 10 个，完成外经营业额 1.73 亿美元，增长 10.8%。

表 1　2014—2018 年淮安市进出口总额(亿美元)

年份	进出口总额	进出口增速(%)	出口总额	出口增速(%)
2014	41.06	12.2	31.61	13.6
2015	41.30	0.6	30.09	−4.8
2016	35.04	−15.1	26.98	−10.3
2017	46.36	34.5	30.03	13.6
2018	50.10	8.1	33.67	12.1

数据来源:《淮安市统计年鉴 2019 年》

平台载体提档升级。清河开发区获批省级经济开发区；淮安经济技术开发区在全省排名上升至第 12 位；涟水、金湖开发区进入省级开发区苏北前十强。口岸平台功能不断拓展，淮安一类航空口岸出入境人数突破 10 万人次。成功举办首届中国(淮安)国际食品博览会，联合国教科文组织创意城市网络“美食之都”申创工作有序推进。

七、交通、邮电和旅游

交通投资再创新高。完成交通建设投资 134 亿元，比上年增长 9.8%，投资总额创历史新高。连淮扬镇、徐宿淮盐铁路完成线下主体工程，徐宿淮盐铁路完成铺轨，综合客运枢纽全面开工建设，宁淮铁路前期工作取得重大突破。348 省道洪泽绕城段、淮安区东段建成通车，420 省道金湖段、235 国道盱眙段等干线公路建设有序推进。京沪高速公路扩建淮安东、淮安两个互通开工建设。淮安港许渡作业区、城东作业区一期工程建成使用，新增港口吞吐能力 800 万吨。淮安机场二期扩建工程建成使用，金湖通用机场开工建设。

运输业稳定增长。完成公路水路货运量 1.29 亿吨，货运周转量 398 亿吨公里，比上年分别增长 1.9%、2.1%。港口集装箱吞吐量 20.2 万标箱，增长 17%，占全省内河运量 60%。淮安机场完成旅客吞吐量 151.6 万人次、货邮吞吐量 6286 吨，分别增长 18%、26%；新增柬埔寨、泰国等航线，通航城市增至 30 个。全市行政村双车道四级公路覆盖率大幅提升至 97.09%；新增 18 个乡镇开通镇村公交，镇村公交覆盖率 100%。全市公路总里程达 1.34 万公里，其中，高速公路里程 404 公里，一级公路里程 749 公里。

邮电通讯业快速发展。全年完成电信业务收入 32.67 亿元，比上年增长 22.7%；邮政业务收入 21.79 亿元，增长 17.32%。年末固定电话用户 39 万户，下降 9.3%。移动电话用户 481.77 万户，增长 8.3%。年末互联网固定宽带用户 91 万户，增长 8.4%。

旅游业较快发展。全年旅游业总收入 413 亿元，比上年增长 15.6%。其中，国内旅游收入 409.23 亿元，增长 15.7%；旅游外汇收入 2357.36 万美元，增长 11%。全年接待境内外游客 3292.71 万人次，比上年增长 12.2%；接待入境过夜游客 2.6 万人次，增长 8.6%。全市共有国家 A 级旅游景区 42 家，其中，5A 级 1 家，4A 级 16 家；省星级乡村旅游区 52 家，省级自驾游基地 3 家、旅游度假区 2 家、工业旅游区 2 家、生态旅游示范区 2 家，省旅游风情小镇 1 家。星级旅游饭店 29 家。旅行社 110 家，其中，四星级旅行社 2 家、出境社 5 家。持有电子导游证导游 2013 人。西游乐园、白马湖生态旅游度假区二期、中国漕运城、金湖水上森林休闲旅游度假区、萧湖景区生态旅游二期等,被列为2018年省级重点旅游项目。

八、财政、金融

财政收支结构改善。全年实现一般公共预算收入247.27亿元,比上年增长7.2%。其中税收收入203.49亿元,增长14.9%;占一般公共预算收入比重达82.3%,较上年提升5.5个百分点。一般公共预算支出486.81亿元,增长7.6%,其中,民生类支出354.25亿元,占一般公共预算支出比重72.8%。

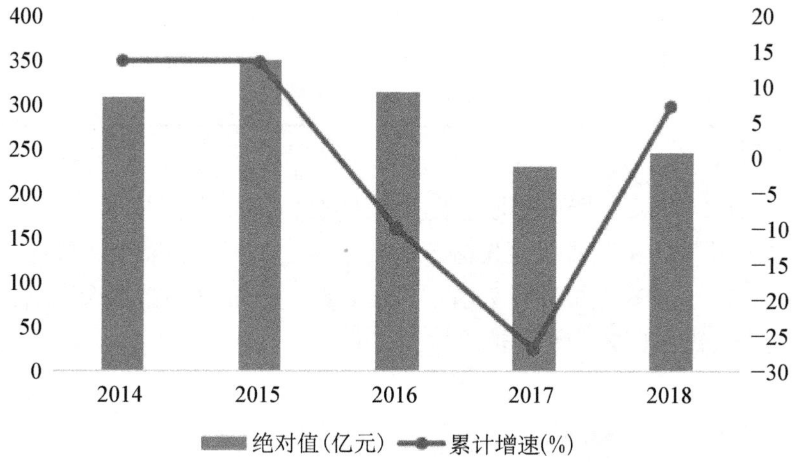

图4　2014—2018年淮安市一般公共预算收入及增速

数据来源:历年《淮安市统计年鉴》

金融信贷规模扩大。年末全市金融机构人民币存款余额3638.01亿元,比上年末增长6.0%,其中,住户存款1605.25亿元,增长8.2%。金融机构人民币贷款余额3303.44亿元,比上年末增长18.4%,其中,小微企业贷款691亿元,占企业贷款比重40.8%。

九、科学技术与教育

科技创新能力增强。全市新增国家高新技术企业135家。全年专利申请量17227件,比上年增长2.68%,其中发明专利申请量4746件,增长4.4%;专利授权量8689件,增长18.5%,其中发明专利授权407件,增长13.7%;万人有效发明专利拥有量4.44件。全市创新型企业34家,创新型领军企业3家。省级以上孵化器孵化面积超过90万平方米。

科研实力显著增强。全市年末拥有知名高校院所重大产学研机构38个,其中省级7个。全年组织签订大院名校科技合作交流项目91项。全年引进高层次科技人才85名(约),其中博士75人(约);入选国家双创人才1个,省"双创团队"1个,省双创博士3人,省科技副总65人。新获认定省级工程技术研究中心6个,市级工程技术研究中心60个。新认定国家级星创天地2家、省级众创空间1家。

人才队伍发展壮大。全市人才总量56.3万人,其中,专业技术人才30.36万人,当年新增1.85万人;高技能人才(具有高级工、技师或高级技师职业资格)14.03万人,当年新增1.31万人。共有省级以上技能大师工作室项目4个,高技能人才公共实训基地项目3个,省首席技师项目33个。共有海外留学回国人员394人,其中,当年新增50人。有国务院特殊津贴专家116名、省级突出贡献中青年专家58名。国家级博士后科研工作站10家，省级博士后创新实践基地29家。

教育事业协调发展。全市有各类各级学校920所，在校生92.16万人，专任教师6.01万人。其中：幼儿园450所，在园幼儿17.63万人，幼儿教师0.92万人；小学245所，在校生35.16万人，小学教师2.26万人；初中164所，在校生16.92万人，初中教师1.44万人；普通高中31所，在校生7.43万人，高中教师0.68万人；中等职业学校15所，在校生5.56万人，专任教师0.28万人；普通高校8所，在校生9.36万人，高校教师0.41万人；特殊教育学校7所，在校生0.11万人，专任教师0.02万人。

十、文化、卫生和体育

文化事业繁荣发展。全市新增公共文化设施面积33.66万平方米，人均拥有公共文化设施面积0.22平方米。全年提档升级946个基层综合性文化中心，基本达到全覆盖。全市有市级、县(区)级文化馆8个，公共图书馆9个(含少儿)，美术馆2个，乡镇街道文化站95个，村(社区)基层综合性文化服务中心1596个。其中，国家一级文化馆4个、公共图书馆7个。有线数字电视总户数62.73万户，有线数字电视村民小组接通率100%。

卫生事业稳步推进。公立医院综合改革获国务院表彰激励。全市卫生资源总量不断增加，共有各类卫生机构(不含村卫生室)804个，其中，疾病预防控制机构8个，卫生监督机构8个，综合医院38个，专科医院19个，中医院6个，妇幼保健机构8个，卫生院129个，社区卫生服务中心(站)80个；各类卫生机构实有病床29417张，其中，医院18597张，卫生院8372张；全市有卫生技术人员3.43万人，其中，执业(助理)医师13394人，注册护士15484人，疾病预防控制机构卫生技术人员405人，卫生监督机构卫生技术人员159人，妇幼卫生保健机构卫生技术人员1858人。

体育事业成果显著。成功举办淮安市第四届全民健身运动会、2018中国淮安“一带一路”户外运动挑战赛等系列高级别赛事，以及第十一届万人自行车骑行、第十三届“长江经济带”全民健身大联动等传统品牌活动。在第十九届省运会中，勇夺赛会金牌57.5枚、赛会奖牌156.5枚。建成恩来干部学院户外拓展攀岩主题公园，填补了高标准专业户外攀岩拓展设施历史空白。建成健身步道60公里。创新举办2018中国(淮安)淮河生态经济带体育产业博览会。全年销售体育彩票10.62亿元。

十一、环境保护

环境保护能力提升。获批全国第一批生态文明先行示范区试点。全市累计建成国家生态乡镇85个，省级生态文明建设示范乡镇15个。全市设立自然保护区5个，自然保护区面积7.09万公顷。全市空气质量优良天数282天，PM2.5为50微克/立方米；集中式饮用水源地水质达标率100%；市区环境噪声平均等效声级53.9分贝，声环境质量等级较好。全年比上年削减化学需氧量、氨氮、二氧化硫和氮氧化物排放量分别为2517吨、302吨、2031.51吨和3833.13吨。单位GDP能耗下降率完成省定目标。

十二、人口、居民生活和社会保障

人口总量小幅增长。年末户籍人口561.33万人，比上年增加0.43万人；其中，男性287.89万人，女性273.45万人。年末常住人口492.50万人，比上年增加1.1万人，其中城镇常住人口307.52万人。常住人口城镇化率62.4%。人口出生率10.20‰，死亡率7.50‰，人口自然增长率2.70‰。

居民收入稳步增长。全体居民人均可支配收入27696元,比上年增长9.5%;人均现金消费支出15634元,增长7.2%。城镇居民人均可支配收入35828元,增长8.6%;人均现金消费支出19015元,增长6.9%。农村居民人均可支配收入17058元,增长9.3%;人均生活消费支出11210元,增长6.5%。城镇常住居民人均住房面积45.2平方米,农村常住居民人均住房面积54.4平方米。

社保体系不断完善。年末全市企业职工养老保险参保人数91.3万人,比上年增加0.46万人;城镇职工基本医疗保险参保人数86.99万人,增加2.86万人;工伤保险参保人数56.26万人,增加2.6万人;生育保险参保人数54.81万人,增加2.81万人;失业保险参保人数66.84万人,增加0.85万人。个体工商户、灵活就业人员企业职工养老保险参保人数达36.9万人。城乡居民基本医疗保险参保人数426.32万人;城乡居民基本养老保险参保人数200.63万人;机关事业单位养老保险参保人数14.65万人。全年共支付32.30万名企业离退休人员养老金76.17亿元,养老金按时足额100%社会化发放。全市32.25万名企业退休人员纳入社区管理服务,管理率100%。

第十一章　2018年宿迁市经济社会发展报告

2018年，全市上下以习近平新时代中国特色社会主义思想为指引，认真贯彻党的十九大精神和中央经济工作会议精神，坚持稳中求进工作总基调，牢牢抓住"高质量发展"核心要义，按照"六增六强"发展要求，以供给侧结构性改革为主线，统筹做好稳增长、促改革、调结构、惠民生、防风险各项工作，综合实力迈上新台阶，社会事业实现新进步，民生福祉获得新改善，高质量发展迈出新步伐。

一、综　合

经济总量再上新台阶。初步核算，2018年全市实现地区生产总值2750.72亿元，比上年增长6.8%，比全省增速快0.1个百分点。其中，第一产业增加值300.84亿元，增长3.0%；第二产业增加值1279.54亿元，增长7.4%；第三产业增加值1170.34亿元，增长7.3%。人均GDP达55906元，按平均汇率达8448美元。

产业结构进一步优化。全市三次产业结构调整为10.9∶46.5∶42.6。其中，第一产业增加值比重比上年下降0.3个百分点，第二产业增加值比重下降1.5个百分点，第三产业增加值比重提升1.8个百分点。

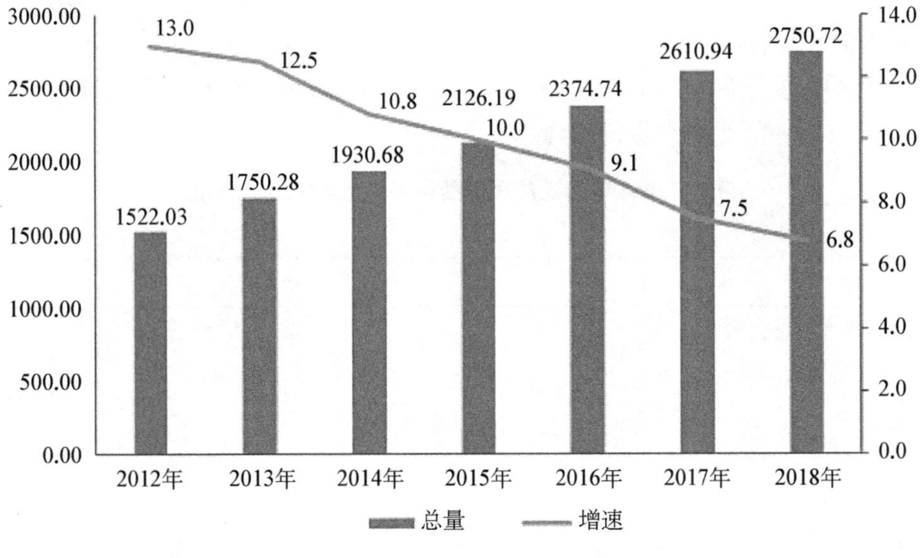

图1　2012—2018年全市地区生产总值情况图(单位:亿元,%)

数据来源:历年《宿迁市统计年鉴》

高质量发展稳步推进。新技术、新业态、新动能持续发力，全市服务业增加值增速快于GDP 0.5个百分点，服务业对全市GDP增长的贡献率为43.7%，拉动全市经济增长3.0个百分点；规模以上工业高新技术产业产值增长4.8%，占规模以上工业产值的比重达26.5%；高技术产业投资比上年增长3%，占固定资产投资的比重为9.1%；限上批发和零售业通过公共网络实现零售额

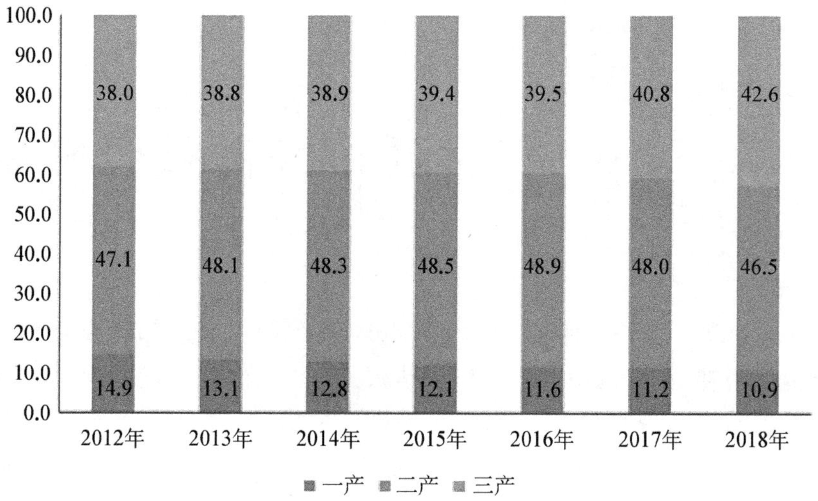

图 2　2012—2018 年全市三次产业结构情况图(单位:%)

数据来源:历年《宿迁市统计年鉴》

60.07 亿元,比上年增长 18.6%,占限上零售额的比重为 21.5%,比上年提高 3.3 个百分点;一般公共预算收入中税收占比为 84.0%。

科教文卫水平迅速提升。全市专利申请数比上年增长 39.6%,增幅位居全省第二。优质普通高中增招 1944 人,义务教育阶段学生综合素质评价优良率 95.8%。全市社会文明程度测评指数达 90.7,比上年提高 1.9 个百分点。完成 219 家村居卫生机构提档升级,新招聘村医 304 名,完成对建档立卡低收入人口的签约服务,全市 35 个乡镇基层医院接入远程诊疗平台。

就业形势总体平稳。年末全市从业人员 282.7 万人,比上年减少 2.3 万人,下降 0.8%。其中,一产 84.3 万人,下降 3.0%;二产 101.1 万人,下降 5.1%;三产 97.3 万人,增长 6.2%。

消费价格涨势温和。全年居民消费价格总水平(CPI)上涨 2.1%,比上年涨幅扩大 0.2 个百分点。八大类消费价格“七升一降”。其中,“七升”为食品烟酒上涨 2.9%,衣着上涨 0.6%,居住上涨 1.5%,生活用品及服务上涨 2.6%,交通和通信上涨 2.1%,教育文化和娱乐上涨 2.6%,其他用品和服务上涨 4.6%;“一降”为医疗保健下降 0.6%。

表 1　2018 年宿迁居民消费价格比上年涨跌幅度表

(单位:%)

指　　标	实　绩
居民消费价格总指数	2.1
其中:食品烟酒	2.9
衣着	0.6
居住	1.5
生活用品及服务	2.6
交通和通信	2.1
教育文化和娱乐	2.6
医疗保健	−0.6
其他用品和服务	4.6

数据来源:《宿迁市统计年鉴 2019 年》

二、农林牧渔业

农业经济稳步发展。2018 年，全市实现农林牧渔业总产值 559.37 亿元，可比价比上年增长 3.1%。其中，农业 334.65 亿元，林业 19.86 亿元，牧业 89.21 亿元，渔业 98.78 亿元，农林牧渔服务业 16.85 亿元，占比分别为 59.8%、3.6%、15.9%、17.7%和 3.0%。

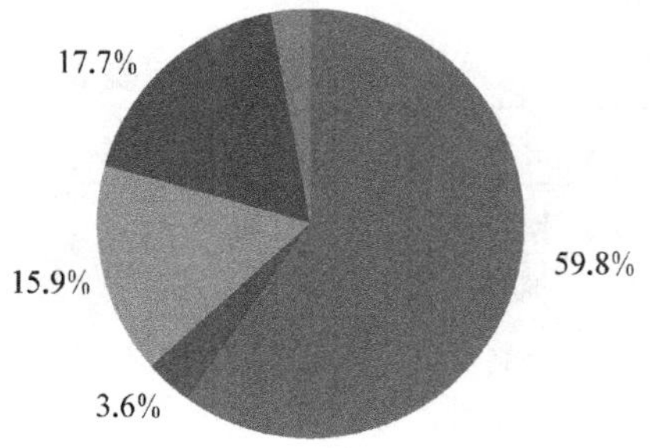

图 3　2018 年全市农林牧渔业总产值结构图

数据来源：《宿迁市统计年鉴 2019 年》

粮食生产总体稳定。全市粮食作物播种面积 898.14 万亩，比上年减少 3.27 万亩，下降 0.4%；亩均产量 447 公斤，比上年减产 2.4 公斤，下降 0.5%；总产量 401.02 万吨，比上年减产 3.63 万吨，下降 0.9%。其中，夏粮面积 436.04 万亩，亩产 374 公斤，总产 163.11 万吨，分别下降 0.1%、2.3%和 2.4%；秋粮面积 462.11 万亩，下降 0.6%。秋粮单产上升，拉动总产增收。秋粮亩产为 515 公斤，总产 237.9 万吨，分别增长 0.8%和 0.1%。

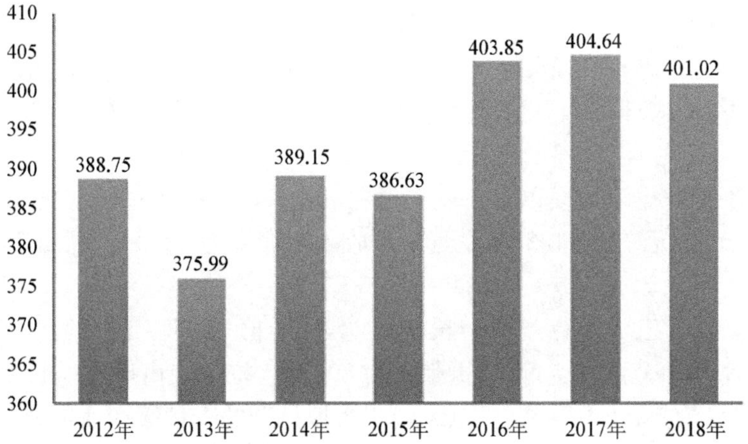

图 4　2012—2018 年全市粮食总产量情况图(单位：万吨)

数据来源：历年《宿迁市统计年鉴》

注：2016 年及 2017 年粮食面积、产量数据根据第三次全国农业普查结果核定和修订。

农业现代化水平不断提高。全年设施农业面积 119.95 万亩，比上年增加 4.55 万亩，增长 3.9%；设施渔业面积 29.6 万亩，比上年增加 1.5 万亩，增长 5.3%。新增高标准农田 35.92 万亩，农业机械化水平达 83%，新增绿色食品 107 个、地理标志农产品 3 个，成功获批“国家农业科技园区”。

蔬菜面积、产量稳步增长。全年蔬菜播种面积 136.36 万亩，比上年增加 2.38 万亩，增长 1.8%；蔬菜及食用菌产量 486.49 万吨，比上年增加 1.87 万吨，增长 0.4%。重点发展西瓜、草莓等主打品种，瓜果类产业初具规模。全年瓜果类播种面积 19.98 万亩，比上年增加 0.81 万亩，增长 4.2%，其中西瓜、草莓种植面积分别达到 16.35 万亩和 1.62 万亩，分别增长 2.4%和 17.4%。

畜牧业、渔业保持稳定发展。全年生猪出栏 233.08 万头，比上年增长 4.5%；年末存栏

140.88万头,比上年下降4.2%。家禽、牛、羊养殖形势较好,存、出栏均有所增长。家禽出栏5954.5万只,增长8.2%,年末存栏增长2.8%;大牲畜出栏5.22万头,增长12.4%,年末存栏增长6.9%;羊出栏43.48万只,增长22.4%,年末存栏增长3.0%。全年水产品产量26.16万吨,比上年增长0.4%。

表2　2018年主要农业产品产量表

指标名称	产量(万吨)	增长(%)
粮食	401.02	−0.9
棉花	0.05	34.0
油料	3.96	17.9
肉类总产量	28.48	6.6
奶类产量	8.67	5.5
禽蛋产量	10.21	7.8
#鸡蛋	8.04	4.6
水产品产量	26.16	0.4

数据来源:《宿迁市统计年鉴2019年》

三、工业和建筑业

工业生产运行平稳。2018年,全市规模以上工业实现增加值746.95亿元,比上年增长7.8%;实现产值2403.37亿元,增长10.7%;实现出口交货值103.8亿元,增长20.8%,增速比上年高12.1个百分点。

企业效益增长平稳。全市规模以上工业实现主营业务收入2188.65亿元,比上年增长4.3%;实现利润总额271.83亿元,增长4.2%;主营业务收入利润率为12.4%,高出全省平均水平5.8个百分点。

重点产业增长较快。五大重点产业增长较快,实现产值1796.7亿元,比上年增长11.6%,快于全市工业平均增速0.9个百分点;产值贡献率为80.7%,拉动全市产值增长8.6个百分点,支撑作用明显。其中,食品饮料、纺织服装、机电装备三大拟打造的千亿级产业加速集聚,全年实现规上工业总产值1382.69亿元,增长13.1%,快于规上工业2.4个百分点;家居制造、功能材料两大拟打造的五百亿级产业实现产值414.01亿元,增长7.1%。

主要产品产量有增有降。列入全市统计范围的工业产品共132个,其中,44.6%的产品产量增长,增幅在30%以上的有24个,占18.1%。

表3　2018年主要工业产品产量情况表

指标名称	单　位	产　量	增长%
小麦粉	万吨	91.4	−11.7
大米	万吨	101.62	−28.42
饮料酒	万千升	34.54	6.38
其中:白酒(折65度,商品量)	万千升	28.02	4.71
啤酒	万千升	6.5	14.2
纱	万吨	13.01	−8.96
布	万米	27817.65	4.75

续表

指标名称	单　位	产　量	增长%
蚕丝	吨	197.4	−31.6
服装	万件	9872.45	−26.08
人造板	万立方米	980.29	−9.2
复合木地板	万平方米	102.87	123.44
家具	万件	53.04	32.32
氮肥(折含氮100%)	吨	10858	−86.49
塑料制品	万吨	17.92	−1.93
水泥	万吨	245.74	−15.29
商品混凝土	万立方米	360.98	25.57
钢材	万吨	42.28	−9.75
铜材	吨	3454	37.72
铝材	吨	2901	−32.11
电力电缆	千米	58700	−6.35

数据来源:《宿迁市统计年鉴2019年》

建筑业平稳发展。全年列统总承包和专业承包建筑业企业384家,实现建筑业总产值682.82亿元,比上年下降1.4%;竣工产值570.51亿元,比上年增长3.2%。房屋建筑施工面积5918.36万平方米,比上年增长2.6%;房屋建筑竣工面积2478.56万平方米,增长1.2%。其中,住宅竣工面积1728.08万平方米,增长5.3%。

四、固定资产投资和房地产业

投资总体较为平稳。2018年,全市在建项目2093个,其中新开工项目1739个。固定资产投资总体平稳发展,比上年增长7%,分别高于全国、全省1.1个、1.5个百分点。分产业看,受大项目投资拉动,第二产业投资增速最快,增长10.0%,高于全部投资增速3.0个百分点;第一产业投资下降7.2%,第三产业投资增长2.5%,三次产业投资分别占投资总量的1.8%、60.2%和37.9%。

工业投资平稳增长。全市工业投资比上年增长10.3%,增速比上年提高1.5个百分点。其中,制造业投资增长15.5%,制造业投资占固定资产投资的比重达57.8%,比上年提高2.7个百分点。

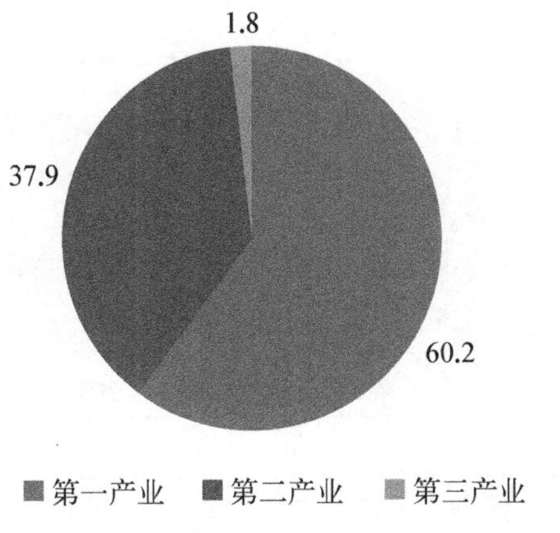

图5　2018年全市三次产业投资比重情况图

数据来源:《宿迁市统计年鉴2019年》

房地产市场总体稳定。全年房地产开发投资完成253.04亿元,比上年增长4.1%。其中,住宅投资完成206.61亿元,增长8.9%。商品房施工面积3602.60万平方米,下降0.8%。其中,商品住宅施工面积2715.01万平方米,下降1.1%。网签数据显示,全市商品房销售面积为779.46万平方米,比上年下降16.8%。其中住宅销售面积669.60万平方米,下降12.4%。

表4 2018年全市房地产开发投资和销售情况表

名 称	单 位	实 绩	比上年增长%
房地产开发投资	亿元	253.04	4.1
#住宅	亿元	206.61	8.9
房屋施工面积	万平方米	3602.60	-0.8
#住宅	万平方米	2715.01	-1.1
房地产开发投资	亿元	253.04	4.1
房屋销售面积	万平方米	779.46	-16.8
#住宅	万平方米	669.60	-12.4

数据来源:《宿迁市统计年鉴2019年》

五、国内贸易和对外经济

国内消费运行平稳。2018年,全市实现社会消费品零售总额833.82亿元,比上年增长7.0%。按消费形态分,批发和零售业实现713.67亿元,增长6.1%;住宿和餐饮业实现120.15亿元,增长12.3%。按经营单位所在地分,城镇实现653.54亿元,增长7.2%;乡村实现180.28亿元,增长5.9%。

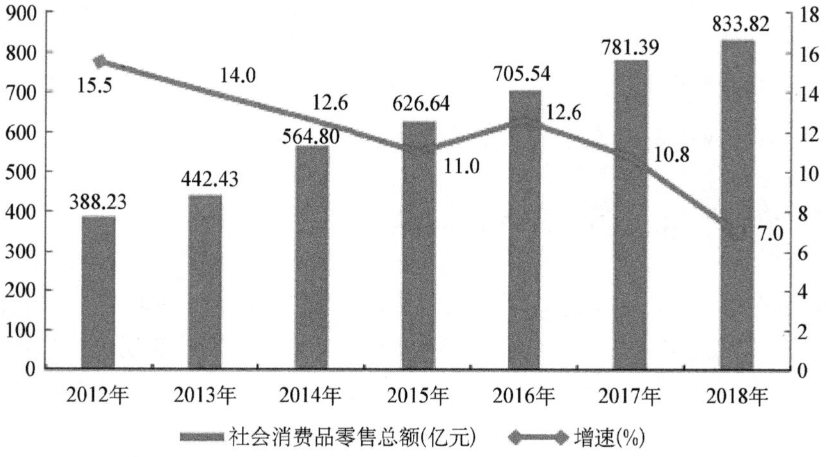

图6 2012—2018年全市社会消费品零售总额情况图(单位:亿元,%)

数据来源:历年《宿迁市统计年鉴》

全年限额以上单位实现社会消费品零售额278.85亿元,比上年增长4.4%。其中,粮油、食品类增长4.6%,石油及制品类增长9.1%,书报杂志类增长22.8%,中西药品类增长21.0%。

表5 2018年全市限额以上社会消费品零售额情况表

指标名称	零售总额(亿元)	增长(%)
限额以上单位社会消费品零售总额	278.85	4.4
其中:批发零售业	267.07	4.4
粮油、食品类	14.26	4.6
饮料类	2.56	5.6
烟酒类	5.22	-6.9
服装、鞋帽、针纺织品类	10.97	3.4
化妆品类	2.54	3.1

续表

指标名称	零售总额(亿元)	增长(%)
金银珠宝类	2.45	−16.0
日用品类	4.66	−3.9
书报杂志类	56.35	22.8
家用电器和音像器材类	15.52	−3.0
中西药品类	5.19	21.0
石油及制品类	50.81	9.1
机电产品及设备类	0.94	5.6
汽车类	83.45	−5.4
住宿餐饮业	11.79	5.0

数据来源:《宿迁市统计年鉴 2019 年》

对外贸易增长较快。全年实现进出口总额 36.01 亿美元,比上年增长 22.1%。其中,出口 27.17 亿美元,增长 25.1%;进口 8.84 亿美元,增长 13.8%。新批外商投资企业 94 个,比上年增长 118.6%;完成协议注册外资 10.57 亿美元,比上年增长 63.6%。实际利用外资 3.77 亿美元,比上年增长 3.7%。

六、园区经济

工业经济保持增长。2018 年,全市开发区规模以上工业企业实现工业总产值 1540.75 亿元,比上年增长 18.0%;实现主营业务收入 1458.61 亿元,增长 12.6%。

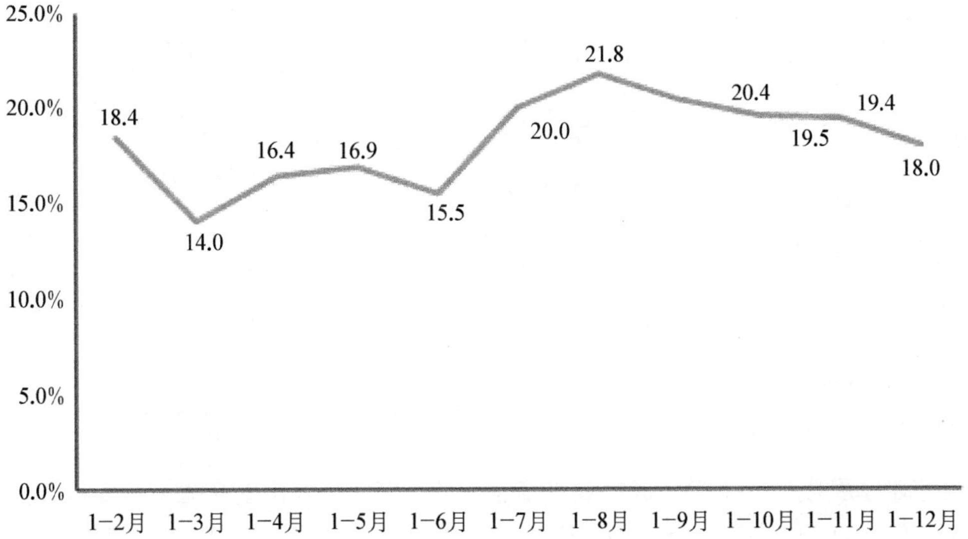

图 7　2018 年全市开发区规上工业产值增长趋势图(单位:%)

数据来源:《宿迁市统计年鉴 2019 年》

特色产业增长较快。全市开发区"四大特色产业"实现规模以上工业产值 871.90 亿元,占全部开发区规上工业产值的 56.6%,比上年增长 17.5%。分行业看,机电装备业体量最大,实现规上工业产值 556.61 亿元,占四大特色产业产值的 63.8%;其次是纺织服装业、酿酒食品业和家居制造业,分别占四大特色产业产值的 18.6%、16.9%和 0.7%。

民营经济支撑明显。全市开发区民营企业实现规上工业产值比上年增长 20.5%,高于开发区全部规上工业产值增速 2.5 个百分点,占开发区全部规上工业产值的 77.6%;开发区国有控股企业规上工业产值增长 19.4%,占 5.1%;开发区港澳台外商控股企业规上工业产值增长 7.5%,占 17.4%。

财政收入保持增长。全市开发区实现一般公共财政预算收入 86.93 亿元,占全市一般公共财政预算收入的 42.2%,比上年增长 4.0%。

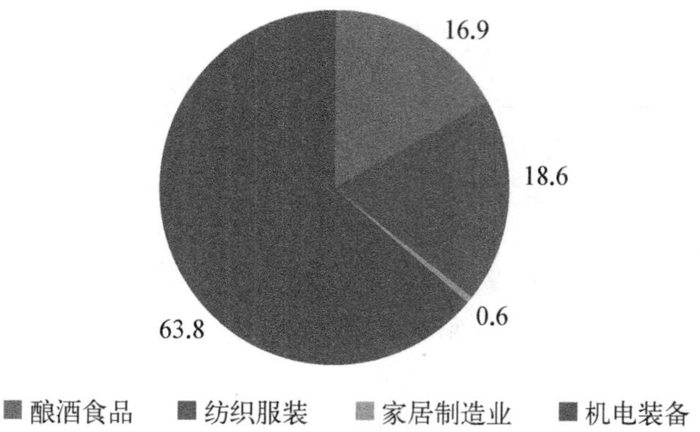

图 8　2018 年全市开发区四大特色产业产值占比图

数据来源:《宿迁市统计年鉴 2019 年》

外资外贸总体形势良好。全市开发区实际使用外资实现 3.62 亿美元,比上年增长 7.4%;本地企业进出口总额实现 27.08 亿美元,比上年增长 10.5%。

七、交通运输、邮政电信和旅游业

交通运输业基本平稳。2018 年,全市完成货运量 5492 万吨,比上年增长 2.8%。其中,公路货运 4163 万吨,增长 2.1%;水路货运 1329 万吨,增长 5.1%。实现货物运输周转量 178.98 亿吨公里,比上年增长 3.0%。其中,公路货物周转量 139.94 亿吨公里,增长 2.4%;水路货物周转量 39.04 亿吨公里,增长 5.3%。完成港口货物运输吞吐量 1217 万吨,比上年下降 17.6%。完成客运量 7636 万人,比上年增长 1.7%;实现旅客运输周转量 51.20 亿人公里,增长 2.0%。

表 6　2018 年全市客货运输量情况表

指标名称	单　位	实　绩	增速(%)
货运量	万吨	5492	2.8
公路	万吨	4163	2.1
水路	万吨	1329	5.1
货物周转量	亿吨公里	178.98	3.0
公路	亿吨公里	139.94	2.4
水路	亿吨公里	39.04	5.3
客运量	万人	7636	1.7
旅客周转量	亿人公里	51.20	2.0
港口货物吞吐量	万吨	1217	−17.6

数据来源:《宿迁市统计年鉴 2019 年》

邮政电信业发展较好。全年完成邮政业务总量 50.60 亿元,比上年增长 34.4%;实现邮政业务收入 19.10 亿元,比上年增长 28.3%。快递业务量完成 2.08 亿件,增长 32.3%;快递业务收入完成 11.60 亿元,增长 30.9%。实现电信业务收入 37.63 亿元,比上年增长 8.8%。年末全市有各类电话用户 487.28 万户,比上年末减少 9.30 万户。其中,移动电话用户 454.37 万户,减少 2.91 万户;固定电话用户 32.91 万户,减少 6.40 万户。年末全市互联网宽带接入用户 141.81 万户,比上年末净增 16.30 万户。

旅游业进一步繁荣。全市接待国内外游客 2486 万人次,比上年增长 12.0%;实现旅游总收入 293 亿元,增长 15.0%。其中,旅游外汇收入 1389 万美元,增长 33.1%。年末全市共有等级旅游景区 49 个,其中,4A 级景区数量达 10 个,比上年末增加 1 个。4A 级景区接待游客 1226.71 万人次，增长 22.3%。年末旅行社数量达到 87 家，比上年末增加 7 家。

八、财政和金融

财政收支总体平稳。2018 年，全市实现财政总收入 507.48 亿元，比上年增长 15.4%，其中，一般公共预算收入 206.20 亿元，增长 2.8%。完成财政总支出 635.39 亿元，比上年增长 6.6%。其中一般公共预算支出 433.73 亿元，增长 2.2%。

图 9　2012—2018 年全市财政收入情况图(单位:亿元)

数据来源:历年《宿迁市统计年鉴》

金融业发展较快。全年金融业实现增加值 142.39 亿元，比上年增长 6.6%。金融机构人民币各项存款余额 2746.69 亿元，比年初增加 231.74 亿元，增长 9.2%。其中，住户存款余额 1344.78 亿元，比年初增加 135.18 亿元，增长 11.2%。金融机构人民币各项贷款余额 2563.61 亿元，比年初增加 337.16 亿元，增长 15.1%。其中，制造业贷款余额 257.20 亿元，比年初增长 5.0%。企业直接融资占比达 24%，提高 1.7 个百分点。

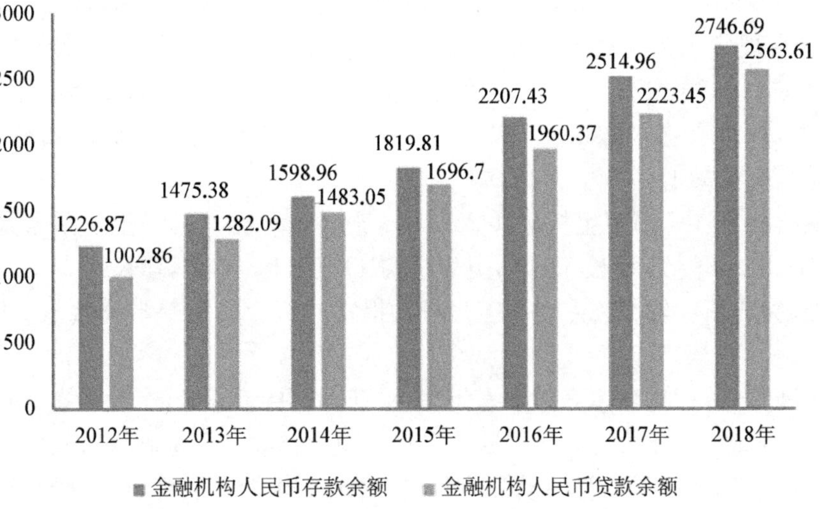

图 10　2012—2018 年全市金融机构存贷款情况图(单位:亿元)

数据来源:历年《宿迁市统计年鉴》

保险体系日趋完善。全市共有保险机构110家,其中,人寿保险48家,财产保险62家。全年实现保费收入75.81亿元,较上年增长14.5%。其中,财险保费收入29.72亿元,增长10.8%;人身险保费收入46.09亿元,增长17.0%

表7　2018年全市保险行业主要指标情况表

指标名称	单　位	实　绩	增长(%)
保险机构数	个	110	107.0
保费总收入	亿元	75.81	14.5
其中:财产险保费	亿元	29.72	10.8
人身险保费	亿元	46.09	17.0
保险赔款总支出	亿元	21.00	22.5

数据来源:《宿迁市统计年鉴2019年》

九、科技创新、社会事业和城市建设

科技创新成绩显著。2018年,全市专利申请数15531件,比上年增长39.6%。其中,发明专利3664件,增长84.5%,增幅位居全省第一。专利授权量8488件,比上年增长94.3%,增幅位居全省第一。有效发明专利数1230件,比上年末增长27.9%。全市国家高新技术企业总数累计达252家,江苏宿迁国家农业科技园区成功获批。全年共落实科技政策减免税3.51亿元,比上年增长44%;企业获"苏科贷"贷款3.31亿元,比上年增长34%。新增省级企业研发机构30家,总数达349家。

表8　2018年全市专利申请及年末有效发明专利情况表

指　　标	实　绩	增长(%)
当年专利申请数(件)	15531	39.6
其中:发明专利(件)	3664	84.5
年末有效发明专利(件)	1230	27.9

数据来源:《宿迁市统计年鉴2019年》

教育事业加快发展。创建省优质园17所,启动高品质高中创建工作,创成1所省现代化示范性职业学校、5个省现代化实训基地、5个省现代化专业群、2所智慧校园。高考成绩取得新突破,2018年全市高考本科达线率73.5%,一本达线率19.1%,比上年提升3.1个百分点。全市共有21人被清华、北大录取,录取数苏北第一。职业教育技能大赛省赛共获得19金43银82铜,省赛金牌数及奖牌数均位列全省第七。

医疗保障继续提升。全市卫生机构共2394个,比上年增长1.9%;卫生技术人员31687人,增长4.4%;执业医师12169人,增长5.5%;卫生机构床位数28530张,增长4.6%。乡镇医院能力提升工程深入实施,完成新一轮219家村居卫生机构提档升级。人均基本公共卫生服务经费补助标准提高到65元。

文体事业不断繁荣。"时尚体育四季嘉年华"系列活动持续开展,十九届省运会金牌数、奖牌数和总分取得历史性突破,宿迁籍运动员周欣茹夺得青奥会摔跤项目金牌,胡道亮实现第三届亚残会参赛项目"大满贯"。"文化四季"等活动深入推进,完成524个基层综合文化服务中心、20个农村文化大院建设。

城市建设再上台阶。创成省生态园林城市,以全省第一名通过全国水生态文明城市建设试点验收。完成棚户区改造130万平方米、老旧小区改造33个,累计惠及群众7.6万人。16个街头绿地建成投用，9家单位庭院完成开放式改造，中心城市建成区绿地率、人均公园绿地面积分别提高到40.6%、15.47平方米。依法拆除中心城区48座高立柱广告。完成双星大道、黄浦江路北延等12条道路改造，新改建停车场12个，新增停车泊位5000余个，完成50组公共场所充电桩建设、3350辆公共自行车更新升级，市民出行更加便捷。高标准建成“城市之家”5个，新改建菜市场9个，万达广场开业运营。建成现代公厕88座，新铺设雨污管网60.1公里，雨污分流率达89.8%。

十、环境保护

生态环境持续良好。持续实施“263”专项行动，全年PM 2.5为53微克/立方米，较上年下降3.6%；空气质量达标率为64.6%，较上年提升1.0%；PM 2.5浓度、空气质量优良率改善幅度分别位居全省第四、第七位。30条城市水体消除黑臭，“一线一岸”整治基本完成，12个县级以上集中式饮用水水源地、7个国考断面水质达标率均为100%。完成10个乡镇垃圾分类运输体系建设，中心城区生活垃圾分类投放设施覆盖率、餐厨废弃物集中处理率分别达50%、85%。

环保基础进一步夯实。持续推进百万亩生态林建设，新造生态林10.7万亩，完成杨树更新改造26.9万亩。生态修复工作有序开展，建成30条生态示范河道，完成骆马湖“退渔还湖”2.07万亩、洪泽湖湿地修复超过1万亩。基础设施持续完善。新建改造城镇污水收集管网525.8公里，建成乡镇污水处理设施12个、村庄污水处理设施252个。

十一、人口、人民生活和社会保障

人口数量平稳增长。2018年末，全市户籍总户数151.52万户，户籍总人口591.26万人。常住人口为492.59万人，比上年增加1.13万人，增长0.2%，连续九年平稳增长。分年龄结构看，少儿(0～14岁)103.38万人，占比21.0%，比上年占比提高0.8个百分点；劳动力人口(15～64岁)333.18万人，占比67.6%，比上年占比回落1.2个百分点；老年人口(65岁及以上)56.03万人，占比11.4%，比上年占比提高0.4个百分点。常住人口出生率13.8‰，死亡率7.2‰，人口自然增长率6.6‰。全市城镇化率60.0%，比上年提高1.5个百分点。

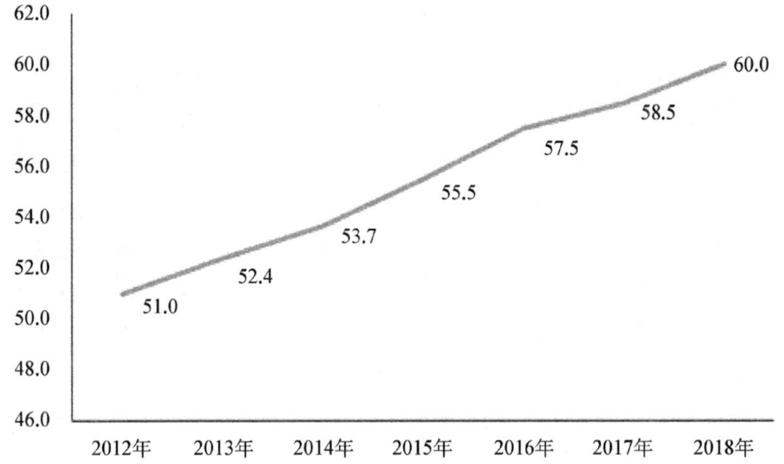

图11　2012—2018年全市城镇化率情况图(单位:%)

数据来源：历年《宿迁市统计年鉴》

表 9　2018 年全市常住人口数及年龄结构表

指　标	年末数(万人)	占总人口比重(%)
全市总人口	492.59	—
其中:0～14 岁	103.38	21.0
15～64 岁	333.18	67.6
65 岁及以上	56.03	11.4

数据来源:《宿迁市统计年鉴 2019 年》

居民生活水平持续改善。2018 年,全市居民人均可支配收入 22918 元,比上年增长 9.1%。按收入来源分,工资性收入 12150 元,增长 8.8%;经营净收入 6170 元,增长 8.4%;财产净收入 987 元,增长 11.6%;转移净收入 3611 元,增长 10.7%。按常住地分,城镇居民人均可支配收入 28281 元,增长 8.3%;农村居民人均可支配收入 16639 元,增长 9.0%。全市居民人均消费支出 14350 元,比上年增长 6.9%。全市恩格尔系数为 33.9%。

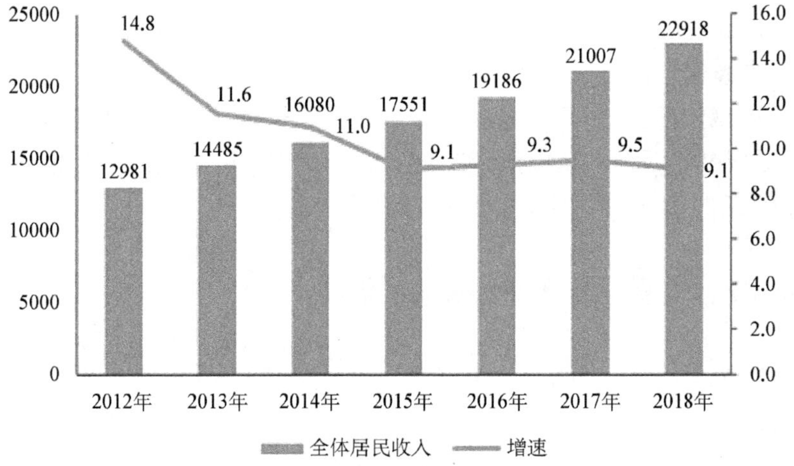

图 12　2012—2018 年全市居民收入情况图(单位:元,%)

数据来源:历年《宿迁市统计年鉴》

注:2017 年城镇化率重新修订,2012 年至 2016 年收入根据 2017 年数据修订,尚未定案。

社会保障体系更加完善。企业职工"五险"新增 34.6 万人次,基本养老、基本医疗保险覆盖率均达 96%以上,低收入农户养老和医疗保险参保率双双实现 100%。农村"五保"、城乡孤弃儿童保障标准稳步提高,3541 名残疾儿童享受基本康复免费服务。率先建立失能特困老人集中供养制度,被列为国家级居家和社区养老服务改革试点地区。

社会治理成效显著。荣获全国城市信用建设创新奖和全国守信激励创新城市,"宿迁之声"微博荣获 2018 年江苏政务新媒体十大最具影响力奖,政府信息公开标准化建设获批全国唯一国家级试点项目。12345 政府服务热线接听群众来电 24.66 万件,群众满意率达 96.23%。法治政府建设满意度始终保持 90%以上。安全生产事故数量和死亡人数继续实现双下降。

第十二章　2018 年连云港市经济社会发展报告

2018 年,全市上下紧紧围绕"高质发展、后发先至"主题主线,凝心聚力推进三年行动计划,努力打造"一带一路"倡议支点,统筹抓好稳增长、促改革、调结构、惠民生、防风险各项工作,经济发展稳中有进,转型升级步伐加快,改革开放持续深入,生态建设成效显著,民生福祉不断增进,各项事业实现新的进步。

一、综　合

经济总量不断扩大。2018 年,全市实现地区生产总值 2771.70 亿元,比上年增加 131.39 亿元,增长 4.7%。其中,第一产业增加值 325.57 亿元,增长 2.6%;第二产业增加值 1207.39 亿元,增长 1.9%;第三产业增加值 1238.74 亿元,增长 8.2%。人均地区生产总值 61332 元,增长 4.5%。

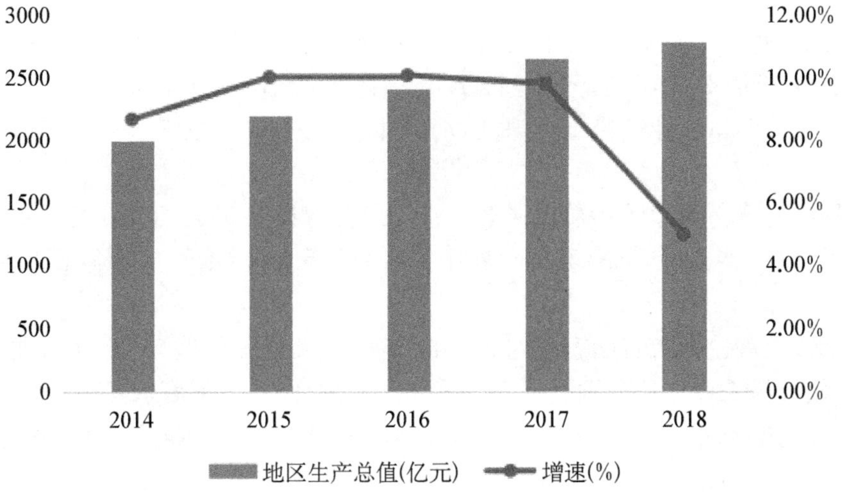

图 1　2014—2018 年连云港市地区生产总值及增速

数据来源:历年《连云港市统计年鉴》

高质量发展步伐加快。一是产业结构优化,第三产业占比 20 年来首次超过第二产业,三次产业结构调整为 11.7∶43.6∶44.7;二是消费对经济增长的贡献率上升,2018 年达到 52.0%,已经成为拉动经济增长"三驾马车"中的首要因素;三是财政收入质量提升,税收占比达到 80%;四是创新成效显现,高新技术产业产值占规模以上工业比重达 43.7%。

就业创业形势稳中向好。年末城镇登记失业率 1.8%,比上年末下降 0.06 个百分点。深入落实"鼓励全面创业政策 28 条",全年新增城镇就业 6.27 万人,支持成功自主创业 1.5 万人,转移农村劳动力 2.5 万人。发放创业补贴、创业担保贷款等各类扶持资金 1.06 亿元,惠及创业者 1.96 万人次,创业带动就业 5.6 万人,新增自主创业大学生1601 人。"智能化海鲜储运系统"项目获创新组全省第一名,代表省参加国赛并获"创翼之星"奖。

市场活力进一步释放。全力推进"准入环境便捷行动""民营经济壮大行动",持续深化商事制度改革,大众创业成效明显。全年新增私营企业 1.97 万户,年末实有私营企业 9.08 万户;新增私营企业从业人员 5.96 万人,年末达到 54.39 万人。新增个体工商户 6.32 万户,年末实有个体工商户 28.53 万户;新增个体从业人员 9.96 万人,年末达到 43.96 万人。

物价温和上涨。全年居民消费价格上涨 2.3%,八大类商品和服务项目价格指数全部上涨。其中,教育文化和娱乐类价格上涨 3.6%,涨幅最大;其他依次为居住、生活用品及服务、交通和通信、医疗保健、衣着、食品烟酒、其他用品和服务,分别上涨 2.8%、2.7%、2.7%、2.3%、1.6%、1.5%、1.3%。工业生产者出厂价格小幅上涨 1.5%,其中,生产资料类上涨 3.9%,生活资料类下降 6.7%;工业生产者购进价格上涨 3.6%。

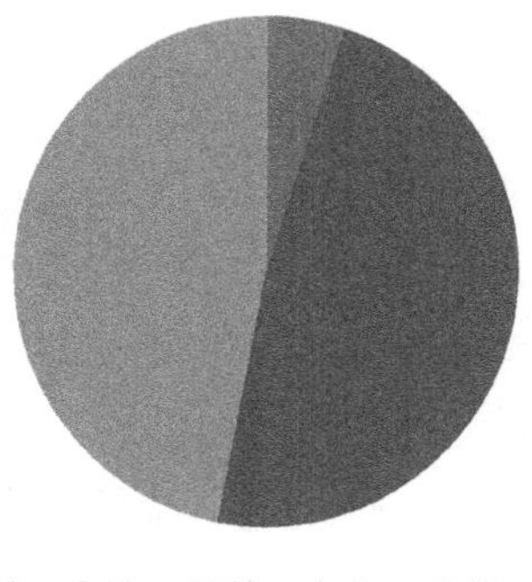

图 2　2018 年连云港市三次产业占比(%)

数据来源:《连云港市统计年鉴 2019 年》

全市经济社会发展仍存在一些不足,主要表现在:经济总量小,产业层次低,发展速度放缓;产能过剩、要素限制、环保约束等因素影响加大;银行信贷趋紧,融资成本提高,劳动力成本刚性增长,企业利润空间受到挤压;公共服务供给不足,民生保障存在短板,社会事业不平衡等。

二、农林牧渔业

农业生产结构进一步调整。全年实现农林牧渔业总产值 636.65 亿元,可比价计算增长 2.4%。其中,农业产值 304.65 亿元,增长 1.8%;林业产值 16.0 亿元,下降 1.1%;牧业产值 115.89 亿元,下降 0.5%;渔业产值 155.49 亿元,增长 4.4%;农林牧渔服务业产值 45.38 亿元,增长 8.7%。

粮食生产稳中有升。全年粮食总产量 364.03 万吨,增长 0.5%。其中,夏粮亩产 388 公斤,下降 2.1%,总产为 141.12 万吨,下降 1.5%;秋粮亩产为 565 公斤,增长 0.7%,总产为 222.91 万吨,增长 1.8%。

现代农业加快发展。全市有国家级龙头企业 2 家,省级龙头企业 49 家,市级龙头企业 230 家。高标准农田、高效设施农业占比分别达到 59%和 20%,“合作社+家庭农场+基地+农户”等多种经营快速推进,葡萄架下养鸡养鹅、稻虾共生等立体种养模式进一步推广,种养效益和农产品质量显著提升。

三次产业融合发展步伐加快。农业信息化快速发展,9 家单位入选省农委公布的农业信息化示范基地名单,创建涉农电商产业园 11 个,利用网络开展农业营销的各类主体数量 8400 多家。国家农业开放合作试验区建设全面启动,农产品出口超 6 亿美元。

三、工业和建筑业

工业结构调整步伐加快。全市主动抓创新、促转型,大力淘汰落后产能,高新产业快速发展。全年高新技术产业占规模以上工业比重达 43.7%,比上年提高 8.9 个百分点。其中,新医药、新材料、新能源和高端装备制造等“三新一高”产业占高新技术产业产值比重达 97.0%。实现新产品产值 494.5 亿元,增长 12.5%,高于规模以上工业 20.6 个百分点。

重点企业较快增长。全市 30 强工业企业产值增长 15.7%,高于全市平均水平 24.6 个百分点,拉动全市工业产值增长 8.4 个百分点。其中,镔鑫钢铁增速达 59.7%,兴鑫钢铁、斯尔邦、虹港石化、润众制药等企业增速超过 30%。销售过百亿企业达到 7 家。

工业出口增速明显回升。全年规模以上工业实现出口交货值 126.22 亿元,增长 12.2%,比上年提高 9.1 个百分点。

工业企业效益下行。全年规模以上工业实现主营业务收入 2493.70 亿元，下降 7.9%。在统的 34 个行业大类中 9 个实现正增长，占比 26.4%。实现利润总额 230.47 亿元，下降 10.4%。企业亏损面、亏损额双增长，亏损企业 298 家，增长 56.8%；亏损企业亏损额 25.18 亿元，增长 131.4%。

建筑业平稳发展。全年实现建筑业增加值 245.50 亿元，增长 3.0%。资质以上建筑业企业完成总产值 719.22 亿元，增长 1.0%；房屋施工面积 5945.08 万平方米，下降 0.6%；房屋竣工面积 2380.43 万平方米，与上年基本持平。

四、固定资产投资

固定资产投资稳步增长。全年固定资产投资 1859.28 亿元，增长 6.7%，比全省平均水平高 1.2 个百分点。其中，工业投资 1073.92 亿元，增长 13.7%；房地产开发投资 341.52 亿元，增长 24.2%；民间投资 1075.10 亿元，增长 14.1%。

表 1　2018 年连云港市全社会固定资产投资完成情况(亿元)

	2018 年	2017 年(新口径)	增减%
总　　计	1878.90	1767.94	6.3
＃工业投资	1080.70	951.68	13.6
一、规模以上投资	1859.28	1742.94	6.7
＃工业投资	1073.92	944.68	13.7
＃项目投资	1517.75	1468.00	3.4
＃房地产投资	341.52	274.93	24.2
二、规模以下投资	19.63	25.00	—21.5
＃工业投资	6.78	7.00	—3.1

数据来源:《连云港市统计年鉴 2019 年》

制造业投资快速增长。全年完成制造业投资 929.17 亿元，增长 18.1%，比全市平均水平高 11.4 个百分点；占全市项目投资比重 61.2%，比上年提高 7.6 个百分点；拉动全市投资增长 8.2 个百分点。

高新技术产业投资拉动作用上升。全年完成高新技术产业投资 235.51 亿元，增长 23.5%，比全市平均水平高 16.8 个百分点，占全部投资的比重为 12.7%，比上年提高 1.8 个百分点，对全市投资增长贡献率达 38.3%。

五、国内贸易

消费品市场运行良好。全年实现社会消费品零售总额 1121.31 亿元，增长 8.3%。其中，批发业实现零售额 209.54 亿元，增长 60.5%；零售业实现零售额 748.53 亿元，下降 2.3%；住宿业实现零售额 31.22 亿元，增长 70.7%；餐饮业实现零售额 132.02 亿元，增长 9.0%。

城乡消费均衡增长。居民收入快速增长，城镇化步伐不断加快，农村消费不断升级，农村消费需求旺盛。三县实现零售额 467.46 亿元，增长 8.2%，市区实现零售额 653.85 亿元，增长 8.4%。

六、开放型经济

进出口总额较快增长。全年完成进出口总额95.47亿美元,增长16.2%,居全省第三位。其中,进口总额53.88亿元,增长25.4%,拉动全市进出口增长13.3个百分点;出口总额41.59亿美元,增长6.0%,拉动全市进出口增长2.9个百分点。其中,医药产业技术出口表现抢眼,恒瑞医药与美国企业累计签订价值5.7亿美元的技术转让许可协议。

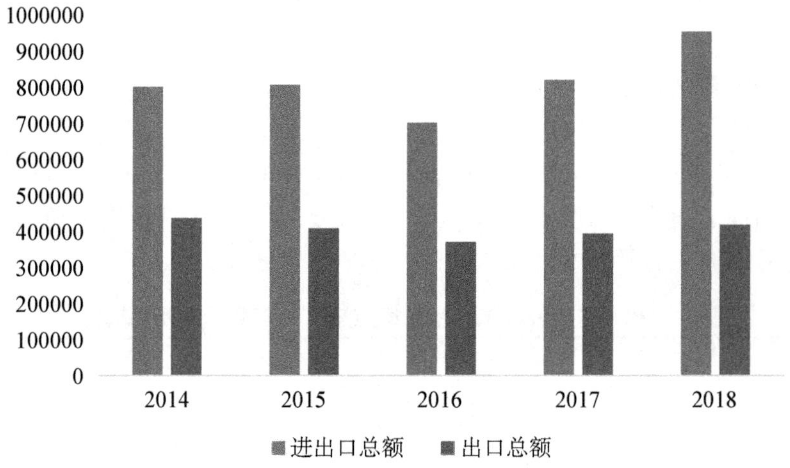

图3 2014—2018年连云港市进出口总额及出口总额(万美元)

数据来源:历年《连云港市统计年鉴》

实际利用外资下降。全年实际利用外资6.03亿美元,下降11.0%。其中,新设项目平均规模2983万美元,增长43.9%。

"一带一路"支点建设成效明显。上合物流园铁路装卸场站地基处理全部完工,园区公路、内河、铁路、保税等功能优势逐步显现。上合物流园成功获批江苏省级粮食物流产业园,全年物流业总收入2.3亿元,增长超过50%。中哈物流基地效益提高,从连云港中哈物流基地发出的国际班列实现中亚地区主要站点全覆盖,并延伸形成至土耳其伊斯坦布尔、德国杜伊斯堡南北两条中欧班列线路,运营水平从日均0.8列递增至2.1列,特别是连云港至阿拉木图、塔什干点对点直达班列,领先优势明显。中哈物流基地全年接卸铁合金、小麦、棉纱等货物的东行集装箱超过1万车,比上年增长近40%。

七、交通、邮电和旅游

港口向高质量发展阶段迈进。连云港绿色智能港口建设与运营科技示范工程经过六年奋斗,顺利通过交通运输部验收。工程结合连云港港口建设与运营实际,紧扣"绿色、智能、创新、示范"主题,实施完成了新型岸壁结构、疏浚土筑堤、高压岸电以及铁水联运信息平台等11个建设类和运营类项目,取得了丰硕的科技成果,培养了一批工程科技创新人才,经济效益、社会效益和环境效益显著。全年港口货物吞吐量2.36亿吨,增长3.2%;集装箱474.56万标箱,增长0.7%。海河联运完成1189万吨,增长38.6%。

铁路运输进入高速时代。连云港铁路综合客运枢纽投入使用,连青、连盐铁路实现通车运营,动车直达首都北京,连镇、连徐铁路加快建设,港城阔步跨入高铁时代。全年铁路客运总量404.48万人次,增长2.0%;货运总量突破5000万吨,达到5473.17万吨,增长11.1%。

民航旅客吞吐量大幅增长。机场在运航线 30 条，通达北京、上海、广州、徐州、厦门、哈尔滨等 27 个国内城市和泰国曼谷。全年飞机起降 1.50 万架次，增长 33.4%；旅客吞吐量继上年首次突破百万基础上一跃跨上 150 万台阶，达 151.62 万人次，增长 38.7%；货邮行吞吐量 8188 吨，增长 52.0%。花果山国际机场开工，千万人次级别的航空枢纽建设拉开序幕。

邮政通讯业务较快增长。全年邮政通讯总收入 55.61 亿元，增长 12.4%。其中，邮政速递业务收入 17.36 亿元，增长 24.8%；通讯业务总收入 38.25 亿元，增长 7.5%。邮政寄递服务完成 7755 万件，增长 11.1%；快递业务量达到 13242 万件，增长 39.4%。年末，全市电话用户 540.71 万户，增长 7.5%。其中，移动电话用户 483.75 万户，增长 9.7%。互联网用户 519.27 万户，增长 10.9%。其中，固定宽带用户 153.95 万户，移动电话上网用户 365.32 万户，分别增长 8.7%和 11.9%。

旅游经济表现活跃。新增灌云伊甸园、伊芦山梅园和赣榆秦山岛等三家 3A 级旅游景区，年末全市国家等级旅游景区总数达 42 家。其中，4A 级及以上景区 11 家，3A 级景区 20 家，2A 级景区 11 家。灌云县潮河湾景区继青松岭森林公园、连岛海滨旅游度假区创成“江苏省自驾游基地”。旅行社 116 家，星级饭店 20 家，特色旅游镇村 15 个。全年旅游接待人数达到 3805 万人，增长 12.4%；实现旅游收入首次跨上 500 亿台阶达 531 亿元，增长 15.9%。

八、财政、金融

财政收入稳定增长。全年实现一般公共预算收入 234.31 亿元，增长 9.1%。其中，税收收入 187.45 亿元，增长 17.6%，税收占比达 80.0%，比上年提高 5.8 个百分点。增值税（含营业税）90 亿元，增长 16.8%；企业所得税 28.38 亿元，增长 47.2%；个人所得税 8.51 亿元，增长 14.2%。

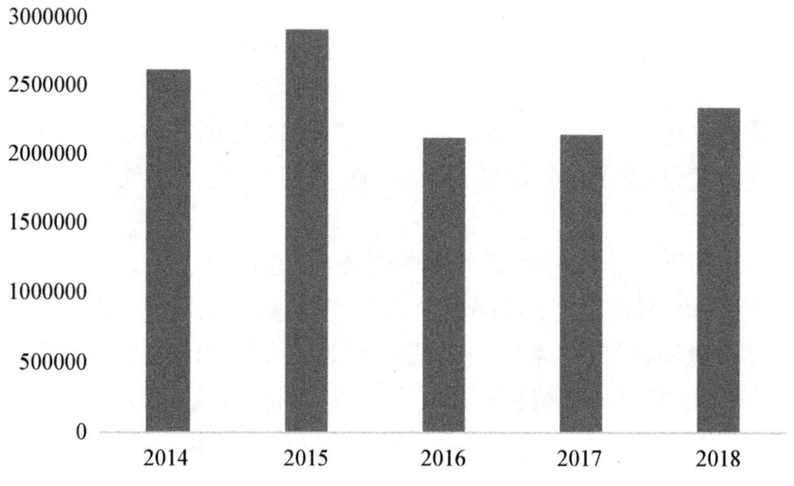

图 4　2014—2018 年连云港市一般公共预算收入（万元）

数据来源：历年《连云港市统计年鉴》

金融信贷较快增长。年末，全市金融机构存款余额为 3261.64 亿元，比年初增加 284.66 亿元，同比增长 9.6%。其中，住户存款余额 1429.18 亿元，比年初增加 139.25 亿元，同比增长 10.8%。贷款余额为 2945.04 亿元，比年初增加 468.96 亿元，同比增长 18.9%，增速居全省第一位。

保险市场快速发展。全市保险业务总收入突破百亿，达到 103.41 亿元，增长 12.5%，居全省第三位。其中，财产险 27.87 亿元，增长 7.1%；寿险 61.58 亿元，增长 10.0%；健康险 12.28 亿元，增长 46.0%，居全省第一位。

九、科学技术和教育

创新平台建设力度加大。国家创新型城市、国家知识产权试点城市建设稳步推进,高效低碳燃气轮机试验装置国家重大科技基础设施项目获批建设。新增市级众创空间 8 家、省级众创空间 2 家、省级孵化器 1 家、省级加速器 1 家。综合保税区、国家海洋经济发展示范区成功获批,高新区获批省级"苗圃-孵化器-加速器"科技创业孵化链条试点,东海高新区获批省级开发区。

科技创新成果丰硕。中复神鹰碳纤维项目荣获国家科技进步一等奖,22 个项目入围国家级、省级科学技术奖。万人有效发明专利 6.2 件,比上年增加 0.8 件。新药创制获批 16 项国家科技重大专项,四大药企跻身中国药品研发 20 强。716 研究所获批省级高价值专利培育示范中心建设,全市总数达 5 家,列全省第三;赣榆区获批创建 2018 年度知识产权强省建设示范区域。

教育事业加快发展。全年新建中小学、幼儿园 42 所,改造中小学校舍 45.9 万平方米,义务教育学校实现集团办学、结对共建全覆盖。教育现代化加快推进,创建省职业教育现代化示范校和优质特色学校 2 所、省现代化实训基地项目 5 个,"云海在线"服务平台推广应用,全市学生在线听课达 37 万人次,应用"微课"师生数达 2415 万人次。28 名教师获评省特级教师,17 名教师通过正高级教师评审,省"师陶杯""教海探航"论文竞赛、省信息化教学能手决赛成绩居全省第一,第八届江苏省职业教育创新大赛综合成绩列全省第四、苏北第一。

十、文化、卫生和体育

文化服务水平提升。全年建成综合性文化服务中心 803 个,全市覆盖率达到 87.1%。市文化馆公共服务数字推广业绩全省领先,国家级试点项目"连云港市图书馆服务标准化"通过中期评估,8 家公共图书馆均被评为国家一级馆。持续开展文化惠民活动,组织举办群众性展演展映活动 2 万余场次,获评省"紫金文化艺术节"优秀组织奖。小戏《孤岛夫妻哨》参加 2018 年戏曲百戏(昆山)开幕式及央视新年戏曲晚会,女子民乐团获 2018 上海"周浦杯"全国民族管弦乐及地方曲种邀请赛金奖。

健康城市建设有序推进。医疗卫生服务不断优化,医联体建设实现全覆盖,市妇幼保健院扩建、省海滨康复医院等工程有序推进。基层诊疗人次占总诊疗人次比例达到 70.1%,县域内就诊率 90.3%。基本药物制度巩固提高,基层医疗机构和二级及以上医疗机构基药占比分别达 80%、60%以上,超省定标准。国家卫生县城和省级卫生乡镇实现全覆盖,灌云、赣榆建成全省基层卫生十强县区。"健康宝贝"工程全面实施,出生缺陷防治工作走在全国前列。

体育事业稳步发展。山海休闲体育城市加快打造,成功举办中国首个"齐天大圣"元素品牌的西游文化精品赛事——第二届(2018)连云港花果山国际越野赛,全国各地 900 多名运动员参加。全民健身活动蓬勃开展,连云港市首届全民健身运动会(农民部)比赛圆满成功,参赛运动员达 5 万人次,参与群众超过 100 万人次,历史上参与人数最多、规模档次最高、持续时间最长。

十一、城市建设、环境保护和节能减排

城市建设不断提升。城市组团加快发展,赣榆加速融入主城区,海州老城区加快改造更新,连云新城规划开发全面提速。城市配套不断完善,市区新改建主次干道 50 公里,新增供水、燃气、污水管道 125 公里。改造供电线路 2211 公里。调整优化公交线路 11 条,新增智慧站点 100 个。新开工海绵城市项目 7 个、地下综合管廊 15.6 公里。国内首条生活垃圾干化生产线投用,162 个小

区实现垃圾分类，垃圾分类集中处理率达到 62.7%。

全面推进环境综合治理。建立完善政府行政主要负责人抓环保制度，在全省率先成立生态环境犯罪侦查支队。以“河长制”“湾长制”为抓手，全面打响水环境治理攻坚战，城市和建制镇污水处理设施基本实现全覆盖，治理黑臭水体 11 条，地表水国省考断面全面消除劣Ⅴ类。近岸海域水质优良率达 91.7%，比年初上升 58.4 个百分点，劣Ⅳ类海水全部消除，入海河流水质明显改善。科学推进生态保护修复，严格落实“三线一单”管理，在全省率先出台实施海洋生态红线保护规划。全面展开国家生态文明建设示范市、国家森林城市创建，新增造林面积 20 万亩，森林覆盖率达 28.3%，空气优良率 77.3%，居全省前列。

节能减排扎实推进。积极推进生产方式绿色化转型，加强重点领域节能减排，扎实开展“263”专项行动，灌云、灌南化工园区企业全面停产整治，关停取缔企业 75 家。全市单位 GDP 能耗下降 3.8%。

十二、人口、人民生活和社会保障

人口总量保持稳定。年末户籍人口 534.34 万人，比上年末增加 1.81 万人，增长 0.3%。年末常住人口 452.0 万人，比上年末增加 0.16 万人，增长 0.04%。其中，城镇常住人口 282.95 万人，比上年末增加 4.17 万人，增长 1.5%。常住人口城镇化率 62.6%，比上年提高 0.9 个百分点。

居民收入较快增长。根据城乡一体化住户抽样调查，全市居民人均可支配收入 25864 元，增长 8.8%。其中，城镇常住居民人均可支配收入 32749 元，增长 8.1%；农村常住居民人均可支配收入 16607 元，增长 8.7%。

保障体系不断完善。全面提高城乡居民医保住院、门诊及生育等待遇，医保报销比例稳步提高，城镇职工医保、城乡居民医保住院费用报销比例分别为 89.1%、70.2%。城乡居民养老、居民医保参保人数分别为 103 万人、380 万人，基本实现参保全覆盖。企业职工养老保险净增 2.28 万人，基金征缴 62.93 亿元，增长 24%；市区五险保费征缴总收入 63.76 亿元，增长 20.7%。企业退休人员基本养老金实现 14 连调，城乡居保基础养老金 7 连调，被征地农民社会保障待遇 5 连调。

第十三章　2018 年盐城市经济社会发展报告

2018 年，面对错综复杂的宏观经济形势，在市委、市政府的正确领导下，全市上下深入贯彻落实党的十九大和习近平总书记系列重要讲话精神，坚持稳中求进工作总基调，深入贯彻新发展理念，全力打好“三大攻坚战”，统筹做好稳增长、促改革、调结构、惠民生、防风险、保稳定各项工作，全市经济总体运行平稳，呈现稳中有进、稳中向好的发展态势。

一、总体经济

经济保持稳定增长。初步核算，2018 年，全市实现地区生产总值 5487.1 亿元，总量居全省第 7 位，按可比价计算，比上年增长 5.5%。其中，第一产业实现增加值 573.4 亿元，比上年增长 3.2%；第二产业实现增加值 2436.5 亿元，比上年增长 3.7%；第三产业实现增加值 2477.2 亿元，比上年增长 8.1%。产业结构持续优化，三次产业增加值比例调整为 10.5∶44.4∶45.1，二、三产业比重比上年提高了 0.6 个百分点，人均地区生产总值达 75987 元(按 2018 年年平均汇率折算约 11483 美元)，比上年增长 5.8%。

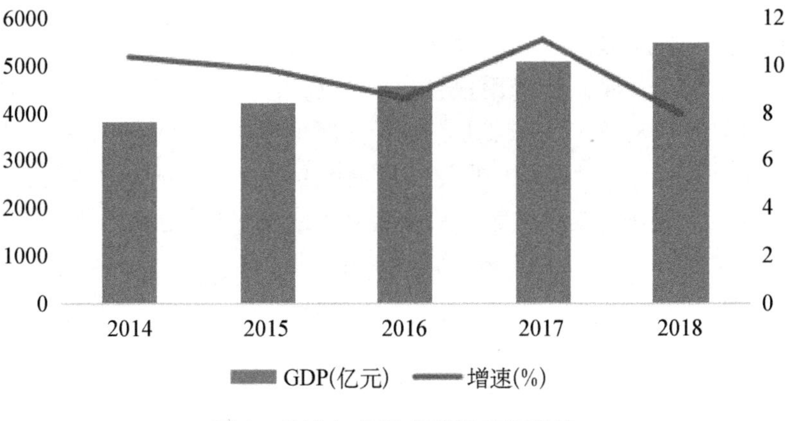

图 1　盐城市 GDP 规模及实际增速

数据来源：历年《江苏统计年鉴》

物价水平温和上涨。2018 年，市区居民消费价格总指数(CPI)同比上涨 1.9%。其中，食品烟酒类上涨 1.9%，衣着类上涨 2.3%，居住类上涨 1.2%，生活用品及服务类上涨 3.8%，交通和通信类上涨 3.8%，教育文化和娱乐类上涨 1.1%，医疗保健类上涨 1.1%，其他用品和服务类下跌 0.3%。全市工业生产者出厂价格指数(PPI)同比上涨 3.5%，工业生产者购进价格指数(IPI)同比上涨 4%。

二、农林牧渔业

农业生产稳中趋缓。2018 年，全市实现农林牧渔业总产值 1183.9 亿元，可比价增长 2.9%。全市粮食总产量达 704.3 万吨，比上年减少 9.4 万吨，下降 1.3%；粮食播种面积 1474.7 万亩，比上年减少

21.8万亩。粮食亩产477.6公斤，比上年增加0.7公斤。棉花播种面积1.04万亩，比上年减少2.8万亩，总产0.08万吨。全市油料作物播种面积64.1万亩，比上年减少5.8万亩，油料总产量13.1万吨。

农业机械化规模扩大。2018年，全市农机总动力703.8万千瓦。大中型拖拉机、联合收割机、水稻插秧机保有量分别达到28540台、27595台和24966台。全市秸秆机械化还田面积933万亩，2018年农机化作业收入53.2亿元。

农业现代化进程加快。2018年，全市累计新增设施农业10.3万亩，总规模达220万亩，总面积全省第一。全市绿色优质农产品比重62%，比上年提高20%，建成绿色食品原料标准化生产基地省级75个，部级6个。全市新增省级农业产业化重点龙头企业11家，总数达84家，全省第一。全市累计认定家庭农场共4858家，经营总面积达112万亩，创成省级示范家庭农场141个，市级示范农场306个。

三、工业和建筑业

工业生产总体平稳。2018年，全市规模以上工业企业实现总产值6247亿元，比上年增长10%，规模以上工业增加值增长4%。其中，轻工业比上年下降1.8%，重工业比上年增长15.5%。民营工业持续向好。2018年，全市民营企业实现产值4683.4亿元，比上年增长11%，占规模以上工业比重75%。全市工业用电量212.5亿千瓦时，比上年增长11.8%。支柱产业稳定发展。2018年，全市工业企业实现全口径开票销售5528.7亿元，比上年增长17%，其中，汽车、机械、纺织、化工四大传统支柱产业实现工业开票销售3511.6亿元，占工业总量的63.5%，其中机械装备制造业实现开票1755.2亿元，增长30.6%，汽车产业实现开票631.1亿元。汽车累计产销突破500万辆，东风悦达起亚焕驰轿车出口埃及、菲律宾，迈出开辟海外汽车市场第一步。非车产业实现开票销售4896.5亿元，比上年增长21.3%。

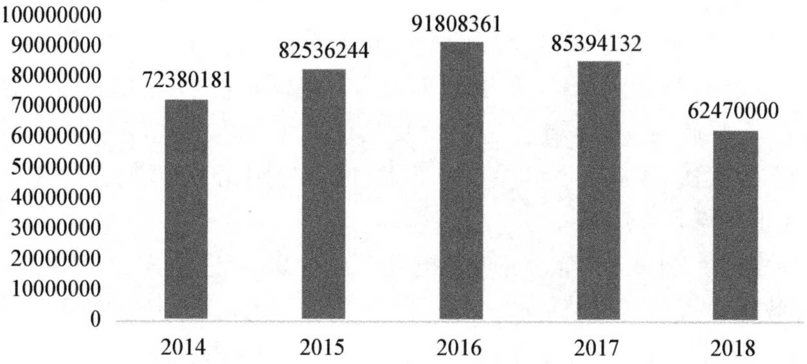

图2　2014—2018年盐城市规模以上工业总产值

数据来源：历年《盐城市统计年鉴》

建筑业稳步增长。2018年，全市完成建筑业总产值1750.6亿元，比上年增长4.6%，建筑业企业在外省完成的产值743.5亿元，增长12.9%。全市有资质的建筑业企业总产值超亿元的共307家，比去年增15家，实现总产值1572.8亿元，占建筑业总产值的89.8%，其中，产值超10亿元的企业达到39家。

四、固定资产投资

投资结构更加优化。2018年，全市固定资产投资增长9.4%。其中，项目投资同口径增长

9.8%;房地产开发投资增长6.6%。投资结构进一步优化,全市第一产业投资同口径增长9%,第二产业投资同口径增长16.1%,第三产业投资同口径增长0.3%。

工业投资质量提升。2018年,全市工业投资同口径增长16.2%,增幅列全省第一,高于全省平均水平8.2个百分点。其中,高质量发展重要考核指标制造业占项目投资比重达到63%,比去年同期提高5.7个百分点,制造业对全部投资增长的贡献率为107.7%,拉动全部投资增长10.1个百分点。高耗能行业投资一直处于负增长区间,全年高耗能行业同口径下降3.4%,比全部投资增速低12.8个百分点,比工业投资增速低19.6个百分点,占工业投资的比重为16.9%,比去年同期低3.5个百分点。

民间投资快速增长。2018年,全市民间投资同口径增长15.1%,占全部投资的比重为76%,比去年同期高3.8个百分点,对全市投资增长的贡献率为116.6%,拉动全市投资增长10.9个百分点。其中制造业民间投资增长21.7%,对全部民间投资增长的贡献率达90.4%。盐城市民间投资在结构上逐渐向信息技术类、社会民生类等领域倾斜,上述行业民间投资较往年较快增长。2018年,盐城住宿和餐饮业民间投资增长48.3%,教育业民间投资增长34.8%,科学研究和技术服务业民间投资增长33%,卫生和社会工作民间投资增长32.3%。

房地产销售总体平稳。2018年,全市房地产开发投资454.9亿元,比上年增长6.6%,其中住宅投资完成360.6亿元,比上年增长4.5%。全市实现商品房销售面积915.1万平方米,比上年下降6.1%,其中住宅811.5万平方米,比上年下降7.7%;商品房销售额566.9亿元,比上年增长1.7%,其中住宅销售额497亿元,比上年增长4.4%。

五、交通运输和邮电业

运输能力逐步增强。截至2018年底,全市共有公路总里程20550.2公里,其中国道996.7公里,省道1063.2公里;拥有等级公路20333.3公里,其中,高速公路395.5公里、一级公路1628公里、二级公路2778.7公里、三级公路1677.4公里、四级公路13853.7公里,等外公路216.7公里。2018年,全社会客运量6428万人,比上年下降6.9%,客运周转量67.7亿人公里,比上年下降4%;全社会货运量1.79万亿吨,比上年增长3.3%,货运周转量485.5亿吨公里,比上年增长3.7%。全年保障航班1.67万架次,年旅客吞吐量182.2万人次,分别比上年增长27.4%、39.8%,货邮吞吐量6587.2吨,比上年增长18.9%。

邮电业务平稳发展。2018年,全市完成邮电业务总量93.4亿元,比上年增长16.5%。邮政业务收入(不包括邮政储蓄银行直接营业收入)累计完成21.2亿元,比上年增长14.8%,快递服务企业业务量累计完成14009.4万件,比上年增长30.8%,实现业务收入11.2亿元,比上年增长18%。电信业务收入55.9亿元,比上年增长8.9%。

六、国内贸易

消费市场保持平稳。2018年,全市实现社会消费品零售总额1778.7亿元,比上年增长6.8%。分城乡看,乡村消费增速领先城镇,全年城乡分别实现社会消费品零售总额1669.8亿元和108.9亿元,比上年增长6.4%和11.9%。分行业看,批发、零售、住宿、餐饮业分别实现零售额198.8亿元、1380.8亿元、20.9亿元和178.2亿元,比上年分别增长6.7%、6.5%、12.1%和8.0%。分规模看,限额以上零售额631.9亿元,比上年增长0.9%;限额以下零售额1146.9亿元,比上年增长10.3%。

消费升级步伐加快。在限额以上批发和零售业主要经营类别中,肉禽蛋类实现销售额18亿元，比上年增长6.1%；烟酒类95.1亿元，比上年增长4.1%；建筑及装潢材料类实现销售额48.6亿元，增长18.5%；化妆品类、电子出版物及音像制品类和计算机及其配套产品类销售增长较快，均超过15%。2018年，全体居民消费支出17580元，增长5.7%。其中，交通通信支出2399元，增长21%；医疗保健支出1148元，增长45%；生活用品及服务支出1015元，增长19.3%；居住支出3454元，增长7.3%。

七、对外经济和旅游业

对外贸易稳定增长。2018年，全市实现进出口总额95.5亿美元，比上年增长10.4%，其中出口60.3亿美元，比上年增长3.3%，进口35.2亿美元，比上年增长25.1%。新批利用外资项目144个，其中3000万美元以上项目46个，比上年增长4.5%。注册外资实际到账9.1亿美元，比上年增长15.8%，比上年同期提高4.2个百分点，高于全省平均水平14个百分点，增速全省第一。

旅游业蓬勃发展。2018年，全市共接待海内外游客3333.9万人次，比上年增长13.7%，实现旅游总收入374.2亿元，比上年增长16.9%，旅游外汇收入8821.9万美元，比上年增长7.4%。景区建设进一步加快。东台黄海森林公园创成省级旅游度假区，全市共有6家省级旅游度假区，总数位列全省第二。2018年，创成国家4A级旅游景区4家，全市共有国家4A级以上景区17家，列全省第五。乡村旅游集聚发展。大丰丰收大地创成省五星级乡村旅游区，全市共有4家省五星级乡村旅游区，列全省第二。旅游业态更加丰富。荷兰花海在省首批13家省级旅游风情小镇考核中名列优秀等次(全省仅3家)。旅游品牌渐已打响。盐城市荣膺"2018锦绣中国榜·新时代中国最佳文化旅游名城""2018最美中国榜·首批全国优质康养休闲旅游胜地"等称号。

八、财政、金融和保险

财政收支总体平稳。2018年，全市实现一般公共预算收入381亿元，比上年增长5.8%，其中税收收入305.1亿元，比上年增长12.2%，税收占一般公共预算收入的比重为80.1%。主体税种保持稳定，实现国内增值税74.8亿元、改征增值税(含营业税)47.4亿元、企业所得税31.9亿元、个人所得税14.6亿元。财政惠民力度不断加大，2018年全市用于民生保障支出601.3亿元，占一般公共预算支出的71.1%。

信贷规模持续扩大。2018年，全市共有银行业金融机构42家，年内净增1家，为光大银行盐城分行。金融机构年末本外币存款余额6421.4亿元，比年初增长3.3%，其中，储蓄存款2902.1亿元，比年初增长5.8%。金融机构年末本外币贷款余额5003.8亿元，比年初增长16.6%，其中中长期贷款2560.4亿元，比年初增长11.6%。

保险业健康发展。2018年，全市拥有各类保险机构78家，其中市级产险公司22家，寿险公司39家，保险专业中介一级法人机构11家，保险经纪分支机构3家，保险公估分支机构3家。保险分支机构及营销网点646个，保险从业人员4.8万人。全市实现保费收入176.4亿元，比上年下降1.5%，其中财产险40.9亿元，比上年增长3.9%；人身险135.5亿元，比上年下降3%。全市各项赔偿和给付52.5亿元，比上年下降3.7%。

九、科学技术和教育事业

创新能力不断增强。2018年，全市科技研发投入占地区生产总值的比重为2.1%，科技进步贡献率56%，全市战略性新兴产业产值增长22%。全市国家高新技术企业898家，净增285家，居苏北、苏中第一。2018年,全年申请发明专利10547件,比上年增长15.4%;授权发明专利1490件,上年增长7.2%;有效发明专利量5497件,比上年增长37.7%。持续实施"515"人才引进计划,出台人才激励"10条政策",全年发放人才资助资金1.12亿元,引进各类领军人才361名。

教育事业协调发展。2018年,全市共有普通高校6所,招生1.99万人,在校生6.39万人,毕业生1.73万人;普通中专5所,在校生2.26万人;职业高中10所,在校生2.21万人;普通中学282所,在校生30.51万人;小学333所,在校生45.42万人。全市初中毕业生升学率99.51%,在校生年巩固率99.6%;小学毕业生升学率98.99%,在校生年巩固率99.8%。学龄儿童入学率100%。幼儿园在园幼儿21.16万人。全市共有教职工数9.09万人,其中,专任教师7.56万人。

十、文化、卫生和体育事业

文化建设成果丰硕。文化惠民工程扎实推进。全年下基层送戏2000多场,送电影22000多场,送展览200多次。新建阅读新空间60家、阅读便民设施100个,一批图书馆自动借还系统等设施相继投入使用,基本实现城市15分钟"阅读圈"和农村3公里"文化圈"建设目标。全年新创作大戏17部、小戏23部,继续保持全省第一位次。淮剧《小镇》走进中央党校,第4次进京展演,戏剧创作的"盐城现象"进一步放大。2018紫金文化艺术节,盐城获奖作品数和受表彰人数均列全省前列;第十三届省五星工程奖,2部作品分获小戏类、曲艺类第一名,4部作品受邀参加江苏20台优秀现代戏沿大运河城市巡演。

卫生体系更加健全。2018年,全市拥有卫生计生机构3211个,其中,医院、卫生院301个,疾病预防控制中心10个,妇幼卫生机构11个。各类卫生机构拥有床位3.99万张,卫生技术人员4.28万人,其中,执业(助理)医师1.88万人,注册护士1.67万人。

体育赛事蓬勃开展。2018年,盐城市承办了第28届东亚保龄球锦标赛、2018中华龙舟大赛(盐城站)、江苏省第十九届运动会群众项目乒乓球比赛等大赛。体育设施不断完善。2018年,完成了市区50个老旧小区体育设施安装更换工作,市区新建了25公里健身步道,全市健身步道总长度约805公里,位列苏北地区第一。体育产业质效明显提升。盐城市悦达健身广场、大丰梦幻迷宫项目入选全省首批14家体育服务综合体认定名单,入选数位居苏中、苏北第一。盐城市9个体育产业项目获省级体育产业发展专项资金,项目数量居全省第3位,总金额740万元,较去年增长了124%。

十一、人口、人民生活和社会保障

人口总量保持稳定。2018年末,全市户籍人口824.7万人,比上年末减少1.42万人,其中城镇人口496.5万人,乡村人口328.2万人。全年人口出生率为9.89‰,死亡率为6.46‰,自然增长率为3.43‰。年末常住人口720万人,城镇化率64.03%,比上年提高1.13个百分点。

生活水平不断提高。2018年,全体居民人均可支配收入29488元,比上年增长8.9%。城镇常住居民人均可支配收入35896元,比上年增长8.4%;人均消费支出19731元,比上年增长7%。农村常住居民人均可支配收入20357元,比上年增长8.8%;人均生活消费支出14515元,比上年增长2.6%。

城镇就业基本稳定。2018年末,全市从业人员431.8万人,比上年减少9.8万人,其中,第一产业从业人员95.9万人,第二产业从业人员158.5万人,第三产业从业人员177.4万人。新增城镇就业人员12.2万人,城镇登记失业率保持1.78%的较低水平。

社会保障日臻完善。2018年,全市共保障城乡低保对象6.8万户11.8万人,累计发放最低生

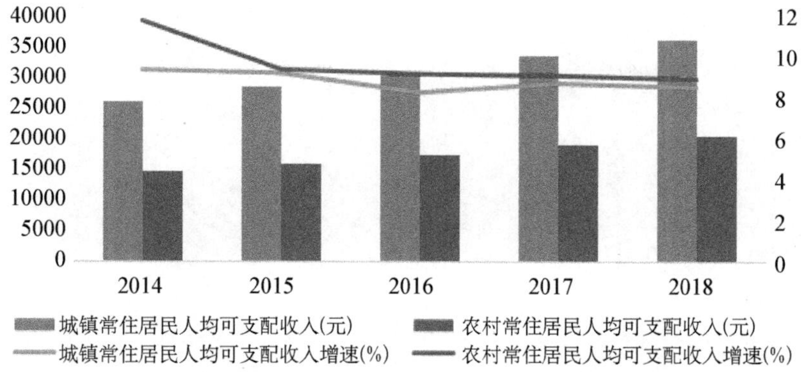

图3　城乡居民收入及增速

数据来源：历年《江苏统计年鉴》

活保障金6.2亿元。将1.1万名失去劳动能力的建档立卡低收入农户纳入低保，将1800多名低保边缘家庭的成年无业重度残疾人纳入低保，安排413名生活不能自理的五保、三无老人入住护理型特困人员护理机构，全市2.6万户建档立卡低收入农户全部纳入托底救助，给予因灾、因祸、因病、因残等重大支出救助累计近2000万元。全市建有公办养老机构140家，民办养老机构62家，城乡居家养老服务中心2215家。每千名老人拥有养老床位数34.76张，农村敬老院改造全部达到省定星级标准。

十二、城市建设和环境保护

城乡建设成效显著。2018年，全市交通基础设施建设完成投资173.6亿元，比上年增长7.9%。高铁高速高架全面推进。沿海铁路大通道的重要组成盐青铁路正式通车，盐城驶入"高铁时代"。规划新增的盐宁高速等五条高速公路，全部进入新一轮省高速公路网调整规划，新增里程218公里，是江苏省高速公路新增规划里程最多的省辖市。内环高架快速路网已建成通车57公里，三期项目已完成主体工程50%，工程建成后，全市快速路网总里程将达90公里，基本覆盖整个大市区。2018年，区域供水通达全市所有乡镇，建成城镇污水处理厂3座，城市(县城)污水处理率超92%，建制镇污水处理设施覆盖率100%，生活垃圾无害化处理率达100%。

生态环境持续改善。2018年，全市始终坚持生态优先、绿色发展新理念，转型发展取得新成效。"一片林"工程加快推进，新增成片林15.45万亩，改造提升16.8万亩，建成森林小镇24个，森林村庄112个，新增城镇绿地面积3447公顷，绿化造林总量保持全省第一，林木覆盖率达27%。全年整治城市黑臭河道21条，城镇污水集中处理率84%，空气质量六项指标综合指数全省第一，其中，PM2.5平均浓度和优良天数比例位居全省前列。新水源地及跨区域引水工程建成通水，在全省率先完成全市域水源地达标整治任务，"一桶水"任务全面完成，全市人民喝上了更加安全优质的饮用水。